U0086198

中國政治思想史

（中）

張金鑑　著

學歷：美國士丹福 (Stanford) 大學政治學系
學士、政治研究所碩士

經歷：國立政治大學教授先後兼政治學系主任
、政治研究所主任、公共行政研究所主
任、財政部簡派專門委員及高等考試典
試委員、立法院立法委員、教育部學術
審議委員、中華學術院行政管理研究所
理事長、國立中興大學兼任教授

三民書局印行

中國政治思想史　／張金鑑著 -- 初版 --
台北市：三民，民78
3冊；（〔13面〕，〔2040面〕）；21公分
參考書目：面2041—2067
含索引

1.政治—哲學，原理—中國　I 張金鑑著
570.92/8766

© 中國政治思想史（中）

作　者　張金鑑
校訂者　朱浤源
發行人　劉振強
出版者　三民書局股份有限公司
印刷所　三民書局股份有限公司
地址／臺北市重慶南路一段六十一號
郵撥／〇〇〇九九九八一五號
初　版　中華民國七十八年一月
編　號　S 57074
基本定價　柒元叁角叁分
行政院新聞局登記證局版臺業字第〇二〇〇號

中國政治思想史（中）
編號 S57074
三　民　書　局

中册　王權與霸權時期

第五編　王權時期（西元前二四六—西元後二一九）

——秦、漢、三國時代……七一七

第二十章　王權與統一國家……七一七

第一節　統一國家的醞釀……七一七

第二節　統一國家的建設……七二〇

第三節　統一國家的實質……七二三

第四節　王權政制的剖視……七二七

卷一　嬴秦時代……七三五

第二十一章　雜家呂不韋的政治思想……七三五

第一節　生平事略……七三五
第二節　人品評估……七三七
第三節　著書主旨……七四〇
第四節　政治思想……七四一
第二十二章　法家李斯的政治思想……七四五
第一節　生平與爲人……七四五
第二節　治秦事功……七四九
第三節　政治思想……七五三
第四節　被誅原委……七五六
卷二　前漢時代……七五九
第二十三章　黃老的政治思想……七五九
第一節　黃老思想流行的原因……七五九
第二節　信持黃老思想的人物……七六二
第三節　黃老思想的政治應用……七六五

第二十四章　儒家的政治思想……七七一
第一節　前漢儒學的復興……七七一
第二節　陸賈的政治思想……七七四
第三節　賈誼的政治思想……七八三
第四節　揚雄的政治思想……七九三
第二十五章　法家的政治思想……八〇三
第一節　法家思想的派別……八〇三
第二節　鼂錯的政治思想……八〇七
第三節　桑弘羊的政治思想……八一五
第二十六章　董仲舒的政治思想
——儒與陰陽家思想的混融……八二一
第一節　生平事蹟……八二一
第二節　時代背景……八二四
第三節　政治思想……八二九
第四節　陰陽家言……八三六

第二十七章　鹽鐵論的政治思想
——儒家、法家思想的爭論……八四一
第一節　編者的生平……八四一
第二節　時代的背景……八四二
第三節　體裁與內容……八四四
第四節　儒士的反對思想……八四六
第五節　官方的辯護理由……八五〇
第六節　桓寬自己的思想……八五五
第二十八章　雜家劉安的政治思想……八五九
第一節　生平事略……八五九
第二節　道家的治道……八六一
第三節　儒家的治道……八六七
第四節　法家的治道……八七四
第五節　陰陽家的思想……八七九
第二十九章　雜家劉向的政治思想……八八三

第一節　生平事蹟……八八三
第二節　政理的思想……八八六
第三節　政務的思想……八九二
第四節　災異的思想……八九八

卷三　後漢時代……九〇一

第三十章　政治思想的派別與形勢……九〇一
第一節　儒家學術的衰退……九〇一
第二節　陰陽學說的盛行……九〇六
第三節　讖緯方術的影響……九一二
第四節　自然主義的反應……九一八

第三十一章　王符的政治思想……九二三
第一節　生平事蹟……九二三
第二節　政治思想……九二四
第三節　時政批評……九三四

第四節　思想的影響……九三九
第三十二章　桓譚的政治思想……九四三
第一節　生平事蹟……九四三
第二節　政治思想……九四五
第三節　琴道與政治……九五六
第三十三章　王充的政治思想……九五九
第一節　生平事蹟……九五九
第二節　個人性格……九六二
第三節　政治思想……九六七
第三十四章　荀悅的政治思想……九八七
第一節　生平事蹟……九八七
第二節　政治思想……九八九
第三十五章　徐幹的政治思想……九九九
第一節　生平事略……九九九

第二節　政治思想……一〇〇〇
第三十六章　仲長統的政治思想……一〇〇九
第一節　生平事略……一〇〇九
第二節　個人性格……一〇一一
第三節　政治思想……一〇一二
卷四　三國時代……一〇二一
第三十七章　諸葛亮的政治思想……一〇二一
第一節　生平事略……一〇二一
第二節　稟性志業……一〇二七
第三節　政治思想……一〇三二
第六編　霸權時期（西元二二〇－五八八）
——魏晉南北朝時代……一〇三九

第三十八章　霸權國家的剖視……一〇三九
第一節　霸權國家的形成……一〇三九
第二節　霸標國家的實質……一〇四三
第三節　霸權國家的政局……一〇四六
第三十九章　本期政治思想的派別……一〇五五
第一節　爲我主義的政治思想……一〇五六
第二節　自然主義的政治思想……一〇六〇
第三節　無政府主義的政治思想……一〇六五
第四節　縱欲主義的政治思想……一〇七一
第五節　放浪曠達的政治思想……一〇七五
第六節　清談虛玄的政治思想……一〇七九
卷一　曹魏時代……一〇八七
第四十章　何晏的政治思想……一〇八七

第一節　生平事略……一〇八七
第二節　思想背景……一〇八八
第三節　政治思想……一〇九一
第四節　思想評估……一〇九七
第四十一章　阮籍的政治思想……一一〇一
第一節　生平事略……一一〇一
第二節　思想背景……一一〇四
第三節　政治思想……一一〇七
第四十二章　嵇康的政治思想……一一一五
第一節　生平事略……一一一五
第二節　個人性格……一一一八
第三節　政治思想……一一二三
第四十三章　王弼的政治思想……一一二九
第一節　生平事略……一一二九
第二節　思想背景……一一三二

第三節　政治思想……………………一一三六
第四節　思想評估……………………一一四一

卷二　兩晉時代……………………一一四五

第四十四章　晉代談玄的略述……………………一一四五
第一節　西晉之世的談玄……………………一一四五
第二節　東晉之世的談玄……………………一一五二

第四十五章　傅玄的政治思想……………………一一五九
第一節　生平事略……………………一一五九
第二節　時代背景……………………一一六〇
第三節　政治思想……………………一一六四
第四節　思想評估……………………一一七三

第四十六章　葛洪的政治思想……………………一一七五
第一節　生平事略……………………一一七五

第二節　調和思想……一一七七
第三節　儒家思想……一一八一
第四節　道家思想……一一八八
第五節　法家的思想……一一九二

第四十七章　郭象的政治思想……一一九七
第一節　生平事略……一一九七
第二節　哲學論據……一一九九
第三節　政治思想……一二〇六

卷三　南北朝時代

……一二一一

第四十八章　佛敎思想的流行……一二一一
第一節　佛敎在印的興起……一二一一
第二節　佛敎入華的經過……一二一三
第三節　佛敎流行的原因……一二一五
第四節　佛敎流行的事實……一二一九

第四十九章　道教思想的競爭……一二三三
第一節　道教性質的探討……一二三三
第二節　道教理論的引述㈠
——魏伯陽的參同契……一二二八
第三節　道家理論的引述㈡
——葛洪的抱朴子……一二三二
第五十章　道教的高德道士……一二四一
第一節　北方高道寇謙之……一二四一
第二節　南方高道陶弘景……一二四二
第五十一章　佛道兩教的衝突……一二五一
第一節　佛道哲理的區異……一二五一
第二節　佛道教義的衝突……一二五四
第三節　佛道教俗的衝突……一二五九
第四節　佛教遭遇的法難……一二六三
第五十二章　劉勰的政治思想……一二六七

第一節　生平事略……一二六七
第二節　九流評論……一二七〇
第三節　儒學的政治思想……一二七三
第四節　法學的政治思想……一二七八

中册　王權與霸權時期

第五編　王權時期（西元前二四六—西元後二一九）

——秦、漢、三國時代

第二十章　王權與統一國家

第一節　統一國家的醞釀

一、**諸侯相互的侵併**——社會永遠繼續不息的向前演進。周代封建型的聯合國家，演進至於秦漢，則進而成爲王權式的統一國家。但歷史之爲狀如流水，抽刀斷流流難斷。所以，歷史的階段與階段的劃分，並不甚明顯。不過至少兩階段之間可以找出一過渡時期。西周是典型的封建聯合國家。秦漢則是武力征伐成功的統一國家。這兩階段間的過渡時期，就是春秋戰國時代。這一時代的特徵，與其視之爲封建制度的崩潰，不如視之爲統一國家的前夕或醞釀，因統一國家的基礎，實奠立於此時。封建聯合國家的重心原在於諸侯，天子權力並不强大。建國之初，周室賴戰勝威勢及兄弟甥舅關係，藉宗法禮儀、巡狩、朝覲，尙能維持其衆星拱月的聯合狀態。周室東遷，王室式微，親族關係亦漸疏遠，於是諸侯敢於凌天子。楚不貢包茅，魯不入貢賦，襄王蒙塵奔鄭，秦、晉陳兵河上，延不勤王，自由擴軍（諸侯軍制不過三軍，然晉悼公作四軍，晉文公作五軍），僭稱王號（吳、楚、越、齊、秦僭稱王），甚至辱君使（《左傳》僖公二十四年，鄭人執王使伯服），圍京都（《左傳》昭公二十三年晉人圍郊，郊即天子之邑），射王肩（《左傳》桓公五年祝聃射王中肩），天子不天子，諸侯不諸侯，聯合國家的實質瀕於動搖。

迨至戰國，天子尊嚴完全掃地，封建制度瓦解，宗法統治失去效力，各國諸侯形勢亦趨惡劣。各國的兵、政、刑大權，依制，原本掌於卿、大夫，諸侯既可凌天子，大夫自亦可以奪諸侯。大夫對外能以相與私盟，國君廢立竟肆加干涉，「政在大夫，陪臣執國命」，魯三卿四分公室，韓、趙、魏三家盡分晉地，齊田氏竟然篡君。臣弒其君，子奪其父，屢見不鮮，兄弟鬩牆，骨肉相殘，成爲常事。各國君侯惟力是視，惟利是圖，視土地爲重要財富與珍貴資源，於是逞兵威，侵犯他人國家，期以擴國境，併土地，强凌弱，衆暴寡，爭城以戰，殺人盈城，爭地以戰，殺人盈野，彼此吞併，相互侵滅。春秋二百四十二年中，戰爭達二百九十七次之多，戰國時代，侵爭之風更熾，戰爭次數之多，多至難以數計。周初封建之國，多達一三一國，各國諸侯不斷侵犯吞併，至戰國時，僅存燕、趙、韓、魏、齊、楚、秦七國。最後，秦以兵力滅六國，一天下，而成統一國家。

二、經濟生產的發展——春秋戰國時代，因生產技術的進步，工商事業的發達，前此的土地分封及固着式的農民耕作，反成爲社會進步及農工商經濟發展的絕大障礙。當時因鐵製農具的使用漸廣，施用肥料及農田灌溉日趨精良，大規模的集體農業生產便不適用，加以助法廢，徹法行，稅畝替代助耕，於是土地私有制乃應運而生。魯宣公初稅畝。則徭役制或助耕法及授田抽地租的實施，爲地稅制所替代。因之，農民對土地不僅有使用權，且可自由買賣。土地爲耕者私有後，其生產數量，因而大爲增加。土地既可自由買賣，農民自可離開土地而他去，從前農民須附着於耕地上的限制遂亦不能繼續維持。

因土地的自由買賣，奴隸可變爲自耕農，自耕農可變爲大地主。地主們因生活寬裕，經濟的優越，求學不難，且可交結有力人士，相互汲引，遂有機會參與政治。身分既可流通，於是所謂「士大夫不雜於工商」（《逸周書》程典解），「民不變，農不移，工賈不變，士不濫」（《左傳》昭公二十六年，晏子語），「士競於教，庶人力於農穡，工商皂隸不知遷業」（《左傳》襄公九年，晉子囊語），「士之子常爲士，農之子常爲農，工之子常爲工」（《管子》小匡篇）的階級固定性被打破。加以當時各國諸侯務求富強，延攬謀士，招致賓客，徵求人才，惟才能之是視，不拘身分與等級，楚材可爲晉用，布衣可爲卿相，秦以用客卿而興覇，世襲貴族制便被才智的官僚制所替代。蘇秦無負郭二頃田，竟能佩六國相印。藺相如僅是宦者舍人，趙王亦拜爲上大夫。秦穆公用戎人由余，宛人百里奚，宋人蹇叔，晉人丕豹、公孫支，孝公用衞人商鞅，昭王用魏人范雎，秦相出身，多屬寒微。百里奚乞食於人，張儀貧無行，范雎家貧無以自給，李斯爲郡小吏。這種不論門閥身分，以才能爲任職標準的官僚制度，是支持統一國家的有力因素；在戰國之世已奠定基礎。

三、交通貿易的興盛——當時因爲戰爭頻繁，爲了軍事運輸的利便，遂促成交通的暢達。復因農業生產的進步，農產數量大爲增加。農民對所生產的農產品消費不完，多餘者需要出售與交換，於是商業與貿易因之勃然興起。村落經濟進爲都市經濟，鄉村地主同時亦可從事貿易與商賈。因交通貿易的盛達，商人階級亦成爲社會上政經要人。呂不韋以陽翟大賈的資格，能以暗移秦祚。鄭弦高以商人的力量，可以退敵國大軍。子貢「鬻財於曹衞之間，結駟連騎，束帛之幣以聘諸侯，所至國君無不分庭與之抗禮」（《史記》卷一百二十九，貨殖傳），范蠡「爲越大夫，在陶爲商致鉅富，世稱陶朱公」（《史記》范蠡列傳），呂不韋「爲翟陽大賈，以貲財交納子楚，使子楚名重天下，得歸國嗣位」（《史記》卷八十五，呂不韋列傳），皆商務貿易盛達的明證。交通既方便，有利於國家的統一，商業與貿易的基礎，建築在各地區的經濟相互依需上。由於各地區的相互依賴及交通的利便，遂促成統一國家的誕生。

第二節　統一國家的建設

一、**秦始皇的統一**——統一國家的醞釀，爲時已久，秦始皇乘此趨勢，依恃祖宗基業以高屋建瓴的形勢，經濟優越的力量，勇悍善戰的軍隊，足智多謀的幹部及遠交近攻的策略，卒於西元前二二一年（卽秦政二十六年）併滅六國而建立統一帝國。所謂統一者，有縱橫兩方面的含義。就縱的關係言，中央對地方能作切實有效的指揮與控制。就橫的關係言，各地方間須有共同意識與相互依需。秦始皇併滅六國時，卽依丞相王綰等建議，建皇帝尊號，分天下爲三十六郡，廢封建，行郡縣（實際上封建已解體，郡縣已產生），皇帝含有至尊及最高之意。「天無二日，民無二王」。皇帝乃全國共同擁戴的統一的最高的元首。「天下之事，無大小皆決於上，上至以衡斗量書，日夜有呈，不中呈，不得休息。」（《史記》卷六，秦始皇本紀）皇帝是具有實權的全國政治領袖，不再是周天子的形式領袖。

郡縣設守、令、尉、監，掌治地方政事，由皇帝直接任免，按其功過定其去留，不再是從前的世襲公侯；其報酧是俸給，不是地租。所以他們是皇帝僱用的官吏，不是封地領主。守、令、尉、監的職掌又相互牽制監督，使不能形成尾大不掉的形勢。如此，中央對地方才能作指臂運如的指揮與控制，上下聯爲一體，於是聯合國消失，統一國形成。

國家的統一，不僅在於政治上的控制，更在於社會、文化、經濟及思想上的相互溝通與聯繫，所以秦始皇更同時進行統一度、量、衡及文字的偉大而艱鉅的工作。此卽史所謂「一法度衡石丈尺，車同軌，書同文字」（《史記》卷六，秦始皇本紀）。因「諸侯力政不統於王，惡禮樂之害己，已而皆去其典籍，分爲七國，田疇異畝，車塗異軌，律令異法，衣服異制，言語異聲，文字異形」，故「秦始皇初兼天下，丞相李斯乃奏同之，罷其不與秦文合者」（許愼《說文》敘）。文字乃是思想的代表與記載，統一文字的重要功用，卽在於控制思想。因爲要謀求思想的統一，秦始皇三十四年，從李斯請「史官非秦紀皆燒之，非博士官所職，天下敢言詩書百家語者，悉詣守、尉雜焚之」、「所收天下書，不中用者盡去之」（《史記》卷六，秦始皇本紀）。這些措施，從促成國家統一及思想的一致，實是必要的，未可厚非。當然，如此激烈的行動，不免矯枉過正，且發生一些副作用亦所難免。

二、漢代的建制——秦始皇建立統一國家，是中國政治發展史上一大躍進。但歷史的發展常非直線的前進或上升，而是波瀾推移，上下起伏，波浪式的流動。秦始皇積極推行統一與集權的壯擧宏模，曾引起一度的逆流。這種逆流的表現，就是陳勝、吳廣、劉邦、項羽的揭竿而起，反暴政，逐秦鹿。漢高祖平定天下，入咸陽，成帝業，乘此流緒，而採郡國與郡縣並行之制，於是有封君制的產生。班固曰：「漢興，海內新定，同姓寡少，懲戒亡秦孤立之敗，於是剖裂疆土，立二等之爵，功臣侯者百餘邑」（《漢書》卷十四）；司馬遷亦曰：「漢興，序二等（大者王，小者侯）。高祖末年，非劉氏而王者，若無功，上所不置；子弟同姓爲王者九國。」（《史記》漢興以來諸侯年表）王侯得自置丞相，辟官吏，封土亦頗廣大。這是統一國家發展中所遭遇的一度摧挫。不過，統一集權爲歷史力量所註定的前程，反動的逆流，終必爲前進的洪流所壓倒。故景帝、武帝以後，封君勢力日趨沒落，卒至消滅，使統一國家的基礎益見鞏固。

景帝卽位，吳、楚七國反，經剷平之。景帝中五年令諸侯不得復治國，天子爲之置吏。景帝後二年令諸侯受封不就國。王侯於是多閒居長安，不赴國治事，祇遙領封爵而已。封國的相、內史和官吏由皇帝逕自置之，是封國亦淪爲郡縣了。武帝卽位，用主父偃謀，行推恩之令，使「諸侯得推恩，分子弟國邑，故齊分爲六，梁分爲七，淮南分爲三。」其結果，「大國不過十餘城，小國不過數十里。而漢郡縣八、九十，形錯諸侯間，犬牙相臨，秉其阨塞地利，强本幹弱枝葉之勢成。」（《史記》漢興以來諸侯年表）文帝曾設酎金律，使諸侯每年十月，獻薦廟燒酎之黃金於朝廷，若不依律獻納，卽剷其縣邑。武帝元鼎五年，列侯坐獻黃金酎祭宗廟，奪爵者一〇六人。漢初，以有功侯者七十五人，然終武帝之世，失侯者已六十八人。以王子侯者一七五人，終武帝之世失侯者一一三人。外戚恩澤侯者九人，終武帝之世，失侯者已七人。循此趨勢繼續發展，封君制卽全消滅，統一國家的實質，不致受到任何損害。

新莽雖行封建，僅是泥古而已，有名無實，實際上仍是統一的中央集權，並未損於統一國家的實質。史稱：「莽好空言，慕古法，多封爵人，性實吝嗇，託以地理未定，故且先賦茅土，用慰喜封者」，又稱：「其以洛陽爲新室東都，長安爲新室西都，邦畿連體，各有采任，州從禹貢爲九，爵從周室爲五，諸侯之員千有八百，以侯有功。……以圖籍未定，未授國邑，且令受封都內，月錢數千，諸作皆困之，且有傭作者。」（《漢書》卷九十九）統一集權的經濟基礎，本建築在農工商發達的場合上；亦卽中央的統一政權係以大地主與大商賈的共同利益爲支持。然新莽更名天下田曰王田，奴婢曰私屬，皆不得買賣；其男口不盈八，而田過一井者，分其田於九族隣里鄉黨（《漢書》卷二十四上，食貨志）。又行五均六筦的制度，控制各地的商業貿易，期以齊衆庶抑兼併（《漢書》卷二十四下），致與大地主大商賈的利益相違反，於是彼等群起反抗，使新莽政權倏然崩潰。

劉秀乃高祖九世孫，南陽豪富，家饒貲財；其外家樊氏尤爲殷實（《後漢書》卷六十二，樊安傳），得以起兵定天下。光武自身既係大地主，其得天下也，且多得力於豪族的協助。軍餉乏，王丹率宗族上糧二千斛（《後漢書》卷五十七，王丹傳）。河內太守韓韶以係豪右之家赦用（《後漢書》卷四十七，岑彭傳）。鬲縣五姓均當地豪富，相率歸附（《後漢書》卷四十八，吳漢傳）。所以劉秀取得政權後，政治的一切措施不能違犯天下豪富的利益。豪富階級需要一個集權統一的政府保障其經濟利益。光武爲實行集權計，置前此掌握實權的丞相、太尉、御史大夫即三公於「坐而論道」、「尊而不親」的地位，而以私人秘書性質的尙書令御掌丞相大權。另以宦官親朝政，外戚執軍權。東漢政治的集權趨勢，實凌駕於西漢之上，國家性質仍是統一集權的；政權基礎仍建築在農商豪富共同利益上。

第三節　統一國家的實質

一、**農商政權**——秦、漢時代的國家政權，掌握在大地主和大商賈兩階級的手上，故可稱之爲農商政權。在大地主和大商賈的經濟利益相調和一致時，便共戴一政治領袖以爲自己的利用工具，藉以保障其利益。這是秦、漢統一國家的實質。因昔日自給自足的自然(實物)經濟及地方經濟，至此時已進步爲相互依賴的商品貨幣經濟及國家經濟。農產品不是爲自己消費而生產，而是爲交換（買賣）而生產；不是爲自用而生產，而是爲賺錢（獲利）而生產。這時既經「廢井田，開阡陌，任民所耕，土地可以買賣」，在土地自由兼併的情形下，自然演成「富者連阡陌，貧者亡立錐之地」（《漢書》卷二十四上）的現象。崔實《政論》亦稱：「漢承秦敝，尊獎兼併，上家累巨萬，厥地侔封君。」土地分配，農業生產進步，水利灌溉發達，農業商品生產數量大爲增加。

王翦請美田園以堅定秦始皇的信心；蕭何買民田以釋高祖的疑意。陳勝、吳廣以農家資格，竟欲移秦祚。秦楊農田甲一州，卓氏財富擬人君。武帝時以外戚專權，田園膏腴無比，灌夫有陂池田園，家累數千萬。成帝時，張禹多買田至四百頃，皆涇渭灌溉。哀帝時，董賢寵幸，得田二千餘頃。光武時，外祖父樊重，廣田土三百餘頃；光武之子劉康置私田八百頃。由此可見土地集中兼併的一斑及大地主勢力與中央政權的密切不可分。

這一時期，農業發達的狀態，除集中經營外，還有兩大特色：一爲大規模的水利灌溉，二爲生產的地理分工。關於前者，秦時有鄭國渠及蜀渠的完成。漢世，武帝開渭渠三百餘里，灌田萬餘頃；開鑿龍首渠發卒萬餘人，灌田達萬頃；闢白渠長二百里灌田四千四百頃。元帝時，築設鉗盧陂，累石作堤，田畝受益，年有增加，數達兩萬餘頃。後漢章帝修芍陂池長百里，灌田達萬餘頃。順帝於會稽建築鏡塘，周環三百餘里，灌田九千頃。關於後者，則秦重農戰與耕作，隴養畜類，川出銅器，魯以魚鹽。史稱：「山西饒材竹穀纑旄玉石，山東多魚鹽漆聲色，江南出枏梓薑桂金錫連丹砂犀瑇瑁珠璣齒革，龍門碣石，北多馬牛羊，旃裘筋角銅鐵，則往山多碁置。此皆中國人所喜好，謠俗被服飲食，奉生送死之具也。故待農而食之，虞而出之，「工而成之，商而通之。」（《史記》卷一百二十九，貨殖列傳）大規模的水利事業，足以促進共同意識與團結，生產的地理分工，必發生相互依賴與交通。這些皆是使統一國家形成的有力因素。

農業生產的設備與工具，需要工業製造的供應，大量出產的農業品，需要商賈的運銷；於是因農業的發達亦促進工商事業的繁榮。秦始皇能徙各地豪富共十二萬戶，以振興關中的商業，加以關中膏壤沃野千里，故「關中之地於天下三分之一，而人口不及什三，然量其豪富，什居其六」（《史記》卷一百二十九，貨殖列傳）。這乃是運用農商經濟勢力，以為統一國家及中央集權的憑藉。司馬遷曰：「漢興，海內為一，開關梁，弛山澤之禁，是以富商大賈，周流天下，交易之物，莫不通得所欲。」（《史記》卷一百二十九，貨殖列傳）漢時，諺亦有云：「以貧求富，農不如工，工不如商，刺繡文不如倚市門。」（《史記》，貨殖列傳）這足以說明當時的商業發達已達於高度的水準。因商業的發達，遂有大商賈階級的產生。他們的濶綽與勢力，大有可觀。晁錯說：「商賈大者積貯倍息，小者坐列販賣，操其奇贏，日游都市，乘上之急，所賣必倍，故男不耕耘，女不蠶織，衣必文采，食必粱肉，亡農夫之苦，有什佰之得。因其富厚，交通王侯，力過吏執，以利相傾。千里遨遊，冠蓋相望，乘堅策肥，履絲曳縞，此商人所以兼併農人，農人所以流亡也。」（貴粟疏，載《古文觀止》）司馬遷亦曰：「而富商大賈或蹛財役貧，轉轂百數，廢居居邑，封君輩俯首仰給。」（《史記》卷三十，平準書）富商大賈不但能操縱經濟，影響政治，並能以直接掌握政權，桑弘羊、孔僅、卜式、東郭咸陽、任公、卓氏、鄧通、宏恭、石顯等皆擁鉅資，踞高位，隱然有人君之慨。

爲促進大規模的農業生產，及保持各地商業的暢通與繁榮，自然需要統一的國家和集權的政府。漢代的商業大都市，如關中、三河、巴蜀、溫軹、邯鄲、洛陽、鉅野、江陵、吳、壽春、合肥、番禺、潁川、南陽等地間的貿易，構成全國統一的交通網與連鎖鍵。國內商業達於飽和時，自必發生商品充斥與銷路不暢的現象，必須消除這難關方能維持國家統一，於是不得不威服四夷，積極向外發展以開拓市場，伐匈奴，開西域，使越南，通蜀滇，固然有政治與軍事的意義，然其基本原因，實在於經濟的需要，旨在推廣貿易，獲取經濟利益。向外發展有賴於有組織的大量軍隊。這軍隊的編組、訓練與使用，實需要一統一的國家和集權的政府。因爲維持大量軍隊，需用龐大餉糈，因之便須採行財政集中的政策。大量軍隊的編組，正足以收容被富豪大商賈剝削而喪產失業的流民與貧民；於是貧富階級對立的尖銳性得以減弱，使社會結構，不致於動搖，統一國家的局面得賴以維持。

二、超然王權——秦漢統一國家的基礎，建立在大地主與大商賈的利益調和點上及獨立而互賴的許多地方共同體上。這種性質的統一是相對的，非絕對的，是協力維繫的，不是獨力支持的；中央集權的性質是超然的，不是專斷的，是利益的協一，不是君主的一把抓；是「衆星拱月」，不是「一日當空」。因大地主與大商賈乃社會柱石，爲實際政治的支配者，國家的主權實掌於此輩的手中，君主乃是大地主和大商賈共戴的仲裁人，祇能調和二者的利害，不能違犯二者的利害。否則，不是引起彼等簒竊或廢立君主，便會引起農商的交惡而形成國內的分裂或政治戰爭。地方的分工與互賴，雖足以促成國家的統一，但各地方間仍有可以獨立和分裂的因素，所以中央政權必須在各地方權力的協議或均勢的情形下才能維持；亦就是說中央政府的作用在調節及維持農商階級及各地方利益的平衡與一致。秦漢君主的地位祇是超然王權，不是絕對的專制君主。秦始皇是一偉大英明皇帝，然丞相李斯卻能玩弄之於股掌之上，先則使賢太子扶蘇使遠離京師監軍在外，繼則矯詔殺太子扶蘇而立昏庸的二世爲皇帝，趙高專橫到「指鹿爲馬」。漢代有不少君主是經由大臣廢立，皇帝居於可憐的地位，權臣竊權，君主失勢。平帝爲王莽所簒，獻帝受制於曹操，「天子不知命在何時」。這種情形，在專制時代的唐、宋、元、明、清，則不曾再見。

第四節 王權政制的剖視

秦漢政制是超然王權。秦漢時代，中國社會已進入統一國家階段，建立起中央集權的政府。但這統一與集權的性質祇是比較的相對的。秦漢時代的國家和政府與封建時代者相比較，確已進入高度的統一與集權；然若以之與唐以後的國家和政府相比較，其統一與集權的程度則又瞠乎其後了。唐以後的統一與集權才是專制性的、絕對性的。因吾人已知，秦、漢統一與集權，建築在大地主大商賈兩個階級的經濟利益相互調和點上；亦卽若干地方單位的共同體上，或彼此相互依賴上。中央政府的統治權蓋基於階級利益的調和及地方利益的相互依賴上，故其存在與運用的性質，乃是超然的中立的。秦漢的超然王權政制的輪廓與實質，可從地方權力的强大、群臣議事的運用、君臣之義未深刻及皇帝地位欠鞏固，諸點剖視之。

一、地方權力的强大——秦始皇呑併六國，奄有四海，雖廢封建，行郡縣，罷侯置守，開中央集權的局面，然不數年，而群雄並起，六國後裔及豪族强宗，皆逐秦守宰，自王故土。是秦代尚未達於絕對集權的境地，皇帝權力，亦非後世專制君主的性質。漢高祖以匹夫定天下，懲亡秦孤立之弊，遂採封建與郡縣並行之制。功臣異姓而王者八國：張耳、吳芮、彭越、黥布、臧荼、盧綰與韓信皆得裂土南面稱孤。高祖昆弟子孫爲王者，凡二十國。史稱：「漢興，剖裂疆土，尊王子弟，大啓九國。自雁門以東盡遼陽爲燕代，常山以南太行左轉度河南漸於海爲齊趙，穀泗以北奄有龜蒙爲梁楚，東帶江湖薄會稽爲荊吳，北界淮瀕略廬衡爲淮南，波漢之陽亘九嶷爲長沙。諸侯比境，周市三垂，外接胡越。天子自有三河、東郡、潁川、南陽，自江陵以西至巴蜀，北自雲中至隴西與京師內史，凡十五郡，公主列侯，頗邑其中。而藩國大者，跨州兼郡，連城數十，宮室百官，同制京師。」（《漢書》諸侯王表序）漢初封國，不但土地廣，權力亦大，國內百官除丞相外皆得自置，並各自紀年，地方勢強，集權未甚，固甚明顯。《漢書》孝悼惠王傳贊云：「高祖初定天下，大封同姓諸侯，得自置御史大夫以下，漢但爲置丞相。」惠悼王傳稱：「悼惠初王，得自置二千石。」田叔傳稱：「田叔爲人廉直，趙相言於趙王張敖卽以爲郎中。」這是二千石與郎中由封君自置的明證。薄昭與淮南厲王書云：「大王逐漢所置二千石，而請自置，皇帝屈許之」，是相亦得自置了。

景武而後，封君雖不使之就國，封建局勢，已趨瓦解，然所謂郡縣者亦權大勢強，縱非尾大不掉，亦嫌外重內輕。漢制，三公得自置吏，刺史得自置從事。郡太守得自辟用功曹掾史，不由中央選授。其所辟置者卽同臣僕，竟稱其府主爲后。顧亭林稱：「漢時，郡守之於吏民亦有君臣之分，故有稱府主爲后者。漢武都太守李翕西狹頌云：『赫赫明后，柔嘉維則。』桂陽太守周憬銘云：『懿賢后兮發聖英。』」（《日知錄》卷二十四）郡守更可尊稱本朝。司隸從事郭究碑云：「本朝察孝，貢器帝庭。」豫州從事尹宙碑云：「紀綱本朝。」《後漢書》劉寵傳稱：「山谷鄙生，未嘗識郡朝。」州郡掾史對其舉主長吏卑從備至，多有爲之服三年喪者。《陔餘叢考》稱：「漢時州郡掾史督郵從事，則牧守自置。《後漢書》和帝問陳寵在郡何以爲理；對曰：臣任功曹王渙以簡賢選能。鮑宣爲豫州牧，郭欽奏其舉措煩苛，代二千石署吏。……屬吏之與長官，已有君臣分誼，氣節相矜，並至有甘以身殉者。會稽孟章父英爲郡決曹掾，郡將撾殺無辜，英引爲己罪代將死。章爲郡功曹，從太守討賊，爲賊所迫，亦代將死。……荀爽爲司空，袁逢所辟有道不應，及逢卒，爽制衣三年。桓鸞爲太守，向苗所舉孝廉，除膠東令，始到官苗卒，卽去官奔喪，終三年。王吉被誅，故人莫敢至者，獨屬吏桓典收斂歸葬，服喪三年。劉瓚以寃死，王允爲瓚吏，獨隨至京送喪還其家，終三年乃歸。」（卷十六）

漢時，郡太守權大勢亦强，因彼等率係地方强梁或豪族，自擁實力，中央固不敢奴役指使之。漢時廷臣，多由外官登仕，亦所以維繫及拉攏地方勢力。這和唐宋以後，地方官多以朝臣出守正相反。同時，秦漢時代的鄉官，地位亦甚重要，權力又頗强大。縣鄉三老出於選擧，不無今日地方自治的意義。三鄉老權力可與縣令丞尉相頡頏，甚而可對天子王侯直接言事。卽最低嗇夫亭長亦得自擧其職，上掩郡縣長吏之名（《日知錄》卷八）。地方官吏的權大勢重，因其在地方自有其實力與基礎，並非後世祇靠俸祿維持生活的可憐官吏。

二、群臣議事的運用——秦漢皇帝的權力，並未達於專制的程度，從群臣議事制度的運用上，可以得到解釋。秦始皇雖被目爲專制皇帝，但稱帝號、廢封建、行郡縣諸大事均經群臣的廷議決定。至於李斯的聲勢赫赫，趙高的一手遮天，更足以證明丞相權重。西漢時代，群臣議事的作用最爲重要。東漢時，皇帝權力雖較西漢爲重，議事制度失去效力。然上封事、進奏章、通駁議的運用則甚爲廣泛，自亦能以相當的限制君權。茲根據《西漢會要》對議事的記載（卷四十及卷四十一）略加引述以見其運用。國家大事應經集議方式決定者，計有以下幾種：㈠議立君——高后四年，詔曰：皇帝疾久不已，不可屬天下，其議代之。代王入代邸，群臣上議以立嗣。元平元年，昭帝崩，亡嗣，群臣議所立。㈡議儲嗣——文帝元年，有司請早建太子，詔曰：其安之。有司固請，更議不宜，上乃許之。成帝召丞相翟方進，御史大夫孔光，右將軍廉褒，後將軍朱博，皆引入禁中，議中山定陶王誰宜爲嗣者。㈢議宗廟——高后七年，詔曰：昭靈夫人，太上皇妃也，高弟兄姊也，號謚不稱，其議尊號。孝景元年，詔曰：其爲孝文皇帝廟爲昭德之舞，以明休德，其與丞相、列侯、二千石、禮官具禮議奏。宣帝卽位，詔丞相、御史大夫曰，孝武廟樂未稱，其與列侯、二千石、博士議。㈣議郊祀——孝文十五年，黃龍見於成紀，上乃下詔議郊祀。元狩二年，天子遊雍，詔曰：今上帝朕親郊，而后上無祀，則禮不答也。有司與太史令談祠官寬舒等議。㈤議典禮——文帝十五年，使博士諸生刺六經作王制，謀議巡狩封建事。武帝建元元年議立明堂。宣帝時，美陽得鼎獻之，下有司議。㈥議封建——漢十一年，詔王相國、通侯、吏二千石，擇可立爲代王者；詔擇議可以爲梁王、淮陽王者。元狩六年，大司馬臣去病，請定王子位，詔下丞相、御史大夫等議。昌邑王賀薨，豫章太守廖奏言宜以禮絕賀，以奉天意，願下有司議，議皆以爲不宜爲立嗣。㈦議功賞——高后二年，詔曰：欲差次列侯功以定朝位，其與侯議定奏之。馮奉世擊莎車王自殺，上甚說，下議封奉世丞相。成帝既罷昌陵，以長首建忠策，復下公卿議。㈧議民政——文帝元年，詔曰：方春和時，吾百姓鰥寡孤獨窮困之人，或阽於死亡，其議所以賑貸之。武帝元鼎六年，上曰：今內史稻田租挈重不與郡同，其議減。元帝時，貢禹以宜令民七歲去齒，乃出錢，年二十乃算，天子下其議。㈨議法制——孝文二年，詔丞相、太尉、御史大夫，今犯法者已論，而使無罪之父母妻子同產坐之，朕甚弗取其議。景帝元年，詔吏所受監臨，以飲食免重，受財物賤買賣論輕，廷尉與丞相更議。哀帝即位，詔曰：諸侯王列侯公主吏二千石及豪富民多蓄奴婢，田宅亡限，其議限之。㈩議同姓——淮南王謀反，召至長安，丞相張蒼等四十三人議宜論如法。淮南王安反，衡山王賜，淮南王弟當收坐，有司請逮捕衡山王，上曰：諸侯各以其國爲本，不當相坐，與諸侯王列侯議。

三、君臣之義未深刻——秦漢時代雖已有君臣之誼，然其意義尚未深刻，和後世專制君主制度下的主奴關係者截然不同。因秦漢的官僚多爲各地擁有經濟大權或實力者，君主對之，尚不能以絕對命令或奴僕視之。君臣係處於相互依賴的合作場合。君對臣以禮，臣事君以義。劉邦與樊噲、彭越、蕭何等乃是義氣結合的朋友，嚴光對劉秀可以「足加帝身」，劉備對諸葛亮更須「三顧茅廬」。因他們在地方具有重大勢力，皇帝對之有所倚重，故不能不以「禮賢下士」，「敬之以禮」的態度出之。漢代專制未甚，宰相入見僅登拜，君臣相見對席坐。皇帝選拔人才，採行「對策」的方式。「對策」並不是不客氣的「考試」，而是皇帝向太守、公卿所推薦的賢才，移尊就敎，聽取各賢士對國事的高見與良策。對策皆入選並無淘汰。

賈誼入見文帝於宣室，暢談國事國策至夜半。群臣上書，直言無所忌諱。谷永奏成帝曰：「陛下獨違道縱慾，輕身妄行，積失君道，不合天意。」劉向亦奏稱：「陛下爲人子孫，而令國祚移於外家，降爲皀廟，縱不爲身，奈宗廟何！」這種語氣，專制君主所不能受，奴僕的官吏所不敢言。至於皇帝所下詔書，亦多謙恐備至。文帝詔曰：「朕以不敏不明，而久臨天下，朕甚自愧。」元帝詔曰：「元元大困，盜賊並起，是皆朕之不明，政有所虧，咎至於此，朕甚爲恥。」明帝詔曰：「朕承大運，繼體守文，不知稼穡之艱難，懼有廢失，若涉淵水而無舟楫。」章帝詔曰：「朕以無德，奉承大業，夙夜戰慄，不敢荒寧。」和帝詔曰：「寤寐永嘆，用思孔疚，痛心疾首，靡知所濟。」（均參考趙翼《廿二史劄記》卷二）

四、皇帝地位欠鞏固——秦漢兩朝，皇帝權位尙欠鞏固。時在風雨飄搖，動變移蕩中，亦足爲君權未達於專制境地的一證。在這時期，皇帝所遭受的打擊，不一而足。內則有女后宦官的窺竊，外則有權臣外戚的篡奪。秦始皇以併吞六國的氣概，奄有四海，自以金城千里，可以建子孫帝王萬世之業，豈知自身竟被李斯所玩弄，矯詔立二世，胡亥竟受制於趙高並爲所弒。漢高祖威加海內，獨不能制一呂雉，酖殺趙王，驚死惠帝。呂后臨朝竟欲滅諸劉，王諸呂；其姪呂祿呂產分典南北軍，王權幾被傍移。文帝乃諸大臣所迎立者，自須向之低頭，仰給地方，鄧通專權，勢所使然。景帝以太后從子竇嬰爲大將軍總掌兵權，又封王后同母田蚡爲侯，外戚雖未爲患，然權勢固甚大。且其時有吳楚七國之亂，王權亦不能謂爲鞏固。武帝雄才大略，經營四夷，王權威力發揮最高，然外戚權臣亂國的根源，此時亦已萌其根芽。竇嬰、田蚡先後爲丞相，衞青、李廣、霍去病相繼執兵權，皆緣於椒房關係，權勢赫赫，可逼主上。昭帝時，有燕王旦、上官桀之亂，霍光秉政平定後，帝卽位時才八歲，政事全決於光。昭帝崩，光復任意廢立，先立昌邑王，旋又廢之，更立宣帝。「宣帝卽位，光從驂乘，上內嚴憚之，若有芒刺在背」；「諸事皆先關白光，然後奏天子。光每朝見，上虛己斂容，禮下之已甚。」（《漢書》霍光傳）光死，宣帝移霍氏於外，致引起霍禹之亂。霍氏雖被族誅，而外戚許史又盛，許延壽、史高、許嘉光先後輔政領尚書事。元帝委政宦者宏恭、石顯，而顯等又與許史相表裡。成帝黜顯等而專任元舅王鳳之弟音、商、根相繼當政。根病免，薦從子莽以代，莽遂得繼四父而執政。哀帝崩，王莽為大司馬迎立平帝，漢政全出於莽。五年弒帝而立孺子嬰，三年簒漢而自立。

東漢光武可稱英明，在位三十餘年可稱盛世。惟和帝以後，「皇統屢絕，權歸女主，外立者安、質、桓、靈四帝。臨朝者竇、鄧、閻、梁、竇、何六后，莫不定策幃內，委事父兄。貪童幼以久其政，抑賢明以專其威。」（《後漢書》后紀序）因女主臨政，外戚專權，更起宦官之禍。蓋「女主臨朝，朝臣國議莫由參斷幃幄，稱制下令，不出房闥之間，不得不委用刑人，寄之國命。」（《後漢書》宦官列傳）外戚擅權，人主不勝其脅迫，而公卿以下，皆其黨羽，亦只有藉宦官之力以誅之。章帝寵幸竇后，后族「竇憲兄弟親幸，並侍宮省，賞賜累積，寵貴日盛，自王主及陰、馬諸家，莫不畏懼。」（《後漢書》竇憲傳）和帝以幼冲即位，竇太后臨朝，於是兄弟皆登親要，憲平匈奴，並得封侯，一門權要，勢傾主上。和帝雖與鄭衆謀，能憤然誅竇，然宦官之禍，亦從此開端。殤帝生始百餘日即即帝位，鄧太后臨朝，帝崩，后與兄隲、悝等定策，迎立安帝，鄧氏仍臨朝，隲及弟悝、閶弘皆得封侯，寵權顯赫，盛極一時，鄧后崩，安帝乳母王聖與宦官李閏、江京等譖誅鄧氏，然帝后閻氏之族復得勢。帝崩，閻后與兄閻顯等迎立少帝，誅黜周廣、王聖諸人，身自臨朝，閻顯之弟景與晏並居權要，威福擅作。少帝殂，宦官孫程等十九人擁立安帝廢太子，是謂順帝，誅閻氏，孫程等皆封官。順帝立，梁后之父商用事，為大將軍，專朝政，商卒，子梁冀繼之。帝崩，梁后與兄冀立冲帝，身自臨朝，未幾，冲帝崩，又立質帝。質帝聰慧，年才八歲，能辨冀奸，斥爲「跋扈將軍」，冀聞之而怒，進毒餅酖弒之，更立桓帝，冀爲大將軍輔政，凶恣專斷，蠻橫無比。梁后崩，桓帝與中常侍單超、具瑗、唐衡、左悺、徐璜等合謀誅梁。桓帝崩，竇后與竇武定策，迎立靈帝，竇后臨朝，武入居禁中輔政，與陳蕃等謀誅宦官，反爲宦官曹節、王甫等所殺。靈帝崩，何后臨朝，立子辯，后兄何進以大將軍輔政，欲盡誅宦官，反被宦官張讓、段珪等所殺，以致軍人大嘩，袁術、袁紹、閔貢等動兵捕宦官。董卓因亂入京，弒辯立獻帝；而山東諸侯群起，以討卓爲名；加以黃巾亂徒日熾，漢室政權，便無法維持。東漢政變，循環不絕，王權地位，動盪不安，乃是由於代表地方勢力的外戚權臣志在利用君主以保障自己的利益，不肯竭誠擁護王權有以致之。

卷一　嬴秦時代

第二十一章　雜家呂不韋的政治思想

第一節　生平事略

一、鉅商的出身——呂不韋的事蹟載於司馬遷《史記》卷八十五。玆摘錄其要，以見其事。呂氏爲戰國末期人物，是河南禹縣（陽翟）的大貿易商，常奔走於韓、趙、秦、魏諸國，從事貿易，販賤賣貴，市利百倍，遂致家累千金，成爲富豪。當呂氏在趙都邯鄲行商時，遇及秦昭王之孫子楚。子楚爲質於趙，秦、趙交惡，不禮於子楚，居處困窮，進用不饒。呂氏見而憐之，以爲「此奇貨可居也」。

二、交結秦子楚——呂不韋乃以五百金予子楚以爲日需及交結賓客之用。呂自以五百金買奇物玩好，西游秦，得見昭王太子安國君之寵姬華陽夫人，盡獻所攜之奇物玩物，因言子楚賢智，交結賓客，享有盛名。華陽夫人無所出，子楚爲安國君之中男，可立爲嫡子，勸華陽夫人納爲子嗣。華陽夫人因間說於太子安國君；太子允許之，太子乃與夫人刻玉符，約以子楚爲嫡嗣。

呂氏見計得售，乃返趙告知子楚，子楚之名益盛於諸侯。呂不韋取邯鄲諸姬之絕色善舞者與同居，知已有身，獻於子楚，姬自匿有身，子楚不自知。昭王五十年使王齮圍攻邯鄲。趙欲殺子楚。呂氏以金六百斤予守者，子楚與呂乃得脫險返秦。秦昭王五十六薨，太子安國君立爲王，華陽夫人爲王后，子楚爲太子。子楚所納夫人在趙生子政，卽後日之秦始皇。子楚旣立爲太子，趙於此時，乃奉子楚夫人及子政歸秦。安國君卽位一年卽薨，謚曰孝文王。子楚嗣位是謂莊襄王，養母華陽夫人爲太后。

三、秦莊襄王丞相——莊襄王元年以呂不韋爲丞相，封爲文信侯，食河南洛陽十萬戶。莊襄王在位三年薨；太子政嗣位（西元前二四六年）是謂秦始皇，尊呂不韋爲相國號仲父。秦始皇年少，太后時時偷與呂不韋私通，因二人在趙國時，早已發生肉體關係。呂不韋權重家富，家僮達萬人。當時，魏有信陵君，楚有春申君，趙有平原君，齊有孟嘗君，皆招賢納士，喜養賓客，望重一世，享譽諸侯。呂不韋自覺秦爲强國，而其聲譽，遠不及四公子，引爲羞恥，乃亦招致名士，厚遇賓客，以養聲望。

四、著《呂氏春秋》——呂不韋招養之賓客，多達三千人。是時諸侯多辯士，喜遊好，善著書。呂不韋乃使其賓客，各著所聞集論，以爲八覽、六論、十二紀，約二十餘萬言，凡二十六卷；因十二紀係以時序論事，故名《春秋》；後世簡稱《呂覽》。自漢以來，對此書作注解者，祇高誘一家。呂不韋以爲此書備天地萬物古今之事，故以春秋稱之；且將全書公布於咸陽市門，懸千金其上，延諸侯游士賓客，有能增損一字者，予千金。呂之狂妄自傲有若此者。書成在始皇六年（西元前二四〇年）。

秦始皇年事漸壯，而呂與太后私淫不止。呂不韋恐懼皇帝察覺，大禍及身，乃私尋得「大陰」（指陽物）人嫪毒以爲舍人，並獻於太后而爲已之替身，太后與之淫，樂之。呂不韋賄主腐者，祇拔去嫪毒之鬚毛，而不去其「勢」（陽物），詐爲宦官以事太后。太后有身孕，恐始皇察覺，乃詐卜，謂宜離咸陽，徙居雍宮。始皇九年，有人告發嫪毐實非宦者，常與太后私亂，生子二人，皆匿之；並謂嫪毐與太后謀曰「王卽薨，以子爲後」。

五、陰事敗自殺——始皇下令使吏治其事，查始得實，事屬不虛。嫪毐恐禍及，與同黨謀矯太后璽，發卒反，始皇遣吏追斬之，並夷誅其三族盡沒其家財；並殺太后及其所生二子。始皇本欲殺相國呂不韋，因其助其父（子楚）得國，功勳極大，且賓客辯士爲之說情者甚衆，乃舍之，使就國。在河南歲餘，諸侯、賓客、使者訪呂氏者相望於道。始皇恐起變乃貽書於呂，使之徙居於西蜀。始皇十年，呂不韋在蜀自慮有罪，恐被誅族，乃飲酖自殺（西元前二三六年）。

依《史記》記載，秦始皇確是呂不韋的骨血。但有人說，司馬遷爲漢朝人，漢人厭惡秦始皇，故民間有此傳說以汚辱之。司馬遷可能係依民間傳說而寫入書中，未必有確實證據。而筆者則以爲司馬遷的記載，當屬不虛。試問嫪毐私亂太后之事，既經查實，則呂不韋實爲罪魁禍首，而始皇竟不殺之，反而使就國，食十萬戶。呂氏在國仍廣交諸賓客，頗有圖謀不軌之嫌，始皇是一暴君，既疑之，而又不殺之，僅使之徙居西蜀。這些都令人不解。蓋冥冥之中，二人之間有不自覺之父子情，骨肉恩，有以致之。

第二節　人品評估

太史公曰：「孔子所謂聞者，其呂子乎！」孔子之所謂聞者，乃是：「色取仁而行違，居之不疑，在邦必聞，在家必聞。」實在說，這種聞人，卽是佞人；亦就是僞君子，眞小人。表面所作的好像仁義道德，骨子裡却是男盜女娼。藉僞善，求聞達，邀名譽；行實惡，逞私慾，營己利。以鉅金厚貽子楚，有似「仁者」「義擧」；實則視子楚爲「奇貨」，欲藉此以求暴利。招賓客，著《春秋》，貌似重學術，尊賢士，實則在培養個人聲望，厚植私人勢力。

綜觀呂不韋一生事略，筆者評論呂氏之爲人，可爲之下斷語曰：若呂不韋者實乃奸詐商賈，狡猾政客，虛冒聞人，無恥淫棍。不韋天資聰敏，能力不凡，手腕靈活，億則屢中，不失爲一卓越歪才。茲就此五端分論如次：

一、奸詐商賈——呂不韋是買賤賣貴，家累千金的大貿易商。能獲鉅利，則其所販賣的商品，決不會是笨重的價低的農產品。因其笨重，不能輕便的運轉於魏、趙、韓、秦諸國之間；因其價低，縱使有大量交易，亦難以獲鉅利。因之，其所販賣者當是昂貴的奇物玩好，即珍珠寶貝一類的商品。這些商品眞假難辨，貴賤無憑，頗易以低價的贗品，當高價的眞貨出售。在奸詐不實的交易下，當可市利千百倍。呂不韋之所以能致鉅富，家累千金，可能是由此而來。誠然，吾人決不能說：「無商不奸」；但若呂不韋者，則是奸詐商賈。

二、狡猾政客——政治家與政客的區別，在於前者的行爲目的係爲公衆謀福利，大公無私；後者的行爲動機係爲自己謀私利，假公濟私，私心滔滔。呂不韋以奸詐交易，獲大量不義之財。復運用不正當的手段，賄買秦公子子楚，趙國的守城吏卒，華陽夫人之姊及華陽夫人。這些行爲的動機，毫無福人民，利天下的用意，全是爲自己升官爭權著想。就是那招賢納士，食客三千，著書立說，亦是一肚子私心，要使自己成爲「聞人」。手段卑劣，不爲天下着想，一意自私自利。稱之爲狡猾政客，不亦宜乎!?

三、虛冒聞人——呂不韋以不德不義的行爲博得秦相國，封文信侯，食十萬戶，萬人之上，一人之下，名滿天下。但是這種「名」，乃是欺世盜名的名不符實的虛名、假名和浮名；亦就是孔子所謂「色取仁而行違，居之不疑」的「聞者」。呂不韋藉《呂氏春秋》而名傳後世，永垂不朽。但這書都是呂氏賓客的見解和思想，乃是集體創作，並非呂不韋的手筆和思想。所以他是冒充的聞人，是偷盜的作家。虛冒如此，能不令人嗤之以鼻!?

四、無恥淫棍——呂不韋經商致富，家累千金，飽暖思淫逸。在趙都邯鄲行商，卽與諸姬交遊，並取其中「絕好善舞者與居，知有身獻於子楚」(秦公子)。由此可知其爲好漁色，喜淫亂的登徒子。迨至趙姬所生子嬴政，尊爲皇帝，趙姬榮爲太后，不韋貴爲相國猶不知自愛自戢，仍色膽包天，[繼續與太后淫亂；恐事發，知太后淫慾强，乃覓大陰人嫪毐以爲替身。身爲相國，竟作此卑鄙骯髒行爲，稱之爲腆顏無恥淫棍，誰曰不宜!?

五、卓越歪才——呂不韋禀賦優異，智慧高明，能力非凡，手腕靈活，誠超群出衆的卓越者。洞察力强，分析局勢，探隱索微，瞭如指掌。運用活絡，手腕巧妙，有所計謀，皆能如願以償。若能挾此長才，走正途，行正道，效法蘇秦、張儀、范睢等辯士之所爲，游說諸侯，縱橫捭闔，亦不難貴爲卿相。奈不此之圖，而走邪徑，離正道，使用卑鄙手段，用女色與賄賂以干祿，才有餘而德不足，縱使官高爵顯，亦難以博得世人敬重，非才之難，而所以自用其才者實難。呂氏有才而未能盡用其才，以邪道致相國，貴而不能掩其醜，良足太息！若呂氏者殆亦曹操之流亞。使秦始皇非英勇果決之君主，使與之無骨肉情深的血緣關係，安知其不行篡弒？不行正道者，必難以得正果，呂氏的結局，雖倖未被誅殺，然仍難逃「飲酖自殺」的下場！

第三節　著書主旨

一、養望

《呂氏春秋》的內容是道體儒用的立論主旨，雖多引用六經之文，然不少參證道家、墨家的思想，故四庫全書子部列爲雜家。呂氏何爲而著《春秋》？呂氏招納賢士，著書立說，實在養人望，收人心，要享譽於諸侯，凌駕於信陵、春申、孟嘗、平原四公子之上。爲要達到此一目的，自不得不倡高調，立新論，以爲引人入勝的號召。所以書中立論，多有反專制，譏暴政的思想，反對法家「集勢」、「因術」、「任法」的理論，對商鞅的變法新政，不表贊同。

二、譏秦

宋人高似孫著《子略》一書，書中呂氏春秋序意篇曰：「始皇不好士，不韋則徠英茂，聚畯豪，簪履充庭，至以千計。始皇甚惡書也。不韋乃極簡册，政筆墨，采精錄異，成一家言。吁，不韋何爲著此者也？不亦異乎！春秋之言曰：十里之間耳不能聞，帷墻之外目不能見，三畝之間心不能知，而欲東至開悟，南撫多鷚，西服壽靡，北懷儋耳，何以得哉！此所以譏秦也。」

三、代秦

其實，呂氏之作《春秋》，豈止「譏秦」？迨存有「代秦」的野心和陰謀。他既有「代秦」私心，自然要攻擊秦朝的政治措施，而另行樹立立國建政的理論與政策。當時姬周的王綱已失統緒，周鹿人人得而逐之。不韋不認爲秦是國家正統，故在《呂氏春秋》謹聽篇曰：「周室既滅，而天子已絕，以兵相殘，不得休止」；「當今之世，濁甚矣！黔首之苦不可加矣。天子既絕，賢者廢伏，世主恣行，與民相離。」這種抨擊，無異對秦孝公以來，圖富强，尚兼併，崇功利，任法，因術，集權政治，作根本的否定。

今人錢穆著《先秦諸子繫年考辨》，對呂氏作《春秋》的動機，與筆者所持見解，甚爲相近，蓋不謀而合者。他說：「余疑此乃呂家賓客借此書以收攬衆譽，買天下之人心。儼以一家春秋，托新王之法歸諸呂氏。如昔日晉之魏，齊之田，爲之賓客舍人者，未嘗不有取秦而代之意。卽觀其維秦八年之稱，已顯無始皇地位。當時秦廷與不韋之間必有猜防衝突之情，而爲史籍所未詳者。始皇幸先發，因以牽連及嫪毒之事。」（春秋考辨，四五〇頁）

第四節　政治思想

一、重己貴生

《呂氏春秋》的立論主旨，既在於反秦政，反專制，故倡重己貴民，道體儒用的政治思想，反對商鞅、韓非權術理論。十二紀中的持論多暗斥法家，對孔、墨、黃、老、莊、列、管仲、田子方多所引列；對申不害、商鞅、韓非則無所引證。《呂氏春秋》的政治思想以先秦爲我的人生觀爲基礎，卽楊子之不肯損一毛而利天下（參見《胡適文存》三集，讀《呂氏春秋》）。呂氏承其意，發爲「貴生」之論。其言曰：「今吾之生爲我有而利我亦大矣。論其貴賤，爵爲天子不足與比焉。論其輕重，富有天下不可以易之。論其安危，一曙失之，終身不復得。」「是以「聖人深慮天下，莫貴於生。」「凡生之長也，順之也；使生不順者欲也，故聖人必先適欲。」（《呂氏春秋》卷一重己，卷二貴生）

所謂「貴生」，非僅在於維持生命，而重在「全生」。貴生篇曰：「全生爲上，虧生次之，迫生爲下。故所謂尊生者全生之謂。所謂全生者，六慾皆得其宜也；所謂虧生者，六慾分得其宜也；……迫生者，六慾莫得其宜也。」政治的最高理想，在於使人民過全生的生活。故曰：「始生者天也，養生者人也。能養天之所生而勿攖，謂之天子。天子之動也，以全天爲故者也。此官之所自立也。立官者以全生也。」（《呂氏春秋》卷一本生）由此足見，設天子，立百官，所以使人民的生活美善，以適欲全生。政治組織的功能在於全民生，非以阿天子，利百官。秦政暴虐，抑民生，戕民命，故呂氏倡貴生，全生以重民利。

二、反對專制

呂氏的政治思想明顯的反對專制君主，接納了儒家理論，主張行仁政，順民心，對孟軻的「聞誅一夫紂矣，未聞弑君也」的革命論尤爲贊成。且大加推崇弔民伐罪的湯武革命。更進而提出不少方法，藉以防制君主的自驕，自智與自恣。《呂氏春秋》中順民、納諫、節欲、無爲諸篇，皆是反專制，抑暴君的政治思想。順民篇指出，先王先順民心，故功名成。順民心即以愛民之心，行利民之政。君主欲知民間疾苦，國家利病，應以廣納直民爲尙。驕恣篇（《呂氏春秋》卷二〇）曰：「亡國之主必自驕，必自智，必自恣，必輕物。自驕則簡士，自智則獨尊，輕物則無備。無備招禍，專獨位危，簡士壅塞。」呂氏更引黃帝之言，戒人主之自恣：「黃帝言曰，聲禁重，色禁重，衣禁重，香禁重，味禁重，室禁重。」（《呂氏春秋》卷一去私）。

三、君主無爲

《呂氏春秋》的政治思想既是反專制，所以要限制君主的權力，主張君主無爲而治。書中審分覽、君守、任數、勿躬、知度諸篇（卷十七）均在申明此義。如謂：「得道者必靜，靜則無知。知乃無知，可以言君道也。」（君守）又如：「君也者，以無當爲當，以無得爲得者也。當與得不在於君而在於臣。」（君守）蓋一人之「耳目心智，其所知甚闕，其所聞見甚淺。以淺闕居天下，安殊俗，治萬民，其說固不行。」（任數）「且人主自智而愚人，自巧而拙人。若此，則愚拙請矣，巧智詔矣。詔多則請者愈多，且無不請矣。主雖巧智，未無不知也。以未無不知，應爲不請，其道固窮。爲人主而數窮於下，將何以君人乎。窮而不知其窮，其患又將反以自多。是之謂重塞之主，無存國矣。」（知度）故人君之道，在委政以「託於賢」；「正名審分以治吏，無爲、成身天下自治矣。」（審分覽）

四、以德爲治

《呂氏春秋》的政治思想，既斥責始皇的專制政制，又反對商鞅嚴刑峻法，窮兵黷武的權勢統治，而主張以德爲治的德治政治。其言曰：「昔上世之亡主，以罪爲在人，故日殺戮而不止，以至於亡而不悟」（《呂氏春秋》卷三論人）。五帝先道而後德」；故德其盛焉。三王先教而後殺，故事莫功焉。五伯先事而後兵，故兵莫强焉。當今之世，巧謀並行，詐術適用，攻戰不休，亡國辱主愈衆，所事者未也。」

（《呂氏春秋》卷三先己）

第二十二章　法家李斯的政治思想

第一節　生平與為人

一、生平事略——李斯楚上蔡（河南上蔡縣）人。春秋時代，上蔡屬蔡國；戰國時代蔡被楚滅，故史稱斯楚上蔡人。生年不詳，死於秦二世二年（西元前二〇八）。少年時，曾爲郡小吏，師事荀卿，學帝王之術。學成，自覺楚王不足事。燕、趙、魏、韓、齊亦皆衰弱，不足以有爲，乃西入秦，相國呂不韋賢之，任以爲郞。因呂之薦，得以說秦王。始皇悅之，任爲長史。累遷至廷尉，乃六卿之位。時六國已滅，斯奉詔議封建，獨排衆議，主張廢封建，行郡縣，始皇納之。旋李斯任丞相，建議焚書坑儒，箝制思想。始皇滅六國，一天下，書同文，行同倫，一度量衡，外攘四夷，內成統一，李斯貢獻至鉅。始皇三十七年崩於沙丘，斯與趙高同矯詔殺死太子扶蘇，立胡亥繼皇位，是謂二世。二世信任趙高，縱恣自肆，重刑多殺。斯恐被誅，乃阿上意，勸其行「督責之術」。趙高嫉忌李斯，譖其謀反，下獄誣服，以五刑，腰斬於咸陽市。時爲二世二年，距秦亡僅二年。當斯出獄赴刑時，與其中子同被執，顧謂其子曰：「若欲與汝同牽黃犬，俱出上蔡東門逐狡兎，豈可得乎！」父子相哭而夷三族，亦云慘矣（《史記》卷八十七，李斯傳）。

二、才而不德——李斯以上蔡布衣，閭巷黔首，以術干祿，竟能輔佐始皇二十餘年，位極人臣，權傾一世，贊襄國政，言聽計從，卒使嬴政完成亙古未有的統一中國的勳功。廢封建，行郡縣，一法度，同書文，築長城，開馳道，北伐匈奴，南征百越，皆空前的重大改革與成就，亦均李斯參贊擘畫的大功。若李斯者，權勢煊赫，勳功彪炳，影響深遠，中國的歷代政治家鮮有能與之比擬者，堪稱雄才大略，足智多謀，奇才異能的人傑。秦代的政治以法家思想爲柱石。其術大行於商鞅，其學大成於韓非，李斯承其遺緒以相秦，雖成一時的勳業，然僅曇花一現，時不一世，斯與秦政俱亡。

李斯不得善終，死不得其所，蓋才有餘而德不足有以致之。背師教，棄禮義，卑仁政；崇權術，重刑罰，尙計謀，箝思想，焚詩書，坑儒士，暴政自會招來暴卒。斯自知其才學不如韓非，誼屬同學，竟誣害而毒死之，心術惡毒如此，不得善終，不亦宜乎！始皇對李斯依之如股肱，推心置腹，言聽計從，久居相位。李斯對始皇不但不感恩圖報，以謝知遇之隆，竟於喪中矯詔殺死賢長子扶蘇，而立不肖之二世。悖理背情，不仁、不忠、不義，焉能不自食其惡果。

李斯事秦的動機，誠如他所說的「詬莫大於卑賤，悲莫甚於窮困」。他事秦並非是爲國家謀長治久安，更不是爲人民謀利，爲社會造福，完全是趨時赴勢，逢迎君心，投其所好，阿順苟合，干祿求寵獲致富貴，滿足其自私自利的私慾，免卑賤，解窮困，乃是無理想，無原則的勢利小人。姚鼐李斯論曰：「斯逆探秦皇二世之心，非是不足以中侈君而張吾之寵。是以盡舍其師荀卿之學，而爲商鞅之術，掃去三代先王仁政，而一切取法，恣肆以爲治。焚詩書，禁學士，滅三代法而尙督責，斯非行其學也，趨時而已。」

三、背師事暴——李斯與韓非，同師事荀卿，習帝王之術。學未成，卽欲求仕干祿，見六國皆勢弱，不足以建功，慕秦國勢强，可有所施展，欲西投秦，辭於荀子曰：「今秦王欲呑六國，稱帝而治，以便從事，不尙仁義，此布衣馳騖之時而游說者之秋也。」李斯問孫卿子（荀子）曰：「秦四世有勝，兵强海內，威行諸侯，非以仁義爲之也，以便從事而已。」孫卿子曰：「非汝所知也。汝所謂便者，不便之便也。吾所謂仁義者，大便之便也。彼仁義者，所以修政者也。政修則民親其上，樂其君，而輕爲之死。……今汝不求之本，而索之末，此世之所以亂也。禮者，……强國之本也。故堅甲兵，不足以爲勝；高城深池，不足以爲固；嚴令繁刑，不足以爲威；由其道則行，不由其道則廢。」（《荀子》議兵篇）

荀子更訓之曰：「凡兼人者有三術：有以德兼人者，有以力兼人者，有以富兼人者。以德兼人者王，以力兼人者弱，以富兼人者貧，古今一也。兼併易能也，惟堅凝之難焉。故凝士以禮，凝民以政，修禮而士服，政平而民安。士服民安，夫是之謂大凝（大團結）。以守則固，以攻則强，令行禁止，王者之事畢矣。」（《荀子》議兵篇）

李斯利慾薰心，熱中權勢，以爲士不可居窮困，處卑賤，竟背棄師之訓教，西投暴秦，以術說秦王曰：「胥人者去其幾也；成功其因瑕釁，而遂忍之。」（《史記》卷八十七，李斯傳）其意是說：小人往往失去良機，成大功者必須乘襲他人的瑕隙，忍心而翦除之。具體的說，是指六國不能團結，正可乘此缺失，狠心呑滅之。秦王悅其言，用爲長史，升廷尉而至丞相，卑棄儒師之仁義，而行商鞅、韓非的法術，尙專制，重刑罰，嚴督責。大功雖成，身家不保，不行正道，自不得其死。蘇軾論李斯亂天下，甚至焚詩書，坑儒士，皆出於其師荀卿。其實，斯之事秦，完全背悖師訓，一依己意，獨斷專行，自我中心，與荀子無干。蘇氏之論，不得其平。蓋因荀子倡人性惡之論，有背孔、孟之性善論，軾遂惡荀，故有此有欠公允之論。且荀子主張「法後主」，亦非信持正統儒家思想的蘇軾所喜，故爲論以斥之。

四、助呂編《春秋》——李斯至秦，得見當時權相呂不韋。呂氏賢之，任以爲郎。時呂不韋正招賢納士，廣延賓客，著書立說，養人望，收人心，要享譽於諸侯，凌駕四公子(信陵君、孟嘗君、春申君、平原君)之上，乃集合融會衆賓客的言論而編爲《呂氏春秋》一書，其主旨係以道家爲體，儒家爲用，且雜有墨家思想，故《四庫全書》列入子部雜家。時李斯正爲呂氏賓客，他可能亦是《呂氏春秋》執筆人之一。胡適曾說：「《呂氏春秋》也許有李斯的手筆。」(胡適《中國政治思想史長編》，頁一六〇)這雖是一種推測之詞，然此書中有一些主張，正與李斯的思想和當政政策相符合者，可見胡氏的推測，並非毫無根據。顧敦鍒說：「李斯是呂不韋的門客，也許《呂氏春秋》中有他的著作，不過無從考查了。」(顧敦鍒著秦文學，《中國學術史論集》第一册，頁二二)《呂氏春秋》有不法先王的政治主張。這是承襲荀子「法後王」的政治思想。李斯對其師的這種思想，甚爲熟悉。呂氏要以儒學爲號召，斯自會援引師說以進悅呂氏。商鞅變法以强秦，李斯當國，一切政策皆反古而創新，殆是荀子「法後王」思想的實現。

五、陷害韓非死——《史記》曰：「韓非者，韓之諸公子也，喜刑名法術之學，爲人口吃，不能說，而善著書，與李斯俱師事荀卿，斯自知不如非。」(《史記》卷六十三)非以貴族身分，見祖國日削，愛國心切，數以書諫韓王，王不能用，乃作孤憤、五蠹、內外儲、說林、說難諸文，凡十餘萬言，合爲《韓非子》一書傳世。有人將韓非之書傳至秦，秦王嬴政讀而悅之，贊賞不置，嘆曰：「寡人得見此人與之遊，死不恨矣。」

當時，秦王欲遣兵征韓。韓王以國事緊急，且知秦王景慕韓非，乃遣非出使秦國，謀抒解國難。秦王悅之，尙未用，李斯深嫉忌非。斯乃進言秦王曰：「韓非爲韓公子，終必爲韓不爲秦，乃人之常情，若留非必遺後惡，不如誅之！」秦王以爲然，下吏治韓非罪。李斯使人送藥，使非自殺。不久，秦王悔之，下令赦非，而非已仰藥而死。

李斯毒害韓非的動機有二。一因斯忌非之才。因李斯自知不如非，若任令非在秦居官，乃是一可怕的競爭者，可能競爭失敗，不如「先下手爲强」，故去非以自保。二因斯盜用韓非之學術以治秦。斯與非同師事荀卿，二人雖皆習儒，但均背儒師。韓有著作，其政治主張衆所知之。李斯並無著作，而其施政與言論，率皆韓非之學與術，衆將譏斯之剽竊韓學，韓非亦可能指責斯之剽竊，故不得不殺之以除後患而滿私慾。

第二節　治秦事功

一、諫逐客，强秦國——李斯原爲呂不韋舍人，後爲賓客。始皇十年，呂不韋罷相，徙西蜀。是時適有韓人鄭國者來間秦，被察覺，不韋亦爲韓國人。秦宗室大臣，久忌客卿擅權，於是言於秦王曰：「諸侯入事秦者，大抵爲其主游間於秦耳，請一切逐客。」李斯亦在逐中，乃上書，勸阻逐客。其所持的重要理由有二：

1.秦以用客卿而强，若逐客，是自取其弱。其言曰：「昔穆公求士，西取由余於戎，東得百里奚於宛，迎蹇叔於宋，求丕豹、公孫支於晉。此五子者，不產於秦，而穆公用之，併國二十，遂霸西戎。孝公用商鞅之法，移風易俗，民以殷盛，國以富强，百姓樂用，諸侯親服，獲楚魏之師，舉地千里，至今治强。惠王用張儀之計，拔三川之地，西併巴蜀，北收上郡，南取漢中，包九夷，制鄢郢，東據成臯之險，割膏腴之壤，遂散六國之從，使之西面事秦，功施到今。昭王得范睢，廢穰侯，逐華陽，强公室，杜私門，蠶食諸侯，使秦成帝業。此四君者，皆以客卿致功。由此觀之，客何負於秦哉!?向使四君卻客而不內，疏士而不用，是使國無富利之實，而秦無强大之名也。」（《史記》卷八十七，李斯傳）

2.王所喜愛之珍奇寶物，皆非秦國產，治國任才何必拒卻客卿。其言曰：「今陛下致昆山之玉，有隨和之寶，垂明月之珠，服太阿之劍，乘纖離之馬，建翠鳳之旗，樹靈鼉之鼓。此數寶者，秦不生一焉，而陛下悅之何也?必秦國所生者然後可，則是夜光之璧不飾朝廷，犀象之器不爲玩好，鄭衞之女不充後宮，而駿良駃騠不實外廐，江南金錫不爲用，西蜀丹青不爲采。所以飾後宮，充下陳，娛心意，悅耳目者，必出於秦然後可，則是宛珠之簪，傅璣之珥，阿縞之衣，錦繡之飾，不進於前。……今取人則不然，不問可否，不論曲直，非秦者去，爲客者逐。然則是所重者，在乎色樂珠玉，而所輕者，在乎人民也。此非所以跨海內，制諸侯之術也。」（《史記》卷八十七）

李斯諫逐客書上，秦王乃除逐之令，復李斯官，卒用其計謀，官至廷尉升丞相，秦遂能併六國，一天下。李斯的諫逐客書，文情並茂，恰中肯綮，動之以利害，曉之以事理，遂能說動秦王心意，罷逐客令，重用李斯，李斯以客卿相秦王，强秦國，統一天下。諫逐客書，文多對偶比排，開駢體文之先河，堪稱千古佳作，非智高識廣者，必不能有此手筆。若李斯者不僅是卓越的謀略家，亦是一傑出的文學家。可惜斯以奇才而未正用，以異能而走偏鋒，故不得其死。

二、相始皇，一天下——秦始皇十年（西元前二三七），因嫪毐淫太后案，呂不韋罷，李斯獲重用。

斯遂向始皇進言，請滅六國，曰：「今諸侯服秦，譬若郡縣。夫以秦之強，大王之賢，足以滅諸侯，成帝業，爲天下一統，此萬世之一時也。今怠而不急，異時諸侯復強，相聚約縱，雖有黃帝之賢，不能併也。」始皇乃一英明有爲，野心勃勃的暴君，深自喜納李斯之建言，遂改變過去蠶食漸進的政策，而採行鯨吞猛攻的策略。卽賈誼所謂：「奮六世之餘烈，振長策而御宇內。」

李斯建議滅六國的重要計謀，計有下列三端：㈠陰遣謀士，齎持金玉游說諸侯，其可以貲財賄服者，厚給貲財以收買之。㈡諸侯名士其不可以貲財賄服者，則以利劍刺殺之。㈢離間其君臣，乘其內部危機，遣良將，派重兵征伐之（參見蕭公權《中國政治思想史》，頁二六七—二六八）。

秦始皇用李斯之計謀，先滅韓、趙；次滅魏、楚；最後北滅燕、東滅齊。秦始皇自西元前二三二年至二二一年，凡十三年間卒能滅六國，一天下。李斯亦以功高官至廷尉。始皇二十八年李斯晉爲卿，三十四年李斯已升至丞相。始皇二十六年，丞相王綰等言「諸侯初破，燕、齊、荊地遠，不爲置王，無以塡之，請立諸子，惟王幸許。」始皇下其議於群臣，群臣皆以爲便，獨廷尉李斯持異議曰：「周文武所封子弟同姓甚衆，然後屬疏遠，相攻擊如仇讐。諸侯更相誅伐，周天子弗能禁止。今海內賴陛下之神靈，一統皆爲郡縣。諸子功臣以公職稅賦重賞賜之，甚足易制，天下無異意，則安寧之術也。置諸侯不便。」始皇以廷尉議是，遂分天下爲三十六郡，封建以廢，統一以成。

三、廢封建，行郡縣——論者以爲秦始皇從李斯議，廢封建，行郡縣，乃是震古鑠今革命性的大變革，若非秦始皇挾其強烈威勢，繼之以無比魄力與決心，實難成功。其實，這是順應時代潮流，歷史趨勢，水到渠成，順水推舟的自然措施，並非難事。因在戰國時代，封建制度已經解體。迨至秦滅六國時，封建制度奄奄一息，瀕於垂死之際，秦始皇祇給以一拳之擊，遂告死亡。郡縣制度在春秋時代已經出現，其後隨諸侯間的相互侵伐兼併，滅人國夷爲縣，及諸侯分大夫之采邑而爲縣的發展，郡縣不斷的增加與產生。至秦滅六國時，郡縣林立，已成普遍現象，猶如胎兒長成，已近臨盆之時，始皇、李斯不過是接生穩婆而已。

滅人國夷爲縣，最早者是「楚子伐陳，遂入陳，因縣陳。」（《左傳》宣公十一年）縣本爲天子所居之地，殷周曰王畿，爲天子所直轄。縣者懸也，繫也，指懸繫在天子或諸侯眼前之物。晉分祁氏田爲七縣，羊舌氏爲三縣（《左傳》昭公二十八年）。滅國爲縣及分采邑爲縣，皆在削弱地方權勢，而謀中央集權。在春秋時代縣大而郡小。故趙簡子曰：「克敵者，上大夫受縣，下大夫受郡。」（《左傳》哀公二年）戰國時代，郡大而縣小。故甘茂曰：「宜陽大縣也，名曰縣，其實郡也。」（《史記》卷七十一，甘茂傳）由此觀之，郡縣並非始皇、李斯所創建的新制，乃是接受歷史發展的事實。

始皇二十六年，丞相王綰等上言：「諸侯初破，燕、齊、楚、遠地，不爲置王，無以塡之，請立諸子，惟上幸許。」始皇下其議於群臣。群臣皆以爲便，獨廷尉李斯議曰：「周文武所封子弟同姓甚衆，然後屬疏遠，相攻擊如仇讐，諸侯更相征伐，周天子弗能禁止。今海內賴陛下神靈，一統皆爲郡縣，諸子功臣以公職稅賦重賞賜之，甚足易制，天下無異意，則安寧之術也，置諸侯不便。」始皇曰：「天下苦戰鬥不休，以有侯王。賴宗廟，天下初定，又復立國，是樹兵也！而求其安寧，豈不難哉！廷尉議是，分天下以爲三十六郡。」（《史記》卷六，秦始皇本紀）

始皇三十六年，李斯已爲丞相。始皇置酒咸陽宮。博士周青臣等稱頌始皇威德。齊人淳于越進諫曰：「今陛下有海內，而子弟爲匹夫。卒有田常六卿之忠臣，無輔弼何以相救？事不師古，而能長久，非所聞也。」始皇下其議於丞相。」丞相李斯曰：「五帝不相復，三代不相襲，各以其治，非其相反，時變異也。今陛下創大業，建大功，固非愚儒所及。」始皇是丞相議，郡縣制並無更議。秦承戰國時之遺規，郡大縣小。郡置守、尉監，縣置令或長及丞，均直屬於皇帝，於是中央集權的政制及統一國家均告完成。

第三節　政治思想

李斯雖無著作，但其所信持的政治思想，可於其行事及言論中見及之。其政治思想之重要者，計有左列諸端：

一、**尊君主**——李斯的思想要建立中央集權的統一國家。這集權統一需要一至尊最高的政治領袖以爲統帥。因之，李斯持尊君的政治思想。這一思想的具體表現，就是尊稱嬴政爲泰皇。泰者大也。皇者王天下者之稱，古有三皇。泰皇就是最偉大的王天下者。始皇去泰用皇，並採上古帝位號而稱始皇帝，爲至尊之稱。稱始者蓋欲建子孫帝王萬世之業。

秦嬴政二十六年，初併天下，令臣下議帝號。丞相王綰、御史大夫馮刼、廷尉李斯等皆曰：「昔者五帝地方千里，其外侯服夷服，諸侯或朝或否，天子不能制。今陛下興義兵，誅殘賊，平定天下，海內爲郡縣，法令由一統，自古以來未嘗有，五帝所不及。臣等謹與博士議曰：古有天皇、有地皇、有泰皇。泰皇最貴，臣等昧死上尊號，王爲泰皇，命爲制，令爲詔，天子自稱曰朕。王曰去泰著皇，采上古帝位號，號曰皇帝，他如議，制曰可。」（《史記》卷六，秦始皇本紀）皇帝爲國家最高的統治者，含有獨一與至尊之義，爲後世專制君主，奠立了法制基礎，阻礙中國民主政治的發展，至足長太息。

二、尙集權——始皇二十六年，丞相王綰請始皇立諸子弟爲王以寘遠地，並鎭壓初被滅的六國。始皇下其議於群臣。群臣皆稱便。廷尉獨排衆議，力陳封建的弊言，堅持行郡縣，採集權，以一天下。始皇三十四年，齊人淳于越進諫請封諸侯輔弼王室。時李斯爲丞相，直斥之爲愚儒之見，不足取。李斯力主廢封建，行郡縣，乃是尙集權的政治思想。封建制是離心的諸侯並立對峙的地方分權，天子無力制諸侯。郡縣制則是向心的天子一尊的中央集權制。中央直接控制地方，指臂運如。李斯的廢封建，行郡縣的政治思想，奠立了中國二千餘年中央集權的政治基礎及統一國家的楷模，遏殺了中國地方自治的機運，官僚統治歷久不衰，自治與民主在中土遂不易生根與發揚。

三、重督責——李斯的重督責，乃是使君主修申不害、韓非的法術，專權勢，督臣下，使之盡責效忠，依功過，行賞罰，並以嚴刑峻法以制人，使以人徇己。二世問李斯曰：「吾願肆志廣欲，長享天下而無害，爲之奈何？」李斯上書曰：「申子曰，有天下而不恣睢，命之曰以天下爲桎梏者。無他焉，不能督責，而顧以其身勞於天下之民，若堯、禹然，故謂之桎梏也。夫不修申（不害）韓（非）之明術，行督責之道，專以天下自適也。而徒務苦形勞神，以身徇百姓，則是黔首之役，非畜天下者也，何足貴哉！夫以人徇己，則己貴而人賤。以己徇人，則己賤而人貴。故徇人者賤，所徇者貴，自古及今，未有不然者也。」督責之要，在於役使他人，使爲君主效力，君主則安享其成。君主督責要握獨斷之權，控制他人。故曰：「是以明君獨斷，故權不在臣也。然後能滅仁義之塗，掩馳說之口，困烈士之行，塞聰揜

明，內獨視聽。」（《史記》卷八十七）

李斯在上重督責書中，更引商鞅之言，申論督責必須嚴刑重罰。文曰：「慈母有敗子，而嚴家無格虜者，何也？則能罰之加焉，必也。故商君之法，刑棄灰於道者。夫棄灰，薄罪也，而被刑，重罰也。彼惟明主爲能深督輕罪。夫罪輕且深督，而況有重罪乎!?故民不敢犯也。」督責者，察（督）其罪，責之以刑罰也。這種思想乃是要君主行專制，獨斷專行，盡情享受；嚴刑罰，行峻法。

四、一思想——李斯的政治理想在建立一統於君主的集權而統一國家。他認爲要達到這種目的，必須統一思想，建立共識。如此，全民方會一心一德，同心協力，效忠共主，團結一致。若使思想分歧，言論雜陳，處士橫議，則難以建立集權的統一國。李斯主張焚詩書，坑儒士，目的即在於統一思想，建立共識。

始皇三十四年置酒咸陽宮，博士僕射七十人稱頌盛德、周青臣、淳于越皆進諫始皇，法先王，行古制，廣封子弟，建諸侯，輔弼王室。李斯認爲這些博士，都是愚儒，所見皆是腐儒迂濶之論，且深感這些人，乃是他推行政治改革的重大障礙，遂決志焚詩書，坑儒士。

李斯乃向始皇進言曰：「今陛下併有天下，別黑白而定一尊，而私學乃相與非法教之制。聞令下，即各以其私學議之，入則心非，出則巷議，非主以爲名，異趣以爲高，率群下以造謗，如此不禁，則主勢降乎上，黨與成乎下，禁之便。」（《史記》卷八十七，李斯傳）李斯既在於統一思想，故禁私學以除言論及思想分歧之根源，坑儒士所以遏制當時博士、學者議論的紛紜。

始皇採納李斯的建議，遂下焚書令。禁書令的主要內容如下：㈠史官非秦記皆焚之。㈡非博士官所職，天下敢有藏詩、書、百家語者，悉詣守、尉皆焚之。㈢敢偶語詩書者，棄市（處死）。㈣令下三十日不焚，黥為城旦（黥面後，使服勞役，築長城）。㈤若有欲學法令，以吏為師。㈥醫藥、卜筮、種樹之書不去。由此觀之，詩書並未全焚，秦史及秦廷博士官書，均予保留，旨在統一思想，排除異論，悉依於秦。

焚書令下的次年，始皇依李斯之議，下令坑儒士，敢有「以古非今」者族。族者誅殺全家。始皇三十五年，儒士侯生、盧生相與譏議秦王，因而亡去。始皇聞之，大怒曰：「盧生等吾尊賜之，甚厚，今乃譏議我。諸生在咸陽者，吾使人廉問，或為妖言以亂黔首。」於是使御史悉案問諸生。諸生轉相告引，乃自除犯禁者四百六十餘人，皆坑之（活埋）於咸陽（《史記》卷六，秦始皇本紀，卷八十七，李斯傳）。長子扶蘇諫曰：「諸生皆誦法孔子，今上皆重法繩之，臣恐天下不安。」始皇怒，使之北上監蒙恬軍於上郡。始皇殘暴不仁，依酷臣李斯議，一意孤行，自稱始皇，以為可建子孫帝國萬世之業。暴政必亡，秦祚傳三世，僅十五年而滅亡。李斯殘酷不德，恣肆暴橫，害友殺人，故亦不得其死，而遭腰斬。

第四節　被誅原委

一、劉、項起兵——秦二世元年，陳勝、吳廣作亂，六國之後，群起並立，自立為侯王叛秦。二世數責李斯曰：「位居三公，如何令盜如此！」李斯懼不知所出，阿媚二世，上書請行督責之術，二世遂嚴行督責，稅民深者為明，殺人衆者為忠，刑者相半於道，而死人日成積於市。秦民大恐而思亂。二世即位之初，以得位不正，懼姊弟作亂，竟殺始皇子十二人於咸陽市；磔始皇女十人於杜（西安東南）；人心叛離。劉邦、項羽關東起兵，共逐秦鹿，西略秦地，至雍丘（河南杞縣），秦軍迎戰大敗。

二、李、趙交惡——趙高謂李斯曰：關東群盜多，今上急欲徵勞役修阿房宮，欲李斯進諫。斯曰：今上不坐朝廷，常居深宮，吾所言者，不可傳也。趙高傳，二世方燕樂，婦女居前，使人告李斯曰：上方閒，可奏事。斯三至宮門欲奏事，二世皆在燕樂中。怒曰：吾常多閒日，丞相不來，吾方燕私，丞相輒來請事。趙高因曰：夫沙丘之謀，丞相與焉。丞相長男由爲三川守，楚賊陳勝等皆丞相傍縣之子，以故盜賊公行。賊過三川城，守不肯擊。且丞相居外，權重於陛下也。二世以爲然，欲案問丞相，恐其未審，乃先使人按驗三川守與盜賊狀。

李斯聞之，上書曰：趙高私家之富，若田常之於齊，而貪欲無厭，陛下不圖，臣恐其必變也。二世曰：趙高爲人，精廉强力，下知人情，上能適朕，君其勿疑。二世私以告高。高曰：丞相所患者，獨高，高死，丞相卽欲爲田常所爲。

三、進諫獲罪——關東戰事益急，劉邦、項羽兵力益强，屢發兵馳救，皆不勝。丞相李斯、將軍馮刼、右丞相馮去疾皆進諫曰：關東群盜並起，發兵誅擊，死亡其衆，然猶不止。盜多，皆以戍、漕、轉，作事苦，賦稅大也。請且止阿房宮作者，減四邊戍、漕、轉。二世曰：今朕卽位，二年之間，盜賊並起，君不能禁，又欲罷先帝之所爲。是上無以報先帝，次不爲朕盡心力，何以在位！下三人於獄，去疾、刼皆自殺，獨斯就獄。二世使趙高按治李斯，責李斯與子由謀反狀，並搜捕其宗族及賓客，廣事株連，多達千餘人。斯以株連過甚，極爲痛心，乃自誣服。

四、受誣被誅——李斯並無反意，在獄中欲上書以自白，期二世有悔意，赦之。書上趙高使吏棄之不奏，且曰：囚安得上書。高使其客十餘人詐爲御史、侍中、謁者，復訊治李斯，斯不勝其苦擾，因已誣服，亦不敢翻供。二世喜曰：微趙君，幾爲李斯所賣。二世所遣案驗三川守之吏至，楚軍已擊殺之。吏返京，李斯已下獄。趙高皆妄爲反辭，以相附會，遂將斯以五刑定罪，腰斬於咸陽，夷三族。

李斯聰明一世，胡塗一時，阿附趙高，矯詔殺太子扶蘇，而立昏庸的胡亥繼位皇帝，且迎合二世的私心私慾，上書請其重督責，肆恣享受，嚴刑峻法，以御臣民，自作孽，不可逭。李斯爲丞相，居外府，尊而不親。趙高爲近侍之臣，接近天顏，君之親匿，言聽計從。古稱「疏不間親」，斯以外相，離間內侍，自不能爲二世所接受。誣人者，人亦誣之；害人者，人亦害之。尙權術，殺人無算；嚴刑罰，萬民遭殃，天理昭彰，天道好還。種惡因，食惡果。報應循環，乃科學的因果律，並非愚夫愚婦的無理迷信。斯遭腰斬，夷三族，自有其因由，並非意外的平地起風波。

卷二 前漢時代

第二十三章 黃老的政治思想

第一節 黃老思想流行的原因

自漢高祖定天下興漢室，至漢武帝時，黃老的政治思想頗爲流行。思想是時代環境的產物。在某種時代環境下，便會流行某種的政治思想。漢初承秦暴政累世苛擾之後，復接秦漢間群雄並起，共逐秦鹿及劉項爭雄諸戰亂之餘，民生凋敝，百姓困窮，元氣大喪，欲振乏力。在客觀環境上，需要與民更始，休養生息，安民心，裕民力，不可多所施爲，再耗民力。於是尚自然，重清靜，垂拱而治的黃老思想，便因以流行。玆略論述黃老思想流行的原因：

一、**秦代的暴政苛擾**——秦孝公任商鞅，變法改制，移風易俗，富國强兵，令民爲什伍，而相收司連坐，不告姦者腰斬，告姦者與斬敵首者同賞，匿姦者與降敵者同誅。有軍功者各以率受上爵，爲私鬥者各以輕重被刑大小。僇力本業耕織，致粟帛多者復其身，事末利致怠而貧者，舉以爲收孥。這種嚴苛的定制，使民互爲監察，以肅姦宄，事繁責重，刑嚴苛，擾害實甚，民不堪命。商鞅崇尚戰爭，使民不敢不戰，使民愛戰。他說：「民勇者戰勝，民不勇者戰敗。能壹民於戰者民勇，不能壹民於戰者，民不勇。聖王見王之致於兵也，故舉而責之於兵。」（《商君書》畫策篇）這是全國皆兵的政策，驅民赴戰，使其以戰死爲榮。這種逞强好戰，置全民於死地的暴政，虐民至極。商鞅定制，秦民欲得田宅奴婢，須先得爵；而欲得爵，須有軍功；欲得軍功，須參加對外戰爭。這是誘民赴死的害民擾民的毒計。

李斯相始皇滅六國，一天下，獨排衆議，廢封建，行郡縣；郡大縣小，郡設守、尉、監，縣設令或長及丞。這是空前的全國性大變革，破壞地方安寧，危害人民生活。這種擾民的大變革，爲害至深。李斯爲要箝制思想，控制人民，竟然焚詩書，坑儒士。史官非秦記者皆焚之；天下敢有藏《詩》、《書》、百家語者，悉詣守尉盡焚之；敢偶語《詩》、《書》者，棄市；令下三日不焚，黥爲城旦。諸生四百六十餘人，皆坑殺於咸陽。似此傷天害理，滅絕人性的暴政，對人民及社會造成的災害禍殃，至深且鉅。妨害思想自由，遏抑學術研究，使中國文化的發展，受到無比的打擊與摧殘。

二世胡亥，昏庸恣肆，燕安享樂，依李斯之議，嚴行督責，以稅民深者爲明，殺人衆者爲忠，刑者相半於道，而死人日成積於市。漢興，承秦代累世暴政之後，天下元氣大喪，千創百孔，滿目瘡痍，百業凋敝，民力疲憊，生活困窮。如此國家，猶如久臥病床的病夫，身體虛弱已甚，亟需安寧靜養，徐圖恢復健康，實不可再予干擾或使之勞作，於是順乎自然，無爲而治的黃老思想，乃得乘時需而流行。

二、秦漢間戰亂災害——秦二世昏庸無能，重刑虐民，濫殺無辜，人心背離。秦廷勢弱，顯露敗象。於是被滅六國的孤臣孽子，先後起事，自立爲王，興兵逐秦鹿。首先發難者，爲楚之陳勝、吳廣，時在二世元年七月。勝自立爲王，號張楚，以廣爲假王，以兵攻滎陽，收地至東城（安徽，定遠東南）。二世二年爲秦將章邯所敗滅。楚將項梁得楚懷王孫名心者，奉爲楚王。

繼楚而起事者爲趙之張耳、陳餘。張、陳立趙後公子歇爲趙王，都信都（河北冀縣），兵勢頗强，秦將章邯攻趙，楚將項籍救之得免。籍徙歇爲代王，別立張耳爲趙王。項籍以兵勝秦將，遂能定中原。項籍字羽，少有奇才，力能扛鼎，從叔父梁擧兵與群雄抗秦。梁死，籍將其軍，屢與秦軍戰，卒能擊敗之，遂能率諸侯之師入關，殺秦王子嬰，焚咸陽，自稱西楚霸王，分天下，王諸侯，以劉邦爲漢王。後與劉邦爭天下，屢相戰鬥，號稱楚漢之爭，卒敗於漢，兵困垓下，走烏江，以無顏見江東父老，自刎而死。

齊之田氏亦繼楚、趙起兵抗秦，田儋、田假、田市相繼爲王，項羽定中原，析齊爲三，以田橫爲齊王，都臨淄，徙田市爲膠東王，都卽墨；以田安爲濟北王，都博陽（山東泰安縣）。燕與楚、趙、齊同年起事擧兵，韓廣臧荼均爲燕王，先屬楚，後降漢。魏與燕同時起事，魏後公子咎立爲魏王，爲秦將章邯所敗，自殺死；其弟豹繼立爲王，爲漢所虜。項梁立楚懷王孫心，韓人張良說梁立韓後公子成爲韓王，進兵復潁川，都陽翟（河南禹縣）。項羽以申陽爲河南王，都洛陽。

劉邦沛豐邑人，爲泗上亭長，沛中子弟奇其行事，多附之，立爲沛公。二世元年九月，與群雄並起，起兵共逐秦鹿。時楚項梁兵力方强，在薛，劉邦入見項梁，是爲劉項相合之始。劉與項羽同伐秦，先羽入關，羽立邦爲漢王。尋羽引兵東歸。邦乃先定三秦，出關攻羽，與羽爭天下，是謂楚漢之爭，歷時凡三年（西元前二〇六—二〇三）。邦恢宏大度，能容忍，善用人，得蕭何、張良、韓信等人傑之助，卒敗羽於垓下，逼走至烏江自刎。劉邦得天下，成帝業，國號曰漢。楚漢之大戰有三：一曰彭城之役，漢軍大敗，溺穀、泗、睢三水死者二十餘萬人，邦幾不免。二曰滎陽、成皋之役。邦以深溝堅壘，固守滎陽，不出兵應戰以疲楚兵戰志，耗其餉糈，羽有彭越之變，回師擊之，邦乘機出兵，取成皋，軍廣武。楚兵不能久戰，乃與漢和，中分國土，以鴻溝爲界。溝西歸漢，溝東歸楚。三日垓下之役。楚漢五年，劉邦以彭越、韓信之師，追逼項羽至垓下，漢以重兵數圍之。羽以糧盡，不能支，突圍而南，至烏江，以無面目見江東父老，自刎而死。

秦漢之間，先有群雄並起及秦軍攻擊的戰亂，後有劉、項爭天下的戰爭，干戈不息，兵連禍結，以致田園荒蕪，商業凋敝，都市破壞，人口減少，民不聊生。漢定天下，承喪亂之後，重在安輯社會，穩定人心，與民休養生息，徐圖恢復民生繁榮。清靜無爲的黃老思想正適合時代需要，於是當政者多採信之，遂告流行。

第二節　信持黃老思想的人物

漢初雖無專門闡揚黃老思想的著作人，但信持黃老思想的人物，爲數實不少，除景帝時竇太后篤信黃老之學外，尚有左列諸大臣：

一、蕭何——何爲沛人，結識劉邦於微時，佐劉邦定天下，功實居首。漢興，高祖以何爲丞相。楚漢之爭，劉邦先項羽入關，除秦苛政，與民約法三章，殺人者死，傷人及盜賊者抵罪，以示與民休養生息，蕭何之謀也。項羽封劉邦爲漢王，邦怒，欲擊項軍，何勸阻止之曰：「能詘於一人之下，而信於萬乘之上者，湯武是也。」（《漢書》卷三十九，蕭何曹參傳）這是以退爲進，以柔克剛的黃老之術。何爲相，一切因循於秦制，不多事更張。所以「明簡易，隨時宜。」（《漢書》卷十九上，百官公卿表）何撫拾秦法，作律九章，旨在化繁爲簡，去苛繁，求簡易，安輯至要，清靜是尙。

二、曹參——參繼何爲丞相，一切規制，依循於何之舊習，不是更張，故曰：「蕭規曹隨」，旨在安定社會，休養民生。天下初定，悼惠王富於春秋，參盡召長老諸先生，問所以安集百姓。而齊故諸儒以百數，言人人殊。參未知所定。聞膠西有葢公，善治黃老，使人厚幣請之。旣見葢公，葢公爲言治道，貴淸靜而民自定。推此類具言之。參於是避正堂舍葢公焉。其治要用黃老術（《漢書》卷三十九，蕭何曹參傳）。參死，百姓歌之曰：「蕭何爲法，講若畫一；曹參代之，守而勿失；載其淸靖，民以寧壹。」（《漢書》卷三十九）

三、陳平——平爲陽武人，少時家貧，好讀書，治黃老之術。佐高祖定天下，屢出奇計勝敵。惠帝時爲左丞相，呂后崩，平與周勃合謀誅諸呂，迎立文帝，卒安劉氏。陳平爲政識體要，不親細務，不以察察爲明。文帝時，帝問丞相周勃，每歲收粟幾何？勃不知。又問歲決獄幾何？勃又不知。勃羞愧至於汗流頰背。陳平曰：收粟幾何，應問治粟內史；問決獄幾何，應問廷尉；事各有主者。文帝曰：如事各有主者，然則丞相何事？平曰：丞相者上佐天子，論道經邦，燮理陰陽，協和萬邦。……使群臣各得其所，事無不治，治之至者也。此卽所謂「陳平不知錢穀數」。這是無爲而治的黃老治術。

四、周亞夫——亞夫爲周勃子，文帝時爲大將軍，軍次細柳營，以防匈奴，軍紀森嚴，細密不漏，竟使文帝嘆曰：「此眞將軍也。」景帝時，以平定吳楚七國之亂有功，拜爲丞相。然亞夫治政，大異於其治軍，以竇太后篤信黃老思想，故亞夫治政，以簡易爲尙，淸靜爲要，重在安定社會，休養民力，厭惡苛細與察察。「趙禹爲丞相史，府（丞相府）中皆稱其廉平，然亞夫弗任，曰極知其無害，然文深，不可以居大府。」（《漢書》卷四十）文深指苛細繁密，如刀筆吏之弊。

五、張釋之——文帝時，拜中大夫，升廷尉，持法平正，不事苛擾。時人語曰：「張釋之爲廷尉，天下無寃民。」釋之向文帝言秦漢間事，秦所以失，漢所以興者。文帝善之以釋之爲謁者僕射。從行，上登虎圈（養獸之所），問上林尉禽獸簿，尉不能對。而虎圈嗇夫，代尉答上問禽獸簿，甚悉。上詔釋之拜嗇夫爲上林令。釋之曰：陛下以絳侯周勃何如人也？上曰：長者。又問東陽侯張相如何如人也？上復曰：長者。釋之曰：夫絳侯、東陽侯稱爲長者；此兩人者，言事曾不能出口，豈效此嗇夫喋喋利口捷給哉？且秦以任刀筆之吏，爭以亟疾苛察相高，陵夷至於二世，天下土崩。今陛下以嗇夫口辯而超遷之，臣恐天下隨風靡，爭口辯，亡其實；且下之化上疾於影響，舉措不可不察也。文帝曰：善，乃止（《漢書》卷五十，張釋之傳）。惡刀筆吏，惡利口，反亟疾苛察乃淸靜無爲的黃老思想。釋之爲中郎將，從上徒行至覇陵。上意悽愴悲懷，顧謂群臣曰：嗟乎，以北山石爲槨，用紵絮斮陳漆其間，豈可動哉。左右皆曰善。釋之前曰：使其中有可欲，雖錮南山，猶有隙；使其中無可欲，又何戚焉（《漢書》卷五十，張釋之傳）？王先謙補注曰：劉向傳文帝寤焉，遂薄葬，不起山境。釋之所謂無可欲雖亡石椁，亦黃老淸心寡欲的思想。

六、司馬談——漢夏陽人，司馬遷之父，學天官於唐都，學易於楊何，習道論於黃子。武帝建元、元封間（西元前一四〇—一一〇）仕爲太史令。著「論六家要指」（文見於《史記》卷一三〇，太史公自序），獨推崇道家，認爲道家思想是去各家之短而合各家之長的學術。指出：「其爲術也，因陰陽之大順，采儒、墨之善，撮名法之要」。這是說，道家之學，合於《易》大傳所謂：「天下一致而百慮，同歸而殊塗。」他又說明道家的人生觀和爲政態度，乃是：「與時遷移，應物變化。聖人不朽，時變是守。」他論道家的無爲主義曰：「道家無爲，又曰無不爲。其實易行，其辭難知。其術以虛無爲本，以因循爲用。無成勢，無常形，故能究萬物之情。不爲物先，不爲物後，故能爲萬物主。有法無法，因時爲業；有度無度，因物與合。……虛者道之常也，因者君之綱也，群臣並至，使各自明也。其實中其聲者，謂之端；實不中其聲者，謂之窾。窾言不聽，姦乃不生。賢不肖自分，白黑乃形。」道家的學說，就是指黃老思想而言。

七、汲黯——黯濮陽人，性倨傲，尙氣節。景帝時爲太子洗馬；武帝遷爲東海太守。黯學黃老之言，治官民，好清靜，擇丞史任之，責大指而已，不細苛。黯多病，臥閤內不出，歲餘東海大治。上聞之，召爲主爵都尉，列於九卿，治務在無爲而已，引大體，不拘文法。黯好游俠，任氣節，行修潔。嘗諫武帝曰：「陛下內多欲，而外施仁義，奈何欲效唐虞之治乎!?」上怒變色而罷朝，公卿皆爲黯懼。上退謂人曰：「甚矣，汲黯之憨也。」（《漢書》卷五十，汲黯傳）

第三節　黃老思想的政治應用

漢承秦苛虐之僘，復受楚漢戰爭之災，民生困窮，經濟衰敗；外有强敵匈奴的不斷侵擾；於是漢室君臣，乃採黃老思想，應用於政治上；對內清靜無爲，與民休養；對外以柔克剛，和平應敵。玆分別論述其內容於後：

一、清靜無爲，與民休養——《漢書》呂后紀贊曰：「孝惠高后之時，海內得離戰國之苦，君臣俱欲無爲，故惠帝拱己，高后女主制政不出房闥，而天下晏然，刑罰罕用，民務稼穡，衣食滋殖。」惠帝拱己指清靜無爲，垂拱而天下治。高后制政不出房闥，謂政不紛擾，政簡刑輕；於是人民得安居休養，致力農耕生產，衣食不虞匱乏。

惠帝時，曹參繼蕭何爲相國，一切遵何舊制，無所更易，故曰「蕭規曹隨」。參爲政尙清靜無爲，「擇郡國吏長大，訥於文辭，謹厚長者，卽召除爲丞相史。吏言文刻深，欲務聲名，輒斥去之。日夜飲酒，卿大夫以下，吏及賓客見參不事事，來者皆欲有言，至者參輒飲以醇酒，醉而後去，終不得開說，以爲常。惠帝怪相國不治事，乃謂窋（曹參子）曰：汝歸，試私從容問乃父，曰：高帝新棄群臣，帝富於春秋，君爲相國，日飲無所請事，何以憂天下？然無言吾告汝也。窋既休沐，歸時，問自從其所諫參，參怒而答之二百，曰：趣入侍，天下事乃廼所當言也。至朝時，帝讓（責斥）參曰：與窋胡治乎？乃者我使諫君也。參免冠謝曰：陛下自察聖武孰與高皇帝？上曰：朕乃安敢望先帝。參曰：陛下觀參孰與蕭何賢？上曰：君似不及也。參曰：陛下之言是也。且高皇帝與蕭何定天下，法令旣明具，陛下垂拱，參等守職，遵守勿失，不亦可乎！惠帝曰：善！」（《漢書》卷三十九，曹參傳）

《漢書》刑法志論述漢初無爲而治的情形及成就曰：「當孝惠、呂后時，百姓新免毒荼，人欲長幼養老，蕭、曹爲相，塡以無爲，從民之欲，而不擾亂，是以衣食滋殖，刑罰用稀。及孝文卽位，躬修玄默，勸趨農桑，減省稅賦，而將相皆舊功臣，少文多質，懲惡亡秦之政，論議務在寬厚。恥言人之過失，化行天下，告訕之俗易。吏安其官，民樂其業，畜積歲增，戶口寖息，風流篤厚，禁網疏濶。」（《漢書》卷二十三）

秦以暴政及奢靡而亡，修建阿房宮，大耗國用，以致府庫之財不足，亦爲促成其滅亡的原因之一。

漢初定天下，懲於秦之奢侈，乃禁興土木工程，不事重大建築以與民休息。蕭何治未央宮，高祖尙斥其勞民。蕭何以爲「天子所居，號曰禁中，非壯麗，無以重威」，遂治未央宮。史稱：「蕭何治未央宮，立東闕、北闕、前殿、武庫、大倉。上見其壯麗，甚怒。謂何曰：天下匈匈，勞苦數歲，成敗未可知，是何治宮室過度也。何曰：天下方未定，故可因以就宮室。且天子以四海爲家，非令壯麗，無以重威，且亡令後世有以加焉。」（《漢書》卷一下，高帝紀七年）

秦政苛繁，對人民的生活與行動，有嚴格的控制，關梁之路，不得自由通行；山澤之利，私人不得採用；至於貨物交易，亦有不少限制。漢興，天下大定，遂開關梁，人民有行旅之自由；弛山澤之禁，人民得以採擷其利；交易之物莫不通，各得其欲（《漢書》卷二十四上，食貨志）。文帝十二年「除關無用傳」（《漢書》卷四，文帝紀），卽出入關卡，不必出示符節。文帝後六年，「弛山澤」（《漢書》卷四，文帝紀），卽解除山澤之禁，人民可以享用山澤之利。

減輕人民賦稅負擔，亦是安輯社會，安養人民的要道。《漢書》食貨志曰：「漢興，接秦之敝，諸侯並起，民失作業，而大饑饉。……上於是約法省禁，輕田賦，什五而稅一。」昔爲什一之稅，今減輕三分之一。文帝十二年「賜農民今年租稅之半」，稅減至三十而稅一。十三年「除田之租稅」（《漢書》卷四，文帝紀）。自是以後，人民不納田賦，達十三年之久。景帝二年始「令人民半出田租，三十而稅一也。」清靜無爲，與民休息，數十年休養生產，迨至武帝時代，經濟已見復甦，民生漸富裕，財政亦寬舒，黃老思想在實際上，發生了不可否認的成效。

二、以柔克剛，和平應敵——漢興，天下初定，民生困窮，瘡痍滿目，財政欠豐，兵力亦不足，而北有強敵匈奴。匈奴曾以兵圍困高祖於白登，幾至不免。高祖因知匈奴之勢強，遂依劉敬之言，採和親政策，期以柔克剛，應付強敵。漢七年，韓信反，高帝自往擊，至晉陽，聞信與匈奴擊漢，上大怒，遂往至平城進攻。而匈奴出奇兵，圍高帝於白登，七日然後得解。高帝罷平城歸，韓信亡入胡。當是時，冒頓單于兵強，控弦四十萬騎，數犯北邊。上患之，問劉敬（本姓婁，賜姓劉）。敬曰：「天下初定，士卒罷（疲）於兵革，未可以武服也。冒頓殺父代立，……以力爲威，未可以仁義說也。……陛下誠能以適長公主妻單于，厚奉遺之。彼知漢女送厚，蠻夷必慕，以爲閼氏，生子必爲太子，代單于。……冒頓在固爲子婿，死，外孫爲單于。豈曾聞外孫敢與大父抗禮哉？可無戰以漸臣也。高帝曰：善。……遂取家人子爲公主，妻單于，使敬往結和親約。」（《漢書》卷四十三，婁敬傳）

就常情言，和親是有損漢家聲威的屈辱行爲。但吾人應知劉邦的目的，只求成功，不擇手段。成功之道，不止一端，可以剛則剛，可以柔則柔。以柔克剛，以退爲進的黃老思想自亦有其價值。韓信曾受跨之辱，張良爲圯上老人納履，成大功者不拘小節，管仲不死公子糾之難，即是一例。惠帝時，匈奴且貽書以辱呂后。自是，匈奴屢犯狄道（甘肅狄道縣），而寇雲中（綏遠，歸綏縣西），漢無可如之何！文帝六年，冒頓死，子稽粥立號老上單于，漢遣宗女人翁主爲單于閼氏（《漢書》卷九十四上，匈奴傳）。

惠帝呂氏時，匈奴貽書呂氏，語辭備極侮辱。呂后依季布之言，採以柔克剛政策，卑辭軟語以報答，且贈以車馬，匈奴亦知理屈，遂和親。史稱：「孝惠高后時，冒頓寖驕，乃爲書使遺高后曰：孤僨之君生於沮澤之中，長於平野牛馬之域，數至邊境，願遊中國。陛下獨立，孤僨獨居，兩主不樂無以自娛，願以所有，易其所無。……高后報書曰：單于不忘敝邑，賜之以書，敝邑恐懼，退日自圖，年老氣衰，髮齒墮落，行步失度，單于過聽，不足以自汙，敝邑無罪，宜在見赦。竊有御車二乘，馬二駟，以奉常駕。冒頓得書，復使使來謝曰：未聞中國禮義，陛下幸而赦之。因獻馬，遂和親（《漢書》卷九十四上，匈奴傳）。景帝五年遣公主嫁匈奴單于（《漢書》卷五，景帝紀）。

文帝以外戚，由群臣迎立，而入承帝位，北臨强敵匈奴，不敢用武，而採「以柔克剛」的和親政策，以爲應付，而免戰爭；南有南粵王趙佗，自立尊號，稱南越武帝。文帝對佗亦不以兵相向，同採以柔德懷遠人，和平政策。文帝遣使陸賈以書諭佗曰：「得王之地，不足以爲大；得王之財，不足以爲富，服嶺以南，王自治之。雖然王之號稱帝，兩帝並立，無一乘之使以通其道，是爭也。爭而不讓，仁者不爲也。願與分棄前患，終今以來，通使如故。以上褚五十衣，中褚三十衣，下褚二十衣遺王，願王聽樂娛憂，存問鄰國。」陸賈至，南粵王恐，乃頓首謝，願奉明詔，永爲藩臣，奉貢職。（《漢書》卷五十五，南粵王趙佗傳）這是「以柔克剛」的對外政策，所收到的實在政治效果。

「以柔克剛」的對外政策，對南越固然收到實在的政治效果；但對匈奴的和親政策，並未發生重大作用。中國屢與匈奴和親，而匈奴屢侵邊境，造成深切災害。故班固明言和親之無益。他說：「和親之論，發於劉敬。是時，天下初定，新遭平城之難，故從其言，約結和親，賂遺單于，冀以救安邊境。孝惠高后時，遵而不違，匈奴寇盜不爲衰止，而單于反以益加驕倨。逮至孝文，與通關市，妻以漢女，增厚其賂，歲以千金，而匈奴數背約束，邊境屢被其害。……此則和親無益，已然之明效也。」（《漢書》卷九十四下，匈奴傳贊曰）

文武之道，一弛一張。柔而不剛，必趨衰亡；剛而不柔，必招强仇。文帝深切體驗到，「以柔克剛」的和親政策，既屬無益，亦不足恃，於是整軍經武，以圖自强，俾能以實力有效的抵禦外侮。史稱：「是以文帝中年，赫然發憤，遂躬戎服，親御鞍馬，從六郡良家材力之士，馳射上林，講習戰陣，聚天下精兵，軍於廣武。」（《漢書》卷九十四下，匈奴傳贊曰）因之，漢室兵力，得以强盛，故景帝能以兵力平定吳楚七國之亂。武帝時能以派兵遣將，討伐匈奴以報雪過去的恥辱，而揚漢家聲威。

第二十四章　儒家的政治思想

第一節　前漢儒學的復興

一、**儒學復興的原因**——前漢儒學何以復興？究其原因，計有兩端：一曰文治的需要，二曰武臣的凋零。茲就此二者，論述於後：

1. 文治的需要——馬上得天下，不能以馬上治之。當劉邦與群雄共逐秦鹿及與項羽爭天下的戰爭時期，所需要的是驍勇善戰，殺敵致勝的武士，自然重武輕文；且認爲儒士無甚用處而輕侮之。「史稱：「沛公不喜儒，諸客冠儒冠來者，沛公輒解其冠，溺其中。」（《漢書》卷四十三，酈食其傳）漢二年，漢王從五諸侯入彭城。叔孫通降漢王，通儒服，漢王憎之，乃變其服，服短衣楚製，王喜（《漢書》卷四十三，叔孫通傳）。

漢初定天下，高祖雖曾下詔求賢曰：「賢士大夫有肯從我游者，吾能尊顯之。」（《漢書》卷一下，高祖紀）然其所喜求者乃是權謀之徒，對儒士仍不歡迎。史稱：「陸賈時時前說稱詩書，高帝罵之曰：乃公居馬上得之，安事詩書。賈曰：馬上得之，寧可以馬上治乎？且湯武逆取而順守之，文武並用，長久之術也。……鄉使秦幷天下，行仁義，法先聖，陛下安得有之？高帝不懌，有慚色。」（《漢書》卷四十三，陸賈傳）

劉邦以泗上亭長起兵，豐沛子弟蕭何、曹參、王陵、周勃、樊噲、灌嬰等群與共從，逐秦鹿。這些人乃是義氣的結合，誼如兄弟，情同手足，無尊卑上下之別，乏禮儀節度之束，熱情洋溢，放浪形骸。迨劉邦定天下，尊爲皇帝，舊日斬將殺敵的戰友，在皇帝面前，仍舊習不改，不拘禮儀，不講禮貌，甚至酗酒亂吼，拔劍擊柱。高祖深以此爲患，乃思定朝儀，明君臣之分，嚴上下之別，使群臣守禮儀，明仁義，遵節度，以肅朝儀，而安社稷，遂命叔孫通，徵魯諸生三十餘人共定朝儀。這是漢室首重儒士，亦是儒學復興的開端。

史稱：「漢王已幷天下，諸侯共尊爲皇帝於定陶。叔孫通就其儀號。高帝悉去秦儀法，爲簡易。群臣飲，爭功，醉或妄呼，拔劍擊柱。王患之。通知上益厭之，說上曰：夫儒者難與進取，可與守成。臣願徵魯諸生與臣弟子共起朝儀。高帝曰：得無難乎？通曰：五帝異樂，三王不同禮，禮者因時世人情爲之節文者也。故夏、殷、周禮所因損益可知也，謂不相復也。……於是使通徵魯諸生三十餘人。」（《漢書》卷四十三，叔孫通傳）。爭天下用武將；治國家需文臣。高帝爲適應文治上的需要，不得不起用儒士。

2. 武臣的凋零——劉邦以馬上得天下，當皇帝後，對昔日佐治兵戎，效命疆場，殺敵致勝，汗馬功勞，將官戰友，自不能棄而不顧，爲酎庸報功，乃使之任文職，佐國輔政。且劉邦素不喜儒士，左右亦無文人可用，所以只得用武將。所以漢初的朝廷大臣，多屬武人。叔孫通雖與魯諸生共定朝儀，然未獲重用。所以高祖所用大臣固多武人，卽在孝惠高后時，公卿亦皆武力功臣。文帝本好刑名之言，亦未見廣用儒士。儒學仍然欲振乏力。史稱「漢興二十餘年，天下初定，公卿皆軍吏。」（《漢書》卷八十八，儒林傳）至景帝時，竇太后好黃老之術，仍不好儒士，雖置有博士，具官待問而已，未得進用。但至此時，武力功臣，凋零殆盡，已無可用的武臣。所以武帝不得不用儒士，尊儒學；中衰的六經乃見復興。

二、儒學復興的事實——秦始皇焚詩書，坑儒士，只可視之爲六經儒學的中衰，不可以之爲儒學的滅絕；因儒士被坑於咸陽者四百六十四人，其他經學鴻儒，儒學高士，散居於各地者，爲數甚多。漢興，下詔天下徵遺書，立博士，求經師儒士於太學傳授六經，皆係口述，而以漢時之文字記載之，稱爲今文經。惠帝四年除挾書令，詔天下徵求遺書。文帝時置魯《詩》、韓《詩》博士，景帝時立齊《詩》博士，至武帝乃立五經博士（《漢書》卷八十八，儒林傳）。

漢初，今文經十四家，皆立爲博士。《詩》有申培公的魯《詩》，轅固生的齊《詩》，韓嬰的韓《詩》三家。《書》有歐陽高、大夏侯勝、小夏侯建三家，皆伏生之所傳。《禮》有大戴德、小戴聖二家，皆高堂生之所傳。《易》有施讎、孟喜、梁丘賀、京房四家，皆田何之所傳。《春秋公羊傳》有嚴彭祖、顏安樂二家，同出於胡母生。前漢之古文詩，有毛萇之毛《詩》，孔安國之《尙書》，費直之《易經》。

武帝建元元年（西前一四〇）詔舉賢良方正直言極諫之士，董仲舒連對三策，主張廣興學校，以教化爲要務，而太學尤爲教化之本原。且謂今世異道，人異論，百家殊方，指意不同，凡諸不在六藝（六經）之科，孔子之術者，皆絕其道，勿使並進，邪僻之說滅息，然後統紀可一而法度可明。丞相衞綰因是奏所舉賢良，或治蘇、張、申、韓之言者皆罷之，奏可。又博士轅固生曾以老子書爲家人言，觸怒太后，至是亦在徵中。於是武帝毅然罷黜百家，表章六經，舉孝廉，興太學，定大禮，協音律，作詩樂，多以儒學爲依歸。這是儒學的復興，登峯造極，其勢大盛。然學術定一尊，思想自由，受到拘束，競進之力不足，討論之風難盛，勢必遏抑學術思想的進步與發展，亦是一大不幸。禍福相依，利害相連，除一弊生一弊，此亦無可如何的難題。

前漢時代，儒學復興，因而出現若干名儒，如陸賈、賈誼、董仲舒、揚雄、劉向等卽其著者。這些學者雖均以儒學爲主體，然因漢初曾流行黃老思想，秦厲行法治，先秦百家爭鳴；這些學說亦都有相當影響，致其學說亦每雜有道家、法家的思想。董仲舒更將陰陽家的思想與儒學相融合。漢以後，欲求醇儒，實不易得。

第二節　陸賈的政治思想

陸賈前漢楚人，以客從高祖定天下，有辯才，居左右，常使諸侯。時中國初定，尉趙佗平南越，而自爲王。高祖使賈賜佗印，爲南越王。賈至，佗魋結箕踞見賈。賈說以高祖的德威及漢之强大，若不北面稱臣，必自招夷族大禍。佗卒受賈之賜印爲南越王，稱臣奉漢約。歸報高帝，大悅，拜賈爲太中大夫。奉命說秦所以亡，漢所以興，及古成敗之國。每奏一篇，高帝未嘗不稱善，凡著十二篇，合稱《新語》。

呂后時，王諸呂，諸呂擅權，欲刼少主，危劉氏；右丞相陳平患之，而力不能爭，恐禍及己，平乃燕居不出而深憂念之。賈向平進言曰：天下雖有變，則權不分；權不分，爲社稷計，在君與太尉耳。因使陳平、周勃交歡合作，賈亦游說公卿間，遂能合力誅諸呂，卒安劉氏。賈居間策畫，功莫大焉。文帝卽位，南越王趙佗叛，僭稱帝號，文帝使賈再使南越。賈向佗曉以大義，喻以利害，佗乃去帝號，爲漢藩臣。不辱君命，功在國家，但官不過太中大夫而已，因病致仕。

一、政治起源——論政治起源者，率皆以原始社會的自然狀態爲出發點而立論，而陸賈則置此而不言，認爲政治的起源在於「天生萬物以地養之，聖人成之，功德參合，而道術生焉。」（《新語》卷上，道基第一）陸賈認爲宇宙萬物，各有其性，聖人考察萬物之性，瞭解人類之需，順萬物之理，適人類之情，成天生地養的參合功德，而立人生之大道，則道術生焉。這就是政治的起源。

他說：「在天者可見，在地者可量，在物者可紀，在人者可相。……養精以立群生，不違天時，不奪物性，不藏其情，不匿其詐。故知天者仰觀天文，知地者俯察地理，跂行喘息，蜎飛蠕動之類，水生陸行，根著葉長之屬，爲寧其心，而安其性。蓋天地相承，氣感相應，而成者也。於是先聖乃仰觀天文，俯察地理，圖畫乾坤，以定人道，民始開悟，知有父子之親，君臣之義，夫婦之道，長幼之序，於是百官立，王道乃生。」（《新語》卷上，道基第一）

二、政治進化——依陸賈的見解，政治的進化，歷「先聖」、「中聖」及「後聖」三個階段。先聖依天生、地養、聖成之則，盡功德參合之力，而生道術。乃是政治的起源，亦是政治進化的第一階段。所謂先聖包括伏羲、神農、黃帝、后稷、大禹、奚仲及舜時的皐陶。伏羲仰觀天，俯察地，畫八卦，而治道生。但其時人民仍食肉飲血，衣皮毛。至於神農，以爲行蟲走獸，難以養民，乃求可食之物，嘗百草之實，察酸苦之味，敎民食五穀。黃帝繼之，爲民構室屋。其時，人民野居穴處，未有室屋，於是黃帝乃伐木構材，築作宮室，上棟下宇，以避風雨，民知室居食穀。其時，人民利用地宜，殖五桑麻；於是后稷乃列封疆，畫畔界以分土地之所宜，闢土殖穀，以用養民，種桑麻，致絲枲，以蔽形體（道基篇）。

但當其時，四瀆未通，洪水爲害，禹乃決江疏河，通之四瀆，致之於海，大小相引，高下相受，百川順流，各歸其所，然後人民得去高險，處平土。惟當時以川谷交錯，風化未通，九州絕隔，未有舟車之用以濟深致遠；於是奚仲乃撓曲爲輪，因直爲輮，駕馬服牛，浮舟杖楫，以代人力」。「這時，民知輕重，好利惡難，避勞就逸，於是皐陶乃立獄制罪，懸賞設罰，異是非，明好惡，檢奸邪，「消佚亂（道基篇）」。

當是時，雖有獄以制罪，民知畏法，不敢犯禁，但無禮儀，以爲陶冶，仍難以自行律己以向善；於是「中聖」繼之，乃設辟雍庠序之教，以正上下之儀，明父子之禮，君臣之義，使強不凌弱，衆不暴寡，棄貪鄙之心，興清潔之行（道基篇）。中聖的制作是明禮義，與教育；是「先聖」重在物質文明的建設，「中聖」則進而重視人群的良好關係及人格與精神的薰陶。

若祇有禮義與教育，而無經國濟民的典章制度的建立，學術思想的昌明，百工技智的成就，仍非政治的至道，難以保持長治與久安。於是「後聖」起而繼之，「乃定五經，明六藝，承天統地，窮事察微，原情立本，以緒人倫，宗諸天地，治修篇章，垂諸來世，被諸鳥獸，以匡衰亂，天人合策，原道悉備，智者達其心，百工窮其巧；乃調之以管絃絲竹之音，設鐘鼓歌舞之樂，以節奢侈，正風俗，通文雅。後世淫邪，增之以鄭衞之音；民棄本趨末，技巧橫出，用意各殊，則加雕文刻鏤，傳致膠漆、丹青、玄黃、琦瑋之色，以窮耳目之好，極工匠之巧。夫驢、騾、駱、駞、犀、象、瑇瑁、琥珀、珊瑚、翠羽、珠玉，山生水藏，擇地而居，潔清明朗，潤澤而濡，磨而不磷，涅而不淄，天氣所生，神靈所治，幽閒清淨，與神浮沉，莫之効力爲用，盡情爲器，故曰聖人成之；所以能統物通變，治情性，顯仁義。」（道基篇）所有典章、制度、學術、音樂、技藝等，都屬於「後聖」的制作。政治的進化，歷「先聖」、「中聖」、「後聖」的制作，由簡單而複雜，由低級而高級，由粗糙而精緻，日新月異，精進不已。

三、仁義爲本——孔孟的思想以行仁義爲主旨。陸賈闡述儒學，所信持的政治主張，亦是以行仁義爲根本要務。照他的意思言之，行仁義不但是爲政施治的至道，就是在社會生活上、個人行爲上、人群關係上，亦皆須以居仁由義爲準則。他認爲行仁義的功用至爲廣大；擧凡一切的成敗、利鈍、得失、吉凶、禍福，莫不以其是否行仁義爲轉移。所以他說：「守國者以仁堅固，佐君者以義不傾。君以仁治，臣以義平，鄉黨以仁恂恂，朝廷以義便便。美女以貞顯其行，烈士以義彰其名。陽氣以仁生，陰節以義降。鹿鳴以仁求其群，關雎以義鳴其雄。《春秋》以仁義貶絕，《詩》以仁義存亡。乾坤以仁和合，八卦以義相承。《書》以仁叙九族，君臣以義制忠。《禮》以仁盡節，《樂》以禮升降。仁者道之紀，義者聖之學。學之者明，失之者昏，背之者亡。陳力就列，以義建功，師旅行陣，德仁爲固。仗義而强，調氣養性，仁者壽長。君子以義相褒，小人以利相欺。愚者以力相亂，賢者以義相治。《穀梁傳》曰：仁者以治親，義者以利尊，萬世不亂，仁義之所治也。」（道基篇）仁義乃是維持國家、社會、人民的生存、發展及永續的必要因素，守之則成功，舍之則敗亡。無論立國、立政、立治、立人、立學，皆須經由行仁義的途徑；仁義的功能至大且宏。

陸賈認爲聖人或君主爲政治民，必須有所憑藉，方能有力有效。賈以巢與杖喻君主治國的憑藉。巢爲仁義，杖指聖賢。他說：「夫居高者自處不可以不安，履危者任杖不可以不固。自處不安則墜，任杖不固則仆。是以聖人居高處上，則以仁義爲巢；乘危履傾，則以聖賢爲杖。故高而不墜，危而不仆者，堯以仁義爲巢，舜以禹、稷、契爲杖。故高而益安，動而益固。」（《新語》卷上，輔政第三）他又指出，秦政的失敗，在於以刑罰爲巢，以不肖爲杖。他說：「秦以刑罰爲巢，故有覆巢破卵之患，以趙高李斯爲杖，故有傾仆跌傷之禍。何哉？所任非也。故杖聖者帝，杖賢者王，杖仁者霸，杖義者强，杖讒者滅，杖賊者亡。」（輔政第三）其立論主旨，實在於重仁義，卑刑罰。

四、無爲而治——陸賈生當漢初。其時正流行黃老的政治思想。歷朝丞相如蕭何、曹參、陳平及竇太后均篤信淸靜無爲的黃老思想。陸賈受到時代思潮的影響，遂亦主張爲政應採行無爲而治的道家思想。《新語》無爲篇曰：「夫道莫大於無爲，行莫大於謹敬。何以言之？昔虞舜治天下，彈五弦之琴，歌南風之歌，寂若無治國之意，漠若無憂民之心，然天下治。周公制作禮樂，郊天地，望山川，師旅不設，刑格法懸，而四海之內，奉供來臻；越裳之君，重譯來朝。故無爲也。」（《新語》卷上，無爲第四）垂拱而治，無爲而「順帝之則」，萬物遂其生，百事得其序，是無爲而無不爲。

陸賈更指出：秦之亡亡於刑罰繁重，舉措衆多。他說：「秦始皇帝設爲車裂之誅，以斂姦邪；築長城於戎境，以備胡越。征大吞小，威震天下；將帥橫行，以服外國。蒙恬討亂於外，李斯治法於內。事愈煩天下愈亂，法愈滋而姦愈熾，兵馬益設，而敵人愈多。秦非不欲治，然失之者，乃舉措暴衆，而用刑太極故也。」（《新語》卷上，無爲第四）

五、中和治道——陸賈主張爲政施治，應採行中和之道。他所以主張中和的治道，計有兩個原因：

(一)《中庸》曰：中也者，天下之大本也；和也者，天下之達道也。致中和，天地位焉萬物育焉。致中和是儒家的崇高政治理想。陸賈爲儒者，思想中本存有中和治道的理念。㈡陸賈鑑於虞舜無爲而天下治，秦始皇以作爲太多而天下亂；於是主張採行折衷的中和治道。因之，他說：「是以君子尙寬舒以苞身，行中和以統遠，民畏其威而從其化，懷其德而歸其境，美其制而不敢違其政。民不罰而畏罪，不賞而歡悅，漸漬於道德，被服於中和之所致也。」（《新語》卷上，無爲第四）所謂中和者，威而不猛，寬柔以教；溫和而厲，親而不暱；刑濟以教化，法輔以道德；刑擱而不用，法懸而不施；刑至於無刑，訟至於無訟，民懷德守道，無爲而大治。

若施爲太多，舉措過繁，不但當政者，應接不暇，身勞心累，難以勝其任；而人民以法網太密，動輒得咎，罪犯滋多，禁不勝禁，罰不勝罰，世亂而無以爲治。秦之敗亡，卽由於此；陸賈認爲前車之鑑，不可不愼，不可不戒。故《新語》至德篇曰：「夫形重者則身勞，事衆者則心煩。心煩者，則刑罰縱橫而無所立。身勞者，則百端廻邪而無所就。是以君子之爲治也，塊然若無事，寂然若無聲，官府若無吏，亭落若無民。閭里不訟於巷，老幼不愁於庭。近者無所議，遠者無所聽。郵驛無夜行之吏，鄉閭無夜名之征。犬不夜吠，鳥不夜鳴。老者息於堂，丁壯者耕耘於田。在朝者忠於君，在家者孝於親。於是賞善罰惡而潤色之，興辟雍庠序而教誨之。然後賢愚異議，廉鄙異科，長幼異節，上下有差。强弱相扶，小大相懷，尊卑相承，雁行相隨。不言而信，不怒而威，豈恃堅甲利兵，深刑刻法，朝夕切切而後行哉。」（《新語》卷下，至德第八）這是無爲而治的至道。無爲而事無不治，是形爲無，而實有爲，無爲而實無不爲，亦爲儒道融合中和之道。

六、賢能政治——爲政之道，首重得人。得人者昌，失人者亡。惟所謂人，非指一般人，乃是指人才而言。人才者，是品德賢，才能高的賢能之士。君主爲治，不能祇憑一己之才智能力以治理全國的人民與政事。縱使是行仁義、施王政的聖王，若得不到賢能的群臣以爲佐理，亦難以成功。國家的安危，政治的良窳，端視人君能否選用賢能以爲依仗爲轉移。陸賈認爲這種賢能的群臣，就是君主居高而安，履危而固的憑藉與支杖。他說：「是以聖人居高處上，則以仁義爲巢；乘危履傾，則以聖賢爲杖。故高而不墜，危而不仆者，堯以仁義爲巢，舜以禹、稷、契爲杖，故高而益安，動而益固。」（《新語》卷上，輔政第四）他更指出秦不能以仁義爲巢，以賢能爲杖，故有傾亡之禍；遂曰：「秦以刑罰爲巢，故有傾巢破卵之患；以趙高、李斯爲杖，故有傾仆跌傷之禍。」（輔政第四）

天下固不乏賢能的人才，然必待君主設法羅致，使至於朝，裨予職責，方能展其長才，建立事功。使千里駿驥不遇伯樂，無以展長足。姜尚不遇文王，終爲渭河釣叟。諸葛亮不遇劉備，終將躬耕南陽。陸賈曰：「良馬非獨騏驥，利劍非唯干將，美女非獨西施，忠臣非獨呂望。今有馬而無王良之御，有劍而無砥礪之功，有女而無芳澤之飾，有士而不遭文王，道術積蓄而不舒，美玉韞櫝而深藏。故懷道者須世，抱璞者待工。道爲智者設，馬爲御者良，賢爲聖者用，辯爲智者通，書爲曉者傳，事爲見者明。」（《新語》卷上，術事第二）

君主誠然需要賢能之士，以爲輔佐。然賢能之士，則不易知，亦不易求。其原因有二：㈠賢能之士，多隱居田野山林，不求聞達，不干仕祿，隱居以求志，待價而後沽，故不易知。㈡朝廷之上多有奸佞之臣，朋比爲奸，結黨營私，環伺君主左右，阻止君主求取賢才，以固其權位。陸賈曰：「人君莫不知求賢以自助，近賢以自輔。然賢聖或隱於田里，而不預國家之事者，乃觀聽之臣，不明於下，則閉塞之讒歸於君。閉塞之讒歸於君，則忠賢之士棄於野。忠賢之士棄於野，則佞臣之黨存於朝，則下不忠於君。下不忠於君，則上不明於下。上不明於下，是故天下所以傾覆也。」（《新語》卷下，資質第七）君不得賢才以輔政，則奸佞之臣存於朝；因之，臣不忠，君不明，國家自必歸於傾覆。

賢能政治亦可稱之爲「好人政治」(government by the best)，卽以有賢德之好人，居官治政，以身作則，感召萬民，使之向善歸正。所謂「政者正也」，其身正不令而行，其身不正，雖令不從。君子之德風，小人之德草，草上之風必偃。賢人之治，風行草偃，收效旣速且宏。陸賈曰：「昔者周襄王不能事後母，出居於鄭，而下多叛其親。秦始皇驕奢靡麗，好作高臺榭，廣宮室，則天下豪富制屋宅者，莫不倣之；設房闥，備廐庫，繕雕琢刻畫之好，傅玄黃琦瑋之色，以亂制度。齊桓公好婦人之色，妻姑姊妹，而國中多淫於骨肉。楚平王奢侈縱恣，不能制下，檢民以德，增駕百馬而行，欲令天下人餒，財富利明不可及，於是楚國愈奢，君臣無別。故上之化下，猶風之靡草也。王者尙武於朝，則農夫繕甲於田。故君之御下民，奢侈者則應之以儉，驕淫者則統之以理，未有上仁而下殘，上義而下爭者也。孔子曰：移風易俗，豈家至之哉，先之於身而已矣。」（《新語》卷上，無爲第四）所謂人治或德治，均指賢者在位，能者在職的賢能政治而言，異名而同實。

七、推行敎化——儒家爲政，重在興學校，推行敎化，使人民知禮義，守道德，而歸於治平。法家治民，重在嚴刑罰，肆行誅殺，使人懾於淫威之下，心存畏懼，不敢犯禁。陸賈爲儒者，其政治思想自然注重敎化的推行。他在道基篇中卽說：「於是中聖乃設辟雍庠序之敎，以正上下之儀，明父子之禮，君臣之義，使强不凌弱，衆不暴寡，棄貪鄙之心，興淸潔之行。」

陸賈曰：「夫法令者所以誅惡，非所以勸善；故曾、閔之孝，夷、齊之廉，豈畏死而為之哉！教化之所致也。」（《新語》卷上，無為第四）陸賈重在勸善，而輕誅惡。縱使法令森嚴，民不畏死，以死懼之，未必生效。人心向善，施以教化，民自可懷德守道，而趨於治平。曾、閔之孝，夷、齊之廉，非法令之效，乃教化之功。陸賈儒者以施教化，守道德為治民施政的要務，而輕視刑罰，主張薄罰而厚賞，輕刑而重德。他說：「天地之性，萬物之類，穰道者，衆歸之；恃刑者，民畏之。歸之則附其側，畏之則去其域。故設刑者不厭輕，為德者不厭重；行罰者不患薄，布賞者不患厚。」（《新語》卷上，至德第八）

八、天人感應——《尚書》有云：「作善降之百祥，作不善降之百殃。」《中庸》亦曰：「國家將興，必有禎祥；國家將亡，必有妖孽。」是儒家原有的天人感應意念。陸賈更受陰陽家學說的影響，所以亦甚信天人感應的政治思想。他說：「安危之效，吉凶之徵，一出於身；興亡之道，成敗之驗，一起於行。堯舜不易日月而興，桀紂不易星辰而亡。天道不改。……故世衰道亡，非天所為也，乃國君有以取之也。惡政生於惡氣，惡氣生於災異。蝮蟲之類，隨氣而生；虹蜺之屬，因政而見。治道失於下，則天文度於上。惡政流於民，則蟲災生於地。……《易》曰：天垂象，見吉凶，聖人則之；天出善道，聖人得之。」（《新語》卷下，明誠第十一）

陸賈認為政治的善惡上應於天；政善降之以吉祥，政惡降之以災殃。吉凶由於人君的自招，為政不可不向善，並應觀天變而正其失。他說：「星不晝見，日不夜照，雷不冬發，霜不夏降。臣不凌君，則陰不侵陽，盛夏不暑，隆冬不霜。黑氣苞日，慧星揚光，虹蜺多見，蟄蟲夏藏，熒惑亂宿，衆星失行。聖人因天變而正其失，理其端而正其本。」（《新語》卷下，思務第十二）陸賈固為儒者，以儒學為其政治思想的主體，但亦滲雜有道家、陰陽家的思想；蓋以學派的思想，難作明顯而嚴格的劃界，學者的思想不能不受「互動」（Interaction）的影響。

第三節　賈誼的政治思想

一、生平事略——賈誼的生平事蹟，班固《漢書》卷四十八有詳明的記載。茲扼要引論敍述於後：

賈誼前漢洛陽人，生於漢高祖七年（西元前二〇〇），卒於漢文帝十二年（西元前一六八），享年三十三歲。少有才學，十八歲卽能讀詩書，善屬文。河南郡太守吳公聞其才名，召置門下，甚喜愛之。文帝卽位，吳公薦於朝。文帝召以爲博士，年僅三十二歲。荀子之學傳於李斯；李斯之學傳於吳公；吳公傳於賈誼。故誼是儒而知法之士。惟誼博通諸家之書，對孔孟之崇仁義，尙賢才，甚爲信持，是以世人多列賈誼爲儒家。誼爲博士，奉召議對，據古論今，均中肯綮，帝甚悅之，歲餘卽超遷爲太中大夫。

賈誼以爲漢興二十餘年，天下和洽，宜改正朔，易服色，正制度，定官名，興禮樂。其儀法色尙黃，數以五爲官名，悉以更定奏之。秦以苛政紛擾亡國，漢初天子公卿引以爲戒，故多信黃老之術，清靜無爲與民休養生息。信黃老之術者被稱爲「安集策派」。主張大加改革者被稱爲「治安策派」。賈誼大力改革的精神，有似商鞅與李斯，自難爲「安集策派」所接受，以致引起佐國大臣周勃、灌嬰、張相如、馮敬之等群起反對。因之，賈誼不得大用；其議亦不爲文帝所採用，因文帝亦信清靜無爲的黃老思想，對賈誼遂疏遠之，出爲長沙王太傅。

誼去京赴長沙，過湘江，爲賦以弔屈原，藉洩「志不得伸」的抑鬱心情，不啻以屈原自況自憐。誼爲長沙太傅三年，有服（鳥名）飛入誼舍，止於坐隅，服似鴞，乃不祥之鳥。誼因以自傷悼，自認壽不長，乃爲賦以自廣。越歲餘，文帝思誼，召之入京，延至宣室（未央宮前之正室），帝以鬼神之本問之。誼盡道所以然之故，暢談至半夜。談畢，帝曰：吾久不見賈生，自以爲過之，今不及也，乃拜誼爲梁懷王太傅。誼爲治國安邦的長才，文帝不向之問爲政之理，而卻談鬼神之道。論者多以此爲誼憐惜，故曰：「可惜夜半虛前席，不問蒼生問鬼神。」文帝可能因知賈誼政見，格於形勢，難以採行，故意避重就輕，「不問蒼生問鬼神」。

梁懷王爲文帝少子，甚愛之，王且好學，故使誼爲王之太傅。當時外有强敵匈奴，屢侵邊境；內有封君僭制，有叛亂之虞。賈誼屢次上書，陳政事，多欲有所匡建。其大略曰：臣竊爲事執，可爲痛哭者一，可爲流涕者二，可爲太息者六。若其他背理而傷道者，難徧以疏擧。誼之疏擧內容，可於其所謂「治安策」者見之（文見於《漢書》卷四十八，賈誼傳）。論證詳審，目標高遠，誠軼群超凡的卓越政見。文帝因賈誼之疏陳，徙淮陽王武爲梁王，徙城陽王喜爲淮南王，封淮南厲王四子皆爲列侯。梁王勝墜馬死，賈誼自傷爲傅無狀，心甚不安，常自行哭泣不已。歲餘，誼亦以病弱而死。著述五十八篇，分爲十卷，名曰《新書》，傳於世。《漢書》列誼爲儒家，《史記》以誼習刑名，列爲法家。賈誼者亦儒亦法之士。

賈誼的政治思想，一方面崇尚孔孟之學，以民爲本，重仁義，尊賢才；一方面信持申韓之術，尊君主，重集權，主張改革制度，削弱侯王。玆將其政治思想的要旨，擧述如次：

二、民本思想——《尚書》曰：「民爲邦本，本固邦寧。」孟子曰：「民爲貴，社稷次之，君爲輕。」孔子曰：「親親而仁民」、「汎愛衆，而親仁」。這些思想可視之爲民本主義或民有主義（for the people），但非民主主義或民治主義（by the people）。民本者以民爲重，愛之，養之，利之，若父母之對子女，但未使子女掌管家政。民主主義是以人民爲主人，使之參與國事，掌理國政，是主治者，非被治者，非被愛者。賈誼的民本思想亦僅是父權式的民享（for the people）而已，並非民主的民治（by the people）與民有（of the people）。

賈誼曰：「聞之於政也，民無不爲本也。國以爲本，君以爲本，吏以爲本，故國以民爲安危。君以民爲威侮，吏以民爲貴賤，此之謂民無不爲本也。聞之於政也，民無不爲命也。國以爲命，君以爲命，吏以爲命，故國以民爲存亡，君以民爲盲明，吏以民爲賢不肖，此之謂民無不爲命也。聞之於政也，民無不爲功也，故國以爲功，君以爲功，吏以爲功；國以民爲興壞，君以民爲强弱，吏以民爲能不能，此之謂民無不爲功也。聞之於政也，民無不爲力也，故國以爲力，君以爲力，吏以爲力；故夫戰之勝也，民欲勝也；攻之得也，民欲得也；守之存也，民欲存也；故率民而守，而民不欲存，則莫能以存矣。」（《新書》卷九，大政上）國以民爲本，國以民爲命，國以民爲功，國以民爲力。國之安危興壞皆係於民。民欲勝則勝，民欲得則得，民欲守存則能守存。孟子曰：「民爲貴，社稷次之，君爲輕」，信不誣也。

三、愛利人民——賈誼由民本思想，進而主張君主應以父母惠愛子女之心，愛利人民。他更引用古聖王之言，證明君主愛民利民的必要。帝嚳曰：德莫高於博愛人，而政莫高於博利人；故政莫大於信，治莫大於仁，吾愼此而已矣。帝堯曰：吾存心於先古，加志於窮民，痛萬姓之罹罪，憂衆生之不遂也，故一民或飢，曰此我飢之也，一民或寒，曰此我寒之也，一民有罪，曰此我陷之也。大禹曰：民無食也，則我弗能使也，功成而不利於民，我弗能勸也。粥子語周成王曰：爲人君者，敬士愛民以終其身，此道之要也（均見《新書》卷九，脩政語上）。

國既以民爲本，爲人君者，不可欺民，不可苦民，更不可與民爲仇。若與民爲仇，民必勝之。賈誼曰：「夫民者，萬世之本也，不可欺。凡居於上位者，簡士苦民者，謂之愚；敬士愛民者，謂之智。夫愚智者，士民之命也。故夫民者，大族也。民不可不畏也。故夫民者多力，而不可敵也。與民爲敵者，民必勝之。」（《新書》卷九，大政上）

四、賢才政治——君主不能祇憑自己一人之力，治理國家，必須運用群臣，以爲輔佐。國家的興亡，政治的成敗，莫不以君主能否選用賢才以佐政爲轉移。賈誼擧列事例，以說明選用賢才的重要曰：「齊桓公得管仲，九合諸侯，一匡天下，稱爲義主；失管仲任豎刁，而身死不葬，爲天下笑。故魏有公子無忌而削地復。趙任藺相如而秦兵不敢出。安陵任周瞻而國獨立。楚有申包胥，而昭王復返。齊有田單，襄王得其國。由此觀之，無賢佐俊士能成功立名，安危繼絕者，未之有也。」（《新書》卷十，胎敎）誼又曰：「故無常安之國，無宜治之民。得賢者顯昌，失賢者危亡。自古及今，未有不然者也。」（《新書》卷十，胎敎）

賢才指品德高尙的君子。賢才政治就是有德者居官主政，推行敎化，以身作則，以德化民。君主者萬民之表儀，領導萬流，表率群倫，自身亦必須立德守道，以身作則，以德化民。因爲「政者正也」，其身正不令而行；其身不正，雖令不從。賈誼曰：「君能爲善，則吏必能爲善矣。吏能爲善，則民必能爲善矣。故民之不善，吏之罪也。吏之不善，君之過也。嗚呼，戒之，戒之。故夫士民者，率之以道，然後士民道矣。率之以義，然後士民義矣。率之以忠，然後士民忠矣。率之以信，然後士民信矣。故爲人君者，其出令也其如聲，士民學之其如響，曲折而從君，其如影也。嗚呼，戒之哉，戒之哉。君向善於此，則佚佚然協民皆向善於彼矣，猶影之象形也。君爲惡於此，則哼哼然協民皆爲惡於彼矣，猶響之應聲也。」（《新書》卷九，大政上）

賈誼認爲君主的責任，在爲國家選賢士而任用之。選賢的方法，端在於君主能禮賢下士。他說：「故有不能求士之君，而無不可得之士。有不能治之吏，而無不可治之民。故君明而吏賢矣。吏賢而民治矣」；又說：「故夫士者弗敬則弗至。……欲求士之必附，惟恭與敬。澤有無水，國無無士。故士易得而難求也，易致而難留也。故求士而不以道，周徧境內，不能得一人焉。故求士而以道，則國中多有之，此之謂士易得而難求也。故待士而以敬，則士必居矣。待士而不以敬，則士必去矣。此之謂士易致而難留也。」（《新書》卷九，大政下）

五、禮法並用——維持社會秩序及政治安定的力量或要素，計有兩種：一是道德，即禮；二是法律，即法。道德使人向善，在防止罪患於未然。法律所以禁人爲非，在懲罰罪犯於已然。二者相互爲用，相得益彰。道德於古爲禮。法律簡言之爲法。禮施於事前，法行於事後。孔孟治國，注重道德，故曰：「導之以德，齊之以禮，有恥且格」；反對刑罰，故曰：「導之以政，齊之以刑，民免而無恥。」賈誼習法而崇儒，亦法亦儒，一方面崇尚仁義，不離道德；一方面不放棄法治與刑罰，主張禮法並用。

賈誼曰：「夫禮者禁於將然之前，而法者禁於已然之後。是故法之所用易見，禮之所爲難知也。若夫慶賞以勸善，刑罰以懲惡，先王執此之政，堅如金石，行此之令，信如四時，據此之公，無私如天地耳，豈顧不用哉。」（《新書》卷十）

六、崇尙仁義——賈誼的政治思想係以儒學爲主體，崇尙仁義，信行禮樂，重視德教。他論秦室敗亡之速，其過在於未施行仁義。他說：「秦以區區之地，致萬乘之勢，序九州，而朝同列，百有餘年矣。然後以六合爲家，崤函爲宮，一夫作而七廟墮，身死人手，爲天下笑者，何也？仁義不施，而攻守之勢異也。」（《新書》卷一，過秦上）又曰：「故先王見終始之變，知存亡之由。是以牧之之道，務在安之而已矣。下雖有逆行之臣，必無響應之助。故曰安民可與爲義，而危民易與爲非，此之謂也。」（《新書》卷一，過秦下）又曰：「故夫爲人臣者，以富樂民爲功，以貧苦民爲罪。故君以知賢爲明，吏以愛民爲忠。故臣忠則君明，此之謂聖王。故官有假而德無假，位有卑而義無卑。故位下而義高者，雖卑貴也。位高而義下者，雖貴必窮。」（《新書》卷九，大政上）

明君必須以仁義爲本性，故賈誼曰：「道者聖王之行也，文者聖王之辭也，恭敬者聖王之容也，忠信者聖王之敎也。夫聖人也者，賢智之師也，仁義者明君之性也。」（《新書》卷九，大政上）賈誼指出黃帝治政，不離於仁與義。他說：「黃帝職道義，經天地，紀人倫，序萬物，以信與仁爲天下先。」（《新書》卷九，脩政語上）賈誼以爲爲政之道，本於道德。道德生仁義，故施政爲治，應以仁義爲依歸。他說：「道者，德之本也。〔德生物又養物，則物安利矣。安利物者，行仁也。仁行出於德，故曰仁者德之出也。德生理，理立則有宜適之謂義。義者理也〕。故曰義者德之理也。」（《新書》卷八，道德說）道德仁義爲一體，安利人民與萬物的政治，所不可背離者。

人君爲政必須有所取舍。取舍得宜，則國治民安。取舍不宜，必歸敗亡。賈誼認爲明君爲政治國，應取仁義而舍刑罰。他說：「人主之所積，在其取舍。以禮義治之者積禮義，以刑罰治之者積刑罰。刑罰積而民怨背，禮義積而民和親。故世主欲民之善同，而所以使民善者或異；或道之以德教，或敺之以法令。道之以德教者，德教洽而民氣樂；敺之以法令者，法令極而民風哀。哀樂之感禍福之應也。……湯武置天下於仁義禮樂，而德澤洽，禽獸草木廣裕，德被蠻貊四夷，累子孫數十世，此天下所共聞也。秦王置天下於法令刑罰，德澤無一有，怨毒盈於世，下憎惡之如仇讎，禍幾及身，子孫誅絕，此天下之所共見也。」（《新書》卷十）賈誼三著過秦論，其主旨指出秦之亡亡於重法令刑罰，不修仁義禮樂；切望漢王能以行仁義，重德教，崇禮樂。

七、尊君集權——賈誼乃是滿腔熱血，忠君愛國之志士仁人。當時他目覩外有匈奴的屢侵邊境。高祖遭有白登之圍，呂氏曾受單于辱罵，漢力不敵，無可如何，而採屈辱的「和親」政策；內有封君王國權大地廣，有外重內輕之虞，太阿倒持，大有發生變亂之患。賈誼愛國憂時，故主張削弱王國的力量，加强君主的權勢，謀求國力的集中與國家的統一。集權則君尊，統一則國强。君尊國强，則外足以抵禦侵略，內足以防制叛亂。賈誼主張改正朔，易服色，正制度，削王國，皆所以尊君權，求統一。

文帝時，「諸侯王雖名爲人臣，實皆有布衣昆弟之心，慮無不宰制而天子自爲也。擅爵人，赦死罪，甚者或戴黃屋，漢法非立，漢令不行也。」（《新書》卷三，親疏危亂）高祖所封同姓諸侯，尚在年幼，所置相、傅，握有實權，尙忠於天子，不足爲患。若干年後，諸王成年，血氣方剛，天子所置相、傅，亦老罷，叛亂可虞，國危殆。故賈誼曰：「大國之王，幼在懷袵，漢所置相、傅方握其事。數年之後，諸侯王大抵皆冠，血氣方剛，漢所置傅，歸休而不肯仕，漢所置相，稱病而賜罷；彼自丞尉以上，偏置其私人，……此時而欲爲治安，雖堯、舜不能。」（《新書》卷一，宗首）

賈誼認爲謀致中央集權，以尊君權，統一國家，莫如衆建諸侯，削其地，弱其力，使不足以爲患。他說：「欲天下之治安，天子之無憂，莫如衆建諸侯而少其力。力少則易使以義，國小則無邪心。」（《新書》卷一，藩强）文帝末年，依賈誼之治安策，分齊爲六，徙其子爲梁王。景帝又使其子爲淮陽王。削藩之議，賈誼啓之，鼂錯繼之，以致引起吳、楚七國之亂。是賈誼「衆建諸侯以少其力」的建議，亦相當採行，故周亞夫易於率兵抵洛陽，過昌邑，斷吳、楚後路，絕其糧道，遂能敉平七國之叛亂。

八、人主高下——賈誼把人主分爲上、中、下三等。堯舜爲上主，桀紂爲下主，齊桓公爲中主。中主得賢才爲輔佐則存治，不得賢才爲輔佐則亂亡。賈誼曰：「臣竊聞之曰：有上主者，有中主者，有下主者。上主者，可引而上，不可引而下。下主者，可引而下，不可引而上。中主者，可引而上，可引而下。上主者，堯舜是也。夏禹、契、后稷與之爲善則行；鯀、驩兜欲引而爲惡則誅。故可與爲善，而不可與爲惡。下主者，桀紂是也。隰侯惡來進與爲惡則行，比干、龍逢欲引爲善則誅。故可與爲惡，而不可與爲善。所謂中主者，齊桓公是也。得管仲、隰朋，則九合諸侯。豎刁、易牙則飢死胡宮，蟲流而不得葬。故材性乃上主也，賢人必合，而不肖人必離，國家必治，無可憂者也。若材性下主也，邪人必合，賢正必遠，坐而待亡耳，又不可勝憂矣。故其可憂者，惟中主爾，又似練絲，染之藍則青，染之緇則黑，得賢佐則存，不得善佐則亡，此其不可不憂耳。」（《新書》卷五，連語）

九、臣僚等次——賈誼著官人篇，就臣僚角色扮演的形象與性質的不同，而區分爲六等。最上者爲君之師，次者爲君之友，三曰大臣，四曰左右，五曰侍御，最下者爲廝役。文曰：「王者官人有六等：一曰師，二曰友，三曰大臣，四曰左右，五曰侍御，六曰廝役。知足爲源泉，行足爲表儀，問焉則應，求焉則得，入人之家，足以重人之家，入人之國，足以重人之國者，謂之師。知足以爲礱礪，行足以爲輔助，仁足以訪議，明於進賢，敢於退不肖，內相匡正，外相揚美，謂之友。知足以謀國事，行足以爲民率，仁足以合上下之歡，國有法則退而守之，君有難則進而死之，職之所守，君不得以阿私託者，大臣也。修身正行，不怒於鄉曲，道語談說，不怍於朝廷，智能不困於事業，服一介之使，能合兩君之歡，執戟居前，能舉君之過，不難以死持之者，左右也。不貪於財，不淫於色，事君不敢有二心，居君傍不敢洩君之謀，君有過失，雖不能正諫以死持之，憔悴有憂色，不勸聽從者，侍御也。柔色傴僂，唯諛是行，唯言是聽，以睚眦之間事君者，厮役也。故與師爲國者，帝；與友爲國者，王；與大臣爲國者，伯；與左右爲國者，强；與侍御爲國者，若存若亡；與厮役爲國者，亡可立而待也。」（《新書》卷八，官人）

十、人格評定——蘇軾著賈誼論，惜其以王佐之才，而不能自用其才。文曰：「非才之難，而所以自用其才者實難。惜乎賈生王者之佐，而不能自用其才也。夫君子之所取者遠，則必有所待；所就者大，則必有所忍。古之賢人，皆負可致之才，而卒不能行其萬一者，未必皆其時君之罪，或者其自取也。」著者於此，亦欲對賈誼作評論如次：

1.傑出人才——賈誼秉賦優異，智高識廣，才華洋溢，於弱冠之年，即能博通諸書，文學蜚聲，受知於郡守，見重於文帝，爲博士，論政事，議制度，均具卓識遠見，所爲過秦之論，治安之策，皆屬眞知灼見，至理名言，可以傳後世，垂久遠，誠超群軼衆，不同凡響之傑出人才」，世人稱之爲「洛陽才子」，當之無愧。

2.忠君愛國——賈誼以一純潔青年，滿腔熱血，秉赤膽，持忠心，居安思危，憂世事，愛國家，懲惡亡秦之暴戾，力主行仁義之政，選賢能之士，以民心爲心，以民命爲命，以民功爲功；洞察封國之危機，尊天子，尙集權，建議削封君，弱諸王，爲國家立永固之基，置社稷於袵席之安，眞乃是一心忠君之良臣，志切愛國之志士。

3. 不善自用——蘇軾立論，深惜賈生以王佐之才，而不能自用其才，不無見地。這猶如商人擁有精良物品而無有效推銷術以售出之。文帝對誼甚爲器重與喜愛，是大用之門已開，青雲直上，不患無路。惟文帝格於形勢，無力打破保守派的反對壓力，一時難致卿相。爲賈誼計，此時不可自傲自是，更不可自傷，應謙沖自抑，以晚輩後進自居，接交佐國老臣，謙之勞之，恭之敬之，相機進言，焉知不能變其意向，化阻力爲助力，變反對爲贊成；相信以賈誼之才智，當可達到此目的。賈誼不此之圖，徒作無益之負氣與自傷，悲抑過度，卒至賫才而終，不善自用，自己亦不能辭其咎。

4. 不識時務——漢興，天下初定，承秦暴亂之後，國力虛弱，民生困窮，當局以安定社會，撫輯人民爲要務，不敢多所更張，多所作爲，以便與民休養生息，於是黃老思想頗爲流行，天子丞相及太后均採信清靜無爲的政策，期以垂拱而治。賈誼未能洞察大勢之所趨，大政之所在，竟建議改正朔，易服色，定制度，更官規，以五取數，削封地，弱諸侯。這是震撼性的大改革，牽動極大，影響至廣，其性質有似商鞅的變法改制；李斯的廢封建，行郡縣，自難爲信持黃老思想，採行無爲政策的當道所接受。不能適應客觀形勢，只知信持主觀見解，少年氣盛，經驗不够，不識時務之失也。

5. 感傷過甚——人生最爲貴。身體髮膚受之父母，不敢毀傷。君子不顧覆瓦，君子不作無益之悲，均所以自我珍重，留得青山在。賈誼持忠君愛國的赤忱，抱安邦利民的大志，允宜善自珍重，保持身心健康，以備國家的大用。無如他感情過於豐富而脆弱，經不起打擊，一遇挫折，便感傷不勝，悲鬱過甚，不能自已。卒至精神不支，神志耗傷，英年早逝，賫志以歿。自貽伊戚，豈不大可悲惜哉！過湘水，爲長賦，弔屈原，實卽自我悲傷。鵩鳥飛止坐隅，卽神經過敏，自覺不祥，難以長壽。論國政，應以說理義，講利害，陳得失爲要旨，何必說應痛哭者一，可流泣者二，可長太息者六。梁王墜馬死，竟至哭泣不已。凡此皆爲無益的悲傷，君子所不取。

第四節　揚雄的政治思想

一、生平事略——《漢書》卷八十七上下篇詳記揚雄生平，且載其所爲賦之全文及《法言》一書的綱目，爲諸傳記所少見。揚雄字子雲，成都人，生於漢宣帝甘露元年（西元前五三），卒於新莽天鳳五年（西元一八），享年七十一歲，少好學，不爲章句訓詁，通達博覽群書，無所不見。清靜無爲，淡泊少慾。聞司馬相如作賦甚弘麗溫雅，心壯之，每作賦常模擬之以爲式。

成帝鴻嘉年間，尚書郎楊莊，以雄賦似相如，薦於帝，以雄在承明宮待詔。元延二年（西元前十二）正月，成帝至甘泉宮，郊祭天地，隨行壯盛，車馬衆多，且有寵幸趙昭儀從之。雄作甘泉賦，勸帝卻玉女，戒奢靡。三月帝到河東郊祭天地，縱觀山河，有追慕古聖王之志。雄因作河東賦，諫帝奮發圖强，追擬古聖之治。十二月，雄隨帝出射獵，陣容壯盛華奢，因作射獵賦，諷諫帝應以堯、舜、禹、湯、文王自居。帝遷雄爲郎，給事黃門，雄時年四十三。

揚雄與王莽、劉歆曾經先後同官；哀帝初年又與董賢同官。哀帝建平五年（西元前二年），帝病，匈奴單于上書請朝。公卿多以爲召單于入朝，徒虛費國帑，不必應許。揚雄進言，若不允單于來朝，將啓無窮邊患。於是帝召匈奴使者，修書使其回報單于，許其入朝。歷成、哀、平（帝）三朝，雄一直任給事黃門郎，未有升遷，雄乃著《太玄》，欲以文章傳世，蓋以希賢自任。

平帝元年（西元一年）徵召天下精通小學者百餘人，聚於未央宮討論文字問題，爰禮爲小學元士，主持其事，揚雄亦與之，討論結果，作成訓纂篇，所以續李斯所作之倉頡篇。孺子嬰元年，王莽篡漢，就天子位，改國號新，大封卿、大夫、侍中及四將十一公，揚雄不與焉。時雄已六十三歲，王莽念其年老，使爲中散大夫。揚雄並作了一篇「劇秦美新」，頌揚王莽，論者指其爲貳臣，而貽無窮之病詬。揚雄將平時所應對的言論，彙編成書，名曰《法言》，效法《論語》，共十三卷，其旨在崇聖道，宗五經，尊孟荀，排異端，揚正道，文高義正，其書在東漢時，卽廣爲流行。雄晚年因病免官，困居家中，生活貧苦。據《長安志》引揚雄家譜，稱雄曾奉詔陪葬安陵坂上。

揚雄的政治思想，見於其所著《法言》一書中，玆舉述其重要立論與思想於次：

二、施行仁政——儒家以爲政行仁爲本。仁爲生民之德，故施行仁政，首在使民富有，足衣足食，所謂「民爲邦本，食爲民天」。政治的目的，在解決民生問題，故施仁政，首在裕民生。揚雄曰：「君人者，務在殷民阜財，明道信義，致帝之用，成天地之化，使粒食之民粲也、晏也，享於鬼神，不亦饗乎。」（《法言》孝至，卷第十三）。衣食足而後知榮辱。這是說，人民殷實富有，衣食充裕之後，始能明道伸義，政治修明而贊天地之化育。

施行仁政，首在使民富有。使民富有必須由於定制。富有之制，在於制民之產，使有恒產。有恒產者有恒心，則民生安樂，政易行，治易至。制民之產莫善於行井田。儒家爲政之道，在於省刑罰，薄稅歛。省刑罰應廢止肉刑，薄稅歛宜採什一之賦。省刑則民安樂，薄稅則民富有。故揚雄曰：「聖人之道，譬猶日之中也。不及則未，過則昏。什一天下之正也。多則桀，寡則貉。井田之田，田也。肉刑之刑，刑也。田也者，與衆田之；刑也者，與衆棄之。」（《法言》先知，卷第九）

揚雄認爲爲政在使民富有。使民富有，政府不可與民爭利。他信持儒家之道，「百姓足，君孰與不足；百姓不足，君孰與足。」武帝時大司農掌全國鹽鐵之政，京師置平準，壟斷全國貨物，買賤賣貴，政府固獲大利，然商者苦之，百姓亦不便，是政府與民爭利，非爲政之正道，揚雄反對之。或曰：弘羊榷利而國用足。盍榷之乎？雄曰：「譬諸父子，爲其父而榷其子，縱利，如子何？」（《法言》寡言，卷第七）

施行仁政，重在惠愛人民，福利人民。惠愛人民，人民則愛戴政府；福利人民，人民則擁護政府。上下歡洽，政通人和，仁政之治。或問何思何斁（厭）？揚雄曰：「老人老，孤人孤，病者養，死者葬，男子畝，婦人桑，謂之思（思念政府）。若汙人老，屈人孤，病者獨，死者逋，田畝荒，杼軸空，之謂斁（厭惡政府）。」（《法言》先知，卷第九）或問日新。揚雄曰：「使之利其仁，樂其義，厲之以名，引之以美，使之陶陶然，之謂日新。」（《法言》先知）或問民勤（勤苦）。揚雄曰：「民有三勤，政善而吏惡，一勤也。吏善而政惡，二勤也。政吏並惡，三勤也。」（《法言》先知）

三、效法先王——揚雄雖尊崇荀子，但不信持荀卿的法後王，而贊成孔孟的法先王。先王之治，以堯、舜、文王之政最可效法。他說：「適堯、舜、文王者，爲正道，非堯、舜、文王者，爲它道。」（《法言》問道，卷第四）所謂道，乃指長治久安的治道。堯、舜、文王的治道是正道。正者不偏不倚，守正不阿，正直無私，合乎仁義與道德，乃正大光明的坦途與正路，行無不通，孰能舍正路而不由。

堯、舜、文王爲治的正道，皆是天道，化育萬物，順帝之則，自適其然，恭己正南面，垂拱而天下治。古先聖王之治道，是不言而信，不怒而威，不爲而成，似無爲而無不爲。四時行焉，萬物生焉，天何言哉。或問天，揚雄曰：「吾於天與，見無爲之爲矣。」（《法言》問道，卷第四）依揚雄之見，天道，就是合乎道德仁義禮的正道。他說：「道德仁義禮，譬諸身乎。夫道以導之，德以得之，仁以人之，義以宜之，禮以體之，天也。」（《法言》問道）今之人君爲政治民，應效法古先聖王爲治的正道，恭己正南面，無爲而治，垂拱而成，不可多爲而擾民，不可嚴刑以虐民。爲政要順乎自然，萬物遂其生，百事順其成。天人合一，萬物一體，道德仁義禮是天道，亦是人道。效法古先聖王便當力行道德仁義禮的爲治正道。

天道順乎自然，四時行焉，萬物生焉。天行健，自强不息。天之生萬物，順四時，並無任何勉强的作爲，亦無任何吃力的干涉。古聖先王的爲治，只要彰明法度，明揚禮樂，不再作任何煩擾，便垂拱而治，國泰民安。故揚雄曰：「在昔虞夏襲堯之爵，行堯之道，法度彰，禮樂著，垂拱而視天下民之阜也。」（《法言》問道，卷第四）

古先聖王一切的爲治施政，皆以順乎天，應乎人爲依循，乃今之人君所當效法者。《法言》孝至篇曰：「堯、舜之道皇兮，夏殷周之道將矣，而以延其光兮。或曰，何謂也。曰：堯、舜以其讓，夏以其功，殷周以其伐。」堯舜禪讓，夏禹治水，湯放桀，武王伐紂，事雖不同，然皆爲順天應人的正道，故能光輝延於後世，立爲治的不朽楷模。

四、導之以德——孔子曰：「導之以政，齊之以刑，民免而無恥；導之以德，齊之以禮，有恥且格。」（《論語》爲政）這是儒家的德治思想。揚雄崇聖道，宗五經，尊孟荀，乃是儒者，故亦主張德治政治。或問何以治國？雄曰：立政。又問何以立政？曰：「政之本，身也；身立則政立矣。」（《法言》先知，卷第九）德治是爲政者，以身作則，以德化民，因「政者，正也」；其身正，不令而行；其身不正，雖令不從。

德治旣是以身作則，以德化民，則人君治國便當修其身，養其德，爲民表率，而收風行草偃之效。但當前漢末期，災異之說盛行，以爲災異的發生，乃是因政治的失道害民，天便示以災異以爲警告與譴責；而人主不自行修德以立政本，迨有災異出現，畏天之罰，始去修德。揚雄認爲這是本末顚倒，敗亡隨之。故揚雄曰：「聖人德之爲事，異（災異）亞之；故常修德者本也，見異而修德者，末也。本末不修而存者，未之有也。」（《法言》孝至，卷第十三）

人君能以德表率人民，以德感化人民，則人民心悅誠服，國治而民安。故孟子曰：「以力服人者，非心服也，力不贍也；以德服人者，中心悅而誠服也，如七十子之服孔子也。」（《孟子》公孫丑上）以德爲治，則上下信服，彼此敬愛，一心一德，團結無間，國必強固，民必安樂。以力服人，人心不服，則怨尤之心起，反抗之意生，人民背離，叛亂必起，國必敗亡。秦始皇行暴政，以強力壓制人民，他自以爲金城之固，湯池千里，子孫帝王萬世之業，孰料凡三世一十五年而竟滅亡。揚雄認爲自齊桓公、晉文公以迄於秦始皇，皆尙力不尙德，無足觀矣。他說：「齊桓、晉文以下至於秦兼，其無觀已。所謂觀，觀德也；如觀兵，開闢以來，未有秦也。」（《法言》寡見，卷第七）仲尼之徒無道桓文之事，以其尙力不尙德。

五、選用賢能——人主治國，重在選用賢能，因「徒法不足以自行」。治國以賢才爲本，得賢才者昌，失賢才者亡。賢者在位，能者在職，則國治政通。故禮運曰：「大道之行，天下爲公，講信修睦，選賢與能。」選用賢能使之治衆，則能行仁政、法先王、以德化民，謀致國家的長治久安。揚雄曾說：「民有三勤，政善而吏惡一勤也。吏善而政惡二勤也，政吏並惡三勤也。」（《法言》先知，卷第九）選用賢能以爲吏，則吏善政亦善，民無所苦。若任吏不以賢能，則吏惡政亦惡，民不堪其苦。雄曰：「經營然後知幹楨之克立也。」（《法言》五百，卷第八）經營指建築宮室臺榭。幹楨指賢能人才。建築宮室臺榭，要用賢能的人才，方能成功。治理國家，若不選用賢能人才，必不能國治民安。

天生萬物以養民，天生衆材皆有用。天地萬物皆有用之材。天地者贊萬物之化育，是聖人之眞才，可以秉國鈞，治萬民，使民生順遂，庶政咸熙。次山陵川泉，有似君子賢士，次才也。可以因才而授職，使之擔任一定的任務，效忠國家，盡忠職守。次禽獸草木，猶如具有一技之長的偏才，可以任百工之事，而供萬民之資需。揚雄曰：「仲尼神明也，小以成小，大以成大，雖山川丘陵草木禽獸裕如也。」（《法言》五百，卷第八）這是說：大小各隨其本量而取用足。這猶如治國之選用人才，大才大用，次才次用，小才小用，量才施用，各盡其能，各致其功。

選用賢能要有其道。得其道則賢才至；不得其道則賢不至。得賢之道，不祇一端：一爲禮賢下士，禮敬賢才則賢才至；不禮敬賢才則賢才不至。二爲知人善任。臯陶曰：「知人則哲，能官人；安民則惠，黎民懷之。」（《尙書》臯陶謨）三爲觀其言行。禹曰：「帝光天之下，至於海隅蒼生，萬邦獻黎，共惟帝臣，惟帝時舉，敷納以言，明庶以功，車服以庸。」（《尙書》益稷篇）四爲事功考績。所謂「三年考績，三考黜陟明。」（《尚書》舜典）揚雄卻別出心裁，主張以「檢」爲選用賢能方法。「檢」可解釋爲檢定、檢覈或鑑別；大致即指漢時鄉舉里選的察舉制度而言。他說：「天下有三檢，衆人用家檢，賢人用國檢，聖人用天下檢。」（《法言》脩身）普通的人才，即衆人，視其在家的行爲，由家人檢察之，即知其賢否。賢人指可以擔當國家政務的人才，應由國人檢察其賢否。聖人者天人共察之，而公認其爲賢才。

六、推行教化——人雖爲萬物之靈，但非生而知之。人雖非生而知之，但秉賦着獲得知能的機體（Mechanism），即智慧；去學習知能，可以學而知之。人非一生定型的禽獸草木，而是能發展，可塑造的活動的生長物。人格可以薰陶，氣質可以變化。然學必待教而後成；氣質必待化而後變。所以人君或政府的重要職責，在於推行教化；教使人獲得知識，化以培養人格。無教化人終爲愚人，對國家社會很少貢獻；有教化人可成爲智人，對國家社會能有較大的貢獻。所以揚雄曰：「雌之不才，其卵段矣；君之不才，其民野矣。」君之不才，指人君之不普施教化，則人民自必粗野愚昧，難爲衆效大力，供大用。

施行教化的目的，在興禮樂。故揚雄曰：「川有防，器有範，見禮教之至也。」（《法言》五百，卷第八）禮爲人生的法則，社會的規範。禮是德之本，聖人順人之性情訂禮之文節，一以防止罪惡的發生，一以鼓勵善事的奉行。罪惡不生，善事奉行，則國治而民安。宇宙萬物乃是一中正均衡的和諧體。樂所以致和守中。「中也者，天下之大本也；和也者，天下之達道也。致中和，天地位焉，萬物育焉。」（《中庸》第一章）樂之功用，至爲廣大深厚，爲治者豈可等閒視之。爲政施治，自應以行教化，興禮樂爲要務。

七、反嚴刑峻法——揚雄是儒者，尊孔孟，宗五經，且主張行仁政，施教化，法先王，尚德治，重賢才，自然反對法家所倡導的嚴刑罰，行峻法以壓制人民。申不害、韓非法家鉅子主張集勢以勝衆，卽是以勢無敵也的强力控制人民，强制其服從，剝奪其自由，人民如在地獄中過奴隸生活。用嚴刑峻法統治人民，視人民如牛羊，任意宰割殺戮。故揚雄極力反對申韓之術曰：「申韓之術，不仁之至矣！若何牛羊之用人也？若牛羊用人，則狐狸螻螾，不膢臘也與。」（《法言》問道，卷第四）嚴刑峻法必死亡枕藉，則狐狸螻螾，可以無飢矣。

或曰，因秦之法，淸而行之，亦可以致治平乎？這是問，如果把秦法加以淸正，予以實施，不亦可以致治平麼？揚雄曰：「譬諸琴瑟鄭衞調，俾夔因之，亦不可以致蕭韶矣。」（《法言》寡見，卷第七）這是說，嚴刑峻法的秦法，縱使加以修正，亦不可用來治國，更難以致治平。譬如琴瑟，鄭衞的淫穢樂器，使夔因而拊之，亦不能致堯舜簫韶之聲。秦法殘酷暴戾，雖使聖人因之，亦不能致康寧。或曰，刀不利，筆不銛，而獨加諸砥，不亦可乎？這是問，刀筆不利，磨礪之不亦可以麼？或者的意思，是說秦法所以止亂救弊，猶如刀筆不利而磨之，未可厚非。揚雄曰：「人砥，則秦尙矣。」（《法言》問道，卷第四）秦之嚴刑峻法以殺人割肉爲砥礪，慘無人道，豈能再用！

八、人格評定——揚雄才高識廣，博讀群書，文詞華麗，仿《易經》著《太玄》，仿《論語》著《法言》，尊孔孟，宗五經，不失爲飽學之士，且爲一難得的儒者。雄雖失節仕於新莽，但在宋以前尙無病詬之者，因宋以後專制君主之勢强，忠君思想趨於深刻，故對揚雄多所貶抑。對揚雄的評定，可分爲三派：一爲推崇者，二爲廻護者，三爲貶抑者。玆就此三派，分別舉述於後：

1. 推崇者的評定——班固著《漢書》，爲揚雄立傳，至爲詳明，且錄其諸賦全文，及著書的目次，並稱其博通無所不見，不汲汲於富貴，不戚戚於貧賤。其推崇贊許之意，甚爲明顯；對其仕新莽爲大夫並無任何貶抑之詞。

漢光武時，給事中桓譚，對揚雄亦備極推崇。史稱，揚雄死後三年，大司空王邑納言嚴尤聞雄死，謂桓譚曰：子嘗稱揚雄書，豈能傳於後世乎？譚曰：「必傳。顧君與譚不及見也。凡人賤近而貴遠，親見揚子雲祿位，容貌不動人，故輕其書。昔老聃著虛無言兩篇，薄仁義，非禮學，然後世好之者，尙以爲過於五經。自漢文景之君及司馬遷皆有是言。今揚子之書，文義至深，而論不詭於聖人；若使遭遇時君，更閱賢知，爲所稱善，則必度越諸子矣。」（《漢書》卷八十七下）

王充的評論揚雄，認爲幾可入於聖道。韓愈推崇揚雄爲孟子、荀子之流亞。宋代宋咸亦把揚雄與孟、荀相提並論。可見推崇揚雄的學者，不乏其人。揚雄的學術地位，亦屹立不移。

2. 廻護者的評論——司馬光著《資治通鑑》，明知揚雄曾仕新莽爲大夫，欲不按其著本書的正例，未直寫「莽大夫揚雄死」，卻匿其官稱，並稱卒。這是故意用「曲筆」，不無廻護之意。溫公所以有此「曲筆」以爲廻護，可能由於以下的理由：㈠揚雄仕莽，並不像王舜等以阿諛附媚而求官，並無誠心事莽的心意，卽「無臣賊之心」而寬宥之。㈡揚雄若在漢任將相之職，負社稷重任，不死節仕莽，自不應該；而雄歷成、哀、平三朝，位不過黃門郎，位卑權輕，仕莽爲大夫，情似有可原。㈢揚雄與王莽曾同朝爲官，二人之間可能有私人感情，雄縱欲離莽他去，或屬不易。雄死，莽曾下詔使之陪葬安陵。由此足見二人交誼不薄。

3. 貶抑者的評論——程伊川以爲揚雄旣爲儒者，尊聖道，宗五經，當漢新之際自應明是非，辨順逆，信守孔子的春秋大義，那可變節仕莽，譏之曰：「曼衍而無斷，優柔而不決。」蘇軾亦批評他曰：「以艱深之詞，爲淺易之說。」朱熹作《通鑑綱目》，一變司馬光廻護之筆，直書「莽大夫揚雄死」，所舉官稱所以辱之也，書「死」，貶其爲王莽臣子。揚雄縱使無賊臣之心，但其爲莽之大夫乃是事實，所以取《春秋》書趙盾之例，而曰「莽臣」，所以警戒失節的貳臣。從此之後，一般人皆認爲王莽篡漢，揚雄既歷仕成、哀、平三朝爲漢臣，縱使不能死節，亦不可厚顏以事王莽；更不該上「劇秦美新」一文，以稱頌王莽的功德，世人視之爲變節敗德的貳臣，誰曰不宜!?

著者平心而論，揚雄仕莽，用今日的倫理道德觀念以言之，自是失節敗德行爲，應加病詬。不過，吾人評論古人，應衡察其當時的社會情勢及價值觀念以爲立論依據，方屬公允。若遽以今日的主觀觀念及流行標準加之於古人以爲論斷，有時不免失之偏陂。春秋戰國時代，楚材可以晉用，秦以用客卿興霸成帝。不少人離開本國到外國干爵祿，致富貴，爲將相，甚而幫助外國侵略祖國；若以今日的眼光觀之，此皆熱中利祿，毫無愛國觀念的壞人，甚而可視之爲漢奸；但在當時並無這種批評。張儀爲魏國人，爲秦相，解縱約，害六國，卽其事例。吳起爲衞國人，而先後爲魯、魏、楚三國的將相，立大功，當時亦無人譏刺其無愛國觀念。漢時專制君主尚未形成，君臣關係乃是相對，君待臣以禮，臣事君以忠。自唐太宗倡「君可以不君，臣不可以不臣」，絕對的忠君思想，始告誕生。愈演愈甚，臣流於君之「奴才」。吾人不宜持此標準，以評論漢代之揚雄。

第二十五章　法家的政治思想

第一節　法家思想的派別

法學思想管仲創基開端。繼之者李克、愼到、申不害、商鞅等著書立說，闡揚法學思想。最後韓非集法家的大成，主張集勢、任法與因術。韓非以後，自漢迄淸，歷代學者殆無論述法學的專著（鼂錯著作失傳）。應用法學思想於實際的政治實施上以治理國家者，惟秦孝公之用商鞅，秦始皇之用李斯。秦始皇之後，自漢迄淸，歷代政府雖有法律條例的制訂，司法機關的設立，刑獄制度的採行，但決無完全採行嚴刑峻法的法家思想以治國者。

前漢時代雖有黃老思想的流行及武帝的罷黜百家，獨尊儒學，然信持法家思想者，仍不乏其人。前漢信持法家思想的人士，約可分爲四大派別：一爲任法派的思想，二爲重刑派的思想，三爲尊君派的思想，四爲富强派的思想。玆分別論述如次：

一、任法派的思想——任法派認爲爲政治民，應悉依於法，法爲客觀而一定的標準，依法行事可以據一止亂，執簡馭繁，法有其尊嚴性，就是君主亦須守法。任法派的代表人物，擧列三人於後：

1.「張釋之爲公車令，太子與梁王目無法紀共乘車入宮，不下司馬門，釋之追止之，遂奏劾太子梁王不下公門不敬。後釋之爲廷尉，有一人從橋下走，乘輿馬驚，帝使人捕之，交釋之治問。釋之曰：當罰金。上怒曰：此人親驚我馬，幸馬柔和，若他馬，不敗我乎？釋之曰：法者，天子所與天下公共也。今法如是，若更重之，是法不信於民也。」（《漢書》卷五十，張釋之傳）

2.「張湯爲太中大夫與趙禹共定諸律令，務在深文拘守職之吏。湯遷至廷尉，治問淮南衡山江都反獄，皆窮究根本，嚴守法令。上意欲釋放嚴助、伍被二人。湯爭之曰：伍被本意造反謀叛，罪在不赦；嚴助君上親幸，出於宮闥，乃心腹之臣，意乃私交諸侯，圖謀不軌。如此弗誅，後不可治。上可論之。」（《漢書》卷五十九，張湯傳）

3.趙禹以佐吏補中都官，以廉平遷令史。周亞夫爲丞相，禹爲丞相史。禹持文法深刻，亞夫認爲不宜以禹居大府。武帝時以禹廉能拜中大夫與張湯同定律令，至爲詳審。禹爲人廉介，自爲吏以來，舍無食客，公卿造訪邀請，一概謝絕，知友賓客亦不往還，一切行事，悉依於法。若趙禹者誠任法以治事者，廉介奉公的模範（《漢書》卷九十，酷吏傳）。

二、重刑派的思想——法家爲治的主旨，是「集勢以勝衆」。勢是力量。政治的性質就是以絕對優勢力量統治人民。這是以力服人的覇道。政府以强力的覇道，命令人民服從。如有不從或違犯，便以嚴刑懲處之。法家以勢制衆，以刑服人。法家重罰輕賞，所以商鞅說：「王者刑九賞一，强國刑七賞三，弱國刑五賞五。」（《商君書》去强篇）重刑則尚殺戮，故重刑派的人物，多見於《漢書》酷吏傳中，玆舉代表人物如次：

1.義縱爲上黨郡中縣令，勇敢治事，嚴厲而少溫籍，縣中大治，無盜賊。後任長陵及長安令，直法行事，不避貴戚。以捕按太后外孫，帝以爲能，遷爲河內都尉，至任，則族滅豪强惡覇穰氏之屬，河內道不拾遺。縱爲定襄太守，按獄囚，治重罪，一日誅殺四百餘人，郡中不寒而慄，姦吏刁民皆不敢爲非，郡以大治（《漢書》卷九十，酷吏傳）。

2.王溫舒性好殺人，行威勢，爲廣平都尉，督治盜賊不惜族誅，境內安輯，外地盜賊皆不敢近廣平。上聞，升爲河內太守，至郡盡捕郡中豪强惡覇，連坐千餘家，上書請大罪族誅，小罪身死，上可其奏。治獄論決，大量殺人，至血流十餘里。遂至「郡中無聲，無敢夜行，夜無犬吠之聲」（《漢書》卷九十，酷吏傳）。

3.嚴延年人短小精悍，敏於治事。宣帝初卽位，延年以侍御史劾奏霍光擅行廢立人君，無人臣禮，不道；朝廷肅然敬憚。後遷河南太守，其爲治務在摧折豪强，扶助貧弱；屬吏效忠盡節者，厚遇之，以是治下無隱情；疾惡如仇，舍身不顧。多月傳屬縣囚犯，論決衆，殺人血流數里，郡人稱曰屠伯，令行禁止，郡中正清（《漢書》卷九十，酷吏傳）。

三、尊君派的思想——法家認爲「君也者，勢無敵也」。人君掌握絕對的優勢力量與權威，無人能與之抗衡或爲敵，故君主至高與最尊，人民懾於權勢，不敢不服從。法家主張依法爲治。但法由君生，所謂君生法，臣行法，人守法。可知君主的意思就是法律。所以法家所主張的是君法之治，並非今日的民主法治。尊君是法家所信持的極爲重要的政治思想。漢代法家自然有尊君派人物。

1.杜周寡言而遲鈍，而內心却深沉刻薄，爲廷尉善自觀察天子意向，一味逢迎，阿上所好，只知尊君奉承，不惜枉法以治獄。其與商鞅尊君之宗旨，大相背反。商鞅尊君旨在爲國家謀利益；杜周尊君旨在爲個人致富貴。所以「周初爲廷史，有一馬，及久任事，列三公，而兩子夾河爲郡守，家貲累鉅萬矣。」上意欲排去之人，周則冤陷之；上所欲釋放久繫待問者，卽不見冤狀亦放之。客有問周曰：君爲天下決獄，不守三尺法，專以人主意指爲獄，獄者固如是乎？周曰：三尺法安出乎？前主所是著爲律，後主所是疏爲令，當時爲是，何古之法哉（《漢書》卷六十，杜周傳）？廷尉爲國家最高司法首長。杜周爲廷尉竟枉法以阿君，似爲尊君盡忠，實則枉法營私，權位薰心，逢迎君主，全爲個人利益着想，治獄枉法不公，其如蒼生何!?

2.郅都是酷吏而尊君者。景帝時爲中郎將，敢直諫而面折大臣於朝。濟南瞷氏宗人三百餘家，豪强不法，橫行覇道，二千石（太守）莫能制，於是景帝拜郅都爲濟南太守，至則誅瞷氏首惡，餘皆股慄，不敢爲非；歲餘，郡中道不拾遺。都嘗從景帝入上林，賈姬在厠中，有野彘入厠，上覛都，意欲其往救，都不行。上欲自持兵刄救賈姬，都上前止之曰：失一姬可復得一姬，今上冒險自救，縱自己願輕身，奈宗廟太后何!?上乃還，彘亦未傷賈姬。若郅都者知自尊，亦知尊君。其尊君非爲阿媚，乃所以爲國家大計着想；合於商鞅尊君的主旨，乃法家之眞尊君者，爲國家利益而尊君，非爲個人利祿而阿君。都爲人勇敢耿直，廉介自持，不受請託，依法行事，不知營私。嘗曰：「已已背親而出仕，身固當盡忠奉職，持節死官下，不顧妻子矣。」（《漢書》卷九十，酷吏傳）若郅都者守法而尊君，爲公而忘私，誠法學家所謂尊君的至意。

四、富强派的思想——法家自管仲，歷李克、愼到、申不害以至商鞅、韓非、李斯，其政治思想皆以富國强兵爲主旨。富國强兵是目的，至於所謂尊君主、集權勢、任法治、因心術以及變法、嚴刑峻法等都是達到富强目的，所使用的手段。漢時法家亦有信持富國强兵的政治思想者。其代表人物應推鼂錯、桑弘羊。

1.鼂錯學申（不害）、韓（非）刑名之學，爲人峻直深刻。文帝時爲太子舍人，屢上疏言富强之道：一爲入粟拜爵以富國。鼂錯曰：「方今之務，莫若使民務農。欲民務農，在於貴粟。貴粟之道，在務使民以粟爲賞罰。今募天下入粟縣官，得以拜爵，得以除罪。如此，富人有爵，農民有錢，粟有泄。所謂損有餘補不足。令出而民利者也。順於民心，所補有三：一曰主用足，二曰民賦少，三曰勸農功。」（鼂錯，貴粟疏，文載《古文觀止》）二爲以夷制夷。錯曰：「夫卑身以事强，小國之形也。合小以攻大，敵國之形也。以蠻夷攻蠻夷，中國之形也。」（《漢書》卷四十九，鼂錯傳）

2.桑弘羊於漢武帝時爲治粟都尉，領大農丞，上疏請郡縣置均輸鹽官，「令遠方各以其物貴時商賈所轉販者爲賦，而相灌輸。置平準於京師，都受天下委輸。召工官治車，諸郡皆仰給大農。大農之諸官盡籠天下之貨物。賤則買之，貴則賣之。如此，富商大賈無所牟大利，則反本而萬物不得騰踊。故抑天下物，名曰平準。」（《漢書》卷三十，平準書）平準均輸之法，無異政府壟斷天下貨物買賣，買賤賣貴，大發市利，故能以足國用，實府庫。武帝興兵開邊的費用，得告不缺者，桑弘羊之功不可沒。

第二節　鼂錯的政治思想

一、**生平事略**——鼂錯潁川（河南臨潁）人，學申（不害）、韓（非）刑名之學，師事軹縣張恢，與洛陽宋孟、劉禮同學，以文學選爲太子掌故。錯爲人峻直刻深。文帝遣錯受《尚書》於九十餘歲的濟南伏生。還京，詔以爲太子舍人，以善辯，甚得太子喜悅，稱之爲智囊。數上疏文帝，請削郡國封君土地，並更定法令，文帝不聽，然奇其才，升遷爲中大夫。當時太子甚贊許鼂錯的計策，而袁盎及諸大臣皆不以鼂錯爲是。太子卽位，是謂景帝，以錯爲內史，甚得寵幸，權傾九卿，法令多所更定。丞相申屠嘉甚惡鼂錯，因故奏請景帝誅錯。帝不允，丞相怒甚，因而發病死。

景帝遷錯爲御史大夫，位列三公，貳丞相，位愈貴。錯請封君諸侯之有罪過者，削其封地。帝令公卿諸侯宗室集議，莫敢爭者。獨竇嬰持異議。由是錯與竇有隙。錯更定法令三十章，封君諸侯對之譁然，皆嫉恨鼂錯。錯父聞之，由潁川至京師，謂錯曰：上初卽位，汝爲政用事，浸削諸侯，疏人骨肉，人多怨汝，何也？錯曰：不如此，天子不尊，宗廟不安。錯父曰：劉氏安矣，而鼂氏危矣。吾去，公歸矣！遂飲藥死，死時曰：吾不忍禍及吾身。

錯父死後十餘日，吳楚七國果然背叛，以誅錯爲名。錯請景帝親自出京率兵平亂，而自居京留守。袁盎前爲吳相，問計於盎。盎請錯離去密陳。盎謂惟有斬鼂錯，吳楚始可罷兵。錯請帝親將兵出征，自居留守，已啓帝疑，今聽盎言，意爲所動，卽令丞相、廷尉刻奏鼂錯。錯猶不知，乃使中尉召錯，斬之於東市。鼂錯只知本刑名之學，憑主觀意思，不察客觀形勢，師法商鞅，急切更定法令，尊君主，集權勢，削弱封君，强幹弱枝，旣開罪於大臣，又激怒於諸侯，且啓君主疑心，焉得不遭殺身之禍。鼂錯習法家學術，急切從事，罔顧仁義，故不免於死。若鼂錯者，亦商鞅、李斯之流亞也。

《漢書》藝文志畢鼂錯文三十一篇，但其書已佚亡。故祇能依《漢書》卷四十九，鼂錯傳之所記，扼要論述其政治思想於次：

二、別利害，嚴賞罰——法家的基本觀點，認爲「好利惡害」乃是人類的天性，亦人情之所同也。

所以為政之道，在以利害為引誘，以賞罰為控制。賞之以利，則人樂於為善，罰之以害，則人不敢犯禁。這種思想淵源於管子的學說。管子曰：「政之所興，在順人心；政之所廢，在逆人心。順之之道，莫如利之；逆之之烈，莫如害之。」（《管子》牧民篇）鼂錯本此觀念，上疏君主請依此理以推行政事。

他說：「臣聞三王主臣俱賢，故合謀相輔，計安天下，莫不本於人情。人情莫不欲壽，三王生而不傷也。人情莫不欲富，三王厚而不困也。人情莫不欲安，三王扶而不危也。人情莫不欲逸，三王節其力而不盡也。其為法令也，合於人情而後行之。其動衆使民也，本於人事然後為之。取人以己，內恕及人。情之所惡，不以強人。情之所欲，不以禁民。是以天下樂其政，歸其德，望之如父母，從之如流水，百姓和親，國家安寧，名位不失，施及後世。此明於人情終始之功也。」（《漢書》卷四十九，鼂錯傳）

人之所好所趨，福與利。人之所惡所避，禍與害。厚賞使之獲福利，則足以使人向善盡忠。重罰使之受禍害，足以懲惡禁邪。賞與罰，人主之二柄。趨利避害乃人之通性與共性。以君之二柄，制人之性情，則政可通，國可安。鼂錯曰：「其立法也，非以苦民傷衆，而為機陷也；以之興利除害，尊主安民，而救暴亂也。其行賞也，非虛取民財，妄予人也，以勸天下之忠孝而明其功也。故功多者賞厚，功少者賞薄。如此，斂民財以顧其功，而民不恨者，知與而安己也。其行罰也，非以忿怒妄誅，而從暴心也，以禁天下不忠不孝，而害國者也。故罪大者罰重，罪小者罰輕。如此，民雖伏罪至死，而不怨者，知罪罰之至，自取之也。立法若此，可謂平正之吏矣。」（《漢書》卷四十九，鼂錯傳）

三、知術數，御臣下——鼂錯曾奏文帝使太子（景帝）知習術數之道，以為御下之資。何謂術數，鼂錯並未明說其內容。但依法家學說以推測，術即君主駕御臣民「南面之術」，藏於人主的心中。韓非曰：

「法者編著之圖籍，而布之於百姓者也；術者藏於胸中，而潛御群臣者也。故法莫如顯，而術不欲見。」（《韓非子》說難篇）術有四：一曰「洞察之術」，心存虛靜，洞察臣下正邪；虛則知情之實，靜則知動之正。二曰：「防弊之術」，防弊在於三守。三守者，勿漏言、勿聽毀譽、勿移柄。三曰「不測之術」，喜怒不形於色，好惡不見於言，心機內藏，使人莫測高深。四曰「綜覈之術」，因任而督責，循名而覈實，信賞而必罰。數者計數也，如計劃、計謀、計算、心計等均屬之。似與術有相近之意義。術數卽是心術與心計的合稱，亦就是申不害、韓非所說的「術」。

鼂錯曰：「人主所以尊顯功名，揚於萬世之後者，以知術數也。故人主知所以臨制臣下，而治其衆，則群臣畏服矣；知所以聽言受事，則不欺蔽矣；知所以安利萬民，則海內必從矣；知所以忠孝事上，則臣下之行備矣。此四者，臣竊以爲皇太子急之。人臣之議，或曰：皇太子亡以知事爲也。臣之愚見以爲不然。竊觀上世之君，不能奉其宗廟，而刼殺於臣者，不知術數也。皇太子所讀書多矣，而不深知術數者，不問書說也。夫多誦而不知其說，所謂勞苦而不爲功。臣竊觀皇太子材智高奇，馭射技藝過人絕遠，然於術數，未有所守者。……竊願陛下幸擇聖人之術可用於今者，以賜皇太子，因時使皇太子陳明於前，惟陛下裁察。」（《漢書》卷四十九，鼂錯傳）

四、重農輕商——前漢是以農業立國時代，農業生產才是能增加財富的正道。重農貴粟，方能勸農功增生產。重農貴粟，才能富國。國富而後民安兵强。至於商人僅是貿遷有無，從中牟利，並非增加財富的生產者。而當時反而商人富裕，享受奢侈；農民卻生活困窮，不足以言享受，實非治國之正道。因之，鼂錯大力主張重農輕商；在他所上重農貴粟一文中，極言其利：

鼂錯曰：「聖人在上而民不凍飢者，非能耕而食之，織而衣之也，爲開其資財之道也。故堯禹有九年之水，七年之旱，而國無捐瘠者，以蓄積多而備先具也。今海內爲一，土地人民之衆，不避堯禹，加以無天災數年之水旱，而蓄積不及者，何也？地有餘利，民有餘力，生穀之土未盡墾，山澤之利未盡出也，游食之民未盡歸農也。民貧則姦邪生。貧生於不足，不足生於不農，不農則不地着，不地着則離鄉輕家。民如馬獸，雖有高城深池，嚴刑重法，猶不能禁也。夫寒之於衣，不待輕煖；飢之於食，不待甘旨。飢寒至身，不顧廉恥。人情一日不再食則，終歲不製衣則寒。夫腹飢不得食，膚寒不得衣，雖慈母不能保其子，君安能以有其民哉!?明君知其然也，故務民於農桑，薄賦歛，廣蓄積，以充倉廩，備水旱，故民可得而有也。民者，在上所以牧之，趨利如水走下，四方亡擇也。」（《漢書》卷二十四，食貨志）

鼂錯進而指出，農民辛勞耕作，而生活貧窮困苦；商人坐收市利，生活富有奢侈，享受安樂；實屬不當與不平，故主張崇農而抑商。他說：「今農夫五口之家，其服役者不下二人，其能耕者不過百畮。百畮之收，不過百石。春耕、夏耘、秋穫、冬藏、伐薪樵，治官府，給繇役，春不得避風塵，夏不得避暑熱，秋不得避陰雨，冬不得避寒凍，四時之間，亡日休息。又私自送往迎來，弔死問疾，養孤長幼在其中。勤苦如此，尙復被水旱之災。急政暴賦，賦歛不時，朝令而夕改。當其有也半價而賣，亡者取倍稱之息，於是有賣田宅，鬻子孫以償債者也。而商賈大者，積貯倍息，操其奇贏，日游都市。乘上之急，所賣必倍。故其男不耕耘，女不蠶織，衣必文采，食必粱肉，亡農夫之苦，有仟佰之得。因其富厚交通王侯，力過吏執，以利相傾，千里游遨，冠蓋相望，乘堅策肥，履絲曳縞。此商人所以兼併農人，農人所以流亡者也。今法律賤商人，而商人已富貴矣。尊農夫，農夫已貧賤矣。故俗之貴，主之所賤也。吏之所卑，法之所尊也。上下相反，好惡乖忤，而欲國富法立，不可得也。方今之務，莫若使民務農而已矣。」（《漢書》卷二十四，食貨志）

如何使民務農，鼂錯以爲在於貴粟。如何貴粟？在於入粟官府，以拜爵免罪。錯曰：「欲民務農，在於貴粟。貴粟之道，在於使民以粟爲賞罰。今募天下入粟縣官，得以拜爵，得以除罪。如此，富人有爵，農民有錢，粟有所渫。夫能入粟以受爵，皆有餘者也。取於有餘，以供上用，則貧民之賦可損，所謂損有餘補不足，令出而民利者也。順於民心，所補者三：一曰主用足，二曰民賦少，三曰勸農功。今令民有車騎馬一匹者，復卒三人。車騎者，天下武備也，故爲復卒。神農之教曰，石城十仞，湯池百步，帶甲百萬，而亡粟，弗能守也。由是觀之，粟者，王者大用，政之本務。令民入粟受爵，人之所甚欲也。使天下入粟於邊，以受爵免罪，不過三年，塞下之粟必多矣。」（《漢書》卷二十四，食貨志）鼂錯的入粟拜爵免罪，旨在勸農功，足國用，乃法家富國强兵政治思想的實際應用。

五、以夷制夷——漢初，匈奴勢力甚爲强大。高祖時有白登之圍；惠帝時，匈奴單于曾貽書辱駡呂后。匈奴屢侵邊疆，莫之能禦。漢曾採和親政策，圖予拉攏羈絆，並未生效。鼂錯上疏陳「以夷制夷」之策，以爲制敵取勝之道。錯曰：「夫卑身以事强，小國之形也，合小以攻大，敵國之形也，以蠻夷攻蠻夷，中國之形也。今匈奴地形技藝與中國異，上下山坂，出入溪澗，中國之馬弗與也。險道傾仄，且馳且射，中國之騎弗與也。風雨罷勞，飢渴不困，中國之人弗與也。此匈奴之長技也。若夫平原易地，輕車突騎，則匈奴之衆易撓亂也。勁弩長戟，射疏及遠，則匈奴之弓弗能格也。堅甲利刃，長短相雜，遊弩往來，什伍俱前，則匈奴之兵弗能當也。材官騶發，矢道同的，則匈奴之革笥木薦弗支也。下馬地門，劍戟相接，去就相薄，則匈奴之足弗能給也。此中國之長技也。匈奴之長三，中國之長五。陛下又興數十萬之衆，以誅數萬之匈奴，衆寡之計，以十擊一之術也。雖然，兵，凶器，戰，危事也。以大爲小，以强爲弱，在俯仰之間耳。夫以人之死爭勝，跌而不振，則悔之弗及也。帝王之道，出於萬全。今降胡義渠，蠻夷之屬，來歸誼者，其衆數千，飲食長技與匈奴同，可賜之堅甲絮衣勁弓利矢，益以邊郡之良騎，令明將能知其習俗，和輯其心者，以陛下之明約將之，即有險阻，以此當之；平地通道，則以輕車材官制之，兩軍相爲表裡，各用其長技，衡加之以衆。此萬全之術也。」（《漢書》卷四十九，鼂錯傳）

「以夷制夷」爲我國歷代傳統的對外政策，但用之多未能生效，反而受其害。因二夷相鬥必有勝敗，勝者益强，更足爲患。金滅遼，金乃能屢侵中國，陷宋都汴梁，虜徽、欽二帝，宋不得不南渡偏安。元滅金，宋亦被滅矣！中國歷代外患，皆來自北方、西北、東北的遊牧民族，性强悍，善騎射，躍馬急攻，萬箭齊發，勢不可敵。我國對此敵勢，始終未研究出有效的戰略與戰術以爲對應，卒至有五胡十六國之亂，中國板蕩。且有元滅宋，清滅明的亡國悲劇。禦寇抗敵之道，端在裕國富，練精兵，選良將，製利器，一國力，勵士氣，在「操之在我」之優勢下，方能以制夷勝寇，而絕外患。

六、移民實邊——匈奴爲遊牧民族，善騎射，馬上馳驅，往來無常，進退自如，防不勝防。發兵少，敵能入寇，邊民受害。發兵多，敵即遁去，追之不及，我則勞兵傷財。如此，則國窮困，人民不安。因之，鼂錯主張移民實邊，以逸待勞，以靜制動。其法之要，一曰先於實邊，建築高城深塹，以爲防禦工程，保民安全。二曰建房舍，備農具，賜衣着，給田地，免其傜役，使之耕作。三曰爲屯邊之民娶妻嫁夫，使之有久居的意願。人多有備，可以就地抵抗，寇不得乘虛而入。

鼂錯曰：「令遠方之卒守塞，一歲而更，不知胡人之能。不如選常居者，家室田作，且以備之。以便爲之高城深塹，具藺石，布渠答，復爲一城，其內城間百五十步，要害之處，通川之道，調立城邑，毋下千家，爲中周虎落。先爲室屋，具田器，乃募罪人及免徒復作令居之，不足，募以丁奴婢贖罪及輸奴婢欲以拜爵者。不足，乃募民之欲往者，皆賜高爵，復其家，予多夏衣廩食，能自給而止。郡縣之民得買其爵，以自增至卿，其亡夫若妻者，縣官買予之，人情非有配偶，不能久安其處。塞下之民，祿利不厚，不可使之居危難之地。胡人入驅，而能止其所驅者，以其半予之，縣官爲贖其民。如是，則邑里相救助，赴胡不避死，非以德上也，欲全親戚而利其財也。此與東方之戍卒，不習地勢，而心畏胡者，功相萬矣。以陛下之時，徙民實邊，使遠方無屯戍之事；塞下之民，父子相保，無係虜之患，利施後世，名稱聖明。」（《漢書》卷四十九，鼂錯傳）

移實邊塞之民，爲數既多，則予以軍事編組及訓練，俾能禦寇作戰，無需長途遣兵赴戰，以逸待勞，以靜制動，足操勝利左券。鼂錯曰：「古之制邊縣以備敵也，使五家爲伍，伍有長，十長一里，里有假士；四里一連，連有假五百；十連一邑，邑有假侯。皆擇其邑之賢材爲護，習地形，知民心者。居則習民於射法，出則敎民於應敵，故卒伍成於內，則軍政定於外，服習以成，勿令遷徙。幼則同遊，長則共事，夜戰聲相知，則足以相救；晝戰目相見，則足以相識；歡愛之心，足以相死。如此，則勸以厚賞，威以重罰，則前死不旋踵矣。」（《漢書》卷四十九，鼂錯傳）

七、人生品評——鼂錯才高識廣，持志遠大，忠君愛國，心存富强，國家之良臣也。其所持的政治思想與建議，亦多切中時需，若予採行，切實實施，當可收到效果。其立論比之商鞅、韓非亦較穩健溫和，應不致於遭殺身之禍。但因其要强幹弱枝，削減王國封地，致引起吳楚七國之亂，而不免於遭誅，至爲可惜。

鼂錯失敗主要原因有二：㈠漢承秦暴政苛擾的弊害及楚漢戰爭之亂，經濟凋敝，民生困窮。故漢初天子公卿多崇信黃老思想，主張清靜無爲，與民休養生息，避免有爲與苛擾，所謂「集安策」。賈誼主張中央集權，更定法令，不爲天子公卿所接受，以致抑鬱而死。鼂錯的建議有似賈誼，重集權，尙有爲，自不爲時代主流派所接受，故其志不得申。㈡削封地，行集權乃是重大的政治改革，非「集安策」派所願支持，且因而吳楚七國之亂，且勸帝親征，自居京留守，旣啓君主之疑心，又遭袁盎之讒間，四面受攻，焉能不身遭慘禍。鼂雖見殺，吳楚七國之亂亦敉平。所以武帝繼位，乃大力推行中央集權之治，並採移民實邊政策以禦匈奴。是鼂錯啓之，武帝成之，錯之功，亦不可沒。

第三節　桑弘羊的政治思想

一、**生平事略**——桑弘羊前漢洛陽人，武帝時爲治粟都尉，領大農丞盡筦（管）天下鹽鐵，卽實行鹽鐵由政府管制買賣，並行榷酤，酒亦歸由政府管制買賣。郡縣置均輸官，京師置平準官。均輸是以相給運而便遠方之貢，令人民凡買賣稅斂上供之物，均得以近易遠，變貴致賤，以均其輸。平準在以均天下之稅斂，貴則賣之，賤則買之，平賦以相準，輸歸於京師。這就是均輸與平準之官壟斷天下貨物，買賤賣貴，富商大賈無所牟大利則反本，萬物物價不致騰漲。筦權之法行，稅賦以豐，國用以足。

武帝元封間（西元前一一〇—一〇九），弘羊官至御史大夫，貳丞相，爵左庶長，與霍光同受詔輔昭帝。

昭帝始元年間（西元前八六—八一）詔郡國學賢良文學之士，問以民所疾苦，諸文學之士皆請罷筦權，卽廢除鹽鐵酒的管制，與御史大夫桑弘羊相互詰難。雙方言論俱載桓寬集撰之《鹽鐵論》一書中。其後，弘羊自伐其功，爲丞相霍光所不滿。弘羊乃與上官桀共謀叛，被誅。《漢書》未爲弘羊立傳，弘羊亦無著作。其政治思想則見於《鹽鐵論》中，凡大夫所言，皆弘羊的政治主張。玆將桑弘羊政治思想的要旨擧述於後：

二、崇法抑儒——筦權之法雖不無「與民爭利」及「聚斂」的譏刺；然足以裕府庫，足國用，亦不失爲富國强兵之一途。富强之道，爲法家共同信持的政治思想。桑弘羊以此致富强，自屬於法家的陣營。他既是法家，故崇法而抑儒。他推崇商鞅曰：「昔商鞅相秦，內立法度，嚴刑罰，飭政務，姦僞無所容。外設百倍之利，收山澤之稅，國富民强，器械完飾，蓄積有餘。是以征敵伐國，攘地斥境，不賦百姓而師以贍，故用不竭而民不知，地盡西河而民不苦。鹽鐵之利所以佐百姓之疾，足軍旅之費，務積蓄以備乏絕，所給甚重，有益於國，無害於民，百姓何苦爾？」「今以趙高之亡秦而非商鞅，猶以崇虎亂殷而非伊尹也。」（《鹽鐵論》卷二，非鞅第七）

弘羊貶抑儒家曰：「文學言治尙於唐虞，言義高於秋天。有華言矣，未見其實也，昔魯穆公之時，公儀爲相，子思子原爲之卿，然北削於齊，以泗爲境；南畏楚人，西賓秦國。孟軻居梁，兵折於齊，上將軍死，而太子虜；西敗於秦，地奪壤削，亡河內、河外。夫仲尼之門，七十子之徒，去父母，捐室家，負荷而隨孔子，不耕而學，亂乃愈滋，故玉屑滿篋不爲有寶，誦詩書負笈，不爲有道；要在安國家，利人民，不苟文繁衆辭而已。」（《鹽鐵論》卷五，相刺第二十）

三、重施刑罰——桑弘羊認爲儒家的德治，祇能勸人向善，而不能禁人爲非；重修身，祇能以律己，而不能以治人。他說：「君子內潔己而不能純敎於彼。故周公非不正管蔡之邪，子產非不正鄧皙之僞也。夫內不從父兄之敎，外不畏刑法之罪，周公、子產不能化必也。」（《鹽鐵論》卷六，疾貪第三十三）這是說儒家的周公、子產亦不能不用刑以治國。生性惡劣的人，敎化不爲功，非施以重刑以罰之，不能生效。

因之，弘羊以爲爲治之道，端在重施刑罰。他說：「令者所以敎民也，法者所以督姦也。令嚴而民愼，法設而姦禁。網疏則獸失，法疏則罪漏。罪漏則民放佚而輕犯禁。故禁下必法，夫徼倖誅誡，蹠蹻不犯，是以古者作五刑，刻肌膚，而民不踰矩」；「千仞之高，人不輕凌；千鈞之重，人不輕舉。商君刑棄灰於道而秦民治。故盜馬者死，盜牛者加，所以重本而絕輕疾之資也。武兵名食，所以佐邊而重武備也。盜傷與殺同罪，所以累其心而責其意也。猶魯以楚師伐齊，而春秋惡之，故輕之爲重，淺之爲深，有緣而然。法之微者，固非衆人之所知也。」「執法者，國之轡銜，刑罰者國之維檝也。故轡銜不飭，雖王良不能以致遠；維檝不設，雖良工不能以絕水。韓子曰：疾有固者不能明其法勢，御其臣下，富國强兵以制敵禦，惑於愚儒之文詞，以疑賢士之謀，擧浮淫之蠹，加之功實之上，而欲國之治，猶釋階而欲登高，無轡銜而御捍馬也。今刑法設備，而民猶犯之，況無法乎？其亂必也。」（《鹽鐵論》卷十，刑德第五十五）

四、治不法古——儒家爲治，重在法先王，言必稱堯舜，治者依於古。而法家則不以此爲然。管子曰：「國更立法以典民，則祥。故曰法不可恒也。」（《管子》任法篇）韓非曰：「法與時轉則治，治與世宜則有功。時移而治不易者則亂。」（《韓非子》心度篇）商鞅曰：「聖人苟可以强國，不法其故；苟可以利民，不循其禮。」（《商君書》更法篇）桑弘羊師承法家，認爲爲政施治應隨時代而變遷，以應世需，而宏功效；不可泥古不變，止足不前；治不法古，法隨時進。

弘羊曰：「歌者不期於利聲，而貴在中節；論者不期於麗詞，而在於事實。善聲而不知轉，未可爲善歌也。……持規而非矩，執準而非繩，通一孔，曉一理，而不知權衡以所不覩不信。人若蟬之不知雪，堅據古文以應當世，猶辰商之錯、膠柱而調瑟；固而難合矣。孔子所以不用於世，而孟軻見賤於諸侯。」（《鹽鐵論》卷五，相刺第二十）

桑弘羊認爲今之世非古之世，今之民非古之民。世易而法不變，民變而治不更，敗亂之道。以古之法治今之世，以古之制治今之民，柄枘不入，行有不通。他說：「射者因勢，治者因法。虞夏以文，殷周以武，異時各有所施。今欲以敦樸之時，治抗弊之民，是猶遷延而拯溺，揖讓而救火也」；「俗非唐虞之時，世非許由之民，而欲廢法以治，是猶不用隱括斧斤，欲撓曲直枉也。故爲治者不待自善之民，爲輪者不待自曲之木。」（《鹽鐵論》卷十，大論第五十九）

五、武力禦寇——漢自高祖迄景帝以兵力不濟，對匈奴採和平政策，妻以漢女，贈以金繒，而匈奴並未稍戢其凶焰，仍屢侵邊不止。弘羊認爲匈奴蠻野之族，不知道德禮義，反覆無常，只知搶掠，漢視道義，只可以力服之，不能以德化之。弘羊更指出武帝以武力撻伐匈奴，建立粲然功勳。他說：「先帝覩其可以武折，而不可德懷。故廣將帥，招奮擊以誅厥罪，功勳粲然，著於海內，藏於記府。」他進而說明以武力抵禦匈奴的理由曰：「夫偸安者後危，慮近者憂邇。賢者離俗，智士權行，君子所慮，衆庶疑焉。故民可以觀成，不可以圖始。此有司所獨見，而文學所不覩」；「匈奴以虛名市於漢，而實不從。數爲蠻貊所紿，不痛之，何故也。高皇帝仗劍定九州，今以九州而不行於匈奴，閭里常民，尙有梟散，況萬里之主，與小國之匈奴乎!?夫以天下之力勤何不權，以天下之士民何不服。今有帝名而威不信於長城，反賂遺而尙踞傲，此五帝所不忍，三王所畢怒也。」（《鹽鐵論》卷八，結和第四十三）

弘羊以爲以武力禦匈奴，不是洩一時的憤怒，而是爲立千秋萬世的久安。他說：「軒轅戰涿鹿，殺兩皞蚩尤而爲帝。湯武伐夏殷；誅桀紂而爲王。黃帝以戰成功，湯武以伐成孝。故手足之勤，腹腸之養也。當世之務，後世之利也。今四夷內侵不攘，萬世必有此長患也。先帝興義師以誅暴强，東滅朝鮮，西定冉駹，南擒百越，北挫强胡。李牧追匈奴以廣北州，湯武之舉，蚩尤之兵也。故聖主斥地，非私其利；用兵，非徒奮怒，所以匡難避害，以爲黎民遠慮。」（《鹽鐵論》卷八，結和第四十三）

弘羊以爲聖主對夷狄固應施之以敎化，然敎化不從，便只有以兵力征伐之。他說：「聖主循性而化，有不從者，亦將舉兵而伐之。是以湯誅葛伯，文王誅犬夷。及後戎狄猾夏，中國不寧，周宣王、仲山甫，式遏寇虐。……自古明王，不能無征伐而服不義，不能無城壘而禦强暴也。」（《鹽鐵論》卷九，繇役第四十九）

六、鹽鐵專賣——文學之士（儒者）反對鹽鐵專賣，因爲鹽鐵是生活上農耕上的必需品，今由政府控制，運轉不靈，不能適時迅供民需，甚不便民。且官吏多不肖，常藉控制以虐民，或高價剝削民利，或以劣貨欺騙人民，故要求取消鹽、鐵及酒的專賣，以解民困。桑弘羊則認爲因對匈奴不得不用兵。用兵則增加軍費負擔。事不得已，只有與鹽鐵、設榷酤、置均輸與平準，以助軍用。

弘羊曰：「匈奴背叛不臣，數爲寇暴於邊鄙，備之則勞中國之士，不備侵盜不止。先帝哀邊民之久患，苦爲虜所係獲也。故修障塞，飭烽燧，屯戍以備之邊，用度不足，故興鹽鐵，設酒榷，置均輸，蕃貨長財，以佐助邊費。」（《鹽鐵論》卷一，本議第一）

鹽鐵專賣在財政上實有其必要，且在經濟上、社會上亦有重大的效益，足以抑豪强，防兼併建本而抑末。他說：「今意總一鹽鐵，非獨爲利人也。將以建本抑末，離朋黨，禁淫奢，絕併兼之路。古者名山大川不以封，爲天子之專利也。山海之利，廣澤之畜，天下之藏也，皆宜屬少府。陛下不私，以屬大司農，以佐助百姓。浮食豪民，好欲擅山海之貨，以致富業，役利細民，故沮事議者衆。鐵器兵刃，天下之大用也，非衆所宜事也。往者，豪强大家得管山海之利，採鐵石鼓鑄煮鹽，一家聚衆，或至千餘人，大抵盡收放流人民也，遠去鄉里，棄墳墓，依倚大家，聚深山窮澤之中，成姦僞之業，遂朋黨之權，其輕爲非亦大矣。今自廣進賢之路，練擇守尉，不待去鹽鐵而安民也。」（《鹽鐵論》卷一，復古第六）

第二十六章　董仲舒的政治思想

——儒與陰陽家思想的混融

第一節　生平事蹟

一、事略——董仲舒漢廣川（河北棗強縣東）人，少治《春秋》。景帝時為博士，下帷教授弟子，三年不窺園，好學敬事有如此者，學以儒家為主體，而混滲以陰陽家的思想，立論深廣，體大思精，不愧為一代大儒；進退容止，非禮不行，學士咸敬之。

武帝卽位，數下詔舉賢良文學之士。董仲舒於元光元年（西元前一三四年）應詔對策，向帝詳陳天人感應之理及治國安民之道，此卽所謂著名的「天人三策」，與賈誼的治安策先後匹美。武帝深嘉許之，於是擢為江都（江蘇江都縣西南）易王之相。江都王驕踞好勇，仲舒常以禮義匡正之，頗獲敬重。王曾問及越王句踐、大夫泄庸、種蠡可否稱為「越之三仁」。仲舒答曰：「仁者正其誼不謀其利，明其道不計其功」，覇者先詐力而後仁誼，不足入君子之門。

董仲舒治江都以《春秋》，論災異之變及陰陽所以錯行；求雨則閉諸陽縱諸陰；止雨則反是。為相未久，以推論災異獲罪，廢為中大夫。因武帝建元六年（西元前一三三年），遼東高廟、長陵高園殿失火。仲舒家居推論失火的原因，以為高廟本不當居遼東，長陵殿亦不應在陵傍，火災之起是上天所以警戒在位者，應誅除諸侯及近君大臣中之驕奢不正者。這一論稿遲遲未敢奏上，怕招致大臣嫉恨與反對。詎料狡詐的主父偃曾窺見之，心生嫉妒，竊而奏上。武帝召集朝中諸儒加以評閱。因論稿內容對朝中權貴頗多不利，遂引起其不滿與反對。仲舒弟子呂步舒不知此爲其師之議論，以之爲大愚。於是下吏訊治，定罪當死，武帝下詔赦之，廢爲中大夫。仲舒遂不敢復言災異。這一事件是董氏在仕途上一大挫折。他爲人廉介耿直，不肯阿附諛譽，亦是招致禍害的一大原因。善泅者溺於水，善射者死於箭。董仲舒善言災異亦以此招禍。其理安在，殊不可解，亦云怪矣。

公孫弘出身獄吏，年四十餘始習《春秋》，其學自不及董仲舒的精醇。公孫弘外寬和而內忌刻，不論親疏，心所不滿者多暗中陷害之。董仲舒爲人廉介耿直，對公孫弘之以阿諛諂媚而至公卿，頗爲不齒。公孫弘以治《春秋》不如董仲舒，心懷忌嫉。武帝元朔五年（西元前一二四年）公孫弘拜爲丞相，意在使董仲舒遠離朝廷，遂薦之出任膠西王相。膠西王桀傲不馴，好勇逞强，縱恣暴戾，數害吏及二千石。董仲舒爲大儒，王雖善待之，而相仍上疏數諫王，勉其正身以率下，行敎化，以治國內。惟董仲舒認爲膠西王不易輔弼，恐久處而獲罪，乃稱病求去。去位後家居，不問家人生產，專以修學著書爲事。

仲舒居家，朝中有大議，帝常使使者及廷尉張湯就其家而問之，於是仲舒作春秋決獄數十事以應之，使廷尉決獄依於《春秋》之義。董氏以一代大儒，仕途坎坷，未得大用，建立功業，固屬可惜；然能建言朝廷，依其議獨崇儒學，抑黜百家；立學校，行敎化，州郡舉茂材孝廉；助成國之治隆，功垂後世，懋績不朽。年老壽終於家，葬於長安茂陵（以上皆參考《漢書》卷五十六，董仲舒傳）。

二、著作——《漢書》董仲舒傳稱「仲舒所著皆明經術之意及上疏條敎，凡百二十三篇，而說《春秋》事得失，間擧玉杯、蕃露、清明、竹林之屬復數十篇，十餘萬言皆傳於後世，掇其切當世，施施於朝廷者，著於篇。」董氏著作至爲豐富，惜多已佚失，其流傳至於今日者祇《春秋繁露》一書，分十七卷，共八十二篇。但《漢書》藝文志，並未記載此書。此書究於何時出現，亦難稽考。《後漢書》后紀稱：「明德馬皇后善董仲舒書」，可見後漢時代尚無此一書名。《春秋繁露》書名，始見於《隋書》藝文志。此書當非董氏自撰的原著，乃是後人蒐集其佚作，編輯而成。但何人何時所編輯，則不得而知。《西京雜記》稱：「董仲舒夢蛟龍入懷，乃作春秋繁露詞。」《西京雜記》係南朝梁吳均撰。足見南北朝時代卽出現《春秋繁露》之名。此書可能是這一時代或魏、晉人所掇輯。書既係後人掇輯，自難免有駁雜不純的地方。

董仲舒善治《春秋》，以《春秋》名其書，自屬理之自然。而又稱繁露者，不知其意又何所指。對這一問題的解答有三說：一說董氏著作原有「蕃露」一篇，後世輯佚者將「蕃露」改曰「繁露」，而冠以「春秋」以名書，因「蕃」與「繁」相通。一說繁露，冠冕之所垂，有聯貫之象如繁露。人主南面而立，冕綏所垂狀如繁露，當政治獄，依《春秋》屬辭比事。一說繁露者，言明王之政，甘而不荼，與造化流通，當霄零若露，如脂如飴，徧育萬物，納約之義攸在。

《春秋繁露》的內容，要可分爲三大部分：一部分在解釋《春秋》之微言大義，誠如《漢書》董仲舒傳所謂「皆明經之意」，「說春秋事得失」。一部分承陰陽家之遺緒，言天人感應之理，卽對策中所謂「天人相與之際」。一部分論說當時政治禮法應行與革之道。綜而言之，《春秋繁露》的內容，在於釋經義，明治道，講道德，說仁義，究天人感應之際，通古今盛衰之變。其主旨在藉陰陽變化之道，五行生尅之理，推行儒家格、致、誠、正、修、齊、治、平之隆盛。故董仲舒的學說乃是儒家與陰陽家思想的混融。

三、品評——劉向稱董仲舒有王佐之材，雖伊、呂無以加；管、晏之屬，伯者之佐，殆不及也。至劉向之子歆，以爲伊、呂乃聖人之耦，王者不得則不與，故顏淵死，孔子嘆曰：天喪余，惟此一人爲能當之，至宰我、子貢、子游、子夏不與焉。仲舒遭漢承秦滅學後，六經離析，下帷發憤，潛心大業，令後學者有所統壹，爲群儒冠。然考其師友淵原所漸，猶未及乎游、夏，而曰管、晏不及，伊、呂不加，過矣。到向曾孫劉龔，篤論君子也，以歆之言爲然（《漢書》卷五十六，董仲舒傳，贊曰）。劉龔字孟公，善議論，馬援、班彪並器重之。

第二節　時代背景

思想與環境是互相影響的兩個變數。思想固然可以影響環境的改變。環境亦可以影響思想的形成與產生。環境是客觀的事實。思想是主觀思考對事實的認知與判斷。當客觀的政治事實或現象發生問題時，人們運用智慧予以辨識，卽對問題的考察、研究與分析，明其底蘊，見其癥結，而提出解決的理則與途徑，便產生政治思想。董仲舒生當前漢中葉，對當時的政治問題，切加研究，而提出其解決之道，卽政治思想。他的政治思想在形成與產生上，所受到的時代背景或環境的影響，計有三端：一曰政治情勢，二曰社會風氣，三曰學術思潮。玆就此三者分論於次：

一、政治情勢——漢興，天下初定，承秦暴政嚴刑重斂及戰亂之後，經濟凋敝，民生困窮。天子公卿咸認爲政之要，端在安輯社會，充裕民生，不可多所更張與作爲，於是黃老思想得以流行，政府遂採清靜無爲的政策，與民休養生息。這一政策施行，歷高祖、惠帝、高后，前後二十三年，經濟漸趨復甦，社會亦見蓬勃；然外仍有匈奴的侵凌，內復有諸封君的驕橫，於是若干政要漸厭惡苟安無爲的消極政策，而主張積極有爲，致力興革。文帝時的賈誼，景帝時的鼂錯，均主張有所振作，削弱封君，集權君上。文帝、景帝雖心贊其說，然格於情勢，尙未能大力採行。蓋因時機尙未成熟，不便作急劇的改革。

至武帝時，經濟益趨繁榮，社會更見蓬勃景象，文帝行酎金律，削諸侯之力；景帝平吳楚七國之亂，封君權勢大見減削，不足爲患。中央集權漸强，天子尊嚴益固，政府亦具有可以有爲之力。武帝襲三世之餘蔭，且具雄才大略，英氣勃發，處此有爲之際，自不願苟且偸安於前代清靜無爲的消極政策。加以河間獻王好古勤學，重金收買古籍，得古文經多種，古學有復興趨勢。政府復立博士，重六經，尊儒學，愛人民，行仁政的儒家有爲思想，漸代替黃、老的無爲思想。上下朝野均呈現積極有爲的氣象，改革的時機遂見成熟。

武帝嘗欲有所作爲與改革，但均被篤信黃老思想的竇太后所阻止。例如武帝建元元年（西元前一四〇年），漢建國已六十餘年，天下安寧，民生富裕，縉紳之屬，多望天子行封禪，改曆數，以正法度。於是武帝下詔舉賢，趙綰、王臧等以文學獲大用，議欲行古制，立明堂，於城南朝諸侯；又議奏巡狩、封建、改曆數，易服色諸事。事爲竇太后所悉，竟强迫趙綰、王臧等自殺。武帝的一切改革計劃，只得暫行擱置。至建元六年（西元前一三四年）竇太后崩，武帝始得展其抱負，致力改革。

武帝欲採有爲主義從事改革，需要一種學術性的系統理論以爲支持，而替代清靜無爲的黃老思想。

武帝因受舅氏田蚡和師傅王臧的影響，對儒家仁義思想、禮樂制度早已嚮往。卽位以後，任竇嬰為丞相，田蚡為太尉，二人皆尙儒學，乃薦儒者趙綰為御史大夫，王臧為郎中令。儒者當政，遂依儒術進行改革，行封禪，事巡狩，改制度，呈現一片蓬勃有為的新氣象；並罷黜百家，獨尊儒學。董仲舒的尊君主，尙一統；行仁義，與禮樂的政治思想，便在這種時代背景下，應運而產生。

武帝內多欲而外行仁義。崇儒學，行仁義乃是他為滿足其內心多種欲望的一種表面掩飾。同時，武帝敬信鬼神之道，且喜愛天人感應之說。他敬信鬼神及陰陽之說的事實表現，一是供奉長安女神君於上林蹏氏觀。二是建造候神人之蜚廉、益壽、延壽等觀。武帝又嚮往神仙不死的仙境，寵信陰陽家末流之方士，如李少君、少翁、公孫卿等人，且貴之為郎將。鬼神之祀祭，本是陰陽家的職務，方士又是陰陽的末流。在這種政治情勢下，善治《春秋》的大儒董仲舒乃將陰陽家之言與儒學相混融，而建立其理論系統，自成一家之言。

二、社會風氣——漢初，黃老思想流行，天子公卿遂採安集政策，清靜無為，與民休養生息。安集政策的實行，歷高祖、惠帝、高后、文帝三朝，收到實際效果。經濟趨於復甦，農業生產大為增加。農民對農產品消費不完，多餘者必須出售，於是商業與起，貿易發達。在這種經濟發展的過程中，形成兩種經濟病態：一是土地兼併，富者連阡陌，貧者無立錐之地；貧民日增，流離失所。二是商人階級崛然興起，積貯倍息，買賤賣貴，壟斷居奇，市利百倍。商人頓成暴發大富戶。財富集中，貧富懸殊，為社會上一大病態。暴發戶的商人階級，以坐擁鉅富，盡情享受，生活奢靡，社會風氣，日趨敗壞。

這時，社會形勢發生變化，由昔日的平民與封君對立，轉變為農民與商賈的對立。景帝時鼂錯曾上疏力陳農民與商賈的苦樂不同。他說：「今農夫五口之家，其服役者不下二人。其能耕者，不過百畝。百畝之收，不過百石。春耕夏耘，秋收冬藏，伐薪樵，治官府，給徭役。春不得避風塵，夏不得避暑熱，秋不得避陰雨，冬不得避寒凍。四時之間，無日休息；又私自送往迎來，弔死問疾，養孤長幼在其中。勤苦如此，尚復被水旱之災。急政暴虐，賦歛不時，朝令而暮改。當其有者，半價而賣。無者取倍稱之息。於是有賣田宅，鬻子孫以償其債者矣。而商賈大者，積貯倍息，小者坐列販賣，操其奇贏，日遊都市，乘上之急，所賣必倍。故其男不耕耘，女不蠶織，衣必文采，食必粱肉。亡農夫之苦，有仟佰之得。因其富厚，交通王侯，力過吏勢，以利相傾，千里遨遊，冠蓋相望，乘堅策肥，履絲曳縞，此商人之所以兼併農人，農人之所以流亡者也。」（貴粟疏）

為要救治這種農商對立，貧富懸殊的經濟病症。鼂錯上疏，建議入粟拜爵除罪；主張募天下入粟縣官，得以拜爵或除罪。如此，則富人有爵，農民有錢，粟有所泄。能入粟以受爵，皆有餘者也。取於有餘，以供上用，則貧人之賦可損，所謂損有餘，補不足。令出而民利者也。順於民心，所補者有三：一曰上用足，二曰民賦少，三曰勸農功。文帝因其建議，令人民入粟邊塞六百石者，爵上造；四千石者，爵五大夫，萬二千石者，爵大庶長。

漢初雖流行黃老思想，武帝雖黜百家，尊儒學，但地方官吏，仍有不少信持法家思想者，為政務求嚴苛深刻，以殺人為能事。人民動輒得咎犯罪，苛擾難忍，痛苦不堪，遂致盜賊滋多，社會不寧。武帝為弭盜賊，謀安寧，乃制定沈命法（連坐），下令曰：「群盜起不發覺，雖發覺而捕不滿品者，二千石以下至小吏主者皆死。」因之，小吏畏死，雖有盜賊不敢發，而盜賊益猖獗，上下相匿，以文辭為掩飾，藉避罪誅。一般俗吏，只知以刀筆筐篋爲務，對於世俗的敗壞，社會的紛亂，既不注意，且恬不以爲怪。更因株連法之行，往往故意陷害富家子弟，藉以勒取金錢。豪門與官吏亦多相互勾結，狼狽爲奸，爲非作歹，欺壓良民。社會風氣敗壞，吏治貪瀆卑汚，有爲的武帝亦未能予以根治與澄清。在財富集中，貧富懸殊及風氣敗壞的時代背景下，董仲舒遂提出行仁義，興禮樂，立學校，施教化，抑豪强，防兼併，均貧富等政治主張與思想。

三、學術思潮——秦始皇雖焚書坑儒，然先秦諸子百家的學術思想並未滅絕。因秦祚僅十五年，先秦各學派的飽學之士，仍多有生存者，故漢初今文經學家遂得以口誦筆錄的方式，流傳前代諸子百家的思想。加以河間獻王修學好古，以重金購到不少古籍。古文經的出現，亦使先秦諸子百家的思想得以流傳。因之，漢初的學術思想，遂致雜而不純。各派學者爲爭取在學術上有力的或優越的地位，遂欲擷取他家之長而補自家之短。於是漢初學術呈現一片駁雜景象，所謂醇儒者，實屬難見。例如叔孫通、陸賈、張蒼、賈誼、鼂錯、賈山等人，或兼法、或兼陰陽、或兼縱横，不足以稱純正儒者。自公孫弘以文學拜爲丞相，儒者入仕之門敞開，於是他派學者亦往往假儒士之名以干求祿位。儒學遂失卻眞正的本來面目。

在漢初駁雜的學術風氣，儒家與陰陽家的混融，則是學術的主流。因武帝尊崇儒學，干求祿利者，自然要以儒家相標榜。同時武帝又迷信鬼神之說，更喜好神仙之言及陰陽家末流方士之術。學者爲迎合武帝心理傾好，遂亦宣揚陰陽家的思想。況且陰陽家與儒家已早有其淵源。陰陽家創始者鄒衍，本以仁義節儉爲指歸，益以宏大不經，浮誇荒誕的思想以迎合當時各國國君的欲求與心理，且有意揉合齊、魯儒者之學。至漢，儒家與陰陽家思想的混融，漸成學術思潮的主流。柱下史張蒼習《左氏春秋》，而《漢書》藝文志列爲陰陽家。張良從有神仙之稱的倉海公學《禮》。在這種學術思潮的時代背景下，董仲舒遂混融儒家與陰陽家的學術思想而成一家之言。

第三節　政治思想

董仲舒的政治思想，散見於《漢書》本傳及所著《春秋繁露》一書中。他所宣示的重要政治思想，計有左列諸端：

一、尊君主，尙一統——儒家首倡尊君論者，應推荀子。惟荀子所尊崇的君主，尙非專制性的，因荀子同時說：「君猶舟也，民猶水也；水能載舟，亦能覆舟。」而董仲舒所尊崇的君主，則是「天子受命於天」的君權神授的上天之子。歷代專制君主均以儒家學說爲護符，其咎不在孔子與孟子。始作俑者的罪人，乃是荀子與董仲舒。董氏曰：「唯天子受命於天，天下受命於天子，一國則受命於君，君命順則民有順命，君命逆，則民有逆命，故曰一人有慶，萬民賴之。」（《春秋繁露》卷十一，爲人者天，第四十一）又曰：「君人者，國之本也。夫爲國，其化莫大於崇本。崇本則君化若神，不崇本，則君無以兼人。無以兼人，雖峻刑重誅，民不從」；「君人者，國之元，發言動作，萬物之樞機，樞機之發，榮辱之端也。」（《春秋繁露》卷六，立元神第十九）人君受命於天，且爲國之本，崇本以神化其君。君爲國之元，乃萬物樞機，位高權重，天下一人，萬民之上，無人無物能與之京，專制君主，權力萬能。

董仲舒曰：「春秋君不名惡，臣不名善，善皆歸於君，惡皆歸於臣，君之義比於天，臣之義比於地，故爲人臣者，視地之事天也。」（《春秋繁露》卷十一，陽尊陰卑，第四十三）君無惡名，善皆歸於君，猶如「君王不能爲非」（The king can do no wrong.）。臣無善名，惡皆歸於臣，不啻「臣罪當誅」。君比天，至高至上；臣比地，又下又卑。董氏又曰：「三畫而連其中謂之王。三畫者，天、地與人也。而連其中者，通其道也。取天地與人之中，以爲貫而參通之，非王者孰能當是。」（《春秋繁露》卷上，王道通三，第四十四）王者貫天地人三者而參贊天地之化育，位尊事重，無可比倫。

依董仲舒之意，君主的德行與功能有五：卽元、原、權、溫、群。他說：「深察君號之大意，其中亦有五科：元科、原科、權科、溫科、群科。以一言謂之君，君者，元也；君者，原也；君者，權也；君者，溫也；君者，群也。是故君意不比於元，則動而失本。動而失本，則所爲不立。所爲不立，則不效於原。不效於原，則自委舍。自委舍則化不行，用權於變，則失中適之宜。失中適之宜，則道不平，德不溫。道不平，德不溫，則衆不親安。衆不親安，則離散不群。離散不群，則不全於君。」（《春秋繁露》卷十，深察名號，第三十五）五科的主旨，在於一言謂之君，君者，元也。這是說：君主一言爲定，君主的言話或意思就是法律，爲一切行動之本。

董仲舒主張削弱諸侯，集權中央，尊君主，尚一統。他說：「何以謂之王正月。曰：王者必受命而後王，王者必改正朔，易服色，制禮樂，一統於天下，所以明易姓，非繼仁，通於己受之於天也，王者受命而王。」（《春秋繁露》卷七，三代改制質文，第二十三）又曰：「西狩獲麟，受命之符，是也。然後託乎春秋正不正之間，而明改制之義，一統乎天子，而加憂於天下之憂也，務除天下之患」；「百官同望異路，一之者在主，率之者在相。」（《春秋繁露》卷六，符瑞，第十六）凡此立論，均所申說國家一統的意義與重要。

二、**行仁義，興禮樂**——董仲舒的政治思想係以儒家學說為主體。他提出行仁義，興禮樂的主張，正是儒家正統理論。他在對策時說：「道者，所由適於治之路也。仁義禮樂皆其具也。故聖王已沒，而子孫長久安寧，此禮樂教化之功也。」（《漢書》卷五十六）董氏對仁義的意義與功能作解釋曰：「春秋之所治人與我也。所以治人與我者，仁與義也。以仁安人，以義正我。故仁之為言人也。義之為言我者。言名以別矣。仁之於人，義之與我者，不可不察也。衆人不察，反以仁自裕，而以義設人，詭其處而逆其理，鮮不亂矣」；「仁之法在愛人，不在愛我；義之法在正我，不在正人。我不自正，雖能正人，弗與為義。人不被其愛，雖厚自愛，不予為仁。」（《春秋繁露》卷八，仁義法，第二十九）這種解釋言之成理，且具創意。

董仲舒對仁的涵義，進而作內容豐碩而詳切的闡論曰：「何謂仁？仁者惻怛愛人，謹翕不爭，好惡敦倫，無傷惡之心，無隱忌之志，無嫉妒之氣，無感愁之欲，無險詖之事，無辟違之行，故其心舒，其志平，其氣和，其欲節，其事易，其行道，故能平易和理而無事也。如此者，謂之仁。」（《春秋繁露》卷八，必仁且智，第三十）孟子曰：惻隱之心，仁之端也。董氏之所謂仁，殆就孟子之意予以發揮與宏揚。

孔子曰：「君子喻於義，小人喻於利。」（《論語》述而篇）《大學》曰：「國不利為利，以義為利也。」（《大學》十）董仲舒依循這種意義對義的性質與功用作申說曰：「天之生人也，使之生義與利，利以養其體，義以養其心。心不得義不能樂，體不得利不能安。義者心之養也；利者，體之養也。體莫貴於心，故養莫重於義。義之養生人，大於利矣。」（《春秋繁露》卷九，身之養重於義，第三十一）養其大體為大人，養其小體爲小人。生理之體爲小體，以利養之。精神之體（心）爲大體，以義養之。

董仲舒論禮之意義與功用曰：「禮者，繼天地，體陰陽，而愼主客，序尊卑貴賤大小之位，而差內外遠近新舊之級者也。以德多爲象萬物，以廣博衆多歷年久者，爲象其在天，而象天者莫大於日月，繼天地之光明，莫不照也。」（《春秋繁露》卷九，奉本，第三十四）這種論說乃儒家與陰陽家思想的混融。

董仲舒認爲樂之用，在於成敎化，變民風，化民俗。他說：「王者未作樂之時，乃用先王之樂，宜於世者。而以深入敎化於民。敎化之情，不得雅頌之樂不成。故王者功成作樂，樂其德也。樂者所以變民風化民俗也。其變民也易，其化人者著。」（《漢書》卷五十六）

三、立學校，施敎化——董仲舒以爲治國，重在施敎化。施敎化，便須設學校以司其事。他對策時向武帝說：「是故南面而治天下，莫不以敎化爲大務，以大學以敎於國，設庠序以化於邑，漸民以仁，摩民以誼，節民以禮，故刑罰甚輕而禁不犯者，敎化行而習俗美也。」（《漢書》卷五十六）武帝曾採其議，而普設學校，太學設弟子，庠序收生徒。《春秋繁露》中亦力言以六藝施敎化的重要，文曰：「君子知在位者之不能以惡服人也，是故簡六藝以贍養之：《詩》、《書》序其志，《禮》、《樂》純其美，《易》、《春秋》明其知。六學者皆大而各有所長。《詩》道志，故長於質。《禮》制節，故長於文。《樂》詠德，故長於風。《書》著功，故長於事。《易》本天地，故長於數。《春秋》正是非，故長於治人。」（卷一，玉杯，第二）

敎化者，禮義的隄防。敎化不立則隄防壞。隄防壞，則姦邪並生，刑罰不勝禁。董仲舒曰：「然而天地未應，而美祥不至者，何也？皆以敎化不立，而萬民不正也。是以敎化立，而姦邪皆止者，其隄防完也。敎化廢而姦邪並出，刑罰不能勝者，其隄防壞也。」（《漢書》卷五十六）

董仲舒重德教而輕刑罰，對策時，向武帝陳言曰：「王者承天意以從事，故任德教而不任刑，刑者不可任以治世，猶陰之不可任以成歲也。爲政而任刑，不順於天，故先王莫之肯爲也。今廢先生德教之官，獨任執法之吏治民，毋乃任刑之意歟？孔子曰：不教而誅謂之虐。虐政用於下，而欲德教之被四海，故難成也。」（《漢書》卷五十六）

四、順好惡，行賞罰——荀子曰：「人生而有欲，欲而不得，則不能無求，求而無度量分界，則不能不爭。爭則亂，亂則窮。先王惡其亂也，故制禮義以分之。」（《荀子》禮論篇）董仲舒之學多師承荀子，故曰：「聖人之制民，使之有欲，不得過節，使之敦樸；不得無欲。有欲無欲，各得以足，而君道得矣。」（《春秋繁露》卷六，保位權，第二十）這和荀子所說先王制禮義以節制人欲的分界，實有相同的意義。

人之大欲，**莫大於求生**。人爲要求生存，便會趨利以養其生，避害以安其生。故好利惡害可視之爲人所共有的天性。因之，爲治者遂順人之好惡而施賞罰。賞之以利，使人向善；罰之以害，使人止邪。董仲舒曰：「民無所好，君無以權也；民無所惡，君無以畏也。無以權，無以畏，則君無以禁制也。無以禁制，則比肩齊勢而無以爲貴矣。故聖人之治國也，因天地之性情，孔竅之所利，而立尊卑之制，以等貴賤之差，設官府爵祿，利五味，盛五色，調五音，以誘其耳目，自令清濁昭然殊體，榮辱踔然相駮，以感動其心，務致民令有所好，有所好，然後可得而勸也，故設賞以勸之。有所好必有所惡，有所惡，然後可得而畏也，故設法以畏之。既有所勸，又有所畏，然後可得而制。制之者，制其所好，是以勸善而不得多也；制其所惡，是以畏法而不得過也。」（《春秋繁露》卷六，保位權，第二十）賞以勸善，罰以畏惡。賞罰者，治國之二柄。二柄具，國可治。

賞罰應有所依據。賞罰的依據是功過。有功者，賞；有罪者，罰。賞罰之厚薄，視功罪的大小。功大賞厚，罪大罰重。董仲舒曰：「有功者賞，有罪者罰。功盛者賞顯，罪多者罰重。不能致功，雖有賢名不予之賞；官職不廢，雖有愚名，不予之罰。賞罰用於實不用於名。賢愚在於質，不在於文。故是非不能混，喜怒不能傾，姦宄不能弄，萬物各得其眞，則百官勸職，爭進其功。」（《春秋繁露》卷七，考功名，第二十一）賞罰依於實在的功績，不依於虛名，實事求是，公平客觀，足以去私塞怨。

五、均貧富，養民生——漢興至武帝已六十餘年，經濟復甦，大見成效，農業發達，生產充裕。多餘之農產品須予出售，以爲交換其他需用物品。因之，商業興起，貿易隆盛。商人階級應時而勃然興起。大商富賈市利百倍坐擁鉅資，遨遊都市，衣帛食肉，生活奢靡；且可交通王侯，勢過吏執。於是商人得以兼併農民，農民遂至流離失所，陷於貧困，生活維艱。加以秦始皇廢井田，開阡陌，土地可以自由買賣，兼併之風大行，以致形成富者連阡陌，貧者無立錐。

董仲舒生長在這貧富懸殊，財富分配不均不平，富者恣意享受，貧者飢寒交迫，自心有所不安，情有所不忍，於是倡均貧富，養民生的宏論。他說：「大富則驕，大貧則憂。憂則爲盜，驕則爲暴，此衆人之情也。聖者，則於衆人之情，見亂之所從生，故其制人道而差上下也，使富者足以示貴而不至於驕；貧者足以養生而不至於憂；以此爲度而調均之。是以財不匱而上下相安，故易治也。今世棄其度制而各從其欲。欲所無窮而俗得自恣，其勢無極，大人病不足於上，而小民羸瘠於下，則富者愈貪利，而不肯爲義；貧者日犯禁，而不可得止，是世之所以難治也。」（《春秋繁露》卷八，度制，第二十七）孔子曰：

「不患寡而患不均，不患貧而患不安。」（《論語》季氏篇）董仲舒主張財富的調均，蓋亦所以師孔子之意。

六、天垂象，見吉凶——天人感應之說，《尚書》已屢言之。大禹謨曰：「君子在野，小人在位，民棄不保，天降之咎。」湯誓曰：「有憂多罪，天命殛之。」湯誥曰：「天道福善禍淫，降災於夏，以彰厥罪。」伊訓曰：「古有夏先后，方懋厥德，罔有天災」；又曰：「惟上帝不常，作善降之百祥，作不善降之百殃。」咸有一德曰：「惟吉凶不僭，在人；惟天降災祥，在德。」泰誓上曰：「今商王受，弗敬上天，降災下民。」《易》繫傳曰：「天垂象，見吉凶。」董仲舒强調天人感應，與其說是陰陽家思想，無寧說是儒家思想。實則是儒家與陰陽家思想的混融。

董仲舒對策曰：「臣謹案《春秋》之中，視前世已行之事，以觀天人相與之際，甚可畏也。國家將有失道之敗，而天乃先出災害以譴告之；不知自省，又出怪異，以警懼之；尚不知變，而傷敗乃至。以此見天心之仁愛人君，而欲其止亂也。自非大無道之世者，天盡欲扶持而全安之。事在强勉而已矣。」（《漢書》卷五十六）又曰：「孔子作《春秋》，《春秋》之所譏，災害之所加也；《春秋》之所惡，怪異之所施也。書邦家之道，兼災異之變，以此見人之所爲，其美惡之極，乃與天地流通，而往來相應。」（《漢書》卷五十六）

《春秋繁露》必仁且智篇（第三十）亦中論天人感應之理。文曰：「天地之物，有不常之變者，謂之異，小者謂之災，災常先至，而異乃隨之。災者，天之譴也；異者，天之威也。譴之而不知，乃異之以威。《詩》云：畏天之威，殆此謂也。凡災異之本，盡生於國家之失。國家之失，乃始萌芽，而天出災異，以譴告之。告之而不知變，乃見怪異以驚駭之。驚駭之尚不知畏恐，其殆咎乃至。以此見天意之仁，而不欲害人也。天意有欲也，有不欲也。所欲所不欲者，人內以自省，宜有懲於心，宜有驗於國。故見天意之於災異也，畏之而不惡也，以爲天欲振吾過，救吾失，故以此報我也。」

第四節 陰陽家言

董仲舒的學說既是儒家與陰陽家的混融，故《春秋繁露》一書言陰陽變化、五行生尅之理者，爲數頗多。因限於篇幅不克一一引論，玆就其與政治思想有關者，就中提出三事，略予論述，以見一斑。

一、天道與政治——爲政應取法於天，因天人相通，天人合一，天之道卽人之道。政治者以人爲政事之本，故應用天道以治人事，則天通地泰，政行民安樂。董仲舒曰：「天之道以三時成生，以一時喪死。死之者謂百物枯落也；喪之者謂陰氣悲哀也。天亦有喜怒之氣，哀樂之心，與人相副，以類合之，天人一也。春，喜氣也，故生。秋，怒氣也，故殺。夏，樂氣也，故養。冬，哀氣也，故藏。四者，天人同有之，有其理而一，用之與天同者，大治，與天異者，大亂。故爲人主之道，莫明於在身之與天同者而用之，使喜怒必當義乃出，如寒暑之必當時乃發也；使德之厚於刑也，如陽之多於陰也。」（《春秋繁露》陰陽義，第四十九）

董仲舒以爲天道親陽而疏陰，故爲政應厚德而簡刑。他說：「此見天之親陽而疏陰，任德而不任刑。是故仁義制度之數，盡取之於天。天爲君而覆露之，地爲臣而持載之。陽爲夫而生之，陰爲婦而助之。春爲父而生之，夏爲子而養之，秋爲死而棺之，冬爲痛而喪之。王道之三綱，可求於天，天出陽爲煖以生之，地出陰爲淸以成之。不煖不生，不淸不成。然而計其多少之分，則煖暑居百，而淸寒居一。

德教之與刑罰猶此也。故聖人多其愛而少其嚴，厚其德而簡其刑，以此配天。」（《春秋繁露》卷十二，基義，第五十三）

爲政之道，要視天而行，有順序而適時，守制度而有節，變而不失常，反而則相成。董仲舒曰：「天之道有序而時，有度而節，變而有常，反而有相，奉微而至遠踔，而致精一，而少積蓄，廣而實，虛而盈。聖人視天而行，是故其禁而審好惡喜怒之處也，欲合諸天之非其時不出煖清寒暑也。其告之以政令，而化風之淸微也，欲合諸天之顚倒其一而以成歲也。其羞淺末華虛，而貴敦厚忠信者，欲合諸天之默然不言而功德積成也。其不阿黨偏私，而美泛愛兼利也，欲合諸天所以成物也。」（《春秋繁露》卷十一，天容，第四十五）

二、陰陽與政治——爲政之道在辨識陰陽變化的法則，以別順逆之理，而知經權之用。董仲舒曰：「運陰陽之類，以別順逆之理，安所加以不在，在上下，在大小，在强弱，在賢不肖，在善惡。惡之屬盡爲陰，善之屬盡爲陽。陽爲德，陰爲刑。刑反德而順於德，亦權之類也。雖曰權，皆在權成。是故陽行於順，陰行於逆。逆行而順，順行而逆者，陰也。是故天以陰爲權，以陽爲經。陽出而南，陰出而北，經用於盛，權用於末。以此見天之顯經隱權，前德而後刑也。故曰：陽，天之德；陰，天之刑也。」（《春秋繁露》卷十一，王道通三，第四十四）

陰爲陽之助，故爲政任德而遠刑。董仲舒曰：「陰終歲四移，而陽常居實，非親陽而疏陰，任德而遠刑歟？天之志，常置陰空處，稍取之以爲助，故刑者德之輔，陰者陽之助也」。「陽者，君父是也，故人主南面，以陽爲位也。陽貴而陰賤，天之制也。禮之尙右，非尙陰也，敬老陽而尊成功也。」

（《春秋繁露》卷十一，天辨在人，第四十六）

三、五行與政治——五行之說首見於《尚書》洪範篇。五行原指五種物質，即金、木、水、火、土。五行又指五種行爲，水曰潤下，下行的行爲。火曰炎上，上行的行爲。木曰曲直，周轉的行爲。金曰從革，改革的行爲。土曰稼穡，生長的行爲。董仲舒以五行指五官的功能，並以這五種功能，借之而言五種政事。他說：「五事：一曰貌，二曰言，三曰視，四曰聽，五曰思。何謂也？夫五事者，人之所受命於天也，而王者所修以治民也。故王者爲民，治則不可以不明，準繩不可以不正。王者貌曰恭，恭者，敬也。言曰從，從者可從。視曰明，明者知賢不肖，分明黑白也。聽曰聰，聰者，能聞事而審其意也。思曰容，容者，言無不容。恭作肅，從作乂，明作哲，聰作謀，容作聖。」（《春秋繁露》卷十四，五行五事，第六十四）

董氏以五行五事而言天人之感應曰：「王者與臣無禮，貌不肅敬，則木不曲直，而夏多暴風，風者，木之氣也。王者言不從，則金不從革，而秋多霹靂，霹靂者，金氣也，故應之以霹靂。王者視不明，則火不炎上，而秋多電，電者火氣也，故應之以電。王者聽不聰，則水不潤下，而春夏多暴雨，雨者，水氣也，故應之以暴雨。王者心不容，則稼穡不成，而秋多雷，雷者土氣也，故應之以雷。」（《春秋繁露》卷十四，五行五事，第六十四）

政治不治，五行變至，救變之道，在施之以德。施德救變，爲治之道。董仲舒曰：「五行變至，當救之以德，施之天下則咎除；不救以德，不出三年天當雨石。木有變，春凋秋榮，秋木冰，春多雨，此傜役衆，賦斂重，百姓貧窮叛去，道多饑人。救之者，省傜役，薄賦斂，出倉穀，賑困窮矣。火有變，多溫夏寒，此王者不明，善者不賞，惡者不絀，不肖在位，賢者伏匿，則寒暑失序，而民疾疫。救之者，舉賢良，賞有功，封有德。土有變，大風至，五穀傷，此不信仁賢，不敬父兄，淫佚無度，宮室多營。救之者，省宮室，去雕文，舉孝悌，恤黎元。金有變，畢昴爲回，三覆有武，多兵，多盜賊，此棄義貪財，輕民命，重貨賂，百姓趨利，多姦宄。救之者，舉廉潔，立正直，隱武行文，束甲械。水有變，冬濕多霧，春夏雨雹，此法令緩，刑罰不行。救之者，憂囹圄，案奸宄，誅有罪，蓃五日。」（《春秋繁露》卷十四，五行變救，第六十三）

第二十七章　鹽鐵論的政治思想

——儒家、法家思想的爭論

第一節　編者的生平

一、事略——《鹽鐵論》一書，乃是儒家與法家對當時的鹽鐵專賣及榷酤等問題相互詰難的紀錄，由桓寬編輯而成。編者桓寬字次公，前漢時代汝南（河南，汝陽縣）人，秉賦聰敏，博讀群書，善屬文，治《公羊春秋》（《春秋》公羊高傳），有聲譽，擧爲郞。依漢官制，光祿勳屬官，有議郞、中郞、侍郞、郞中，統稱曰郞。桓寬《漢書》無傳，事蹟不詳，祇知累官至廬江太守丞。

昭帝元始六年（西元前七九年），下詔使丞相史、御史大夫等與所擧賢良、文學諸人，作策問，問民間疾苦。所擧諸賢良、文學皆儒士，信持儒家思想，反對所行之鹽鐵專賣、酒榷及平準與均輸諸制，指責其與民爭利，散敦厚之樸，成貪鄙之化。至於政府所持立場則由丞相史、御史大夫等，加以說明與辯解，支持現行制度。主辯者爲主持其事者御史大夫桑弘羊。其觀點則爲法家思想。桓寬就正反雙方詰難問答之辭，加以蒐集整理，編輯爲五十九篇，殿以雜論一篇，共六十篇，題曰《鹽鐵論》。雜論一篇，藉「客曰」，寬申說自己的主張，屬於儒家的思想。

二、職位——《辭海》桓寬條稱寬累官至廬江「太守」，實係漏一「丞」字之誤。太守秩二千石，位同九卿，乃一郡的最高行政首長，卽封疆大員，猶如今日之省政府主席，或民國初年之省長。若桓寬官至「太守」，《漢書》宜爲之立傳。《漢書》無傳，可能因其官位低，未及於立傳的條件。太守位尊秩高，當亦不至擔任會議紀錄或會議紀錄的整理與編輯工作。「太守丞」係太守輔佐，猶如省政府的秘書長或主任秘書，並非地方長官。觀於「雜論」一篇的立論，辭謙意緩，多推重他人之言，不似官高秩尊者的口氣。明代新淦涂禎於弘治辛酉十月朔日爲《鹽鐵論》一書作序有言曰：「禎游學宮時，得漢盧江太守丞汝南桓寬次公所著《鹽鐵論》，讀之，愛其詞博，其論覈，可以施之天下國家，非空言也。」（見臺灣商務印書館民國六十九年十二月印行之《鹽鐵論》）由此足證桓寬累官至盧江「太守丞」，並非盧江「太守」。

第二節　時代的背景

一、**農商經濟的發達**——中國經濟發展到春秋戰國時代，因農業生產技術的進步，農產品生產大增，人民除消費去者外，多餘者需要出售。因商品的交換與流通，促成商業貿易的勃然興起。因之，自由地主與富商大賈同時出現。商賈地位頗爲優越與活躍。呂不韋以陽翟大賈，往來貿易於韓、趙間，竟能暗移秦祚。鄭弦高以商人力量可以退敵人大軍。端木子貢「鬻財於曹、衞之間，結駟連騎，束帛之幣以聘諸侯，所至國君，莫不與之分庭抗禮。」（《史記》卷一二九，貨殖列傳）范蠡「爲越大夫，在陶爲商致鉅富，世稱陶朱公。」（《史記》范蠡傳）

春秋戰國時代，西周固着性的農奴耕作制，漸趨破壞，境界不正，穀祿不平，助、祿、籍、貢之法不行，而採稅畝的地稅制。於是土地可以自由買賣，而產生自由的地主階級。周宣王不籍千畝，魯宣公初稅畝。地稅制替代了助法，農民對土地不僅有使用權，且取得所有權。土地私有，可以自由買賣。於是土地兼併不止而產生了自由的大地主，亦佔有優越地位，且頗活躍。

二、國家統一的基礎——漢代所以能建立統一的國家，採行中央集權制度，就是靠這自由地主與商賈階級的支持。地主要推售多餘的農產品，商賈要旅行各地貿遷有無，故皆贊成國家的統一與中央集權。因為在這種政治制度下，方能消除各地不統一的關卡檢查及一次又一次的收稅。在統一的政制下，則一關檢查後便可全國通行無阻；一次繳稅便可各處過關。而且商業貿易的發達，更增加全國各地的相互依需，由分散的地方經濟進為互依的全國經濟。農商經濟的發達及自由地主與商賈階級的興起，是促成國家統一的客觀條件。

三、重農輕商的言論——西漢的統一政權建築在地主與商賈利益的一致處與調和點上。二者之間有其共同利益，但亦有很多的利益衝突。所以在前漢時代，重農抑重商，常成為政治上爭論的大問題。一般說來，自高祖至景帝採重農政策，所以一般論說，皆持重農輕商的觀點。司馬遷曰：「漢興，海內為一，開關梁，弛山澤之禁，是以富商大賈，周流天下，交易之物莫不達其所欲。」（《史記》貨殖列傳）鼂錯曰：「商賈大者，積貯倍息，小者坐列販賣，操其奇贏，日遊都市，乘上之急，所賣必倍。故其男不耕耘，女不蠶織，衣必文采，食必粱肉，亡農夫之苦，有仟佰之得。因其富厚，交通王侯，勢過吏執，以利相傾，千里遨遊，冠蓋相望，乘堅策肥，履絲曳縞，此商人之所以兼併農人，農人所以流亡也。」（《漢書》卷二十四上）《史記》稱：「而富商大賈或滯財役貧，轉轂百數，廢居居邑，封君皆低首俯給。」（《史記》卷三十，平準書）但實際上，重農而農人益貧困，輕商而商益富厚。商賈勢力不僅可以影響政治，且可躍居要津，掌握大權，控制政治。若桑弘羊、孔僅、卜式、東郭咸陽、任公、卓氏、鄧通、宏恭、石顯，皆擁鉅貲，居高位，儼然有人君之概。

四、政府財政的困難——漢武帝窮兵黷武，連年戰爭，以致國庫空虛，財政困難。元狩四年（西元前一一九年）依桑弘羊建議，造皮幣，雜造銀錫為白金，鑄新錢，並定益鑄之法，置鹽鐵官，掌理鹽鐵專賣以取其利，各郡置均輸官，統掌貨物運輸，增收商稅；京師置平準令，買賤賣貴，藉得盈餘。武帝任桑弘羊、孔僅、東郭咸陽為理財官；擴大官有耕地，蕃殖官奴。凡此措施，均所以開財源，增稅收，裕國庫。對當時益趨發達商業貿易不加限制。這是一反傳統的重農政策，而採行重商政策。商人之利，農民之害也。民多不便議論紛紜。重農重商的爭論，一直不息。景帝時，鼂錯上貴粟疏，即重農抑商的政見。到了昭帝時，這一爭論仍然存在，乃下詔使主持鹽鐵專賣等事務官員桑弘羊等與所舉賢良、文學問民間疾苦。諸賢良、文學皆儒士，持儒家思想反對鹽鐵專賣、均輸、平準等措施。中央官員如桑弘羊等皆持法家富國強兵的思想加以辯護。桓寬就雙方詰難之辭予以編輯而成《鹽鐵論》。

第三節　體裁與內容

一、體裁——《四庫全書總目提要》儒家類，有曰：「《鹽鐵論》十二卷，內府藏本。昭帝始元六年，詔郡國舉賢良文學之士，問以民間疾苦，皆請罷鹽鐵、榷酤，與御史大夫桑弘羊等建議相詰難。寬集其所論，為書凡六十篇各標目，實列反覆問答，諸篇皆首尾相屬。後罷榷酤，而鹽鐵則如舊，故寬所作論，惟以鹽鐵為名，蓋惜其意不盡行也。」《鹽鐵論》共六十篇。前五十九篇皆為問答體題裁，記官員與諸生詰難之言辭。書末雜論為一篇，藉「客曰」，桓寬申說自己的見解，屬儒家的思想。

二、內容——《鹽鐵論》所論，雖為「食貨」(經濟)之事，而所言皆述先王，稱六經，故諸史皆列入儒家類。黃虞稷《千頃堂書目》，則將《鹽鐵論》改列史部食貨類中。這僅是循其名，而未察其實。實則其內容則兼及儒、法兩家思想的爭論。明代世宗嘉靖中，華亭張之象註《鹽鐵論》，雖無所發明，但對讀者則有助益。

《鹽鐵論》六十篇，其篇目如次：本議第一，力耕第二，通有第三，錯幣第四，禁耕第五，復古第六，非鞅第七，晁錯第八，刺權第九，刺復第十，論儒第十一，憂邊第十二，園池第十三，輕重第十四，未通第十五，地廣第十六，貧富第十七，毀學第十八，褒賢第十九，相刺第二十，殊路第二十一，頌賢第二十二，遵道第二十三，論誹第二十四，孝養第二十五，刺議第二十六，利議第二十七，國疾第二十八，散不足第二十九，救匱第三十，鹽鐵鍼石第三十一，除狹第三十二，疾貪第三十三，後刑第三十四，授時第三十五，水旱第三十六，崇禮第三十七，備胡第三十八，執務第三十九，能言第四十，鹽鐵取下第四十一，擊之第四十二，結和第四十三，誅秦第四十四，伐功第四十五，西域第四十六，世務第四十七，和親第四十八，徭役第四十九，險固第五十，論勇第五十一，論功第五十二，論鄒第五十三，論菑第五十四，刑德第五十五，申韓第五十六，周秦第五十七，詔聖第五十八，大論第五十九，雜論第六十。由此目次觀之，足見《鹽鐵論》的範圍甚廣，所涉及的問題亦甚多，舉凡政治、經濟、文化、社會、學術、思想等殆皆有所論及。

第四節　儒士的反對思想

郡國所舉賢良、文學皆儒士，信持孔孟之道，主張行仁義，力農耕，尙勤儉，足民食，藏富於民，反對鹽鐵專賣、榷酤、均輸、平準諸措施，並論給邊之非。玆舉述其重要的反對思想如次：

一、**行仁義，重農耕的重要**——《鹽鐵論》第一篇本議，在論治國之本末。儒士認爲農爲本，商爲末，治國之道，應重本輕末，勵農抑商。且立國的根本，在於講道德，行仁義，因爲「仁者天下無敵」，「國不以利爲利，以義爲利也。」文學曰：「竊聞治人之道，防淫佚之源，廣道德之端，抑末利而開仁義，勿示以利。然後敎化可興，而風俗可移也。今郡國有鹽鐵、酒榷、均輸，與民爭利，散敦厚之樸，成貪鄙之化。是以百姓就本者寡，趨末者衆。願罷鹽鐵、酒榷、均輸，所以進本退末，廣利農業便也。」

第二篇力耕，文學之言曰：「古者尙力務本，而種樹繁，躬耕趨時而衣食足，雖累凶年而人不病也。故衣食者民之本，稼穡者民之務也。二者修，則國富而民安矣。」

著者以爲仁義與刑罰，並行不悖；農業與商業，相輔而成；二者不可偏廢。若祇重仁義而廢刑罰，則「徒善不足以爲政」，「頑劣莫由禁」，未必能完全使社會安寧。若舍仁義而專尙刑罰，亦是「徒法不足以自行」，民不畏死，奈何以死懼之。仁義防患於未然，乃治本之道。刑罰懲罪犯於已形，乃治標之法。本末兼顧，德刑並行，乃爲治之至道。「導之以德，齊之以禮」，固然是善政。「導之以政，齊之以刑」，亦不可廢棄。農與商相輔而成。重農輕商並非得策。重商輕農，亦非治道。農業生產所以供商業交易的需要；商業亦足促進農業的進步與繁榮。二者應同時並重。二者的利益是相互依需的，並非彼此衝突的。

二、鹽鐵專賣及均輸的弊害——政府採行重商政策，鹽鐵專賣，郡置均輸官，京置平準令，蓋欲以商業方法，增稅收，裕國庫。而儒士則以爲「利於彼者，必害於此」，政府所得之利，即是人民所失之利；政府固不應與民爭利。非鞅第七篇曰：「文帝之時，無鹽鐵之利而民富，今有之，而民困乏，未見利之利也，而見其害也。且利不從天來，不從地出，一取之民，謂之百倍，此計之失者也。無異於愚人反裘而負薪，愛其毛不知皮盡矣。夫李梅實多者，來年爲之衰；新穀熟者，舊穀爲之虧。自天地不能兩盈，而況於人事乎？故利於彼必耗於此，猶陰陽之不並曜，晝夜之有長短也。商鞅峭法長利，秦人不聊生，相與哭孝公；吳起長兵攻取，楚人騷動，相與泣悼王。其後，楚日以危，秦日以弱。故利蓄而怨積，地廣而禍構；惡在利用不竭而民不知，地盡西河而民不苦也。今商鞅之策任於內，吳起之兵用於外；行者勤於路，居者匱於室，老母號泣，怨女嘆息，文學雖欲無憂，其可得乎！」

儒士反對鹽專賣及官府專製鐵器。水旱第三十六有言曰：「農，天下之大業也。鐵器，民之大用也。器用便利，則用力少而得作多，農夫樂事勸功。……器便與不便，其功相什而倍也。縣官鼓鑄鐵器，大抵多爲大器，務應員程，不給民用。民用鈍弊，割草不痛。是以農夫作劇，得獲者少，百姓苦之矣。」儒士主張鐵器自由鑄造與買賣，當可適應農民需要而製造其所需用的農具。

儒士認爲均輸與平準，祇能以利商賈。商之利，農之害也。故反對均輸與平準之法。本議第一有言曰：「古者之賦稅於民也，因其所工，不求所拙。農人納其獲，女工效其功。今釋其所有，責其所無，百姓賤賣貨物以便上求。間者郡國或令民作布絮，吏留難與之爲市。吏之所入，非獨齊陶之縑，蜀漢之布也，亦民間之所爲耳。農夫重苦，女工再稅，未見輸之均也。縣官猥發闔門，擅市則萬物並收，萬物並收則萬物騰躍。萬物騰躍，則商賈侔利。自市則吏容奸豪，而富商積貨儲物以待其急。輕賈姦吏收賤以取貴，未見準之平也。蓋古之均輸，所以齊勞逸而便貢輸，非以爲利而賈萬物也。」

著者認爲鹽鐵專賣、均輸、平準之法，在原則上尚屬可行。因爲專賣利益及公營事業收入，可以抵降人民一部份的租稅負擔。當時推行有弊，以致病民，應謀求改善，不必作根本罷廢的反對。儒士本「財聚則民散」的觀點，以爲這些收入乃是「聚歛」。其實，政府爲民治事的費用，必須以稅收支付。公共支出乃是「羊毛出在羊身上」，並符合「取之於民，用之於民」的原則。自然，租稅的課征應顧及人民的負擔能力，決不可「焚林而佃」、「竭澤而漁」，致竭殺稅源；尤當防止稅吏強徵、貪汚與中飽。至於儒士所說：「政府不可與民爭利」，「應藏富於民」，亦不無可商榷的餘地。政府與人民本屬一體，不可視之爲對立的雙方，利害是一致的。政府之利亦卽人民之利，政府的富有，未必就是人民的損害。

三、攻匈奴，防邊塞的不當——前漢之世，北通匈奴，南開滇越，西通西域，國際貿易頗爲發達，豪商大賈乘機獲得大利，深爲儒士所不滿。因而反對攻匈奴，防邊塞。他們認爲當時中國當憂慮的不是外務，實是「今中國弊落不憂，而務在邊境；患在地廣而不耕，多種而不耨，費力而無功。」（地廣，第十六）

儒士指出，政府當務之急，不是開拓對外市場，而是如何振興農業，增加農民的財富，充裕政府的稅源。輕重第十四篇有言曰：「邊郡山居谷處，陰陽不和，寒凍裂地，衝風飄鹵，沙石凝積，地勢無所宜。中國天地之中，陰陽之際也。日月經其南，斗極出其北，含衆和之氣，產育庶物。今去而侵邊，多斥不毛寒苦之地，是猶棄江皐河濱，而田於嶺坂菹澤也。轉倉廩之委，飛府庫之財，以給邊民，中國困於徭賦，邊民苦於戍禦。力耕不便種糴，無桑麻之利，仰中國絲絮而後衣。皮裘蒙毛，曾不足盆形。夏不釋複，多不離窟，父子夫婦內藏於專室土圜之中。中外空虛，扁鵲何力，而鹽鐵何福也。」

儒士反對以農民納租稅，服兵役，與匈奴戰爭，而主張「偃兵休士，厚幣給和親」（結和，第四十三）。他們的說詞，是：「往者匈奴結和親，諸夷納貢，卽君臣內外相信，無胡越之患。當此之時，上求寡而易贍，民安樂而無事，耕田而食，桑麻而衣，家有數年之蓄，縣官餘貨財，閭里父老或及其澤。自是而後，退文任武，苦師勞衆，以略無用之地，立郡沙石之間，民不能自守，發屯乘城，輓輦而贍之。愚竊見其亡，不覩其成。」

著者以爲有文事者必有武備。棄文修武，固屬不當，偃武修文，亦非得策。儒士所見，不無偏蔽。振興農業與拓展市場，同等重要。振興農業可以充裕市場商品。拓展市場，不致使農產品滯銷，且可促進農業的進步。二者相輔，不可偏廢。禦匈奴，實邊郡，乃是適應軍事上政治上的需要，非爲侔利。侵略他人固不可，防敵禦侮，亦屬必要。儒士以其無經濟利益而倡棄置之說，知其一，不知其二。厚幣和親，乃因兵力不敵，而委屈求全，不得已而出之，豈可以此爲對外的正當政策。況前此的和親政策並未收到實際效果，匈奴侵襲擾害，從未休止。

四、政府獨佔鑄錢的失策——在武帝以前，民間可以自行鑄造錢幣，以其所含物質的價值爲價值，無異是貨物的一種，可以自由交換與買賣。但在縱民鑄錢的進行中，奸民不無偷工減料及僞造的情事，引起人民的懷疑與不信任，形成幣制的破壞與混亂。所以武帝於實行鹽鐵專賣的同時，亦由政府獨佔錢幣的製造權。儒士認爲如此，則商賈可以操縱幣價，愚弄農民，使物價漲落不定，商賈得其利，農民受其害。

錯幣第四篇有言曰：「往古幣重財通而民樂。其後稍去舊幣，更行白金龜龍，民多巧新幣，幣數易而民益疑。於是廢天下諸幣，而專命水衡三官作。近吏侵利或不中式，故有厚薄輕重。農人不習物類，比之信，故疑新，不知姦眞。商賈以美貿惡，以半易倍。買則失實，賣則失理，其疑惑滋益甚。夫鑄僞金錢以有法，而錢之善惡，無增損於政。擇錢而物稽滯，而用人尤被其害。《春秋》曰，算不及蠻夷則不行。故王者外不障海澤以便民用，內不禁刀幣以通民施。」

著者以爲貨幣是貨物交換之中準，關係於國計民生者至深且鉅。故貨幣必須統一，不容有贋品存於其間，以防混亂而堅民信。爲達到這一目的，貨幣的鑄造權或發行權，須由政府獨佔掌握。此乃理所當然，勢有不得不如此者。儒士所持反對的理由，乃奸猾商賈自私自利的行徑所發生的流弊，並非政府鑄造的不當。況文帝之時，縱民得鑄錢、冶鐵、煮鹽，發生不少弊端，所以武帝才實行鹽鐵專賣，並收回貨幣鑄造權。若恢復舊制，其弊害更甚。

第五節　官方的辯護理由

《鹽鐵論》中五十九篇皆是問答體裁。文中所記丞相史、御史、大夫的言辭皆是對政府所行的政策作辯護。其立論主旨，均在支持鹽鐵專賣、均輸、平準、酒榷諸政，力言工商足以富國裕民，並申言禦外給邊的必要。這些言論都帶有濃厚的富國强兵的法家思想。玆舉述其要點如次：

一、鹽鐵、均輸、平準的利益——由於匈奴爲患，戰爭不止，國庫空虛，力有不贍。政府採行鹽鐵專賣、均輸、平準等政策，蓋所以積貲財，禦外敵，實邊郡，勢有不得不然者。本議第一篇大夫之言曰：「匈奴背叛不臣，數爲寇暴於邊鄙，備之則勞中國之士，不備則侵盜不止。先帝哀邊民之久患，苦爲虜所係獲也；故修障塞，飭烽燧屯戍，以備之邊，用度不足，故興鹽鐵，設酒榷，置均輸，蕃貨長財以佐助邊費。今議者欲罷之，內空府庫之藏，外乏執備之用，使備塞乘城之士，饑寒於邊，將何以贍之？罷之不便也。」

官方爲均輸、平準之法作辯護，認爲這種措施，乃所以利便民，非以損害民。本議第一大夫又言曰：「往者郡國諸侯，各以其貨貢輸，往來煩雜，物多苦惡，或不償其費，故郡置輸官以相給運，而便遠方之貢，故曰均輸。開委府於京，以籠貨物；賤則買，貴則賣；是以縣官不失實，商賈無所牟利，故曰平準。平準則民不失職，均輸則民齊勞逸。故均輸、平準，所以平萬物而便百姓，非開利孔爲民罪梯者也。」

力耕第二篇力言平準與均輸的利益，既足以裕府庫，更能以備荒年，賑飢民。大夫曰：「王者塞天財，禁關市，執準守時，以輕重御民，豐年歲登，則儲積以備乏絕；凶年惡歲，則行幣物，流有餘以調不足也。……往者財用不足，戰士或不得祿，而山東被災，齊、趙大饑，賴均輸之蓄，食廩之積，戰士以奉，飢民以賑。故均輸之物，府庫之財，非所以賈萬民而專奉兵師之用，亦所以賑困乏而備水旱之災也。」

著者以爲鹽鐵專賣，專賣利益歸入國庫，可供公共支付，足以減輕農民一部份的租稅負擔，更藉以防止私人冶鐵、煮鹽而致鉅富，不使再有豪富鉅商，如鄧通、孔僅、宏恭、石顯等人的出現。人民自行運送貢物於京師，廢業失時，勞民傷財，爲民所病。且近京者逸而便，遠京者勞而費，實欠均平。今郡置均輸官，以官府運送貢物於京師，既以齊勞逸，更使民大利便。平準令買賤賣貴，獲利爲政府所有，且足以備災荒。凡此均爲進步的措施，便民而利國，不失爲良策。自然，任何制度皆有利亦有弊，惟在求其利多弊少，不可以其執行上發生弊端，遽而因噎廢食。

二、工商爲富國裕民的手段——儒士重農而抑商，官方則認爲工商事業的功用，足以富國裕民。富國之道不止一端，振與農事外，工商事業亦應予以扶助與提倡。力耕第二篇，大夫之言曰：「聖賢治家非一室，富國非一道。故治家養生必於農，則舜不爲甄陶，而伊尹不爲庖。故善爲國者，天下之下我高，天下之輕我重；以末易其本，以虛易其實。今山澤之財，均輸之藏，所以御輕重而役諸侯也。汝漢之金，纖微之貢，所以誘外國而釣羌胡之寶也。中國一端之縵，得匈奴累金之物而損敵國之用。是以贏驢馲駝銜尾入塞，驒騱騵馬盡爲我畜。鼲鼦狐貉采旃文罽充於內府，而碧玉珊瑚瑠璃咸爲國之寶，是則外國之物內流，而利不外泄也。異物內流而饒國用，利不外泄而民用足矣。」這在說明對外貿易的利益，可以足民饒國，不可指爲不當。

政府所以採行重商與工政策，亦正是用以促進農業的發展。若無商工，則穀不殖，農用乏。力耕第二篇，大夫曰：「自京師東西南北，歷山川，經郡國，諸殷富大都，無非街衢五通，商賈之所臻，萬物之所殖者。故聖者因天時，智者因地材，上士取諸人，中士勞於形。長沮、桀溺無百金之積，蹠蹻之徒無猗頓之富。宛、周、齊、魯商遍天下。……富國何必用本農？足民何必井田？」這是說，工商亦可以富國裕民，何必專以農業爲富國裕民的惟一途徑。

本議第一篇，大夫曰：「古之立國家者，開本末之途，通有無之用。……農工商師各得其欲，交易而退。易曰：通其變，使民不倦。故工不出農用乖，商不出則寶貨絕，農用乏則穀不殖，寶貨絕則財用匱。」這是說，工商對農民亦有利，因工商出則農用不乖乏。

著者以爲人類進化的途徑及經濟發展的階段，是由漁獵進入畜牧，由畜牧進入農業，由農業進入農商，由農商進入工業。這是世界各國經濟演進的通例，亦是經濟發展的定則。畜牧優於漁獵，農業優於畜牧，農商優於農業，工業優於農商。這有歷史事實的證明，勿庸置疑或爭辯。儒士安於故習，泥於所學，囿於重農輕商的陳說，保守思想太重，實悖於社會進化及經濟發展的理則。工商發展爲世勢之所趨，沛然莫之能禦。儒士諫阻無益，欲罷不能。甚矣，「儒士之迂也」。書生報國應與時俱進，所謂「君子而時中」，時光不會倒流，滯留不進，非謀國治民的正道。

三、政府獨佔鑄錢的理由——因文帝時縱民可以自由鑄錢，以致弊害叢生，政府爲消弭這些弊害，武帝時乃禁民間鑄錢而由政府獨佔與掌握錢幣鑄造權。政府鑄錢的理由，錯幣第四篇有所說明。大夫曰：「文帝之時，縱民鑄錢、冶鐵、煮鹽，吳王擅障海澤，鄧通專山西，山東奸猾，咸聚吳國。秦雍漢蜀因鄧氏，吳郡錢布天下，故有鑄錢之禁。禁禦之法立，而奸僞息。奸僞息，則民不期於妄得，而各務其職，不返本何爲？故統一而民不二也，幣由上則下不疑也。」

著者認爲政府獨佔及掌握錢幣鑄權，具有三大利益：㈠統一幣制。政府獨佔錢幣鑄造權，不至於使幣制混亂。幣制統一可以維持社會經濟秩序的安定。㈡消弭豪富。封君鑄錢能以蓄庫財，厚實力，圖謀不軌。私人鑄錢足以形成豪富，藉經濟力量，剝削小民。政府鑄錢既可以削封君財勢，復可以消弭豪富的產生，以止其操縱經濟，壟斷居奇，剝削小民。㈢維持幣信。政府鑄造錢幣，足以取信於民。人民亦不憂慮或懷疑錢幣的僞劣。錢幣信用既立，民不疑慮，則貨暢其流，民樂其業。儒士對此竟群加反對，蓋維持現狀的保守心理及畏難更張的惰性，有以致之。

四、禦寇實邊的事實需要——儒士以備敵實邊爲不當，主張厚幣和親。政府官員則指出匈奴侵犯，不得不備寇實邊「無憂邊之心，於其義未便也」，和親未生效，不得不屯戍實邊；蓋「偷安者後危」，「無遠慮者，必有近憂」。

「本議第一篇，大夫曰：「匈奴桀黠，擅恣入塞，犯厲中國，殺伐郡縣。朔方都尉甚悖不軌，宜誅討之日久矣。陛下垂大惠，哀元元之不贍，不忍暴士大夫於原野；縱然披甲執銳，有北面復匈奴之志。又欲罷鹽鐵，均輸，憂邊用，損武略，無憂忘，於其義未便也。」

結和第四十三篇，大夫曰：「漢興以來，修好結和親，所聘遺單于者甚厚，然不紀重質厚賂之故，改節而暴害滋甚。先帝覩其可以武折，而不可以德懷；故廣將帥，招奮擊，以誅厥罪，功勳粲然，著於海內，藏於記府。何命亡十而獲一乎？夫偷安者後危，慮近憂邇，賢者離俗，智者權行，君子所慮，庶俗疑然。故民可以觀成，而不可與圖始。此有司所獨見，而文學所不覩。」

著者認爲兩國相處，若能互利互惠，各安其境，親善和平，最爲理想。如鄰國懷豺狼之心，抱侵略之志，以武力凌侵國境，自當驅堅甲利兵之師，使奮勇善戰之卒，以抵禦之，方能自保。應知德義行於君子，刑罰施於小人。所謂以德懷遠人。遠人是善良之衆，始能收效。若對迷頑不靈，豺狼成性的凶敵學迂濶之論，非圖强致勝的正途。

好。若不能戰而言和，勢不敵而修好，無異乞憐或投降。況「厚幣和親」曾經使用，並未收效。賢良文

德懷」。至於所謂「厚幣和親」之說，亦非明智之擧。應知國際戰爭，必須能戰方可言和，勢敵方能修

開」，「頑石可以點頭」。那只是神話或揑造之詞，不可置信。誠哉，凶惡之敵，「只可武折，不可以

而講德義，則是「不重傷，不擒二毛」的宋襄公之仁，未有不歸於敗亡者。若說：「精誠所至，金石爲

第六節　桓寬自己的思想

一、桓寬的意見——《鹽鐵論》最後一篇（第六十）雜論，是桓寬藉「客曰」以表達自己的思想和意見。是篇論述朱子伯的言論，紀賢良茂陵唐生，文學魯萬生等人的主張，而最推崇中山劉子雍（推）和九江祝生。對於桑弘羊，車千秋則深致不滿之意。所以桓寬的《鹽鐵論》，《漢書》藝文志列入儒家類。

客曰：「余覩鹽鐵之義，觀於公卿、文學、賢良之論，意指殊路各有所出，或尚仁義，或務權利。異哉吾所聞。周秦粲然，皆有天下而南面焉。然安危長久殊世。始汝南朱子伯爲予言，當此之時，豪俊並進，四方輻湊，賢良茂陵唐生，文學魯萬生之倫，六十餘人或聚闕庭，舒六藝之諷，論太平之原。智者贊其慮，仁者明其施，勇者見其斷，辯者陳其詞。誾誾焉，侃侃焉，雖未能詳備，斯可略觀矣。然蔽於雲霧，終廢而不行。悲夫！

「公卿知任武可以辟地，而不知德廣可以附遠；知權利可以廣用，而不知稼穡可以富國也。近者親

附，遠者悅德，則何爲而不成，何求而不得。不出於斯路，而務蓄利長威，豈不謬哉。中山劉子雍（推）言王道，矯當世，復諸正，務在乎返本；直而不徼，愼而不懷；斌斌然，斯可謂弘博君子矣。九江祝生奮由路之意，推史魚之節，發奮懣，刺議公卿，介然直而不撓；可謂不畏强禦矣。桑大夫（弘羊）據當時，合時變，推道術，尙權利；辟略少辯，雖非正法，然巨儒宿學，惡然大能自解，可謂博物通士矣。然攝卿相之位，不引準繩，以道化下；放於末利，不師始古。《易》曰：焚如棄如，處非其位，行非其道，果隕其姓，以及厥宗。車丞相（千秋）卽魯、周之列，當軸處中，括囊不言，容身而去。彼哉！彼哉！若夫群丞相史、御史，不能正議以輔宰相，成同類，長同行，阿意苟合，以悅其上斗筲之人，道諛之徒，何足算哉！」

二、著者的評論——雜論

雜論一篇是桓寬對鹽鐵問題討論會所作的結論和批評。贊成諸賢良、文學的論說，推崇中山劉子雍爲弘博君子。贊成九江祝生不畏强禦。指責公卿蔽於雲霧，不行儒士之道，乃是可悲之事。桓寬指斥桑弘羊「處非其位，行非其道」；車千秋應言而不言，容身而去，嘆爲可惜。諸丞相史、御史爲阿諛之徒，不當其選。對公卿的不滿與指責，至爲明顯。桓寬的基本思想，是行王道，尙仁義，農以爲本，務稼穡以富國，以德意懷遠人，反對蓄利長威，任武以避地。這種理論至爲高尙，是長治久安的治道。但收效緩慢，在和平安定的環境中方易推行。論調甚高，不切時用，對當時的實際政治與經濟問題，並不能得到及時的解決。遠水不解近渴，高而不可攀，其失在只知其「應然」，而不瞭解其「實然」，故不能對症投劑，消除疾病。

桓寬者儒士之流亞，不免有安於故習，泥於所學之弊，持高遠之理論，不切塵俗之實際，不識時務，未能與時並進，適時應變，不足以當「時中」之君子，亦非宏通明達，能為民解困造福的政治家。中國自秦漢迄明清，二千多年經濟狀態長期滯留在農商經濟階段，工商經濟未能有高度的發展，蓋重士農輕工商的傳統觀念及尚德卑利的「迂論」所貽誤。

第二十八章　雜家劉安的政治思想

第一節　生平事略

一、**事略**——劉安淮南厲王劉長之子。長係趙美人所生。辟陽侯審食其不向呂后進言，未納美人，美人恚而自殺。高祖命呂氏母養劉長。高祖十一年淮南王英布反，帝親往擊滅之，卽封劉長爲淮南王。文帝三年（西元前一七七年）劉長至京見君。文帝與長同輦遊上林，遇見審食其長出椎椎殺之。帝念其爲母報仇，奪四縣，令返國。劉長驕橫恣肆，居處無度，爲黃屋蓋，擬於天子，擅爲法令，不用漢法，收聚罪亡者匿其居。文帝六年詔至長安，交群臣議罪。群臣以長犯不軌，當棄市。帝赦長死罪，奪其王位。囚長徙蜀，途中長絕食而死。

文帝與劉長有兄弟之情義，長死後，帝懷念之。文帝十六年（西元前一六四年）乃封長之長子安爲淮南王。安爲人好書鼓琴，不喜弋獵犬馬馳騁；性明達，善屬文，招致賓客方術之士數千人，其中有蘇飛、李尙、左吳、田由、雷被、毛被、伍被、晉昌等人及諸儒大山、小山之徒。安欲以行陰德，撫循百姓，流名譽，與賓客論講作內書二十一篇，外書多篇及中書九卷，名曰《鴻烈書》，鴻者大也，烈者，明也，以之爲明大道之言。

武帝建元二年（西元前一三九年），卽安爲淮南王第二六年，安至京師，獻所著內篇於帝，帝甚喜愛尊重之，且常與安論學問，談國事至深夜。武帝對安雖善，但安念及其父被朝廷逼死，不無仇恨心理。被免職的太尉田蚡，亦向安進煽動之言，［謂皇帝未立太子，汝爲高祖之孫，有仁義之名，聞於天下。帝崩，汝自可繼位。安亦領會之。安子遷好武術，愛弄劍，強門客雷被比劍，被誤傷遷，安怒處罰雷被。被懼以應募赴兵，於武帝元朔五年（西元前一二四年）逃至長安，上書指劉安阻礙兵役，奪削安之二縣。安以爲恥，怨忿之情益深，乃日夜與心腹按照地圖，研究造反進軍的路線。安子不害爲妾所生，不得寵，常遭太子劉遷欺侮打罵。不害之子劉建心不平，欲害死劉遷，以其父居太子，乃使友莊芷上書告淮南王謀反。同時，審食其之孫審卿爲祖父報仇亦告劉安有謀反企圖。武帝遂遣吏捕太子遷及王后，包圍王宮，搜得僞造的皇帝印璽及丞相、御史大夫印章。武帝使宗正劉棄疾治劉安罪，劉安自殺。劉安於文帝十六年封淮南王，至武帝元狩元年（西元前一二二年）因謀反自殺，爲王歷時凡四十三年（參考《漢書》卷四十四及高誘《淮南子》叙目）。

二、著作——劉安的著作，有內書二十一篇，中書九卷，外書多篇，書原名《鴻烈》，意謂大道已明。流傳至今者祇內書二十一篇。篇名爲原道、俶眞、天文、墬形、時則、覽冥、精神、本經、主術、繆稱、齊俗、道應、氾論、詮言、兵略、說山、說林、人間、脩務、泰族、要略。劉安的《鴻烈書》，劉向改名曰《淮南子》，即此二十一篇。這書乃是劉安所招致的賓客合作而寫成，歸名於安；猶如《呂氏春秋》指爲呂不韋所作。

《淮南子》一書被列入雜家。雜家雖係採擷百家之長融合而成的一家，但亦有其中心思想。若無中心思想，只是東拼西揍，雜亂無章，如何能成爲獨立的一家。其實，雜家的理論係以道家的思想爲中心，而滲附以儒、法、名及陰陽家之言。推原雜家之學久與道家合流。漢初黃老思想盛行。黃老者道家的始祖。當時天子、公卿、帝后多信持道家的思想。《淮南子》成書時間當在景帝之世，那是竇太后深信黃老思想，正是道家學說盛行之際。所以《淮南子》一書的主旨歸宗於老子的《道德經》。

這書既係多人撰成，所論者兼及道、儒、名、法、陰陽家之言，所以書中自不免自相矛盾之處。精神篇反覆中明體道與無欲之旨，謂飾性戾情者，終生爲悲人，當順性情之自然，一生死；對儒家力加攻擊。而本經篇卻又說禮樂本出人情之自然，未可厚非，徒因衰世舍本逐末，故不可爲。脩務篇始論無爲有爲之辨，全本老子之說，終則又論學問之必要，和老子的「絕學無憂」、「絕聖去智」之說，適正相反。

綜觀此書，多記古今治亂，存亡禍福，世間詭異瓌奇之事。後世作家，嘗多徵引；其文辭奇麗宏放，瑰目璨心，謂挾風霜之氣，良不自誣（胡應麟語）。揚雄嘗以淮南王與司馬遷並稱。可見此書爲漢世的傑作。自來文人多愛讀此書，因其取材詭異，文辭宏麗。

第二節　道家的治道

《淮南子》一書雖以老子爲宗，述道德之旨，然究其內容，祇不過用華麗的文辭，對老子之意作重複的叙述和較詳細的說明，並以古今興亡成敗的事例以爲佐證；作者的創見，並不甚多。玆擷取其要義，論列如次：

一、爲治以道——道家以道爲宗。道是萬物的根源，宇宙的的本體。故劉安主張爲政以道。他說：

「治人者不以人，以君；治君者不以君，以欲；治欲者不以欲，以性；治性者不以性，以德；治德者不以德，以道。」（卷十一，齊俗訓）又曰：「夫道者，無私就也，無私去也，能者有餘，拙者不足，順之者利，逆之者凶。」（卷六，覽冥訓）一切行事，必須順道而行，方能順利成功；逆之者凶。故為政治國，須順道以為治。

何謂道？老子曰：「有物混成，先天地生，寂兮寥兮，獨立而不改，周行而不殆，可以為天下母。吾不知其名，字之曰道。」（《老子》第二十五章）劉安接受了老子的這一觀念，對道的意義，作解釋曰：「夫道者，覆天載地，廓四方，柝八極，高不可際，深不可測，包裹天地，稟授無形，原流泉浡，沖而徐盈，混混滑滑，濁而徐清。故植之而塞於天地，橫之而彌於四海；施之無窮而無所朝夕；舒之幎於六合，卷之不盈一握；約而能張，幽而能明，弱而能強，柔而能剛，橫四維而含陰陽，紘宇宙而章三光。」（卷一，原道訓）由此言之，道無所不在，無形無聲，無色無嗅，功用無窮，而為萬物之母，但非實物，而是一空虛的觀念，然空非空而可涵蓋萬有。

老子曰：「人法地，地法天，天法道，道法自然。」（《老子》第二十五章）老子的哲學屬於唯心派。這自然當然不是自然界的實在物體。這自然乃是指自然的道理和法則。那麼，自然就是他自己（自）是怎樣（然）就讓他自己是怎樣（然），不作任何干預。所以老子的道所法的自然，乃是自由自在，無拘無束，自適自得，無任何牽累的自然法則。萬物依此自然法則而生、而成、而行。這自然法則的道，只是一種理則，無形無色，無聲無嗅，無處不在，無往不有。道是虛空觀念或理則。但這空虛理則可以涵蓋萬物，所以空非空，非有非非有。萬物依此理則而生成，故曰：「道為萬物母」。

劉安師承老子之意，而曰：「反性之本，在於去載。去載則虛。虛則平，平者道之素也；虛者道之舍也。」（卷十四，詮言訓）道的意義，是虛與素。去載始虛，虛在於去私去欲，無知無識，不憂不懼。劉安曰：「故心不憂樂，德之至也；通而不變，靜之至也；嗜欲不載，虛之至也；無所好憎，平之至也；不與物散，粹之至也。」（卷一，原道訓）素者，一曰不僞飾，二曰不做作。劉安曰：「其心愉，而不僞；其事素，而不飾。」（卷八，本經訓）素者保持自然本色，如璞玉之不加雕琢。劉安曰：「爲禮者相矜以僞，車輿極於雕琢，器用逐於刻鏤；求貨者爭難得以爲寶，詆文者處煩撓以爲慧。爭爲佹辯，久稽而不訣，無益於治。」（卷十一，齊俗訓）依劉安之意，爲治以道者，就是：「上無苛令，官無煩治，士無僞行，事其經而不擾，其器完而不飾。」（齊俗訓）

二、無爲而治——老子主張清靜無爲。劉安師承老子，遂言無爲而治。他說：「人主之術，處無爲之事，行不言之敎，清靜而不動，一度而不搖，因循而任下，責成而不勞。」（卷九，主術訓）人主治國，所謂無爲者，謂不自爲，在成事而不在作事。事任其自行運轉不勉强干預。劉安曰：「常欲在於虛，則有不能爲虛矣。若夫不爲虛而自處者，此所慕而不致也。故通於道者，車軸不運於己，而與轂致千里，無窮之原也。」（卷十一，齊俗訓）

所謂無爲並非不爲，而是順乎自然的自由自得之爲，並非勉强干預，如四時行焉，百物生焉。無爲指不先物而爲；無不爲指因物之所爲。劉安曰：「是故聖人內修其本，而不外飾其末。保其精神偃其智，故漠然無爲而無不爲也。澹然無治也，而無不治也。所謂無爲者，不先物爲也。所謂無不爲者，因物之所爲。所謂無治，不易自然也。所謂無不治者，因物之相然也。」（卷一，原道訓）

無爲的意義，在達於道，返於淸靜，以養性處神，而保持天然的純粹樸素，不役於物。劉安曰：「故達於道者，返於淸靜，以恬養性，以漠處神，則入於天門。所謂天者，純粹樸素，質直皓白，未始有與雜糅者也。」（卷一，原道訓）劉安擧亶父居邠，狄人攻之，事之以皮革珠玉而不聽，乃徙岐周，百姓攜幼扶老而從之，遂成國焉，推此意，四世而有天下，故曰：「無以天下爲者，必能治天下者。」（卷十四，詮言訓）

無爲而治是順乎自然之道，不求名，不見譽，不求勝，不與道爭。劉安曰：「故道術不可以進而求名，不可以退而修身，不可以得利而可以離害；故聖人不以行求名，不以智見譽；修自然，己無所與，慮不勝數，行不勝德，事不勝道。爲者有不成，求者有不得，人有窮而道無不通，與道爭則凶。」（卷十四，詮言訓）無爲而治指「因物而合」、「因勢制宜」的政治。物不能逆勢而生，事不能逆勢而成。順勢而行，便是無爲而治。劉安曰：「禹决江疏河，以爲天下興利，而不能使水西流。后稷闢地墾草，以爲百姓力農，然不能使禾多生。豈其人事不至哉，其勢不可爲也。」（卷九，主術訓）

主術訓有言曰：「蘧伯玉爲相，子夏往觀之，曰：何以治國。答曰：以弗治治之。簡子欲伐衞，使史黯往覩焉。還報曰：蘧伯玉爲相，不可加兵，固塞險阻，何足以致之？故皐陶瘖（啞）而爲大理，天下無虐刑，有貴言者也。師曠瞽（盲）而爲太宰，晉無亂政，有貴於見者也。故不言之令，不視之見；此伏羲神農之所以爲師也。故民之化也，不從其所言，而從其所行。」蘧伯玉無爲而治，外國不敢加兵。皐陶不言而治，師曠不視而成。皆師法於伏羲、神農的無爲而治。

三、崇尙柔弱——老子曰：「柔弱勝剛强」（《老子》第三十六章），又曰：「强梁者不得其死」（《老子》

第四十二章），又曰：「天下莫柔弱於水，而攻堅强者，莫之能禦」（《老子》七十八章）。劉安接受了老子這一思想，遂亦主張崇尚柔弱。他說：「夫水所以能成其至德於天下者，以其淖溺潤滑也。「故老聃之言曰：天下至柔，馳騁天下之至堅。出於無有，入於無間 。吾是以知無爲之有益 。夫無形者，物之大祖也。無音者聲之大宗也。其子爲光，其孫爲水，皆生於無形乎。夫光可見而不可握，水可循而不可毀。故有像之類，莫尊於水。出生入死，自無蹠有，自有蹠無，而以衰賤矣。是故淸靜者，德之王也；柔弱者，道之要也。」（卷一，原道訓）

水至柔弱者，石至堅强者。而滴水可以穿石，是「柔弱勝剛强」的明證。劉安以水喩道。道無往而不在，天下之大，水亦無孔不入，無遠弗屆。道是萬物的根源，而萬物不得水則不能生。水之大，無物可比。水，在天則爲雨露，在地則爲沼澤，皆所以潤萬物使之生長。水性柔弱放逸，其鋒利可以穿金石，其强大可以通天下。劉安稱贊水之自得其樂，曰：「夫水嚮則凝而爲冰，冰迎春則泮而爲水，冰水移易於前後，若周圓而趨，孰暇知其苦樂乎。」（卷二，俶眞訓）

劉安論以柔勝强之理，曰：「是故得道者，以柔而事强，心虛而應當。所謂志弱而事强者，柔毳安靜，藏於不敢，行於不能，恬然無慮，動不失時，與萬物回周，旋轉不爲先，唱感而應之。是故貴者必以賤爲號，而高者必以下爲基，託小以包大，在中以制外，行柔而剛，用弱而强，轉化推移，得一之道，而以少正多。所謂其事强者，遭變應卒，排患扞難，力無不勝，敵無不淩，應化揆時，莫能害之。是故欲剛者必以柔守之，欲强者必以弱保之，積於柔則剛，積於弱則强；觀其所積，以知禍福之鄉。强勝不若已者，至於若己者，而同。柔勝出於己者，其力不可量。故兵强則滅，木强則折，革固則裂，齒

堅於舌而先之敝。是故柔弱者，生之榦也；而堅强者死之徒也。先唱者窮之路也，後動者達之原也。」（卷一，原道訓）

四、去欲返樸——老子倡清心寡欲，返樸返眞之說，劉安遂主張去欲返樸。原道篇曰：「是故達於道者，返於清淨，以恬（淡，無欲）養性，以漠處神，則入於天門。所謂天者，純粹樸素，質直皓白，未始有與雜糅也。」又曰：「聖人不以身役物，不以欲滑和。」（原道訓）物指物欲。不以身役物，卽去物欲而返於原來的素樸。和指天然的泰和。有欲則傷天和，故須去欲以保持天和。

劉安認爲人當去欲去僞，以回返於原來的素樸閒靜。他說：「太清之始也，和順以寂寞，質眞而素樸，閒靜而不躁，推而無故；在內而合乎道，出外而調於義；發動而成於文，行快而便於物；其言略而循理，其情悅而順情，其心愉而不僞，其事素而不飾。」（卷八，本經訓）聲色耳目之欲，均足以害天然的純樸，均宜去之以返於樸。本經訓曰：「道德定於天下，而民純樸，則目不營於色，耳不淫於聲，坐俳而歌謠，被髮而浮游，雖有毛嬙、西施之色，不知悅也。」

縱欲必失性敗事，故應去欲以返於本性的素樸。劉安曰：「夫縱欲而失性，動未嘗正也。以治身則危，以治國則亂，以入軍則破。是故不聞道者，無以返性。故古之聖王能得諸己，故令行禁止，名傳後世，澤被四海。」（卷十一，齊俗訓）得己就是去欲，守道，返於素樸之性。劉安推崇太王亶父能去欲而保生，曰：「雖富貴不以養傷身，雖貧賤不以利累形。」（卷十二，道應訓）

劉安以爲爲治之本，在於節欲去載（欲累），而返性歸素。他說：「爲治之本，在於安民。安民之本，在於足用。足用之本，在於勿奪時。勿奪時之本，在於省事。省事之本，在於節欲。節欲之本，在於返性。返性之本在於去載。去載則虛，虛則平。平者，道之素也。」(卷十四，詮言訓) 富有天下，貴爲天下，害性而不樂。惟有無欲恬淡，無事佚逸，方能自樂而不急，而符於天命之性。詮言訓曰：「雖富有天下，貴爲天子，不免爲哀之人。凡人之性，樂恬而憎憫，樂佚而憎勞。心常無欲，可謂恬矣；形常無事，可謂佚矣。遊心於恬，舍形於佚，以俟天命，樂於內，無急於外，雖天下之大不足以易其一概。」

聲色味嗅之欲，勞心累身，耗傷天性與心志，須盡去之。劉安曰：「五色亂目，使目不明。五聲譁耳，使耳不聰。五味亂口，使口爽傷。趣舍滑心，使行飛揚(亂度)。此四者天下之所養生也，然皆人累也。故曰：嗜欲者使人氣越(散)，「好憎者使人心勞，弗急去，則志氣日耗。」(卷七，精神訓) 主術訓(卷九)曰：「夫火熱而水滅之，金剛而火銷之，木強而斧伐之，水流而土遏之。唯造化者物莫能勝也。故中欲不出謂之扃，外邪不入謂之塞。中扃外閉，何事不節；外閉中扃，何事之不成。弗用而後能用之，弗爲而後能爲之；精神勞則越，耳目淫則竭。故有道之主，滅想去意，清虛以待。不代臣言，不奪之事，循名責實，使有司任而弗詔，責而弗敎，以不知爲道，以奈何爲寶。」爲治者要內欲不出，外邪不入，精神不散，耳目不竭，不言、不事、不治，清虛以待，全性歸樸，順乎自然，凡事而節，無事不成。

第三節 儒家的治道

《淮南子》一書以闡揚道家老子的學說爲主旨。儒、道兩家思想，頗不相同，且彼此多有牴觸，故有不少批儒的文字。俶眞訓（卷二）曰：「是故道散而爲德，德溢而爲仁義，仁義立而道德廢矣。」齊俗訓（卷十一）曰：「率性而行謂之道，得其天性謂之德。性失而後貴仁，道失然後貴義，是故仁義立而道德廢矣；禮樂飾則純樸散矣；是非形則百姓昡矣；珠玉尊則天下爭矣。凡此四者，衰世之造也，末世之用也。」精神訓（卷七）曰：「今夫儒者不本其所以欲，而禁其所欲；不原其所以樂，而閉其所樂；是猶决江河之源而障之以手也。夫牧民者，猶畜禽獸也，不塞其囿垣，使有野心，系絆其足，以禁其動，而欲修生壽終，豈可得乎！夫顏回、季路、子夏、冉伯牛，孔子之通學也，然顏回夭死，季路葅於衞，子夏失明，冉伯牛爲厲（癩），此皆迫性拂情而不得其和也。」雖然如此，但《淮南子》一書中，同時卻有很多論說，與儒家的思想正相符合。雜家學說既係雜糅而成，自不免有自相矛盾之處。茲將其論說合於儒家之治者，扼要舉述於後：

一、行仁義——孔子曰：「弟子入則孝，出則弟，謹而信，汎愛衆，而親仁」（《論語》學而篇）；「仁者，人也，親親爲大；義者，宜也，尊賢爲大」（《中庸》第二十章）；「君子之於天下也，無適也，無莫也，義之與比。」（《論語》里仁篇）孟子曰：「惻隱之心，仁之端也；羞惡之心，義之端也；辭讓之心，禮之端也；是非之心，智之端也。人之有四端也，猶其有四體也。」（《孟子》公孫丑上篇）「王何必曰利，亦有仁義而已矣。」（《孟子》梁惠王上篇）可知行仁義是儒家重要治道。《淮南子》作者劉安卻亦大力倡行仁義之說。他說：「國之所以存者，仁義是也。」（卷九，主術訓）又曰：「聖人一以仁義爲之準繩，中之者謂之君子，弗中者謂之小人。君子雖死亡，其名不滅；小人雖得勢，其罪不除。」（卷二十，泰族訓）這是說：君子以仁義爲準繩，雖死而美名不滅。小人不以仁義爲準繩，雖得勢，罪惡仍在。

道應訓（卷十二）曰：「治國立政，諸侯入賓，此君之德也。發號施令，師未合而敵遁，此將軍之威也。兵陣戰而勝敵者，此庶民之力也。夫乘民之功勞而取其爵祿者，非仁義之道也。」這是人君治國家，服諸侯；將軍令行勝敵，以及人之受爵祿，皆須合於仁義之道。劉安曰：「君子思義，而不慮利；小人貪利，而不顧義。」（卷十，繆稱訓）這一論說，無異是孔子所謂：「君子喻於義，小人喻於利」（《論語》述而篇）的抄襲或重述。

儒家認爲仁義禮智原於人的天性，故爲政治國須依於仁義禮智之德。劉安亦承認仁義禮智的價值與重要。主術訓（卷九）論仁與智的功用曰：「徧知萬物不知人道，不可謂智；徧愛群生不愛人類，不可謂仁。仁者愛其類也，智者不可惑也。仁者雖在斷割之中，其所不忍之色可見也。智者雖煩難之事，其不闇之效可見也。內恕返情，心之所欲，其不加諸人。由近知遠，由己知人，此仁智之所合行也。」仁者要愛一切的種類，人我不分，萬物一體。智者要遍知一切的事物，知物、知人、知事，所謂「智者不惑」。

齊俗訓（卷十一）謂禮與義的功用曰：「夫禮者，所以別尊卑，異貴賤；義者所以合君臣、父子、夫妻、朋友、兄弟之際也。今世之爲禮者，恭敬而忮（害），爲義布施而德，君臣以相非，骨肉以生怨，則失禮義之本也。故搆而多責。夫水積則生相食之魚，土積則生自冗之獸，禮義飾則生僞匿之本。」齊俗訓又曰：「義者循理而行宜也；禮者體情制可者也。義者，宜也；禮者，體也。昔有扈氏爲義而亡，知義而不知宜也；魯治禮而削，知禮而不知體。」

劉安主張行仁義，和他所著《淮南子》弘揚老子學說的主旨，大相背悖，陷於自相矛盾。他對此矛盾作自我解嘲的解釋，以爲行仁義並非最高的、最理想的，不過以之治末世，則是必要的，且有莫大的效益。他說：「故道滅而德用，德衰而仁義生。故上世體道而不德，中世守德而弗壞也。末世繩繩乎唯恐失仁義。君子非仁義無以生，失仁義則失其所以生。小人非嗜欲無活，失嗜欲則失其所以活。故君子懼失仁義，小人懼失利。觀其所懼，知各殊矣。」（卷十，繆稱訓）

劉安又自我解嘲，爲自相矛盾之論作解釋，以爲行仁義足以救敗，但非治道之至者。他說：「是故仁義禮樂者，可以救敗，而非通治之至也。夫仁者，可以救爭也；義者可以救失也；禮者所以救淫也；樂者所以救憂也。神明定於天下，而心返其初。心返其初，而民性善。民性善，而天地陰陽從而包之，則財足而人澹矣，貪鄙忿爭，不得生矣。」（卷八，本經訓）

二、施教化——儒家爲政重在施教化。孔子自稱「爲之不厭，誨人不倦。」（《論語》述而篇）他一生以積極不倦的精神，教化生徒與人民。孟子亦曰：「修其孝悌忠信，入則事其父兄，出則事其長上。」（《孟子》梁惠王上篇）劉安對敎與學亦甚重視。他說：「欲棄學而循性，是謂獨釋船而欲履水也」；「由此觀之，學不可已，明矣。」（卷十九，脩務訓）這無異是「率性之謂道，修道之謂敎」的敎化。劉安指出馬爲無知無識的野獸，而以良御敎之，而以駕輿供騎，而有智慧的人，施以敎化，當可有成。他說：「夫馬之爲草駒之時，跳躍揚蹏，翹尾而走，人莫能制，齕咋足以嗜肌碎骨，蹶蹏足以破盧陷匈。及至圉人擾之，良御敎之，掩以衡扼，連以轡銜，則雖歷險超塹，弗敢辭。故其形之爲馬，馬不可化，其可駕御，敎爲之也。馬聾蟲也。而可以通氣志，猶待敎而成，又況人乎。」（脩務訓）

孔子曰：「惟上智與下愚不移。」劉安認同此說，認爲上智若堯舜，不待學問而合於道；下愚若丹朱、商均，雖嚴父賢師不能化。脩務訓(卷十九)曰：「且夫身正性善，發憤而成仁，帽憑而爲義，性命可悅，不待學問而合於道者，堯、舜、文王也。沈湎耽荒，不可教以道，不可喩以德，嚴父弗能正，賢師不能化者，丹朱、商均也。」因之，教化所及而可以發生功效者，只是在上智下愚之間的絕大多數的中人。他說：「夫上不及堯舜，下不及商均；美不及西施，惡不及嫫母。此教訓之所喩也。」(脩務訓)

劉安稱贊「神農教民播種五穀，堯立孝慈仁愛，使民如子弟」(卷十九，脩務訓)，足見他之重教化。又曰：「夫學亦人之砥錫也，而謂學無益者，所以論之過。」(脩務訓)是强調學問的重要與功用。他指出嚴父教子，在使之行人之所高，爲人之所慕，其意謂行仁義，猶如孔子的「居仁由義」之教。他說：「仁者，百姓之所慕也；義者，衆庶之所高也。爲人之所慕，行人之所高，此嚴父之所以教子。」(卷十八，人間訓)教化的施行應切合實用，不可好高騖遠，失之空妄。劉安曰：「人莫欲學御龍，而皆欲學御馬；莫欲學治鬼，而皆欲學治人。急所用也。」(卷十七，說林訓)

孔子教授弟子，因材施教，適應個性。劉安亦認爲施行教化，應順人之性。他說：「夫物有以自然，而後人事有治也。故良匠不能斲金，巧冶不能鑠木。金之勢不可斲，而木之性不可鑠也。埏埴而爲器，窬木而爲舟，鑠鐵而爲刃，鑄金而爲鐘，因其可也。駕馬服牛，令鷄守夜，令狗守門，因其然也。民有好色之性，故有大婚之禮；有飲食之性，故有大饗之誼；有喜樂之性，故有鐘鼓管絃之音；有悲哀之性，故有衰絰哭踊之節。故先王之制法也，因民之所好而爲之節文者也。因其好色，而制婚姻之禮，故男女有別；因其喜音而正雅樂之聲，故風俗不流；因其寧家室，樂妻室，教之以順，故父子有親；因其喜朋友，而教之以悌，故長幼有序。然後脩朝聘以明貴賤，饗飲習射以明長幼，時搜振旅，以習用兵也，入學庠序以脩人倫。此皆人之所有於性，而聖人之所匠成也。故無其性不可以教訓，有其性無其養，不能遵道。繭之性爲絲，然非女工煮以熱湯，而抽其統紀，不能成絲。卵之化爲雛，非慈雌嘔煖覆伏累日積久，則不能爲雛。人之性有仁義之資，非聖人爲之法度而教導之，則不可使鄉方。故先王之教也，因其所喜以勸善，因其所惡以禁姦。故刑罰不用而威行如流，法令省約而化耀如神。故因其性則天下聽從；拂其性則法懸而不用。」（卷二十，泰族訓）

三、用賢才——爲政之道，首重得人（人才）。得人者昌，失人者亡；人存政擧，人亡政息。儒家尙人治。人治是選用賢能，使賢者在位，能者在職，組成「賢人政府」(government by the best) 推行政務。劉安雖非儒者，但亦主張用賢才，蓋因人君不能獨治國家，必須任用賢才，以爲群臣而佐治。他說：「故立天子以齊一之。一人聰明，不能遍照海內，故立三公九卿輔翼之。」（卷十九，脩務訓）人主爲治不能以自己一人之力而成事，必須用衆智以爲智，用群力以爲力，方能使群臣輻湊並進，各盡其力，各用其智，使事無不治而成其功。主術訓（卷九）曰：「夫人主之聽治也，虛心而弱志，清明而不闇；是故群臣輻湊並進，無賢愚智不肖，莫不盡其能者，則君得所以制臣，臣得所以事君；治國之道明矣。文王智而好問，故聖；武王勇而好問，故勝。夫乘衆人之智，則無不任也；用衆之力，則無不勝也。」

君主治國在用得其人。用得其人，指賢者在位，能者在職，德稱位，能勝事。劉安曰：「所任者，得其人，則國家治，上下和，群臣親，百姓附；所任非其人，則國家危，上下乖，群臣怨，百姓亂；故一擧而不當，終身傷。得失之道，權要在主。」（卷九，主術訓）

所謂用得其人，指依各人才智的不同，而任使以適當的事務，大才大用，中才中用，小才小用。劉安曰：「是故有大略者，不可責任捷巧，有小智者不可趨以大功；人有其才，物有其性。有任而太重或任百而尙輕。是故審毫厘之計者，必遺天下之大數；不失小物之選者，惑於大數之舉，譬猶狸不可使搏虎，牛不可使搏鼠也。」（卷九，主術訓）狸搏虎，小才大用，不能勝任；牛搏鼠，大才小用，不能展其能。

人各有所長，亦各有所短，若能用其所長，舍其所短，則人人皆人才。因朝廷有各色各樣的事，社會有各色各樣的人，把各色各樣的事和各色各樣的人，作適切的配合，使成爲「工作員恰在其工作中的單位」（the worker-in-his-work unit），則事得其人，人能展其長才；人當其事，事能成其全功，因而朝廷無不勝任的官，社會無枉其能人。劉安亦持這種見解，於是說「瘖者可使圉，而不可使言也。形有所不周，而能有所不容也。是故有一形者，處一位；有一能者服一事；力勝其事，則舉之者不重也；能稱其事，則爲者不難也。無小大修知，各得其宜，則天下一齊，無以相過也。聖人兼而用之，故無棄才。」（卷九，主術訓）

四、重修身——儒家爲政，尙德治。德治指使賢德的君子，當職居位，以身作則，表率群倫，而收風行草偃之效。因政者正也，子率以正，孰敢不正；其身正不令而行，其身不正，雖令不從。劉安雖非儒者，但卻信持以身作則的德治思想。詮言訓（卷十四）曰：「未嘗聞身治而國亂者也，未嘗聞身亂而國治者也。矩不正不可以爲方，規不正不可以爲圓。身者，事之規矩也，未聞枉己而能正人者也。」主術訓（卷九）又曰：「是故繩正於上，木直於下；非有事治焉，所緣以修者然也。故人主誠正，則直士任事，而姦人伏匿矣。人主不正，則邪人得志，忠者隱藏矣。」

人主必先脩身正己，然後始可以勝敵治國。這有似《大學》所謂「身修而後家齊，家齊而後國治，國治而後天下平。」（第一章）劉安曰：「故用兵者，先爲不可勝，以待敵之可勝也；治國者，先爲不可奪，以待敵之可奪也。舜修之歷山，而海內從化；文王修之岐周，而天下移風。使舜趨天下之利，而忘修己之道，身猶不保，何寸地之有。」（卷十四，詮言訓）

劉安認爲脩身之道，在於自强與好學。他說：「夫瘠地之民多有心者，勞也；沃地之民多不才者，饒也。智人無務，不若愚而好學。自人君公卿至於庶人，不自强而成功者，天下未之有也。《詩》云：日就月將，學者緝熙予光明，此之謂也。名可務立，功可强成。」（卷十九，脩務訓）又曰：「自脩則以道德，責人以人力，易償也。自修以道德，難爲也；難爲則行高矣。易償則求澹矣。」（卷十三，氾論訓）

第四節　法家的治道

道家的學說是個人自由主義，崇尙自然，反對一切的强力干預與人爲制作。而法家最重權勢，在以强力控制他人，嚴刑峻法以懲治人民，人民的自由，喪失殆盡。道法兩家的思想，有似水火不相容，南轅而北轍。然以闡揚道家學說爲主體的《淮南子》一書，卻有不少論說合於法家的思想。玆舉其要者如次：

一、**崇尙權勢**——法家認爲政治者集勢以勝衆之資也；君也者，勢無敵也。劉安的政治思想亦崇尙權勢。他說：「權勢者，人主之車輿也；大臣者，人主之駟馬也。體離車輿之安，而手失駟馬之心，而能不危者，古今未之有也。是故車輿不調，王良不足以取道；君臣不和，唐虞不能以爲治；執術而御

之，則管晏之智盡矣；明分以示之，蹠蹻之姦止矣。」（卷九，主術訓）

劉安認爲賢不足以治，而勢始可以治民易俗，人主不握强勢，不居君位，雖賢如唐堯，亦無所作爲。主術訓（卷九）曰：「堯爲匹夫，不能仁化一里；桀在上位，令行禁止。由此觀之，賢不足以爲治，而勢可以易俗明矣。」又曰：「衞君役子路，權重也；景桓公臣管晏，位尊也。怯服勇而愚制智，其所託勢者勝也。故枝不得大於幹，末不得强於本，則輕重大小有以相制也。若五指之屬於臂，搏援攫捷，莫不爲志，言以小屬於大也。是故得勢之利者，所持甚小，所存甚大；所守甚約，所制甚衆。是故十圍之木，持千鈞之屋；五寸之鍵，制開闔之門，豈其材之巨小足哉，所居要也。」（卷九，主術訓）

劉安以爲人臣所以對君主盡忠效死，並非因其與君主有父子骨肉之親，而是因爲君主握有權勢。他說：「是故人主處權勢之要，而持爵祿之柄，審緩急之度，而適取予之節。是以天下盡力而不倦。夫臣主之相與也，非有父子之厚，骨肉之親，而竭力殊死不辭其軀者，何也？曰：勢有使之然也。」（卷九，主術訓）

二、施行刑賞——法家認爲好利惡害，是人類的天性，故賞之以利使勸善，刑之以害使禁邪。劉安亦相信這種理論，遂以施行刑賞爲爲政之要。他說：「故聖人因民之所喜而勸善，因民之所惡而禁姦，故賞一人而天下譽之，罰一人而天下畏之。故至賞不費，至刑不濫。」（卷十三，氾論訓）惟刑賞的施行要依據於功罪，賞以勸功，刑以誅罪。刑賞得當，受誅者不怨，受賞不以爲德。主術訓（卷九）曰：「爲惠者尚布施也，無功而厚賞，無勞而高爵，則守職者懈於官，而游居者亟於進矣。爲暴者，妄誅也，無罪者而死亡，行直而被刑，則修身者不勸善，而爲邪者輕犯上矣。故爲惠者生姦，而爲暴者生亂，姦亂之俗，亡國之風。是故明主之治，國有誅者而主無怒焉；朝有賞者而君無與焉。誅者不怨，君罪之所當也；賞者不德，上功之所致也。民知刑賞之來，皆在於身也，故務功修業，不受贛於君。」君主施行刑賞並非由於自己的好惡喜怒，而完全視其作爲對國家有無功罪；有功始施賞，有罪始有刑。繆稱訓（卷十）曰：「明主之賞罰，非以爲己也，以爲國也。適於己而無功於國者，不施賞焉；逆於己而便於國者，不加罰焉。故楚莊謂共雍曰：有德者受吾爵祿，有功者受吾田宅。是二者，汝無一焉，吾無以與汝，可謂不踰於理乎。」明主施刑賞，不濫妄，不由己之喜怒好惡，而依據於客觀行爲與事實，此卽所謂功罪。故曰：「有冠冕之賞，不可無功取也；有斧鉞之禁，不可以無罪蒙也。」（卷十，繆稱訓）主術訓（卷九）曰：「故是臣盡死節以與君，君計功垂爵以與臣。是故君不能賞無功之臣，臣亦不能死無德之君。」

三、任法以治——法家的要務有三：一曰集勢，二曰因術，三曰任法。君主恃勢以制法，法由君生。法旣定，全國均須守法，卽使人君，亦不例外。劉安亦以爲爲政之道，在任法以爲治。主術訓（卷九）曰：「法者，非天墮，非地生，發於人間而反於自正。是故有諸己，不非諸人；無諸己，不求諸人。所立於下者，不廢於上，所禁於民者，不行於身。所謂亡國，非無君也，無法也。變法者，非無法也。有法者而不用，與無法等。是故人主之立法，先自爲檢式儀表，故令行於天下。」無法之國，國必亡；有法而不用，亦等於無法。君生法，亦要守法，以身作則，不令而行；其身不正，雖令不從。

法是人主的準繩，天下的度量，所以一切政務的推行，人民生活的規範，以及賞罰的實施，皆須以法爲標準，此之謂「法治」（rule of law），亦卽任法以爲治。劉安曰：「法者，天下之度量而人主之準繩也。懸法者，法不法也；設賞者，賞當賞也。法定之後，中程者賞，缺繩者誅。尊貴者不輕其罰，而卑賤者不重其刑。犯法者，雖賢必誅；中度者，雖不肖必無罪。故公道通而私道塞矣。古之置有司也，所以禁民使不得自恣也。其立君也，所以制有司使無專行也。法藉禮義者，所以禁君，使無擅斷也。人莫自恣則道勝，道勝而理達矣。」（卷九，主術訓）

四、因術御下——因術御下是法家治道之一。何謂術？韓非曰：「術者藏之於胸中，以偶衆端，而潛御群臣者也。」（《韓非子》難三篇）術有三：一曰南面之術，君逸而臣勞，臣有事而君無事。二曰不測之術，人主喜怒不形，好惡不示，不洩言詞，不信他人，莫測高深，群臣恐懼，不敢爲非。三曰督責之術，依能而授官，因任督責，綜名覈實，信賞必罰。劉安亦贊成因術以制人，曰：「是故有術則制人，無術則制於人。吞舟之魚，蕩而失水，則制於螻蟻，離其居也；猿狖失木，而擒於狐狸，非其居也。君人者失所守，而與臣下爭，則有司以無爲持位，守職者以從君取容。是以人臣藏智而弗用，反以事轉任其上矣。」（卷九，主術訓）這一論說是指君主南面之術，君逸而臣勞，君無事而臣有事；群臣任法以治事，因任而立功，君主無爲而天下治。

氾論訓（卷十三）曰：「魏兩用樓翟、吳起而亡西河，湣王專用淖齒，而死於東廟，無術以御之也。文王兩用呂望、召公奭而王，楚莊王專用孫叔敖而覇，有術以御之也。」君主要能運用藏於胸中的不測之術以御群臣，使之莫測高深，隨時恐懼罹禍獲罪，則必盡力效忠，不敢爲非犯上。劉安曰：「無爲制有爲，術也；執後之制先，數也。放於術則强，審於數則寧。」（卷十四，詮言訓）南面之君，因任而督責，綜名以核實，信其賞，必其罰，君無事而臣有事，無爲而無不爲，垂拱而天下治。不爲事先，不爲物役，俟機因勢而應事，可操必勝之劵。以靜制動，以逸待勞，乃獲致安寧的要數。

五、法隨時移——法家的思想，不法先王。管子曰：「法者不可恒也」，韓非曰：「法與時轉則治。」劉安亦是不法先王，事不師古，法隨時移的主張者。氾論訓（卷十三）曰：「三代之禮不同，何古之從？大人作而弟子循，知法治所由生，則應時而變；不知法治之源，雖循古終亂。今世之法籍與時變，禮義與俗易。為學者循先襲業，據籍守舊，教以為非此不治，是猶持方枘，而周圓鑿也，欲得宜適致固焉，則難矣。」這段的論說，在說明法隨時的理由，並批評儒家法先王的不當。

劉安更指出法先王，師古制的不當，曰：「古之伐國，不殺黃口，不獲二毛，於古為義，於今為笑。古之所以為榮者，今之所以為辱也。古之所以為治者，今之所以為亂。」（卷十三，氾論訓）古今的是非標準不一，價值觀念不同，故不能以古之是而用於今世。又曰：「先王之制不宜則廢之，末世之事善則著之。是故禮樂未始有常也。故聖人制禮樂而不制於禮樂。治國有常，利民為本；政教有經，令行為上。苟利於民，不必法古；苟周於事，不必循舊。」（卷十三）法制只求有利於民，政令能行，不必法古守舊。

劉安以為法應隨時而變移，不可法已成之法，只能法其所以法之理，古聖王甚多，古法制亦甚繁，無所師從，故難以法古。故曰：「是故世異則事變，時移則俗易。故聖人論世而立法，隨時而舉事。尚古之王封於泰山，禪於梁父，七十餘聖，法度不同，非務相反也，時世異也。是不法其已成之法，而法其所以為法。所以為法者，與化推移者也。夫能與化推移，為人者至貴在焉。」（卷十一，齊俗訓）

第五節　陰陽家的思想

《淮南子》一書以闡揚道家老子學說爲主體。而道家學說與陰陽家的思想，有相當的關係。老子曰：一陰一陽之謂道，道負陰而抱陽。所以這書中有不少是涉及陰陽家的思想。玆略其要者如次：

一、治順陰陽——天文訓（卷三）曰：「故天先成，地後定。天地之襲精爲陰陽。陰陽之專精爲四時，四時之散精爲萬物。」爲治之道，在順四時之序，適萬物之性。而四時與萬物者，天地陰陽之精。故治順陰陽，爲陰陽家的政治思想。時則訓（卷五）曰：「制度陰陽，大制有六度：天爲繩，地爲準，春爲規，夏爲衡，秋爲矩，冬爲權。繩者所以繩萬物也，準者所以準萬物也，規者所以員萬物也，衡者所以平萬物也，矩者所以方萬物也，權者所以權萬物也。繩之爲度也，直而不爭，脩而不窮，久而不弊，遠而不忘，與天合德，與神合明，所欲則得，所惡則亡，自古及今，不可移匡，厥德孔密，廣大以容，是故上帝以爲物宗。準之爲度也，平而不險，均而不阿，廣大以容，寬裕以和，柔而不剛，銳而不挫，流而不滯，易而不穢，發通而有紀，周密而不泄，準平而不失，萬物皆平，民無險謀，怨惡不生，是故上帝以爲物平。規之爲度也，轉而不復，圓而不垸，優而不縱，廣大以寬，感動有理，發通有紀，優優簡簡，百怨不起，規度不失，生氣乃理。衡之爲度也，緩而不後，平而不怨，施而不德，弔而不責，……其政不失，天地乃明。矩之爲度也，肅而不悖，剛而不憒，取而無怨，內而無害，威厲而不慴，令行而不廢，殺伐既得，仇敵乃克，矩正不失，百誅乃服。權之爲度也，急而不贏，殺而不割，充滿以實，周密而不泄，敗物而弗取，罪殺而不赦，誠信以必，堅慤以固，糞除苛匿，不可以曲，故冬正將行，必弱以强，必柔以剛，權正而不失，萬物乃藏。」依陰陽之理而制準、繩、規、矩、權、衡之六度。依此六度以爲治，則得萬物之本（宗）與平，使生氣乃理，天地乃明，百誅乃服，萬物乃藏。

二、天人感應——天人感應之說是陰陽家的一種重要思想。以闡揚與陰陽家有關的道家學說的《淮南子》，書中亦有若干涉及天人感應的論說。劉安曰：「故聖人在位，懷德而不言，澤及萬民。君臣乖心，則背譎見於天，神氣相應徵矣。」（卷六，覽冥訓）

覽冥訓（卷六）又曰：「昔者，師曠奏白雪之音，而神物爲之下降，風雨暴至，平公癃病，晉國赤地。庶女叫天，雷電下擊，景公臺隕，支體傷折，海水大出。夫瞽師、庶女位賤尙葈，權輕飛羽；然而專精厲意，委務積神，上通九天，激勵至精。由此觀之，上天之誅也，雖在曠虛幽閒，遼遠隱匿，重襲石室，界障險阻，其無所逃之，亦明矣。」天雖遠離人間，隱匿遼遠，然人若作惡爲非，天神均明察之，予以誅罰，無所逃避於天地間。

劉安又曰：「武王伐紂，渡於孟津，陽侯之波逆流而擊，疾風晦冥，人馬不相見。於是武王左操黃鉞，右秉白旄。瞋目而撝之，曰：余任天下，誰敢害吾意者，於是風濟而波罷。魯陽公與韓搆難，戰酣日暮，援戈而撝之，日爲之反三舍。」（卷六，覽冥訓）這是至誠足以感神的事例。

覽冥訓有言曰：「法令明而不闇，輔佐公而不阿，道不拾遺，市不豫賈，城郭不關，邑無盜賊，鄙旅之人相讓以財，狗彘吐菽粟於路，而無忿爭之心；於是日月精明，星辰不失其行，風雨時節，五穀登熟，虎狼不妄噬，鷙鳥不妄搏，鳳凰翔於庭，麒麟遊於郊。」誠能政治修明，臣輔公忠，治績彰著，則上天感應，而降之吉祥，風調雨順，五穀豐發，祥獸瑞禽亦受感而至，惡狠動物亦不肆虐。

三、**物類感應**——依陰陽家之言，天人相與，彼此感應，卽在物類之間亦有相互感應的現象。覽冥訓曰：「夫物類之相應，玄妙深微，知不能論，辯不能解；故東風至而酒湛溢，蠶咡絲而商絃絕，或感之也；畫隨灰而月運闕，鯨魚死而慧星出，或動之也。故聖人在位，懷道而不言，澤及萬民，君臣乖心，則背譎見於天，神氣相應徵矣。故山雲草莽，水雲魚鱗，旱雲煙火，涔雲波水，各象其形類，所以感之。」此其所述之物類感應，或許是物理學、氣象學上的自然法則，其中有因果關係。如月暈而風，礎潤而雨，燕來春至，落葉知秋之類便是。當時的劉安及其賓客，尙無今日的科學知識，故曰：「夫物類之相應，玄妙深微，知不能論，辯不能解。」蓋知其然而不知其所以然。

第二十九章　雜家劉向的政治思想

第一節　生平事蹟

一、**事略**——劉向字子政，原名更生，漢宗室，爲高祖同父少弟楚元王劉友的玄孫，生於昭帝元鳳四年（西元前七七年）卒於哀帝建平元年（西元前六年），享年七十二歲。以父劉德於十二歲蔭車輦郎。是時宣帝招選名儒才俊置左右；向以通達，善文辭得以入選，獻賦頌凡數十篇。向爲人簡易無威儀，廉介樂道，專心於經術，晝誦詩書，夜觀星宿，或不寐達旦。宣帝喜神仙方術之事，向因父曾治淮南王獄，得其《枕中鴻寶苑秘書》，即《鴻烈書》，讀而奇之，獻於帝，並獻言可成黃金，帝信之，使向典尚方鑄作事，費用甚多，製法不驗，吏劾向製僞金，繫獄當死，向兄劉安民，以食戶所入之半數以贖罪，帝亦愛向之才，得免死。

後以設《穀梁春秋》，徵向受穀梁，講論五經於石渠，拜爲郎中給事黃門，遷散騎諫大夫給事中。元帝初卽位，初元元年（西元前四八年），蕭望之，周堪皆拜領尚書事，位尊權重。二人皆重向之忠直明經有行，薦爲散騎宗正給事中，與侍中金敞拾遺於左右。四人同心輔政，裨益於國事者非淺。因外戚許史在位放縱恣肆，宦官弘恭、石顯弄權徇私。望之、堪、向三人欲上書劾罷之，事泄，反被許史、弘恭、石顯譖害之，堪與向皆下獄，望之免官。因春有地震，夏見彗星，帝恐悟而悔之，下詔賜望之爵，堪與向復爲中郎。

多復有地震，劉向懼災變，乃使其外親上書言災變事，以蕭望之等皆忠正無私，欲致大治，而忤於外戚宦官而受害，災異之起，殆弘恭、石顯等之所引致，請退恭顯等以彰蔽害善良之罰；進用望之等以通賢者盡忠之路。如此，則太平之門開，而災異之源塞矣。書上，宦官弘恭、石顯疑爲劉向所爲，白帝請考驗姦詐之辭，劉向認服，下獄，免爲庶人；望之亦受坐累，恭、顯請帝令望之詣獄置對，望之自殺。宦官弄權禍國，亦至於如此；帝權傍落，困於宵小，漢祚豈能不斷墜。

迄至成帝卽位建始元年（西元前三十一年），劉向始復被起用爲中郎，領護三輔都水利事。當時帝之元舅陽平侯王鳳爲大將軍，秉國政，倚恃太后弄權，兄弟七人皆封列侯。時數大異，向以爲乃外戚貴盛弄權之咎。帝正精於詩書古文，乃詔令劉向領校五經秘書，向勤加校讎，糾正僞誤，功莫大焉。向集合上古以來歷春秋六國至秦漢，符瑞災異之記，推迹行事，連傳禍福，著其占驗，比類相從，各有條目，凡十一篇，名曰《洪範五行傳論》。奏之，帝心知劉向忠誠，故爲鳳兄弟起此論也，然不能奪王氏之權。

久之，營起昌陵，數年不成，復還歸延陵，事極奢侈泰華。劉向上疏言，安不忘危，存不忘亡，是以身安而後國家可保。故聖賢之君，博觀終始，窮極事情，而是非分明。王者必通三統，三統者，天統、地統、人統，並力陳奢之害。書上，帝甚感之，然不能聽其言，從其計。劉向目覩俗彌奢淫，宮庭穢亂，大失王敎，乃擷取詩書所載賢妃貞婦及孽嬖亂亡者，撰《列女傳》凡八篇，以戒天子。復蒐集歷史上的興亡得失的政治故事，編《新序》及《說苑》凡五十篇，奏之；數上疏言得失，陳法戒，以助觀覽，補遺闕。帝雖不能用，然內心實嘉其言。

成帝無嗣，政由王氏，災異迭見。劉向深慮懼王氏將移漢祚，乃上疏，極言上不失御臣之術，大臣操權柄，持國政，未有不爲害者也。並舉田氏取齊，六卿分晉，崔杼弒其君等事例以爲警惕戒懼。書奏，天子召見，向歎息悲傷曰：君且休矣，吾將思之，以向爲中壘校尉。外戚弄權，災異不斷，向夜觀星辰，晝析災，上疏指陳歷代災異之變，均易姓之先兆。上嘗召向，欲以之爲九卿之一，然皆爲王氏居位者、丞相、御史大夫所阻抑，終不得擢用。劉向居列大夫之位，前後三十餘年，年七十二歲病卒。卒後十三年，王莽篡漢，漢祚中斷。

二、著作——劉向平易廉靜，不擺威儀，不交接世俗，專心致意於學術的研究，因校讎五經，得遍覽群書，學問淵博，又善屬文辭，故其著作，甚爲宏富。一般所熟知者，《尚書洪範五行傳論》十二篇，《五經通義》九卷，《五經要義》五卷，《別錄》二十卷，《列女傳》八篇，《新序》三十卷，《說苑》二十卷，《文集》六卷。在《漢書》藝文志中所記載的劉向著作，尚有以下幾種：《稽疑》一卷，《新國語》五十四篇，《說老子》四篇，《劉向讖》二卷，《列女傳》二卷及《世說》。在這些著作中，與政治思想有極多的關係者，則爲《新序》與《說苑》兩書。而這二書的內容與體裁，皆是歷代有關政治上成敗得失的故事的引述，舉列頗爲駁雜，更無理論架構與思想體系，故應以雜家視之，不過其主旨却在闡揚儒家仁義道德思想，書中所取載的忠臣賢士，多以儒者的智者不惑，仁者不憂，勇者不懼爲標準。書的取材既來自群書，內容駁雜，自不免有彼此牴觸與自相矛盾的地方。不過，劉向著書的目的，重在藉古事發抒己意，以匡正當時的君臣，只求文通意達，未顧及不傷大體的一些小地方。

《漢書》卷三十六，楚元王傳，包括劉交、劉德、劉向、劉歆事蹟的傳記，傳後班固贊曰：嗚呼！

向言山陵之戒，於今察之，哀哉！指明梓柱以推廢興，昭矣！豈非直諒多聞，古之益友歟!?劉向屢上疏言災異之變，使皇帝警惕戒懼，且指明此爲易姓之預兆，帝受制於權臣宵小，不能有所作爲，不幸，劉向之言中；班固亦深爲嘆息。劉向忠君愛國，一腔熱血，報效無門，只得屢上疏以匡時諫君，堪稱友直、友諒、友多聞的古之益友。

第二節　政理的思想

一、君道——君主爲國家的首腦，政治的中樞，一身繫國家之盛衰興亡。治得其當，則國泰民安；治不得其當，則國危民困。故研究政治思想，應首重君道。君道之正且要者，計有左列諸端：

1. 無爲而治——清靜無爲，垂拱而治，本是道家的學說，而劉向亦贊成這種政治思想。他引述晉平公問師曠之言曰：「人君之道如何？」對曰：「人君之道，清靜無爲，務在博愛，趨在任賢，廣開耳目，以察萬方；不固溺於流俗，不拘繫於左右；廓然遠見，踔然獨立，屢省考績，以臨臣下。」（《說苑》第一）尹文答齊宣王之問曰：「人君之事，無爲而能容下。夫事寡易從，法省易因，故民不以政獲罪也。大道容衆，大德容下，聖人寡爲而天下治矣。」（《說苑》第一）虞人與芮人質其成於文王，入文王之境，則見其人民之讓爲士大夫；入其國，則見其士大夫讓爲公卿。二國之人於是相謂曰：「然則此其君亦讓以天下而不居矣？」二國者，未見文王之身，而讓其所爭以爲閒田而返。孔子曰：「大哉文王之道乎！不動而變，無爲而成，敬愼恭己而虞、芮自平。」（《說苑》第一）

2. 掌握權勢——法家認爲君主治國必須掌握優越的權勢。權是權位，居權位者方能發號施令。勢是力量，有力量就能强制他人服從。劉向亦認爲縱使是有賢德，具才能的君子，若不得其權位，亦難以治衆化俗。所以他說：「舜耕之時，不能利其隣人，及爲天子，天下戴之。故君子窮則善其身，達則利於天下。」（《說苑》第十七）達是指居位掌權的人，便可發號施令以利天下之民。窮指在野的匹夫，只能獨善其身，不能福國利民。劉向又指出賢如孔子，無權勢，天下不從。五帝三王所以能變天下，化人民，因其握有權勢。故曰：「五帝三王，教以仁義，則天下變也。孔子教以仁義，而天下不從者，何也？昔明王有紱冕以尊賢，有斧鉞以誅惡。故其賞至重，而罰至深，故天下變。孔子賢顏回，無以賞之，賤孺悲，無以罰之，故天下不從。是故道非權不立，非勢不行。」（《說苑》第十五）劉向曰：「尊君卑臣者，以勢使之也。夫勢失則權傾，故天子失道，則諸侯尊矣；諸侯失政，則大夫起矣；大夫失官，則庶人興矣。由是觀之，上不失而下得者，未嘗有也。」（《說苑》第一）

3. 愛利人民——「民爲邦本，本固邦寧。」固本寧邦的要務，端在於愛利人民。君主要以父母之心愛護人民，視民如赤子，人飢己飢，人溺己溺，一夫不得其所，王者恥之。君愛民，民愛君，本固邦寧。政之所與，在順民心，順之之道，莫如利之。孔子亦主張因民之所利而利之。劉向引河間獻王之言曰：「禹稱民無食，則我不能使也；功成而不利於人，則我不能勸也。故疏河以導之，鑿江通於九派，灑五湖而定東海，民亦勞矣，然而不怨者，利歸於民也。」（《說苑》第一）邾文公曾曰：「苟利於民，寡人之利也，天生蒸民而樹之君，以利之也，民既利矣，孤必與焉。」（《說苑》第一）「堯存心於天下，加志於窮民，痛萬姓之罹罪，憂衆生之不遂也。有一民飢，則曰此我飢之也；有一民寒，則曰此我寒之也；一民有罪，則曰此我陷之也。仁昭而義立，德博而化廣；故不賞而民勸，不罰而民治。」（《說苑》

第一）

4.正身恭己——人君居尊位，爲天下表儀，要正身恭己，表率群倫，則可收風行草偃之效，政治則治，人民則化。「夫上之化下，猶風靡草，東風則草靡而西，西風則草靡而東，在風所由而草爲之靡，是故人君之動不可不愼也。夫樹曲木者惡得直影，人君不直其行，不敬其言者，未有能保帝王之號，垂顯令之名者。」（《說苑》第一）孔子曰：「無爲而治者，其舜也與；夫何爲哉，恭己正南面而已矣。」（《論語》衞靈公篇）這亦就是所謂「政者，正也。子帥以正，孰敢不正」（《論語》顏淵篇）；「其身正，不令而行；其身不正，雖令不從」（《論語》子路篇）。

5.尊重民意——現代的民主政治是以民意爲依歸的政治。古代雖無民主政治亦無民意代表機關。然有道之君，仍甚尊重民意。故《尚書》曰：「天聰明自我民聰明，天明畏自我民明威。」（皐陶謨）孟子曰：「得天下有道，得其民，斯得天下矣。得其民有道，得其心，斯得民矣。」（《孟子》離婁上）管子曰：「政之所興，在順民心；政之所廢，在逆民心。」（《管子》牧民篇）劉向引管子之言曰：「君人者以百姓爲天，百姓與之則安，輔之則强，非之則危，背之則亡。」（《說苑》第三）周厲王無道，國人謗之。王使衞巫監謗，以告則殺之，國人莫敢言，道路以目。如是者三年，國人終不能忍，乃起而襲之，王出奔彘。防民之口，甚於防川，這是因不尊重民意而招致的敗亡。鄭人游於鄕校，以議執政之善否。然明謂子產曰：「何不毀鄕校？」子產曰：「胡爲？夫人早夕游焉，以議執政之善否。其所善者，吾將行之，其所惡者，吾將改之。是吾師也，如之何毀焉？吾聞爲國忠信以損怨，不聞作威以防怨。譬之若防川也，大決所犯，傷人必多，吾不能救也。不如小決之，使導吾聞而樂之也。」（《新序》第四）

這是古代尊重民意的楷例。

二、臣道——君主不能一人獨治其國，必賴群臣輔佐以共治其國。群臣施政，得其道則政通人和，國治民安；不得其道，則政令不行，國亂民困。玆將劉向擧列臣道之要者於次：

1. 理則——劉向曰：「人臣之術（道術），順從而復命，無所敢專，義不苟合；位不苟尊，必有益於國，必有補於君，故其身尊而子孫保之。故人臣之行，有六正六邪。行六正則榮，犯六邪則辱，夫榮辱者禍福之門也。六正者：一曰萌芽未動，形兆未見，昭然獨見存亡之機，得失之要，預禁乎未然之前，使主超然立乎顯榮之處，天下稱孝焉。如此者，聖臣也。二曰虛心白意，進善通道，勉君以禮義，諭君以長策，將順其美，匡救其惡，功成事立，歸善於君，不敢獨伐其勞。如此者，良臣也。三曰卑身賤體，夙興夜寐，進賢不懈，數稱於往古之德行事以勵主意，庶幾有益，以安國家社稷宗廟。如此者，忠臣也。四曰明察幽，見成敗早，防而救之，引而復之，塞其間，絕其源，轉禍以爲福，使君終以無憂。如此者，智臣也。五曰守文奉法，任官職事，辭祿讓賜，不受贈遺，衣服端齊，飲食節儉。如此者，貞臣也。六曰國家昏亂，所爲不道，然而敢犯主之顏面，言君之過失，不辭其誅，身死國安，不悔其行。如此者，直臣也（《說苑》第二）。

六邪者：一曰安官貪祿，營於私家，不務公事，懷其智，藏其能，主飢於論，渴於策，猶不肯盡節，容容乎與世浮沉上下，左右觀望。如此者，具臣也。二曰主所言皆曰善，主所爲皆曰可，隱而求主之所好卽進之，以快主耳目，偸合苟容與主爲樂，不顧其後害。如此者，諛臣也。三曰中實頗險，外容貌小謹，巧言令色，又心嫉賢，所欲進則明其美而隱其惡，所欲退則明其過而匿其美，使主妄行過任，賞罰不當，號令不行。如此者，姦臣也。四曰智足以飾非，辯足以行說，反言易辭而成文章，內離骨肉之親，外妬亂朝之政。如此者，讒臣也。五曰專權擅勢，持招國事以爲輕重於私門，成黨以富其家，又復增加威勢，擅矯主命以自顯貴。如此者，賊臣也。六曰諂言以邪，墜主不義，朋黨比周，以蔽君明，入則辯言好辭，出則更復異其言詞，使白黑無別，是非無間，伺候可推，而因附焉，使主惡布於境內，聞於四鄰。如此者，亡國之臣也。」（《說苑》第二）

2. 分任——劉向引伊尹之言曰：「三公者，知通於大道，應變而不窮，辯於萬物之情，通於大道者也；其言足以調陰陽，正四時，節風雨，如是者擧以爲三公，故三公之事，常在於道也。九卿者，不失四時通於溝渠，修堤防，樹五穀，通於地理者也；能通不能通，能利不能利，如此者，擧以爲九卿，故九卿之事，常在於德也。大夫者，出入與民同衆，取去與民同利，通於人事，行猶擧繩，不傷於言，言之於世，不害於身，通於關梁，實於府庫，如是者，擧以爲大夫，故大夫之事，常在於仁也。列士者，知義而不失其心，事功而不專其賞，忠政强諫而無有姦詐，去私立公而言有法度，如是者，擧以爲列士，故列士之事，常在於義也。」（《說苑》第二）

3. 標準——《新序》一書，取載忠臣義士，常以智者不惑，仁者不憂，勇者不懼爲標準。一曰忠臣必極諫，紂作炮烙之刑，王子比干曰：「主暴不諫，非忠臣也。畏死不言，非勇士也。見過則諫，不用則死，忠之至也。」遂去諫，三日不去朝，紂因而殺之（《新序》第七）。二曰賢士不畏死，陳恒弑其君，使勇士六人刼子淵棲。子淵棲曰：「子之欲與我，以我爲知乎？臣弑君非知也；以我爲仁乎？見利而背君，非仁也。以我爲勇乎？刼我以兵，懼而與子，非勇也。使吾無此三者，與何補於子？若吾有此三者，絕不從子矣！」乃舍之（《新序》第七）。三曰守仁居義，不畏兵刃，向公勝將殺惠王及子西，欲得易甲，陳士勒兵，以示易甲曰：「與我，無患不富貴；不與我，則此是也。易甲笑曰：子嘗言吾義矣。君子忘之乎？立得天下，不義，吾不取也。威吾以兵不義，吾不從也。今子將弒子之君，而使吾從子，非吾前義也。子雖告我以利，威我以兵，吾不忍爲也。子行子之威，則吾亦得明吾義也。逆子以兵，爭也；應子以聲，鄙也。吾聞士立義不爭，行死不鄙。拱而待兵，顏色不變也。」（《新序》第八）

三、治道——爲政施治應依循的原理與準則謂之治道。治道得其正，則事成功立；治道不得其正，則事難成，功難立。玆將治道之本與治道之用，分論如左：

1. 治道之本——劉向曰：「政有三品：王者之政化之，霸者之政威之，强者之政脅之。夫此三者，各有所施，而化之爲貴也。夫化之不變而後威之，威之不變而後脅之，脅之不變而後刑之。夫至於刑者，則王者之所不得已也。是以聖王先敎化而後刑罰，立榮恥而明防禁，崇禮義之節以示之，賤貨利之弊以變之，修近理內政樞機之禮，壹妃匹之際；則莫不慕禮義之榮，而惡貪亂之恥。化使然也。」（《說苑》第七）治道之本在於以德敎化民，不得已而用刑罰。

2. 治道之用——治道應用於實際的政治上，應遵守以下的準則：一曰治道在富民。文王問於呂望曰：「爲天下若何？」對曰：「王國富民，霸國富士，僅存之國富大夫，亡道之國富倉府，是謂上溢而下漏。」文王曰：「善」，是日也，發其倉府，以賑鰥寡孤獨（《說苑》第七）。財聚則民散，財散則民聚。文王散倉府之財以賑窮困，所以富民而聚之。二曰治道在愛民。武王問於太公曰：「治國之道若何？」對曰：「治國之道，愛民而已。」曰：「愛民若何？」對曰：「利之而勿害，成之勿敗，生之勿殺，與之勿奪，樂之勿苦，喜之勿怒，此治國之道，使民之誼也，愛之而已矣。」（《說苑》第七）這是民之所好者好之，民之所惡者惡之，因民之所利而利之的另一解釋。「三曰治道在擇賢使之。子產之從政也，擇能而使之；馮簡子善斷事，子太叔善決而文，公孫揮知四國之爲而辨於其大夫之族姓，變而立至，又善於辭令，裨諶善謀，於野則獲，於邑則否，有事乃載裨諶與之適野，使謀可否，而告馮簡子斷之，使公孫揮爲之辭令，成乃受子太叔行之，以應對賓客，是以鮮有敗事也。」（《說苑》第七）這是爲事擇人，因材施用，事得其人，人當其用，人能盡其才，事能成其功。四曰恭敬寬正。子路治蒲，見於孔子曰：「由願受敎。」孔子曰：「蒲多壯士，又難治也。然吾語汝，恭以敬，可以攝勇；寬以正，可以容衆，恭以潔，可以親上。」（《說苑》第七）恭則不侮，寬則得衆，敬事則成，正不偏倚，廉潔以親上，治道之要則。

第三節　政務的思想

政理是政治的原理，是爲政施治的指導原則，多爲高遠的理想。政務是爲政施治的實際事務，是面對現實，解決問題的途徑，處理事務的方法。玆舉政務思想之要者於次：

一、推行敎化——劉向認爲「王者之政化之」。惟如何方能達到化的境界？其重要途徑之一，便是施敎化。化是敎的結果，敎是化的途徑；二者關係密切，故曰敎化。衞靈公問於史鰌曰：「政孰爲務？」對曰：「大理爲務，聽獄不中，死者不可生也，斷者不可復也，故曰大理爲務。」少焉，子路見公，公以史鰌之言告之，子路曰：「司馬之爲務，兩國有難，兩軍相當，司馬執枹以行之，一門不當，死者數萬，以殺人爲非者，此其爲殺人亦衆矣，故曰，司馬爲務。」少焉，子貢入見，公以二子之言告之，子貢曰：「不識哉！昔禹與有扈戰，三年而不服，禹於是修敎一年，而有扈氏請服。故曰：去民之所事，奚獄之所聽？兵革之不陳，奚鼓之所鳴？故曰：敎爲務也。」（《說苑》第七）兵凶戰危，司馬之事應力加避免；大理之事，不得已而用，故敎化實爲爲治之先務。

劉向脩文篇曰：「天下有道，則禮樂征伐自天子出。夫功成制禮，治定作樂，禮樂者，行化之大者也。」（《說苑》第十九）王者之政化之，禮樂是政治大化的工具與手段。孔子曰：「移風易俗，莫善於樂；安上治民，莫善於禮。是故聖人修禮文，設庠序，除鐘鼓，天子辟雍，諸侯泮宮，所以行德化。」（《說苑》第十九）當舜之時，有苗氏不服，其所以不服者，大山在其南，殿山在其北，左洞庭之波，右彭蠡之川，所以不服。禹欲伐之，舜不許，曰：『諭敎猶未竭也』，究諭敎焉，而有苗氏請服。天下聞之，皆非禹之義而歸舜之德。」（《說苑》第一）舜以敎化服人，而避用兵戎，故爲聖王之化也。

二、依循仁義——仁者愛人，義者宜也。愛人民則親上，事宜則成功。爲政施治，自應依循於仁義。顏淵問於仲尼曰：「成人之行若何？」子曰：「成人之行達乎情性之理，通乎物類之變，知幽明之故，睹遊氣之源，若此而可謂成人。旣知天道，行躬以仁義，飭身以禮樂。夫仁義禮樂成人之行也，窮神知化德之盛也。」（《說苑》第十八）仁義禮樂爲成人之行及窮神知化之盛德，爲政施治，豈可不依循於仁義禮樂！魏文侯使西門豹往治於鄴，告之曰：「必全名、功成、布義。」（《說苑》第七）孔子曰：「里仁爲美，擇不處仁，焉得知！」夫仁者，必恕然後行，行一不義，殺一無辜，雖以得高官大位，仁者不爲也。夫大仁者，愛近以及遠，及其有所不諧，則虧小仁以就大仁。大仁者，恩及四海；小仁者，止於妻子。」（《說苑》第五）西門豹治一地，以布義爲要務；孔子教人行大仁，恩及四海，執政者，自當以行仁義爲當務之急。

劉向曰：「雖有餘財侈物，而無仁義功德者，則無所用其餘財侈物，故其民皆興仁義而賤財利，賤財利則不爭，不爭則强不凌弱，衆不暴寡。是唐虞所以興象刑，而民不敢犯，而亂斯止矣。」（《說苑》第十九）興仁義足以使人賤財利，止爭弭亂。劉向又曰：「賢師良友在其側，詩書禮樂陳其前，棄而爲不善者鮮矣。義士不欺心，仁人不害生。」（《說苑》第十六）爲政依循仁義，則足以養成仁人與義士，不害生，不欺心，則國無不治。孔子曰：「是故先其仁義之誠者，然後親之；於是有知能，然後任之。」（《說苑》第八）這是說，選用人才亦須用仁義之誠者。周公問太公曰：「何治之疾也？」對曰：「尊賢，先疏後親，先義行仁也。」此霸者之迹也。周公又問曰：「何治之難？」對曰：「親親者，先內後外，先仁後義也」，此王者之迹也（《說苑》第七）。由此足見，無論成霸業，興王政，皆不可背離於仁義。

三、嚴明賞罰——治國持兩柄。兩柄者，賞與罰是也。賞所以勸善，人向善，則國治民安。罰所以禁邪，邪止，則患亂不生。爲政之道，在順應人性。人的天性皆好利而惡害。故賞之以利，足以勵功，罰之以害，足以禁邪。賞罰誠屬必要，然賞罰的施行，必須以功罪爲依據。有功始賞，有罪始罰。功多者賞厚，功少者賞薄。罪重者罰重，罪輕者罰輕。劉向擧樂毅之言，說明賞以獎有功，罰以懲有罪之理，曰：「臣聞賢聖之君，不以祿私其親，功多者授之；不以官隨其愛，能當者處之。故曰：察能而授官，成功之君也；論行而結交者，立名之士也。」（《新序》第三）

所謂嚴明賞罰者，指賞罰得其當，適其宜。司城子罕相宋，謂宋君曰：「國家之安危，百姓之治亂，在君行之賞罰也。賞當則賢人勸，罰當則姦人止；賞罰不當，則賢人不勸，姦人不止，姦邪比周，欺上蔽主，以爭爵祿，不可不慎也。夫賞賜讓與者，人之所好也，君自行之；刑罰殺戮者，人之所惡也，臣請當之。」君曰：「善！子主其惡，寡人行其善，吾知不爲諸侯笑矣。」（《說苑》第一）賞罰要依據客觀事實的功與罪，決不可依君主的主觀喜怒好惡以行賞罰。太公答武王問「賢君治國何如？」曰：「賢君之治國，其政平，其吏不苛，其賦斂節，其自奉薄，不以私善害公法，賞賜不加於無功，刑罰不施於無罪，不因喜以爲賞，不因怒以爲誅，害民者有罪，進賢擧過者有賞。」（《說苑》第一）魏文侯問李克曰：「爲國如何？」對曰：「臣聞爲國之道，食有勞而祿有功，使有能而賞必行，罰必當。」（《說苑》第七）

四、任用賢才——國家的治亂係以能否任用賢才爲轉移。人存政擧，人亡政息。得人者昌，失人者亡。劉向詳擧歷代事例，證明用賢才者則能興王政，成霸業；任不肖者則國敗而身亡。他說：「人君之欲平治天下而垂榮名者，必尊賢而下士。夫朝無賢人，猶鴻鵠之無羽翼也，雖有千里之望，猶不能致其意之所欲至矣；是故游江海者託於船，致遠道者託於乘，欲霸王者託於賢。伊尹、呂尚、管夷吾、百里奚，此霸之船乘也。釋父兄與子孫，非疏之也；任庖人、釣、屠、與仇讐、僕虜，非阿之也；持社稷立功名之道，不得不然也。……是故呂尙聘，而天下知商將亡，而周之王也；管夷吾、百里奚任，而天下知齊、秦之必霸也；豈特船乘哉！夫成王霸固有人，亡國破家亦固有人；桀用有莘，紂用惡來，宋用唐鞅，齊用蘇秦，秦用趙高，而天下知其亡也。非其人而欲有功，譬其若夏至之日而欲夜之長也，射魚指

天而欲發之當也，雖禹舜猶亦困，而況俗主哉。」（《說苑》第八）

劉向又曰：「春秋之時，天子微弱，諸侯力政，皆叛不朝；衆暴寡、強刼弱，南夷與北狄交侵，中國之不絕若線。桓公於是任管仲、隰朋、賓胥無，甯戚，三存亡國，一繼絕世，救中國，攘戎狄，卒脅荆蠻，而尊周室，霸諸侯。晉文公用咎犯、先軫、陽處父，強中國，敗強楚，合諸侯，朝天子，以顯周室。楚莊王用孫叔敖、司馬子反，將軍子重，征陳從鄭，敗強晉，無敵於天下。秦穆公用百里子、蹇叔子、王子廖及由余，據有雍州，攘敗西戎。吳用延州來季子，并冀州，揚威于鷄父。鄭僖公富有千乘之國，貴爲諸侯，治義不順人心，而取弒於臣者，不先得賢也。至簡公用子產、裨諶、世叔、行人子羽，賊臣除，正臣進，去強楚，合中國，國家安寧，二十餘年，無強楚之患。故虞有宮之奇，晉獻公爲之終夜不寐；楚有子玉得臣，文公爲之側席而坐，遠乎賢者之厭難折衝也。夫宋襄公不用公子目夷之言，大辱於楚；曹不用僖負覊之諫，敗死於戎。故共維五始（元年、春、壬、正月、公卽位）之要，治亂之端，在乎審己而任賢也。國之任賢而吉，任不肖而凶，案往世而視己事，其必然也。」（《說苑》卷八）

五、依法爲治——法是勸善禁邪的政令，著於明文，公布於衆，全國上下，共同遵守的行事準繩。爲政者行法要作到客觀與公平。客觀指賞罰的施行，須完全依據於客觀事實與法律條文，不得有任何主觀喜怒好惡存於其間，以免因私害公。公平指法律之前，人人平等，無例外，無特權，王子犯法與庶民同罪。故曰：法者大定至公之制，齊民使衆，與功除暴，去私塞怨的工具與手段。

孫叔敖爲令尹，舊令尹虞丘子家人犯法，孫叔敖執而戮之。虞丘子喜，入見於楚王曰：「臣言孫叔敖果可使持國政，奉國法而不黨，施刑戮而不骫（彎曲），可謂公平。」（《說苑》第十四）二子者皆依法以爲治者，執法公平，而不阿私。楚令尹子文之族人有犯法者，廷理拘之，聞知爲令尹之族人，乃釋之。子文召廷理而責之曰：「凡立廷理者，將以司犯王令而察觸法也。夫直士執法，柔而不撓，剛而不折。今棄法背令而釋犯法者，是爲理不端，懷心不公也。」遂致其族人於廷理曰：「不是刑也，吾將死！」廷理懼，遂刑其族人。楚王聞之，而至子文之室曰：「寡人幼少，置理失其人，以違夫子之意。」於是黜廷理而尊子文（《說苑》第十四）。楚王與子文皆知依法以爲治，可稱賢王與良臣。

楚有茅門者法，曰：「群臣諸大夫諸公子入朝，馬蹄蹂霤者，斬其輈，而戮其御。」太子入朝，馬蹄蹂霤。廷理斬其輈而戮其御。太子大怒，入爲王泣曰：「爲我誅廷理。」王曰：「法者，所以敬宗廟，尊社稷，故能立法從令，尊敬社稷者，社稷之臣也，安可以誅？夫犯法廢令，不尊社稷者，是臣棄君，下陵上也。臣棄君則主失威，下陵上則上位危，社稷不守，吾何以遺子？」太子乃還走避舍，再拜請死（《說苑》第十四）。廷理依法以治事，王佳之，君明臣賢，國必治理。

子羔爲衞政，刖人之足。衞之君臣亂，子羔出郭門，郭門閉。刖者守門，曰：「於彼有缺。」子羔曰：「君子不踰。」曰：「於彼有竇。」子羔曰：「君子不遂。」曰：「於此有室。」子羔入，追者罷。子羔將去，謂刖者曰：「吾不能虧損主之法令而親刖子之足，吾在難中，此乃子報怨時也，何故逃我？」刖者曰：「斷足固我罪也，無可奈何。君之治臣也，傾側法令，先後臣以法，欲臣之免於法也，臣知之。獄決罪定，臨當論刑，君愀然不樂，見於顏色，臣又知之。吾豈私君哉？天生仁人之心，其固然也。此臣之所以脫君也。」（《說苑》第十四）依法以刖人足，法當其罪，受刑者不怨。故曰：法者，所以去私塞怨也。

第四節　災異的思想

一、災異與天人感應的論說──漢時屢有災出現：文帝二年冬十一月晦，日有蝕之。元帝永光二年（西元前四三年）春霜夏寒，日青無光。成帝永始二年（西元前一五年），既有日蝕，復見隕星如雨。成帝綏和二年（西元前七年）有熒惑星守心星。劉向常夜觀星宿，不寐達旦，又著有《洪範五行傳論》十二篇，深知天人感應之理。當時外戚專朝政，弄權營私；宦官弘恭、石顯又惑主舞弊，敗壞朝政，並殘害忠正無私之大臣。劉向觀星宿，察國勢，心以爲危，嘗上書言災異與天人感應之理，請皇帝黜罷弘恭、石顯以彰蔽善之罰；進用忠良蕭望之等以通賢者之路。如此，太平之門開，災異之源塞。

劉向嘗上書，列舉歷代朝政敗壞引起災異之變，而趨於敗亡的歷史事實，使君主知所警惕與恐懼，因而飭朝政，進賢良。書中有言曰：「春秋之世二百四十二年間，日食三十六，地震五，山陵崩阤二，慧星三見，夜常星不見，夜中星隕如雨一，大災十四，長狄入三國，五石隕墜，六鶂退飛，多麋，有蜮、蜚，鸜鵒來巢者，皆一見，晝冥晦，雨木冰，李梅冬實，七月霜降，草木不死，八月殺菽，大雨雹，雨雪雷霆，失序相乘，水旱饑蝝螽螟蠭午並起。當是時，禍亂輒應，弒君三十六，亡國五十二，諸侯奔走，不得保其社稷者，不可勝數也。周室多禍，晉敗其師於貿戎，伐其郊，鄭傷桓王，戎執其使，衞侯朔召不往，齊逆命而助朔，五大夫爭權，三君更立，莫能正理，遂至陵夷不能復興。由此觀之，和氣致祥，乖氣致異。祥多者其國安，異衆者其國危，天地之常經，古今之通義也。今陛下開三代之業，招文學之士，優游寬容，使得並進。今賢不肖渾殽，白黑不分，邪正雜糅，忠讒並進，章交公車，人滿北軍，朝臣舛午，膠戾乖刺，更相讒愬，轉相是非傳授增加，文書糾紛，前後錯繆，毀譽渾亂，所以營或耳目，感移心意，不能勝載，分曹爲黨，往往群朋，將同心以陷正臣。正臣進者，治之表也；正臣陷者，亂之機也。乘治亂之機，未知孰任，而災異數見，此臣所以寒心者也。」（《漢書》卷三十六）

二、災異與天人感應的故事——劉向在所著《說苑》一書中，引述若干故事以明災異與天人感應的情理。湯之時大旱七年，雒折川竭，煎沙爛石，於是使人持三足鼎，祝山川，敎之祝曰：政不節耶？使人疾耶？苞苴行耶？讒夫昌耶？宮室營耶？女謁盛耶？何不雨之極也，蓋言未已而天大雨，故天之應人，如影之隨形，響之效聲也（《說苑》第一）。

宋大水，魯人弔之曰：「天降淫雨，谿谷滿盈，延及君地，以憂執政，使臣敬弔。」宋人應之曰：「寡人不佞，齋戒不謹，邑封不修，使人不時，天加以殃，又遺君憂，拜命之辱。」君子聞之曰：「宋其庶幾乎！」問曰：「何謂也？」曰：「昔者夏桀殷紂不任其過，其亡也忽焉；成湯文武知任其過，其興也勃焉；夫過而能改，是猶不過。故曰，其庶幾乎！」宋人聞之，夙興夜寐，早朝晏退，弔死問疾，戮力宇內。三年，歲豐政平，嚮使宋人不聞君子之語，則年穀不豐而國不寧（《說苑》第一）。

《易》曰：「天垂象，見吉凶，聖人則之。」昔者高宗，成王感於雊雉暴風之變，脩身自改而享豐昌之福也；迨秦皇帝卽位，彗星四見，蝗蟲蔽天，多雷夏凍，石隕東郡，大人出臨洮，妖孽並見，熒惑守心，星茀太角，太角以亡。終不能改。二世立，又重其惡，及卽位，日月薄蝕，山林淪亡，辰星出於四孟，太白經天而行，無雲而雷，枉矢夜光，熒惑襲月，孽火燒宮，野禽戲庭，都門內崩，天變動於上，群臣昏於朝，百姓亂於下，遂不察，是以亡也（《說苑》第十八）。

周幽王二年，西周三川皆震，伯陽父曰：「周將亡矣！夫天地之氣，不失其序，若過其序，民亂之也。陽伏而不能出，陰迫而不能烝，於是有地震。今三川震，是陽失其所而塡陰也；陽溢而壯，陰源必塞，國必亡。夫水土演而民用足也。土無所演，民乏財用，不亡何待？昔伊洛竭而夏亡，河竭而商亡，今周德如二代之季矣！其川源塞，塞必竭，夫國必依山川，山崩川竭，亡之徵也。川竭山必崩，若國亡不過十年，數之紀也，天之所棄不過紀。」是歲也，三川竭，岐山崩，十一年幽王乃滅，周乃東遷（《說苑》第十八）。

卷三　後漢時代

第三十章　政治思想的派別與形勢

第一節　儒家學術的衰退

儒家學術盛於春秋戰國之世，厄於秦之焚書坑儒，漢初，黃老思想盛行，儒學仍不振，迨至漢武帝罷黜百家，獨尊儒學，儒學遂見興盛。降至後漢之世，政府雖仍以崇尚儒學相標榜，然儒風低落，儒學遂呈衰退現象。當世雖有陳蕃、李膺、范滂等氣節之士，但那只可視之為政爭鬪士，尙不足以言儒學的振興。後漢儒學衰退的情勢，可從左列三端論述：

一、**儒學流為入仕工具**——前漢取士行察擧賢良、孝廉之制，不考試而以對策。策問者皆當世當務之急及政治上之利弊得失與佐國匡時之計，如賈誼的治安策、董仲舒的天人策，卽其最著者。察擧之制得人甚盛。東漢之世，取士則須經由考試，依左雄之建議，採行「諸生試家法，文吏課牋奏」。《後漢書》卷六十一，左雄傳曰：「儒有一家之法，故稱家法」，如《春秋》有左氏、公羊、穀梁三家；《易經》有連山、歸藏、周易三家。《後漢書》卷四十四，胡廣傳亦有「儒者試經學，文吏試章奏」。可知試家法，就是考試經學以取士。於是儒者習經，非爲研究學術，只在應付考試，以爲進身入仕的梯階。儒士讀經只重記憶，應試徒重浮文。

蔡邕論前漢察擧得人之盛，曰：「孝武之世，郡擧孝廉，又有賢良、文學之選，於是名臣輩出，文武並興，漢之得人，數路而已，夫書畫辭賦，才之小者，匡國理政，未有其能。」（《後漢書》卷九十下，蔡邕傳）

徐氏評考試取士之弊，曰：「左雄所言：諸生試家法，文吏課牋奏，則又文之靡者，去賢良所對，尚復遠甚，而何以言孝廉乎？雄又言：郡國孝廉，古之貢士，出則寧民，宣協風敎，若其面牆而無所施用。愚以爲眞孝實廉之人，豈有不學面牆之理；而以家法牒奏應選者，又豈可遽許以古人入官之事也。然史言：雄立此法之後，濟陰太守胡廣等十餘人皆坐謬擧免黜；惟汝南陳蕃、潁川李膺、下邳陳球等三十餘人得拜郞中。自是牧守畏慄，莫敢輕擧，則知當時孝廉一科濫吹特甚；文墨小技尙未能精通，固無問其實也；科以孝廉名，而猶如此，則其他可知。」（《文獻通考》卷三十四，選擧第七，孝廉）

二、儒吏分途，士騖淸聲——前漢之世，公卿士大夫或由儒士察擧，或由吏道遷升，同爲入仕之途。二者不分輕重，無所抑揚。後漢之世，貴儒卑吏，凡非儒士出身，而仕於郡縣者，皆以胥吏目之，多受世人鄙薄，於是所謂通儒與俗吏者判爲兩途。儒士自鳴淸高俊雅，而不諳治國安民的政務，失却儒家論道經邦，濟衆救世，行仁政，施敎化，與王道的本來面目，儒學衰退之象已生。儒士固視胥吏爲鄙俗，而胥吏自許堪以劇繁治劇，通曉實務，而目儒士爲迂濶。實則後漢的儒吏分途，實非選用賢能的正道，而兩失之，視前漢之制遠不及之。

馬端臨批評儒吏分途曰：「今據西都公卿士大夫或出身於文學或出身於吏道，亦由上之人並開二途以取人，未嘗爲抑揚，偏有輕重，故下之人亦隨所遇以爲進身之階，而人品之賢不肖，初不係其出身之或爲儒或爲吏也。是以張湯、趙周輩之深文巧詆，趙廣漢何並之強明健決，固胥吏氣習也；若公孫弘之儒雅，丙吉之賢厚，尹翁歸之介潔，龔勝之節操，亦不嫌於以吏發身。則所謂吏者，豈必皆爲浮薄刻核之流，而後始能爲之乎？後世儒與吏判爲兩途，儒自許以雅，而詆吏爲俗，於是剸繁治劇者，爲不足以語道；吏自許以爲通，而誚儒爲迂。於是以通經博古爲不足以適時，而上之人又不能立兼收並蓄之法，過有抑揚輕重之意，於是拘譾不通者一歸之儒，放蕩無恥者一歸之吏，而二途皆不足以得人矣。」（《文獻通考》卷三十五，選舉考，吏道）

公非劉氏送焦千之序，亦指責儒吏分途之不當曰：「西漢之時，賢士長者未嘗不任郡縣也。自曹掾、書史、馭吏、亭長、門幹、街卒、游徼、嗇夫盡儒生學士爲之，才試於事，情見於物，則賢不肖較然，故遭事不惑，則知其智；犯難不避，則知其節；臨財不私，則知其廉；應對不疑，則知其辯。如此，則察舉易，而賢公卿大夫自此出矣。今時士與吏徒異物。吏徒治文書，給厮役，戇愚無知，集詬無節，乘間窺隙，詭法求貸，笞罵僇辱，安以爲己物，故無可以興善者。而儒生學士居於鄉里，不過閉門養高；其外則遊學四方，以崇名譽，然後可以出群過人矣。而欲使法前世，一使郡縣議其行，而察舉之難矣。」（《文獻通考》卷三十五，選舉考，吏道）

惟徐氏却指出，東漢之世，才智之士，出身吏道，入仕爲公卿大夫者，不乏其人。他說：「東京入仕之途雖不一，然由儒科而進者，其選亦艱。故才智之士，多由郡吏而入仕；以胡廣之賢，而不免爲郡散吏；袁安世傳易學，不免爲縣功曹；應奉讀書，五行並下，而爲郡決曹吏；王充之始進也，刺史辟爲從事；徐穉之初筮也，太守請補功曹。葢當世仕進之路有如此者，不以爲屈也。」（《文獻通考》卷三十五，吏道）

不過胡廣、袁安諸人之爲郡縣吏掾，係在未舉孝廉之前，學士一經舉爲孝廉，便入於儒林，卽自居清流，引以爲高，不屑與胥吏爲伍。《後漢書》百官志，有故事曰：「尙書郎本由令史久缺補之，世祖始改用孝廉爲郎，以孝廉丁邯補焉，邯稱疾不就。詔問實病，羞爲郎乎。對曰：臣實不病，恥以孝廉爲令史職耳。世祖怒曰：虎賁滅頭，杖之數十。詔問欲爲郎不？邯曰：能殺臣者陛下，不能爲郎者臣。中詔遣出，竟不爲郎。」（《後漢書》百官志）這是儒士羞任吏職的事例。由此足見，當時儒與吏判爲兩途，儒士騖求淸聲高名，不願親任實務，以免傷其儒雅。

三、士行矯飾，沽名釣譽——儒家尙德治，以爲「政者正也，子率以正，孰敢不正。」（《論語》顏淵篇）故儒者之品，重在脩身恭己，而後漢之儒者多不務修德立己，自負清高，沽名釣譽，士風日下，儒學漸衰。許武舉爲孝廉，以二弟普晏未顯，欲令成名，乃請之曰：禮有分異之義，家有別居之道，於是共割財產，以爲三分。武自取肥田廣宅奴婢强者，二弟所得並悉劣少。鄉人皆稱弟克讓，而鄙武貪婪，晏普以此並得選擧。武乃會宗親泣曰：吾爲兄不肖，盜聲竊位，二弟年長，未豫榮祿，所以求得分財，自取大譏。今理產所增三倍於前，我以推二弟，一無所留，於是郡中翕然，遠近稱之，位至長樂少府。」（《後漢書》卷七六，許荆傳）若許武者，旣自汚以顯弟，復剖陳以自顯，一擧三得，兄弟皆貴，欺世盜名而竊位，士行卑鄙，有如此者。

順帝時，選舉不問德行功績，祇憑標榜與吹噓。儒士者只鶩虛聲，不究實學，所謂儒學者，江河日下。左雄曰：「言善不稱德，論功不據實，虛誕者獲譽，拘檢者離毀，或因罪而引高，或色斯以求名，州宰不覆，競共辟召，踊躍升騰，超等踰匹。」（《後漢書》卷六十一，左雄傳）

降至桓、靈之世，選舉之風，益趨敗壞，虛聲標榜，空名吹噓，亦非所求，祇依財寶、勢力或門第即可入選。《抱朴子》曰：「桓靈之世，柄去帝室，政在姦臣，網漏防潰，風頹教沮，抑清德而揚諂媚，退履道而進多財，力競成俗，苟得無恥，或輸自售之寶，或賣强人之書，或父兄貴顯，望門而辟命，或低頭屈膝，積習而收效。」（《抱朴子》外篇，卷十五，審舉）

漢制，天子近侍之子弟不得爲吏，不得舉孝廉。李固傳稱：「詔書所以禁侍中尚書中臣子弟不得爲吏，察孝廉者，以其秉威權，容請託故也。」（《後漢書》卷六十三，李固傳）這一禁令到桓、靈之世已成具文，中常侍當權，州郡則選舉宦官的家人。李固曰：「中常侍在日月之側，聲勢振天下，子孫祿任，曾無限制，雖外託謙默，不干州郡，而諂媚之徒，望風進舉。」（《後漢書》卷六十三，李固傳）

朝廷權貴常有請託於州郡選舉者，權貴子弟多入選，而才德兼備的儒者反而見遺。河南尹田歆外甥王諶善知人。歆謂之曰：今當舉六孝廉，多得權貴書，命不宜相違，欲自用一名士，以報國家，爾助我求之（《後漢書》卷五十六，种暠傳）。選士不得其人，甚而不知書者，舉爲秀才，不孝父者舉爲孝廉。《抱朴子》曰：「靈獻之世，時人語曰：舉秀才，不知書，察孝廉，父別居，寒素淸白濁如泥，高第良將怯如鷄。」（《抱朴子》外篇，卷十五，審舉）

王符斥評選舉的不公不當曰：「群僚舉士者，以頑魯應茂材，以桀逆應至孝，以貪饕應廉吏，以狡猾應方正，以諛諂應直言，以輕薄應敦厚，以空虛應有道，以嚚闇應明經，以殘酷應寬博，以怯弱應武猛，以愚頑應治劇，名實不相副，求貢不相稱。」（《潛夫論》第七，考績）又曰：「今觀俗士之論，以族舉德，以位命賢。」（《潛夫論》第四，論榮）王符指出當世士風重官爵職而輕德義，選舉則門閥爲先。他說：「凡今之人，論古則知稱夷、齊、原、顏，言今則必官爵職位，言薦則必門閥爲前。」（《潛夫論》第三十，交際）

第二節　陰陽學說的盛行

一、前期——西漢董仲舒盛倡陰陽家天人感應的學說。其後劉安的《鴻烈書》，劉向的《說苑》，皆依「天垂象，見吉凶」之理，而大論災異之變與政治的良窳及國家興亡的關係。這種學說流衍於東漢，乃甚流行。光武時，日有蝕之，鄭興曰：「春秋以天反時爲災，地反物爲妖；人反德爲亂，亂則妖災生。……夫國無善政，則讁見日月，變咎之來，不可不愼，其要在因人之心，擇人處位也。」（《後漢書》卷三十六，鄭興傳）

章帝時，數年之久，秋稼不熟，糧食不足，民有飢色，府庫空虛，國用艱困。魯恭乃上書曰：「萬民者天之所生，天愛其所生，猶父母愛其子。一物有不得其所者，則天氣爲之舛錯，況於人乎。故愛人者必有天報。……夫人道乂於下，則陰陽和於上，祥風時雨覆被遠方，夷狄重譯而至矣。……三輔并涼少雨，麥根焦枯，牛死日甚，此其不合天心之效也。……陛下上觀天心，下察人志，足以知事之得失，臣恐中國不爲中國，豈徒匈奴而已哉。」（《後漢書》卷二十五，魯恭傳）韋彪認爲自光武、明帝以後，政多紛更，以苛刻爲能，亦上書曰：「臣聞政化之本，必順陰陽，伏見立夏以來，當暑而寒，殆以刑罰刻急，郡國不奉時令之所致也。」（《後漢書》卷二十六，韋彪傳）

章帝元和二年（西元八五年）大旱不收，民生疾苦。賈宗等上言曰：「臣等以爲斷獄不盡三冬，故陰氣微弱，陽氣發泄，招致災旱，事在於此。」（《後漢書》卷四十六，陳寵傳）楊終亦因連年荒旱，災疫不息，乃上書曰：「今以比年久旱，災疫未息，躬自菲薄，廉訪得失。臣竊按春秋水旱之變，皆應暴疾，惠不下流。」（《後漢書》卷四十八，楊終傳）

和帝卽位（西元八九年）因有日蝕，天地昏暗，丁鴻乃上書曰：「臣聞日者陽精，守實不虧，君之象也；月者陰精，盈毀有常，臣之表也。故日蝕者，臣乘君，陰陵陽；月滿不虧，下驕盈也。人道悖於下，效驗見於天，雖有隱謀，神照其情，垂象見戒以告人君。間者月滿先節，過望不虧，此臣驕溢背君，專功獨行也。」（《後漢書》卷三十七，丁鴻傳）

安帝之世，因靑冀二州，淫雨爲患，河水爲災；徐岱之濱，海水盆溢，造成災害。陳忠因而上書曰：「春秋大水，皆爲君上威儀不穆，臨蒞不嚴，臣下輕慢，貴倖擅權，陰氣盛强，陽不能禁，故爲淫雨。」（《後漢書》卷四十六，陳忠傳）翟酺亦因災害數見，因而上書曰：「自去年以來，災譴頻數，地坼天崩，高岸爲谷，修身恐懼，則轉禍爲福，輕慢天戒，則其害彌深。」（《後漢書》卷四十八，翟酺傳）因有地震爲災，楊震乃上書曰：「地者陰精，當安靜承陽，而今動搖者，陰道盛也。」（《後漢書》卷五十四，楊震傳）

順帝時，災異屢見，陽嘉二年（西元一三三年）公車徵郎顗，乃詣闕上章曰：「臣聞天垂妖象，地見災符，所以譴告人主，責躬修德，使正機平衡，流化與政也。《易》內傳曰：凡災異所生，各以其政，變之則除。」其後又上書陳六事，其一曰：「陵園至重，聖神攸憑，而災火炎赫，迫近寢殿，魂而有靈，猶將驚動。尋宮殿官府，近始永平，歲時未積，便更修造，又西苑之設，禽畜是處，離房別觀，本不常居，而皆務精土木，營建無已，消功單賄，巨億爲計。《易》內傳曰：人君奢侈，多飾宮室，其時旱，其災火。是故魯僖遭旱，修政自勑，下鐘鼓之縣，休繕治之官，雖則不寧，而時雨自降。由此言之，天之應人，敏於影響。」（《後漢書》卷三十下，郎顗傳）

順帝陽嘉元年（西元一三二年）張衡造成地動儀，乃令史官記地動所從方起。時政事漸損，權移於下。張衡乃上疏陳事曰：「陰陽未和，災眚屢見，神明幽遠，宜鑒在玆，福仁禍淫，影響而應，因德降休，乘失致咎，天道雖遠，吉凶可見」；又曰：「頃年雨常不足，思求所失，則洪範所謂僭恒陽若者也。懼群臣奢侈，昏踰典式，自下逼上，用速咎徵。又前年，京師地震土裂，裂者威分，震者人擾也。君以靜唱，臣以動和，威自上出，不趣於下，禮之政也。竊懼聖恩厭倦，制不專己，恩不忍割，與衆共威，威不可分，德不可共。洪範曰：臣有作威作福玉食，害於爾家，凶於爾國，天鑒孔明，雖疏不失，災異示人，前後數見，而未見所革，以復往悔，自非聖人不能無過。願陛下思維所以稽古率舊，勿令刑德八柄不由天子。若恩從上下，事依禮制，禮制修，則奢僭息；事合宜，則無凶咎，然後神聖允塞，災消不至矣。」（《後漢書》卷五十九，張衡傳）

順帝陽嘉三年（西元一三四年）左雄薦周舉拜尚書。是歲河南三輔大旱，五穀災傷。帝召周舉對策，無所隱諱。舉對曰：「天尊地卑，乾坤定矣。二儀交構，乃生萬物。萬物之中，以人爲貴，故聖人養之以君，化之以臣；順四時之宜，適陰陽之和，使男女婚娶不過其時，包之以仁恩，導之以德教，示之以災異，訓之以嘉祥，此先聖承乾養物之始也。夫陰陽閉隔，則二氣否塞；二氣否塞，則人物不昌，則風雨不時；風雨不時，則水旱成災。陛下處唐虞之位，未行唐虞之政，近廢文帝、光武之法，而循亡秦奢侈之欲，內積怨女，外有曠夫，今皇嗣未興，東宮不立，傷和逆理，斷絕人倫之所致也。」（《後漢書》卷六十一，周擧傳）

順帝徵黃瓊爲議郎，後遷尙書僕射。時連有災異，瓊乃上疏曰：「間者以來，卦位錯謬，寒燠相干，蒙氣數興，日闇月散，原之天意，殆不虛然」；「囚徒尙積，多致死亡，亦足以感傷和氣，招致災旱。若改敝從善，擇用嘉謨，則災消福至矣。」（《後漢書》卷六十一，黃瓊傳）順帝陽嘉二年，有地動山崩火災之異。詔特問當世之敝，爲政所宜。李固對曰：「臣聞王者，父天母地，寶有山川。王道得，則陰陽和穆；政化乖，則崩震爲災，斯皆關之天心，效於成事者也。夫化以職成，官由能理。古之進者，有德有命；今之進者，唯財與力。」（《後漢書》卷六十三，李固傳）

二、後期——桓帝時，宦官專朝政，刑暴濫，失皇子，災異尤多。延熹九年（西元一六六年），襄楷自家詣闕上疏曰：「臣聞皇天不言，以文象設教，堯舜雖聖，必歷象日月星辰，察五緯所在，故能享百年之壽，爲萬世法。臣竊見去年五月，熒惑入太微，犯帝座，出端門，不軌常道。……今歲歲星久守，太微逆行，西至掖門，還切執法。歲爲木精，好生惡殺，而淹留不去者，咎在仁德不修，誅罰太酷。」（《後漢書》卷三十下，襄楷傳）

順帝末年，江淮盜賊群起，州郡不能禁。桓帝卽位，太后臨朝，大將軍梁冀當政。朱穆以爲梁以外戚重望，當有以扶持王室，因推災異奏記，以勸戒梁冀曰：「伏念明年丁亥之歲，刑德合於乾位，龍戰於野，其道窮也，謂陽道將勝，而陰道負也。夫善道屬陽，惡道屬陰，若修正守陽，摧折惡類，則福從之矣。」（《後漢書》卷四十三，朱穆傳）

爰延儒者，通經敎授，性質慤，少言辭；桓帝徵爲博士，後遷魏郡太守，徵拜大鴻臚。帝以延係儒士，密問之曰：太史令上言客星經帝座，何也？延因上封事曰：「臣聞天子尊，無爲上，故天以爲子，位臨臣庶，威重四海，動靜以理，星辰順序，意有邪僻，則晷度錯違」；「惟陛下遠讒諛之人，納謇謇之士，除左右之權，寤宦官之敝，使積善日熙，佞惡消殄，則乾災可除。」（《後漢書》卷四十八，爰延傳）

大將軍梁冀專朝政，桓帝無子，災異數見。劉陶時游太學，乃上書陳事曰：「臣聞人非天地，無以爲生；天地非人，無以爲靈。是故帝非人不立，人非帝不寧。夫天之與帝，帝之與人，猶頭之與足，相須而行也。伏惟陛下年隆德茂。……損於聖德，故蔑三光之謬，輕上帝之怒」；「故天降衆異，以戒陛下。陛下不悟，而競令虎豹窟於麑場，豺狼乳於春囿。……死者悲於窀穸，生者戚於朝野。是愚臣所爲咨嗟，長懷嘆息者也。」（《後漢書》卷五十七，劉陶傳）

桓帝延熹九年（西元一六六年）荀爽舉至孝，拜郎中，對策陳便宜曰：「遵法堯湯，式是周孔，合之天地而不謬，質之鬼神而不疑，人事如此，則嘉瑞降天，吉符出地，五韙咸備，各以其序矣。昔者聖人建天地之中，而謂之禮。禮者，所以興福祥之本，而止禍亂之源也。人能枉欲從禮者，則福歸之，順欲廢禮者，則禍歸之，推禍福之所應，知興廢之所由來也。」（《後漢書》卷六十二，荀爽傳）

桓帝永康元年（西元一六七年）徵皇甫規爲尚書。是年夏日蝕，詔公卿擧賢方正，下問得失。規對曰：

「天之與王者，如君之與臣，父之與子也。誡以災妖，使從福祥。陛下八年之中，三斷大獄，一除內嬖，再誅外臣，而災猶見，人情未安也。殆賢愚進退，威刑所加，有非其理也。……至於鉤黨之釁，事起無端，虐賢傷善，哀及無辜。今與改善政，易於覆手；而群臣杜口，鑒畏前害，互相瞻顧，莫肯正言。伏願陛下，暫留聖明，容受謇直，則前責可弭，後福必降。」（《後漢書》卷六十五，皇甫規傳）

桓帝永康元年（西元一六七年），竇武以國政多失，內官專寵，李膺、杜密等爲黨事被考逮，上疏諫曰：「陛下委任近習，專樹饕餮，外典州郡，內幹心膂，宜以次貶黜，案罪糾罰，抑奪宦官欺國之封，案其無狀誣罔之罪；信任忠良，平決臧否，使邪正毀譽，各得其所，寶愛天官，從善是授。如此，咎徵可消，天應可待。間者有嘉禾芝草黃龍之見。夫瑞生必以嘉士，福至則由善人，在德爲瑞，無德爲災。」（《後漢書》卷六十九，竇武傳）

靈帝熹平元年（西元一七二年）楊賜侍講於華光殿中，有青蛇見於御座。帝以問賜。賜上封事曰：「臣聞和氣致祥，乖氣致災，休徵則五福應，咎徵則六極至。夫善不妄來，災不空發。王者心有所惟，意有所想，雖未形顏色，而五星以之推移，陰陽爲其變度，以此而觀天之與人，豈不符哉」；「惟陛下思乾剛之道，別內外之宜，崇帝乙之制，受元吉之祉，抑皇甫之權，割艷妻之愛，則蛇可消，禎祥立應。」（《後漢書》卷五十四，楊賜傳）

靈帝光和元年（西元一七八年），蔡邕以權不在上，天雨雹傷物；政有苛暴，虎狼食人；貪利傷民，蝗蟲損稼；乃上書言七事，書有言曰：「天於大漢，殷勤不已，故屢出妖變，以當譴責，欲令人君感悟，改危即安。今災眚之發，不於他所，遠在門垣，近在寺署，其爲監戒，可謂至切。蜺墮鷄化，皆婦人干政之所致也。」（《後漢書》卷六十下，蔡邕傳）是年盧植遷尚書，有日蝕之異，植上封事，諫曰：「臣聞五行傳，日晦而月見謂之朓，王侯其舒，此謂君政舒緩，故日蝕晦也。《春秋傳》曰：天子避位移時，言其相掩不過移時。而間者日蝕自巳過午，既蝕之後，雲霧晻曖，比年地震彗孛互見。臣聞漢以火德，化當寬明，近色信讒，忌之甚者，如火畏水故也。案今年之變，皆陽失陰侵，消禦災凶，宜其有道。」（《後漢書》卷六十四，盧植傳）

第三節　讖緯方術的影響

一、讖緯的意義——論者每將讖與緯混在一起，不加分別，視爲一事，乃是錯誤。實則讖指圖讖；緯是緯書。讖爲隱語，預定吉凶。讖者驗也，謂其隱語，未來可驗證成爲事實，推其淵源，或與河圖洛書有關。《尙書》顧命篇曰：「天球河圖」，傳曰：「河圖，八卦，伏羲王天，龍馬出河，遂則其文，以畫八卦，故曰河圖。」《易》繫辭稱：「河出圖洛出書，聖人則之。」疏曰：「如鄭康成之義，則春秋緯云：河以通乾，通天苞；洛以流坤，吐地符。河龍圖發，洛龜書感。河圖有九篇，洛書有六篇。」孔安國以爲河圖則八卦是也；洛書則九疇是也。」張衡曰：「立言於前，有徵於後，故智者貴焉，謂之讖書。」（《後漢書》卷五十九，張衡傳）《史記》趙世家稱：「公孫支書而藏之，秦讖於是出焉。」《漢書》王莽傳稱：「道士西門君惠，好天文讖記，言劉氏當復興。」《後漢書》光武紀，讖記曰：「劉秀發兵捕不道，卯金修德爲天子。」

《隋書》經籍志謂緯書對經書而言也。經書者所以明歷久不變的常道。緯書是前漢末年，儒者假託經義以言符籙瑞應之書，共有七緯，卽易緯、書緯、詩緯、禮緯、樂緯、春秋緯、孝經緯。《四庫全書總目提要》卷六曰：「按儒者多稱讖緯，其實讖自讖，緯自緯，非一類也。讖者，詭爲隱語，預決吉凶。」《史記》秦本紀稱：盧生奏錄圖書之語，是其始也。緯者，經之支流，衍及旁義。《史記》自序引《易》「失之毫厘，差以千里」，《漢書》蓋寬饒傳引《易》「五帝官天下，三王家天下」；注者均以爲易緯之文是也。蓋自秦漢以來，去聖日遠，儒者推衍經義論說，各自成書，與原來經書，不相比附。如伏生的《尚書大傳》，董仲舒的《春秋繁露》核其文體，卽可視爲緯書。其他私相撰述，漸雜以術數之言，旣不知作者爲誰，因附會以神其說；迨彌傳彌失，又益以妖妄之辭，遂與讖合而爲一。

緯書文句亦多有隱含之意，以暗讖時政得失及預言未來政治的成敗興亡者。從這一角度觀之，緯亦有近似圖讖者，這是讖與緯合一的另一因由，故合稱讖緯。讖緯與陰陽學說，有近似之處，但亦有其不同之點。陰陽學說來自《易》繫辭「天垂象，見吉凶」（《周易》卷七，繫辭上）之言，其義雖在明天人感應之理，作善降之百祥，作不善降百殃。但仍存人定可以勝天之意。人君若能正身恭己，修行善政，雖有災變，亦可消弭之，而致福祥。人君若不正其身，行德政，雖有禎祥，亦可轉致災禍。讖緯之說並無這種觀念，認爲一切吉凶禍福皆由天定，非人力所能改變。劉秀受符命，故能爲天子。符命者天降瑞應以爲人君受命之符。秀爲天子乃天數所定，未可更易。讖語曰：「劉家當更受命」，故光武能中興漢室。

二、方術的意義——雜技曰方術，如卜筮、占驗、醫藥等均屬之。善方術者爲方士。《史記》秦始皇本紀曰：「悉召文學方術士，甚衆，欲興太平，方士欲練以求奇藥。」占訓觀察，占卜之占指視兆以知吉凶。兆指以火灼龜而骨裂紋以呈現的徵兆。《尙書》洪範篇曰：「擇建立卜筮人，乃命卜筮。」傳曰：「龜曰卜，蓍曰筮，考正疑事，擇知卜筮人而建立之。」《白虎通義》蓍龜篇曰：「自天子下至士，皆有蓍龜者，重事決疑，示不自專。」《後漢書》方術列傳（卷八十二）所指之方術不僅止於占、卜、筮。傳曰：「仲尼稱易有君子之道四焉，曰卜筮者，尙其古（《易》繫辭曰：以言者尙其辭；以動者尙其變；以制器者，尙其象；以卜筮者尙其古）。占也者，先王所以定禍福，決嫌疑，幽贊於神明，遂知來物者也。若夫陰陽推步之學，往往見於墳記矣。然神經怪牒、玉策金繩，關扃於明靈之府，封縢於瑤壇之上者，靡得而闚也。至乃河洛之文，龜龍之圖，箕子之術，師曠之書，緯候之部，鈐決之符，皆所以探抽冥賾，參驗人區，時有可聞者也。其流又有風角、遁甲、七政、元氣、六日七分、逢占、日者、挺專、須臾、孤虛之術及望雲省氣，推處祥妖，時亦有以效於事者。」（《後漢書》八十二，方術列傳）

所謂河洛之文，龜龍之圖，蓋指圖讖而言。箕子之術，指洪範五行、陰陽庶徵休咎等。師曠之書係占災異者之文書，凡六篇。緯侯之部，緯指七經緯，侯指尙書中侯。鈐決之符，指太公兵法中玉鈐、玄女六韜要決及陰符與得敵之符。風角是占候法之一，以五音占風而定吉凶，見《太白陰經》。《後漢書》郎顗傳「父宗，學京氏《易》，善風角星算」，注曰：謂候四方四隅之風，以占吉凶。遁甲乃術數之一種，奇門遁甲之簡稱。奇門遁甲總叙曰：「昔大撓造甲子，風后復演爲遁甲，其法幽深隱秘，未易窺測，故謂之遁。」《後漢書》方術列傳注曰：「推六甲之陰而隱遁也」。七政謂日、月及五星。《尙書》舜典曰：「在璿璣玉衡，以齊七政。」五星指金、木、水、火、土之星。元氣謂大化之始氣。《漢書》律曆志曰：「太極元氣，函三爲一」，謂人之精氣。《舊唐書》柳公綽傳：「公綽善攝生，年八十餘，步履輕便；或祈其術。曰：吾初無術，但未嘗以元氣佐喜怒，氣海常溫耳。」六日七分，見於《易稽覽圖》曰：「甲子卦氣起中孚，六日，八十分日之七」，鄭玄註曰：「六，以候也，八十分爲一日之七者，一卦六日七分也。」望雲省氣者，古覘候之術，望雲氣而知徵兆者。觀於《後漢書》方術列傳的記述，則知所謂方術者，種類不一，內容甚繁，而其要者則爲陰陽、五行、占候、圖讖、緯書及符命等術數。

三、讖緯的影響——《史記》秦本紀稱盧生奏圖錄，有「亡秦者，胡也」之語。於是秦始皇乃築長城以防胡，但至二世「胡亥」而秦以亡。《春秋緯漢含孳》，有「劉季卯金刀，在軫北，字季，天下服，……刀擊秦，枉矢東流，水神哭神龍」之語，後劉季滅秦，遂都長安。《漢書》王莽傳謂王莽立孺子嬰之年，武功掘井得白石，石書有「告安漢公莽爲皇帝」，莽果篡漢自立。《漢書》李尋傳（卷七五）有「漢家當更受命」之語，則知漢室當可中興。然而漢劉究是何人可以爲天子呢？《後漢書》鄧晨傳云：「圖讖言劉秀當爲天子」；於是劉歆遂於哀帝建平元年（西元前六年）改名劉秀，欲以應運（見《漢書》劉歆傳）。

光武帝劉秀，即帝位，既係應讖語，又因「姓號見於圖書」（《後漢書》竇融傳），遂崇信圖讖而不疑。建武五年（西元二九年）光武在軍中「猶以餘閒講經藝，發圖讖」（《東觀漢記》卷一）。建武二年（西元二六年）制定服色皆依圖讖而爲之。光武用人行政，多以符命決疑，晚年之封禪，亦因感讖而成，甚而下詔宣布讖書於國中。光武建武元年（西元二五年）以讖文用平狄將軍孫咸行大司馬事，衆咸不悅（《後漢書》卷二二，景丹傳）。赤伏符曰：「王梁主衞作玄武。光武遂以野王衞之所，徙玄武神之名，司空水土之官，於是拜王梁爲大司空，封武疆侯。」（《後漢書》卷二二，王梁傳）

圖讖迹近迷信，儒者多不贊成。光武深信圖讖，桓譚上疏諫之曰：「觀先王之所記述，咸以仁義正道爲本，非有奇怪虛誕之事。蓋天道性命，聖人所難言也。自子貢以下，不得而聞，況後世淺儒能通乎？今諸小才伎數之人，增益圖書，矯稱讖記，以欺惑貪邪，詿誤人主，焉可不抑遠之哉？」疏奏不省，帝甚不悅。其後下詔會議靈臺之所，謂桓譚曰：吾欲以讖決之，何如？譚默然良久曰：臣不讀讖。帝問其故。譚復極言讖之非經。帝大怒曰：桓譚非聖無法，將下斬之。桓譚叩頭流血，良久，乃得釋（《後漢書》卷二十八上，桓譚傳）。

光武嘗問鄭興郊祀事，曰：吾欲以讖斷之，何如？興對曰：臣不爲讖。帝怒曰：卿之不爲讖，非之耶？興惶恐曰：臣於書有所未學，而無所非也。帝意乃解（《後漢書》卷三十六，鄭興傳）。光武以尹敏博通經記，令校圖讖，使蠲去崔發所爲王莽著錄比次。敏對曰：「讖書非聖人所作，其中多近鄙別字，頗類世俗之辭，恐疑誤後生。」帝不納。敏因其缺文增之，曰：「君無口爲漢輔。」帝見而怪之，召敏問其故。敏對曰：「臣見前人增益圖書，敢不自量，竊幸萬一。」帝深非之，雖意不罪，而亦以此沉滯（《後漢書》卷七十九上，尹敏傳）。

明帝卽位，號曰永平元年（西元五八年），曹充奏請制禮樂以示百世。帝問如何制禮樂？對曰：《河圖括地象》曰：有漢世禮樂文雅出；《尙書琁璣鈐》曰：有漢帝出德洽作樂名子。此皆讖緯書句。帝喜之，下詔使依此讖緯以制禮樂。章帝元和二年（西元八五年）下詔曰：「河圖稱赤九會昌，十世以光，十一以興；《尙書琁璣鈐》曰：述堯理世，平制禮樂，放唐之文」，蓋欲依讖緯以制禮樂。章帝章和元年（西元八七年）帝召曹褒，敕曰：漢儀十二篇散略不全，多不合經，今宜依禮條正，於南宮東觀盡心集作。褒受命，依準舊典，雜以五經讖記之文，撰自天子至於庶人之冠婚吉凶終始制度，以爲百五十篇（《後漢書》

卷三十五，曹褒傳）。

後漢光武帝以深信讖緯之說而中興漢室。後漢諸帝繼之而不敢改易。後漢以讖緯興起，亦因讖緯亂亡。《後漢書》靈帝紀稱：鉅鹿人張角自稱黃天。依《宋書》符瑞志曰：黃巾賊起事時，乃云「蒼天已死，黃天當立」。黃巾賊起，驅萬衆從事戰爭，搶殺虜略，中原糜爛，死亡枕藉。亂賊後雖被皇甫嵩等所敉平，但戰亂已啓，人心背離，漢祚遂因以終結。

四、方術的影響——春秋戰國時代，已有方術之士，持陰陽五行之說，行神仙却病長生之術。宋毋忌、王子喬、充尙、羨門高等卽其著名者。《史記》秦始皇本紀稱：「召方術之士甚衆，欲練以求奇藥」，及巡幸東方，與燕齊諸方士遊。始皇先後遣徐市、盧生入海求神仙，並採不死之藥，無所得。漢武帝雖崇儒術，然外仁義而內多欲，故同時好方士之術。李少君以祠竈，穀道却老之方見上，上尊之。於是始親祠竈，並遣方士入海求蓬萊安期生，莫能得。而海上燕齊怪迂之方士多相效，更言神仙事（《史記》漢武帝本紀）。

降至後漢，方術之士仍爲朝野所信從。《後漢書》方術列傳（卷八十二上下）立傳者卽有任文公等三十餘人。任文公預占大水，敎民設防，民有爲防以待者，大水果如期而至。任文公後返蜀，蜀公孫述據地，武擔山折。文公曰：西州智士死，我自當之！後三月果死，人稱「任文公智無雙」。高獲亦明天文遁甲之術，占事多驗，死於江南石城，石城人思之，爲之立祠。王喬爲葉縣縣令，相傳喬有神術，每月朔望，嘗自縣詣朝，而人不知。喬死，百姓爲立廟，號葉君祠。廖扶能預知未來之事，時人稱爲北郭先生。樊英能含水，潄而爲雨，西向噀之，能滅成都大火。《後漢書》以衆多篇幅，娓娓記述方士奇異之事，足見當時迷信神仙方術之士，甚爲盛達。

順帝時，琅玡宮崇獻其師于吉所得之《太平清領書》，凡百七十卷，其言以陰陽五行爲宗，而多巫覡雜語。言神咒可使神除災疾，用之所向無不愈。其後，鉅鹿張角據以創太平道，以妖術授徒惑衆，並以符咒爲人療病，附從甚衆。十餘年間有徒衆數十萬。靈帝中平元年（西元一八四年），張角之徒馬元義謀起事，事泄，車裂於洛陽，角乃馳勑諸方，從衆遂舉事，衆皆着黃巾爲標誌，時人稱曰黃巾賊，殺人祭天，燒掠府邑，旬日之間，天下震動，後被皇甫嵩等所滅。

張道陵本名陵，張良九世孫，明帝永平間爲江州令，後棄官隱居，入江西龍虎山習煉丹符咒之術，從學者甚衆，爲正一派道教之祖。陵子張衡，安帝時由郎中遷太史令，後拜爲尙書，精天文曆算之學，嘗作渾天儀及候風地動儀，繼其父傳道教。陵學道蜀中鶴鳴山，從學者出五斗米，時號五斗米道。子衡繼其道，孫張魯繼之，以鬼神之說欺惑民衆，據漢中幾三十年，張角等亦附之。其請禱之法，書病人姓名三張，向病者說服罪之意，一張上之天，著山上，一張埋之地，一張沉之水，謂之三官手書。所謂太平道及五斗米道，其法略同，蓋《太平清領書》一脈相傳。張魯敗降曹操，封閬中侯。

第四節　自然主義的反應

後漢時代，陰陽五行之說，天人感應之理及圖讖方士之術，甚爲流行；因之，人皆受到天的控制及神鬼怪異的拘束，個性難以發展，自由亦以喪失。自然主義的反應，就是對這些控制與拘束的挑戰與反抗，自我醒覺，要衝決網羅，追求自由，自求解放。王充《論衡》一書最足爲這自然主義思想的代表。

玆略其要旨如次，以見一斑：

一、人性論——王充所持的人性論有似孔子所謂「性相近也，習相遠也」；「惟上智與下愚不移。」他說：「夫中人之性在所習焉，習善而爲善，習惡而爲惡也。至於極善極惡，非復習」，又曰「余固以孟軻言性善者，中人以上者也；孫卿言性惡者，中人以下者，揚雄言人性善惡混者，中人也。」（卷三，本性篇）

二、尚無爲——王充的思想，近似道家學說。道家崇尚自然，無爲而治。王充亦信持這一思想。他說：「夫天道，自然也，無爲。如譴告人，是有爲，非自然也。黃老之家，論說自然，得其實矣。」（卷十四，譴告篇）又曰：「春觀萬物之生，夏觀其長，秋觀其成，冬觀其藏天地爲之乎？物自然也。如謂天地爲之，爲之宜用乎，天地安得萬萬千千手並爲萬萬千千物乎？諸物在天地之間，猶子在母腹中也。母懷子氣，十月而生，鼻、口、耳、目、髮、膚、毛理、血脈、脂腴、骨節、爪齒，自然成腹中乎？母爲之也？」「賢之純者，黃老是也。黃者，黃帝也；老者，老子也。黃老之操，身中恬澹，其治無爲，正身拱己，而陰陽自私；無心於物而物自化；無意生物，而物自成。《易》曰：黃帝堯舜垂衣裳而天治。垂衣裳者，垂拱無爲也」；「天道無爲，故春不爲生，而夏不爲長，秋不爲成，冬不爲藏。陽氣自出，物自生長；陰氣自出，物自成藏。汲井決陂，灌溉田園，物亦生長。霈然而雨，物之莖葉根垓，莫不洽濡，程量澍澤，孰與汲井決陂哉？故無爲之爲大矣。」（卷十八，自然篇）

三、反感應——自董仲舒大倡天人感應之說，劉安之《鴻烈書》，劉向之《說苑》均就此說，更申而論之。後漢時代天人感應之說，甚爲流行。而王充則力斥其非是。異虛篇（卷五）曰：「殷高宗時，桑穀俱生於朝，七日而大拱。祖己曰：桑穀者野草也，而生於朝，意朝亡乎！高宗恐駭，側身而行道，思索先王之政，明養老之義，興滅國，繼絕世，擧佚民，桑穀亡。三年之後，諸侯以譯來朝者六國，遂享百年之福。此虛言也！夫朝之當亡，猶人之當死。人欲死怪出，國欲亡期數盡。人死命終，不能復生，亡不復有。祖己之言政，何益於不亡，高宗之修行，何益於除禍。除禍且不能，況能招致六國，延期至百年乎!?」

王充曰：「論災異者更說曰：災異之至，殆人君之政動天，天動氣以應之。譬之以物擊鼓，以椎扣鐘。鼓猶天，椎猶政，鐘鼓聲猶天之應也。人主爲於下，則天氣隨人而至矣。曰：此又疑也！夫天能動物，物焉動天。何則？天爲人之主也。」（卷十五，變動篇）

四、反災異——王充曰：「論災異者，謂古之人君，爲政失道，天用災異譴告之也。災異非一，復以寒溫爲之效，人君用刑非時則寒，施賞違節則溫。天神譴告人君，猶人君責怒臣下也。故楚嚴王曰：天不下災異，天其忘予乎？災異爲譴告，故嚴王懼，而思之也。曰：此疑也！夫國之有災異也，猶家人之有變怪也。有災異謂天責人君，有變怪天復譴告家人乎？人身中有病，猶天之有災異也。血脈不調，人生疾病；風氣不和，歲生災異。災異謂天譴告國政，疾病天復譴告人乎？釀酒於罌，烹肉於鼎，皆欲其氣味調得也。時或鹹苦酸淡不應口者，猶人勻藥失其和也。夫政治之有災異也，猶烹釀之有惡味也。苟謂災異爲天譴告，是其烹釀之誤得見譴告也。」（卷十四，譴告篇）

五、非卜筮——俗人相信卜筮，認爲卜筮的徵兆乃是天之示意，因兆徵可知吉凶。而王充則深以之爲誤而非之。王充曰：「俗信卜筮，謂卜者問天，筮者問地。蓍神龜靈，兆數報應，故舍人議而就卜筮，違否可而信吉凶。其意謂天地審報告，蓍龜眞神靈也。如實論之，卜筮不問天地，蓍龜未必神靈。有神靈，問天地，俗儒所言也。何以言之？子路問孔子曰：猪肩羊膊可以得兆，雚葦藁芼可以得數，何必以蓍龜？孔子曰：不然，蓋取其名也。夫耆之爲言耆也，龜之爲言舊也。明狐疑之事，當問耆舊也。由此言之，蓍不神，龜不靈，蓋取其名，未必有實也。無其實，則知其無神靈。無神靈，則知不問天地也；且天地口耳何在，而得問之？」（卷二十四，卜筮篇）

六、無鬼論——世人皆謂人死爲鬼，鬼有形象似人。王充非之，認爲人死不能爲鬼，所謂鬼者，乃有疾病者，精神不濟，思念存想所致的幻象。他說：「凡天地之間有鬼，非人死，精神爲之也，皆人思念存想之所致也。致之何由？由於疾病。人病則憂懼，憂懼則見鬼出。凡人不病則不畏懼。故得病寢衽，畏懼鬼至。畏懼則存想，存想目自虛見。何以效之，伯樂學相馬，顧玩所見無非馬也；宋之庖丁學解牛，三年不見生牛，所見皆死牛。二者用精至矣，異念存想，自見異物也。人病見鬼，猶伯樂之見馬，庖丁之見牛也。」（卷二十二，訂鬼篇）

王充認爲人亦是物，物死不能爲鬼，人死何獨能爲鬼。他說：「世謂死人爲鬼，有知能害人。死人不爲鬼，無知不能害人。何以驗之？驗之以物，人，物也。物，亦物也。物死不能爲鬼，人死何獨能爲鬼。……人之所以生者，精氣也。死而精氣滅。能爲精氣者，血脈也。人死血脈竭。竭而精氣滅。滅而形體朽，朽而成灰土，何用爲鬼。人無耳目則無所知，故聾盲之人，比於草木。夫精氣去，人豈徒與無耳目同哉！朽則消亡，忽荒不見，故謂之鬼神，人見鬼神之形，故非死人之精。」（卷二十，論死篇）

第三十一章　王符的政治思想

第一節　生平事蹟

一、事略——《後漢書》卷四十九王符傳稱：王符字節信，安定臨涇人。少好學，有志操，與馬融、竇章、張衡、崔瑗友善。安定俗鄙庶孽（孽訓賤，庶爲妾），而符無外家（符爲妾子，依禮俗妾子不以其母之父母爲外祖父母，亦無喪服，故曰無外家），爲鄉人所賤。自和（帝）、安（帝）以後，世務游宦，當塗者更相薦引，而符獨耿介，不同於俗，以此遂不得升進。志意蘊憤，乃隱居，著書三十餘篇，以譏當時得失，不欲彰顯其名，故號曰《潛夫論》其指訐時短，討讁物情，足以見當時政風。《後漢書》以不少篇幅，著錄《潛夫論》中的五篇全文。這五篇篇目，爲貴忠、浮侈、實貢、愛日及逑赦。

二、著作——《四庫全書總目提要》曰：《潛夫論》漢王符撰，今本凡三十五篇，合敘錄爲三十六篇，蓋猶舊本。卷首讚學一篇，論勵學勤修之旨。卷末德志篇逑帝王之世次。志氏姓篇，考譜系之源流。其中卜列、相列、夢列三篇，皆雜論方伎，不盡指陳時政。《潛夫論》共分十卷三十六篇。篇目次第爲：讚學第一、務本第二、遏利第三、論榮第四、賢難第五、明闇第六、考績第七、思賢第八、本政第九、潛歎第十、貴忠第十一、浮侈第十二、愼微第十三、實貢第十四、班祿第十五、逑赦第十六、三式第十七、愛日第十八、斷訟第十九、衰制第二十、勸將第二十一、救邊第二十二、議邊第二十三、實邊第二十四、卜列第二十五、巫列第二十六、相列第二十七、夢列第二十八、釋難第二十九、交際第三十、明忠第三十一、本訓第三十二、德化第三十三、五德志第三十四、志氏姓第三十五、敘錄第三十六。

《後漢書》卷四十九，同列王充、王符、仲長統三人本傳，唐韓愈因作後漢三賢傳。今以三家之書（王充《論衡》、王符《潛夫論》、仲長統《昌言》）相比較，《潛夫論》洞明政體政理，類似《昌言》，而明切透闢則過之；辨別是非，有似《論衡》，而醇正敦實則過之。《四庫全書總目提要》列入子部儒家類，自屬正確。惟符主張勵行法治，反對赦贖，則近於荀子，不盡符孔孟之義，自宜以荀儒視之。其於賢難篇稱鄧通忠於文帝，盡心不違，爲帝吮癰而無恪色。通欲使太子（景帝）爲父吮癰以昭孝道，太子不肯，因而結怨，至於飢死，而以景帝爲不當。此乃矯激之論，不可視爲平允，非儒者之所宜言。

三、生卒——王符的生卒之年不可考，惟可推測。《後漢書》王符本傳稱：符與馬融、張衡、崔瑗相友善，則四人乃是同一時代的人，年齡當相去不遠。張衡生於章帝建初三年（西元七八年），馬融生於建初四年（西元七九年），崔瑗生於建初二年（西元七七年）。胡適著《中國中古思想小史》，王符約在西元一七〇年左右去世。假定符的年齡較融小五歲或六歲，他的生年可能是西元八十四年或八十五、六年。依此計算，王符享年略近九十。因他淡泊名利，隱居著書，生活單純，當可享高壽。

第二節　政治思想

王符是醇正儒者，其所信持的政治思想，自以儒學爲取向。茲舉要義如次：

一、**務本抑末**——王符師法荀子所謂「天之生民，非爲君也，以爲民也」（《荀子》大略篇）之意，認爲天之立君，非以私此人，使之役民也，而是使之利百姓。他說：「太古之時，烝黎初載，未有上下，而自順序；天未事焉，君未設焉。後稍矯虔，或相凌虐；侵漁不止，遂萌巨害。於是天命聖人，使司牧之，使不失性，四海蒙利，莫不被德；僉共奉戴，謂之天子。故天之立君，非私此人也，使役民，蓋以誅暴除害，利黎元也。」（班祿篇，第十五）天使聖人，司牧百姓，便是政治活動。政治活動的目的，在務爲人民謀幸福，造利益。

爲政者當如何利民呢？王符以爲利民之道，在於務本抑末，而遏危亂的發生，謀致安和與治平。富人民，崇正學，爲務本的正道。此乃孔子富而後敎的主旨。抑末的途徑在於戒淫侈，輕末利。這符合《大學》所謂：「生財有大道，生之者衆，食之者寡，爲之者疾，用之者舒；則財恒足矣」的原理。財恒足則民富有。

王符申論務本抑末的意義曰：「凡爲人之大體，莫善於抑末而務本；莫不善於離本而飾末。夫爲國者以富民爲本，以正學爲基。民富乃可敎，學正乃得義。民貧則背善，學淫則詐僞。入學則不亂，得義則忠孝。故明君之法，務此二者，以爲成太平之基，致休徵之祥。」（務本，第二）

王符進而說明務本抑末的方法，曰：「夫富民者，以農桑爲本，以游業爲末。百工者以致用爲本，以巧飾爲末。商賈者以通貨爲本，以鬻奇爲末。三者守本離末則民富，離本守末則民貧。貧則阨而忌善，富則樂而可敎。敎訓者，以道義爲本，以巧辯爲末。辭語者，以信順爲本，以詭麗爲末。列士者，以孝悌爲本，以交游爲末。孝悌者，以致養爲本，以華觀爲末。人臣者，以忠正爲本，以媚愛爲末。五者守務本抑末則民富國安，若離本守末，則道德崩潰，社會危亂，爲害至鉅。王符指陳離本守末的弊害曰：「夫用天之道，分地之利，六畜生於時，百物聚於野，此富國之本也；游業末事，以收民利，此貧邦之原也。忠信謹愼，此德義之基也；虛無譎詭，此亂道之根也。故力田所以富國也。今民去農桑，赴游業，披采衆利，聚之一門；雖於私家有富，然公計愈貧矣。百工所以備器也，器以便事爲善，以膠固爲上；今工好造彫琢之器，巧僞飭之以欺民取賄；雖於姦工有利，而國界愈病矣。商賈者，所以通貨也，物以任用爲要，以堅牢爲資；今商競鬻無用之貨，淫侈之幣，以惑民取產，雖於淫商有得，然國計愈失矣。此三者，外雖有勤力富家之私名，內有損民貧國之公實。故爲政者，明督工商，勿使淫僞；困辱游業，勿使擅利；寬假本農，而寵遂學士，則民富而國平矣。」（務本，第二）

二、民爲邦本——民爲邦本，本固邦寧。王符認爲爲政之道，在於富民。富民所以固邦本。本固則邦寧。王符雖未明言人民是國家的主權者，但他說：君以天爲制，天以民爲心。君主須敬順上天，上天則以民爲心。君主爲政自必須以順民心爲要務。爲政須順民心，則民爲政本。順民心，乃是固本寧邦的至道。故遏利篇（第三）曰：「帝以天爲制，天以民爲心，民之所欲，天必從之。」

王符曰：「夫國以民爲基，貴以賤爲本。是以聖王養民，愛之如子，憂之如家，危者安之，亡者存之，救其災患，除其禍亂」；「聖王之政，普覆兼愛，不私近密，不忽疏遠，吉凶禍福，與民共之，哀樂之情，恕以及人，視民如赤子。」（救邊，第二十二）國無民不立，民既爲政之基，邦之本，故須愛之、安之、存之、吉凶禍福，與民共之。

天愛人民，君敬人民，百官任職，在利人民。王符曰：「帝王之所尊敬，天之所甚愛者，民也。今人臣受君之重，牧天之所甚愛，是故君子任職，則思利民；達上則思進賢，功孰大焉。故居上而下不重，在前而後不殆也。《書》稱天工人其代之」（忠貴，第十一）居上而下不重，蓋謂不擾民，不重賦，民安樂而稅負輕，故曰不重；在前指當前領導民衆，使遵行正道，而不受其害。原句出《文子》道德篇引老子之言。文子爲老子之弟子，著有《文子》一書，凡六篇。天工人其代之，見《尙書》皐陶謨，謂人君和百官代天以行愛民與利民的事務。

王符認爲天心、陰陽、人君、群臣、人民五者相互依輔，故爲政在和陰陽，順天心；和陰陽，順天心，在於愛民、利民使人民安樂。他說：「凡人君之治，莫大於和陰陽。陰陽者以天爲本。天心順，則陰陽和；天心逆則陰陽乖。天以民爲心，民安樂則天心順，民愁苦則天心逆。民以君爲統君政善，則民和治；君政惡，則民寃亂；君以恤民爲本。」（本政，第九）

三、施行德敎——人君務本抑末，利民愛民，則民生富裕。「既富矣，又何加焉？曰：敎之。」（《論語》子路篇）王符儒者，故對德敎的施行，甚爲重視。德指德化，即以德化民。敎指敎育，即求智以明德義。他說：「天地之所貴者，人也；聖人之所尙者，義也；德義之所成，智也；而智之所求者，學問也。雖有至聖，不生而知，雖有至材，不生而能。故志曰：黃帝師風后，顓頊師老彭，帝嚳師祝融，堯師務成，舜師紀后，禹師墨如，湯師伊尹，文武師姜尙，周公師庶秀，孔子師老聃。若此言之而信，則人不可以不就師矣。夫此十一君者，皆上聖也，猶待學問，其智乃博，其德乃碩，而況於凡人乎!?是故工欲善其事，必先利其器；士欲宣其義，必先讀其書。《易》曰：君子以多志前言往事以畜其德。是以人之有學也，猶物之有治也。故夏后之璜，楚和之璞，雖有玉璞卞和之資，不琢不錯，不離礫石。夫瑚簋之器，朝祭之服，其始也，乃山野之木，蠶繭之絲耳。使巧倕，加繩墨，而制之以斤斧，女工加五色而制以機杼，則皆成宗廟之器，黼黻之章，可著於鬼神，可御於王公。而況君子敦貞之質，察敏之才，攝之以良朋，教之以明師，文之以禮樂，導之以《詩》《書》，讚之以《周易》，明之以《春秋》，其不有濟乎。《詩》云：題彼鶺鴒，載飛載鳴，我日斯邁，而月斯征，夙興夜寐，無忝爾所生。是以君子終日乾乾，進德修業者，非直爲博己而已矣，蓋乃思述祖考之令問，而以顯父母也。孔子曰：吾嘗終日不食，終夜不寢以思，無益，不如學也。耕也，餒在其中；學也，祿在其中矣。」（讚學，第一）

王符曰：「人君之治，莫大於道，莫盛於德，莫美於教，莫神於化。道者所以持之也，德者所以苞之也，教者所以知之也，化者所以致之也。民有性有情，有化有俗。性情者，心之本也；化俗者，行之末也。末生於本，行起於心。是以上君撫世先其本，而後其末。心精苟正，則姦匿無所生，邪意無所載矣。夫化變民心也，猶政變民體也。德政加於民，則多滌暢姣好，堅强壽考；惡政加於民，則多罷癃尪病，夭昏扎瘥。」（德化，第三十三）又曰：「是故上聖不務治民事，而務治民心，故曰：聽訟吾猶人也，必也使無訟乎，導之以德，齊之以禮，務厚其情，而明其義。民親愛，則無相傷害之意；動思義，則無姦邪之心。夫若此者，非法律之所使也，非威刑之所强也，此乃敎化之所致也。」（同上）

以德化民，乃爲治之上者。王符曰：「太古之民，淳厚敦朴，上聖撫之，恬澹無爲，體道履德，簡刑薄威，不殺不誅，而民自化，此德之上也。」（勸將，第二十一）崇德化，乃是協和氣、致太平的正軌。王符曰：「明君臨衆，必以正軌，務節禮而厚下，復德而崇化，使皆阜於養生，而競於廉恥也。是以官

長正，而民自化；邪心黜，而姦匿絕。然後乃能協和氣，而致太平也。」（班祿，第十五）

四、選用賢才——王符以爲人君治國，以選用賢才爲首要。他說：「《書》曰：人之有能，使修其行，國乃其昌。是故先王，爲官擇人，必得其材，功加於民，德稱其位，人謀鬼謀，百姓與能，務順以動天地。如此，三代開國建侯，所以傳嗣百世，歷載千數者也。」（思賢，第八）王符深爲嘆惜人君不能用眞的賢才，反而用不肖之人，是以國不能以治平。他說：「夫治世不得眞賢，猶治疾不得眞藥也。治疾當得眞人參，反得支羅服；當得麥門多，反得烝穬麥。己而不識眞，合而服之，病以侵劇。」（同上）

王符以爲人君未能得眞賢，由於其不思賢，故雖有賢而不得進用。君不思賢，猶人之不嗜食。人不嗜食，病的徵兆；君不思賢，亂亡的因由。他說：「國之所以存者，治也；其所以亡者，亂也。人君莫不好治而惡亂，樂存而畏亡。近古以來，亡代有三，滅國無數，夫何故哉？察其敗，君常好其所亂，而惡其所治；憎其所以存，而愛其所以亡。」「夫與死人同病者，不可生也；與亡同行者，不可存也。何以知人之且病也，以其不嗜食也；何以知國之將亂也，以其不嗜賢也。是故病家之厨，非無嘉饌也，乃其人弗之能食，故遂於死也；亂國之官，非無賢人也，其君弗能任，故遂於亡也。夫生鉒秔粱，旨酒甘膠，所以養生也，而病人惡之，以爲不若菽麥糠糟欲淸者，此其將死之候也。尊賢任能，信忠納諫，所以爲安也，而闇君惡之，以爲不若姦佞闒茸讒諛之言者，此其將亡之徵也。」（思賢，第八）

知人始能善任。人君要得賢才而用之，首在知賢。知賢的君主須擺脫左右的蒙蔽，並明試以功，依考績的優劣以進賢退不肖。王符曰：「夫在位者之好蔽賢而務進黨也，自古而然」（潛歎，第十）；又曰：「處位卑賤，而欲效善於君，則必先與寵人爲仇矣。」（明闇，第六）君主左右寵幸人員多蒙蔽君主，進用其私人而排斥賢才的進用。欲用賢才，須先消除這種障碍。如何知賢在考察其功績。賢才當能表現功績。由功績而知賢。知賢而用必奏事功。王符曰：「凡南面之大務，莫急於知賢。知賢之近途，莫急於考功。功誠考，則治亂暴而明；善惡信，則直賢不得見障蔽，而佞巧不得竄其姦矣」。夫劍不試則利鈍闇，弓不試則勁撓誣，鷹不試則巧拙惑，馬不試則良駑疑，此四者之有相紛也；由不考試，故得然也。今群臣之不試（指考績）也，其禍非直止於誣闇疑惑而已，又必致於怠慢之節也。……是故大人不考功，則子孫怠而家破窮；官長不考功，則吏怠傲而奸宄興；帝王不考功，則直賢抑而詐僞勝。故《書》曰：三載考績，黜陟幽明，蓋所以明賢愚而勸能否也。」（考績，第七）

世無全才，故用人不能求全責備。人只要忠與賢，雖細行有小瑕，不足爲累，仍可進用，故王符曰：「苟有大美可尚於世，則雖細行小瑕，曷足以爲累乎？是以用士不患其非國士，而患其非忠；世非患無臣，而患其非賢。蓋無覊縻，陳平、韓信楚俘也，而高祖以爲藩輔，實平四海，安漢室。衞青、霍去病平陽之私人也，而武帝以爲司馬，實攘北狄，郡河西。惟其任也，何卑遠之有？然則所難於非此士之人，非將相之世者，爲其無是能而處是位，無是德而居是貴；無以我尙，而不秉我勢也。」（論榮，第四）

五、依法爲治——儒家（孔、孟）言性善，故立禮制，行德治以勸善崇德。法家與荀子主張人性惡，故立法制，行刑罰，以禁邪懲惡。實則二者不可偏廢，因人非盡善，徒善不足爲政，德治可勸善而不能止惡。人非盡惡，徒法不足以自行，法治可禁惡而不能勵賢。王符深明於此，故除主張施行德敎外，同時亦贊成依法爲治的法治。他說；「先王因人情喜怒之所不能已者，則爲之立禮制而崇德讓；人所可以已者，則爲之設法禁，而明賞罰。今市賣勿相欺，婚姻勿相詐，非人情之不可能者也；是故不若立義順法，遏絕其源。初雖慙恚於一人，然其終也，長利於萬世。小懲而大戒，此所以全小而濟頑凶也。夫立法之大要，必令善人勸其德，而樂其政；邪人痛其禍，而悔其行。」（斷訟，第十九）

王符論說法治的要義，認爲法是治國家，齊萬民，肅官吏的工具；法旣立，無論貴賤賢愚，一體遵行，人人守法，一律平等；法信尊嚴，令出如山，官民均須順從，不得違悖。王符曰：「無慢制而成天下者，三皇也；畫則象而化四表者，五帝也；明法禁而和海內者，〔三王也〕。〔行賞罰而齊萬民者，治國也；君立法而下不行者，亂國也；臣作政而君不制者，亡國也。是故民之所以不亂者，上有吏。吏之所以無姦者，官有法。法之所以順行者，國有君也。君之所以位尊者，身有義也〕。〔義者〕，〔君之政也；法者，君之命也。人君思正以出令，而貴賤賢愚莫得違也，則君位於上，而民氓治於下矣。人君出令，而貴臣驕吏弗順也，則君幾於弑，而民幾於亂矣。夫法令者，君之所以用其國也；君出令而不從，是與無君等。主令不行，則臣令行，國危矣。夫法令者，人君之銜轡箠策也；而民者君之輿馬也。若使人臣廢君法禁，而施己政令，則是奪君之轡策而己獨御之也。」（衰制，第二十）

法治的目的重在禁邪止惡，維持社會秩序及國家安寧。爲要達到這一目的，必須重行刑罰。刑罰是人所厭惡和畏懼的禍害。人爲避離刑罰的禍害，自不敢犯禁爲惡。〔王符曰〕：「議者必將以爲刑殺當不用，而德化可獨任。此非變通之論也，非淑世之言也。夫上聖不過堯舜，而放四子；盛德不過文武，而赫斯怒。《詩》云：君子如怒，亂庶遄沮；君子如祉，亂庶遄已。是故君子之有喜怒也，蓋以止亂也。故有以誅止殺，以刑禦殘。且夫治世者若登丘然，必先躡其卑者，然後乃得履其高。是故先治國，然後三王之政，乃可施也。道齊三王，然後五帝之化，乃可行也。道齊五帝，然後三皇之道，乃可從也。且夫法也者，先王之政也；令也者，己之命也。先王之政，所以與衆共也；己之命所以獨制人也。君誠授而法時貸之，布令而必行之，則群臣百吏，莫敢不悉心從己令矣。己令不禁，則法禁必行矣。故政令必行，憲禁必從，而國不治者，未嘗有也。」（衰制，第二十）

法治之要有三：一曰雖君主亦必須信守法令。王符曰：「法以君爲主，君信法，則法順行；君欺法，則法委棄。」（本政，第九）二曰法是至正至公之制，不分親疏，同樣守法。王符曰：「正法公也，無偏無頗，親疏同也。大義滅親，尊王之義也。」（釋難，第二十九）三曰：信賞必罰。王符曰：「法術明，而賞罰必者，雖無言語，而勢自治。治勢一成，君自不能亂也，況臣下乎!?法術不明，而賞罰不必者，雖日號令，然勢自亂。亂勢一成，君自不能治也。」（明忠，第三十一）

王符雖是儒者，但他是荀儒派的儒者。而荀卿是儒家亦是法家。所以王符推行法治，還主張憑藉「術」與「權」，以爲運用。他說：「在於明操法術，自握權秉而已矣。所謂術者，使下不得欺也；所謂權者，使勢不亂也。術誠明，則雖萬里之遠，幽冥之內，不得不求效；權誠用，則遠近親疏，貴賤賢愚，莫不歸心矣。周室之末則不然，離其術而舍其權；怠於己而恃於人，是以公卿不思忠，百僚不盡力，君王孤，蔽於上；兆黎寃，亂於下。故遂衰微侵奪，而不振也。」（明忠，第三十一）

王符既是荀儒，所以主張法後主，要各隨時宜。他說：「五代不同禮，三家不同敎。非其苟相反也，蓋世推移而俗化異也。俗化異則亂源殊，故三家符世，皆革定法。高祖制三章之約，孝文除克膚之刑，輕重無常，各隨時宜，要取足用勸善消惡而已。」（斷訟，第十九）

六、反對赦宥——國家設刑罰所以誅邪惡而保善良。如行赦宥，則是傷善良而寬厚邪惡，爲害滋

甚。王符曰：「爲國者，必先知民所苦，禍之所起，然後設之以禁，故姦可塞，而國可安矣。今日賊良民之甚者，莫大於數赦。赦贖數，則惡人昌，而善人傷矣；夫養稊稗者，傷禾稼；惠姦宄者，賊良民。《書》曰：文王作刑罰，玆無赦。是故先王之制刑法也，乃以威姦懲惡，除民害也。天下本以民不能相治，故爲立王以統治之。天子在於奉天威命，共行賞罰。故經稱：天命有德，五服五章；天罰有罪，五刑五用。」（述赦，第十六）

王符曰：「孝悌之家，修身愼行，不犯上禁，從生至死，無銖兩罪，數有赦贖，未嘗蒙恩，反常爲禍，何者？正直之士爲吏也，不避强禦，不辭上官，從事督察，方懷不快。而姦猾之黨，又加誣言，皆知赦之不久，則且共橫枉侵，冤誣奏法罪。」（述赦，第十六）這是說，善良的人，躬行孝悌，一生不犯任何法禁。屢赦對這些善良人，毫無恩益；而蒙赦宥的邪惡人，反而更侵害善良。正直的官吏，依法懲罰姦惡之輩。這些姦惡人及其同黨派的人，知不久可獲赦，便恣橫放恣，更爲邪惡。其獲赦者亦誣慢正直的官吏，而自鳴得意。不合理實甚。

數赦使邪惡的人存僥倖心理，作惡無所忌憚，善良之人受害不堪。設法禁所以止邪惡，保善良。赦宥足以損害法治的尊嚴，廢弛禁惡的效用。法治損弛，善良不保，邪惡橫行，國未有不亂者。王符曰：「凡民之所以輕爲盜賊，而吏之所以易作姦匿者，以赦贖數，而有倖望也。若使犯罪之人，終身被命，得而必刑，則計姦之謀破，而慮惡之心絕矣。夫赦贖行，孺子可令爐，中庸之人可引而下。故其諺曰：一歲載赦，奴兒噫嗟。言王誅不行，則痛瘀之子，皆輕犯，況狡乎!?若誠思畏盜賊多而不勝；故赦則是

爲姦宄報也。夫天道賞善而刑淫，天工人其代之。故凡立王者，將以誅邪惡而養正善，而以逞邪逆，妄莫甚焉。且夫國無常治，又無常亂。法令行，則國治；法令弛，則國亂。君敬法，則法行；君慢法，則法弛。」（述赦，第十六）

第三節　時政批評

《潛夫論》一書，在積極方面，對政治有建設性的建議；在消極方面，對國事有批評性的分析。他的批評乃是平心靜氣的客觀分析，並非個人主觀喜怒好惡的指罵，故有引述的價值。他的批評可分爲學術的、政治的和社會的三種。玆就此分別論述如左：

一、學術的批評——東漢時代的學者，多不務求經國濟民的實學，而喜談老、莊虛無空玄的思想，不切民生實際。在文章方面則注重辭賦，競趨文句的雕琢華麗，而不去闡揚明道識理之學。一般學者多無深學卓識，只是隨俗稱讚，博取虛譽，欺世盜名，道德淪喪。王符曰：「夫教訓者，所以遂道術，而崇德義也。今學問之士，好語虛無之事，爭著彫麗之文，以求見異於世。品人鮮識，從而高之，此傷道德之實，而或矇夫之大者也。詩賦者，所以頌善醜之德，洩哀樂之情也；故溫雅以廣文，興喩以盡意。今賦頌之徒，苟爲饒辯屈蹇之辭，競陳誣罔無然之事，以索怪於世，愚夫戇士，從而奇之，此悖孩童之思，而長不誠之言者也。」（務本，第二）

王符認爲所謂「憂道不憂貧」者，並非謂學人喜愛貧窮，而是指他們專心致志於其所學，心無傍騖，不去計較貧或富的問題。董仲舒、景君明（京房）家富而專心致學；倪寬、匡衡家貧而專心致學。這四人故均能成名立績。當時士人，多不能致志以底於成，率皆半塗而廢。富者以多財而不肯專心治學；貧者爲衣食所累，不得不中途易業。故學風不振，學術日衰。他說：「君子憂道不憂貧，箕子陳六極（洪範篇有五福六極），國風歌北門。故所謂不愛貧也，豈好貧而非憂之耶？葢志有所專，昭其重也。是故君子之求豐厚也，非爲嘉饌、美服、淫樂、聲色也，乃將以底其道，而邁其德也。夫道成於學，而藏於書；學進於振，而廢於窮。是故董仲舒終身不問家事，景君明經年不出戶庭，得精進其學，而顯昭其業者。富佚若彼，而能精勤若此者，材子也。倪寬賣力於都巷，匡衡自鬻於保徒者，身貧也。貧阨若彼，而能進學若此者，秀士也。當世學士，恒以萬計，而究塗者，無十數焉，其故何也？其富者，則以賄玷精；貧者則以乏易計或以喪亂稽其年。此其所以逮初喪功而及其童蒙者也。是故無董、景之才，倪、匡之志，而欲强捐身出家，曠日師門者，必無幾矣。夫此四者，耳目聰明，忠信廉勇，未必無儔也。而及其成名立績，德音令問不已，故有所以然。夫何故哉？徒其能自託於先聖之典籍，結心於夫子之遺訓也。」（讚學，第一）

二、政治的批評——王符對當時政治的批評，論說甚多，且深切而透闢，堪稱讜讜讜論，頗具價值，玆引述幾點於後：

1. 選拔制度的敗壞——

政府要達到選用賢才的目的，須有健全良好的選拔制度方能舉得其人。前漢的鄉舉里選制察舉孝廉、賢良，得人最盛。但這一制度到後漢時期，遭受敗壞。門第影響，權貴請託，財力與勢力的介入，遂致難以選拔賢才。王符曰：「群僚舉士者，或以頑魯應茂才，以桀逆應至孝，以貪饕應廉吏，以狡猾應方正，以諛諂任直言，以輕薄任敦厚，以空虛應有道，以嚚闇應明經，以殘酷應寬厚，以怯弱應武猛，以愚頑應治劇。名實不相副，求貢不相應。富者乘其財力，貴者阻其勢要，以錢多爲賢，以剛强爲上。凡在位多非其人，而官聽所以數亂荒也。」（考績，第七）

2.貴戚寵嬖的爲害——君主任用臣僚，不能量能而授官，因材而施用，徒重親戚，以其近己，喜愛色人，以其親匿。用非其人，虛食重祿，素餐尸位，結怨於民，害國實甚。如此用人，不但害國殃民，亦且足以禍及貴戚與色人，愛之實以害之。王符曰：「自春秋以後，戰國之制，將相權臣，必以親家。皇后兄弟，主壻外孫，年雖童妙，未脫桎梏，由（字誤）藉此官，功不加民，澤不被下，而取公侯，受茅土；又不得治民效能以報百姓，虛食重祿，素餐尸位，而但事淫侈坐作，驕奢破敗，而不及傳世者也。子產有言，未能操刀而使之割，其傷實多。是故世主之於貴戚也，愛其嬖媚之美，不量其材而授之官，不使自託，立功於民，而苟務高其爵位，崇其賜賞，令結怨於下民，積過旣成，豈有不顚殞者哉？此所謂子之愛人，傷之而已哉。」（思賢，第八）

3.官吏的怠忽職守——王符以爲當時的官吏，多怠忽職守，違背法律，不卹公事，累害人民，含寃則告訴無門；爲要整飭吏治，挽救頽風，必須振刷綱紀，有功必賞，有過必罰。他說：「今者刺史守相則率多怠慢，違背法律，廢忽詔令，專情務利，不卹公事，細民寃結，無所控告，下土邊遠，能詣闕者，萬無數人，其得省治，不能百一，郡縣負其如此也，故至敢延期，民日往上書，此皆太寬之所致也。……夫積怠之俗，賞不隆則善不勸；罰不重則惡不懲。故凡欲變風改俗者，其行賞罰者也。必使足驚心破膽，民乃易視。聖主誠肯明察群臣，竭精稱職，有功效者，無愛金帛、封侯之費；其懷姦藏惡，別無狀者，圖鈇鑕鉞之決。然則良臣如王成、黃霸、龔遂、邵信臣之徒可比郡而得也，神明瑞應可期年而致

也。」（三式，第十七）

4. 盜賊猖獗的禍害——因爲赦有屢行，邪惡之徒心存僥倖，肆無忌憚，流爲盜賊。盜賊猖獗，掠殺無辜，侵寃小民，殺人父母妻子，搶人財貨物器。盜賊且結幫成夥，集體殺人。這些盜賊且能賄行部吏，交結貴戚寵臣，爲之說項解脫。官賊賄通，民不堪命。王符指陳曰：「輕薄惡子，不道凶民，思彼姦邪，起作盜賊，以財色殺人父母，戮人之子，滅人之門，取人之賄及貪殘不軌，凶惡弊吏，掠殺不辜，侵寃小民。皆望聖帝當爲誅惡治寃，以解蓄怨；反一門赦之，令惡高會而夸詑老盜服藏而過門，孝子見讎而不能討，亡主見物而不得取，痛莫甚焉」；「洛陽至有主諧合殺人者，謂之會任之家。受人十萬，謝客數千，又重賄部吏，吏與通姦，利入深重，幡黨盤牙，請至貴戚寵臣，說聽於上，謁行於下。是故雖嚴令尹，終不能破攘斷絕。」（述赦，第十六）

5. 禦寇實邊的失策——漢屢受羌狄侵擾，不能整軍經武，奮力抵禦，一味因循敷衍，牽延時日，使寇患日深。當局以事在邊鄙，禍不切身而忽視之，實屬大錯。王符曰：「今不厲武以誅虜，選材以全境，而云邊不可守，欲先自割，示弱敵寇，不亦惑乎！」「欲令朝廷以寇爲小，而不早憂，害乃至此！尙不欲救。諺曰：痛不著身，言忍之；錢不出家，曰與之。假使公卿子弟，有被羌禍，朝夕切急如邊民者，則競言當誅羌矣。」（救邊，第二十二）

羌人始反，兵力尙不强，計謀亦尙不善，而我不能及時予以敉平，事有延誤，以致寇勢日張，而我受害益深。王符曰：「羌始反時，計謀未善，黨羽未成，人衆未合，兵器未備，或持竹木枝，或空手相撲，草食散亂，未有都督，甚易破也。然太守令長皆奴怯畏愞，不敢擊，故令虜遂乘勝上强，破州滅郡，日長炎炎，殘破三輔，覃及鬼方，若此，已積十歲矣。」（議邊，第二十三）王符又曰：「前羌始叛，草創新起，器械未備，虜或持銅鏡以象兵，或負板案以類楯，惶懼擾攘，未能相持，誠易制爾。郡縣皆大熾，及百姓暴被殃禍，亡失財貨，人哀奮怒，各欲報讎，而將帥皆怯劣軟弱，不敢討擊，但坐調文書，以欺朝廷。」（實邊，第二十四）

政府不知移民實邊，反而强令邊民內徙，以避虜禍，遂使邊鄙空虛，土地荒蕪，而啓虜敵內侵之心。《後漢書》西羌傳稱：羌既轉盛，而二千石令長多內郡人，並無戰守之意，皆爭上徙郡縣，以避寇讎，朝廷從之。王符曰：「民之畏徙，甚於伏法。伏法不過一人死爾，諸亡失財貨，奪土遠移，不習風俗，不便水土，類多滅門。……邊民謹鈍，尤惡內留，雖知禍大，猶願守其緒業，死其本土，誠不欲去之。……土地者，民之本也，誠不可久荒，以開敵心。」（實邊，第二十四）又曰：「中州內郡，規地拓境，不能半；邊而戶口百萬，田畝不全，人衆地荒，無所容足，此亦偏枯躄痱之類也。」（實邊，第二十四）

三、社會的批評——王符對當時的社會批評，計分兩點：一是道德的敗壞，二是風習的浮侈。玆分述如次：

1.道德的敗壞——孝悌忠信爲道德的基本，而在當時則此德行敗壞，實爲衰世之徵，亂道之漸。王符曰：「盡孝悌於父母，正操於閨門，所以爲列士也。今多務交游以結黨助，偸世竊名，以取濟渡。夸末之徒，從而尙之，此逼貞士之節，而眩世俗之心者。養生順志所以爲孝也，今多違志儉養，約生以待終，終沒之後，乃崇飭喪紀以言孝，盛饗賓旅以求名。誣善之徒，從而稱之，此亂孝悌之眞行，而誤後生之痛者也。忠正以事君，信法以理下，所以居官也。今多姦諛以取媚，撓法以便佞，苟得之徒，從而賢之。此滅貞良之行，而開亂危之源者也。外雖有振賢才之虛譽，內有傷道德之至實。此皆衰世之務，而闇君之所固也。」（務本，第二）

2.風習的浮侈——王符《潛夫論》有浮侈一篇，痛責當時社會風習浮華奢侈。特錄其要言三則，以見一斑：㈠今察洛陽，浮末者，什於農夫，虛偽游手者，什於浮末。是則一夫耕，百人食之；一婦桑，百人衣之。以一奉百，孰能供之？天下百郡，千縣市邑數萬，類皆如此。本末何足相供，則民安得不饑寒。饑寒並至，則安能不為非，為非則姦宄，姦宄繁多，則吏安能無嚴酷，嚴酷數加，則下安能無愁怨，愁怨者多，則咎徵並臻，下民無聊，上天降災，則國危矣。㈡今京師貴戚，衣服、飲食、車輿、文飾、廬舍，皆過王制，僭上甚矣。從奴僕妾，皆衣葛子升越，筩中女布，細緻綺縠，冰紈錦繡，犀象珠玉，虎魄瑇瑁，石山隱飾，金銀錯鏤，麞麂履舄，文組綵褋。驕奢僭主，轉相誇詫。箕子所唏，今在僕妾。富貴嫁娶，車軿各十，騎奴侍僮，夾轂節引。富者競欲相過，貧者恥不逮及。是故一饗之所費，破終身之本業。㈢今京師貴戚，郡縣豪家，生不極養，死乃崇喪，或至刻金鏤玉，檽梓楩柟；良田造塋，黃壤致藏，多埋珍寶，偶人車馬，造起大冢，廣植松柏，廬舍祠堂，崇侈上僭。

第四節　思想的影響

一、當時的影響——王符本愛國憂時之心，持忠君濟民之志，以在野之身冷眼靜心觀察時政與世態，明其實相，見其病因，而作深思遠慮的思考，提出匡時救弊的諍言讜論，堪稱醒世晨鐘，敎人木鐸，其裨益於世道人心者當匪淺鮮。誠然，《潛夫論》一書並未能挽狂瀾於既倒，支大廈於將傾；不過，一石投水亦可水波動天，雄鷄高鳴尙能促人猛醒，則王符聲嘶力竭的高呼，自足發生相當的功能。國者，人之積；人者，心之器。政治者，人群心理活動的現象。政治的良窳，係於人心的振靡；社會的隆汚，係於風氣的優劣。如何振人心，移風氣，由於少數哲人和先知的啓廸。王符的諍言與讜論，殆所以振人心，移風氣的發端。

雖然王符對當時影響，難以擧出具體的事實以爲佐證，但和他同時的名儒學者多與之友善，一般人對之亦甚禮敬。這可能是他的高尙人格、淵博學問和正言讜論所引致的影響。東漢名儒仲長統、荀悅、崔實，皆年晚於王符。王符且是崔的父執。仲長統的《昌言》、荀悅的《申鑒》、崔實的《政論》三書，有不少篇的立論，和王符《潛夫論》中的思想甚爲近似，甚而完全一致。這可能是受到了王符的影響。

二、後世的影響——王符正言讜論不僅對當時引起若干作用，就是對後世亦有不少影響。他主張務本抑末，任用賢才，重實用，尙正學，戒虛文，崇儉惡侈等皆屬至理名言，眞知灼見，可以垂敎後世，行之久遠。一般言之，儒家尙仁慈，恤罪囚，哀矜勿喜，贊成赦宥，予人以改過自新的機會。而王符卻極力反對赦宥，痛陳其爲害之烈。宋歐陽修著縱囚論力言唐太宗的不當；認爲「信義行於君子，而刑戮施於小人。刑入於死者，乃罪大惡極，此又小人之尤甚者也」，豈可縱放。這不是與王符的立論，同聲相應麼？王符在讚學篇中力言爲學應讀經從師。這對韓愈所著師說，所謂「師者，所以傳道、授業、解惑也」不無先導作用。王符指責爲人子者孝親不於生前豐美奉養，而卻於死後厚其葬、隆其祭爲不當。這種主張後世學者響應者爲數不少。他主張整軍經武以抵禦外寇入侵，應移民實邊，不可使邊民內移。宋蘇軾卽與之持同一觀點與論調。

東漢學人多崇尚名節，王符乃是其中之佼佼者。除他的高風亮節，淡泊寧靜，值得崇敬外。至於他的謀國熱忱、望治心切、民胞物與的胸襟及勇敢的批評精神，尤屬難能而可貴。論者都以爲達則兼善天下，窮則獨善其身。實則，書生報國，不必居官入仕，亦應有所作爲，著書立說可以匡正當時，垂敎後世；敦品立德，建立典型，可爲社會楷模。若王符者，卽是其人。

第三十二章　桓譚的政治思想

第一節　生平事蹟

一、事略——桓譚字君山，沛國相人（相地在今徐州符離縣西北）。父於漢成帝時爲大樂令。以父官蔭任爲郎，因好音律，善鼓琴，博學通儒，遍習五經，皆詁訓大義，不爲章句，能文章尤好古學。從劉歆、揚雄辨析疑異，性嗜倡樂，簡易不修威儀，而喜心非毀，俗儒由是多見排抵。哀帝平帝間，譚祇是郎官。傅皇后父孔鄉侯傅晏，深善於譚。是時，高安侯董賢獲帝寵幸，董妹爲昭儀，皇后日見疏於帝。晏嘿嘿不得意。桓譚進說曰：昔武帝欲立衞子夫，暗中求陳皇后之過，陳后終見廢，衞子夫遂得立爲后。今董賢爲帝所寵信，其妹又得幸愛，殆將有衞子夫之變，可不憂哉？

傅晏驚恐曰：然爲之奈何？譚曰：刑罰不能加無罪，邪枉不能勝正人；夫士以才智要君，女以媚道求主。皇后年少希更艱難，或驅使醫巫，外求方伎，此不可不備。又君侯以后父尊重，而多通賓客，必借以重執以致譏議；不如謝遣門從，務執謙慤，此脩己正家，避禍之道也。晏曰善，遂罷遣常客。入白皇后，如譚所戒。後董賢果使太醫令眞欽求傅后罪過，遂逮捕后及弟侍中傅喜。詔獄無所得，乃獲釋，故傅氏終得保全於哀帝之時。

後董賢貴爲大司馬，握兵權，聞桓譚有令名，欲與之交往，譚先奏書於賢，說以輔國保身之術，賢不能用，遂不與交游。當王莽居攝篡弒之際，天下之士，莫不競褒稱德美，作符命以求容媚，而桓譚獨自守默然，以全清操。莽時爲掌樂大夫。更始立，召拜太中大夫。

光武卽位，徵桓譚爲侍詔，譚上書言事失旨，不用。後大司空宋弘薦譚爲議郎給事中，因上疏陳時政所宜，稱君主宜用賢俊爲輔佐；君不驕士，士不驕君；君臣和合，共定國事；設賞罰，別善惡；止結怨，禁讎殺；抑兼併，長廉恥；力田畝，絕侈淫；一法度，防濫獄。疏上不省。當時光武正深信圖讖，多依讖決嫌疑，且讌賞少而薄，天下不甚安定。譚又上疏，言爲政之道，應以仁義爲本，不信奇怪虛誕之事，不納巧慧小才伎數之人；述五經之正義，屏群小之曲說。帝省書奏，意甚不悅。其後，有詔會議靈臺處所。帝謂桓譚曰：吾欲以讖決之，何如？譚默然良久曰：臣不讀讖。帝問其故。譚復極言讖之非經。帝大怒曰：桓譚非聖無法，將下斬之。譚叩頭流血，良久，乃得解，出爲六安郡丞，時年七十餘。初，譚著書，言當時行事，二十九篇，名曰《新論》，獻於光武，帝善之。章帝元和二年（西元八五年），帝東巡狩至沛地，使使祠桓譚家，鄉里以爲榮（文皆錄自《後漢書》卷二十八上，桓譚傳）。《太平御覽》載有陽城張衡、蜀郡王翁與桓譚俱爲講學祭酒。再以《新論》考之，桓譚自言爲黃門郎，見及乘輿鳳蓋之屬；又言爲奉車郎，承命作仙賦，書於甘泉壁；又典漏刻，參晷影，衞殿中小苑西門；同時爲郎者有冷喜，佐有梁子初、揚子林；期門郎有程偉。譚爲典樂大夫，因與典樂謝侯爭門，坐免。凡此皆《後漢書》桓譚本傳所未見，或以其事屬細小而略之。

二、著作——桓譚著作有賦誄書奏二十六篇及《新論》二十九篇。前者已佚散，後者於宋時佚失，後人蒐片段，輯爲書流行。《新論》內容：一曰本造，二曰王霸，三曰求輔，四曰言體，五曰見徵，六曰譴非，七曰啓寤，八曰祛蔽，九曰正經，十曰識通，十一曰離事，十二曰道賦，十三曰辨惑，十四曰述策，十五曰閔友，十六曰琴道。本造、琴道、閔友各爲一篇，餘皆分爲上下篇，共二十九篇。桓譚自稱見劉向《新序》及陸賈《新語》乃作《新論》。《四庫全書總目提要》，三書均列入儒家類。

王充在所著《論衡》一書中，對《新論》極爲推崇。超奇篇曰：「桓君山作《新論》，論世間事辯昭然，否虛妄僞飾之辭，莫不證定。彼陽城子長、揚子雲說論之徒，君山爲甲。自君山以來，皆爲鴻渺之才。」佚文篇曰：「挾君山之書，富於積猗頓之財。」定賢篇曰：「世間爲文者衆矣，是非不分，然否不定，桓君山論之，可謂得實矣。論文以察識，則君山漢之賢人也。陳平未仕，割肉閭里，分均若一，能爲丞相之驗也。夫割肉與割文同一實也。如君山得執漢平用心與爲論，不殊指也。孔子不王，素王之業在於《春秋》。然則桓君山丞相之跡，存於《新論》者也。」案書篇曰：「故董仲舒之文可及，而桓君山之論難追也。」

桓譚博學多通，遍習五經，善鼓琴，好音律，能文嗜古，數從劉歆、揚雄交遊，辨析疑義。《新論》中屢稱子駿（劉歆）、子雲（揚雄），至欲以《太玄》（揚雄著）次五經，足徵其學術淵博，植基甚爲深厚。王充才高識廣，峻嶷不群，矜傲自恃，不輕譽人。《論衡》中有問孔（仲尼）、刺孟（軻）、非韓（非）而獨稱桓譚《新論》居於甲位，立言爲不可及。則桓譚的學術之高，文章之美，當可想而知。

第二節　政治思想

一、反對圖讖——圖指河圖，讖指讖言。預爲隱言，以待未來之驗，謂之讖言。張衡曰：「立言於前，有徵於後，故智者貴焉，謂之讖書。」（《後漢書》張衡傳）《漢書》王莽傳稱：「道士西門君惠，好天文讖記，言劉氏當復興。」《後漢書》光武帝紀稱「宛人李通等以圖讖說光武」，言「劉秀發兵捕不道，卯金修德爲天子」。光武深信圖讖，常以圖讖決疑事，任官員，並布圖讖於天下。圖讖以詭言隱語，預卜吉凶，跡近迷信，並非經學與正道。孔子不語怪力亂神，至於性命與天道亦非常人所易知。桓譚爲純正儒者，所以反對圖讖邪說。

光武深信圖讖，桓譚上書請帝遠抑圖讖曰：「夫策謀有益於政道者，以合人心而得事理也。凡人情忽於見事，而貴於異聞。觀先王之所記述，咸以仁義正道爲本，非有奇怪虛誕之事。蓋天道性命，聖人所難言也。自子貢以下，不得而聞，況後世淺儒能通之乎？今諸巧慧小才伎數之人，增益圖書，矯稱讖記，以欺惑貪邪詿誤人主，焉可不抑遠之哉！臣伏聞陛下窮折方士黃白之術，甚爲明矣。而乃欲聽納讖記，又何誤也?!其事雖有時合，譬猶卜數隻偶之類。陛下宜垂明聽，發聖意，屏群小之曲說，述五經之正義，略雷同之俗語，詳通人之雅謀。安平則尊道術之士，有難則貴介胄之臣。」（《後漢書》卷二十八上，桓譚傳）桓譚直言極諫，奏請遠抑讖言，摒去群小，力請重仁義，崇正道，述五經。這種不計利害，不避危險，而毅然捍衞聖學正道，闢斥傍門邪說的正義凜然的志節與精神，實有足多者。

光武有詔會議靈臺宜建立何處。帝謂桓譚曰：吾欲以讖決之，何如？譚默然良久，曰：臣不讀讖。帝問其故。譚復極言讖之非經。光武大怒曰：桓譚非聖無法，將下斬之。譚叩頭請恕罪，良久乃得解。世稱光武復興漢室，乃一代明君，而竟迷信圖讖，一至於如此，無乃闇而不明耶！桓譚曰：「讖出河圖洛書，但有兆朕，而不可知，後人妄復加增依託，稱是孔丘，誤之甚也。」（《新論》，第六頁，中華書局《四部

備要》本，各篇未標篇名）

二、信行仁義——儒家的道術是居仁由義。仁者愛人。人君行仁政，以父母愛子女之心以愛人民，生之養之，富之教之，安之利之；人飢己飢，人溺己溺，一夫不得其所，王者恥之。義者宜也。行而宜之之謂義。義之宜是適於人情，合乎理性，不以利爲利，以義爲利也，當仁不讓，見義勇爲。桓譚是儒者，故其政治思想以信行仁義爲要旨。他上疏諫君曰：「夫策謀有益於政道者，以合人心而得事理者。凡人情忽於見事，而貴於異聞。觀先王之所記，以仁義正道爲本，非有奇怪虛誕之事。……宜擯群小之曲說，而述五經之正義。」（《後漢書》卷二十八上，桓譚傳）

桓譚曰：「三皇以道治，五帝以德化，三王由仁義，五霸用權智。無制令刑罰謂之皇，有制令無刑罰謂之帝，賞善誅惡，諸侯朝事謂之王，興兵衆，約盟誓謂之伯。王者往也，言其惠澤優游，天下歸往也，王者純粹其德，而有天下，君臨萬民，垂統子孫。」（《新論》，第四－五頁）又曰：「三皇以道理，五帝用德化，三王以仁義，五伯以權智。」（《新論》，第十一頁）又曰：「儒者或曰圖王不成，其弊可霸，此言未是也。傳曰：孔氏門人，五尺之童，不言五霸事者，惡其違仁義，而尙權詐也。」（《新論》，第二十頁）桓譚是儒者，「仲尼之徒，無道桓文之事」，以霸者用權詐而違仁義，故反對霸者。桓譚反霸者，而尊王者，因王者行由仁義，惠澤優游，而純其德，天下歸往之。

三、任用賢才——文武之政，布在方策，其人存，則其政舉，其人亡，則其政息。所以政治的成敗，以能否得人爲轉移，得人者昌，失人者亡。故人君治國以得人爲要務。所謂得人指任用賢才以理政事。人君不能一人獨治其國，須有良相以爲輔佐。明君主政，賢相佐之，則能以振綱領，立政本。明君賢相當負責選拔賢能，量能而授官，因材而施用，使賢者在位，能者在職。群臣各得其所，衆政各得其理，當可臻於國治民安，庶績咸熙的境地。

桓譚深知政事得失，在於能否得賢俊之士，以助君主治理國家。他於上疏光武皇帝曰：「國之廢興，在於政事。政事得失，由乎輔佐。輔佐賢明，則俊士充朝，而理合世務。輔佐不明，則論失時宜，而舉多過事。」桓譚進而言曰：「天有國之君，俱欲興化建善，然而政道未理者，其所謂賢者異也。昔楚莊王問孫叔敖，寡人未得所以爲國是也。叔敖曰：國之有是，衆所惡也，恐王不能定也。王曰，不定獨在君，亦在臣乎？對曰：君驕士曰，士非我無從富貴；士驕君曰，君非士無從安存。人君或至失國而不悟，士或至饑寒而不進。君臣不合，則國是無從定矣。莊王曰，善，願相國與諸大夫共定國是也。」（《後漢書》卷二十八上，桓譚傳）由此觀之，所謂賢，須是眞正賢才，不可誤以不肖爲賢才。得眞賢，國始得而治，用不肖則國亂。國君要得賢才，必須禮賢下士，不可輕慢賢士，以爲士非我無從富貴。既得賢才而用之，應使賢才能用其才能以處理國事。君主不可大權獨攬，流於專斷。君臣要能分工合作，共理國政，政事方能得到良好的治理。

桓譚曰：「賢有五品：謹勅於家事，順悌於倫黨，鄉里之士也。作健曉惠，文史無害，縣延之士也。信誠篤行，廉平公理，下務上者，州郡之士也。通經術，名行高，能達於從政，公輔之士也。才高卓絕，竦峙於衆，多籌大略，能圖世建功者，天下之士也。」（《新論》，第五頁）所謂賢才並非專指能以秉國鈞，主國政，一人之下，萬人之上的相才。賢才的品能有高下之分，有大小之異。高賢則高用，次賢則次用，下賢則下用。大賢則大用，中賢則中用，小賢則小用。因材而施用，量能而授官。使事得其人，人當其用，則人人是賢才，事事能成功。世上無全才，人各有所長，各有所短，能用其所長，舍其所短，則人人是人才，使野無遺賢，朝皆有能臣。

四、和協政治——國家和政府都是一種有機體，整個與各部份之間，以及部份與部份之間，皆相互依存，脈息相通，不可分離。國家或政府猶如人的身體，國君猶如發號施令及協調統一的首腦，宰輔猶股肱，依首腦之指示而從事工作；其他群臣猶如人體的五官、百骸、五臟、六腑，各司其事。這些單位或器官，在達成生理與心理功能的運作過程中必須分工而合作，異事而同功，和協一致，團結無間。所以生理和心理的機體（mechanism）乃是一和協一致的工作結構；若稍有差誤，便失卻其健全性。所以人生病曰「違和」。

國家和政府的結構與性能，猶如人身一樣的生理的和心理完整體。君主、宰輔、文武群臣，政府百司皆須協同一致，通力合作，使能政通人和，庶績咸熙。所以桓譚曰：「君臣不合，國是無從定矣。……善政者，視俗而施，察失而立防，威德更興，文武迭用，然後政調於時，而躁人可定。昔董仲舒言理國譬若琴瑟，其不調者，則解而更張。夫更張難行而拂衆者亡。是故賈誼以才逐，鼂錯以智死。」（《後漢書》卷二十八上，桓譚傳）

桓譚善鼓琴，深悉琴瑟之道。他認爲治理國事，誠如董仲舒所言猶如撫鼓琴瑟。琴瑟的音調必須和諧，方可悠揚悅耳。理國亦須和協一致，方能政通事成。和指和諧，言政治意識的認同無間。協指協同，言政治行爲的協同一致。善政要適合世俗而施教，針對缺失而立防；威德更興，文武迭用，皆所以謀和諧，致協同。凡政事適合環境需要，符合時代要求，方稱和協，而施行無妨。政事不合時宜，不適世俗，則難期和協。不和協便當改弦更張。但此更張必須合於大衆的需求，方易施行；否則，必歸於失敗。賈誼、鼂錯皆求治心切，更張過甚，非衆人所能接受，遂不免於逐與死。

五、刑罰得宜——治國有二柄：一曰賞，二曰罰。因爲人的天性，皆好利而惡害。故賞之以利，足以勸善與勵功；罰之以害，足以禁姦與止罪。賞罰的施行，必須得其當，適其宜。所謂賞罰的得當與適宜者，蓋指依功與罪而行賞罰。無功不賞，功大者賞厚，功小者賞薄。無罪不罰，罪大者罰重，罪小者罰輕。賞罰的施行，要貫徹，要確定，所謂信賞必罰。桓譚時，刑罰廢弛，不能禁姦止惡，人民自相殺傷，仇怨相結，子孫報復，爲害滋甚。所以他上疏請光武重申舊令，以振肅刑禁，而止私殺。他說：「設法禁者，非能盡塞天下之姦，皆合衆人之所欲也。大抵取便國利事多者則可矣。夫張官設吏以理萬人，懸賞設罰以別善惡。惡人誅傷，則善人蒙福矣。今人相殺傷，雖已伏法，而私結怨讎，子孫相報，後忿深前，至於滅戶殄業，而俗稱豪健。雖有怯弱，猶勉而行之，此謂聽自理，而無復法禁者。今宜申明舊令，若已伏官誅，而私相傷殺者，雖一身逃亡，皆徙家屬於邊；其相傷者，加常二等，不得雇山贖罪，盜賊息矣。」（《後漢書》卷二十八上，桓譚傳）

法是據一止亂的客觀標準。所以法度須統一，刑罰不二門；而當時卻法令不整一，決獄有輕重，同罪而殊罰，以致弊害叢生。桓譚乃上疏請除故條，一刑罰，以絕怨獄與濫刑。他說：「法令決事，輕重不齊，或一事殊法，同罪殊論，姦吏得因緣爲市，所欲活，則出生議；所欲陷，則以死比；是爲刑開二門也。今可令通義理，明習法律者，校定科比（科謂事條，比謂類例），一其法度，班下郡國，蠲除故條。如此，天下方知，而獄無怨濫矣。」（《後漢書》卷二十八上，桓譚傳）由此足見當時法條繁多，紛亂不一，所以桓譚要求由通義理，明習法律者，加以厘訂整理，謀求統一。法度統一，刑獄方不至於妄濫與寃抑。

六、輕商崇儉——兩漢是農業經濟時代，朝野上下均認爲農業是立國之本。只有農田的耕種，桑麻的樹植，才是眞正的生產事業。創造財富，增加價値，皆以農業爲根源。富國裕民，全靠農業的生產。惟農民披星戴月，櫛風沐雨的辛苦勞働，而所得有限，以致生活陷於困苦。而商人祇不過貿遷有無，轉手販賣，或屯積居奇，或壟斷市場，或買賤賣貴，並未創造財富，不能視之爲生產事業。其工作遠不若農民的勞苦。然而商賈卻市利百倍，剝削農民，立致鉅富，生活奢侈，享受安樂。農民與商賈相比較，實屬吃虧過甚，是經濟的受害者。所以漢代的學者，率皆持重農輕商的政治思想。

桓譚處在農業時代，受環境的影響及同輩的思想薰染，亦支持重農輕商的政策。他說：「夫理國之道，擧本業而抑末利，是以先帝禁人二業，錮商賈不得宦爲吏（高祖嘗令商賈不得衣絲乘車，市井子孫不得宦爲吏），此所以抑併兼長廉恥也。今富商大賈，多放田貨，中家子弟爲之保役，趨走與臣僕等，勤收稅與封君比入（收稅謂擧錢輸息利也）。是以衆人慕效，不耕而食，至乃多通侈靡以淫耳目。今可令諸商賈，自相糾告，若非身力所得，皆以臧與告者。如此，則專役一己，不敢以貨與人，事寡力弱，必歸功田畝。田畝修，則穀入多，而地力盡矣。」（《後漢書》卷二十八上，桓譚傳）

《東觀漢記》載桓譚之言曰：「商賈多通侈靡之物，羅紈綺綉，雜綵玩好，以淫人耳目，而竭盡其財，是爲下樹奢媒，而置貧本也。求人之儉約富足，何可得乎？夫俗難卒變，而人不可以暴化，宜抑其路，使之稍自衰焉。」桓譚輕商，一因其取人息利，剝削他人，不勞而獲，不合道德之旨；二因侈靡浪費，足以致貧窮，欲求富貴，自屬難能；三因商賈易於獲利致富，人多棄農從商，田畝荒蕪，動搖國本。農業社會生產力不强，效率不高，必須崇尚儉節，方可略有剩餘以爲蓄儲而致富裕。這就是所謂「生財有大道，生之者衆，食之者寡，爲之者急，用之者舒，則財恒足矣。」（《大學》十）桓譚重農輕商，崇儉戒奢。他說：「漢太宗文帝有仁智通明之德，承漢初定，躬儉省約，以惠休百姓，贍固乏，除肉刑，減律法，薄葬埋，損輿服，所謂達於養生送死之實者也。」（《新論》，第二十頁）又曰：「世俗皆曰，漢文帝躬儉約，修道德，以先天下，天下化之。故致充實殷富，澤加黎庶，穀至石數十錢，上下饒羨。」（《新論》，第十九頁）

桓譚雖盛稱漢武帝之文治武功，但指責其貪利及爭取無益之物爲過差，蓋嫌其奢華。他說：「漢武帝材質高妙，有崇先廣統之規，故卽位而開發大志，考合古今模範，前聖故事，建正朔，定制度，招選俊傑，奮揚威怒，武義四加，所征者服；興起六藝，廣進儒術，自開闢以來，惟漢家爲最盛焉，故顯爲世宗，可謂卓爾絕世之主矣。惟上多過差，既欲斥境廣土，又乃貪利，爭物之無益者。聞西夷大宛國有名馬，卽大發軍兵攻取。歷年士衆多死，但得數十四耳。又歌兒衞子夫因幸愛重，乃陰求陳皇后過惡，而廢退之。」（《新論》，第十六頁）桓譚推崇文帝，以其節儉；指責武帝，以其奢淫。

七、崇尚德教——儒者尚德治，治人者恭己正身，表率群倫，以身作則，感召黎庶，而收風行草偃之效。以德服人，衷心悅而誠服也。桓譚曰：「三皇以道治，五帝以德化，三王由仁義，五霸用權謀。」（《新論》，第四頁）桓譚信行仁義之治，而德化優於仁義，當爲其所嚮往。他更指出：「有制令無刑賞謂之帝（以德化），賞善誅惡，諸侯朝事謂之王。」（由仁義）（《新論》，第四頁）桓譚崇尚德化，可從其學述之故事，而證明之。他說：「余前作王翁掌教大夫。有男子殺母，有詔燔燒其子死。余謂此事不宜宣布。余封事云：宣帝時，公卿大夫朝會，丞相語此云：梟生子，子長食其母，乃能飛。時有賢者應曰：但聞烏子反哺其母。丞相大慚，自悔其言之非也。人皆少丞相，而多彼賢人。賢人之言益於德化也。禽獸尚與之諱，況於人乎！不宜發揚也。」（《新論》，第六頁）丞相失言言梟食母事，而自悔其言之非；賢德者應之烏子反哺故事。桓譚以不同文字於書中重述之（頁二三），足見其對德化重視之至。

桓譚曰：「夫王道之主，其德能載，包含以統乾元也。王者造明堂、辟雍，所以承天行化也。」（《新論》，第十八頁）王者盛德載荷萬物，統乾元之生道，以德化育天下。明堂所以行德化之聖所，辟雍施行孝悌忠信、仁義道德之教的重地。桓譚又曰：「湯、武久居諸侯方伯之位，德惠加於百姓」（第十四頁）；「昔周公光寵周道，澤被四表」（第十五頁）。他對湯、武、周公之推崇，乃重其以德化天下，以惠及黎庶。

人非生而知之，必待師敎的啓廸與傳授，始能智開識廣。人的才智大小，每視其所受師敎高低爲轉移。桓譚對師敎頗爲重視。他說：「學者既多蔽暗，而師道又復缺然，此所以滋昏也。」（《新論》，第十三頁）人之所以昏庸，葢因其未受師敎。桓譚又說：「諺言：三歲學，不如一歲擇師。」（《新論》，第二十一頁）爲學須賴明師指敎，方能事半功倍，學有所成。否則，自行摸索，不得門徑，不明路線，必致徒勞無功，所以孔子曰「學而不思則罔」。思要懂得思維方法與判斷途徑。這些，非有明師的指敎，不易得到；縱使自行摸索而能得之，亦必事倍而功半。他又說：「昔殷之伊尹，周之太公，秦之百里，雖咸有天才，然皆年七十餘，乃能升爲王霸師。」（《新論》，第二十一頁）伊尹、周公、百里皆是天賦的才高智强的傑出天才，故能無師自通，但皆費力甚多，遲至七十餘歲，才能大器晚成。若在一般的人們，無師教必難以有很好的成就。

八、法因時移——儒家思想則孔孟與荀卿頗異其旨趣。孔孟言性善，法先王；而荀卿則主張人性惡，法後王。桓譚雖是儒者，但贊成法因時移，是與荀卿的法後王相契合，故應以荀儒視之。他說：「諸儒覩《春秋》之文，錄政治之得失，以爲聖人復起，當復作《春秋》也。余謂之否。何則？前聖後聖未必相襲也。」（《新論》，第十五頁）這一主張較爲進步，合乎社會進化的原則與事實。若後聖因襲前聖，則社會文化、制度與學術，殆必永遠滯留在前一時期的情況，陳陳相因，停止不進，歷史豈不呈現靜止狀態？事實上，歷史是不停的前進，社會是時時在變遷。法因時移的理論較之法先王之說，似頗合於事理。

桓譚上光武疏有言曰：「善政者，視俗而施教，察失而立防，威德更興，文武迭用，然後政調於時，而躁人自定。」（《後漢書》卷二十八上，桓譚傳）所謂察俗而施教，指爲政要合乎當時社會環境的需要。所謂調於時，指爲政要因時制宜，與時俱進，隨時代而變遷，卽孔子所謂「君子而時中」。桓譚曰：「三皇以道治，五帝以德化，三王由仁義，五覇用權智。無制令刑罰謂之皇，有制令無刑罰謂之帝，賞善誅惡，諸侯朝事謂之王，興兵聚約盟誓伯。王者往也，言其惠澤優游，天下歸往也。王者純粹其德，如彼伯道駁雜其功，如此俱有天下，而君萬民，垂統子孫，其實一也。」（《新論》，第四—五頁）此言，三皇、五帝、三王、五覇，治道雖各不相同，然能因時適俗，隨時制宜，得以治理天下，功用則一。這亦是桓譚主張法因時移的明確解釋。

九、不信怪異——《論語》曰：「子不語怪力亂神。」（述而篇）子是孔子。桓譚是儒者，信從夫子之道，不但反對圖讖，且不相信一切的神鬼怪異。《新論》載曰：「曲陽侯迎方士西門君惠，從其學却老之術。君惠曰：龜稱三千歲，鶴稱千歲，以人之材，何乃不及蟲鳥耶？余應曰：誰當久與龜鶴同居，而知其年歲耳！」（第八頁）方術妄言會卻老長壽之術，以龜鶴之年而勉人學不死之仙術。桓譚深爲厭惡，而駁斥之，汝未與龜鶴同居，焉知其年爲三千歲、一千歲!?

劉子駿信方士虛言，謂神仙可學。桓譚見其庭下，有大榆樹，久老剝折，指謂子駿曰：「彼樹無情，然猶朽蠹，人雖欲愛養，何能使不衰。」（《新論》，第十七頁）劉歆字子駿，與桓譚嘗交游，劉信方士神仙之說，譚非之。

昔楚靈王驕逸輕下，簡賢務鬼，信巫祝之道，齋戒潔鮮，以祀上帝，禮群神，躬執羽紱，起舞壇前。吳人來攻其國，人告急而靈王鼓舞自若，顧應之曰，寡人方祭上帝，樂明神，當蒙福佑焉，不必赴救。而吳兵遂至，俘獲其太子及后。甚可傷。」（《新論》，第二十二頁）桓譚所以傷楚王之妄信神鬼巫祝，誤信神明可福佑，以至兵敗，禍及妻子。

《新論》載曰：「天下有鸛鳥，郡國皆食之。三輔俗，獨不敢取之，取或雷震霹靂起。原夫天豈獨佑此鳥！其殺取時，適與雷遇耳。」（第十九頁）桓譚認爲三輔之俗，屬於迷信，應破除之。其他郡國皆殺食此鳥，天豈會專爲保佑三輔地之鸛鳥而怒發雷震!?蓋因一次有人殺取此鳥，適逢雷震，遂引起這一迷信。

桓譚雖甚推崇漢武帝之文治武功，但對其奢淫及信方士之術，致起巫蠱之禍，則深致不滿。他說：「武帝幸愛歌兒衞子夫，乃陰求陳皇后過惡而廢退之，卽立子夫爲皇后，更立其男爲太子。後聽邪臣之讒，衞后以憂死，太子出走，滅亡不知其處。信其巫蠱，多徵會邪僻，求不急之方，大起宮室，內竭府庫，外罷天下，百姓之死亡，不可勝數，此所謂通而蔽者也。」（《新論》，第十六—十七頁）桓譚又記述漢武帝迷信鬼怪之事，以譏刺之。文曰：「漢武帝所幸李夫人死，方士李少君言能致其神，乃夜設燈張幄，令帝居他帳，遙見好女似夫人之狀，還帳坐。」（《新論》，第十三頁）漢武帝英明之君主，致漢室之顯盛，竟被方士李少君之愚弄與擺佈，蓋色迷心竅，且因妄想長生不老，有以致之；亦內多欲，而令智昏。

第三節　琴道與政治

桓譚善鼓琴，知音律，《新論》有琴道一篇極言琴韻感人之深，七弦通於七情。他說：「昔神農氏繼宓羲而王天下，上觀法於天，下取法於地，於是始削桐爲琴，練絲爲弦，以通神明之德，合天地之和焉。」（《新論》，第三頁）又曰：「琴，神農造也。琴之言禁也。君子守以自禁也；八音廣播，琴德最優。」（同上）玆將其所論琴道與政治之關係，略述如左：

一、**琴道與窮通**——桓譚曰：「昔神農繼伏羲王天下，梧桐作琴，三尺六寸有六分，象朞之數，厚寸有八，象三六數，廣六分，象六律。上圓而斂，法天，下方而平，法地。上廣下狹，法尊卑之體。琴者，禁也。古聖賢玩琴以養心，窮則獨善其身，而不失其操，故謂之操；達則兼善天下，無不通暢，故謂之暢。堯暢經逸，不存；舜操，其聲清以微；微子操，其聲清以淳；箕子操，其聲淳以激。」（《新論》，第八頁）又曰：「琴有伯夷之操，夫遭遇異時，窮則獨善其身，故謂之操。」（《新論》，第十一頁）又曰：「堯琴暢遠，則兼善天下，無不通暢，故謂之暢。」（《新論》，第三頁）又曰：「舜操者，昔虞舜

聖德元遠，遂升天子，巍巍上帝之位不足保，援琴作操。」（同上）

二、琴道與治亂——桓譚曰：「琴七弦，足以通萬物，而考治亂也。」（《新論》，第二頁）又曰：「微子操，微子傷殷之將亡，不可奈何。見鴻鵠高飛，援琴作操。」（《新論》，第三頁）桓譚曰：「晉師曠知善音。衞靈公將之晉，夙於濮水之上，夜聞新聲，召師涓告之曰：爲我聽寫之。曰：臣得之矣。遂之晉。晉平公饗之，酒酣。靈公曰：有新聲，願奏之。乃令師涓鼓琴，未終，師曠止之，曰，此亡國之聲也。」（《新論》，第四頁）又曰：「文王操者，文王之時，紂無道，爛金爲烙，溢酒爲池，宮中相殘，骨肉成泥，璇宮瑤池，藹臺翳雲，鐘聲雷起，疾動天地。文王躬被法度，陰行仁義，援琴作操。故其聲紛以擾，駭角震商。」（《新論》，第四頁）

第三十三章 王充的政治思想

第一節 生平事蹟

王充的生平事蹟，《後漢書》本傳（卷三十九）記載簡略，宜參酌充所著《論衡》中自紀（卷三十，第八十五篇）以為叙述，方較翔實。

一、家世——王充祖籍魏郡元城（今河北，大君）。其先世嘗從軍有功封會稽陽亭，僅一年卽罷官，家居於會稽（今浙江，紹興縣）。以農桑為業。世祖貢，有任俠之風，尙勇逞氣，與人不合，凶歲橫刀殺人，讎怨衆多。當時世道不安寧，祖父汎恐被讎怨者所擒獲，被迫遷居於錢塘（舊為縣，明淸與仁和縣同併入杭州），改以販賣為生。汎生二子，長名蒙，次名誦。誦為充父。王家世代尙勇，有任俠之風，至蒙、誦勇任更甚，在錢塘勇勢凌人。最後又與豪强丁伯等結怨，擧家又遷居於上虞（今浙江上虞縣）。光武建武三年（西元二七年）充生於此，故史稱充字仲任，會稽上虞人也。

二、事略——王充幼時就很內向，與群童遊，他童皆上樹、捕雀、捉蟬、賭博，充獨不與，惟喜讀書。其父奇之。六歲啓蒙，受《尙書》、《論語》等，規矩而好學，從未受父母及師長的斥責。雖有口才，但不好與人交談，非其人終日不言。後到京師，受業太學，師事扶風班彪，好博覽而不守章句。家貧無書，常至洛陽書肆，閱所喜書，一見輒能誦憶，遂博通衆流百家之言。後歸鄉里，屛居敎授。在縣為掾功曹，掾為佐治之員，猶如胥吏，功曹掌人事考核。掾功曹猶如今之人事管理員。人或譏其位卑。充曰：「孔子之仕，無所避矣，為乘田委吏，無於悒於心，為司空相國，無悅豫之色。」後至都尉府為掾功曹。在太守府為列掾五官功曹從事。皆為佐治之官，並無實權，難以展其才能。郎此低位，亦因屢諫不合而去職。

俗人趨炎附勢，居官時，衆多近譽之；棄官，衆多冷落之。充有此感受，慨嘆之曰：「俗性貪進忽退，收成棄敗；充升擢在位之時，衆人蟻附；廢退窮居，舊故叛去。誌俗人之寡恩，故閒居作譏俗節義十二篇，冀俗人觀書而自覺。」（《論衡》自紀）。充好論說，始若詭異，終有理。充以為俗儒守文，多失其眞；乃閉門潛思，絕慶弔之禮，從事著作，開始寫其名著《論衡》。時在明帝永平二年（西元五九年），充時年三十三歲。書之主旨在釋物類同異，正時俗嫌疑。

章帝元和三年（西元八六年），充由上虞遷居至揚州。揚州刺史董勤，擢用充為從事。從事猶言治事，乃刺史之佐吏。旋轉任治中，猶言居中治事，主衆曹文書，猶如今日之主任秘書。充以六十高齡，仍為佐治人員，掌案牘勞形之文書工作，頗覺乏味，雄心壯志，無所施展，遂決志於章帝章和二年（西元八八年），結束其佐治工作，而過退休生活，時年充六十二歲。家居無事，仍致力於著作，除完成《論衡》八十五篇外，更寫養性之書十六篇。充才高識廣志氣遠大，惜孤芳自賞，論不合時，一生沉抑，未能顯達；因之其立論多近於道家，且持悲觀之宿命論。充自嘆曰：「章和二年，罷州家居，年漸七十，髮白齒落，日月踰邁，儔倫彌索（散），鮮所恃賴，貧無供養，志不娛快，雖懼終徂，愚猶沛沛，乃作養性之書凡十六篇，養氣自守，愛精自保，垂書示後。」（《論衡》第八十五篇）

同郡友人謝夷吾，上書薦充有才學，和帝特詔遣公車徵充，因病未行。和帝永和八年（西元九六年），病卒於家，享年七十。

三、著作——王充的著作，有譏俗、節義十二篇，政務、養性十六篇，《論衡》八十五篇。前三者皆亡佚，祇《論衡》流傳至今，此爲充一生思想的彙集，極具價值。《四庫全書總目提要》列此書入子部雜家類。充自紀曰：「書雖文重，所論百種。案古太公望，近董仲舒，作書篇百有餘，吾書纔出百，而云太多。」可見《論衡》原在百篇以上，今僅八十五篇，蓋有佚散。充內傷時命之坎坷，外疾世俗之虛僞；故發憤著書，其言多偏激。書中有問孔、刺孟兩篇，足見其自視過高，目中無人。至述其家世，直言世代勇任殺人，無所隱諱，其直爽坦白，亦屬可稱。其他論辨，針對鄙陋時俗，大加批評，警世醒衆，裨益於時政與敎化者實多。

四、貢獻——近人黃暉費七年的心力校釋《論衡》，內容至爲詳盡。黃暉在自序論《論衡》的重大貢獻，曰：「《論衡》是中國哲學史上一部劃時代的著作。自從董仲舒治《公羊》，明天人相感之說，以爲天是有意志的，與人的意識相感應。大小夏侯，眭孟、京房、翼奉、李尋、劉向等都推演其說。儒家到了此時，內部起了質的變化，披着巫祝圖讖的外衣，把天說得太神秘、太聰明，人的行動要受他的裁判。這就是一班漢儒所說的陰陽災異的理論。這種荒謬的迷信的理論，把儒家改裝成爲帶有宗敎性的儒敎。自漢武帝時起，到光武帝時止，一直支持了一百多年，才有小小的反動，卽鄭興、尹敏、桓譚一班人的作爲。但他們只知道攻擊圖讖的荒謬，對這些儒敎徒，所持天人感應說的原理，還不能根本上擊破，或者還相信這原理。到了任仲才大膽的、有計畫的作正式的攻擊，用道家的自然主義，攻擊這儒敎的天人感應說，在中國中古哲學史上掀起一大波瀾。」

第二節　個人性格

在心理學上，性格（character）與人格（personality）有相似意義。前者指稟賦於先天的心性結構，如誠實、正直、勇敢、怯懦、熱心、冷漠、自制力、自主性、忍耐性、持久性等，均可稱之爲性格或品格。後者指人由於先天的稟賦和後天的薰陶，所形成的一個人對人對事的一貫作風或在社會上角色扮演的形像。人格的分類有所謂內向型與外向型，行動型與思想型，理論型與實際型。王充的人格應屬於內向型、思想型或理論型。至於王充的性格，可作左列的說明：

一、**懷疑求眞**——《論衡》書中的很多篇，都是反駁性、批評性、抨擊性、詰難性的，充分表現出懷疑與求眞的性格，決不人云亦云，決不隨聲附和。他處的時代，是迷信的時代。天人感應之說，陰陽五行之論，方士神仙之術，圖讖符命之言，皆甚流行，且爲朝野上下深信不疑。這些荒謬虛妄的思想，足以害人誤事。所以王充本科學家懷疑與求眞的精神，對所謂災異、譴告、鬼神等說，皆從理論上、事實上，一一予以嚴正的批駁。這種反時代的思想挑戰，非有膽有識，具眞知灼見者，孰敢出此!?

王充不但對荒謬虛妄的思想，予以批駁，就是聖賢的立論，如認爲不當，亦予以不客氣的詰難。問孔篇、刺孟篇就是對至聖孔子，亞聖孟子的詰難。例如刺孟篇曰：「孟子見梁惠王。王曰：叟，不遠千里而來，將何以利吾國乎？孟子曰：仁義而已，何必曰利。夫利有二：有貨財之利，有安吉之利。惠王曰，何以利吾國，何以知吾非欲安吉之利，而孟子徑難以貨財之利。《易》曰：利見大人，利涉大川，乾元亨利貞；《尙書》曰：黎民尙亦有利哉；皆安吉之利也。行仁義得安利之利。孟子不先語問惠王何謂利吾國。惠王若言貨財之利，乃可答若；設令惠王之問，未知何趣，孟子徑答以貨財之利。如惠王實問貨財，孟子無以驗效也。如問安吉之利，而孟子答以貨財之利，失對上之指，違道之實也。」

王充更指出書亦不可盡信，其理由有二：一曰：「世信虛妄之書，以爲載於竹帛之上者，皆聖賢所傳，無不然之事。故信而是之，諷而讀之；睹眞是之傳與虛妄之書相違，則並爲短，書不可信用。」二曰：「夫世間傳書諸子之語，多欲立奇造異，作驚目之論，以駭世俗之人；爲譎詭之書，以著殊異之名。」（《論衡》第四，第十六，書虛篇）這是懷疑求眞性格的具體表現，乃是深思熟慮之言，非智者不克至此，因智者不惑。

對言過其實的記載與論說，亦大加抨擊，認爲失之誇張，不足憑信。王充所舉述的這種事例，爲數極多，不勝枚舉。玆引述二例如下，以見一斑：㈠儒稱堯舜之德至大至優，天下太平，一人不刑。又言文武之隆，遺在成康，刑錯不用，四十餘年。是欲稱堯舜，褒文武也。夫爲言不益，則美不足稱；爲文不渥，則事不足褒。堯舜雖優，不能使一人不刑；文武雖盛，不能使刑不用。言其犯罪者少，用刑稀疏可也。言其一人不刑，刑錯不用，增之也（《論衡》卷八，第二十六，儒增篇）。㈡世俗所患，患言事增其實。著文垂辭，辭出溢其眞，稱美過其善，進惡沒其罪。何則？俗人好奇，不奇言不用也。故譽人不增其美，則聞者不快其意；毀人不益其惡，則聽者不愜於心。聞一以增十，見百益以爲千，使夫純樸之事，十剖百判，審然之語，千反萬畔。墨子哭於練絲，楊子哭於歧道，蓋傷失本悲，離其實也。蜚流之言，百傳之語，出十人之口，馳閭巷之間，其猶是也（《論衡》卷八，第二十七）。

或謂王充一生仕途坎坷，懷才不遇，心存怨懣，嫉世憤俗，故所著書，言多偏激。其實不然，王充淡泊名利，並不熱中仕途，窮達不介於心。況他相信宿命論，和孔子一樣，認爲「生死有命，富貴在天」。雖處逆境，心情亦坦然，不致於嫉世憤俗。他在宣漢篇中，對漢自高祖以來的施政，皆力加讚美，毫無怨尤之辭，嫉世憤俗者，決難致於此。《論衡》各篇的論事，皆能就事論事，依理言理，完全是客觀的研討，並未感情用事，乃是科學的求眞精神，和邏輯學家的求是態度。

二、內向沉默——王充自稱「充爲小兒，與儕倫遨戲，不好狎侮，儕倫好掩雀、捕蟬、戲錢、林熙，充獨不肯，誦（充父）奇之。六歲敎書，恭愿仁順禮敬具備，矜莊寂寥，有巨人之志。父未嘗笞，母未嘗非，閭里未嘗讓（責）。八歲出於書館，書館小僮百人以上，皆以過失袒謫，或以書醜得鞭。充書日進，又無過失。手書既成，辭師受《論語》、《尚書》，日諷千字，經明德就，謝師而專門援筆而衆奇。所讀文書，亦日博多。才高而不尙苟作，口辯而不好談對，非其人，終日不言。」（《論衡》卷三十，第八十五，自紀篇）

從這敍述觀之，可知王充幼年是一個不好活動，不愛嬉戲，循規蹈矩，用心讀書的好學生。及至成年，所寫文章，衆所稱奇；才高而不好輕擧妄動，胡亂作爲；雖有口才，不願多與人交談；不得其人，終日不發一言。這明白表現出，他是才高自傲，孤芳自賞，不屑與人交往的內向沉默性格。他這種不善交際，不會搞人群關係的內向沉默，可能是他仕途坎坷的一個原因。這種性格的人，不易與人合作，不隨衆和俗，而又自恃己見，那能得到同事喜好和長官賞識。王充的官運不亨通，他自認是命中註定。其實是咎由自取。一個人的命運，多由其性格和作風決定之。

據心理學家指出，通觀全局的智力（general intelligence）較高的人，多喜歡作內向的安靜的研究，故在學術上、科學上、文學上每有所成就、創造或發明。而社會智力（social intelligence）較高的人，多喜歡作外向的、行動的活動，故在政治上、社會上、事功上每有所表現、成功或建樹。因此，可知王充通觀全局的智力較高，而社會智力則較差。他在仕途上雖不算成功，但在學術上却有大貢獻。《論衡》乃是反時代思想的革命性著作。

三、淡泊名利——王充自紀篇（《論衡》卷三十，第八十五篇）曰：「充性恬澹，不貪富貴。爲上所知，拔擢越次，不慕高名；不爲上所知，貶黜抑屈，不恚下位。」又曰：「好自周，不肯自彰。勉以行操爲基，恥以材能爲名。衆會乎坐，不問不言；賜見君將，不及不對。在鄉里，慕蘧伯玉之節；在朝廷，貪史子魚之行。見汙傷，不肯自明；位不進，亦不懷恨。貧無一畝庇身，志佚於王公；賤無斗石之秩，意若食萬鍾。得官不欣，失位不恨。處逸樂，而欲不放；居貧苦，而志不倦。」

觀此敍述，可知王充是位安貧樂道，隨遇自適，得官不喜，失位不怨，富貴不計於心者，淡泊名利的賢人。他之未致富貴，雖自認是命中註定，實則亦由於他之不求。求則得之，不求則不得。他若熱中名利，積極去追求，用力去鑽營，富貴亦可能到手。但他淡泊名利，不去營求，富貴自不會從天而降。而且他的心智才能，都消耗在研究學問及追求眞理之上，那有時間與心思去謀致富貴。由於淡泊名利，所以未致富貴。

王充不但自己淡泊名利富貴，且深厭惡俗人嫌貧愛富，尊貴鄙賤，趨炎附勢的炎冷世態。他說：「俗性貪進忽退，收成棄敗。充升擢在位之時，衆人蟻附；廢退窮居，舊故叛去。誌俗人之寡恩，故閒居作譏俗節義十二篇，冀俗人觀書而自覺。」（自紀篇）王充窮居，受人冷落，並不因此刺激，憤起而去追求富貴，反而著書立說，勸戒俗人，不可趨炎附勢。王充又說：「孔子稱命，孟子言天，吉凶安危，不在於人。昔人見之，故歸之於命，委之於時，浩然恬忽，無所怨尤。福至不謂己所得；禍至不謂己所爲。故時進，意不爲豐；時退，志不爲虧。不嫌虧以求盈，不違險以趨平，不鬻智以干祿，不辭爵以弔名，不貪進以自明，不惡退以怨人。」（自紀篇）可見王充是樂天知命，隨遇而安，不怨天，不尤人，不干求，不鑽營，猶如閒雲野鶴之恬淡人。

四、好學深思——《後漢書》王充傳（卷三十九）稱：「充好博覽，不守章句。家貧無書，常遊洛陽市肆，閱所喜書，一見輒能誦憶，遂博通衆流百家之言。」《論衡》自紀篇（第八十五）曰：「淫讀古文，甘聞異言，世書俗說，多所不安。幽處獨居，考證虛實。」好博覽是好學的表現，博通衆流百家，是深思的結果。淫讀古書乃好學成癖；考證虛實，須獨居深思。

王充又自稱：「充既疾俗情，作譏俗之書。又閔人君之政，徒欲治人，不得其宜，不曉其務，愁精苦思，不睹所趣，故作政務之書。又傷僞書俗文，多不實誠，故爲《論衡》之書。夫聖賢沒而大義分，蹉跎殊趣，各自開門。通人觀覽，不能釘銓，遙聞傳授，筆寫耳取，在百歲之前，歷日彌久。以爲昔古之事，所言近是，信之入骨，不可自解。故作實論其文，盛其辯，爭浮華虛僞之語，莫不澄定。沒華虛之文，存敦厖之朴；撥流失之風，反宓戲之俗。」（自紀篇）

由此觀之，可知王充的著作，不是隨興的感想，不是傳聞的筆錄，而是經過博學、審問、愼思、明辨的歷程而得到的正確的結論。他所使用的研究方法，不是主觀的臆度法，而是客觀的實證法。決不隨聲附和，決不人云亦云。要根據事實的考察和證據的蒐集，就事論事，實事求是。有一分證據說一分的話，有一分的事實立一分的論。不爲虛言，不發空論。這就是現代所說的科學方法。治學立論，先蒐集事實資料；再就此事實資料加以辨認，明其眞相，見其底蘊。然後運用自己的經驗與智慧，予以推理、思考，而求得結論。王充有科學家懷疑精神，凡事要見眞相；有邏輯學的求是精神，凡事要合理。

第三節　政治思想

一、批判性的思想——王充對虛妄之說，怪誕之論，不實之文，一概作嚴正的抨擊。這種批判精神固然來自他的懷疑求眞的性格，另一方面可能受到桓譚所著《新論》（現行本僅是其斷箋殘篇）的影響。桓譚具有强烈的批評精神，且力闢虛妄怪誕之論，可說與王充志同道合。所以王充在《論衡》中推崇《新論》：一則曰：「彼陽城子長、揚子雲論說之徒，君山（桓譚字）爲甲。」（超奇篇）再則曰：「挾君山之書，富於積猗頓之財。」（佚文篇）三則曰：「孔子不王，素王之業在於《春秋》；然則桓君山素丞相之跡，在於《新論》者也。」（定賢篇）四則曰：「故仲舒之文可及，而君山之論難追也。」（案書篇）茲將王充批判性的思想，扼要擧述如次：

1.反災異——譴告篇（《論衡》卷十四，第四十二）曰：論災異者，古之人君爲政失道，天用災異譴告之也。災異非一，復以寒溫爲之效；人君用刑非時則寒，施賞過節則溫。天神譴告人君，猶人君責怒臣下也。故楚嚴王曰：天不下災異，天其忘予乎。災異爲譴告，故嚴王懼而思也。曰：此疑也。夫國之有災異也，猶家人之有變怪也。有災異謂之天譴人君，有變怪天復譴告家人乎？家人旣明，人之身中亦將可以喻。身中病，猶天有災異也。血脈不調，人生疾病。風氣不和，歲生災異。災異謂天譴告國政，疾病天復譴告人乎？

災異論者，謂賢君在位，便無災異；暴君之時，災異便卽出現。堯、湯爲賢君，何以堯有洪水，湯有大旱？桀、紂爲暴君，何以反無饑耗之災？王充曰：「案五穀成敗，自有年歲。年歲水旱，五穀不成，時數然也。必謂水旱政治所致，不能爲政者莫過桀紂，桀紂之時，宜常水旱。案桀紂之時，無饑耗之災。災至自有數，或時反在聖君之世。實事者說堯之洪水，湯之大旱，皆有遭遇，非政惡之所致。說百王之害，獨謂爲惡之應，此見堯、湯優德，百王劣也。審一足以見百，明惡足以照善，堯、湯證百王，至百王遭變，非政之所致，以變見而明禍福，五帝致太平，非德所就明矣。」（《論衡》卷十七，治期篇）

2.反感應——俗稱精誠所至金石爲開。竇娥蒙寃，六月飛雪；孟姜女哭夫，長城以崩。王充《論衡》中舉列類此之故事甚多，而一一駁斥之，事例太多，不克枚舉，兹舉述二例，以見一斑：㈠傳書言：鄒衍無罪，見拘於燕。當夏五月，仰天而嘆，天爲隕霜。言其無罪見拘，當夏仰天而嘆，實也；言天爲之雨霜，虛也。夫萬人擧口並解吁嗟，猶未能動天，鄒衍一人，寃而一嘆，安能下霜？鄒衍之寃，不過曾子、伯奇。曾子見疑而吟，伯奇被逐而歌。疑與拘同，吟歌與嘆等。曾子、伯奇不能致寒，鄒衍何人，獨能雨霜？被逐之寃，尙不足言，申生伏劍，子胥刎頸，孝而賜死，誠忠而被誅，且臨死時，皆有聲辭，聲辭出口與仰天嘆無異。天不爲二子感動，獨爲鄒衍動？豈天痛見拘，而不悲流血哉？㈡傳書言：湯遭七年旱，以身禱於桑林，自責以六過，天乃雨。或言五年，禱辭曰：余一人有罪，無及萬夫；萬夫有罪，在余一人。天以一人之不敏，使上帝鬼神傷民之命，於是剪其髮，麗其手，自以爲牲，用祈福於上帝。上帝甚悅，時雨乃至。言湯禱於桑林，自責；若言湯剪髮麗手，自以爲牲，用祈福於帝者，實也。言雨至，爲湯自責，以身禱之故，殆虛言也。孔子疾病，子路請禱。孔子曰：有諸？子路曰：有之，誄曰：禱爾於上下神祇。孔子曰：丘之禱久矣，聖人修身正行，素禱之日久。天地鬼神知其無罪，故曰禱久矣。湯與孔子俱聖人也。皆素禱之日久。孔子不使子路以治病，湯何能以禱得雨？孔子素禱，身猶疾病；湯亦素禱，歲猶大旱。然則天地之有水旱，猶人之有疾病也。疾病不可自責除，水旱不可禱謝去，明矣（《論衡》卷五，第十九，感虛篇）。

3.反報應——世人皆以爲善有善報，惡有惡報，行善者福至，作惡者禍來，因果報應，絲毫不爽。王充以此乃俗人迷信之言，不足憑信，而深非之。充書中指出報應之說不足信的事例極多，茲擧述二則如次：㈠楚相孫叔敖爲兒之時，見兩頭蛇殺而埋之。歸對其母泣，母問其故。對曰：我聞見兩頭蛇死，向者出，見兩頭蛇，恐去母死，是以泣也。其母問，今蛇何在？對曰：我恐後人見之，卽殺而埋之。其母曰：吾聞有陰德者，天必報之，汝必不死。叔敖竟不死，遂爲楚相。埋一蛇獲二祐，天報善，明矣。曰：此言虛矣。夫見兩頭蛇輒死者，俗言也；有陰德天報之福者，俗議也。叔敖信俗言，而埋蛇。其母信俗議而必報。是謂生死無命，在一蛇之死（《論衡》卷六，第二十，福虛篇）。㈡秦襄王賜白起劍。白起伏劍將自刎曰：我有何罪於天乎？良久曰：我固當死，長平之戰，趙卒降者數十萬，我詐而盡坑之，是足以死，遂自殺。白起知己前罪服，更後罰也。夫白起知己所以罪，不知趙卒所以埋。如天審罰有過之人，趙降卒何辜於天？如用兵妄傷殺，則四十萬必有不亡。不亡之人，何故以其善行無罪，而竟坑之，卒不得以善蒙天之祐？白起何故獨以其罪伏天之誅？由此言之，白起之言過矣（《論衡》卷六，第二十一，禍虛篇）。

4.反卜筮——俗人信卜筮，卜用龜，筮用蓍；蓍神奇，龜靈驗，故卜筮可以知吉凶。王充深非之，認爲蓍不神，龜不靈，不能以知吉凶。他說：「卜筮不問天地，蓍龜未必神靈。有神靈，問天地，俗儒所言也。何以明之？子路問孔子，猪肩羊膞可以得兆，藋葦藁芼可以得數，何必以蓍龜？孔子曰：不然，葢取其名也。夫蓍之爲言耆也，龜之爲言舊也。明狐疑之事，當問耆舊也。由此言之，蓍不神，龜不靈，葢取其名，未必有實也。無其實，則知其無神靈。無神靈，則知不問天地也。且天地口耳何在，而得問之？」「周武王伐紂，卜筮之逆；占曰大凶。太公推蓍蹈龜，而曰：枯骨死草，何知吉凶。」（《論衡》卷二十四，第七十一，卜筮篇）

5.反瑞應——王充根本否定天人感應之說。因之，認爲政治亂失，不足以招災異，政治善治，不足以致祥瑞。災異與祥瑞皆是自然現象，與政治的得失，並無關係。他說：「夫瑞應猶災變也，瑞以應善，災以應惡；善惡雖反，其應一也。災變無種，瑞應示無類也。陰陽之氣，天地之氣也；遭善而爲和，遇惡而爲變，豈天地爲善惡之政，更生和變之氣乎？然則瑞應之出，殆無種類，因善而起，氣和而生，亦或政平氣和，衆物變化，猶春則鷹變爲鳩，秋則鳩化爲鷹；蛇鼠之類，輒爲魚鼈；蝦蟇爲鶉；雀爲蜄蛤。物隨氣變，不可謂無。黃石爲老父授張良書，去復爲石也，儒者知之。或時太平氣和，麞爲麒麟，鵠爲鳳凰，是故氣性，隨時變化，豈必有常類哉？……以物無種計之，以人無類議之，以體變化論之，鳳凰麒麟，生無常類，則形色何爲當同（《論衡》卷十六，第五十，講瑞篇）？

6.反鬼神——世人皆信鬼神，以爲鬼神類人，有意識，能禍福人。王充認爲鬼神乃人的幻想與錯覺，誤以妖祥之氣爲鬼神。王充曰：「凡天地之間有鬼，非人死精神爲之也。皆人思念存想之所致也。

致之何由？由於疾病。人病則憂懼，憂懼見鬼出。凡人不病則不畏懼。故得病寢衽畏懼鬼至。畏懼則存想，存想則目虛見。何以效之？傳曰：伯樂學相馬，顧玩所見，無非馬者。宋之庖丁學解牛三年，不見生牛。所見皆死牛也。二者用精至矣，思念存想，自見異物也。人病見鬼，猶伯樂之見馬，庖丁之見牛也。伯樂、庖丁所見非馬與牛，則知夫病者，所見非鬼也。」（《論衡》卷二十二，第六十五，訂鬼篇）

王充曰：趙襄子既立，知伯益驕，請地韓魏，韓魏予之；請地於趙，趙不予。知伯益怒，遂率韓魏攻趙襄子。襄子懼，乃奔保晉陽，原過從後，至於託平，驛見三人，自帶以上可見，自帶以下不可見，予原過竹二節莫通，曰：爲我以是遺趙無恤。既至，以告襄子。襄子齋三日，親自剖竹，有赤書曰：趙無恤，余霍大山陽侯天子，三月丙戌，余將使汝滅知氏，汝亦祀我百邑，余將賜汝林胡之地。襄子再拜受神之命。是何謂也？曰：是蓋襄子且勝之祥也。三國攻晉陽，歲餘，引汾水灌其城，城不浸者三板。襄子懼，使相張孟談私於韓魏。韓魏與合謀，竟於三月丙戌之日，大滅知氏，共分其田。蓋妖祥之氣，象人之形，稱霍大山之神。何以知非霍大山之神也？曰：大山地之體，猶人之有骨節，骨節安得神？如大山有神，宜象大山之形。何則？人謂鬼者死人之精，其象如生人之形。今大山廣長大不與人同，而其精神不異於人。不異於人，則鬼之類人。鬼之類人，則妖祥之氣也（《論衡》卷二十二，第六十四，紀妖篇）。

二、建設性的思想——王充的思想不祇是批評性的，更有建設性的思想。他不是消極的爲批評而批評；而是積極性的爲建設而批評。卽是於破中求立的意義。玆將其建設性的思想，扼要擧列如次：

1.自然的天道觀——許多儒者都把天人格化，認爲天是有意志的，且有喜怒好惡，乃是宇宙萬物的主宰；天人之間有所謂感應作用，作善天降之百祥，作不善天降之百殃。儒者荀卿首倡自然的天道觀，認爲天是依一定規律運行的自然體，永恒不變，不因人的喜惡改易其常行。所以他說：「列星隨旋，日月遞炤，四時代御，陰陽大化，風雨博施，萬物各得其和以生，各得其養以成。」（《荀子》天論篇）王充接受了荀子的這種思想，認爲天是無意志的自然體，既是無意志，自然無所謂喜怒好惡，因之對人的行爲善惡，那會有所感應。但荀卿又說：「未見其事而見其功，夫是之謂神」（天論篇）；「天能生物，不能辨物。」（《荀子》禮論篇）荀子這種思想，並未被充所接受。王充只承認天祇是自然體，不可視之爲神。神具有神秘性，天只是自然體，並無什麼神秘可言。神是神靈，天若是神靈，豈不是承認天有意志麼？王充認爲天地萬物皆適時合氣而自生。天不能生萬物，天亦是適時合氣而生成的。

王充論自然的天道曰：「天地合氣，萬物自生，猶夫妻合氣，子自生矣。萬物之生含血之類，知饑知寒，見五穀可食，取而食之；見絲麻可衣，取而衣之。或說以爲天生五穀以食人，生絲麻以衣人。此之謂天爲人作農夫桑女之徒也，不合自然，故其義疑，未可從也。夫天之不故生五穀絲麻以衣食人，由其有災變不欲以譴告人也。」（《論衡》卷十八，第五十四，自然篇）天既無意志，故不能故意生萬物如五穀絲麻等以衣食人，亦不能故意起災變以譴告人。

王充以爲天不能生萬物，而萬物自生。他說：「天道無爲，故春不爲生，夏不爲長，秋不爲成，冬不爲藏；陽氣自出，物自生長；陰氣自起，物自成藏。」（同上）萬物的生、長、成、藏，和天毫無關係，而是陰陽二氣的和合與變化。不僅萬物自生，就是萬物之靈的人類，夫婦之氣合而成胎，胎兒自生自成，天地父母不與焉。王充曰：「儒家說夫婦之道，取法於天地，而不知推夫婦之道，以論天地之性，可謂惑矣。夫天覆於上，地偃於下，下氣蒸上，上氣降下，萬物自生其中間矣。當其生也，天不須

復與也。猶子在母懷中，父不能知也。物自生，子自成，天地父母何與知哉？」（同上，自然篇）

王充認爲天道自然無爲。這是師法於老子的「人法地，地法天，天法道，道法自然。」自然指讓它自己是怎樣就怎樣，不要管它。天道自然無爲，因其無欲。天之無欲，因天無口目。他說：「何以知天之自然也，以天無口目也。案有爲者口目之類也。口欲食而目欲視。有嗜欲於內，而發之於外，口目求之，得以爲利欲之爲也。今無口目之欲，於物無所求索，夫何爲乎？何以知天無口目也？以地知之。地以土爲體，土本無口目。天地夫婦也，地體無口目，亦知天無口耳也。」（同上，自然篇）

2. 進化的歷史觀——歷史是人類生活狀況及其變遷的記載。歷史變遷的方向與法則，有三種不同的看法。一是退化論的歷史觀。持此論者認爲歷史變遷，朝壞的方向去，愈變愈壞。他們常慨嘆的說：人心不古，世道衰微，江河日下，一蟹不如一蟹，是古而非今。道家崇尙自然，反對制作與文明，絕智棄文，返樸歸眞，要回復到古樸的原始社會。這可視之爲退化論的歷史觀。二是進化論的歷史觀。持此論者認爲歷史變遷，朝好的方向去，後來居上，今勝於古，時代進展，依循着進化法則而前進，日新月異，精益求精，依舊生新，推陳出新，一層高一層，一步進一步，當今之世，遠比過去良好而進步。王充持此進化論的歷史觀。他在《論衡》中宣漢篇和恢國篇力稱漢代遠優於前代。三是循環論的歷史觀。持此論者認爲歷史的變遷，旣不向後退化，亦不向前進化，而是遵循着循環往復的路線，猶如自然界的天體運行，日月星辰的旋轉，四時的往復；生物界的生老病死的週期。孟子曰：「一治一亂，五百年必有王者興。」《三國演義》一書，開端便說：「話說天下大事，分久必合，合久必分。」這是循環論的歷史觀。

一般人多是古而非今，以為古優於今，所以尊古而卑今。王充認為這是錯誤的思想。所謂「古」與「今」祇是時間不同，並非價值高下的分野。古與今祇是依循自然規律的時間不同，而古今的一切事物都是天地合氣而生成。古今的事物在實質上並無高下優劣的區別。天地古今不變，今日的天地就是古代的天地。古今同一天地，那能說古之天地，優於今日的天地？古今之人，都是因天地合氣而生，因有幸與不幸，各人的禀氣厚薄便有不同，因之而有智、愚、賢、不肖之分。古今之人皆各有智、愚、賢、不肖；並非古人皆是智、賢，今人皆是愚、不肖。人性相同，古人有仁義禮智的天性，今人亦照樣有之。古代有君子，今日亦有君子，古代有美人，今日亦有美人。沒有理由說古優於今，因之不可是古而非今，不可尊古而卑今。

一般人何以會尊古卑今？究其原因，計有左列諸端：

第一、人多重聽聞而輕見視，貴遠方而卑近處。人對眼前看到的事物，並不覺得稀奇寶貴，而對傳聞的事物卻多認為稀奇寶貴。故諺曰：「看景不如聽景。」傳聞中的風景多覺是優美的，及至親眼看到，便覺得亦不過如此而已。歷史上的美女如西施、王昭君、趙飛燕、楊玉環等都以為傾城傾國，沉魚落雁的美貌天仙。假使看到她們本人，恐怕亦會覺到不過爾爾。孔子、孟子今人尊為聖人；其實在春秋戰國時代，他二人亦不過是諸子百家的同儔而已。「遠道的和尚好唸經」「外國的月亮比較光」。遠在天邊的事物是美好的；近在眼前的事物，是平平無奇的，甚而是醜陋的。古事是傳聞的、遠方的，故受人尊崇。當今的事物，是親見的、近在的，故不為人所貴而卑視之。

第二、古代的人物經後代的史學家加以美化和渲染，多成為聖賢豪傑，為時已遠，死無對證，亦無從駁斥歷史家的說謊和造謠。政治家和政客有何區別。有人說，死去的政客就是政治家。死去的就成爲好人。試觀神道碑、墓誌銘以及普遍流行的亡人行狀或事略，死去的人都是盡善盡美的好人。歷史的人物記載有很多屬於這種性質。假如經美化的堯、舜、禹、湯、文、武、周公再生，站在吾人的面前，便會覺得沒有什麼神奇美妙。今人的黨政要人若經過後人的美化和宣揚，亦可成爲傑出的偉人。古代偉人多溢美之辭，當今才俊，甚少褒揚之論。因之，人多誤信古之美，而不察今之善，遂生尊古卑今的偏見。

第三、古代的人物有賢智的，亦有愚不肖的。古代的事態有美好的一面，亦有醜陋的一面。歷史的記載多是經過選擇的或過濾的，旨在隱惡而揚善，藉以發揚寓褒貶，別善惡的歷史教育功能。當今的人物有賢、智，亦有愚、不肖。今人對今人多存輕視的心理，不肯推崇他人，甚而忌賢妬能，所以當世無偉人。當今的事態，有好的一面，亦有壞的一面。但人對此事態多不肯稱贊好的一面，卻喜歡挑剔或批評壞的一面。其實，今日之事多愈於古代者，世人不察，遂信溢美而忽實事。如眞的今不如古，繼續退化，則堯舜以後，不及百世，人類的歷史便滅絕了，何能至於今世？

王充爲要證明歷史變遷的進步性，特別强調周代遠不如後來居上的漢代。他說：「世儒何以謂世未有聖人？天之稟氣，豈爲前世渥，後世者泊哉？周有三聖，文王、武王、周公，並世猥出。漢亦一代也，何以當少於周？周之聖人，何以當多漢？漢之高祖、光武，周之文武也。文帝、武帝、宣帝、孝明、今上，過周之成、康、宣王。非以身生漢世，可以褒增頌嘆以求媚稱也」；又曰：「周時僅治五千里內，漢氏廓土收荒服之外；牛馬珍於白雉，近屬不若遠物。古之戎狄，今爲中國；古之躶人今被朝服；古之露冠今履商舄；以盤石爲沃田，以桀暴爲良民，夷埳坷爲均平，化不賓爲齊民。非太平而何!?夫實德

化，則周不能過漢；論符瑞則漢盛於周，度土境則周狹於漢。」（《論衡》卷十九，第五十七，宣漢篇）

王充又指責世人「貴所聞而輕所見」、「尊古卑今」而言曰：「世人謂上世朴質，下世文薄，猶家人子弟不謹，則謂他家子弟謹良矣。語稱上世之人重義輕身，遭忠義之事，得己所當赴死之分明也，則必赴湯趨鋒，死不顧恨，故弘演之節，陳不占之義；行事比類，書籍所載，亡命捐身，衆多不一。今世趨利苟生，棄義妄得，不相勉以義，不相激以行；義廢身不以爲累，行隳事不以相畏。此言妄也！夫上世之士，今世之士也，俱含仁義之性，則其遭事並有奮身之節。古有無義之人，今有建節之士。善惡雜厠，何世無有？述事者好高古而下今，貴所聞而賤所見。辨士則談其久者，文人則著其遠者。近有奇而辨不稱，今有異而筆不記。」（《論衡》卷十八，第五十六，齊世篇）

王充又指出漢代的治隆並不劣於堯、舜、湯、武，且猶過之。他說：「亦知大漢之德不劣於唐虞也。唐之萬國，故增而非實者也。有虞之鳳皇，宣帝以五致之矣。孝明帝符瑞並至。夫德優故有瑞，瑞均則功不相下。宣帝孝明如劣不及堯舜，何以能致堯舜之瑞？光武皇帝龍興鳳擧，取天下若拾遺，何以不及殷湯、周武？世稱周之成、康不虧文武之隆；舜巍巍不虧堯之盛功也。方今聖朝承光武，襲孝明，有浸酆溢美之化，無細小毫髮之虧，上何以不逮舜、禹，下何以不若成、康？」（《論衡》卷十八，第五十六，齊世篇）

3.宿命論的人生觀——王充一生仕途坎坷，懷才不遇，但並不嫉世，亦不怨天尤人，認爲生死有命，富貴在天，窮通顯滯，皆係命中註定。世有才高行修而不遇，反滯居下流；才淺行濁而倖遇，得顯居高位，蓋命有遇有不遇所使然。他說：「操行有常賢，仕官無常遇；賢不賢才也，遇不遇時也。才高行潔，不可保以必尊貴。能薄操濁，不可保以必卑賤。或才高行潔，不遇，退在下流。薄能濁操遇，在衆上。世各自有以取士，士亦各自得以進，進在遇，退在不遇。處尊居顯，未必賢，遇也。位卑在下，未必愚，不遇也。」「夫以賢事賢君，君欲爲治，臣以賢才輔之，趨舍偶合，其遇固宜。以賢事惡君，君不欲爲治，臣以忠行佐之，操志乖忤，不遇固宜。或以聖賢之臣，遭欲爲治之君，而終有不遇，孔子、孟軻是也。孔子絕糧陳、蔡，孟軻困於齊梁，非時君主不用善也，才下知淺，不能用大才也。夫能御驥騄者，必王良也。能臣禹、稷、皐陶者，必堯舜也。御百里之才，而以調千里之足，必有摧衡折軛之患。」（《論衡》卷一，第一，逢遇篇）生不逢時，時不遇君，則不遇而滯下流。生逢時，時遇君，則顯居高位。逢遇與否，非自己之力所能左右，蓋由命也。

因之，王充曰：「凡人遇偶及遭累害，皆由命也。有死生壽夭之命，亦有貴賤貧富之命，自王公逮庶人，聖賢及下愚，凡有首目之類，含血之屬，莫不有命。命當貧賤，雖富貴之，猶涉禍患矣。命當富貴，雖貧賤之，猶逢福善矣。故命貴從賤地自達，命賤從富位自危。故夫富貴若有神助；貧賤若有鬼禍。富貴之人俱學獨達，並仕獨遷。命富之人，俱求獨得，並爲獨成。貧賤反此，難達，難遷，難得，難成，獲過受罪，疾病亡遺，貧賤矣。是故才高行厚，未必保其必富貴。智寡德薄，未必保其必貧賤。」（《論衡》卷一，第三，命祿篇）王充的這種宿命論，雖不免失之悲觀，使人流於聽天由命，不求上進的消極人生。但貧賤富貴，非個人所能完全左右，其中的際遇奇妙，既無從理解，亦找不出其中的科學法則，無以明之，便只有歸之於命。

王充曰：「操行善惡者，性也，福禍吉凶者，性也。或行善而得禍，是性善而命凶。或行惡而得禍，是性惡而命吉也。性自有善惡，命自有吉凶。使命吉之人雖不行善，未必無福。凶命之人雖勉操行，未必無禍。」(《論衡》卷二，第六，命義篇) 王充的這種宿命論，不但失勸善之功，且有勵惡之弊；不知王充慮及遺害否？王充又曰：「富不可以籌筴得，貴不可以才能成。智慮深而無財，才能高而無官，懷銀紆紫，未必稷契之才；積金累玉，未必陶朱之智。或時下愚而千金，頑魯而典城」；「命貧以力勤致富，富至而死；命賤以才能取貴，貴至而免。」(《論衡》卷一，第三，命祿篇) 王充宿命論的人生觀，失之消極，無異使人坐以待命，不必有所作為，人生流於懶惰頹唐，歷史那能進化？王充宜多讀墨子的非命篇，力圖振作，未必不能致富貴。人定能勝天，天無意志，不能禍福人，亦無力控制人的命運。

4. 善惡相混的人性觀——古人言人性者，要可分為五派：㈠孟子言性善，謂仁義禮智出於人之本性，其不善者，物亂之也。㈡荀子言人性惡，其善者，偽也；故行禮義以矯飾人之惡性。㈢告子以為人性無分於善惡，曰：性由湍水也，決諸東方則東流，決諸西方則西流。㈣周人世碩著《養性書》認為人性有善有惡。漢人揚雄亦持人性善惡混之說。㈤孔子主張性三品之說，性相近也，習相遠也，惟上智與下愚不移。王充認為人性有善有惡，同於世碩與揚雄之論；但同時又贊成孔子性三品之說。

王充曰：「論人之性，定有善有惡。其善者固自善矣，其惡者固可教告率勉。凡人君父審觀臣子之性，善則養育勸率，無令近惡；惡則輔保禁防，令漸於善。善漸於惡，惡化於善，成為性行。」(《論衡》卷二，第八，率性篇) 這是王充人性善惡相混的主張。王充曰：「孔子曰：性相近也，習相遠也。夫中人之性在所習焉，習善而為善，習惡而為惡也。至於極善極惡非復在習。故孔子曰：惟上智與下愚不移。性有善有不善，聖化賢敎，不能復移易也。孔子道德之祖，諸子之中最卓者也，而曰上智下愚不移，故知告子之言，未得實也。」又曰：「余固以孟軻言人性善者，中人以上者也。荀卿言人性惡者，中人以下者也。揚雄言善惡混者，中人也。」（《論衡》卷三，第十三，本性篇）這是王充贊成孔子性三品的論說。

5. 時遇性的治亂觀——王充以爲個人的富貴貧賤，悉由命定；就是國家的治亂興衰，理亦同然。他說：「孔子曰：道之將行也與，命也；道之將廢也與，命也。由此言之，敎之行廢，國之安危，皆在命時，非人力也。」（《論衡》卷十七，第五十三，治期篇）國家的治亂，繫於遇時與否。遇當治之時，雖庸君亦能致治安；遇當亂之時，雖賢君亦不能致太平。王充曰：「世謂古人君賢，則道德施行，施行則功成治安。人君不肖，則道德頓廢，頓廢則功敗治亂。古今論者，莫不然。何則？見堯舜聖賢致太平，桀紂無道致亂得誅。如實言之，命期自然，非德化也。吏百石以上若升食以下，居住治民，爲政布敎，敎行與止，民治與亂，皆有命焉。」（《論衡》治期篇）

王充復申論時遇當治則治，時遇當亂則亂，與人君的賢或不肖，不相干涉，曰：「夫賢君能治當安之民，不能化當亂之世。良醫能行其針藥，使方術驗者，遇未死之人，得未死之病。如命窮病困，則雖扁鵲莫如之何。夫命窮病困之不可治，猶夫亂民之不可安也。藥氣之愈病，猶敎導之安民也，皆有命時，不可令勉力也。……故世治非聖賢之功，衰亂非無道之致。國當衰亂，賢聖不能盛；時當治，惡人不能亂。世之治亂，在時不在政；國之安危，在數不在敎。賢不賢之君，明不明之政，無能損益。」（《論衡》治期篇）

國家的治亂，不在人君的賢不肖，而在於遇時與否。賢君在位適遇當治之時，則瑞福並至，國治民安。無道之君偶生於當亂之時，則災害不絕，國亂民困。這並非賢可以招瑞治，暴君可以招災亂，適遇其時耳，可視之爲偶然或命運所左右。王充曰：「國之治亂，不在善惡。賢君之立，偶在當治之世，德自明於上，民自善於下，世平民安，瑞祐並至，世則謂之賢君所致。無道之君，偶生於當亂之時，世擾俗亂，災害不絕，遂以破國亡身滅嗣，世皆謂之爲惡君所致。若此明於善惡之外形，不見禍福之內實也。禍福不在善惡，善惡之證，不在禍福。長吏到官，未有所行，政教因前，無所改更，然而盜賊或多或寡，災害或無或有。夫何故哉？長吏秩貴，當階平安以升遷；或命賤不任，當由危亂以貶黜也。以今之長吏況古之國君，安危存亡，可得論也。」（《論衡》治期篇）

國君治國，自須有其方術。然其方術能否發生效力，則又視其是否逢其時會爲轉移。王充曰：「夫賢聖之治世也有術，得其術則功成，失其術則事廢。譬猶醫之治病也，有方，篤劇猶治；無方，毚微不愈。夫方猶術，病猶亂，醫猶吏，藥猶敎也。方施而藥行，術設而敎從，敎從而亂止，藥行而病愈。治病之藥，未必惠於不爲醫者，然而治國之吏，未必賢於不能治國者。偶得其方，遭曉其術也。治國須術以立功。亦有時當自亂，雖用術功終不立也；亦有時當自安，雖無術功猶成者。故夫治國之人，或得時而成功，或失時而無效。術人能因時以立功，不能逆時以致安。良醫能治未當死之人命；如命窮盡，方用無驗矣。故時當亂也，堯舜用術不能立功；命當死矣，扁鵲有方不能愈病。射御巧技百工之人，皆以法術，然後功成事立，效驗可見。觀治國百工之類也，功立猶事成也。謂有功者賢，是謂百工皆賢人也。」（《論衡》卷二十七，第八十，定賢篇）

三、實務性的治世觀——如何推行實際的政治事務，王充亦有其自己的見解與主張。玆將王充所持

實際性的思想，扼要論述如次：

1. 無爲而治——王充的思想體系近於道家。道家宗師老子曰：「人法地，地法天，天法道，道法自然。」故道家是自然主義者。自然主義是指一切的事物，他們自己(自)原來是怎樣就讓他們是怎樣(然)，不去管他們，不去理他們，不可有任何干涉或拘束，讓其自由自在，毫無牽掛。這略似今日的自由主義者的「放任政策」(laissez-faire)，即「放手不管」(hand off)。王充以爲個人的富貴貧賤，國家治亂興衰，悉由命定，非人力所能左右，或改變。命者自然之理也，自然之狀也。王充的這種思想，與其說是宿命論，不如說是自然主義。

因之，王充的政治理想，在於無爲而治。《論衡》自然篇(卷十八，第五十四)曰：「《易》曰：「黃帝堯舜垂衣裳而天下治。」垂衣裳者，垂拱無爲也。孔子曰：「大哉堯之爲君也，惟天爲大，惟堯則之」；又曰：「巍巍乎！舜禹之有天下也，而不與焉。」周公曰：「上帝引佚」，上帝謂舜禹也。舜禹承安繼治，任賢使能，恭己無爲，而天下治。舜禹承堯之安，堯則天而行，不作功邀名，無爲之化自成，故曰：「蕩蕩乎民無能名焉！」年五十者，擊壤於塗，不能知堯之德，蓋自然之化也。《易》曰：「大人與天地合其德。」黃帝堯舜大人也，其德與天地合，故知無爲也。天道無爲，故春不爲生，而夏不爲長，秋不爲成，多不爲藏。故無爲之爲大矣。本不求助，故其功立；本不求名，故其名成。沛然之雨，功名大矣；而天地不爲也，氣和而雨自集。

王充以爲不但君主可以無爲而治，就是丞相、郡守亦可無爲而治。無治之治，治之至也。他說：「曹參爲漢相，縱酒歌樂，不聽政治，其子諫之，笞之二百。當時天下無擾亂之變。淮陽鑄僞錢，吏不能禁。汲黯爲太守，不壞一爐，不刑一人，高枕安臥，而淮陽政淸。夫曹參爲相，若不爲相，汲黯爲太守，若郡無人，然而漢朝無事，淮陽刑措者，參德優而黯威重也。計天之威德，孰與曹參汲黯？而謂天與王政隨而譴告之，是謂天德不若曹參厚，而威不若汲黯重也。蘧伯玉治衞，子貢使人問之：何以治衞？對曰：以不治治之。夫不治之治，無爲之道也。」（《論衡》卷十八，第五十四，自然篇）

2. 德力兼重——王充以爲政治之道，在於德力兼重，二者缺一，往往發生災禍。他引徐偃王行仁義而亡，有德而無力也；駁斥韓非之非，以其重力而不尙德也。王充的德力兼重，仍然是自然主義，並非强勉而有爲。德者得也，指萬物之各得其所，適於自然之道。力者，萬物自存之物勢，順物勢以自存謂之力。物若無自存之力，必皆歸於幻滅。物滅幻爲虛無主義而非自然主義。王充曰：「治國之道，所養有二：一曰養德，二曰養力。養德者養名高之人，以示能敬賢。養力者養氣力之士，以明能用兵。此所謂文武張設，德力且足者也。事或可以德懷，或可以力摧，外以德自立，內以力自備，慕德者不戰而服，犯德者畏力而卻。徐偃王修行仁義，陸地朝者三十二國，强楚聞之，擧兵而滅之。此有德守無力備者也。夫德不可獨任以治國，力不可直任以御敵也。韓子之術不養德，偃王之操不任力，二者偏駮，各有不足。偃王有無力之禍，知韓子不必無無德之患。」（《論衡》卷十，第二十九，非韓篇）

3. 刑教並行——王充既認爲人性有善有惡，故應因人之性而刑教並行。刑罰所以懲犯法的罪行，使惡性不致恣肆患化。教化所以誘導人之善性，俾能成其善性，而謀社會的善良與進步。這是順自然，適人性的率性之道，以成天命之性。王充曰：「性情人治之本，禮樂所由生也。故原情性之極，禮爲之防，樂爲之節。性有卑謙，故制禮以適其宜。性有好惡喜怒哀樂，故作樂禮以通其敎。」（《論衡》卷三，

第十三，本性篇）禮樂爲敎化的工具。敎化所以率人之本性，以適其宜，使符於情性之極的自然法則。

王充以爲人性既然有善有惡，則雖聖王治國，亦不能使天下人都不違禁犯法。天下既有犯罪之人，便不能不用刑罰懲治之；所以刑罰不能擱置而不用。他說：「堯舜雖優，不能使一人不刑，文武雖盛，不能使刑錯不用。言其犯刑者少，用刑稀疏，可也。言其一人不刑，刑錯不用，增之也。夫能使一人不刑，則能使一國不伐；能使刑錯不用，則能使兵寢不施。案堯伐丹水，舜征有苗，四子服罪，刑兵設用。成王之時，四國簒叛，淮夷徐戎並爲患害。夫刑人用刀，伐人用兵，罪人用法，誅人用武。武、法不殊，兵、刀不異，巧論之人，不能別也。夫德劣故用兵，犯法故施刑，刑與兵，猶足與翼也。走用足，飛用翼，形體雖異，其行身同。刑之與兵，全衆禁邪，其實一也。」（《論衡》卷八，第二十六，儒增篇）

人性有善有惡，善者固自善矣，惡者亦可經由敎化使之變善。王充曰：「論人之性定，有善有惡。其善者固自善矣；其惡者故可敎告率勉，使之爲善。凡人君父審觀臣子之性，善則養育勸率，無令近惡；近惡則輔保禁防，令漸於善。善漸於惡，惡化於善，成爲性行。」（《論衡》卷二，第八，率性篇）王充以爲人之不善，乃是性命的疾病，可經由敎化醫治之。他說：「況人含五常之性，聖賢未之熟鍛鍊耳，奚患性之不善哉。古貴良醫者，能知篤劇之病所從生起，而以針藥治而已之。如徒知病之名，而坐觀之，何以爲奇。夫人有不善，則乃性命之疾也。無其敎治，而欲令變更，豈不難哉。」（《論衡》第八，率性篇）

人性雖有善有惡，王充認爲由於敎化的施行或環境的薰染，亦可使惡變善，善變惡。他說：「蓬生麻間，不扶自直；白紗入緇，不練自黑。彼蓬之性不直，紗之質不黑，麻扶緇染，使之直黑。夫人之性，猶蓬紗也。在所漸染，而善惡變矣」；又說：「凡含血氣者，敎之所以異化也。三苗之民，或賢或不肖，堯舜齊之，恩敎加也。楚越之人，處莊嶽之間，經歷歲月，變爲舒緩，風俗移也。」（《論衡》卷二，第八，率性篇）

4.注重民食——王充是宿命論者，同時亦是唯物主義者，因爲他主張物質重於精神，衣食重於信義。他贊成管仲所說的：「倉廩實知禮節，衣食足知榮辱」；反對孔子所說的「不得已而去之，去食；自古皆有死，民無信不立」。王充曰：「饑寒並至，而能無爲非者寡，然則飽煖並至而能不爲善者稀。」（《論衡》卷十七，第五十三，治期篇）王充曰：「子貢問政，子曰：足食足兵民信之矣。曰：必不得已而去，於斯三者何先？曰：去兵。曰：必不得已而去，於斯二者何先？曰：去食，自古皆有死，民無信不立。信最重也。問使治國無食，足饑，棄禮義；禮義棄，信安所立。傳曰：倉廩實知禮節，衣食足知榮辱。讓生於有餘，爭生於不足，今言去食，信安得成。春秋之時，戰國饑餓，易子而食，析骸而炊，口饑不食，不暇顧恩義也。夫父子之恩信矣，饑餓棄信，以子爲食。孔子敎子貢去食存信，如何。夫去信存食，雖不欲信，信自生矣。去食存信，雖欲爲信，信不立矣。」（《論衡》卷九，第二十八，問孔篇）

5.辨認賢才——世人喜言知賢與擢用賢才。王充認爲這都是妄言，不足憑信。世人多以顯貴者爲賢，卑賤者爲不賢。王充以爲不賢者偶遇可致顯貴。賢者不遇，仍居卑下。貴與賤由於遇與不遇。遇與不遇由於命定。故不能以貴賤定賢與不賢。故王充曰：「聖人難知，賢者比於聖人爲易知。世人且不能知賢，安能知聖乎？世人雖言知賢，此言妄也。知賢何用，知之如何？以仕宦得高官，身富貴爲賢乎？則富貴者，天命也。命富貴不爲賢，命貧賤不爲不肖。必以富貴效賢不肖，是則仕宦以才，不以命也。

以事君調合寡過爲賢乎。夫順阿之臣，佞倖之徒是也。准主而說，適時而行，無廷逆之郄，則無退斥之患。或骨體嫺麗，面色稱媚，上不憎而善生，恩澤洋溢過度，未可謂賢。」（《論衡》卷二十七，第八十，定賢篇）

若以獲譽多，被擧於朝者爲賢，或遭毀多，不被察者爲不賢，則潔己不阿附者必毀多而被斥拒；媚衆者與鄉愿之輩反得佳譽而受薦擧。故毀譽不能驗賢不肖。王充曰：「以朝廷選擧皆歸善爲賢乎？則夫著見而人所知者，擧多；幽隱人所不識者，擧少。由此言之，選擧多少，未可以知實。或德高而擧之少，或才下而薦之多。明君求善察惡，於多少之間，時得善惡之實矣。且廣交多徒，求索衆心者，人愛而稱之，清直不容鄉黨，志潔不交非徒，失衆心者，人憎而毀之。故名多生知謝，毀多失於衆意。」（《論衡》定賢篇）

王充認爲必欲知賢，在於觀心，心明智，言善而行察者爲賢。他說：「必欲知之，觀善心也。夫賢者，才能未必高也，而心明智；力未必多，而擧是。何以觀心？必以言，有善心則有善言。以言而察行，有善言者則有善行矣。言行無非，治家親戚有倫，治國則尊卑有序。無善心者，黑白不分，善惡同倫，政治錯亂，法度失平，故心善無不善也，心不善無能善。」（《論衡》定賢篇）

王充進而論說眞賢的性行曰：「賢者獨識世有是非錯謬之言，亦有審誤紛亂之事。決錯謬之言，定紛亂之事，唯聖賢之人爲能任之。聖心明而不闇，賢心理而不亂；用明察非，非無不見；用理銓疑，疑無不定；與世殊指，雖言正而衆不曉見。何則？沉溺俗言之日久，不能自還以從實也。是故正是之言，爲衆所非；離俗之禮，爲世所譏。」（《論衡》定賢篇）

第三十四章 荀悅的政治思想

第一節 生平事蹟

一、事略——荀悅字仲豫，後漢潁川（河南臨潁縣）人，大儒荀卿之十三世孫。祖父淑，名儒，安帝時徵拜郎中，再遷當塗縣長，去職還鄉，當時名儒李固等皆宗師之；嗣舉賢良方正，對策譏刺貴幸，出補郎陵侯相，《後漢書》有傳。父名儉，早卒。自漢歷魏迄晉，潁川荀氏爲一方望族，世代簪笏，勳功彪炳，光耀史册。荀悅廣誦記，善著作，性沈靜，獻帝時侍讀禁中，累進秘書監侍中，相位也。時政移曹操，悅志在獻替，乃作《申鑒》五篇以爲建言。荀彧潁川人，字文若，佐曹操定天下，爲太尉，掌兵權，位列三公，宰輔之職，乃悅之從兄。荀勗字公曾，潁川人，初仕魏，官侍中，至晉歷秘書監至尚書令，乃宰相之任。荀彧之曾孫荀顗，晉時任羽林右監，安陵鄉侯，志操清純，雅好文學。顗之族祖父荀顗亦爲晉朝顯要。顗之子崧，字景猷，有二子一女，子名蕤及羨，女名灌，國劇中稱荀灌娘。崧爲襄城太守時，被敵軍圍困，荀灌才十三歲，忠孝智勇兼備，冒險出城，求救兵，解父圍脫險。崧父子女四人《晉書》皆有傳。

荀悅聰敏逾恒，十二歲能說《春秋》，家貧無書，每之書肆，所覽篇牘多能記誦。性沉靜，美儀表，尤好著述。靈帝時，宦官弄權，士多退身窮處。悅乃託疾隱居，時人莫之識，惟從兄彧特稱敬之。

悅初辟鎭東將軍曹操府，遷黃門侍郎。獻帝頗好文學，悅與彧及少府孔融侍講禁中，旦夕談論，累遷秘書監侍中。時政移曹氏，天子恭己而已。悅志在獻替，而謀無所用，乃作《申鑒》五篇，其所論辨，通見政體。既成而奏之，帝覽而善之。帝好典籍，常以班固《漢書》，文繁難讀，乃令悅依《春秋左氏傳》體，以爲《漢紀》三十篇，詔尚書給筆札，辭約事詳，論辨多美，又著《崇德正論》及《緒論》數十篇，年六十四，建安十四年卒（《後漢書》卷六十三，荀悅傳）。

二、著作——荀悅著作有三：一爲《申鑒》，二爲《崇德正論》及《緒論》，三爲《漢紀》。《崇德正論》及《緒論》數十篇，已佚散不傳。《漢紀》三十篇，文約事詳，足稱良史，且便於省覽，剖析事理，亦深切著明，所言皆不詭於正，不失儒者之立場。《申鑒》旨在供帝省覽，其意在重申金鑒，其內容分爲五篇：一曰政體，二曰時事，皆制度及時所當行之事。三曰俗嫌，皆禨祥讖緯之說。四曰雜言上，五曰雜言下，皆泛論義理，頗似揚雄《法言》。《後漢書》取其政體爲爲政之方一章，時事篇正當主之制，復內外註記二章全文皆列入荀悅本傳中。

明武宗正德十四年吳郡王鏊校刊《申鑒》，撰序言以爲評論曰：「《申鑒》之作，蓋有志於經世也。然當時政體，顧有大於總攬機務，使權下移者乎？而曾無一言及之，何哉！厥後孔融以論建漸廣，荀彧以不阿九錫，皆不得其死。悅獨優游以壽終，其亦善處濁世者矣。其論政體，無賈誼之經制，而近於醇；無劉向之憤激，而長於諷。其雜言等篇，頗似楊雄法言。雄曲意美新，而悅無一言及於操，視雄爲優矣。或言悅書似徐幹、王符。考其歸玆，若人之儔乎？吾未知其先後也；而三品之說，昌黎有取焉。其書遂亦罕傳。吾蘇黃勉之好蓄異書，又爲之訓釋，搜討磔裂，出入五經三史、《春秋》內、外傳、

《老》、《莊》、《淮南》、《素難》、《天官》、《地志》，博洽精密，多得悅旨。雖然，悅之書，其亦有所感而爲乎！勉之注豈亦有感而爲乎！勉之春秋方富，行將抒其學，出而效用，當炳然赫然，流聲實於天朝，尙何悅之慕哉。」序文對悅之學，固多所稱許，而孔融、荀彧皆不阿曹操不得其死，悅獨無一言及操，而能優游善終，似有微詞。若荀悅者，可謂「邦無道，危行言遜」，蓋明哲保身之流亞。

第二節　政治思想

一、政治的根本——荀悅爲名儒，其政治思想自然以儒學爲依歸。儒家爲政，重在講道德，行仁義，而卑棄法家的重刑罰，恃權勢，弄法術。荀悅認爲政治的根本有二：一曰行仁義，二曰立王政。

1.行仁義——荀悅認爲政治的根本，在於本儒家仁義之道而行之。其言曰：「大道之本，仁義而已矣。五典以經之，群籍以緯之；詠之歌之，弦之舞之，前鑒既明，後復申之。故古之聖王其於仁義也，申重而已。篤序無疆，謂之《申鑒》（《申鑒》政體第一）。荀悅進而申說行仁義的途徑與方法，在於不愆法、教二端；不離信、義、禮、智、信五德；不悖好、惡、喜、怒、哀、樂六節。悅曰：「立天之道，曰陰與陽。立地之道，曰柔與剛。立人之道，曰仁與義。陰陽以統其精氣，剛柔以品其群形，仁義以經其事業，是謂道也。故凡政之大經，法教而已矣。教者陽之化也，法者陰之符也。仁也者，慈此者也，義也者，宜此者也。禮也者，履此者也。信也者，守此者也。智也者，知此者也。是故好惡以章之，喜怒以涖之，哀樂以恤之。若乃二端不愆，五德不離，六節不悖，則三才允序，五事交備，百工惟釐，庶績咸熙。」（《申鑒》政體第一）

2. 立王政——政治本王道以行之，謂之王政。仲尼之道，無道桓、文之事。以力服人者霸，以力服人者，非心服也。以德行仁者王，王道就是以德服人。以德服人者，衷心悅而誠服也。荀悅所謂之王政，在於承天、正身、任賢、恤民、明制及立業。他說：「天作道，皇作極，臣作輔，民作基。惟先哲聖王之政，一曰承天，二曰正身，三曰任賢，四曰恤民，五曰明制，六曰立業。承太惟允，正身惟常，任賢惟固，恤民惟勤，明制惟典，立業惟敦，是謂政體也。」（《申鑒》政體第一）

承天指遵循天道以爲政，惟允者，其意有二：一曰公允，卽公平、公正與無私。二曰無欺，天道誠信，不欺不爽。正身惟常，常者恒也，卽經久不變的正理。政者正也，子率以正，孰敢不正，其身正不令而行，其身不正，雖令不從。爲政者必先正身，表率群倫，以身作則，而收風行草偃之效，正身要持正理歷久不渝。儒家所謂德治或人治就是「賢能政治」（government by the best），故爲政必須用賢才，任賢惟固，卽信任不移，所謂疑人不用，用人不疑，如魏文侯之用樂羊，雖謗書盈篋，不去也。恤民就是愛民。愛民之政，須夙興夜寐，孜孜不息，始終不懈。明制卽修明綱紀與制度，其要在嚴守典章與法律，客觀公平，無私無偏，不枉不縱。立業指事功的建立與政務的推行，其要在敦篤與力行。

二、政治的要旨——依《申鑒》的論說，荀悅所主張的政治要旨，計有兩端：一曰政在養民，二曰政尚分權。

1. 政在養民——荀悅雖認爲政治的根本，在行仁義，敦教化，立王政，而同時亦不忘孔子所謂「足食、足兵、民信之」之意，以及管仲所謂「倉廩實知禮節，衣食足知榮辱」之說，故主張政在養民。爲政之道，首重民生；只有衣食足，始能敎之以禮義，使之樂生守分。民若困窮，則將鋌而走險以求衣食而免饑寒。民不能安生守分，賞何足以勸之。荀悅曰：「興農桑以養其生。……民不畏死，不可懼以罪；民不樂生，不可觀以善。雖使卨布五教，咎繇作士，政不行焉。故在上者，先豐民財以定其志。帝耕籍田，后桑蠶宮，國無游民，野無荒業，財不虛用，力不妄加，以周民事，是謂養生。」（《申鑒》政體第一）

2.政尚分權——荀悅雖生長在中央集權及君主政制之下，但他却主張政治應採分權制，恢復古代的封建制度。因為他鑑於秦始皇廢封建行郡縣，地方無屏藩之設，天子陷於孤立，山東豪傑，揭竿而起，秦祚三世十五年而竟滅矣。前漢時代，君主多庸弱，任由權臣擺佈，至平帝而被王莽篡弒。後漢末年，紀綱廢弛，親見曹操欺凌獻帝，孤立無援，天子不知命在何時。悅以為聖王立制，所以為民。故封建諸侯，各世其位。悅曰：「古諸侯建國家，世位權柄存焉。於是置諸侯之賢者以牧，總其紀綱而已，不統其政，不禦其民」；「天子南面聽天下，嚮明而治，蓋取諸離，天之道也。」（《申鑒》時事第二）封建制度乃是「王者總其一統以御其政，故有暴禮於國者，則民叛於下，王誅加於上」；「及至天子失道，諸侯正之；王室微弱，大國輔之，雖失道不得虐於天下」。

荀悅認為這是封建制度的優點和大利，足以為安民永世之資。至於前世行之而生弊害者，悅以為乃由於封地大小之不當。殷夏大國不過百里，失之太小，故「諸侯微而天子强，桀紂得肆其虐」。周封大國至五百里，矯枉過正，幹弱枝强，遂起戰爭，至於滅亡。秦因噎廢食，行郡縣之制，「以一權威，而專天下」，其結果，人主失道，則天下遍被其害。百姓一亂，則魚爛土崩，莫之匡救。漢承周秦之弊，兼採郡縣與封君並行之制。然封君失之强大，遂有六君及七國之禍亂。此後，封君絕，而集權之勢成。荀悅以為「此當時之制，未必百王之法也」。悅以郡縣制天子孤立，致有權臣簒弒之弊，大感痛苦與憤恨，故主張行封建以屏藩王室。

三、政治的方術——荀悅所論述的政治方術有四：一曰屏四患，二曰興五政，三曰察九風，四曰恤十難。

1.屏四患——爲政者，必須屏棄四患。四患就是僞、私、放與奢。虛僞不除，足以亂俗。徇私，則破壞律法。放縱則踰越正道，而亂禮儀。奢靡則損害制度。悅曰：「政治之術，先屏四患：一曰僞，二曰私，三曰放，四曰奢。僞亂俗，私壞法，放越軌，奢敗制。四者不除，則政莫由行也。亂俗則道荒，雖天地不能保其性也。法壞則世傾，雖人主不能守其度矣。越軌則禮亡，雖聖人不能全其道矣。制敗則慾肆，雖四表不能充其求矣。是謂四患。」（《申鑒》政體第一）

2.興五政——所謂五政者，就是興農桑，審好惡，宣文教，立武備，明賞罰。荀悅曰：「興農桑以養其生，審好惡以正其俗，宣文教以章其化，立武備以秉其威，明賞罰，以統其法。是謂五政。」（《申鑒》政體第一）

3.察九風——所謂九風者，指政治上之治、衰、弱、乖、亂、荒、叛、危、與亡，不可不加考察，以爲注意與避防。荀悅曰：「察九風，以定國常。一曰治，二曰衰，三曰弱，四曰乖，五曰亂，六曰荒，七曰叛，八曰危，九曰亡。君臣親而有禮，百僚和而不同，讓而不爭，勤而不怨，無事惟職是司，此治國之風也。禮俗不一，職位不重，小臣讒嫉，庶人作議，此衰國之風也。君好讓，臣好逸，士好遊，民好流，此弱國之風也。君臣爭明，朝臣爭功，士大夫爭名，庶人爭利，此乖國之風也。上多欲，下多端，法不定，政多門，此亂國之風也。以侈爲博，以伉爲高，以濫爲通，遵禮謂之劬，守法謂之固，此荒國之風也。以苛爲密，以利爲公，以割下爲能，以附上爲忠，此叛國之風也。上下相疏，內外相蒙，小臣爭寵，大臣爭權，此危國之風也。上不訪，下不諫，婦言用，私政行，此亡國之風也。故上必察乎國風也。」（《申鑒》政體第一）

4.恤十難——爲治要術，在於任用賢能。荀悅認爲任賢有十難：一曰不知賢，二曰不進賢，三曰不任賢，四曰用賢不終，五曰以小怨棄大德，六曰以小過黜大功，七曰以小失掩大美，八曰奸計傷忠良，九曰以邪說亂正度，十曰以讒嫉廢賢能。居上者對此十難應憂恤而顧救之。他說：「惟恤十難，以任賢能。一曰不知，二曰不進，三曰不任，四曰不終，五曰以小怨棄大德，六曰以小過黜大功，七曰以小失掩大美，八曰以奸計傷忠良，九曰以邪說亂正度，十曰以讒嫉棄賢能，是謂十難。十難不除，則賢臣不用。賢臣不用，則國非其國也。」（《申鑒》政體第一）

四、君民的關係——荀悅從多方面作譬喩，闡釋君主與人民的關係，先言君民爲一體，君爲元首，民爲手足，「足寒傷心，民寒傷國」；次以水與舟喩君民關係，水能載舟，亦能覆舟。這兩種觀點，頗類民主思想。處君主時代，能發此高論，非易事。悅又論君主御民要反求諸己，以身作則，並須緩急適宜，從容不迫，順乎自然。

1.元首與手足——荀悅曰：「天下國家一體也，君爲元首，臣爲股肱，民爲手足。下有憂民，則上不盡樂；下有飢民，則上不備膳；下有寒民，則上不具服。徒跣而垂旒，非禮也；故足寒傷心，民寒傷國。」（《申鑒》政體第一）國以民爲本，君主須與人民同甘苦，共患難，民飢君飢，民寒君寒，君民一體。君視民如腹心，則民視君如父母；君視民如草芥，則民視君如寇讎。

2.舟船與流水——荀悅曰：「問民猶水也。濟大川者，太上乘舟，其次泅。泅者勞而危，乘舟者逸而安。虛入水必溺矣。以知能治民者，泅也；以道德治民者乘舟也。縱民之情謂之亂，絕民之情謂之荒。曰：然則如之何？曰：爲之限使弗越也；爲之地，故水可使不濫，不可使無流。」（《申鑒》政體第一）治民在立規範以適其情欲，不可縱其情欲，亦不能絕其情欲。君猶舟，民猶水。水能載舟，亦能覆舟。舟順水則易行，舟逆水則難進。爲治者當順民心以爲治，不可逆之。

3.君禁與民禁——君主御民在設限以限民，立禁以禁民。荀悅認爲君限民必須君先自限；君禁民必須君先自禁，以身作則，所謂「其身正，不令而行，其身不正，雖令不從」。這一理論有似現代政治學上的「主權自限說」，對專制君主有抑制之意。他說「善禁者先禁其身而後人，不善禁者，先禁人而後身。善禁之至於不禁，令亦如之。若乃肆情於身，而繩欲於衆；行詐於官，而矜實於民，求上之所有餘，奪下之所不足；捨已之所易，責人之所難，怨之本也，謂理之源斯絕矣。」（《申鑒》政體第一）

4.釣御與驅鷄——荀悅儒者，政尚寬和，與民休養生息，反對苛擾。更進而主張爲政不逼、不急，要順乎自然，近於道家的「無爲而治」。悅之立王政，首在承天。老子曰：「人法地，地法天，天法道，道法自然。」承天者，即依天道以行事。晝夜寒暑，四時運行，皆順乎自然，天何言哉？荀悅曰：「自上御下，猶夫釣者焉，隱於手，應於釣，則可以得魚。自近御遠，猶夫御馬焉。和於手而調於喻，則可以使焉。故至道之要不於身，非道也。睹孺子之驅鷄也，而見御民之方。孺子驅鷄也，急則驚，緩則滯；方其北也，遽要之，則折而過南；方其南也，遽要之，則折而過北。迫則飛，疏則放。志閑則比之，流緩而不安，則食之。不驅之驅，驅之至者也。志安則循路而入門。」（《申鑒》政體第一）

五、人性與法敎——孟子言性善，荀子言性惡，揚雄、王充言性善惡混。荀悅言性，有似告子，性可善可惡；又似揚、王言性有善有惡。有時，他的言論，又似「惟上智與下愚不移」之說。其言性也，立論不甚確定。著者以爲歷來言人性善惡者，皆誤在未能將「性」與「行」區分而言之，實則「性本善」，而「行」始有善有惡也。

天命之謂性，性卽心，心卽理，人同此心，心同此理，此卽所謂良心。理者乃是天理或良知，寂然不動，如明鏡止水，乃「虛靈不昧」的明德，故爲本然之善，猶如「無極」。《書》曰：「天生蒸民，有物有則，民之秉彝，好斯懿德。」懿德乃人的天賦善性。人性或「無極」受到外界「色相」的刺激或引誘，乃生「情欲」，所謂情由色起。孔子曰：「飲食男女人之大欲存焉，死亡貧苦，人之大惡存焉。」（《禮記》卷二十二，禮運篇）這是由「無極」而生「太極」。情欲本身亦無分於善惡。由情欲而生好惡。這是太極分兩儀。兩儀乃陰陽或好惡。由好惡而採取行動，追求目標，以滿足自己的情欲。好「好色相」的行爲爲善；好「惡色相」的行爲爲惡；惡「壞色相」的行爲爲善；惡「好色相」的行爲爲惡。例如，男女之欲的本身無所謂善惡。由此欲而愛好自己的妻室則爲善行，若强暴他女，或所謂「踰東家牆而摟其處子」，則爲惡行。飲食之欲的本身，亦無所謂善惡。依公平交易的原則，買飯吃則爲善行，若騙飯吃，搶飯吃，偷飯吃，則爲惡行。

荀悅認爲人性有善有惡，故待法敎以施之；但上智與下愚不移。他說：「性善則無四凶，性惡則無三仁人。無善惡，則文王之敎一也，則無周公與管蔡。性善情惡，是桀紂無性，堯舜無情」；又說：「性雖善，待敎而成；性雖惡，待法而消；惟上智與下愚不移。其次，善惡交爭，於是敎扶其善，法抑其惡。得施之九品，從敎者半，刑畏者四分之三，其不移大數九分之一也。一分之中，又有微移者矣。然則法敎之於化民也，幾盡之矣。及法敎之失也，其爲亂也，亦如之。」（《申鑒》雜言下第五）

荀悅認爲「善難而惡易」。若任人自由發展，則善少而惡多，國是亂矣。故治國必賴法以抑惡，賴敎以扶善。善揚而惡抑，故法敎是治國之要道。悅說：「法敎得則治，法敎失則亂。縱民之情，則治亂其中乎！凡陽性升，陰性降，升難而降易。善，陽也。陰，惡也。故善難而惡易。縱民之情，使自出之，則降於下者，多矣。曰：中在焉。曰：敎法不純，有得有失，則治亂其中矣。純德無慝，其上善也。伏而不動，其次也。動而不行，行而不遠，又其次也。其下者，遠而不近也。凡此皆人性也，制之則心也。動而抑之，行而止之，與上同性也。行而弗止，遠而弗近，與下同性也。」（《申鑒》雜言下第五）

六、賞罰與德刑——人君御衆，有兩大利器，一曰賞，二曰罰。賞所以勸善，罰所以懲惡。賞罰當，國以治。賞不可寬濫。寬濫，則賞不足貴，莫由勸善。罰不可苛擾。苛擾，則罰有寃枉，必起民怨。賞罰必須以法爲依據，因爲法是據一止亂的客觀標準，亦是去私塞怨的有效工具。人君行賞罰不可憑自己的喜怒好惡以爲之。愼到曰：「人君若舍法而以身治，則誅賞予奪從君心出。然則受賞者雖當，望多無窮；受罰者雖當，望輕無已。君舍法而以身裁輕重，則同功殊賞，同罪殊罰矣。怨之所由生也。是以分馬之用策，分田之用鈎，非以策鈎過於人智，去私塞怨也。」（《愼子》內篇）

荀悅認爲「賞罰，政之柄也」。但賞罰之行，必須審愼明辨，不可妄動，殆亦愼子所謂依法行事之精神。其言曰：「賞罰，政之柄也。明賞必罰，審信愼令；賞以勸善，罰以懲惡。人主不妄賞，非徒愛其財也；妄賞則善不足勸矣。不妄罰，非徒愼其刑也；妄罰則惡不足懲矣。賞不勸，謂之止善。罰不

懲，謂之縱惡。爲上者，能不止下爲善，不縱下爲惡，則國治矣，是謂統法。」（《申鑒》政體第一）

賞罰與德刑相輔而行，互爲運用。德教的推行，所以勸善規過，移風易俗避邪趨正，足以消弭犯罪於無形。德教的功能在於防範犯罪於未然。德教雖足勸善化民，但不足以化頑民，亦難以勸惡人。頑惡之人仍會蹈法網，罹罪咎，當施以刑罰，以儆戒之，使勿再犯。刑罰的功能在於懲治犯罪於已然。德教推行宜廣被，宜切實，宜完備，方能收到勸善弭刑的效果。刑罰的施行，宜審愼，宜矜恤，宜明必，不可失之苛擾或妄濫，則當刑居於無怨言。荀悅認爲教不可虛，刑不可峻。其言曰：「德刑並用，常典也。或先或後，時宜。刑教不行，勢極也。教初必簡，刑初必略，事漸也。教化之隆，莫不興行，然後責備。刑法之行，莫不避罪，然後求密。未可以備，謂之虛教；未可以密，謂之峻刑。虛教傷化，峻刑害民；君子弗由也。設必違之教，不量民力，力之未能，是招民於怨也，故謂之傷化。設必犯之法，不度民情之不堪，是陷民於罰也，故謂之害民。莫不興行，則一毫之善，可得而勸也，然後教備。莫不避罪，則纖介之惡可得而禁也，然後刑密。」（《申鑒》時事第二）

七、人臣的罪惡——荀悅認爲人臣者對君主應盡忠誠，明道義。若不如此，反而導非、阿失、尸寵，是謂三罪。他說：「人臣有三罪：一曰導非，二曰阿失，三曰尸寵。以非引上謂之導非。從上之非謂之阿失。見非不言謂之尸寵。導臣誅，阿臣刑，尸臣黜。」（《申鑒》雜言上第四）荀悅進而言進忠之術有三：一曰防，二曰救，三曰戒。他說：「進忠有三術：一曰防，二曰救，三曰戒。先其未然謂之防，發而止之謂之救，行而責之謂之戒。防爲上，救次之，戒爲下。下不鉗口，上不塞耳，則可有聞矣。有鉗之鉗，猶可解也；無鉗之鉗難矣哉！有塞之塞，猶可除也，無塞之塞，其甚以夫！」（《申鑒》雜言上第四）獻帝之時，權臣當道，天子都不自知命在何時，雖無禁言之鉗，而無人敢言，是無鉗之鉗。人不敢言，皇帝雖不塞耳，亦無從聽言，是無塞之塞。

荀悅以爲人主有二難，人臣有二患。他說：「人主之患，立於二難之間，在上而國不治，難也。治國家則必勤身、苦思、矯情以從道，難也。有難之難，闇君取之。無難之難，明君居之。人臣之患立於二罪之間，在職而不盡忠直之道，罪也。盡忠直之道，則必矯上拂下，罪也。有罪之罪，邪臣由之。無罪之罪，忠臣置之。人臣之義，不曰吾君能矣，不我須也，言無補也，而不盡忠；不曰吾君不能矣，不我識也，言無益也，而不盡忠。必竭其誠，明其道，盡其義，斯已而已矣。不已，則奉身以退，臣道也。故君臣有異無乖，有怨無憾，有屈無辱。」（《申鑒》雜言上第四）人臣若不能竭誠、明道、盡義，不得已只有奉身而退，是亦合則留，不合則去之義也。殆亦「道不行，乘桴浮於海」之旨，不無悲觀思想的成份在內。

第三十五章　徐幹的政治思想

第一節　生平事略

一、事略——徐幹後漢北海（山東益都縣以東至掖縣一帶）人，《後漢書》無傳，生平事蹟不得其詳。僅知幹字偉長，仕為司空軍謀祭酒掾屬，五官將文學，與孔融、陳琳、阮瑀、應瑒、劉楨、王粲號稱建安七子。輕官忽祿，有箕山之志，著有《中論》一書。幹曾謂「昔荀卿生乎戰國之際，而有叡哲之才，祖述堯舜，憲章文武，宗師仲尼，明撥亂之道，然而列國之君以為迂濶，不達時變，終莫之肯用也。」（《中論》第十六，審大臣）孔子陳蔡絕糧，孟子困於齊梁，同明撥亂之道，列國之君亦以迂濶，終不肯用。而徐幹獨稱荀子，則知其為荀儒。獻帝建安年間，曾三次徵求跅弛之士，徐幹篤行體道，不耽世榮，雖懷文抱質，而逡巡濁世，守勁堅之大節。生於靈帝熹平元年卒於獻帝建安二十三年（西元一七一—二一八年），享年僅四十七歲（《三國志》魏志，卷二十一）。

二、著作——徐幹著《中論》一書，凡二十篇，其篇名為：治學、法象、修本、虛道、貴驗、貴言、藝紀、覈辨、智行、爵祿、考僞、譴交、曆數、論夭壽、務本、審大臣、愼所從、亡國、賞罰及民數。宋代舘臣曾鞏編校《中論》一書後上書曰：「臣始見舘閣及世所有《中論》二十篇，以謂盡於此。及觀貞觀政要，怪太宗稱嘗見幹《中論》復三年喪篇，而今書此篇缺。因考之魏志，見文帝稱幹著《中論》二十餘篇；於是知舘閣及世所有幹《中論》二十篇者，非全書也。幹字偉長，北海人，生於漢魏之間。魏文帝稱幹懷文抱質，恬澹寡慾，有箕山之志。而先賢行狀亦稱幹篤行體道，不耽世榮。魏太祖特旌命之，辭疾不就。後以爲上艾長，又以疾不行。蓋以漢承周衰及秦滅學之餘，百氏雜家，與聖人之道並傳，學者罕能獨觀於道德之要，而不牽於俗儒之說。至於治心養性，去就語默之際，能不悖於理者，固稀矣。況至於魏之濁世乎！幹獨能考六藝，推仲尼、孟軻之旨，述而論之。求其辭，時若有小失者，要其歸，不合於道者少矣。其所得於內者，又能信而充之，逡巡濁世，有去就顯晦之大節。臣始讀其書，察其意而賢之。因其書以求其爲人，又知其行之可賢也。惜其有補於世而識之者少。蓋迹言行之所至，而以世俗之好惡觀之，彼烏足以知其意哉！顧臣之力，豈足以重其書，使學者尊而信之。因校其脫繆，而序其大略，蓋所以致臣之意也。」

《四庫全書總目提要》列徐幹《中論》於子部儒家類。「書凡二十篇，大都闡發義理，原本經訓，而歸之於聖賢之道，故前史皆列之儒家。魏文帝稱二十餘篇，乃知舘閣本非全書；而晁公武又稱李獻民所見別本，實有復三年制後二篇。李獻民者李淑之子，嘗撰邯鄲書目者也。是其書在宋仁宗時當未盡殘缺。曾鞏據舘閣不全本著之於傳；相沿既久，所謂別本者，不可復見。於是二篇遂佚不存。又書前有原序一篇，不題名字，陳振孫以爲幹同時人所作，今驗其文，頗類漢人體格，知振孫所言爲不誣。惟魏志幹卒於建安二十三年，而序作於二十二年二月，與史頗異。傳寫必有一譌，今亦莫考其孰是矣。」

第二節　政治思想

一、人君的大務——人君治國應務其大者遠者，達於興廢之原，通於安危之分。徐幹曰：「故人君之所務者，其在大道遠數乎！大道遠數者：爲仁足以覆幬群生，惠足以撫養百姓；明足以照見四方，智足以統理萬物，權足以變應無端，義足以阜生財用，威足以禁遏姦非，武足平定禍亂；詳於聽受，而審於官人，達於興廢之原，通於安危之分。」（《中論》第十五，務本）

二、人君的大患——人君的治國在務其大者遠者。若舍此而不務，卻致力於細小的事務，既悖於「君逸臣勞」的原則，復招致「察察爲明，事必躬親」的大患。陳平不知錢穀數，丙吉不問橫道死。宰相尚不可親細務，而況君主者乎!?徐幹曰：「人君之大患，莫大於詳於小事，而忽於大道；察其近物而闇於遠圖。故自古及今，未有如此而不亂者也；未有如此而不亡者也。夫詳於小事而察於近物者，謂耳聽乎絲竹謌謠之和，目視乎琱琢采色之章，口給乎辯慧切對之辭，心通乎短言小說之文，手習乎射御書數之巧，體鶩乎俛仰折旋之容。凡此者，觀之足以盡人之心，學之足以動人之志；且先王之末教也，非有小才小智，則亦不能爲也。是故能爲之者，莫不自悅乎其事，而無取於人，以人皆不能故也。夫居南面之尊，秉生殺之權者，其勢固足以勝人也；而加以勝人之能，懷是己之心，誰敢犯之者乎？以匹夫行之，猶莫之敢規也；而況人君哉！故罪惡若山，而已不見也；謗聲若雷，而已不聞也；豈不甚矣乎！夫小事者味甘，而大道者醇淡；近物者易驗，而遠圖者難效；非大明君子，則不能兼通者也。故皆惑於所甘，而不能至乎所淡；眩於所易，而不能反於所難。是以治君世寡，而亂君世多也。」（《中論》第十五，務本）人君若親細事，察近物，必將無時間考慮治國的大道和經國的大計，亦無精力處理國家的要政與急務，去重就輕，務小失大，未有不歸於敗亡者。陳後主、隋煬帝、明思宗便是因此而招致敗亡。

三、政治的大本——取天下的大本，在於行仁義以懷萬國，用智謀以收英雄，至於攻戰則爲末事。劉邦能仁以懷萬民，智以用賢能，故能代秦而有天下。項羽勇而無謀，斥英才而弗用，雖善攻戰，是舍大本而趨末事，終無濟於事而歸於慘敗。徐幹曰：「昔項羽既敗，爲漢兵所追；乃謂其餘騎曰：吾起兵至今八年，身經七十餘戰，所擊者服，遂覇天下。今而困於此，此天亡我，非戰之罪也。斯皆存亡之由，欲南反北者也。夫攻戰，王者之末事也，非所以取天下也。王者之取天下也，有大本，有仁智之謂也。仁則萬國懷之，智則英雄歸之；御萬國，總英雄，以臨四海，其誰與爭？夫若攻城必拔，野戰必克，將帥之事也。羽以小人之器，闇於帝王之教，謂取天下一由攻戰；矜勇有力，詐虐無親，貪圖專利，功勤不賞。有一范增，既不能用，又從而疑之；至令憤氣傷心，疽發而死。豪傑皆叛，謀士遠離，以至困窮，身爲之虜，然猶不知所以失之，反瞋目潰圍，斬將取旗，以明非戰之罪；何其謬之甚歟？」（《中論》第十七，愼所從）以德行仁者王，以力假仁者覇。項羽恃力尙戰，祇能覇天下而不能取天下。以力服人者，人心不服；以德服人者，衷心悅而誠服。行仁義，用賢能爲政治之大本；由此不僅可以治國家，且可以王天下。攻戰者將帥之事，非王者所宜親者。

四、賞罰的施行——治國有二柄，賞與罰是也。賞所以勸善與功；罰所以禁邪除惡。所以徐幹重視賞罰的施行，且認爲賞必當其善與功，罰必當其惡與罪；賞罰的施行必須客觀而公平，罰不避親貴，賞不避疏讎；賞罰要輕重得其宜，輕則失其效，重則傷其平。徐幹曰：「政之大綱有二。二者何也？賞罰之謂也。人君明乎賞罰之道，則治不難矣。夫賞罰者不在乎必重，而在於必行；必行則雖不重而民戒，不行則雖重而民怠。故先王務賞罰之必行。書曰：爾無不信，朕不食言；爾不從誓言，子則孥戮汝，罔有攸赦。天生烝民，其性一也；刻膚虧體，所同惡也；被文垂藻，所同好也。此二者常存而民不治，其身有自然也。當賞者不賞，當罰者不罰。夫當賞者不賞，則爲善者失其本望，而疑其所行；當罰者不罰，則爲惡者輕其國法，而怙其所守。苟如是也，雖日用斧鉞於市，而民不去惡矣；日錫爵祿於朝，而民不興善矣。是以聖人不敢以親戚之恩而廢刑罰；不敢以怨讎之忿而廢慶賞。夫何故哉？將以有救也。故司馬法曰：賞罰不踰時，欲使民速見善惡之報也；踰時且猶不可，而況廢之者乎？賞罰不可疏，亦不可以數；數則所及者多，疏則所漏者多。賞罰不可以重，亦不可以輕。賞輕則民不勸，罰輕則民亡懼。賞重則民徼倖，罰重則民無聊。故先王明庶以德之，思中以平之，而不失其節。故書曰：罔非在中，察辭於差。夫賞罰之於萬民，猶轡策之於駟馬也；轡策不調，非徒遲速之分也，至於覆車而摧轅。賞罰之不明也，則非徒治亂之分也，至於滅國而喪身，可不愼乎？可不愼乎？故詩云：執轡如組，兩驂如舞，言善御之可以爲國也。」（《中論》第十九，賞罰）

五、賢才的任用——儒家崇尚德治。德治就是賢才在位，以身作則，表率群倫，而收風行草偃之效。君主治國，不能一人獨治，必須任用公卿百官，以爲輔弼與佐治。然須知得人者昌，失人者亡；人存政擧，人亡政息。所謂人，並非指一般人而言，而是指賢能的人才，故徐幹曰：「大臣不可以不得其人。」幹進而解釋此言曰：「帝者昧旦而視朝廷，南面而聽天下，將與誰爲之？豈非群公卿士歟？故大臣不可以不得其人也。大臣者，君之股肱耳目也；所以視聽也，所以行事也。先王知其如是也，故博求聰明睿哲君子，措諸上位，執邦之政令焉。執政則其事擧，其事擧則百僚任其職。百僚任其職，則庶事莫不致其治。庶事致其治，則九牧之民莫不得其所。故書曰：元首明哉，股肱良哉，庶事康哉。故大臣

者，治萬國之重器也。」(《中論》第十六，審大臣)

選用賢才不可僅依於衆人的贊譽；因衆譽或非或是，不足憑信。堯之用鯀，依四岳之言，即從衆譽，未得賢才。堯之擧舜，亦依四岳之言，從衆譽而得賢才。足見衆譽並不完全可靠。應依孔子之言「國人皆曰賢，未可也；必察之，見賢焉，然後用之。」徐幹曰：「衆譽者，可以聞斯而已。故堯之聞舜也以衆譽，及其任之者，則以心之所自見。又有不因衆譽而獲大賢，其文王乎！畋於渭水邊，道遇姜太公，方秉竿而釣。文王召而與之言，則帝王之佐也。乃載之歸以爲太師。姜太公當此時，貧且賤矣，年又老矣，非有貴顯之擧也；其言誠當乎賢君之心，其術誠合乎致平之道。文王之識也，灼然若披雲而見日，霍然若開霧而觀天；斯豈假之於衆人哉？非惟聖然也，霸者亦有之。昔齊桓公夙出，甯戚方爲旅人，宿乎大車之下，擊牛角而歌，歌聲悲激，其辭有疾於世。桓公知其非常人也，召而與之言，乃立功之士也。於是擧而用之，使知國政。凡人君之用人也，未有不先寤乎己心，而徒因衆譽也。用人而因衆譽焉，斯不欲爲治也，將以爲名也。然則見之不自知，而以衆譽爲驗也，此所爲效衆譽也，非所謂效得賢能也。苟以衆譽爲賢能，則伯鯀無羽山之難，而唐虞無九載之費矣。聖人知衆譽之或是或非，故其用人也，則亦或因或獨，不以一驗爲也。況乎擧非四岳也，世非有唐虞也；大道寢矣，邪說行矣，臣已詐矣，民已惑矣，非有獨見之明，專用衆人之譽；不以己察，不以事考，亦何由獲大賢哉？」(《中論》第十六，審大臣)

徐幹認爲用賢才，要誠以待賢而得其心，方能爲國用，建事功；若不推心置腹，不肯誠意用賢，祇靠印佩爵祿以羈縻之，小人雖樂之，君子則以爲辱。他說：「舜有臣五人而天下治，周有亂臣十人而四海服；此非用寡之驗歟？且六國之君雖不用賢，及其致人也，猶脩禮盡意，不敢侮慢也。至於王莽，既不能用，及其致也，尚不能言。莽之為人也，內實姦邪，外慕古義；亦聘求名儒，徵命術士，政煩教虐，無以致之。於是脅之以峻刑，威之以重戮；賢者恐懼，莫敢不至。此張設虛名以誇海內，莽亦卒以滅亡。且莽之爵人，其實囚之也；囚人者，非必著之桎梏，而置之囹圄之謂也；拘係之，愁憂之之謂也。使在朝之人，欲進則不得陳其謀，欲退則不得安其身。是則以綸組為繩索，以印佩為鉗鐵也。小人雖樂之，君子則以為辱。故明君之得賢也，得其心也，非謂得其軀也。苟得其軀而不論其心也，斯與籠鳥檻獸無以異也。則賢之於我也，亦猶怨讎也，豈為我用哉？雖曰班萬鍾之祿，將何益歟？故苟得其心，萬里猶近；苟失其心，同衾為遠。今不脩所以得賢者之心，而務循執賢者之身；至於社稷顛覆，宗廟廢絕，豈不哀哉？荀子曰：人主之患，不在乎言不用賢，而在乎誠不用賢。言賢者口也，知賢者心也。」（《中論》第十八，亡國）

六、事役的均平——為政在於興立事功。興立事功則不能不役使民力。事役民力，必求其均平，以期使用民力，民能盡其力而不怨。要謀求事役均平，須先周知民數。《周禮》所謂「孟冬司寇獻民數於王，王拜而受之」。徐幹論周知民數之重要曰：「迨及亂君之為政也，戶口漏於國版，夫家脫於聯伍，避役者有之，棄捐者有之，浮食者有之；於是姦心競生，偽端並作矣。小則盜竊，大則攻劫，嚴刑峻法，不能救也。故民數者，庶事之所自出也，莫不取正焉；以分田里，以令貢賦，以制祿食，以起田役，以作軍旅，國以之建典，家以之立度。」（《中論》第二十，民數）人民為國家構成要素，乃一切施政的基礎，故戶籍的釐訂，人口的調查與確知，實為政施治的依據。役使民力，補充兵源，徵課丁賦、頒制祿食、分配田畝等政務的推行，均須以準確的戶口爲根據方能得其均平。若戶籍不清，人口不明，則姦邪心起，弊竇叢生，亂政害民，爲患孳深。民數周知，依實事役，自可得其均平。事役均平，則民無怨尤。民無怨尤，則盡力從事。人民盡力役事，則庶功興成。徐幹曰：「治平在庶功興，庶功興在事役均；事役均在民數周，民數周爲國之本也。故先王周知其萬民衆寡之數，乃分九職焉。九職既分，則劬勞者可見，怠惰者可聞也。然而事役不均者，未之有也。事役既均，故民盡其力，而人竭其力；然而庶功不興者，未之有也。庶功既興，故國家殷富，大小不匱，百姓體和，下無怨疚焉。然而治不平者，未之有也。故曰：水有源，治有本，道者審乎本而已矣。周禮，孟冬司寇獻民數於王，王拜而受之，登於天府；內史司會，冢宰貳之，其重之如是也。」（《中論》第二十，民數）

七、人君重九德——徐幹認爲人君應重九德，無取乎技藝精巧的小智。他說：「心能制義曰度，德政應和曰貊，照監四方曰明，施勤無私曰類，敎誨不倦曰長，賞慶刑威曰君，慈和徧服曰順，擇善而從曰比，經緯天地曰文。如此則爲九德之美，何技藝之尙哉！」（《中論》第十五，務本）又曰：「故人君多技藝，好小智而不通於大倫者，適足以拒諫者之說，而鉗忠直之口也；祇足以追亡國之迹，而背安家之軌也。」（《中論》第十五，務本）

八、君愼其所從——論者以爲明君應舍己而從人，不可違人而專己。徐幹認爲此論實失其當。以爲治亂之分，在乎知所從，不在乎必從人也。從人之善言善策則治，從人之惡言惡策則亂；違人之惡言惡策則治，違人之善言善策則亂。故治亂之分，不在於必從人或不違人，而在於愼擇其所從。徐幹曰：

「夫人之常稱曰：明君舍己而從人，故其國治以安；闇君違人而專己，故其國亂以危。乃一隅之偏說也，非大道之至論也。凡安危之勢，治亂之分，在乎知所從，不在乎必從人也。人君莫不有從人；然或危而不安者，失所從也；莫不有違人，然或治而不亂者，得所從也。若夫明君之所親任也，皆貞良聰智；其言也，皆德義忠信，故從之則安，不從則危。闇君之所親任也，皆佞邪愚惑；其言也，皆姦回諂諛，從之安得治，不從之安得亂乎？昔齊桓公從管仲而安，二世從趙高而危；帝舜違四凶而治，殷紂違三仁而亂。故不知所從而好從人，不知所違而好違人；其敗一也。」（《中論》第十七，愼所從）

九、權位與爵祿——徐幹以為有志之士，皆欲居官位，掌權勢；因為居官位始有立德的機會，掌權勢始有行義的力量。他說：「位也者，立德之機也，勢也者，行義之杼也。故舜為匹夫，猶民也，及其受祿於文祖，稱曰予一人，則西王母來獻白環。周公之為諸侯，猶臣也，及其踐明堂之祚，負斧扆而立，則越裳氏來獻白雉。故身不尊，則施不光；居不高，則化不博。」（《中論》第十，爵祿）

有志之士雖欲居官位，掌權勢，但不以其道得之，不有也。這就是孔子所謂「富與貴斯人之所欲也，不以其道得之，不處也。」有志之士雖可以以道求其權位，但能否得到，並非自己所能左右，便只有歸之於所謂命運。徐幹曰：「身尊居高，聖人之所務也。雖然求之有道，得之有命，舜、禹、孔子可謂求之有道矣，舜、禹得之，孔子不得，可謂有命矣，非惟聖人，賢者亦然。稷、契、伯益、伊尹、傅說得之者也，顏淵、閔子騫、冉耕、仲弓不得者也。故良農不患疆埸之不修，而患風雨之不節；君子不患道德之不建，而患時世之不遇。」（《中論》第十，爵祿）

居官掌權者，皆享有爵祿。爵所以尊其身，有德者居之；祿所以養其體，有功者受之。徐幹論爵祿之制曰：「古之制爵祿也，爵以居有德；祿以養有功。功大者祿厚，德遠者爵尊。功小者祿薄，德近者爵卑。是故觀其爵，則別其人之德也，見其祿，則知其人之功也，不待問之。古之君子貴爵祿者，蓋以此也。爵祿之賤也，由處之者不宜也，賤其人，須賤其位矣。其貴也，由處之者宜之也，貴其人，斯貴其位矣。厥後，爵人不以德，祿人不以功，竊國而貴者有之，竊地而富者有之。奸邪得願，仁賢失志，於是則以富貴相詬病矣。故孔子曰：邦無道，富且貴焉，恥也。然富貴美惡存乎其世也。」（《中論》第十，爵祿）

第三十六章 仲長統的政治思想

第一節 生平事略

一、**事略**——仲長統的生平事略，見於《後漢書》本傳（卷四十九）及《三國志》魏書劉劭傳（卷二十一）後。玆據以舉述其傳略於次：

1.姓氏——仲爲古姓，虞舜十六相有仲堪、仲熊。殷代左相有仲虺。周八士中有仲突、仲忽，另有仲山甫。另一說，仲長爲複姓，齊後有仲長氏，唐代有仲長子光，爲一隱居之高士。中華書局增訂《辭海》，卽擧仲長統爲這一複姓爲例。《後漢書》稱仲長統姓仲，名長統，字公理。宜從《後漢書》之說。

2.生卒——長統是後漢山陽高平（山東鄒縣西南）人。傳中未述長統的生卒年代，但稱在獻帝遜位之歲卒，年四十一。獻帝遜位在魏文帝黃初元年（西元二二〇年），依此推算，長統出生當在靈帝光和三年（西元一八〇年）。

3.學行——《後漢書》仲長統本傳，稱：「仲長統少好學，博涉書記，贍於文辭，年二十餘，游學青（山東及遼河以東）、徐（江蘇西北、山東南部及安徽東北）、并（山西及陝西北部）、冀（河北、山西及河南黃河以北）之間，與交友者多異之。長統遍遊名山大川及通都大邑，見歷廣，交友衆，旣「讀萬卷書，行萬里路」，又「以文會友，多所攻琢」，其爲博學多識，文辭贍足之名士可知也。

4.經歷——并州刺史高幹，乃袁紹之外甥，素貴有名，招致四方遊士，士多歸附。長統過幹，幹禮遇之，訪以當時之事。長統謂曰：君有雄志，而無雄才；好士而不能擇人，所以爲君深戒也。幹雅自多，不納其言，長統遂去。不久，幹以并州叛，敗而降曹操。并冀之士，多以此異長統。高幹不久又叛，曹操於建安十一年（西元二〇六年）親征之，幹赴匈奴求救不得，逃亡途中，被上洛都尉王琰捕殺。曹操戰敗袁紹後，袁屬俊傑之士多被曹羅致任用；長統雖曾依袁紹，然卻不爲曹所用，或以其耿介狂傲而見棄。尙書令荀彧聞知長統才名，薦爲尙書郎。後得參與丞相曹操軍事，每論說古今及世俗行事，恒發憤嘆息，且言「人所不能言，人所不敢言」；以其狂傲激直，卒不獲重用。乃退而「卜居清曠，以樂其志」，著《昌言》一書，凡十餘萬言。獻帝遜位之年（西元二二〇年）去世。長統與王充皆以博學長才，而仕途坎坷，蓋性不同流俗，孤傲自賞之所致。諺曰「個人的性格決定個人的命運」，實有至理存焉。長統卒後，友人東海繆襲常稱長統之才章足繼西京董（仲舒）、賈（誼）、劉（向）、揚（雄）。

二、著作——長統的著作有三：一曰《樂志論》，凡二百零九字，載於《後漢書》本傳中，內容係長統自述其自由適性之志。二曰《兗州山陽先賢讚》一卷，書已不傳，內容大約記述仲鄉里人物。三曰《昌言》。本書見於仲長統本傳，而《四庫全書總目提要》未著錄。據清歷城馬國翰刊本，序文稱：「仲長子《昌言》二卷，後漢仲長統撰，凡二十四篇，十餘萬言。章懷太子注曰：昌，讜也，《尙書》云：汝亦昌言。《隋志》列雜家十二卷，錄一卷；《唐志》列儒家，十卷。其書散佚。惟本傳載其理亂、損益、法誡三篇。明胡維新兩京遺刊之爲一卷。今更蒐補殘遺，分上下兩卷。其言時事，切中利弊。繆熙伯以董、賈、劉、揚擬之，洵非溢美。今依《唐志》入儒家。」

第二節　個人性格

一、恬淡自適——從仲長統本傳所載《樂志論》以觀之，他乃是恬淡自適的遁世高人。本傳曰：「每郡州命召，輒稱疾不就。嘗以爲凡遊帝王者，欲以立身揚名耳，而名不常存。人生易滅；優遊偃仰，可以自娛。欲卜居清曠，以樂其志。論之曰：使居有良田廣宅，背山臨流，溝池環帀，竹木周佈；場圃築前，果園樹後。舟車足以代步涉之艱，使令足以息四體之役；養親有兼珍之膳，妻孥無苦身之勞。良朋萃止，則陳酒肴以娛之；嘉時吉日，則烹羔豚以奉之；躕躇畦苑，遊戲平林，濯清水，追涼風，釣遊鯉，弋高鴻，諷於舞雩之下，詠歸高堂之上，安神閨房，思老氏之玄虛，呼吸精和，求至人之彷彿，與達者數子論道講書；俯仰二儀，錯綜人物。彈南風之雅操，發清商之妙曲，逍遙一世之上，睥睨天地之間，不受當時之責，永保性命之期，如此則可以陵霄漢，出宇宙之外矣，豈羨夫入帝王之門哉。」遁世隱居，既離乎朝廷的傾軋，又避於市井的囂喧，無拘無束，不憂不懼，閒情逸志，固亦逍遙自在，恬淡自適的快樂幸福生活。長統既曾依附袁紹，又爲尚書郎，參與曹操戎幕，論說時事，切中利弊，當亦抱有經國濟世的壯志，但因生當濁世，遇不得其人，有志難伸，加以耿介敢言，無所忌憚，自不受當權者所歡迎，遂致仕途坎坷，乃退而遁世，修身養性，著書立說，使其名常存於世。

二、狂曠不羈——《後漢書》仲長統本傳稱：「長統性俶儻，敢直言，不矜小節，默語無常，人或謂之狂生。」不矜小節，不是行爲拘謹的人。默語無常，亦不是一般人的正常現象。性俶儻，敢直言，乃放浪形骸，無所忌諱的坦率直爽的表現。人稱之爲狂生，自屬得宜。長統直說高幹「有雄志，而無雄才，好士而不擇人」，不納其言，長統遂去之。他的性格，既不與世浮沉，更不趨炎附勢，且無耐性，一言不合，卽拂袖而去。這種狂曠不羈的性格，只適於遁世隱居，著書立說，欲圖官途暢達而致顯貴，殆亦緣木求魚，焉能得之！本傳又稱：「每論說古今及時俗行事，恒發憤嘆息，因著論名曰《昌言》，凡二十四篇。」由此足見他是嫉世憤俗的人，且熱情洋溢，憤慨嘆息，則其言自不免失之偏激而爲當道所不悅。長統在《昌言》法誡篇痛斥東漢外戚專政、宦官弄權諸弊害，直言無隱，不懼權貴，非狂曠不羈的流亞，焉能出此？

第三節　政治思想

一、爲政綱要——長統認爲爲政的綱要計有十六端：一曰明版藉，二曰審什伍，三曰限夫田，四曰定五刑，五曰益君長，六曰急農桑，七曰在末作，八曰敦教學，九曰表德行，十曰可才藝，十一曰簡精悍，十二曰修武器，十三曰嚴禁令，十四曰信賞罰，十五曰糾游戲，十六曰察苛刻。他進而說明這十六要政的功用曰：「明版藉，以相數閱。審什伍，以相連持。限夫田，以斷併兼。定五刑，以救死亡。益君長，以興政理。急農桑，以豐委積。在末作，以一本業。敦教學，以啓性情。表德行，以厲風俗。覈才藝，以敍官宜。簡精悍，以習師田。修武器，以存守戰。嚴禁令，以防僭差。信賞罰，以驗懲勸。糾游戲，以杜姦邪。察苛刻，以絕煩暴。審此十六者以爲政務，操之有常，課之有限，安寧勿懈惰，有事不迫遽，聖人復起，不能易也。」（《昌言》損益篇）

二、政尚專一——政治有集權制與分權制之別。二者各有利弊。集權則事權統一，政令易於貫徹，但每流於專斷，可生獨裁之弊。分權雖有集思廣益之效，且無專斷獨裁之弊，但權力分散，事權不一，政令不易推行，且有傾軋牽制之害，每致貽誤事機。長統則認爲政制宜採集權制而收專一之效。專一則和諧，和諧則太平之所興也。他說：「周禮六典，冢宰貳王而理天下，春秋之時，諸侯明德者，皆一卿爲政，爰及戰國，亦皆然也。秦兼天下，則置丞相，而貳之以御史大夫。自高祖逮於孝成，因而未改，多終其身，漢之隆盛，是惟在焉。夫任一人則政專，任數人則依倚。政專則和諧，相倚則違戾。和諧則太平之所興也；違戾則荒亂之所起也。」（《昌言》法誡篇）

長統進而批評東漢的外戚專政，宦官弄權等弊害，乃由於不置宰相以一事事權；雖設三公，而又置之於尊而不親的地位，事權又歸於臺閣，卽所謂尚書者。多人相倚，遂生違戾。違戾生而荒亂遂起。他說：「光武皇帝慍數世之失權，忿强臣之竊命，矯枉過正，政不任下，雖置三公，事歸臺閣（尚書），自斯以來，三公之職，備員而已。然政有不理，仍加譴責。而權移外戚之家，寵被近習之豎，親其黨類，任用私人，內充京師，外布列郡，顚倒賢愚，貨易選擧，疲駑守境，貪殘牧民，撓擾百姓，忿怒四夷，招致乖叛，亂離斯瘼，怨氣並作，陰陽失和，三光虧缺，怪異數至，蟲螟食稼，水旱爲災，此皆戚宦之臣所致然也。反以策讓三公，至於死免，乃足爲叫呼蒼天，號咷泣血者也。」（《昌言》法誡篇）實則光武虛設三公，事歸臺閣，非以分權，乃所以謀君主的集權。所謂尚書乃君主直屬的小吏，猶如私人的秘書，君主可以頤指氣使。後漢君主較之前漢者，在制度上大見集權。東漢的外戚專政，宦官弄權，非由政治權力的不專一，而是由於君主庸弱，女寵蔽人；女主臨朝，宦官得勢。長統祇見其一偏，未覩其全者。

三、採行井田——獻帝年間，人民遭受黃巾賊的燒殺擄掠及董卓之亂的殘害，死亡枕藉，以致地廣人稀，田園荒蕪，曹操曾行屯田制，殆如古井田之法。仲長統一方面鑑於土地荒廢，無人耕作；一方面以分田無限，形成土地兼併，以致富者連阡陌，貧者無立錐。爲救治這些弊害，長統遂主張去現行之法，而改採井田之制。他說：「作有利於時，制有便於物者，可爲也。事有乖於數，法有翫於時者，可改也。故行於古有其迹，用於今而無功者，不可不變。變而不如前，易而多所敗者，亦不可不復也。……井田之變，豪人貨殖，館舍布於州郡，田畝連於方國，身無半通靑綸之命，而竊三辰龍章之服，一爲編戶一伍之長，而有千室名邑之役。榮樂過於封君，勢力侔於守令，財賂自營，犯法不坐，刺客死士爲之役命，至使弱力少智之士，被穿幃敗，寄死不斂，冤枉窮困，雖亦由網禁疏漏，蓋分田無限使之然也。今欲張太平之紀綱，立至化之基址，齊民財之豐寡，正風俗之奢儉，非井田實莫由也。此變有所敗而宜復者也。」（《昌言》損益篇）井田廢，阡陌開，土地自由兼併，豪富起，鉅商興，而生長統所述的諸弊害，但採行井田制失去農耕的競爭力，生產力可能低落，且時代不同，舊制能否適用於今朝，亦不無疑問。泥古不化，亦爲政之一忌。

四、不廢肉刑——長統認爲若廢除肉刑，則死刑輕減則爲髡鉗。髡鉗輕減，則爲鞭笞。髡、笞太輕，不足使人畏懼。而姦人冒罪，多陷於死。至於盜竊鷄犬及男女淫奔等事，處髡、笞則太輕，處死刑則太重，皆不合於適中之道，故宜復古之肉刑，則人不陷於死。他說：「肉刑之廢，輕重無品，下死則爲髡鉗，下髡鉗則爲鞭笞。死者不可復生，而髡者無傷於人。髡笞不足以懲中罪，安得不至於死哉。夫鷄狗之攘竊，男女之淫奔，酒醴之賂遺，謬誤之傷害，皆非値於死者也。殺之則甚重，髡之則甚輕。不制中刑以稱其罪，則法令安得不參差，殺生安得不過謬乎？今患刑輕不以懲惡，則假藏貨以成罪，託疾病以諱殺，條科無所準，名實不相應，恐非帝王之通法，聖人之良制也。或曰過刑惡人可也，過刑善人豈可復哉？曰：若前政以來，未曾枉害善人者，則有罪不死也，是爲忍於殺人也，而忍於刑人也。今令五刑有品，輕重有數，科條有序，名實有正，非殺人逆亂鳥獸之行甚者也，皆勿殺。嗣周氏之秘典，續呂侯之祥刑，此又宜復之善者也。」（《昌言》損益篇）長統欲復五刑。五刑者：墨、劓、剕（刖）、宮（腐，去勢）及大辟（死）。墨（黥）、劓、剕、宮四者爲肉刑。墨、劓於面，使人之罪恥永示於衆，抱憾終身，無改過自新的機會。剕則使人殘廢，宮則使人失去本性，至殘酷之刑。漢文帝廢肉刑，皆譽爲仁德善政，竟欲復之，實非所宜。至於長統說宜制中刑，則限制其自由的徒刑、拘役可以任之，不必非復肉刑不可。

五、治亂因由——天下何以由亂而治？因爲在大亂之時，群雄並起，各逞強力以爭天下，以致鬥智鬥力，引起戰爭；其中有豪傑知能之士，智能服衆，力能勝戰爭，他雄或滅或服，戰事結束，天下安定，此由亂而治的因由。天下何以由治而亂？開國定亂的君主固然豪傑智能之士，其繼位的君主，不能保證其必是英才；及至嗣位者數世以後，並無才能而以祖蔭居皇位，昏庸愚闇，窮奢極慾，縱其私嗜，肆其邪行，橫徵暴斂，民不堪命，衆叛親離，群起反抗，於是天下大亂。孟子曰：天下一治一亂，五百年必有王者興，或係出於這種因由。

仲長統曰：「豪傑之當天命者，未始有天下之分者也。無天下之分，故戰爭競起焉。於斯之時，並僞假天威，矯據方國，擁甲兵與我角才智，程勇力與我決雌雄；不知去就，疑誤天下，蓋不可數也。角智者皆窮，角力者皆負；形不堪復伉，勢不足復校；乃始羈首係頸，就我之銜紲耳。夫或曾爲我之尊長矣，或曾臣虜我矣，或曾執囚我矣。彼之蔚蔚，皆匈（胸）詈腹詛，幸我之不成，而以奮其前志；詎肯用此終死之分邪？及繼體之時，民心定矣。普天之下，賴我而得生育，由我而得富貴；安居樂業，長養子孫，天下晏然皆歸心於我矣。豪傑之心既絕，士民之氣已定，貴有常家，尊在一人。當此之時，雖下愚之才居之，然能使恩同天地，威侔神鬼，暴風疾霆，不足以方其怒；陽春時雨，不足以喩其澤。周孔數千，無所復角其聖，賁育百萬，無所復奮其勇矣。

「彼後嗣之愚主，見天莫敢與之違，自謂天地之不可亡也，乃奔其私嗜，騁其邪慾，君臣宣淫，上下同惡。目極角觝之觀，耳窮鄭衞之聲。入則耽於婦人，出則馳於田獵，荒廢庶政，棄亡人物。澶漫彌流，無所底極。信任親愛者，盡佞諂容悅之人也；寵貴隆豐者，盡后妃姬妾之家也。使餓狼守庖厨，飢虎牧牢豚；遂至熬天下之脂膏，斲生人之骨髓，怨毒無聊，禍亂竝起。中國擾攘，四夷侵叛；土崩瓦解，一朝而去。昔之爲我哺乳之子孫者，今盡是我飲血之寇讎也。至於運徙勢去，猶不覺悟者，豈非富貴生不仁，沈溺致愚疾邪？」（《昌言》理亂篇）

六、官祿豐益——東漢末世，由於戰亂不止，朝廷奢靡，政府財政極爲困難，乃對官吏俸祿減之又減，以致百官俸入，仰不足養父母，俯不足以活妻子。官俸吝儉，不足以養廉，遂使賄賂公行，貪汚叢生。傳曰：國家之敗，由官邪也。官何以邪？寵賂章也。長統覩此流弊，爲害滋烈，乃大聲疾呼，主張增加百官俸祿，使俸豐足以養廉，祿裕足以贍家。

故仲長統曰：「夫人待君子然後化，理國待積蓄乃無憂患。君子非自農桑以求衣食者也；積蓄非横賦斂以取優饒者也。俸祿誠厚，則剝削貿易之罪乃可絕也。積蓄誠多，則兵寇水旱之災不足苦也。是故由其道而得之，民不以爲奢；由其道而取之，民不以爲勞。天災流行，開倉廩以稟貸之，不亦仁乎？衣食有餘，損靡麗以散施，不亦義乎？彼君子居位爲士民之長，固宜重肉累帛，朱輪四馬。今反謂薄屋爲高，藿食爲清，既失天地之性，又開虛僞之名，使小智居大位，庶績不咸熙，未必不由此也。得拘絜而失才能，非立功之實也。以廉擧而以貪去，非士君子之志也。夫選用以取善士，善士富者少，而貧者多，祿不足以供養，安能不少營私門乎？從而罪之，是設機置穽以待天下之君子也。」（《昌言》損益篇）

七、苦樂不當——東漢之世，貧富懸殊，風俗不正，善良之士及普通官吏，皆貧苦艱難，生活簡吝；而豪富之家及公侯之輩，皆富厚傲横，生活奢靡。所謂富貴生不仁，窮奢極慾；善士多貧困，生活苦吝。仲長統覩此社會不平，苦樂不當，而切加斥責曰：「漢興以來，相與同爲編戶齊民，而以財力相君長者，世無數焉。而清潔之士，徒自苦於茨棘之間，無所益損於風俗者。豪人之室，連棟數百，膏田滿野，奴婢千群，徒附萬計，船車賈販，周於四方，廢居積貯，滿於都城，琦賂寶貨，巨室不能容；倡謳伎樂，列於深堂。賓客待見而不敢去，車騎交錯而不敢進。三牲之肉臭而不可食；清醇之酎敗而不可飲。睇盼則人從其目之所視；喜怒則人從其心之所慮。此皆公侯之廣樂，君長之厚實也。苟運智詐者，則得之焉；苟能得之，人不以爲罪焉。源發而横流，路開而四通矣。求士之舍榮樂而居窮苦，棄放逸而赴束縛，夫誰肯爲之耶？夫亂世長而化世短。亂世則小人貴寵，君子困賤。當君子困賤之時，跼高天，蹐厚地，猶恐有鎭壓之禍也。逮至清世，則復入於矯枉過正之檢，老者耄矣，不能及寬饒之俗；少者方壯，將復困於衰亂之時。是使姦人擅無窮之福利，而善士挂不赦之罪辜。苟目能辨色，耳能辨聲，口能辨味，體能辨寒溫者，則皆將以修絜爲諱惡，設智巧以避之焉，況肯有安而樂之者耶？斯下世人主一切

之愆也。」（《昌言》理亂篇）

八、反對封建——漢興，高祖鑑於秦以孤立而亡，乃採郡國並行之制。郡置太守，縣設令、長，直轄於天子。封國由封君自主其政，置相傅，地廣權大，有尾大不掉之勢。文帝時，賈誼即說「悲夫！本細末大，天下之勢，方患大腫，一脛之大幾如腰，一指之大幾如股。臣聞尾大不掉，末大必折，惡病也。」（《新書》大都篇）景帝時，鼂錯請削弱封君，減權縮地，致引起吳楚七國之亂。仲長統亦反對封建之制曰：「漢之初興，分王子弟；委之以士民之命，假之以生殺之權；於是驕逸自恣，志意無厭，魚肉百姓，以盈其欲；報蒸骨血，以快其情。上有篡叛不軌之姦，下有暴亂殘賤之害。雖藉親屬之恩，蓋源流形勢使之然也。降爵削地，稍稍割奪，卒至於坐食俸祿而已；然其汚穢之行，淫昏之罪尚多焉，故淺其根本，輕其恩義，猶尚假一日之尊，收士民之用。況專之以國，擅之以嗣；實可鞭笞叱咤，而使唯我所為乎。」（《昌言》損益篇）

九、用人之道——論人每嘆稱才難，以為天下無可用之人才也。長統則認為不患天下無人才，而患人君之不能用。他說：「向者天下戶過千萬，除其老弱。但戶一丁壯，則千萬人也。遺漏既多，又蠻夷戎狄居漢地者，尚不在焉。丁壯十人之中，必有堪為其什伍之長，推什長以上，則百萬人也。又十取之，則佐史之才，已上十萬也。又十取之，則可使在政理之位者十萬人也。以筋力用者，謂之人，人求丁壯；以才智用者，謂之士，士貴耆老。充此制以用天下之人，猶將有儲，何嫌乎不足也？故物有不求，未有無物之歲也；士有不用，未有少士之世也。夫如此而後可以用天性，究人理，興頓廢，屬斷絕，網羅遺漏，拱押天人矣。」（《昌言》損益篇）

仲長統曰：「王者官人無私，惟賢是親，勤卹政事，屢省功臣。」（《昌言》雜篇）用人須用賢才，若任用非人，必致昏亂。他說：「苟使豺狼牧羊豚，盜跖主稅徵，國家昏亂，吏人放肆。」（損益篇）又曰：「舉用失賢，百姓不安，爭訟不息，天地多變，人物多妖。」（法誡篇）舉用賢才，應聽其言而識其志，試以事而觀其功。長統曰：「論道必求高明之士，幹事必使良能之人，非獨三公三少，可與言也，凡列位者，皆宜及焉。故士不與之言，何以知其術之淺深？不試之事，何以知其能之高下？與群臣言議，又非但觀彼之志行，察彼之才能也，乃所以自弘天德，益聖性也。」（《昌言》雜篇）

百官的任用應循階而進，依績而升，所以守禮法，弘事功，不可踰級越等，以礪其能。長統曰：「公卿大夫，莫不先歷三七之官，雖有賢才，階級次進，官之有階，猶階之有等也。升降越等，其步也亂；登朝越等，敗禮傷法。是以古人之初仕也，雖有賢才，皆以級賜進焉。賈生有言：治國取人，務在求能，故裁國之無利器，猶鏤以錯刀，而望其切，不亦疏乎。」（《昌言》雜篇）用人須避三姦。長統曰：「天下學士，有三姦焉：實不知，詳不言，一也；竊他人之說爲己說，二也；受無名者移知者，三也。」（《昌言》雜篇）天下士有三俗，亦不可取。長統曰：「天下士有三俗：選士而論族姓門閥，一俗；交游趨富貴之門，二俗；畏服不接於貴尊，三俗。」（《昌言》雜篇）

十、反對無爲——道家崇尚自然，主張無爲而治。長統反對這種學說。《昌言》損益篇云：「或曰：善爲政者，欲去煩除苛，併官省職，爲之以無爲，事之以無事。何子之言云云。曰：若是，三代不足摹，聖人未可師也。君子用法制而至於化，小人用法制而至於亂。均是一法制也，或以之化，或以之亂；行之不同也。」長統以爲如爲之以無爲，事之以無事，則三代不足摹，聖人未可師。他主張行井田，復肉刑，就是摹三代，師聖人的作為或變革，乃是有為，不可無為。長統認為凡事之利於時，便於物者，皆當有所作為。凡事之乖於數，翫於時，皆宜予以改變。改變就是有為，不可無為。他說：「作有利於時，制有便於物者，可為也。事有乖於數，法有翫於時者，可改也。故行於古有其迹，用於今而無功者，不可不變。變而不如前，易而多敗者，亦不可不復也。」（《昌言》損益篇）

十一、禮法運用——仲長統是儒家，故為政重在施教化。教化以禮義為宗。禮義所以勵人以行義，以謀求人群的和諧及社會的安定。但人心不齊，各如其面。世人固有善有惡。禮義勸善人之向義，但不能使惡人不為惡。故禮義之外，更應施行法制以為輔助。法制所以禁惡人之為惡。惡禁善行，國無不法。禮義以為主，法制以輔助之。長統曰：「教化以禮義為宗，禮義以典籍為本。常道行於百世，權宜用在一時。高辛已往，則聞其人，不見其書；唐虞夏殷則見其書，不詳其事。周氏以來，載籍具矣。」（《昌言》雜篇）周代周公、孔子制禮樂，定《書》、《詩》，明六藝，典籍完備，施行教化，應以周代典籍為本。長統曰：「德教者，仁君之常任也，而刑法為之佐助焉。古之聖帝，所以能親百姓，訓五品，和萬邦，蕃黎民，召天下之嘉應，降鬼神之吉靈者，實德是為而非刑之攸致也。教興而罰罕用者，仁義相厲，廉恥成也。」（《昌言》雜篇）

卷四　三國時代

第三十七章　諸葛亮的政治思想

第一節　生平事略

一、事略——三國時代戰亂不息，社會擾攘，沒有安定環境使士人潛心作學術研究，所以這一時期並未產生著名的政治思想家。當時的重要人物，只瞭解形勢以為運用及通曉軍事謀略，以求克敵制勝，不足以言系統的政治思想。惟就諸葛亮言行及著作以言之，尚有若干值得叙述的政治思想。諸葛亮字孔明，琅邪陽都（今山東沂水縣南）人，漢司校尉諸葛豐之後，父珪於漢末為太山郡丞。亮早孤，從父玄為袁術所署豫章太守，亮及弟均之官。朝廷遣朱皓代玄，玄與荆州劉表有舊，往依之。玄卒，亮躬耕南陽，好作梁父吟。時劉備屯兵新野，徐庶往見，備器之。庶曰：諸葛孔明者，臥龍也，將軍豈願見之乎？備曰：君與俱來。庶曰：此人可就見，不可屈致也。

劉備於是遂往見，凡三往，始得見到孔明。亮與備縱橫論天下大勢，勸備據荆益，通巴蜀，西和諸戎，南撫夷越，外結好東吳，內修政理，天下有變，則命一上將將荆州之軍，以向宛洛，將軍（劉備）身率益州之衆，以出秦川，百姓孰敢不簞食壺漿以迎將軍者乎？如是，則覇業可成，漢室可興矣。劉備曰：善。因是備與亮情好日密，關羽、張飛等不悅。劉備釋之曰：孤之有孔明，猶魚之有水也，願諸君勿復言。羽、飛乃止。

劉表長子琦，亦深器亮。表受後妻之言，愛少子琮，不悅於琦。琦與亮謀自安之術。亮初拒塞，不與謀畫。後二人上樓，屏去左右，斷樓梯，密議。亮答曰：君不見申生在內而危，重耳在外而安乎？琦意感悟，因設計謀外放，乃得出爲江夏太守，不久表卒，曹操遣兵攻江夏，劉備在樊城聞訊，率其衆南行，亮與徐庶並從，爲曹兵追破，庶母被虜，庶念母，方寸亂，乃辭備詣操。

劉備敗至夏口（今漢口），亮曰：事急矣，請命救於孫將軍（權）。時權擁兵在柴桑（江西德化縣），觀望成敗。亮說孫權曰：海內大亂，將軍起兵，據有江東，劉豫州亦收復漢南，與曹操並爭天下。今操芟夷大難，略已平矣，遂破荆州，威震四海。英雄無所用武，故豫州逃遁至此。將軍量力而處之；若能以吳越之衆與中國抗衡，不如早與之絕；若不能當，何不案兵束甲，北面而事之。將軍外託服從之名，而內懷猶豫之計；事至而不能斷，禍至無日矣。權曰：苟如君言，劉豫州何不遂事之乎？亮曰：田橫齊之壯士耳，猶守義不辱，況劉豫州王室之胄，英才蓋世，衆士慕仰，若水之歸海，若事之不濟，此乃天也，安能使之下乎？權勃然曰：吾不能擧全吳之地，十萬之衆，受制於人。吾志決矣！非劉豫州莫可以當曹操者，然豫州新敗之後，安能抗此難乎？亮曰：豫州軍雖敗於長阪，今戰士還者及關羽水軍精甲萬人，劉琦合江夏戰士亦不下萬人。曹軍之衆，遠來疲敝，聞追豫州輕騎一日一夜行三百餘里；此所謂强弩之末，勢不能穿魯縞者也。故兵法忌之曰，必蹶上將軍，且北方之人不習水戰。又荆州之民附操者偪兵勢耳，非心服也。今將軍誠能命猛將統兵數萬，與豫州協規同力，破操軍必矣。操軍破，必北返。如此，則荊吳之勢強，鼎足之勢成矣。成敗之機，在於今日。

權大悅，乃遣周瑜，程普，魯肅等水軍三萬隨亮詣先主（劉備），并力拒曹操。曹操敗於赤壁，引軍歸鄴，劉備遂收江南，以亮為軍師中郎將，使督零陵、桂陽、長沙三郡，調其賦稅以充軍實。獻帝建安十六年（西元二一一年）益州牧劉璋遣法正迎劉備使擊張魯。亮與關羽鎮荊州。劉備自葭萌還攻璋。亮與張飛、趙雲等率衆泝江分定郡縣，與劉備共圍成都，成都平，以亮為軍師，署左將軍府事。劉備外出，亮常鎮守成都，足食足兵。

獻帝二十六年（西元二二一年），卽魏文帝曹丕篡漢之第二年（黃初二年）群下勸劉備稱尊號，備未許。亮曰：昔吳漢耿弇等初勸世祖卽帝位，世祖辭讓，前後數四。耿純進言曰：天下英雄喁喁冀有所望，如不從議者，士大夫各歸求主，無為從公也。世祖感純言至深，遂然諾之。今曹氏篡漢，天下無主，大王劉氏苗族，紹世而起，今卽帝位，乃其宜也。士大夫隨大王久，勤苦者亦欲望尺寸之功如純言耳。劉備於是卽帝位，史稱蜀漢，號昭烈帝，為章武元年（西元二二一年），策亮為丞相。亮以丞相錄尚書事。張飛卒後，領司隸校尉。

章武三年（西元二二四年），帝於永安病篤，召亮於成都，屬以後事，謂亮曰：君才十倍曹丕，必能安國，終定大事。若嗣子可輔，輔之；如其不才，君可自取。亮涕泣曰：臣敢竭股肱之力，效忠貞之節，繼之以死。帝又為詔敕後主劉禪曰：汝與丞相從事，事之如父。後主建興元年（西元二二五年）封亮為武鄉侯，開府治事；頃之，又領益州牧，政事無鉅細，皆決於亮。南中諸郡並皆叛亂，亮以新遭大喪，故未便加兵，且遣使聘吳，因結和親，遂爲與國。

建興三年（西元二二七年）春，亮率衆南征；其秋悉平，軍資所出，國以富饒，乃治戎講武，以俟大舉。五年率諸軍北駐漢中，臨發上疏，建言後主以治政之道（此疏卽前出師表）。遂行，屯兵於沔陽。六年（西元二三〇年）春，揚聲由斜谷道取郿（陝西鳳翔府郿縣），使趙雲鄧芝爲疑軍據箕谷（陝西褒城縣）。魏大將軍曹眞舉衆拒之。亮身率諸軍攻祁山，戎陣整齊，賞罰肅而號令明。南安、天水、安南三郡叛魏應亮，關中震撼。魏明帝西鎭長安，命張郃拒亮。亮使馬謖督諸軍在前，與郃戰於街亭。謖違亮節度，舉動失宜，大爲郃所破。亮拔西縣千餘家，還於漢中。戮謖以謝衆，上疏請自貶三等，以督厥咎，於是以亮爲右將軍行丞相事，統軍如前。

建興三年冬，亮復率兵出散關圍陳倉，曹眞拒之，糧盡而還。魏將王雙率兵追亮，亮與之戰，破之，斬雙。建興七年（西元二三一年）亮遣陳式攻武都陰平。魏雍州刺史郭淮率衆欲攻式，亮自出至建威，淮退卻，遂平二郡。詔策亮曰：街亭之役，咎由馬謖，而君引愆深自貶抑，重違君意，聽順所守；前年耀師馘滅王雙，今歲爰征，郭淮遁走，降集氐羌，興復二郡，威震凶暴，功勳顯然。方今天下騷擾，元惡未梟，君受大任，幹國之重，而久自挹損，非所以光揚洪烈矣。今復君丞相，君其勿辭。

建興九年（西元二三三年）亮復出祁山，以木牛運。魏明帝遣司馬懿率張郃等部隊拒之，亮自迎拒司馬懿於上邽。懿使郭淮、費曜迎戰，亮破之，因大芟其麥，因斂兵依險，軍不交戰，亮引而還。懿尋亮，旣至，不肯戰。賈詡、魏平數請戰，因曰：公畏蜀如虎，奈天下笑何？懿乃使張郃攻亮，亮使魏延、高翔、吳班迎拒，大破之，獲甲首三千級，玄鎧五千領，角弩三千一百張，張郃被射殺。司馬懿引軍還。

建興十二年（西元二三六年）春，亮悉大軍由斜谷出，以流馬運，據武功五丈原與司馬懿對壘於渭南。亮每患糧不繼，使己志不得伸，是以分兵屯田為久駐之基，耕者雜於渭濱居民之間，而百姓安堵，軍無私焉，相持百餘日。其年八月，亮卒於軍時年五十四。及軍退，司馬懿巡行亮之營壘處所曰：天下奇才也。亮遺命葬漢中定軍山，因山為墳塚，足容棺，斂以時服，不須器物（傳略參考《三國志》蜀書，卷三十五，諸葛亮傳）。

二、著作——《三國志》諸葛亮傳後錄諸葛亮集一種，係蒐集諸葛氏聲教遺言及疏牘而成二十四篇，凡十萬四千一百一十二字。本集目次，為開府作牧第一，權制第二，南征第三，北出第四，計算第五，訓厲第六，綜覈上第七，綜覈下第八，雜言上第九，雜言下第十，貴和第十一，兵要第十二，傳運第十三，與孫權書第十四，與諸葛瑾書第十五，與孟達書第十六，廢李平第十七，法檢上第十八，法檢下第十九，科令上第二十，科令下第二十一，軍令上第二十二，軍令中第二十三，軍令下第二十四。惟此書全散佚，未傳於後世。

今日流傳諸葛亮之著作有二：一曰《諸葛忠武》十卷，一曰《諸葛丞相集》四卷，均載見於《四庫全書總目提要》中。前書係明楊時偉編，十卷。目錄為：連吳、南征、北伐、調御、法檢、遺事、年譜、傳略、治漢及雜述。本書排比事迹，具有條理，可以見亮之始末，內容亦頗精核。後者係清朱璘編，係採摭而成，文多依託附會，可信度不高。

三、評估——漢後各代名士著文論諸葛亮者，為數甚多，不克枚舉。茲將《三國志》作者陳壽所作諸葛亮評論，引錄於後以見一斑：

「亮少有逸群之才，英霸之器，身長八尺，容貌甚偉，時人異焉。遭漢末擾亂，隨叔父玄避難荆州，躬耕於野，不求聞達。其時將軍劉備以亮有殊量，乃三顧亮於草廬之中。亮深謂備雄姿傑出，遂解帶寫誠，厚相結納。及魏武帝南征荆州，劉琦擧州委質。劉備失勢衆寡，無立錐之地，亮時年二十七，乃獻奇策，身使孫權，求援於吳。會權既宿服仰備，又覩亮奇雅，甚敬重之，卽遣兵三萬以助備，備得用與武帝交戰，大破其軍，乘勝克捷，江南悉平。後備又西取益州。益州既定，以亮爲軍師將軍。

「劉稱尊號，拜亮爲丞相錄尙書事。及備殂沒，嗣子幼弱，事無鉅細，亮皆專之。於是外連東吳，內平南越，立法施度，整理戎旅，工械技巧，物究其極，科敎嚴明，賞罰必信，無惡不懲，無善不顯，至於吏不容奸，人懷自厲，道不拾遺，强不侵弱，風化肅然也。當此之時，亮之素志，進欲龍驤虎視，包括四海，退欲跨陵邊疆，震蕩海內。又自以爲無身之日，則未有能蹈涉中原，抗衡上國者，是以用兵不戢，屢耀其武。

「然亮才於治戎爲長，奇謀爲短；理民之幹優於將略，而所與對敵，或值人傑，加衆寡不侔，攻守異體，故雖連年動衆，未能有克。昔蕭何薦韓信，管仲薦王子城父，皆忖己之長，未能兼有故也。亮之器能政理，抑亦管蕭之亞匹也，而時之名將，無城父韓信，故使功業陵遲，大義不及邪。蓋天命有歸，不可以智力爭也。青龍二年春，亮帥衆出武功，分兵屯田，爲久駐之基，其秋病卒。黎庶追思，以爲口實，至今梁益之民，咨述亮者，言猶在耳。雖甘棠之詠召公，鄭人之歌子產，無以遠譬也。孟軻有云：以逸道使民，雖勞不怨；以生道殺人，雖死不忿。信矣。

「論者或怪亮文彩不艷，而過於丁寧周至。愚以爲咎繇大賢也，周公聖人也。考之《尙書》，咎繇之謨略而雅；周公之誥煩而悉。何則？咎繇與舜、禹共談，周公與群下矢誓故也。亮所與言，盡衆人凡士，故其文指不得及遠也。然其經敎遺言，皆經事綜物，公誠之心，形於文墨。足以知其人之意而有補於當世。」

第二節　稟性志業

一、**足智善謀**——諸葛亮天縱睿智，聰敏過人，洞察事物，明悉庶事，智慧超群，判斷力强，足智善謀。劉備稱亮之才能十倍於曹丕；司馬懿嘆稱亮爲天下奇才。周瑜忌亮之才高於己而怨尤曰：「既生瑜，何又生亮。」陳壽稱亮「少有逸群之才，英霸之器。」亮之才高智足，由此可以知之。劉備以徐庶薦，知亮王佐之才，三顧於隆中草廬中，問以大計。亮對曰：「自董卓以來，豪傑並起，跨郡連州者不可勝數。曹操比於袁紹，則名微而衆寡，然操遂能克紹，以弱爲强者，非惟天時，抑亦人謀也。今操已擁百萬之衆，挾天子以令諸侯，此誠不可與爭鋒。孫權據有江東，已歷三世，國險而民附，賢能爲之用，此可以爲援而不可圖也。荆州北據漢、沔，利盡南海，東連吳會，西通巴蜀，此用武之國，而其主不能守，此殆天所以資將軍，將軍其有意乎。益州險塞，沃野千里，天府之土，高祖因之以成帝業。劉璋闇弱，張魯在北，民殷國富而不知存恤，智能之士，思得明主。將軍既帝室之胄，信義著於四海，總攬英雄，思賢如渴；若跨有荆益，保有巖阻，西和諸戎，南撫夷越，外結東吳，內修政理，天下有變，則命一上將，將荆州之軍，以向宛洛；將軍身率益州之衆，以出秦川，百姓孰敢不簞食壺漿以迎將軍者乎。誠如是，則覇業可成，漢室可興矣。」（《三國志》蜀書，卷三十五，諸葛亮傳）劉備大悅，曰善。亮不出門戶，瞭解天下形勢，如在指掌，所作分析，精闢入裡，指示劉備成覇業，復漢室之規畫，舍難趨易，睦隣安民，聯弱制强，切實可行，周詳完備，且依以行之，均告成功，非智高識廣，善謀能斷者，焉能畫此定國安邦的大計與良策。

劉表長子琦受後母及庶弟之忌斥，深以爲危，求脫險之計於亮。亮秘授機宜，以晉獻公之子申生與重耳之故事相譬。琦感悟，得出爲江夏太守。後劉琦以江夏之衆助亮拒曹兵。這是足智善謀及深慮遠見的具體表現。劉備兵敗之餘，逃抵夏口，亮受命於危難之際，親身使東吳，以機智說孫權，舌戰群儒，孫權信服，卒出兵三萬，助劉備抵拒曹操，大破曹兵於赤壁，曹操敗還於鄴，三國鼎立之大勢，得以奠立鞏固基礎。此皆亮之謀略所致。故亮被譽曰：「功蓋三分國。」

二、公忠體國——劉備禮賢下士，三顧亮於草廬之中。亮深感劉備知遇之恩，乃推誠相與，赤膽忠心輔助之，願竭股肱之力，助備滅曹復漢。連吳拒曹，據荆州，入巴蜀，佔益州，和西戎，征南蠻，定三國鼎立之大局，勸劉備稱尊號以副民望。迨劉備病篤，召亮屬以後事。謂亮曰：君才十倍曹丕，必能安國，終定大事，嗣子可輔，輔之；如其不才，君可自取。亮涕泣曰：臣敢竭股肱之力，効忠貞之節，繼之以死。劉備既歿，亮守盡忠之諾言，盡愛國之赤誠，申興漢滅曹之大義，輔庸弱之後主劉禪，興師北伐，圖復中原。出師前上表有言曰：「先帝創業未半，而中道崩殂。今天下三分，益州疲敝，此誠危急存亡之秋也。然而侍衞之臣，不懈於內；忠志之士，忘身於外者，蓋追先帝之殊遇，欲報之於陛下也。」（前出師表）此乃出自肺腑的公忠體國之實言。亮在後出師表中亦力言滅曹復漢，收復中原，前途多艱，致勝非易；然而仍知其不可爲而爲之，九伐中原，六出祁山，卒至鞠躬盡瘁，死而後已。忠君愛國，志節堅貞，大義昭然，精忠貫日月，足以動天地，泣鬼神。

三、精思巧技——諸葛亮智高識廣，多才多藝，旣是治國輔君，又是統軍將才，更能精思熟慮，巧施技藝而發明製造木牛、流馬，以助軍運，節省人力，任重致遠，有助於軍事勤務者，功效至鉅，對軍事之克敵致果，不無裨益。在軍事作戰方面，亮復能依古兵法，演化而發明八陣圖，以爲軍事堡壘，進可以攻，退可以守，堪稱兵家要塞。亮所發明的八陣，名曰：天、地、風、雲、龍、虎、鳥與蛇。《三國志》諸葛亮傳稱：「亮推演兵法，作八陣圖。」八陣圖有三：一在陝西沔縣東南。《水經》沔水注曰：定軍山東名高平，是亮宿營處，有亮廟，廟近其墓，塋東卽八陣圖。《漢中府志》載：八陣圖聚細石爲之，各六十四聚；又有二十四聚，作兩層，每層各十六聚，其跡尙存。一在四川奉節縣南。《寰宇記》曰：八陣圖在奉節縣西南七里，周廻四百十八丈，中有諸葛孔明八陣圖。聚石爲之，各高五尺，廣十圍，歷然碁布，縱橫相當，中間相去九尺，正中間南北巷悉廣五尺，凡六十四聚，夏時水沒，多水退可見。一在四川新都縣。明《一統志》曰：八陣圖在成都府新都縣北三十里牟彌鎭。詩人因稱亮之功勳曰：「功蓋三分國，名成八陣圖。」亮損益連弩曰元戎以爲作戰的新武器。元戎以鐵爲矢，矢長八寸，一弩十矢俱發（周緯《中國兵器史稿》，頁三一二）。

四、志復漢室——諸葛亮躬耕南陽，本不求聞達於諸侯，其出而從政治事，固然由於劉備禮賢下士，三顧茅廬，但最重要的原因在於志復漢室。亮旣欲出山，按當時的政治大勢言，曹操的實力堅强，聲望隆盛，成功的機會甚大；而劉備的實力薄弱，聲望尙不著，成功的希望並不大。亮旣是識時務的俊傑，何不附强，反而事弱。因漢爲正統，獻帝爲君上，曹操爲臣屬，操擅權專政，逼帝殺后，乃叛逆之徒。備爲帝室之冑，事劉所以扶正統，復漢室。這就是所謂「正其誼不謀其利，明其道不計其功」。劉備訪亮曰：「漢室傾頹，姦臣姦命，主上蒙塵，孤不度德量力，欲信大義於天下。」劉備旣尊重正統，欲信大義，故亮願受邀出山，助其定天下，成大業。

曹丕篡漢稱帝的第二年始勸備稱帝號，而言曰：「今曹氏簒漢，天下無主。大王劉氏苗族，紹世而起，今卽帝位，乃其宜也。」劉備稱帝，亮意在使之紹繼漢之正統，效世祖復興漢室之義舉，而申春秋大義於天下。先主劉備崩逝，後主劉禪繼位時，魏司徒華歆、司空王朗、尙書令陳群曾致書於亮，希蜀稱藩於魏，亮未復，乃自作正議云：「子桓（曹丕字）淫逸，繼之以簒，縱使二三年多逞蘇、張之詭靡之說，奉進驩兜回天之辭，欲以誣毀唐虞，諷解禹稷，所謂徒喪文藻，煩勞翰墨者矣。黃帝整卒數萬，制四方，定海內，況以數十萬之衆，據正道而臨有罪，可得干擬者哉。」亮義正辭嚴，以「據正道而臨有罪」，則是以正統自任，與漢爲志，所以申春秋之大義，行存亡繼絕之大道。

亮統師北伐，多次興兵，志未得申，魏未能滅，亦深知收中原，興漢室，是一艱難困苦的任務，但堅持「漢賊不兩立，王業不偏安」的志向與信仰，義之所在，知其不可爲而爲之，所謂「自反而縮（理直），雖千萬人吾往矣。」故後出師表有言曰：「先帝慮漢賊不兩立，王業不偏安，故托臣以討賊也。以先帝之明，量臣之才，固知臣伐賊，才弱敵强也。然不伐賊，王業亦亡。惟坐而待亡，孰與伐之！是故托臣而弗疑也。臣受命之日，寢不安席，食不甘味。惟思北伐，宜先入南，故五月渡瀘，深入不毛，并日而食，臣非不自惜也。顧王業不可偏於蜀郡，故冒危難，以奉先帝之遺意。」

五、功匹管樂——諸葛亮有經國濟世之才，安國定邦之量，誠王佐之才，亦伊尹、呂尙之匹儔。亮嘗自比管（仲）樂（毅），今觀其功勳志業，不僅當之無愧，實又過之。樂毅率燕軍，合秦、趙、楚、魏凡五國之師，始破一齊。然毅竟未能見信於燕惠王，以致身不自保而出奔於趙。亮受命於劉備兵敗之餘，勢弱力寡，濱於敗滅邊緣，而亮則能運機智，展計謀，逞才辯，連合東吳，大破曹軍於赤壁，造成三國鼎立之政局，挽狂瀾於旣倒，撑大厦於將傾。其事功之難能，勳業之彪炳，固遠勝於樂毅以五國之師而破一齊。毅不能見信於君，以致出奔，而亮則被劉備父子二代始終信任不疑，且能效忠至於「鞠躬盡瘁，死而後已」。晉袁準著諸葛亮論曰：「受六尺之孤，攝一國之政，事凡庸之君，專權而不失禮，行君事而國人不疑。」樂毅比之，能無愧色。

管仲相桓公成覇業，會諸侯，一匡天下，固稱盛矣。諸葛亮敗强敵，定三國，六出祁山，亦云壯哉。管仲尊周，諸葛亮尊漢，其義不二，均所以信大義，守正統。陳壽曰：「昔蕭何薦韓信，管仲擧王子城父皆忖己之長，未能兼有故也。亮之器能政理，抑亦管蕭之亞匹也。而時之名將，無城父韓信，故使功業陵遲，大義不及邪，蓋天命有歸，不可以智力爭也。」（《三國志》蜀書，卷三十五，諸葛亮傳）

就所處之形勢言，管仲當時處於優越的地位，致功勳則較易；而諸葛亮居於較不利的地位，成志業頗困難。管仲之世，周室尙有相當尊嚴，對各國諸侯亦有此一影響力，齊國又是大國，齊桓公挾天子以令諸侯，自有其一定的號召力，故能收「登山一呼，群山響應」之效。諸葛亮之世，漢祚已被曹氏篡竊，漢之正統，已爲國人淡忘，亮雖以復興漢室相號召，在民間固難發生很大號召作用。加以春秋時代多國並立，大小不一，强弱不齊，齊以大國自能縱橫捭闔而收聯甲制乙之效。三國末期，東吳已降曹魏，天下祇存魏蜀。魏地廣人衆，資源富，兵力强；而蜀之形勢遠不如之。在一强一弱的對峙下，蜀又無與國相助，欲滅魏復漢，自屬十分艱難。況管仲既上有明君領導，下有勇將作戰，故勢順而勢易。諸葛亮則主上闇弱，下無勇將助戰，以一身兼相、帥、將，身勞而事難成。故陳壽曰：「當此之時，亮之素志，進欲龍驤虎視，包括四海；退欲跨陵邊疆，震蕩宇內。又自以爲無身之日，則未有能蹈涉中原，抗衡上國者，是以用兵不戢屢耀其武。然亮才於治戎爲長，奇謀爲短，理民之幹，優於將略。而所與對敵，或値人傑，加衆寡不侔，攻守易體，故雖連年動衆，不能有克。」（《三國志》諸葛亮傳）

第三節　政治思想

一、淡泊明志，寧靜致遠——

諸葛亮自稱：「臣本布衣，躬耕南陽，苟全性命於亂世，不求聞達於諸侯。」（前出師表）足見亮躬耕南陽，隱居以求志，淡泊名利，無意於功名富貴。迨劉備三顧茅廬，共商撥亂反治大計，由衷感激，始出而效驅馳，共救漢室危亡。出世所以救世，非以致富貴，乃是持寧靜而致於遠大之圖。亮若熱中利祿，自可投效聲勢赫赫，力覇中原的曹操，何必效忠於兵少將寡，敗北逃亡的劉備。淡泊則心明，心明則能作合乎正義的抉擇。寧靜則志遠，志遠則致可大可久的鴻圖。

諸葛亮誡子書曰：「夫君子之行，靜以修身，儉以養德，非淡泊無以明志，非寧靜無以致遠。」亮誡子之語，出自《淮南子》主術：「非澹薄無以明德，非寧靜無以致遠，非寬大無以兼覆，非慈厚無以懷衆，非平正無以制斷。」亮有這種的素養，故能心地明淨，洞澈事理，認識機變，虛懷若谷而作正確合理的判斷；處理繁劇，解決糾紛，堅定不移，寧靜不迫以靜而制動，執簡而馭繁。

亮躬耕隴畝，好作梁父吟。吟句曰：步出齊城門，遙望蕩陰里，里中有三墳，纍纍正相似，問是誰家墓，田疆古治子，力能排南山，文能絕地紀，一朝被讒言，二桃殺三士，誰能爲此謀，國相齊晏子。齊景公好用武士，田開疆、古治子、公孫捷三人立爲五乘之賓，自號齊邦三傑，挾武恃勇，居功驕縱，陵厲公卿，謾罵時賢，在景公前，大失人君之分。晏子爲相，深以爲憂，藉分桃不勻，三人均自殺。亮歌此吟，所以傷漢末名士失身事人，風節委地，並以居功恃武者爲戒，且佩服晏子從容不迫而除國之憂患。驕勇不足恃，淡泊寧靜，謙冲自守，方足以成大事。亮深信此理，故高居相位，始終謙冲如一。

二、科敎嚴明，信賞必罰——陳壽稱諸葛亮：「科敎嚴明，賞罰必信，無惡不懲，無善不顯；至於吏不容奸，人懷自厲，道不拾遺，人懷自厲，風化肅然也。」（《三國志》蜀書，卷三十五）亮爲政治軍，均嚴守法紀，公平正直，無偏無私，綱紀整飭，賞罰嚴明，故能收到吏不奸，人自勵，風化肅然的效果。亮「受六尺之孤，攝一國之政，事凡庸之君，專權而不失禮，行君事而國人不疑」，蓋以其大公無私，信守法紀所使然。亮嘗自謂「吾心如秤，不能爲人作輕重」。秤是公平客觀的標準。秤猶法也，依法以行事，據一以止亂，去私而塞怨。

所以亮於前出師表明言曰：「陟罰臧否，不宜異同。若有作奸犯科及爲忠善者，宜付有司，論其刑賞，以昭陛下平明之治，不宜偏私，使內外異法也。」亮視馬謖如子，情義至深，對謖亦信任有加，倚恃亦重，故委之以軍事要務；然以謖違背節度，擧動失宜，致所守禦的街亭陷入敵手。亮爲嚴科敎，信賞罰，仍然忍痛揮淚斬殺馬謖。執法者，責人守法，自己亦要守法。馬謖失街亭，自應負其刑責，而亮用人不當，亦不能辭其咎，乃上疏請罪，自貶三等。疏曰：「臣以弱才，叨竊非據，親秉旄鉞，以厲三軍，不能訓章明法，臨事而懼，致有街亭違命之闕，箕谷不戒之失。咎皆在臣授任無方。臣明不知人，恤事多闇，春秋責帥，臣職是當，請自貶三等，以督厥咎。」於是以亮爲右將軍行丞相事。明李東陽武侯戮馬謖論云：「謖不戮，則將帥不用命，而王雙、張郃之首不能斬，武都、陰平之地不能拔。」

廖立字公淵，武陵臨沅人。劉先主時，官至侍中，後主繼位，遷長水校尉，心中不平，自以爲才貳諸葛，在蔣琬面前上自先主下至朝中大臣，皆所毀謗，琬言於亮，亮乃上表請罪之。後主詔曰：「三苗亂政，有虞流宥，廖立狂惑，朕不忍刑，亟徙不毛之地。」毀謗先主、朝廷及大臣，厥罪非輕，不予懲處，不足以整飭綱紀；嚴明賞罰，事關要政，非諸葛量小不容人。

李嚴字正方，南陽人；備拜爲尙書令，與亮同受詔輔後主，封都鄉侯加光祿勳。後主建興九年春，亮出祁山，嚴督運軍糧，因雨誤事，亮不得已退軍。嚴聞軍退，佯驚曰：軍糧饒足，何以退軍，欲卸責諉過，且上表後主曰：軍僞退，欲以誘敵。蒙混事實，顚倒黑白。亮乃上疏請治嚴之罪。嚴削官職，貶爲平民，流徙外地。廖、李之罪，若在魏、吳，必死無疑，而在蜀僅流徙；足見亮並非嚴刑峻法的法家，只是科教嚴明，信賞必罰。

三、親賢臣，遠小人——爲政之道，首重得人。得人者昌，失人者亡；人存政擧，人亡政息。所謂得人乃指親信賢臣而言。賢臣爲政，忠君愛民，公忠體國，依法爲治，惟理是依，不偏不黨，無私無弊，故政通人和，國治民安。小人入仕，貪圖利祿，伺主營私，進讒言，害忠良；獻諂詞，逢君非，黨同伐異，害國殃民。故諸葛亮爲政要旨在親賢臣，遠小人。前出師表曰：「親賢臣，遠小人，此先漢所以興隆也；親小人，遠賢臣，此後漢所以傾頹也。先帝在時，每與臣論此事，未嘗不歎息痛恨於桓靈也。」先漢之興，由於漢高祖知人善任，親信張良、蕭何諸賢臣，而能開國興邦。後漢之亂，由桓、靈二帝信任閹宦小人曹節、王甫等，士人羞於爲伍，致起黨錮之禍。小人道長，君子道消，亂源大啓，遂致變亂迭起，而至於滅亡。

亮更進一步，向後主指名提出賢臣，請其親而信之。他說：「侍中侍郎郭攸之、費禕、董允等，此皆良實，志慮忠純，是以先帝簡拔以遺陛下。愚以爲宮中之事，事無大小，悉以咨之，然後施行，必能裨補闕漏，有所廣益。將軍向寵，性行淑均，曉暢軍事，試用於昔日，光帝稱之曰能，是以衆議擧寵爲督。愚以爲營中之事，悉以咨之，必能使行陣和睦，優劣得所。」「侍中、尙書、長史、參軍，此悉貞良死節之臣。願陛下親之信之，則漢室之隆，可計日而待也。」(前出師表)

四、辨順逆，抗曹魏——曹操擅權專政，逼帝害后，挾天子以令天下，包藏禍心，志懷簒竊，乃國之叛逆，難與共存。孫權據有江東，得地理，民歸附，勢力雄厚，仍爲漢藩，可視之爲順。曹操野心不戢，力量强大，對東吳構成威脅，於是亮認爲東吳可以爲援。因之，亮的最重要的政治策略，就是連吳抗魏。亮在隆中對造訪的劉備卽提出這一政略。劉備曰善。亮曰：「孫權據有江東已歷三世，國險而民附，賢能爲之用；此可與爲援，不可圖也。荆州北接漢沔，利盡南海，東連吳會，西通巴蜀。此用武之國，而其主不能守，此殆天所以資將軍，將軍其有意乎？……若跨有荆益，保其巖阻，西和諸戎，南撫夷越，外結好孫權，內修政理，天下有變，則命一上將，將荆州之軍，以向宛洛；將軍身率益州之衆以出秦川，百姓孰不簞食壺漿以迎將軍者。誠如是，則覇業可成，漢室可興矣。」(《三國志》諸葛亮傳)劉備被曹軍攻擊，棄新野，走襄城，兵敗夏口。事急，亮赴東吳求救，得吳援軍，合力拒曹，大破曹軍於赤壁，操退兵還鄴，而成三國鼎立之局。劉備並與孫權之妹結婚，藉以强化孫劉的聯合關係。

後因吳奪荊州，關羽戰死，劉備憤怒東征吳，兵敗白帝城。孫劉聯盟破裂，蜀失與國，又棄荊州，北向宛洛，以取中原的構想遂成泡影。劉備小不忍而亂大謀，失策之甚，無可補救。當劉備率軍欲東征吳時，翊將軍趙雲力加諫阻曰：「國賊，曹操，非孫權也。若先滅魏，則權自服。今曹操雖死，子丕篡漢，當因衆心，早圖關中，居河、汾上流，以討凶逆，關東義士，必裹糧策馬以迎王師。不應置魏，先與吳戰，兵勢一交，不得卒解，非策之上也。」雲之政見至為高明正確，惜備感情用事，未能聽從。劉備崩逝，後主劉禪繼位，封亮為武鄉侯，仍為丞相。亮乃遣使聘吳，重修舊好，期以貫徹其連吳抗魏的政略。惜吳後竟降魏，蜀漢陷於孤立，亮雖六出祁山，興兵伐魏，事卒不濟，鞠躬盡瘁，死而已矣。所謂「出師未捷身先死，長使英雄淚滿襟」。

五、攘外安內，圖遠撫近——諸葛亮的大志，在收中原，復漢室。這是攘外的大計，但攘外必先安內，以免有後顧之憂。亮在北伐前，乃勵精圖治，修明內政，儒法兼用，寬猛並濟，以逸道使民，民勞而不怨；以生道殺人，雖死不忿，民有甘棠之詠，子產之歌。立法施度，整理戎旅，工械技巧，物究其極，科教嚴明，賞罰必信，無惡不懲，無善不顯，吏不容奸，人懷自勵，道不拾遺，強不凌弱，四民安堵，風化肅然。國境大治，民心振發，可以大舉攘外，實現漢賊不兩立，王業不偏安的壯志鴻圖。

欲有遠圖，必先除近憂。巴蜀國境雖已大治，但夷越蠻族未附，隨時有入侵的近憂。所以亮於北伐前必先平服南蠻。亮遂決志南征。亮率軍南征，馬謖送行數十里。亮對謖曰：「吾輩相處有年，參與大計，今當南征，可有良策惠告？」謖對曰：「南蠻恃遠居邊陲，師不易征，不服已久。丞相往征，雖今敗之，明日又反耳。今公方傾國北伐對付強敵，彼知丞相不可久留，其叛亦速。若盡殺蠻夷使無遺類，既非仁者之情，亦不可一時殺盡。用兵之道，攻心爲上，攻城爲下；心戰爲上，兵戰爲下，願公服其心而已。」

亮納馬謖之言，征蠻雖採不以力屈，而以德服。因以力服人者人不心服，以德服人者，衷心悅而誠服也。得天下者得其心，征蠻夷亦在得其心。亮至南中，所在戰捷，聞孟獲者爲夷所服；募生致之。既得，使觀於營陣之間，曰：此軍如何？獲對曰：向者不知虛實，故敗。今蒙賜觀，看營陣若祇如此，卽定易勝耳。亮笑縱之使更戰，七縱七擒，而亮猶遣獲。獲止不去曰：公，天威也，南人不復反矣。遂至滇池。南中平，皆卽其渠率而用（見漢晉春秋，載《三國志》諸葛亮傳中）。亮曰：「今南方已定，兵甲已足，當獎率三軍，北定中原，庶竭駑鈍，攘除奸凶，興復漢室，還於舊都，此臣所以報先帝而忠陛下之職分也。」（前出師表）

第六編　霸權時期（西元二二〇—五八八）

——魏晉南北朝時代

第三十八章　霸權國家的剖視

第一節　霸權國家的形成

一、**形成的原因**——自黃巾賊大亂，秦漢統一國家的基礎趨於動搖。至隋文帝滅陳，更建一統的專制國家，其間爲期達四百年（西元一八四—五八八年）之久。皆呈割據稱雄的戰亂狀態。中間雖有西晉的統一，但爲期甚短（西元二八〇—三〇四年），加以政風凌替，徒有統一之名，終啓分裂之漸；旋卽五胡亂華，生靈塗炭，更形成長期的分裂與割據。因漢末群雄的崛起而有魏、蜀、吳三國的鼎峙，使社會經濟結構發生劇烈的轉變，因塞外胡族的內侵而有南北朝的對峙。在此鼎峙分立的局勢下，各挾其實力，相互侵併，自謀割據與稱雄，故其政治社會的實質，應名爲霸權國家。

漢朝的農業商品經濟繁榮發達達於極點時，必發生銷路不暢，消費不足及生產過剩諸困難，致使農商凋敝；加以對外武功不振，無力開拓國外市場，而收容貧民以組軍，自然引起商業倒閉，農業破壞及人民失業的大經濟恐慌。這是物極必反之理，亦是經濟循環之道。漢末盜賊蜂起的根本原因，亦在於此。黃巾賊大亂，長期紛擾，農業商品社會的經濟制度遭受破壞，統一國家的經濟基礎遂見動搖。這時人民不能安居樂業，從事生產，則消費品及生產資源，必感缺乏。爲適應新的經濟需求，必進而謀求新經濟結構的締造，以從事生產，於是莊園經濟制度便應運而生。

所謂莊園是一種地方自給自足的經濟組織；同時又是自衞其身家財產的堡壘；在這自給的區域內復有其自治的政治制度。莊園是以土地爲基礎，合經濟、政治、軍事三位爲一體的社會集體。這莊園或社會體的首領與支配者卽是豪宗大族的門閥。莊園本是獨立的，爲自治、自衞、自給而存在，但其生產力發展到一定程度時，因有過剩的出產品需要推銷與交換，這莊園又變成向外發展或侵併他人的大本營。於是莊園勢力最雄厚的豪强便成爲獨覇一方的領袖，甚而可成爲强制其他豪强低頭的覇主或君主。

在變亂初期，豪宗大族築有塢堡莊園，屯積食糧，自圖保衞。然流亡遷徙的民衆，反以此塢堡莊園爲掠奪的對象。結果，豪宗大族亦不得不捨去其依戀的塢堡莊園，領導其宗人、部曲、流民參加搶爭與遷徙。迨事亂平息，這豪宗大族便成爲軍事領袖，再以其軍力覇佔一方，割地以自雄。割地稱雄的領袖，所帶軍隊甚多，餉糈給養頗成問題；適這時因亂爭荒蕪的土地，甚爲廣闊，便以這土地分給部曲耕種之。魏晉南北朝的田制，雖有屯田、課田、占田、均田等名目，然其實際，皆是豪强的軍事領袖，對戰後荒地農田的利用，並以之爲確立賦稅的基礎。晉之統一卽係以屯田積穀的力量維持之。北方及中原因游牧民族胡人的侵擾，豪宗大族除以塢堡自保外，多數亦結隊南下，在無戰爭的地帶與本地豪族共同佔領肥沃耕地，建築莊園堡壘及水碾水磨，以自保自存；卽屬於政府的土地，他們亦假借名義包佃，交由其部曲、奴僕及佃客耕種之。江南的移民，雖亦有少數欲作恢復中原之壯擧者，但多數人仍想在江南佔奪膏腴耕地，與本地大族互相結合，共謀自生自保，以抵禦外族與遊民。至於未南下的豪宗大族則以集納遊民，集中武力，或憑藉堡壘以自保，或據山嶺以為王，故以農奴得到解放的石勒竟能稱雄於一世。

二、形成的史蹟——至於霸權國家形成的史實可作扼要引述以為佐證。《三國志》載：「田疇北歸，率舉宗族及附從者數百人，掃地而盟曰：君仇不報，吾不可以立於世，遂入徐無山中，營深險平敞地而居，躬耕以養父母，百姓歸之，數年間至伍千餘家。」（卷十一）又載：「時太祖與袁紹相拒官渡，李典率宗族及部曲，輸穀粟供軍。紹破，以典為裨將軍，封都亭侯。曲宗族部曲三千餘家，居乘氏，自請願徙詣魏郡。」（卷十八）又載：「時四方大有遊民，關中諸將多引為部曲，衞覬與荀彧曰：關中膏腴之地，頃遭荒亂，人民流入荆州者十餘萬家。聞本土安寧，皆企望思歸，而歸者無以自給。諸將各為招懷，以為部曲，郡縣貧弱，不能與爭。」（卷廿一）當時人民的流徙，與豪強招撫結納，而割據自雄的情形，由此可以顯明見之。這種風氣，至魏晉以後仍甚流行。《晉書》李雄傳稱：「雄以西山范長生岩居穴處，求道養志，欲迎立為君而臣之。長生固辭，勸雄稱尊號，雄於是僭即帝位，加范長生為天地太師，復西山侯，復其部曲，不預軍征，租稅一入其家。」（卷三一）《梁書》載：「張孝秀去職歸山，居於東林寺，有田數十頃，部曲數百人，率以力田，盡供山衆，遠近歸慕，赴之如市。」（卷五一）《陳書》稱：「侯景之亂，魯悉達糾合鄉人，保新蔡，力田蓄穀。時兵荒饑饉，京都及上川飢死者十有八九，有得存者，皆携老幼以歸焉。悉達分給糧廩，其所活濟者甚衆，仍於新蔡置頓以居之，招集晉熙等五郡，盡有其地。」（卷十三）

豪强招募流民為部曲，霸佔土地以自存，乃變亂初期的現象。迨戰亂告一段落時，以互相吞併的結果，常有一力量龐大的霸主出現，憑藉其軍事力量，作戰後土地的分配與利用，以安插其所招撫的部曲。「董卓亂後，百姓流離，穀每石值五十餘萬，人多相食。魏武既破黃巾，欲經略四方，而苦軍食不足，乃依棗祗議置屯田議，以任峻爲典農中郎將，募百姓屯田，許下得穀百萬斛。郡國列置官田，數年之中所得積穀，倉廩皆滿。建安初，又以劉馥爲揚州刺史，鎮合肥，廣屯田。黃初中，四方郡守，墾田又加，故國用不匱。」（參見《晉書》卷廿六，食貨志）

晉武帝於平吳後，師古井田遺意，行占田法：「男子一人占田七十畝，女子三十畝，其外丁男課田五十畝，丁女二十畝，次丁男半之，女則不課。」（《晉書》卷廿六）晉並行官品占田制，「官品第一者，占田五十頃；第二品四十五頃，第三品四十頃，第四品三十五頃，第五品三十頃，第六品二十五頃，第七品二十頃，第八品十五頃，第九品十頃。」（《晉書》卷廿六，食貨志）北魏太祖「定中原，接喪亂之際，兵革並起，民廢農業，方事雖殷，然經略之先，以食爲本，使東平公儀墾闢河北，自五原至於棝陽塞外爲屯田，分徙吏兵及徒何種人工伎巧十餘萬家以充京都，各給耕牛，計口授田。」（《魏書》卷一一〇，食貨志）北魏文帝太和九年下詔均給天下民田，諸男夫十五以上受露田十畝，婦人二十畝。屯田、占田、露田（均田）雖非理想的土地制度，但分配利用由政府統制不無調劑之功；無如世亂時艱，政府法令，難期貫徹，豪强兼併，毫無限制終至又產生更强大的豪强地主，成爲軍事領袖，取代統治者的地位而自爲之。《宋書》稱：「晉自中興以來，治失綱弛，豪門併兼，强弱相凌，百姓流離，不得保其產業。」（武帝本紀）孔丹靈爲：「丹陽尹，山陰縣土地褊狹，民多田少，尹表徙無貲之家於餘姚、鄞、鄮三縣界，而靈符家殷豐，產業甚廣，於永興立墅，周回三十三界，水陸地二百六十五頃。」（《宋書》卷五十四，孔季恭傳）荆州王子尚亦說：「自頃以來，頹弛日甚，富强者兼領而占，貧弱者薪蘇無託；至漁採之家，亦又如此。」（《宋書》卷五十四，羊玄保傳）豪强非僅兼併平民，並敢侵占公田。梁武帝大同七年詔曰：「如聞頃者豪家富室，多佔取公田，貴價僦租以與貧民，傷時害政，爲蠹已甚。」（《梁書》武帝本紀）

第二節　霸權國家的實質

一、**豪强政權**——從霸權國家形成的方式與過程中，足知這種國家的實質爲豪强政權。卽是說政治實權或國家主權完全掌握，在以莊園爲憑藉的豪宗大族手中。彼等更憑藉其經濟力量，蓄養奴婢、部曲，招撫流民、盜賊，由稱霸一方的豪强成爲擁兵自雄的軍事領袖。由於經濟的自給，軍事的自雄，自然形成政治的割據。群雄並立的局面，又必演成爭城爭地的相互火拼的現象。終至豪强者稱霸稱王，霸權國家的實質就是豪强政權。這不僅於理論上有根據，亦可從歷史事實中得到說明。

黃巾率農民作亂，到處搶掠，於是各地的豪宗大族，乃自相結合，憑莊園塢堡以禦流寇。中原豪族以曹操爲領袖，荀彧、田疇，率宗族歸之；任峻、呂虔以家兵附之，李典、許褚以部曲相從。是魏武以豪宗領袖爲天子。諸葛亮以南陽大族的資格，佐劉備平定四川，蜀之政權亦操之於豪族。史稱：「蜀土富實，時俗奢侈，貨殖之家，侯服玉食，婚姻葬送，傾家竭產。」（《三國志》董和傳）可以想見蜀中大宗豪族乃是蜀漢之支持者。至於費禕、蔣琬、姜維亦係以豪强而掌握兵權。東吳政權的性質亦不兩樣。張昭乃中原流寓的大族，陸遜、魯肅是江東本地的豪强。孫氏乃是這些豪强共同擁戴的領袖。

司馬氏本是曹魏領導下的大族，以掌握兵權而奪魏，立屯田制度，分配給士卒與農民耕種，官得農產物十分之六，自己成爲最大的地主，所以能有一時的統一。晉東渡後，卽大權旁落，弄成「王與馬共天下」的局面，實則王敦、王導就是中原流寓及江南本地豪族所共依的領袖，所以能掌握大權。至於未渡江的大族，多聚集守塢堡以自存。東晉政府，依其固有的勢力與地位，授以刺史或都督軍事名義，相機以圖恢復。幷州刺史劉琨領冀州，守幽州的王浚，在荆州的陶侃，皆此類豪强的代表人物。其未渡江而無以自保的大族，亦有依附異族者，如宋該、杜群、皇甫岌、張純之歸慕容庾，陳元達之歸劉淵，張賓之歸石勒，王猛之歸苻堅，卽屬明顯例證（《晉書》，各人之本傳）。

南朝自劉裕以諸豪强王鎭惡、檀道濟、沈田、劉穆之共戴之軍事領袖奪晉而有天下，歷宋、齊、梁、陳四朝，凡百七十三年，其間篡奪攘竊，侵凌殺伐，不可枚舉，然究其實際，無論皇帝間的骨肉相殘，地方權臣的同僚爭戰，或君臣上下間篡弑征誅，皆無非是割地稱雄，擁兵自重的豪强領袖，爲爭奪政權或擴張勢力時，所引起的必然衝突。

二、族酋政權——塞北胡人爲游牧民族，其社會的組織單位，乃是以血統爲結合基礎的氏族或宗族。其入侵中原的軍隊編制，亦是以這種自然結合爲統屬與指揮單位。所謂五胡十六國的前趙劉淵，後趙石勒，前燕慕容庾，前秦苻堅，後秦姚弋仲，後蜀李特，後涼呂光，後燕慕容垂，西秦乞伏國仁，北燕馮跋，南涼禿髮烏孤，北涼沮渠蒙遜，夏赫連勃勃，南燕慕容德，前涼張軌，西涼李暠諸人，皆是以氏族的酋長稱覇一方。北方的氏族酋長與南朝的門閥豪强本不相同，氏族是血統人員的結合，門閥是由世仕與地望而來，以土地憑藉及政治優勢爲基礎。然氏族遊牧民族與中國莊園經濟相接觸後，其原來的社會組織亦因之而起質的變化，於血統外加上土地耕作的因素，於是氏族轉類於豪宗與門閥。可以說北朝的政權實質上與南朝的亦無很大的差別。北魏氏族最貴者有十姓，喪葬祠禮非十姓不得參與。餘部諸姓又有穆、陸、賀、劉、樓、于、稽、尉八姓，自太祖以降，「勳著當世，位盡王公」。此外，有三十六族，九十二姓，皆爲貴族，亦卽國家政權的掌握者。

三、門閥政治——豪强政權的霸權國家，復與世族門閥政治相始終。趙翼說：「至魏行九品中正法，於是權歸右姓。」（《陔餘叢考》卷十七）兪正燮說：「自漢至唐科目多矣，大權美仕，俱在豪族，任豪族而以功臣子弟間之，議選擧者，徒毛擧細故，而不敢昌言以奪世家豪族之權。」（《癸巳類稿》三）選擧依品第，族望遂有譜牒。就地域論，有僑姓、郡姓、吳姓、虜姓；就門第論，有膏粱、華腴、甲、乙之分。趙翼說：「六朝時，賈氏王氏譜學已不可考，其見於《唐書》者曰：過江則爲僑姓，王、謝、袁、蕭爲大；東南則爲吳姓，朱、張、顧、陸爲大；山東則爲郡姓，王、崔、盧、李、鄭爲大；關中亦爲郡姓，韋、裴、柳、薛、楊、杜首之；代北則爲虜姓，元、長孫、宇文、于、陸、源、竇首之。其郡姓中，三世有三公者曰膏粱，有令僕者曰華腴，尙書、領軍而上者爲甲首，九卿方伯者爲乙姓，散騎常侍、大中大夫爲丙姓，吏部正員郎爲丁姓，凡得入者，謂之四姓。」（《陔餘叢考》卷十七）重門閥，尊世胄的結果，至於「文之弊重於尙官，官之弊至於尙姓，姓之弊至於尙詐。」（《新唐書》卷一九九，柳冲傳）「爵位不如郡望，官至方岳，惟稱隴西。」（謝肇淛《文海披沙》三）「紀僧眞雖宋文帝乞作士大夫，而江斆等竟而拒之。侯景雖橫戈躍馬之雄，梁武帝應其求婚之命，則曰王、謝名高，可於朱張以下求之。」（《陔餘叢考》卷十七）這種重門閥，尊世胄的豪宗望族制度乃霸權國家中必然產物。

第三節　霸權國家的政局

自獻帝建安元年曹操遷帝於許昌至隋文帝開皇九年滅陳，爲時近四百年，中間，只有西晉二十三年的統一，其餘時期皆天下分裂的局面。這時期的國家政策，無論對內對外皆舍棄禮法，唯力是視，互相殺伐，逞强爭雄，頗似春秋戰國時代，充分的崇尚覇道。這覇權國家中，所產生的政治體系乃是均勢王權。所謂勢就是力量，所謂均勢就是力量的對立與制衡。這一時期的政治大局或政府存在的形勢，可以武力的對峙與制衡一語形容之。秦漢統一有如於天平（秤）上求中點，中平之點在於農商兩大階級經濟利益的調和點上。這個中點就是統一之所繫。覇權政府的成立，就像是複式的「拔河」遊戲，各方力量的制衡或相互抵住時，均勢王權始能維持。在覇權國家時代的政治形勢：有列國的對峙，軍人的跋扈，閥閱的把持，僧寺的獨立。這種形勢在相互牽制傾軋下，便得以烘托出均勢王權政制的出現與存在。

一、列國的並峙局面——漢末天下大亂，群雄蜂起，逞威勢，尚詐變，相互殺伐，强弱兼併，結果形成魏蜀吳三國的鼎峙。曹操性機警奸詐，以權術馭人，根據兗州，屯田許昌，挾天子以令諸侯，領有司隸、冀、幷、幽、青、兗、徐、揚、豫、雍、秦、涼、荆十三州，都洛陽簒漢建魏，傳五主歷四十六年。劉備性寬厚謹愼，以誠意感人，以荆州爲根據，定鼎於益州，領有益、梁、交三州，都成都爲蜀漢，傳二主歷四十三年。孫權性沉着堅毅，以義氣動人，襲父兄之業，雄踞江東，領有揚、荆、郢、交、廣五州，都建業稱吳，傳四主歷五十二年。陸機辯王論曰：「吳制荆揚，奄有交廣，地方幾萬里，其野沃，其兵練，其器利，其財豐，東負滄海阻險塞，長江制其區宇，峻山帶其封域，國家之利，未見有弘於玆者矣。」這在說魏、蜀對吳無可如何。其實，吳對魏、蜀亦嘆無可奈何。在這均勢的牽制情形下，三國鼎立之局，乃得維持。

司馬氏篡魏雖有西晉暫時的統一，然禍起蕭牆，內有八王之亂，骨肉相殘；外啓異族之侮，釀成五胡十六國亂華之禍，所謂「支屬肇其禍端，戎羯乘其間隙」，卒至國都陷失，皇帝被虜，不得不渡江而東，以保偏安之局。兩晉之世，强敵環立，獨力支撐，所謂王者，只是群雄中一霸主，並非統一的皇帝。東渡以後，晉室亦迭次發奮爲雄，圖恢復中原。東晉一代興師北伐者：有祖逖、庾亮、庾冰、庾翼、褚裒、殷浩、桓溫、謝安、楊亮、劉裕諸人，先後凡十三次。復興與統一的大業，雖未能完成，然胡人南侵的威勢，到底遭到摧抑，南北對峙，漢、胡彼此間，亦形成各無可如何的均勢與制衡的局面。

劉裕篡晉建宋時，後魏拓拔氏正崛起於北方。宋人固常興師北伐，謀恢復中原；魏人亦時遣兵南侵，有飲馬長江之志。宋、魏衝突，不一而足。其著者魏明元帝遣奚斤南侵，佔洛陽、金墉、許昌、汝南，致河南諸郡盡爲魏有。宋文帝遣劉彥之、檀道濟等北伐，一度復河南。蕭道成代宋建齊，北魏聲勢更强大。魏文帝遷都洛陽，慨然有統一中國的雄心，太和十九年遣兵南進，齊明帝分遣王廣之、蕭坦之等禦之。太和二十一年魏文帝發冀、定、瀛、相、濟五州之兵南攻，敗齊師於河北。這是魏、齊多次衝突中較爲重要者。蕭衍篡齊爲梁。魏與梁屢起戰爭，並不減於過去。魏在當時雖爲强盛，然其王權之所及與統一的境界相去尙遠。外有南朝勢力的抵抗，內有同族派別的傾軋，權力莫由集中。及至高歡作亂，魏自身又分爲東西。西魏篡於宇文氏爲北周，東魏篡於高氏爲北齊。這時不但北朝與南陳有爭戰，卽北朝的周、齊間亦常有衝突。似此崇力尙覇的分峙對立的均勢制衡局面，直至隋朝滅陳統一，始告一結束。

二、軍人跋扈與割據——在覇權國家時代，外界雖有敵國異族的對峙與牽制，若使一國內部能團結一致，同心一德，協力定內攘外，自亦不難平定四方，完成統一大業。無如各國內部勢力，亦分立離散，權臣擁兵自雄，武人聚衆割據，相互傾軋，彼此牽制，終只能維持均勢王權的政治體制。三國時曹魏勢力最爲强大，不無統一宇內的可能。然先，則有司馬懿擁兵制主，引起揚州都督王凌及楚王曹彪的抗亂；繼則司馬師挾勢專權，誅李豐、張緝、夏侯玄，亦招致揚州都督毋丘儉，刺史文欽的反變；自相魚肉，國力消耗，遂不復有統一四方的威勢。西晉雖有暫時的統一，乃大行封建，分五等定軍制，諸侯强大，等於漢初；州郡擁兵，權臣雖去，然宗室諸王則帶甲冑出爲都督刺史，星羅棋布，或據强藩，或專國政，卒釀成八王之亂，干戈侵伐，自相荼毒。至劉淵、石勒亂起後，刺史亦兼掌兵政，州鎭權勢更重。西晉竟是諸侯權臣擁兵割據的局面。瑯琊王睿以安東將軍都督揚州諸軍事，値永嘉之亂，自下邳移鎭建康稱帝爲東晉元帝，蓋以軍人而爲天子。時王敦擁兵專權，都督揚、荆、湘、江、交、廣六州諸軍事，自任江州牧，率衆內向，元帝憂憤而崩。明帝與丹陽尹合謀始平王敦之亂。其後，成帝時有蘇峻擁兵作亂，領衆渡江，陷宮城，大掠殺，賴江州刺史溫嶠、荆州刺史陶侃的兵力平定之。帝奕時，桓溫以荆州刺史專制上游軍旅，擁兵廢立皇帝，擅作威福。安帝時，桓玄以都督荆、江、司、雍、秦、梁、益、寧八州諸軍事，入建康，自署總百揆，稱相國，迫禪號楚，有府兵出身之劉裕討平之。劉裕以宋、齊、梁、陳四朝的開國君主，均是以擁兵自雄的軍人，用威逼篡竊方式而自立爲皇帝。

都督中外諸軍事，滅南燕，敗盧循，平關洛，簒晉稱宋。蕭道成爲兗州刺史，鎭淮陰，受命輔政，總軍國重事，簒宋爲齊。蕭衍爲雍州刺史，鎭襄陽，至建康爲大司馬都督中外諸軍事，簒齊爲梁。陳霸先爲西江督護、高要太守，督七郡諸軍事，簒梁爲陳。南朝均沿晉制，採行封建，諸王擁兵作亂，爲禍甚烈。宋世諸王，變亂頻仍，自相殘殺。其事變之較重要者，文帝時有彭城王義康之亂，孝武時有南郡王義宣、竟陵王誕、海陵王休茂諸變亂。明帝時有晉安王子勛之亂，廢帝時有桂陽王休範、建平王景素之亂。蕭齊之內亂，明帝時有王敬則叛亂，東昏侯時有始安王遙光、陳顯達、蕭衍、南康王寶融諸人的擧兵。梁有侯景之禍亂，湘東與岳陽的衝突；湘東與武陵的衝突；王僧辯與陳霸先的衝突及王琳的擧兵。宋齊諸王有長史典籤之制，亦爲助長變亂的厲階。馬端臨說：「長史典籤之設，皆所以禍諸王。而當時之居此職者，皆爲輕躁傾險之人，或假之以稱亂，或賣之以居功，其情雖異，而構禍則同，童孺無知，駢首横死於鋒鏑鴆毒之下，至誓不願生帝王之家，及乞爲奴而紓死，而不可得。」（馬端臨《文獻通考》卷二七二）

北朝的內部傾軋變亂的劇烈亦不減於南朝。其變動原因亦由於武人的擁兵構禍。元魏內爭始於六鎭的叛亂。魏初定都平城以北邊爲要衝，因於馬邑、雲中、單于界設懷朔、高平、禦夷、懷荒、柔玄、沃野六鎭，盛選親賢，配以高門子弟，擁麾作鎭，捍衞朔方。然朝內仕官權重，顯貴優厚，時人羨爲之。及文帝遷都洛陽，鎭人役同廝養，官婚班次，致失淸流，一生推遷不過軍主。其同族在京者各居顯要，衣祿優越，異於尋常。鎭人積久生怨，適値胡后秉政，國事日非，六鎭遂起叛亂。繼之而起亂者，有關西、河北、河東之亂。其後車騎將軍並肆、并、汾、廣、恒、雲六州討虜大都督爾朱榮引兵入洛，沉胡太后及幼主釗於河，殺王公以下數千人，立孝莊王，葛榮引兵百萬圍鄴，爲爾朱榮擊敗。孝莊王誅爾朱榮，引起爾朱兆等再構兵害孝莊。當時爾朱天光專制關右，爾朱兆奄有汾、幷，爾朱仲遠擅命徐、兗各擁重兵，競爲暴亂。高歡以將六鎭兵衆起而滅爾朱氏，遂專魏政，自立平陽王修，遷都於鄴。修與歡不協，西奔關中依大都督宇文泰。高歡別立孝靜王爲東魏。修爲孝武王稱西魏。歡、泰爭雄，各專魏政。高歡篡東魏爲北齊。宇文覺篡西魏爲北周。北齊內亂有常山王演及長廣王湛廢主自立。北周有宇文護及楊堅的弒篡。南北朝共歷五十君，被廢殺及俘獲者三十君，獲保全性命者才五分之二，軍人篡殺，帝室罹禍，變亂的劇烈，爲前史所未有。

三、門閥的壟斷政治——在長時期的變亂中，社會上產生一種所謂門閥的特殊勢力。均勢王權下的門閥與封建制度下的貴族相似。不過貴族重血統，門閥崇地望。門閥是在地方握有經濟勢力與社會聲望的豪富强族。因九品中正制的運用，彼等更得壟斷仕途。門閥之士對於擁兵自雄的軍人政府亦側身參加，其目的在利用之以保其身家，非眞正擁護軍人。故門閥與軍閥乃是對立牽制的局勢，非合爲一體的。《宋書》恩倖傳序曰：「漢末喪亂，魏武始基，軍中倉卒，權立中正，蓋以論人才優劣，非爲世族高卑，彼此相沿，遂爲成法。自魏至晉，莫之能改。州都郡正，以才品人，而舉世人才升降蓋寡，徒以憑藉世資，用相凌駕。都正俗士，斟酌時宜，品目多少，隨世仰俯，劉毅所謂下品無高門，上品無賤族者也。歲月遷譌，斯風漸篤，凡厥衣冠，自此以還，遂成卑庶。」《魏書》宣武帝紀稱：「中正所銓，但存門第，吏部彝倫，仍不才舉，遂使英德空升，司務多滋。」崔亮傳亦謂：「立中正，不考人才行業，空辨氏姓高下。」門閥世族，壟斷仕途，由此可以想見。

門閥獵官既不以才能，自不必努力學業，所以「江南人，有學業者多不習世務，習世務者又無學業。」（《隋書》柳莊傳）彼等對軍閥政府既旨在利用之，其態度與立場，自必隨波逐流，因勢推移，不肯負責，不必盡忠，無才學豈能建功勳，不盡忠何從產忠烈。趙翼曰：「所謂高門大族者，不過雍容令僕，履屐相高，求如王導、謝安柱石國家者，不一二數也。次則如王宏、王曇首、褚淵、王儉等與時推遷，爲典朝佐命，以自保其家世，雖朝市革易，而我之門第如故，以是爲世家大族，廻異如庶姓而已。此江南風會習尚之極敝也。」（《二十二史劄記》卷十二）門閥官僚對朝代的更易，不過是「將一家物與一家」，並無順逆是非之感，自不必作盡忠守節之擧。

霸權時期戰亂頻仍，朝代屢易，福禍無門，吉凶難測，世族名流，明哲保身，躲避現實，避論國事，於是魏晉則清談之風盛行，南北朝則佛門之法興起。顧炎武說：「三國鼎立，至此垂三十年。一時名士風流，盛於洛下，乃其棄經典而尚老莊，蔑禮法而崇放達，若其主之顚危，若路人然。……是以講六藝，鄭玄、王肅爲集漢之終，王弼、何晏爲開晉之始，至於國亡於上，敎淪於下，羌戎互僭，君臣屢易，非林下諸賢之咎而誰哉？」（《日知錄》卷十三）由此足以說明時人的自私，只圖自保身家，不肯竭誠擁護政府的世態。當朝代鼎革之際，其高朗而下降志者，「既自揣不足以抗時雄，又不肯屈服爲之用，乃始頹自放，以求全生。」阮籍、阮咸、劉伶、謝鯤、胡母輔之、光逸諸人卽其代表人物。

門閥世族一方面壟斷仕途，佔踞顯要，一方面在社會上則獨標特異，形成特殊勢力，自矜高第，儼然貴族，卑視寒素，不與同流。荀伯子「常自矜蔭藉之美，謂王弘曰：天下膏粱惟使君與下官耳，宣明之徒，不足數也。」（《宋書》卷六十，荀伯子傳）崔陵亦「每人籍地自矜，謂盧元明曰：天下盛門，惟我與爾。」（《北齊書》卷二十三，崔陵傳）膏粱與寒素間，劃若鴻溝，貴賤兩階級間不得通婚，不便交際，社會距離相去甚遠，人民間亦成爲牽制對立的局面。世族自矜門閥與高第，成爲世尙與風氣，使寒素的人亦喪失其自信力，不敢妄作「王侯將相寧有種」的主張，縱然建立勳業，至於高位，亦自視不敢與高門並列。陳顯達「自以人傖位重，每遷官，常有愧懼之色。有子十餘人，誡之曰：我在志不在此，汝等勿以富貴凌人。」（《南齊書》陳顯達傳）寒人若受皇帝知遇，任爲高官，政府常下詔表明不得已的苦衷。魏高祖詔曰：「李彪雖宿非清第，本缺華資，然識性嚴聰，學博墳籍，剛辯人才，頗堪時用，兼憂國若家，載宣朝美，若不賞庸叙績，將何以勸獎勤能，可特遷機書令，以酹厥疑。」（《魏書》卷六十二，李彪傳）齊高帝建元三年詔曰：「江謐寒士，誠當不得競等華儕，然甚有才幹，堪爲委遇，可移掌吏部。」（《南齊書》卷三十一，江謐傳）

四、僧寺的避世獨立——霸權國家的政治體制，全依各種勢力的均衡以維持之。軍閥與世族相互利用而又彼此抵觸，成爲均勢的局面。同時，社會上另有一種特殊組織的僧寺，亦有雄厚的力量，與政府亦是處於對立與制衡的地位，時而合作，時而衝突。因在此霸權時期，干戈相尋，暴亂不已，慘死橫亡，無貴無賤，都不知命在何時；不得淨土與樂園，焉能超救此生？於是發生出世與厭世的思想。王室貴族，互相殺伐，同氣相殘，慘無人道。人孰無良，事亂之餘，反躬自問，得無懺悔？不有教堂與寺院，何處贖舍罪惡？於是發生造佛像、佛寺的活動。至於膏粱華腴之家，窮奢極慾，恣情放縱，度其淫靡享樂的生活。但以好景不常，樂極生悲，縱慾戕身，故過分享樂者，常成爲極端厭世者。所以他們亦有待於宗教依皈，以爲其生活慰藉與精神寄託。於是南北朝的君臣與世族，便不惜捐捨鉅資以造佛寺。南朝的梁武帝、齊高帝，北朝的魏孝文、齊文宣、周文帝皆曾捨宮苑造佛寺。人君「銳意釋氏，天下咸從風而化，所以百官與豪族捐送佛寺者亦大有其人。蕭惠開傳稱：丁父艱居喪有孝性，家素事佛，凡爲父起四寺。」（《宋書》卷八十七）何敬容傳稱：「何氏自晉司充宋司空尚之，世奉佛法，並建塔寺，至敬容又捨宅東爲伽藍，趨勢者又助財造構，敬容並不拒。」（《梁書》卷三十七）安同傳稱：「同在冀州，年老頗殖財貨，大興寺塔，百姓所苦。」（《魏書》卷三十）因之，南北朝時代，佛寺極多，共數西晉爲一八〇，東晉爲一、七六八，宋一、九一三，齊二、〇一五，梁二、八四六，陳一、二三〇，魏三〇、〇〇〇，齊四〇、〇〇〇，實大有可觀（參見《魏書》卷四十，陸俟傳附子馛）。佛寺的財產亦甚龐大，在北朝，《魏書》釋老志稱：「寺奪民財，三分且一」；在南朝，王僧達刼奪西臺寺，得款數百萬（《宋書》卷七十五）。

在霸權國家中，一般民衆，更是痛苦萬狀，度其人間地獄的生活，欲解脫痛苦，亦樂於皈依佛法以修煉今生。佛寺又有財產以控制貧苦平民，入寺後更能豁免繁重苛刻的賦役，故彼等便變俗以爲僧。於是僧、尼之數，甚可驚人。在北朝則「緇衣之衆，參半於平俗，黃服之徒，數過於正戶。」（《廣弘明集卷二十四）在南朝則「生不長髮便謂爲道，塡街溢巷，是處皆然。」（《南齊書》虞玩之傳）據《佛祖統紀》所載，僧尼數在西晉爲三、七〇〇，東晉二四、〇〇〇，宋三六、〇〇〇，齊三二、五〇〇，梁八二、七〇〇，陳三二、〇〇〇，魏約二百萬，北齊三百萬，周二百萬。

佛寺有組織、有力量、有財產，儼然一獨立自主的團體，與政府處於對立牽制的地位，構成「國中有國」的現象，僧尼獲有免賦稅、免力役的特權，對政府的財政及兵源，皆有莫大妨害。於是政治與宗教在牽制的局面下，亦常不免於衝突。魏太武帝太平眞君五年，詔曰：「自王公以下至於庶人，有私養沙門在其家者，皆遺詣官曹，不得容匿，過期不出，沙門身死，主人門誅。」七年又詔曰：「諸州坑沙門，毀諸佛像。」周武帝建德三年四月「斷佛道二教，經像悉毀，羅沙門、道士並令還俗」。這是當時政府與宗教發生的重大衝突。此外，政府亦常用限制州郡僧數，逼令僧尼還俗，禁止私度及淘汰奸猾僧尼等方法裁抑僧寺勢力的擴張。

第三十九章　本期政治思想的派別

西漢之世，爲儒道並行時代。漢初，黃老思想甚爲流行。漢武帝罷黜百家，獨尊儒學，儒學遂告復興。但儒學成爲官學，士人爭誦六藝，旨在干祿，或拘泥章句，或竄亂經文，儒學反趨衰退。陸賈、賈誼雖大力倡導儒學。而劉向的《新序》，劉安的《淮南子》卻有崇尙道家學說的趨勢。

東漢之世，災異讖緯之說盛行，儒學爲之不振。且桓帝劉志，靈帝劉宏，昏暗愚庸，任用宦官外戚，政治腐敗。李膺、陳蕃等太學生，議論時政，抨擊權宦，致遭黨錮之禍。天下混亂，民不聊生。才識之士多抱寧澹淡泊之念，以求自全。故管寧避地遼東，諸葛亮躬耕南陽，苟全性命於亂世，不求聞達於諸侯。王充、仲長統遂亦抱消極悲觀的宿命論。王充以道家之言，破災異陰陽之妄言，使老莊順乎自然之學說，大爲發揚。這總趨勢延及魏、晉、南北朝而大行其道。

魏晉南北朝的學術思想可稱之爲老莊思想鼎盛、儒學式微的時代。這一時期戰亂頻仍，干戈不息；政治混亂，朝代更易迅速，君主慘死衆多；爭城爭地，殺人盈野，禍福無門，生死不定，吉凶難測；於是名流世族及才識之士，皆自圖明哲保身，躱避現實，不論時政，免談國事，皆閒談風月，空論虛玄，老莊思想，因以大行其道。顧炎武曰：「三國鼎立，至此垂三十年。一時名士風流，盛於洛下，乃其棄經典而尙老莊，蔑禮法而崇放達，視其主之顚危，若路人然。……是以講六藝，鄭玄、王肅爲集漢之終。王弼、何晏爲開晉之始，至於國亡於上，敎淪於下，羌戎互僭，君臣屢易，非林下諸賢之咎而誰

哉？」（《日知錄》卷十三）

魏晉南北朝時代，佛法思想亦頗流行，其原因有三：㈠因在此一時代，干戈不息，暴亂不已，慘死橫亡，不可勝計，不論貧富貴賤，都不知命在何時，不得淨土樂園，不有佛法超度，焉能逃救此生？㈡膏粱華腴之家，窮奢極欲，恣情放縱，過着淫靡享樂的生活。但以好景不常，樂極生悲；過度享樂者，每易流爲極端的厭世者。反躬自省，不無讖悔，於是皈依佛法以圖自贖，而得精神慰藉。㈢在這戰亂不息的時代，一般人民皆痛苦萬分，過着人間地獄的悲慘生活，欲解脫這些痛苦，亦樂信佛祖，唸經文，修煉今生，望歸淨土。以佛教麻醉思想，可以忘卻眼前一切痛苦。

老莊思想玄妙深奧，機辯含隱，賅博廣泛，所以同屬老莊思想之信仰者，因各人的觀點不同，取向不一，便因而發生不同的派別。貴我樂生者而有爲我主義的思想；崇尚自然者而有自然主義的思想；反對管束者而有無政府主義的思想；享樂貴及時者而有縱慾主義的思想；放浪形骸者而有曠達主義的思想；清談虛浮而有清談空玄的思想。老莊思想鼎盛時期，儒學雖趨式微，但並未滅絕，故同時仍有儒學中心的思想。玆將各派別的思想分別扼要論述之。

第一節　為我主義的政治思想

一、代表人物——列禦寇爲戰國時鄭人。舊題《列子》一書爲列禦寇撰。《莊子》一書中有列禦寇一篇，篇旨大率以內解爲主，以葆光不外炫爲貴，以去明而養神爲要。《列子》凡八篇，東晉張湛爲之注。劉向《序錄》謂其學本爲黃帝、老子；又謂穆王、湯問二篇迂誕詼詭，非君子之言也；力命篇一推分命；楊朱篇惟貴放逸，二義乖背，不似一家之書。宋代高似孫擧《列子》合於《莊子》者十七章，以爲其間尤淺近迂僻者，由後人會萃而成。清姚際恒《古今僞書考》亦謂《列子》及劉向之序，全爲僞作。

梁啓超《古書眞僞考》，認定《列子》一書乃東晉張湛採集道家言湊合而成。馬叙倫《僞書考》，擧列二十事，認定《列子》一書，爲魏晉以來好事之徒，聚斂《管子》、《晏子》、《論語》、《山海經》、《墨子》、《莊子》、《尸佼》、《韓非》、《呂氏春秋》、《韓詩外傳》、《淮南子》、《說苑》、《新序》、《新論》之言，附益晚說，成爲八篇，假爲向（劉）序以見重。夫輔嗣（王弼）注《易》，多取老莊，而此書亦出王氏，豈弼之徒所爲歟。東晉光祿勳張湛字處度，爲《列子》一書作序，稱：「從揚州刺史劉正輿家得四卷，從王弼女婿趙季子家得六卷，參校有無，始得全備。」張湛之祖父與劉正輿皆王弼之甥，趙季子是王弼女婿。可見《列子》之書與王弼有極大關係。馬氏懷疑《列子》是王弼所僞造。不無理由。不管《列子》是張湛僞造，或王弼僞造，此書立論可認之爲魏、晉、南北朝時代之思想，殆可確定。

二、思想要旨——《列子》卷第七楊朱篇（亦名達生篇）曰：「夫生者一氣之暫聚，一物之暫靈。暫聚者終散，暫靈者歸虛。而好逸惡勞人之常情。故當生之所樂者，厚味美服，好色音聲而已耳。而復不肆性情之所安，耳目之所娛；以仁義爲關鍵，用禮教爲矜帶，有枯槁於當年，求餘名於後世者，是不達乎生生之極也。」這是說人生如白駒過隙，時間極短暫；人生是暫有性靈，終歸於虛無。在這暫短有生之年，應當盡情享樂，以娛聲色之好，以享口體之樂，才不辜自我之一生。至於儒家的行仁義，守禮教，一生如枯槁乏味，而欲求死後之餘名，眞是自我虐待，昧於貴我樂生之眞義；豈不大可悲哉！

《列子》之作者引楊朱之言，以爲其所信持的爲我主義，作理論基礎曰：「楊朱曰：伯成子高不以一毫利物，舍國而隱耕。大禹不以一身自利，一體偏枯。古之人損一毫利天下不與也；悉天下奉一身不取也。人人不損一毫，人人不利天下，天下治矣。」（《列子》卷七，楊朱篇）張湛指出：天下之美，歸於虞舜、大禹、孔子；天下之惡歸之桀紂。而彼四聖者，生無一日之歡，死有萬世之名。名者固非實之所取也。雖稱之弗知，雖賞不知，與株塊無以異矣。彼二凶者，生有從欲之歡，死被愚暴之名。實者固非名之所與也。雖毀之不知，雖稱之弗知。此與株塊奚以異矣。生前勞苦，死後有美名不知之。生前享樂，死後蒙惡名亦不知之，同爲株塊。則生前何爲不從欲享樂，而勞生受苦呢？勞苦以利天下，欲享名也，名者虛物。不拔一毛而逸性享歡，歡者實樂。何爲務虛名而舍實樂？故曰：「智之所貴，存我爲貴。」（《列子》卷七，楊朱篇）

《列子》楊朱篇認爲人生短暫如朝露之易逝，且在此短暫的時間中尚多有疾病憂患的痛苦，何必栖栖皇皇，勞心累形去追求虛名或貪求死後餘榮。張湛曰：「夫名者因僞以求眞，假虛以招實，矯性而行之，有爲而爲之者，豈得無勤憂之弊耶？」（《列子》楊朱篇注）求名者每欲藉佳譽去干祿致富。豈不知求名，反易招致貧賤。《列子》楊朱篇曰：「凡爲名者必廉，廉斯貧；爲名者必讓，讓斯賤。」因之，在短暫的人生中，不可去追求名譽與富貴，應把握現實主義與當時享受快樂，以貴吾生，以樂吾生。

楊朱曰：「百年壽之大齊，得百年者，千無一焉。設有一者，孩抱以逮昏老，幾居其半矣。夜眠之所弭，晝覺之所遺，又幾居其半矣。痛疾哀苦亡失憂懼，又幾居其半矣。量十數年之中，逌然而自得，亡介焉之慮者，亦亡一時之中爾。則人之生也，奚爲哉？奚樂哉？爲美厚爾！爲聲色耳。而美厚復不可常厭足，聲色不可常翫聞，乃復爲刑賞之所禁勸，名法之所進退，遑遑爾競一時之虛譽，規死後之餘榮。偊偊爾愼耳目之觀聽，惜身意之是非，徒失當年之至樂，不能自肆於一時，重囚累梏，何以異哉？」（《列子》卷七，楊朱篇）

《列子》認爲人生的幸福在於存我、樂生、順性。行刑賞，施名法，求虛譽，規死榮，固然是重囚累梏，戕害人生之苦事。凡是不得其生理，違犯自然之道者，應悉予摒棄之。楊朱曰：「生民之不得休息，爲四事故：一爲壽，二爲名，三爲位，四爲貨。有此四者，畏鬼，畏人，畏威，畏刑，此之謂遁人也。可殺可活，制命在外。不逆命，何羨壽；不矜貴，何羨名；不要勢，何羨位；不貪富，何羨貨？此之謂順民也。天下無對，制命在內。」（《列子》卷七，楊朱篇）爲壽則不敢恣其欲以享樂，爲名則不敢恣其所行。爲位則屈意以從人，爲貨則專利而惜財。這就是違犯自然的遁人，我之生死，受制於外，自我不存。順命而行，何畏短命！不矜高貴，何必求虛名！不求權勢，何需官位！不求富有，何羨財貨。這就是合乎生道的自然之理。天下外物不能制我之命，命由我，由我，我則存。

《列子》認爲凡事皆當順其自然，各隨所宜，不出其位，則事得其所，人安其位，天下自治。《列子》曰：「天地無全功，聖人無全能，萬物無全用。故天職生覆，地職形載，聖職教化，物職所宜。然則天有所短，地有所長，聖有所否，物有所通。何則？生覆者不能形載，形載者不能教化，教化者不能違所宜，宜定者不出所位，故天地之道，非陰卽陽；聖人之道，非仁卽義；萬物之宜，非柔則剛。此皆隨所宜不能出所位者也。」（《列子》卷一，天瑞篇）事隨所宜，人居其位，合乎自然之秩序與理則，天下所由治之正道。這亦是郭象所說：「人皆自脩，而不治天下，則天下治矣。」（《莊子》在宥篇，郭象注）

《列子》的爲我主義就是存我、順性、樂生，不出其位的自脩。人生而有耳、目、鼻、口、體、與意。存我、順性、樂生，就是順自然之理，隨其所宜，不出其位，便當恣耳之所欲聽，恣目之所欲視，恣鼻之所欲向，恣口之所欲言，恣體之所欲安，恣意之所欲行。《列子》擧管夷吾（仲）對晏平仲之言以釋之曰：「晏平仲問養生於管夷吾。管夷吾曰：肆之而已，勿壅勿閼。晏平仲曰：其目奈何？夷吾曰：恣耳之所欲聽，恣目之所欲視，恣鼻之所欲向，恣口之所欲言，恣體之所欲安，恣意之所欲行。夫耳之所欲聽者音聲，而不得聽，謂之閼聰。目之所欲見者美色，而不得見，謂之閼明。鼻之所欲向者椒蘭，而不得嗅，謂之閼顫。口之所欲道者是非，而不得言，謂之閼智。身之所欲安者美厚，而不得從，謂之閼適。意之所欲爲者放逸，而不得行，謂之閼性。凡此閼，廢虐之主。去廢虐之主，熙熙然以俟死，一日一月一年十年，吾所謂養。拘此廢虐之主，錄而不舍，戚戚然，以至久生，百年千年萬年，非吾所謂養。」（《列子》卷七，楊朱篇）養生在去廢虐，而過熙熙然的快樂生活，雖暫亦樂。若守廢虐，而過戚戚然的痛苦，雖久亦苦，非所謂養生之道。

第二節　自然主義的政治思想

一、**代表人物**——漢末王充著《論衡》，破災異陰陽的妄言，中老莊順乎自然的學說，啓自然主義思想的端倪。王弼、何晏繼之，使老莊自然主義思想，風起雲湧。《三國志》魏書鍾會傳曰：「弼好論儒道，辭才逸辯，注《易》及《老子》，爲尙書郎，年二十餘卒。」王弼字輔嗣，幼而聰慧，好道家之言，辯捷善言，以老莊之自然思想注《易經》。何晏見之，至爲嘆服，因棄其所作，而另著《老子道德通論》。自是而後，研究老莊思想的著作，便如雨後春筍，油然而生。自魏迄晉，此類著作，不勝枚學。阮籍《道德通論》，鍾會《道論》，孟康《老子注》，荀融《老子義》，向秀《莊子注》，郭象《莊子注》等，即其著者。

何晏爲後漢何進之孫，字平叔。《三國志》魏書曹眞傳稱：「晏生長於宮省，又尙公主，少以才秀知名，好老莊言，作《道德通論》，著述數十萬。」《晉書》阮籍傳曰：「阮籍字嗣宗，陳留尉氏人。父禹魏丞相掾，知名於世。籍容貌瓌傑，志氣宏放，傲然獨得，任性不羈，而喜怒不形於色。或閉門視書，累月不出；或登高山水，經日忘歸；博覽群籍，尤好老莊。嗜酒能嘯，善彈琴，常得其意，忽忘形骸，時人多謂之癡。惟族兄文業（咸）每嘆服之，以爲勝己，由是咸共稱異。」

鍾會魏潁川人，繇少子，字士季，精練名理，善書法，有父風，喜老莊言，著有《道論》，數從司馬氏征討，以參與帷幄功，官黃門侍郎，與鄧艾分道攻蜀，滅之。後有異志，與蜀將姜維舉兵反，死於戰亂中。《晉書》向秀傳稱：「向秀字子期，河內懷人也。清悟有遠識，少爲山濤所知，雅好老莊之學。莊子著內外數十篇，歷世方士雖有觀者，莫適論其旨統也。秀乃爲之隱解，發明奇趣，振起玄風；讀之者超然心悟，莫不自是一世也。」郭象晉河南人，字子玄，少有才理，好老莊，能淸言。辟召不就，閑居以文論自娛。先是向秀爲《莊子》解義，惟秋水、至樂二篇未竟而卒。象得其別本，竊爲己注，而自注秋水、至樂兩篇。其後秀義別本出，故今有向、郭二《莊子注》，均有所見。

二、思想要旨——老子曰：「人法地，地法天，天法道，道法自然。」（《老子》第二十五章）莊子師宗老子。故老莊的思想要旨，在於崇尙自然。自然者指一切事物自己（自）原來是怎樣就讓其是怎樣

（然），不加干涉，不予制作，即無爲而然的自然主義。故莊子曰：「彼正正者不失其性命之情。故合者不爲駢，而枝者不爲跂；長者不爲有餘，短者不爲不足。是故鳧脛雖短，續之則憂；鶴脛雖長，斷之則悲。故性長非所斷，性短非所續，無所去憂也。」（《莊子》外篇，駢拇篇）何晏信持老莊的自然主義，而曰：「天地以自然運，聖人以自然用，自然者道也。」（《全三國文》何晏，无名論）王弼曰：「道不違自然，乃得其性。法自然者，在方而法方，在圓而法圓，於自然無所違也。」（《老子》第二十五章，王弼注）阮籍曰：「道者法自然而爲化，侯王能守之，萬物將自化。」（《全三國文》阮籍，通老論）他們由信持自然主義進而嚮往於玄虛的境界。這境界就是《列子》卷二黃帝篇所述之華胥氏之國。「其國無帥長，自然而已；其民無嗜欲，自然而已；不知樂生，不知惡死，故無夭殤。不知親己，不知疏物，故無愛憎。不知背逆，不知向順，故無利害。都無所愛惜，都無所畏忌，入水不溺，入火不熱，斫撻無傷痛，指擿無痟癢。乘空如履實，寢虛若處床。其視雷霆不亂，其聽美惡不滑；其心如山谷不躓，其步神行而已。」

阮籍清思賦有云：「余以爲形之可見，非色之美；音之可聞，非聲之善。夫清虛寥廓，則神物來集。飄飄恍惚，則洞幽貫冥。冰心玉質，則激潔思存。恬淡無慾，則泰然適情。」泰然適情，即人性之自然，激潔自存，恬淡無累。籍又作大人先生傳指人處天地間猶如虱之處人之褌襠中。文中有言曰：「汝獨不見虱之處於褌之中乎？深縫匿於壞絮，自以爲石宅也。行不敢離縫際，動不敢出褌襠，自以爲得繩墨也。饑則嚙人，自以爲無窮食也。然炎斤火流，焦邑滅都，群虱死於褌中而不能出。汝君子之處區域之內，亦何異夫虱之處褌中乎！」

嵇康和何晏、王弼、阮籍一樣，都是信持自然主義者。嵇康曰：「夫稱君子者，心不措乎是非，而行不違乎道（自然）者也。何以言之，夫氣靜神虛者，心不存於矜尙。體亮心達者，情不繫於所欲。矜尙不存乎心，故能越名敎而自任自然。情不繫於所欲，故能審貴賤而通物情。物情順通，故大道無違。越名任心，故是非無措也。是故言君子，則以無措爲主，以通物爲美；言小人，則以匿情爲非，以違道爲闕。何者，匿情矜尙，小人之至惡，虛心無措，君子之篤行也。是以大道言及吾無身，吾又何患。無以生爲貴者，是賢於貴生也。由是而言，夫至人之用心，固不存有措矣（無爲而順自然）。故《管子》曰：君子行道忘其爲身，斯言是矣。君子之行賢也，不察於有度而後行也。任心無邪，不議於善而後正也。顯情無措，不論於是而後爲也。是故傲然忘賢，而賢與度會，忽然任心，而心與善遇，儻然無措，而事與是俱也。」（《全三國文》嵇康，釋私論）

自然主義既然是自然而然，自生自用自運，外力不得干涉；因之，其應用於政治上者，便是無爲而治。政治上的設立，亦不是由於人爲，而是出於自然。郭象曰：「君臣上下，手足內外，乃天理之自然，豈直人之所爲哉」；「夫時之所賢者爲君，才不應世者爲臣。若天之自高，地之自卑，首自在上，足自在下。」（《莊子注》齊物篇）君臣之立，不僅由於自然，而且由於自然的需要。郭象曰：「千人聚，不以一人爲主，不亂則散。故多賢不可以多君，無賢不可以無君此天人之道，必至之宜」；因「與人群者，不得離人。」（均《莊子注》人間世）但設君並不是要君主有所作爲，而是使君主無爲而治。象曰：「夫能令天下治，不治天下者也。」「夫治之由乎不治，爲之出乎無爲者也」；「故無行而與百姓共者，亦無往而不可爲天下君矣。以此爲君，若天之自高，實君之德也。」（郭象《莊子注》逍遙遊）

無爲而治的要義，是讓萬物自適其然，順性而行，不加任何控制或干涉，猶今日所謂的不干涉主義或放任政策（laissez-faire）或「放手不管」（hand off）。郭象曰：「無爲之言，不可不察也。夫用天下者，亦有用之爲也。然自此爲，率性而動，故謂之無爲也。」（《莊子注》天道）無爲在萬物率性而自動，各適其自然與自得。若由君主以有爲以制物，「則以己制物則物失其眞」，而失其自然之性。郭象認爲明君的功用，在使天下萬物皆得自任，自適其然。他說：「天下若無明主，則無能自得，今之自得，實明王之功也。然功存無爲而還任天下，天下皆得自任，故似非明君之功。」（郭象《莊子注》應帝王）嵇康指出無爲而治的理想曰：「古之王者，承天理物，必崇簡易之敎，御無爲之治。君靜上，臣順於下。玄化潛通，天人交泰。枯槁之類，浸育靈液，六合之內，沐浴鴻流，蕩滌垢塵，群生安逸，自求多福，默然從道，懷忠抱義，而不覺其所然也。」（嵇康聲無哀樂論）

法家之有爲在施刑賞；儒家之有爲在行仁義。自然主義者的王弼則認刑罰傷人性，違自然；仁義務於僞悖之理，非養眞之要術。弼曰：「善治國者，惟因物之性，不加刑以理物」；「若多用法網，煩其刑罰，塞其徑路，攻其幽宅，則萬物失其自然，百姓喪其手足。鳥亂於上，魚亂於下。故聖人不立形名以檢於物也。」（《老子注》第二十八、三十六、四十九章）又曰：「求而得之必有失焉。爲而成之，必有敗焉。善名生則有不爲應焉。」這乃是下德「求而得之，爲而成之，則立善以治物。」（《老子注》第三十八章）嵇康反對仁義，以其非出於自然，非養眞之術。他說：「夫民之性，好安而惡危，好逸而惡勞。故不擾則其願得，不逼則其志從。洪荒之世，大樸未虧。君無文於上，民無競於下。物全理順，莫不自得」；「及至人不存，大道淩陵，乃始作文學以傳其意，區別群物而有族類。造立仁義以嬰其心，制其名分以檢其外，勸學講文以神其敎」；「故仁義務於理僞，非養眞之要術。廉讓生於爭奪，非自然之

所出。」（《漢魏六朝百三家集》嵇中散集）

第三節　無政府主義的政治思想

一、代表人物——何晏、王弼、阮籍、向秀、郭象諸自然主義者，因崇尚自然，主張無為而治。因主張無為而治，於是反對法家施刑罰，儒家的行仁義。因反對刑罰與仁義，更進而贊成無君無法，無政府主義的政治思想。所以他們同時亦是無政府主義的支持者。

嵇康亦是一位無政府主義的支持者。嵇康是魏之銍人，字叔夜，丰姿俊逸，博覽多通。好老莊導氣養性之術，著有《養生論》。善鼓琴，工書畫。為竹林七賢之一。仕為中散大夫，鍾會與有私怨，藉事讒諸司馬昭，遂被害。所著有《嵇中散集》。

另一激烈主張無政府主義的思想者應推鮑敬言，認為「古者無君遠勝於今世之有君」。鮑氏之書，久已失傳，唯葛洪所著《抱朴子》外篇有「詰鮑」一篇，就中可以窺見其思想之要旨。鮑氏之身世及生平，史書無紀載，大約生當葛洪之前，阮籍之後。鮑氏之言，以為立君非由於天意，而是由於社會鬪爭所產生的惡果。

二、思想背景——思想的產生，每是時代環境的反應。魏晉南北朝無政府主義思想的產生與流行，蓋由政府和世族對人民的苛擾與剝削及外族的侵略與壓迫。傅玄論上之賦斂重，下之生活困，商富樂，農貧苦曰：「上逞無厭之求，下充無極之供；都有專市之賈，邑有傾世之商。商賈富於公室，農夫伏於隴畝，而墜溝壑。上愈增無常之好以徵下，下窮死而不所歸，哀夫！且末流濫溢而本源竭，纖靡盈市而本源罄，其勢然也。」當時稅賦重而不公平，故民怨其上。傅玄曰：「昔先王之興役賦，所以安上濟下，盡利用之宜。是以隨時質文，不過其節。計民豐約而平均之，使力足以供事，財足以周用。乃立壹定之制以爲常典。甸都有常分，諸侯有常職焉。上不興非常之供，下不進非常之貢。上下同心，以奉常教。民雖輸力致財而莫怨其上也，所務公而制有常也。」六朝之世，力賦苛擾而不公平，無常制而有非常的需索，民不堪其擾，故而怨上。

晉惠帝元康後（西元二九一－二九九年）社會競尚拜金主義，以追求財貨爲要務，以貧富定社會地位高下，君上富裕，臣僕貧困，於是官吏貪汚，世族剝削，小民貧不堪命。南陽魯褒（元道）作錢神論以譏刺世俗。文有言曰：「失之則貧弱，得之則富冒。錢多者處前，錢少者居後。處前者爲君長，處後者爲臣僕。君長富衍而有餘，臣僕者窮竭而不足。」詩云：「加可矣富人，哀此煢獨。」錢無不利，何必讀書，然後富貴？惟錢是競，君長世族，爲貪取錢貨，自必假權勢以榨取人民。

魏晉之世，以九品中正之法取人。劉毅指斥其流弊曰：「立政者以官才爲本。官才有三難，而興替之所由也。人物難知，一也。受憎難防，二也。情僞難明，三也。今立中正，定九品，高下任意，榮辱在手。操人主之威福，奪天朝之權勢。愛憎決於心，情僞由於己。公無考核之負，私無告訕之忌。用心百態，求者萬端。廉讓之風滅，苟且之俗成。天下訩訩，但爭品位，不聞推讓。竊爲聖朝恥之。」

政府法網苛密，人民動輒得咎；官吏貪贓自肥，民不堪命。世族豪門，剝削榨取，民生凋敝。惟錢斯競，爭奪成風。求取官職，毫無法則。政府濫權，聚斂無度。官吏貪瀆、賄賂公行。世族壓迫榨取，人民陷於水深火熱中。才識之士，睹此政風敗壞，法苛擾，稅斂重；世俗日下，惟錢是爭；豪強肆虐，榨取貧窮；官不任才，門閥操縱。悚然心驚，深抱不平，要從根除弊，謀求本正源清，乃倡無政府主義的激烈思想。

三、思想要旨——無政府主義者以無爲爲本。無爲而使萬物自生自得自化，無須有君臣官爵。何晏曰：「天地萬物皆以無爲爲本者也。開務成物，無往而不成者也。陰陽恃以化生，萬物恃以成形，不肖恃以免身，故無之爲用，無爵而貴也。」（《全三國文》何晏，無爲論）阮籍亦說：「聖人明於天人之理，達於自然之分，通於治化之體，審於大愼之訓，故君臣垂拱，完太素之樸，百姓熙怡，保命之和。」（《全三國文》阮籍，通老論）太素之樸，百姓熙怡，就是原始社會的無政府狀態。

阮籍著大人先生傳，一則曰：「故至人無宅，天地爲客。至人無主，天地爲所。至人無事，天地無故。無是非之別，善惡之異。」這是無政府的原始自然狀態（state of nature），天地卽自然。再則曰：「誦周孔之遺訓，歎唐虞之道德，唯法是修，唯禮是克，手執璧，足履繩墨。行欲爲目前檢，言欲爲無窮則」；「奉事君上，收養百姓，退營家私，育長妻子，自以爲得長治久安之道，而不知按其所行，實不異虱之處於褌中。」「然炎丘火流，焦邑滅都，群虱死於褌中而不能出。」三則曰：「及至太樸既散，世衰道微，尊賢以相高，競能以相尙，爭勢以相君，寵貴以相加，驅天下以趣之，此所以上下相殘也。竭天下萬物之至以奉聲色無窮之欲，此非所以養百姓也。於是懼民之知其然故重賞以喜之，嚴刑以威之。財匱而賞不供，刑盡而罰不行，乃始有亡國戮君之禍。」以此言之，君臣之制，禮法之行，實天下殘賊亂危死亡之淵源，爲害滋烈，不如去之。

王弼曰：「故從事於道者，以無爲爲君，不言爲教，緜緜若存，則物得其眞，與道同體。」（《老子》

第二十三章，王弼注）無爲爲君，不言爲教，物得其眞，與自然之道同體，自不必設政府，立君臣。郭象曰：「夫無爲之體大矣，天下何所不爲哉。故主上不爲冢宰之任，則伊呂靜而司尹矣。冢宰不爲百官之所執，則百官靜而御事矣。百官不爲萬民之所務，則萬民靜而安其業矣。萬民彼我之所能，則天下之彼我靜而自得矣。故自天子以至庶人，下及昆蟲孰能有爲而成哉。是故彌無爲而彌尊。」（《莊子》天道篇，郭象注）事事無爲，萬物自成，何需乎政府與君主、冢宰與百官。

阮籍論述無君（無政府）之利曰：「昔者天地開闢，萬物並生，大者恬其性，細者靜其形。陰藏其氣，陽發其精。害無所避，利無所爭。放之不失，收之不盈。亡不爲夭，存不爲壽。福無所得，禍無所咎。各從其命，以度相守。明者不以智勝，闇者不以愚敗。弱者不以迫畏，强者不以力盡。蓋無君而庶物定，無臣而萬事理。保身修性，不違其紀，惟茲若然，故能長久。」（大人先生傳）阮籍更進而論有君之害曰：「君立而虐興，臣設而賊生。坐制禮法，束縛下民。欺愚誑拙，藏智自神。强者睽眠而凌暴，弱者憔悴而事人。假廉而成貪，內險而外仁。罪至而不悔過，幸遇而自矜馳。……夫無貴賤者不怨，無富則貧者不爭，各足其身，而無所求也。……今汝尊賢以相高，競能以相尙，爭勢以相君，寵貴以相加，驅天下以趣之，此所以上下相殘也。」（大人先生傳）

鮑敬言是位强烈的無政府主義者。葛洪《抱朴子》外篇詰鮑篇曰：「鮑生敬言，好老莊之書，治劇辯之言。」鮑生反對儒家之言，以爲立君非出於天意而是由於社會鬭爭，認爲古之無君，勝於今之有君。君臣之生乃强凌弱，衆暴寡的鬭爭的結果，戕賊人性，非天意之自然。他說：「儒者曰：天生蒸民而樹之君，豈其皇天諄諄言，亦將欲之者爲辭哉。夫强者凌弱，則弱者服之矣！智者詐愚，則愚者事之矣！服之，故君臣之道起焉。事之，故力寡之民制焉。然則隸屬役御，由乎爭强弱而校智愚，彼蒼天果無事也。」他進而指出這是戕生逆性之惡事，曰：「夫混茫以無名爲貴，群生以得意爲歡。故剝桂刻漆，非木之願；拔鶡裂翠，非鳥所欲；促轡銜鑣，非馬之性；荷軏運重，非牛之樂。詐巧之萌，任力違眞，伐生之根，以飾無用。捕飛禽以供華玩，穿本完之鼻，絆天放之脚，蓋非萬物並生之意。」（葛洪《抱朴子》外篇，卷四八，詰鮑篇）

鮑生描述古之世，無君無臣，熙熙自樂，自在逍遙，幸福無邊。他說：「曩古之世，無君無臣，穿井而飲，耕田而食，日出而作，日入而息，汎然不繫，恢爾自得；不競不營，無榮無辱；山無蹊徑，澤無舟梁。川谷不順，則不相兼併，士衆不聚，則不相攻伐。是高巢不探，深淵不漉。鳳鸞棲息於庭宇，龍鱗群游於園池。飢虎可履，虺蛇可執。涉澤而鷗鳥不飛，入林而狐兔不驚。勢利不萌，禍亂不作，干戈不用，城池不設。萬物玄同，相忘於道。疫癘不流，民獲考終。純白在胸，機心不生。含餔而熙，鼓腹而遊，其言不華，其行不飾，安得聚斂以奪民財，安得嚴刑以爲坑穽。」（《抱朴子》外篇，卷四八，詰鮑篇）

鮑生認爲及至季時，政府設，君主生，機智用，道德衰，貪財圖利，盜賊起，刼奪生，民生痛苦，如陷水深火熱中。他說：「降及杪季，智用巧生，道德既衰，尊卑有序，繁升降損益之禮，飾紱冕玄黃之服。起土木於淩霄，構丹綠於棼橑；傾峻搜寶，泳淵採珠。聚玉如林，不足以極其變；積金成山，不足以贍其費。澶漫於淫荒之域；而叛其大始之本。去宗日遠，背朴彌增。尚賢則民爭名，貴貨則盜賊起；見可欲則眞正之心亂，勢利陳則劫奪之途開。造剡銳之器，長侵割之患；弩恐不勁，鉾恐不利，盾恐不厚，若無淩暴，此皆可棄也。故曰：白玉不毀，孰爲珪璋，道德不廢，安取仁義」；「君臣既立，衆慝日滋，而欲攘臂乎桎梏之間，愁勞於塗炭之中，人主憂慄於廟堂之上，百姓煎擾乎困苦之中，閑之以禮度，整之以刑罰，是猶闢滔天之源，激不測之流，塞之以撮壤，障之以指掌也。」（《抱朴子》外篇，卷四八，詰鮑篇）

鮑生以爲設政府必用百官，備軍旅，足以增加人民的稅歛負擔及傜役累害，使人民貧窮困苦。他說：「有司設，則百姓困；奉上厚，則下民貧。壅崇寶貨，飾玩臺榭，食則方丈，衣則龍章，內聚曠女，外多鰥男。採難得之寶，貴奇怪之物，造無益之器，恣不已之欲。非鬼非神，則財安出哉？夫穀帛積，則民有飢寒之儉；百官備，則坐靡供奉之費。宿衞有徒食之衆，百姓養游手之人。民乏衣食，自給已劇，況加賦歛，重其苦役。下不堪命，且凍且飢。冒法斯濫，於是乎在。王者憂勞於上，臺鼎顰顣於下，臨深履薄，懼禍之及，恐智勇之不用，故厚爵重祿以誘之，恐姦釁之不虞，故嚴城深池以備之。而不知祿厚則民匱而臣驕，城嚴則役重而攻巧。故散鹿臺之金，發鉅橋之粟，莫不懽然。況乎本不聚金而不歛民粟乎？休牛桃林，放馬華山，載戢干戈，載櫜弓矢，猶以爲泰。況乎本無軍旅，而不戰不戍乎？」（《抱朴子》詰鮑篇）這就是「人之生也，衣食已劇，況又加之以稅歛，重之以力役，飢寒並至，民不堪命。」

鮑生以爲設政府，則人民因要爭奪帝位，必引起內戰之禍亂。他說：「夫細民之爭，不過小小。匹夫校力，亦何所至。無疆土之可食，無城郭之可用，無金寶之可欲，無權柄之可競，勢不能以合徒衆，威不足以驅異人。孰與王赫斯怒，陳師鞠旅，推無讎之民，攻無罪之國，僵尸則動以萬計，流血則漂杵丹野，無道之君，無世不有，肆其虐亂，天下無邦，忠良見害於內，黎民暴骨於外，豈徒小小爭奪之患耶？至於移父事君，廢孝為忠，申令無令無君，亦同有之耳。」（《抱朴子》外篇，卷四八，詰鮑篇）

第四節　縱欲主義的政治思想

一、代表人物——西晉東渡，偏安江南，雖曾發兵欲復中原，而功未成。南朝四代，內亂頻仍，國勢益弱，恢復中原，益趨艱難。「元嘉再略河南，師旅傾覆。自此以還，北伐寢議，雖有戰爭，事在保境而已。」（《南齊書》卷四十七，謝朓傳）南方士大夫及貴游子弟，復國之信心喪，志氣銷沉，遂生厭心之世，而縱欲享樂，徒享受一世之歡樂。

南梁賀琛，字國寶，會稽山陰人。家貧，嘗往諸暨販粟以自給，閑則習業，尤精三禮，撰有三禮講疏，五經滯義。歷任祭酒從事、尚書通事舍人、尚書左丞等職，以諫「省事養民，息費聚財」，觸怒君上免官，乃誦離騷，蕩蕩其無人；誦老子，知我者，希則我貴矣（《梁書》卷三十八）乃有力的反奢靡者。

蕭方，字實相，世祖長子。少聰敏，有才俊，善騎射，尤長巧思，性愛林泉，特好散逸。後拜為都督，帥精卒二萬南討，臨行自知必死，及至麻溪。河東王率軍迎戰，方迎擊之，遂溺死，年二十二歲（《梁書》卷四十四），乃享樂貴及時的縱欲者（《梁書》卷四十四）。乃一及時享樂的縱欲主義者。

魚弘，襄陽人，身長八尺，白皙美姿容，累從征討，常為軍鋒，歷任南譙盱眙、竟陵太守，後遷為平西湘東王，司馬新興永寧二年郡太守，卒於官（《梁書》卷二十八），是一享樂主義者。

南平元襄王偉，字文達，太祖第八子，幼清警好學。和帝時詔爲鎮北將軍，加散騎常侍，進督荆、寧二州，時在天監元年。元年改撫軍將軍，仍任常侍及丹陽尹。六年遷持節都督揚南、徐州二州諸軍事。七年以疾表解州，改侍中。大通元年，以侍中左光祿大夫，領太子太傅，四年遷中書令，五年薨，時年五十八。有子名恭，生性侈靡，縱欲享樂，極一時之盛（《梁書》卷二十二）。乃是縱欲享樂主義者。

周朗字義利，汝南安成人。少愛奇雅，有風氣，議論倜讜敢言。劉宋文帝元嘉年間曾爲太子舍人。上書直言極諫，忤旨，出爲盧陵內史。在郡縱火行獵，焚及官廨，去官。武帝大明四年（西元四六〇年）以居喪無禮，請加收治。詔曰：朗悖禮利口，宜令翦戮，微物不足亂典刑，特鏁付邊郡，於是傳送寧州，於道殺之，年三十六（《宋書》卷八十二）。乃是反奢侈、反縱欲的正人。

韓麒麟，昌黎棘城人，幼而好學，美姿容，善騎射。北魏高宗卽位，賜爵魯陽男，加伏波將軍。旋爲給事黃門侍郎，招撫徐兗叛民歸順者四千餘家。尋任齊州刺史，輕刑罰，愛人民。勸耕織，衣食足，民歸朴素，卒於官，年五十六（《魏書》卷六十），是反奢靡、反縱欲的正人。

韓顯宗字茂親，性剛直，有才學，能面折廷爭。太和初擧秀才，對策甲科，除著作佐郎，車駕南征，兼中書侍郎。事定，顯宗屢上書，言治道，爲帝所嘉許而不能用。中正十一年，車駕南伐，顯宗爲右軍府長史，征虜將軍統軍事。事定以顯宗爲鎭南廣陽王。顯宗後上表，甚自矜伐，訴前征勳，被兔官。顯宗旣失意，乃爲五言詩以自遣：賈生謫長沙，董儒詣臨江，愧無若人跡，忽尋兩賢蹤。追昔渠閣遊，策駑厠群龍，如何情願奪，飄然獨遠從。痛哭去舊國，銜淚屆新邦，哀哉無援民，嗷然失侶鴻，彼蒼不我聞，千里告志同。二十三年卒（《魏書》卷六十）。乃是反縱欲主義者。

二、思想要旨——東晉張湛假列禦寇之名，僞著《列子》一書。書中楊朱篇力倡爲我主義，拔一毫而利天下不爲也；旨在存我、樂生、順性，進而主張縱欲思想曰：「恣耳之所欲聽，恣目之所欲視，恣口之所欲言，恣體之所欲安，恣意之所欲行。」（《列子》卷七，楊朱篇）耳、目、口、體、意諸欲是天之所生，此乃性也，順此自然之性，恣而養其欲，乃自然之理。

梁代賀琛曰：「宴醑所費既破數家之破，歌謠之具必俟千金之資。」（《梁書》卷三十八，賀琛傳）宮廷奢侈浪費，縱欲以享樂，由此可見。周朗亦曰：「尙方今造一物，小民明睥睨，宮中朝製一衣，庶家晚已裁學，侈靡之源，實先宮闈。」（《梁書》卷八十二，周朗傳）上有好者，下必甚矣。宮中好細腰，鄉女多餓死。宮中縱欲享樂的惡習，亦傳染於民間，致成奢侈無度，縱欲享樂的不良風氣。

史稱平南王偉子恭，性尙華侈，酣讌終辰，每從容謂人曰：下官歷觀世人，多有不好歡樂，乃仰臥床上，看屋梁而著書，千秋萬歲，誰傳此者，勞神苦思，竟不成名，豈如臨清風，對朗月，登山泛水，肆意酣歌也。」（《梁書》卷二十二，平南王偉傳）勞神苦思以著書，乃人生悲哀之事；遊山玩水，對杯狂歌乃人生的快樂享受。

魚弘常語人曰：丈夫生世，如輕塵栖弱草，白駒之過隙，平生但歡樂，富貴幾何時。於是恣意酣賞，侍妾百餘人，不勝金翠，服玩車馬皆窮一時之絕（《梁書》卷二十八，魚弘傳）。這種縱欲人生觀就是人生爲樂貴及時，今日有酒今日醉。有花堪折直須折，莫待無花空折枝。

蕭方嘗論曰：人生處世，如白駒過隙耳。一壺之酒足以養性，一簞之食足以怡形，生在蓬蒿，死在溝壑，瓦棺石槨，何以異玆（《梁書》卷四十四，忠壯世子方傳）。這亦是人生爲樂貴及時的縱欲主義的人生觀。

梁代賀琛論述當時奢靡縱欲的情形說：「今天下宰守所以皆尙貪殘，罕有廉白者，良由風俗侈靡，使之然也。淫靡之弊，其事多端。粗擧二條，言其尤者。夫食方丈於前，所甘一味；今之讌喜相競誇豪，積果如山岳，列肴同綺繡，露之產不周一燕之資，而賓主之間，裁取滿腹，未及下堂，已同臭腐。又歌姬舞女，未有品制，二八之錫，良待和戎；今畜妓之夫，無有等秩，雖復庶賤微人，皆盛姬妾，務在貪汚，爭飾羅綺。故爲吏牧民者，競爲剝削，雖致貲鉅億，罷官之日，不支數年，便已消散。蓋由宴醑所費，所費旣破數家之產，歌謠之具，必俟千金之資，所費事等山丘，爲歡止在俄頃，乃更追恨向所取之少，今所費之多，如復傳翼，增其搏噬，一何悖哉。其餘淫侈，著之凡百，習以成俗，日見滋甚，欲使人守廉隅，吏尙淸白，安可得耶？」（《梁書》卷三十八，賀琛傳）

貪汚聚斂者得以縱欲享樂，而淸廉自守，不同流合汚者，反而獲罪。「丹陽縣令沈巑之以淸廉抵罪。巑之吳興人，在縣自以淸廉不事左右，浸潤日至，遂鎖繫尙方。歎曰：一見天子足矣。上召問曰：復欲陳？答曰：臣坐淸，所以獲罪。上曰：淸復何以獲罪？曰：無以承奉要人。上曰：要人爲誰？巑之以手板四而指曰：此赤衣諸賢皆是。」（《南史》卷七十，傅琰傳）大官縱欲貪樂而享受，遂貪汚聚斂以積財。淸廉之官，無錢承奉要人遂獲罪。政風貪濁，世俗縱欲奢靡，國家不亡，未之有也。

北魏係塞外遊牧民族，本來世俗樸質淳厚，但以國勢日盛，都遷洛陽後，便開始奢靡之風。眞如樂遜所述：「魏都洛陽，一時殷盛，貴勢之家皆營第宅，車服器玩，皆尙奢靡，世逐浮競，人習澆薄。」

（《周書》卷四十五，樂遜傳）奢靡成風，享樂是尙。卒至「競相矜誇，遂成侈俗，車服第宅，奢僭無限，喪葬婚娶，爲費實多。」（《魏書》卷六十，韓麒麟傳）「土木被綺羅，僕妾厭梁肉。」（《魏書》卷六十，韓顯宗傳）

第五節　放浪曠達的政治思想

一、代表人物——放浪曠達之思想，阮籍開其端倪，繼之者爲竹林七賢，卽晉世之山濤、阮籍、嵇康、向秀、劉伶、阮咸及王戎，聞名於當世。

1.山濤——山濤晉河內人，字巨源，性好老莊。常隱身自晦，爲竹林七賢之一。魏時爲趙國相，入晉爲吏部尙書。中立於朝，淸儉無私。甄拔人物，皆一時俊彥。嘗論兵之本，以爲不去州郡武備，帝稱爲天下名言。王戎目之爲渾金璞玉，人莫知其器。

2.阮籍——阮籍三國魏尉氏人，字嗣宗。爲竹林七賢之一。博覽群籍，尤好老莊。善嘯能琴，貯酒三百斛，乃求爲步兵少尉。能爲青白眼。常率意命駕，途窮輒慟哭而返，著有詠懷詩八十篇、達生論、道德通論（通老論）及大人先生傳。

3.嵇康——嵇康三國魏銍人，字叔夜。丰姿俊逸，博覽多通，好老莊導氣養性之術，著有養生論，善鼓琴，工書畫，爲竹林七賢之一。仕爲中散大夫，鍾會與有私怨，藉事譖於司馬昭，遂被害，所著有《嵇中散集》。

4.向秀——向秀晉懷人，字子期。官至散騎常侍，爲竹林七賢之一。與嵇康、呂安友善，好老莊之學，注《莊子》，發明奇趣，振發玄學之風。郭象又述而廣之，或謂大半竊自向秀之著作。

5. 劉伶——劉伶晉沛國人，字伯倫。嘗仕建威參軍。泰始初對策，盛言無爲之化，報罷。與嵇康、阮籍同隱，爲竹林七賢之一。放情肆志，性尤好酒，嘗攜酒乘車，使人荷鍤隨之。曰：死便埋我。妻切諫，不從，著酒德頌，以壽終。

6. 阮咸——阮咸晉尉氏人，字仲容。少解音律，瀟灑不羈，爲竹林七賢之一。與叔父籍齊名，有大小阮之稱。官居散騎侍郎，出補始平太守卒，創製月琴，形似月，聲如琴，故名月琴。

7. 王戎——王戎晉臨沂人，字濬沖。爲竹林七賢之一，然性貪吝，田園徧諸州，每自執牙籌，晝夜會計。家有好李，售之恐人得種，鑽其核。惠帝時，官至司徒，亦無所建樹。

《晉書》嵇康傳曰：「康與神交者惟陳留阮籍，豫其流者河南向秀，沛國劉伶，籍兄子咸，琅邪王戎及河內山濤，遂爲竹林之遊，世所謂竹林七賢也。」

二、思想要旨——阮籍曠達自高，不與人同流合汚，而自得安時順世之要。《晉書》阮籍傳曰：「籍嘗聞步兵厨營人善釀，有貯酒三百斛，乃求爲步兵校尉，遺落世事。又能爲青白眼，見禮俗之人，以白眼對之。嵇康齎酒挾琴造焉，籍大悅，乃見青眼。兵家女有才色，未嫁而死，籍不識其父兄，徑往哭之，盡哀而返。時率意獨駕，不由徑路，車迹所窮，輒慟哭而返。」傳又稱：「魏晉之際，天下多故，名士少有全者，籍由是不與世事，遂酣飲爲常，文帝司馬昭初欲爲武帝司馬炎求婚於籍，籍醉六十日，不得言而止。鍾會數以時事問之，欲試其可否而致之罪，皆以酣醉。」籍嘗作達莊論，有言曰：「彼六經之言，分處之教也；莊周之云，致意之辭也。」所著大人先生傳，尤具曠達之論，前已述之。

嵇康儁才逸衆，深明全性養生之理。鍾會往見而不理，會以爲憾。後以呂安事，會進讒言，致康死。嵇康據老莊之說，著釋私論，有言曰：「夫氣靜神虛者，不存於矜尚；體亮心達者，情不繫於欲。矜尚不存乎心，故能越名教而任自然；情不繫於欲，故能審貴賤而通物情。物情順通，故不道無違。越名任心，是故非無措也。傲然忘賢，而賢與度會；忽然任心，而心與善遇。儻然無措，而事與是俱也。」

康又作其聲無哀樂論，有言曰：「夫殊方異俗，歌哭不同，使錯而用，或聞哭而歡，或聞歌而感，然而哀樂之情均也。今用均之情，而發萬殊之心，斯非聲心之無常哉？聲音自當以善惡爲主，則無關於哀樂，哀樂自當以情感，則無係於聲音。」儒家以移風易俗，莫善於樂。嵇康之論，則以順乎情性爲主，而謂聲音不足以變動人性，係以順乎自然之義，以抨擊儒家，以禮樂矯人性之論。

山濤通簡寛弛，介然不群，隱身自晦。《晉書》山濤傳曰：「山濤字巨源，河內懷人也。早孤家貧，少有器量，介然不群，性好老莊，每隱身自晦；與嵇康呂安友善，後遇阮籍，便爲竹林之遊，著亡言之契。及居榮貴，貞愼儉約，雖爵千乘，而無嬪媵，祿賜俸秩，散之親故。」

王戎穎悟曠達，幼而穎悟，神彩秀徹，勸人爲而不恃，功成不居。故《晉書》王戎傳曰：「王戎字濬沖，琅邪臨沂人。幼而穎悟，神彩秀徹，視日不眩。阮籍與渾爲友，戎年十五，隨渾在郎舍，戎少籍二十歲，而籍與之交。籍每過渾，俄頃輒去，過視戎，良久然後去。謂渾曰：濬沖清賞，非卿倫也。共卿言，不如共阿戎談。戎與阮籍竹林之遊，戎嘗後至，籍曰：俗物已復來敗人意。戎笑曰：卿輩意亦復易敗耳。鍾會伐蜀，過與戎別，問計將安出。戎曰：道家有言，爲而不恃，非成功難，保之難也。及會敗，議者以戎爲知言，成功不居，保身之道。成功而矜恃，敗亡之機。」

劉伶飲酒不羈，生死不介於懷。《晉書》劉伶傳稱：「劉伶字伯倫，沛國人，身長六尺，容貌甚陋。放情肆志，常細宇宙齊萬物爲心。澹言少言，不妄交遊；與阮籍、嵇康相遇，欣然神解，攜手入林。初不以家庭有無介意。常乘鹿車，使人荷鍤而隨之，謂曰：死便埋我。其遺形骸如此。嘗渴甚，求酒於其妻，妻損酒毀器，涕泣諫曰：君酒太過，非攝生之道，必欲斷之。伶曰：善。吾不自禁，惟當祝鬼神自誓耳，便可具酒肉。妻從之。伶跪祝曰：天生劉伶，以酒爲名，一飲一斛，五斗解醒，婦人之言，愼不可聽。仍飲酒御肉，塊然復醉。伶雖陶兀昏放，而機應不差；未嘗厝意之翰，惟著酒德頌一篇。泰始初對策，盛言無爲之化，以壽終。」此誠放浪形骸，飲酒作樂，無爲自化的玄論家。

阮咸放蕩邁俗，任達不拘。《晉書》阮咸傳曰：「阮咸字仲容，陳留尉氏人，任達不拘，與叔父籍爲竹林之遊，當世禮法，譏其所爲。咸妙解音律，善彈琵琶，創製月琴。雖處世，不交人事，惟共親知弦歌酣酒而已。荀勗每與論音律，自以爲遠不及也。出補始平太守，以壽終。」

向秀玄思深遠，注《莊子》，傳於世。《世說新語》文學篇曰：「初注莊子者數十家，莫能究其旨要。向秀於舊外爲解義，妙析奇致，大暢玄風。惟秋水、至樂二篇未竟而秀卒。秀子幼，義遂零落，然猶有別本。郭象者，爲人薄行，有儁才，見秀義不傳於世，遂竊以爲己注。乃自注秋水、至樂兩篇，又爲馬蹄一篇。其餘衆篇皆秀文，象祇點文句而已。」秀崇尚自然，持齊萬物，一生死的思想。齊物篇注，有言曰：「然則生生者誰哉？塊然而自生耳。自生耳，非我生也！我既不能生物，物亦不能生我，則我自然矣。自己而然，則謂之天然。天然耳，非爲也，故以天言之。以天言之，所以明其自然也。豈蒼蒼之謂哉？故天地者，萬物之總名也。莫適爲天，誰主役物乎？故物各自生而無所出焉，此天道也。」

放浪形骸，不拘禮法，曠達酣飲的竹林名士，旨在躲避現實，不願淪入政爭漩渦。政爭形勢，變化迅速，猶如白雲蒼狗，一旦涉及極易罹災禍。縱有偶而入仕，亦在利用政府，保障身家；對君主並不忠心擁護，亦不求建立功勳。君主屢易，視君主之顚覆，亦若路人。放浪不覊不拘禮法，因識透虛玄，亦自全樂生之道。

《世說新語》任誕篇曰：「阮籍喪親，不率常禮。裴楷往弔之，遇籍方醉，散髮箕坐，旁若無人。」《晉書》阮籍稱：「阮咸居母喪，縱情越常，幸姑之婢，姑當歸夫家，初云留婢，既而自從去；時方有客，咸聞之，遽借客馬，追婢既及，與婢累騎而還。論者非之。」阮籍傳又云：「隣家少女有美色，當爐沽酒，便醉臥其側。籍既不自嫌，其夫察之，亦不疑也。」《世說新語》任誕篇曰：「劉伶恒縱性放達，或脫衣裸體在屋中，人見譏之。伶曰：我以天地爲棟宇，室屋爲褌衣，諸君何爲入我褌中？」

第六節　清談虛玄的政治思想

一、代表人物——曹魏之世，老莊思想，甚爲盛行。降及晉世，學術則又流於崇尚清談，徒託空言與虛玄，無濟於國計與民生。恢復中原，既失信心，悲觀消極之餘，遂託清談空言以自聊。玆舉列其代表人物如次：

1.干寶——晉新蔡人，字令升，博學多才，召爲著作郎，領國史，歷仕散騎常侍，著有《晉紀》，直而能婉，咸稱良史，又好陰陽之術，世傳所著《搜神記》。干寶力斥清談空言之非。

2.王衍——晉臨沂人，字夷甫，有才名，喜清談，時人稱其丰姿高徹，如瑤林瓊樹，官元城令，累遷司徒，後爲石勒所害。王衍善清談，信口雌黃，玄談之盛，於時爲最。

3.王導——晉臨沂人，字茂弘，事元帝於潛邸，雅相器重，知天下將亂，勸帝收納賢俊，共圖國事。及帝卽位，以爲丞相，號曰仲父。帝崩，受遺詔輔明帝。後又受明帝遺輔成帝。歷事三朝，忠奮自勵，官至太傅，國之重臣。少有風鑒，識量清遠，超群軼俗，清高善談。國之賢臣，重倡清談。

4.樂廣——晉淯陽人，字彥輔，性冲約，有遠識，尤善談論。擧秀才，官太子舍人。尙書令衞瓘見而奇之，曰：「此人之水鏡也，見之瑩然，若披雲霧而覩青天。」女適衞玠，時有婦翁氷清，女婿玉潤之語。累遷尙書左僕射。爲政無當時功譽，而遺愛每爲人所思。爲清談著名之士，其言見於《世說新語》文學篇清談名家，名重一世。

5.裴頠——晉聞喜人，字逸民，哲學家。通博多聞，兼明醫術。以言談之林藪見稱於世，官至尙書左僕射，爲趙王司馬倫所殺。年僅三十四歲。深患時俗放蕩，不尊儒學，反對何晏、王弼之貴尙無學說。認爲無不能生有，有爲萬物存在及變化之基礎。並自肯定有，卽肯定事物之客觀存在中，證明長幼之序，貴賤之級之必要性，著有《崇有論》。反清談虛無之理，著《崇有論》以駁之。

6.庾亮——晉鄢陵人，字元規。風格峻整，動由禮節。元帝時侍講東宮。明帝立受遺詔輔政。武帝朝爲中書令，平蘇峻之亂拜征西將軍，後代陶侃鎭武昌，仍遙制朝政。時王室偏安，亮力圖恢復，未成而卒。輔國君掌國政，引用殷浩，倡道清談。

7. 殷浩——晉長平人，字深源。識度清遠，弱冠有盛名。好《老》、《易》之學，風流談論者所宗。都督揚、豫、徐、兗、青五州軍事，以定中原爲己任。征姚襄，爲桓溫所中傷，廢爲庶人。生平妙解經脈，著有《方書》。標榜清談，力爲倡導。

一、思想要旨——干寶著《晉紀》，直言而婉，世稱良史。《晉紀》總論論曰：「學者以莊老爲宗而黜六經；談者以虛薄爲辯，而賤名檢；行身者以放濁爲通，而狹節信；進仕者以苟得爲貴，而鄙居正；當官者以望空爲高，而笑勤恪。是以自三公以蕭杌之稱，標上議以虛談之名。劉頌屢言治道，傅咸每糾邪正，皆謂之俗吏；其依杖虛曠，依阿無心者，皆名重海內。」干寶力斥當時清談空虛之誤事與博名聲，棄六經，賤名檢。

自魏正始（齊王芳年號）以至西晉永嘉（懷帝年號）之亂，爲期八十餘年。正始諸家，至西晉中葉尚有存者；而西晉清談之士，亦大抵生於魏末，親承餘緒；故祖尚浮虛，亦於斯時爲最盛。其後起者如山簡、衞玠、諸葛廣、阮瞻、阮脩、謝鯤、王澄、畢卓、胡母輔之，皆因樂廣、王衍至於知名。

《晉書》樂廣傳云：「尚書衞瓘，逮與魏正始中諸名士談論，見廣奇之曰：自昔諸賢沒，常恐微言將絕，而今又復聞是言於見矣。」廣善清言，不長於筆，與王衍俱宅心事外，名重一世，故天下言風流者以王、樂爲首。樂廣之文字，於今無傳者，惟《世說新語》文學篇載有廣之言，曰：「客問樂令有不至者。廣亦不析文句，直以麈尾柄确几曰：至不？客曰至。樂今乃擧麈尾曰：若至者那得至。客復剖乃悟服。廣辭約而旨達，皆此類。」

《晉書》裴頠傳稱：「頠字逸民，弘雅有遠識，博學稽古，自少知名。《世說新語》謂：「頠疾世俗尚虛無之理，故著崇有之論以析之。才博喻廣，學者不能究。後樂廣與頠淸閒欲說理，而頠辭喻豐博，廣自以體虛無，笑而不復言。」

王衍初好縱橫之術，後乃不論世事，唯雅誦玄虛。《晉書》王衍傳稱：「衍旣有成才美貌，明悟若神，常自比子貢，兼聲名籍甚，傾動當世，妙善玄言，唯談老莊爲事；每捉玉柄麈尾，與手同色，義理有所不安，隨卽更改，世號口中雌黃，謂之一世龍門矣。累擧顯職，後進之士，莫不景慕仿效。矜尙浮言，遂成風俗焉。衍居宰輔之重，不以經國爲念。」永嘉之亂，衍遂爲石勒所殺。將死，顧故言曰：「嗚呼！吾曹雖不古人，向若不祖尙虛浮，戮力以匡天下，猶可不至今日。」後數年，西晉遂亡。

神州雖已沉淪，百年丘墟，已成積習，積重難返，淸談虛浮之俗，仍餘風不息。西晉東渡，中原淪於夷狄，元帝起於江左，是謂東晉。後桓溫入洛，過淮泗，踐北境，與諸僚屬登平原樓，眺矚中原，慨然曰：「遂使神州陸沉，百年丘墟，王夷甫諸人，不得不任其責。」（《世說新語》輕詆篇）

王導、庾亮皆國之重臣，輔掌國政，亦有恢復中原之壯志，惜重倡淸談，不切實務，有損國勢。王導志茂弘，光祿大夫王覽之孫也，爲世家子。少有風鑒，識量淸遠。年十四，陳留高士張公見而奇之，謂其從兄王敦曰：「此兒容貌志氣，將相之器也。」元帝爲琅琊王與導素相親善。導爲政，務在淸靜，每勸帝克己勵節，匡主寧邦，及帝發尊號，進累驃騎大將軍，儀同三司，以討華軼功封武崗侯，進位侍中司空，假節領中書監。及明帝卽位，導受遺詔輔政。明帝崩，導與庾亮同受遺詔共輔幼主，是謂成帝。成帝成康五年崩，年六十四（《晉書》王導傳）。

庾亮字元規，明穆皇后之兄也。亮美姿容，善談論，性好老莊。元帝爲鎭東時，聞其名，辟西曹掾；及引見，風情都雅，過於所望，甚器重之。後代王導爲中書監。及帝病篤。與司徒王導受遺詔，輔幼主。成帝成康六年卒，年五十二（《晉書》庾亮傳）。

王導、庾亮皆爲輔國佐政名臣，身居顯要，繫國家之興衰安危，而竟不專志政務，竟而雅好清談，喜好老莊浮虛之言。導引用王濛、劉惔；亮引用殷浩等。皆標榜清流，力爲倡導。《世說新語》謂：庾亮鎭守武昌，殷浩由江東下建業，王導招桓溫、王濛、王述、謝尚等與之清談。「王自起解帳，帶麈語浩，曰：身今日當與君共談析理。既共清言，遂達三更。導與殷浩共相往返，其餘諸賢，略無關。」（文學篇）《晉書》庾亮傳，曰：「殷浩之徒，乘秋夜往共登南樓，俄而不覺亮至，諸人將起避之。亮徐曰：諸君少住，老子於此處興復不淺，便據胡床，與浩等談詠竟宵，其坦率行己，多此類也。」

因之，其後殷浩、劉惔、王濛、孫盛，隨世俗之所尚，而從張揚清談虛浮之世風。殷浩識度清遠，弱冠卽有美名，與叔父融，皆好老、易，融與浩口談，融則辭屈。著篇則融勝浩，由是爲風流談論者所宗（《晉書》殷浩傳）。劉惔字眞長，沛國相人也。少清遠有標奇。王導深器之。尙明帝女廬陵公主。以惔雅善言理，簡文帝初作相，與王濛共爲談客，俱蒙上禮賓。時孫盛作易象妙於見形論，帝使殷浩難之，不能屈。帝曰：「使眞長來，故應有所制之。」乃命迎惔。盛素敬服惔。及至，便與抗答，辭極簡至，盛理遂屈。一座撫掌大笑，咸稱美焉（《晉書》劉惔傳）。

孫盛字安國，太原中都人。博學善良名理。於時殷浩擅名一時。與抗論者唯盛而已。盛嘗詣浩談論。對食，奮擲麈尾，毛悉落飯中，飯冷而復暖者數四，至暮忘食，理竟不定。盛又著易象妙於見形論，浩等竟無以難之。盛爲學不倦，自少至老，手不釋卷，著《魏氏春秋》，《晉陽春秋》並造詩賦難復數十篇（《晉書》孫盛傳）。

王濛字仲祖，少時放縱不羈，不爲鄉曲所齒。晚節始克己美行，有風流美譽。虛己應物，恕而後行，莫不敬愛焉。美姿容，常覽鏡自照。稱其父字曰：「王之開生此兒耶？」居貧，帽敗，自入市賣之，嫗悅其貌，遺以新帽，時人以爲達。與沛國劉惔齊名友善，惔常稱濛性至通，而自然有節。濛每云：「劉君知我，勝我自知。」濛溫潤恬和，簡文帝之爲會稽王也，嘗與孫綽商略諸風流人物。綽言曰：劉惔清蔚簡令，王濛溫潤恬和，桓溫高爽邁出，謝尚清易令達，而濛性和暢，能言理，辭簡而有會（《晉書》王濛傳）。

《世說新語》賞譽篇曰：「王仲祖、劉眞長、造殷中軍（浩）談。談竟，俱載去。劉謂王曰：深源眞可（浩）。王曰：卿故墮雲霧中。」文學篇稱：「人有問殷中軍，何以將得位而夢棺器？將得財而夢矢穢？殷曰：官本臭腐，所以將得而多棺屍；財本糞土，所以將得而夢穢汚。時人以爲名通。」文學篇又曰：「殷中軍問自然無心於禀受，何以正善少，惡人多？諸人莫能有言者。劉尹（惔）答曰：譬如瀉水著地，正自縱橫流漫，略無正方圓者，時絕嘆以爲名通。」由此足知所謂清談，自矜風流，空言虛玄妙語，不切實際，不關國計民生；名士以高雅虛玄以自相娛逸消遣而已。

許詢字玄度，自幼秀慧，人稱神童；長於清談，最爲劉惔所愛重。《世說新語》寵禮篇云：「許玄度停都一月，劉尹（惔）無日不往；乃嘆曰：「卿復少時不去，我成輕薄京尹。」惔又嘗曰：「清風明月，輒思玄度。」（《世說新語》文學篇）《晉書》謝安傳稱：「謝安嘗與王羲之登冶城，悠然遐思，有高尙之志。羲之謂曰：「夏禹勤王，手足胼胝，文王旰食，日不暇給。今四郊多壘，宜思自效，而虛談廢物，浮文妨要，恐非當今所宜」。安曰：「秦任商鞅，二世而亡，豈清談致患哉？」謝安主政，制桓溫破苻堅，勳功彪炳，自認淸談未必誤國。

淸談末流，徒競口辯，漸趨支離。《世說新語》排調篇曰：「桓南郡（玄）與殷荆州（仲堪）語次，因共作了語。顧愷之曰：火燒平原無遺燎。桓曰：白布纏棺無旌旐。殷曰：投魚深淵放飛鳥。次復，作危語，矛頭淅米劍頭炊。殷曰：百歲老翁攀枯枝。顧曰：井上轆轤臥嬰兒。殷有一參軍在坐，曰：盲人騎瞎馬夜半臨深池。殷曰：咄咄逼人。仲堪眇一目故也。」此則淸談流於末流，不言虛玄之理，徒作口舌之辯，失於支離。

南朝宋、齊、梁、陳四朝，承受晉代淸談風氣，未之能改。劉裕簒晉稱宋，而仰慕曹魏正始年間之風氣，袁粲以詩酒自遣；惟風氣已趨末，文久而息，近於强弩之末。《宋書》：「羊玄保有二子，太祖賜名曰咸、曰粲。謂玄保曰：欲令卿二子有林下正始遺風。」足見宋劉裕仰慕正始間之淸談風尙《世說新語》任誕篇曰：「袁粲爲中書令，領丹陽。不以事務經心，獨步園林，詩酒自適。家居負郭，每杖策逍遙，當其得意，悠然忘返。郡南一家，頗有竹石，粲率爾步往，不通主人，直造行所，嘯吟自得。主人出，笑語顥然；俄而車騎儀至，方知是袁尹也。又嘗屨白楊郊野間，道遇一士大夫，便與酣飲。明日此人謂彼知遇，詣門求進。粲曰：昨日飮酒爲偶，聊相邀爾，竟不與相見。」

佛敎於漢明帝時入中國，至南北朝時代，僧尼衆多，僧寺林立，佛敎盛行。故儒、釋、道三家思想爭論頗烈。如范縝著《神滅論》，竟陵王子良集諸僧難之而不能屈（見《南史》）。張融曰：「道之與佛，遙極無二。昔有鴻飛天首，稽遠難亮，越人以爲鳧，楚人以爲鳦，人自楚越，鴻常一爾。」當時佛家之徒，爲求佛理易於爲衆所瞭解，每借老莊之言，以爲解釋。如般若部經典卽用「有」、「無」以釋「空」、「有」之義。支遁以佛敎之義，釋老、莊思想。殷浩、孫盛、韓伯、張憑對佛學亦有所研究。後之淸流者，亦常借佛義爲談論之助。

佛義亦自成系統，義理深奧玄妙，容另章專爲論述之。儒學雖在魏晉南北朝時代，不若老莊學說之盛行，然儒學究屬正道，研究者仍不乏人，如傅玄、葛洪卽其明例，亦容另行專章論述之。

卷一、曹魏時代

第四十章　何晏的政治思想

第一節　生平事略

一、**事略**——何晏事略見於《三國志》魏書卷九附於曹眞、曹爽傳之後。晏字叔平，南陽宛（河南省南陽縣）人。爲漢何進之孫、何咸之子。曹操爲司空，納晏母尹氏，並收養何晏，晏得生長於宮省。少以才秀知名，又尙魏公主，行爲無所顧憚，衣服擬於太子，故太子曹丕憎惡之，常直呼其姓名，稱之爲假子。晏性好色，美姿容，粉白不去乎，時有傅粉何郎之稱。好老莊之言，與夏侯玄等競事淸談，士大夫效之，遂成一時風氣。魏文帝（曹丕）黃初年間（西元二二〇—二二六），晏投閒置散，無所事事。明帝（曹叡）即位，仍爲冗官，至正始初（西元二四〇年），晏曲合於曹爽，用爲散騎常侍，後遷侍中尙書。晏爲尙書主選舉，其昔與之有舊者，多被拔擢。晏娶金鄉公主乃其同母妹，得爲駙馬都尉，及關內列侯，人皆非議之。

初夏侯玄、何晏等名盛於時，司馬景王亦與焉。晏嘗曰：唯深也，故能通天下之志。夏侯泰初是也；唯幾也，故能成天下之務，司馬子元是也（子元乃司馬師之字）。唯神也，不疾而速不行而至，吾聞其語未見其人，蓋欲以神況諸己也。晏以侍中兼吏部尚書，選擧人物，最富時望，既是政治要人，亦是學術界的領導人物。直到明帝嘉平元年（西元二四九年），曹爽事敗，司馬宣王（懿）收捕，使晏治其獄。晏乃窮治爽之黨與，冀求可宥。宣王曰，凡有八族。晏疏丁、鄧等七姓。宣王曰，未也。晏窮急，乃曰，豈謂晏乎？宣王曰是也，乃收晏治罪，殺之，時年五十九歲。據《歷代人物年里通譜》（臺灣世界書局出版）的推算，何晏生於漢獻帝初平元年（一九〇年），卒於魏明帝嘉平元年（西元二四九年）。

二、著作——關於何晏之著作，《三國志》魏書本傳，僅提及《道德論》（原名《道德通論》，亦曰《通老論》）及文賦著述等約數十篇。《隋書》經籍志則著錄何晏注《孝經》卷（已佚失），《集解論語》十卷，《魏書諡議》十三卷，《老子道德論》二卷，《何晏集》十卷。《唐書》經籍志、《新唐書》藝文志又收錄何晏《魏明帝諡議》二卷。《册府之龜》則謂何晏有《周易私記》二十卷，《周易講疏》十三卷。其可信的何晏著作，計有《論語集解》十卷（係以道家之論注解儒學），《道德通論》（亦曰《通老論》），《魏明帝諡議》二卷，及文賦等數十篇。

第二節　思想背景

一、學術潮流——前漢時代是儒道兩家競爭的時期。漢初黃老思想盛行，當政者鑒於秦政苛擾而亡，而經過多年的干戈不息，經濟凋零，民不聊生，皆主張無爲而治與民休息，蕭何、陳平、曹參、田叔、汲黯及呂后、竇后等都深信黃老之道家思想。至漢武帝，罷黜百家，獨尊儒學，於是設太學，立博士，收弟子員，儒學復興。元帝時（西元前四八至前三三年）博士弟子員達一千，成帝末（西元前三二至前七年）太學生多至三千人。王莽專政時太學生多至一萬八千人。儒學大師雖有鄭玄、馬融、賈誼等，而劉向之《新序》、劉安之《淮南子》卻提倡道家之言。儒學雖盛，但並未成為獨霸之局。

儒學成為官學，習六經者，旨在干祿入仕，動機已不純，或拘泥章句，或竄亂經文，遂啓儒學衰退之契機。加以今文經與古文經兩派的爭論不休，亦為儒學盛行之障碍。到了後漢，漢光武深信符命、災異、讖緯之說，此道在後漢時代大為盛行。皇帝決策與用人，竟有取決於讖緯之妄言者。儒者桓譚以不習讖，幾乎喪命。且儒吏分途，士務清聲，沽名釣譽，不切實務，似已啓清談之端倪。加以後漢末年仲長統著《昌言》、王充著《論衡》大破災異陰陽妄誕之說，而倡老莊順乎自然的學說；又如張衡《思玄賦》，亦是近於虛玄的老莊思想。加以三國之世，皆以兵術爭奪天下，而不能以兵術平治天下。兵連禍結，生靈塗炭，故刑名法術之治道，亦引起厭惡與懷疑。遂摒棄苛擾與動亂，而思清靜無為、安息自然之老莊思想，於是清談與玄學思想之風氣，在魏晉南北朝之世，乃得大行其道，有沛然莫之能禦之勢。此種玄學的老莊思想，仲長統、王充開其端倪，何晏張其聲勢，王弼鼓舞其風氣，阮籍、嵇康煽其火焰，劉劭、向秀振其遺緒，樂廣、王衍承其餘勢。何晏、夏侯玄尚清談，講玄學，士大夫多效之，係依學術潮流大勢之所趨，亦是順時勢，應時尚之自然趨勢；非立異以為高者所能成其事。

二、政治情勢——靈帝中平六年（西元一八九年）何進召邊將董卓至京（洛陽）謀誅宦官，卓軍軍紀敗壞，剽虜淫掠，無所不至，洛中貴戚宅第被兵禍者，亦甚慘；即天下嚮往之儒學中心的太學亦遭摧毀。四月靈帝崩，子少帝辯卽位，改元昭寧。九月董卓廢少帝，立獻帝協，改元初平元年（西元一九〇）。

獻帝建安元年（西元一九六年）曹操遷帝於許昌。曹操專擅朝政，挾天子以令諸侯，討滅群雄，曾四次下令求賢才，重才能不計道德，且公開宣布只要有治國用兵之才幹，即不仁不孝之輩亦可入選，不顧倫理道德，而世道人心已無仁義、忠信、孝悌、廉恥的精神維繫。儒學既受擯斥，權術躍居首要地位。處此亂世，是非不明，善惡難分，共認的傳統道義，已失效力，人心惶惶，無所依據，茫然自失，不知何去何從。於是求其精神自由，擺脫傳統拘束，則清談風月，精研逍遙自在的老莊玄學自是很好的人生途徑與精神慰藉。何晏傅粉自得，清議風流及精研老子之道德經，自是勢有不得不然者。

三、曹氏篡竊——獻帝爲天子，曹操爲丞相，君臣位定，上下有序，而曹操專擅朝政，上壓迫君主，破壞綱紀，違犯禮敎，形成君不君，臣不臣，惡劣的政治形勢。曹操霸佔何咸之妻尹氏爲衆妻妾之一，並收養咸子何晏爲養子，晏實是認賊作父，亦是無恥之徒。大大違犯儒家君則敬，臣則忠，父則慈，子則孝的倫常道德標準，而成爲君不君、臣不臣、父不父、子不子，不仁不義，無道無德的禽獸世界。曹操秉性奸詐殘忍，嘗言：「寧敎我負天下人，不敎天下人負我。」殘害無辜，戮殺賢良。楊修機智、孔融好酒，見忌於曹操，不幸而被害。爲爭奪國權，發動戰爭，軍事領袖，被殺戮者，不計其數，董卓、李傕、郭汜、袁術、袁紹、呂布、陶謙、馬騰、韓遂、王允、彌衡等人之死，即其著例。

曹操逼獻帝，殺皇后，挾天子以令諸侯，內謀漢鼎，外戰群雄，志在篡竊，爲人機警權變，奸詐陰險，精識利害，以戰功，於建安十三年（西元二〇八年）罷三公官，操自爲丞相。建安十八年（西元二一三年）操自爲魏公加九錫，建宗廟社稷，置尙書侍中六卿。次年殺皇后伏氏及伏后之二子。建安二十年（西元二一五年），操以其女爲皇后，自成國丈，位益尊。建安二十一年（西元二一六年）操自進爵爲魏王。明年用天子車服以其子曹丕爲王太子。建安二十五年（西元二二〇年）操死，子丕嗣位篡漢稱帝，改元黃初元年，丕即魏文帝，操被追封爲魏武帝。何晏生長在這特殊的環境下，若使研究儒學，則依儒家倫常仁義道德標準以衡論之，則曹操、曹丕均是大逆不道的篡臣，罪在不赦，死有餘辜。於是舍儒而從道，精研老莊，主張棄仁義，去禮法，無爲無君，崇自然，尚自由，海濶天空，無拘無束，清談風月，議論玄學，便不會見忌見疑於當道。

第三節　政治思想

一、恭己正南面——何晏著《道德通論》精通老子思想，且才思敏捷，常有自己的創見，所以《論語集解》，並不以孔子之意而解釋《論語》，乃是依老子的思想和自己的意見而作不同的新解釋。孔子尊崇德治思想。德治者就是用賢德之人以爲政，以身作則，表率群倫，而收風行草偃之效。所謂政者正也，子率以正，孰敢不正，其身正不令而行；其身不正，雖令不從。而何晏諫齊王芳時，除勸王選擇正人君子，遠離不肖小人外，卻把德治解釋爲恭己正南面，垂拱而治；只要自己立得正，站得穩，不需要頒發強制命令，亦能引道國人，走入正途；反之，爲政者不得其人，縱然三令五申，亦無人聽從，秦用趙高，重督責，嚴刑罰，不久國以亂亡。這種解釋，乃是道家的無爲而治的思想。

何晏曰：「天地萬物皆以無爲爲本者也，開物成務，無往而不成者也。陰陽恃以化生，萬物待以成形，賢者恃以成德，不肖恃以免身，故無爲之爲用，無爵而貴矣。」（《全三國文》何晏，無爲論）既然天地萬物皆以無爲爲本，則政治亦不能例外。天地運行，日月光照，四時循環，晝夜輪行，自然而然，無作爲，無意行，而萬物生焉，百事成焉。

何晏恭己正南面，垂拱而治的無爲而治的思想蓋源於老莊。老子曰：「不尚賢，使民不爭；不貴難得之貨，使民不爲盜；不見可欲，使民心不亂。是以聖人之治，虛其心，實其腹，弱其志，强其骨。常使民無知無欲。使夫智者不敢爲也。爲無爲，則無不治。」（《老子》第三章）莊子在宥篇曰：「聞在宥天下，不聞治天下也。在之也者恐天下之淫其性也；宥之者也，恐天下之遷其德也。天下不淫其性，不遷其德，有治天下者哉。」天道篇又說：「夫帝王之德以天地爲宗，以道德爲主，以無爲爲常。無爲也，則用天下而有餘。有爲也，則爲天下用而不足。故古之人貴夫無爲也。上無爲也，下亦無爲也，是下與上同德。下與上同德則不臣。上有爲也，下亦有爲也，是上與下不同德。上與下同德則不主。上必無爲而用天下。下必有爲爲天下用，此不易之道也。」

二、萬物得其宜——根據《論語集解》

叙言，可知在漢朝流行的《論語》篇本，有魯論二十篇，傳人有夏侯勝、蕭望之、韋賢、韋玄咸等人。又有齊論二十二篇，較魯論多出問王、知道兩篇，二十篇的章句亦較魯論爲多。琅琊王卿、膠東庸王、邑昌中尉王吉以齊論爲教本。魯恭王因破孔子宅壁，得古文經論語亦二十篇，無問王、知道兩篇，但將堯曰章中將下章子張曰分開爲一篇，共爲廿一篇。順帝時馬融作《論說》，漢朝末年鄭玄作《論語注》，陳群、王肅、周生烈亦都作《論語義說》。何晏以這些注解各有不同，互有長久，故採衆說，依己意並參老莊之言而另作《論語集解》。

就何晏自己的解釋言，係屬古文經學派，在詮釋義理，申明大意，不分條析句，不細講章句，不相信陰陽圖讖、災異五行、符命象數。自以爲人之所受以生者爲性，日新又新，以趨於至善之天道，以其理深奥，故而不說，以詮解「夫子之言性與天道不可得而聞也已矣。」（公治長篇）又指稱：「利者，義之和」，以為天道之利，萬物得其宜而無害；又以為聖人之所以為聖人，合天地之德，不怨天不尤人。故孔子曰：「知我者，其天乎。」（憲問篇）萬物自生，志趣各異，行徑不同，然最後的極至，皆不能不歸依於天道，以異途而同歸，解釋「吾道一以貫之」（衞靈公篇）。貧富貴賤，吉凶禍福，壽夭苦樂均天命所使然，非人力所能左右。聖人者與天地合其德，與日月合其明，與鬼神合其吉凶，其義理奥妙深玄，難以解釋，故曰「畏天命，畏大人，畏聖人之言」（季氏篇）。

老子曰：「人法地，地法天，天法道，道法自然。」（《老子》第二十五章）道是自然而然的法則。老子曰：「有物混成，先天地生。獨立而不改，周行而不殆，可以為天下母。吾不知其名，字之曰道。」（二十五章）老子又曰：「道之為物，惟恍惟惚。惚兮恍兮，其中有象；恍兮惚兮，其中有物；窈兮冥兮，其中有精。其精甚眞，其中有信。」（《老子》第二十一章）何晏解釋述而篇的「志於道」的道，是道法自然之道，並非儒者所謂人倫日常所當行的道理。雍也篇中「仁者樂山」。何晏釋之曰：道有象，道有物，故山者道之物象也。萬物自生於山，生者仁道，故曰「仁者樂山」。聖人者唯道是從，道者自然而然，自由自在，不覇不迫，順乎自然，不自立異，而忘其身，無可無不可，義之與比，義者自然之道，故曰：「毋意，毋必，毋固，毋我。」（子罕篇）顏淵喟然嘆曰：「仰之彌高，鑽之彌堅，瞻之在前，忽焉在後。」（子罕篇）這是指孔子之道，非指孔子其人。何晏所釋之道，是老子之道，道至高無上，故「仰之彌高」；道至弱，弱能克剛。老子曰：「柔弱勝剛强。」（《老子》第三十章）又曰：「柔弱者生之徒」（《老子》，七十六章），故曰「鑽之彌堅」。老子曰：「道可道，非常道；名可名，非常名。無，名天地之始；有，名萬物之母。故常無，欲以觀其妙；常有，欲以觀其徼。此二者，同出而異名，同謂之玄，玄之又玄，衆妙之門。」（《老子》第一章）道是玄，玄是玄虛。玄虛之道無形體，故「瞻之在前，忽焉在後」。

三、論道之有無——何晏著《道德通論》亦曰《通老論》，不異《老子注》。故何晏的中心思想乃是老子的學說。老子的學說以道爲本。故曰：「人法地，地法天，天法道，道法自然。」道不是自然界或自然物的實體。道是自然理則，自然而然的理則，自由自在，自得其然，不受干涉，不受拘束，而是宇宙萬物自然之始，故曰：「無，名萬物之始。」故道之始爲無，卽無形體之虛物。故老子曰：「道之爲物，惟恍惟惚。」（《老子》第二十一章）又曰：「視之不見，名曰夷。聽之不聞，名曰希。摶之不得，名曰微。此三者不可致詰，故混而爲一。其上不皦，其下不昧。繩繩不可名，復歸於世物。是謂無狀之狀，無物之象。是謂惚恍。」（《老子》第十四章）道聽之不聞，視之不見，摶之不得，無狀無象。故道之體爲無。何晏曰：「天下萬物以無爲本。」老子曰：「有，名萬物之母。……此兩者（指無與有），同出而異名，同謂之玄，玄之又玄，衆妙之門。」（《老子》第一章）無與有乃同出而異名，同謂之玄。玄就是玄妙之道。道之靜爲無，道之動爲有。有爲萬物所由生之母。無生爲有，正是道的開務成物之功，故有生於無正符於道之意義。

所以何晏指出，有之所以爲有，乃是依藉於無而生成的。事物之所以爲事物，乃是由於無形體而含萬有的道（始與母）而發展出來的。這種發展而生出各種不同聲影形色。玄之所以爲黑，素之所以爲白；石之所以爲堅，水之所以爲柔；規所以爲圓，矩所以爲方；鳥所以能飛，獸所以能走，莫不由於道所使然。道原是一無所有的無，並無任何聲、色、影、形、狀與象。道何以又能發生出黑、白、方、圓、堅、柔、飛、走諸聲、色、影、形、狀、象呢？老子曰：「天下萬物生於有，有生於無。」（《老子》第四十章）有生天下萬物。「而有生於無。」何晏意謂萬事萬物未生成之先，那道是「無所有」，即「無」。萬物自生，道不故意的，道不用力的去生成萬物。道法自然，自然而無爲，萬物藉於無而生有。猶如嬰兒自生，不過藉母腹而生成，非母腹生成嬰兒。萬物爲有而非道，道亦不是萬物。但萬物生成後，道仍在萬物，以衣養萬物謂之德。故老子曰：「大道氾兮，其可左右。萬物恃之而生而不辭，功成而不有，衣養萬物而不爲主。」（《老子》第三十四章）是以老子又說：「道生之，德畜之，物形之，勢成之，是以萬物莫不尊道而貴德。道之尊，德之貴，莫之命而常自然。」（《老子》第五十一章）

四、喜怒哀樂論——何晏持論，認爲聖人無喜怒哀樂。他以爲聖人是明乎大道之聖哲。明道則知道，道法自然。自然而然不加干涉，不受拘束。聖人知道，道之全體大用是無爲。因爲無爲，所以聖人不受外在事物牽涉，干擾或影響。聖人既自得其然，逍遙自在，無拘無束，淸明透闢，識得大道爲無，萬物皆空，外物一切生死變化，皆無動於心，怎會產生喜怒哀樂的觸物而生情的感受。既無所感受，又何以生喜怒哀樂的感情。

王弼與何晏的思想雖同源於老子，然王弼對於何晏的聖人無喜怒哀樂論，卻持不同的意見。王弼認爲聖人所以異於一般常人者，是聖人對一切事物的瞭解是神智淸明，瞭解得十分透徹，但人非草木，孰能無情，至於人的喜、怒、哀、樂、怨五情（佛家稱由耳、目、鼻、舌、身五根所生之情識，亦曰五情），乃是聖人和一般常人所共有的。神智淸明超軼常人，故能知自然之道，達於「萬物之始」的「無」的玄妙境界，五情爲人生所共有，故不能遇外在事的感觸而不生喜、怒、哀、樂、怨的五情。聖人之所以爲聖人者，是能順應萬物而自然生情。若說聖人對事物之情不受牽涉。那就是說聖人對一切事物無所感觸，那就與事實不相符合了。實則得道的至人和眞人，是無我無私，能以忘身的。旣能忘身，自然能忘情。道家認爲萬物一體，生死如一，故莊子妻死，鼓盆而歌之。觀於此，則何晏之言，則近於道，其立論似高於王弼。

五、自然與無爲——何晏的學術思想以老子爲師宗。而老子的基本哲學是「道」。道是：「有物混成，先天地生。獨立而不改，周行而不殆。可以爲天下母，吾不知其名，字之曰道。」（《老子》第二十五章）又說：「道之爲物，惟恍惟惚。」（《老子》第二十一章）何謂惚恍，老子曰：「……繩繩不可名，復歸於無物。是謂無狀之狀，無物之象。是謂惚恍。」（《老子》第十四章）由此言之，道是無名、無物、無狀、無象；卽是道無形體的。老子又說：「人法地，地法天，天法道，道法自然。」（第二十五章）這不是說道之外另有一個自然。自然不是有形體的自然界或自然物。道與自然乃是一體。自然就是道的特性（虛與柔）。自然是道的精神或理則。這種精神或理則就是一切事物自己（自）原來是怎樣，就讓其怎樣（然）。自適其然，自由自在，不受任何干涉，卽今日所謂「放任政策」（laissez-faire）或「放手不管」（hand off）；不受任何拘束，亦就是無政府，無法律。因之，「自然」與「無爲」便是一事的兩面。自然是目的，無爲是手段。必須無爲始能維持自然；若有作爲便破壞了自然。故老子曰：「爲者敗之，執者失之。是以聖人無爲故不敗，無執故不失。民之從事，常於幾成而敗之。愼終如始，則無敗事。是以聖人欲不欲，不貴難得之貨；學不學，復衆人之所過，以輔萬物之自然，而不敢爲。」（《老子》第六十四章）

老子又曰：「爲學日益，爲道日損。損之又損，以至於無爲。無爲而無不爲，取天下常以無，及其有事，不足以取天下。」（《老子》第四十八章）

何晏師宗老子，所以他亦極力主張崇尚自然及無爲而治。就崇尚自然言，何晏學夏侯玄之言曰：「天地以自然運，聖人以自然用，自然者道也。」（《全三國文》何晏无名論）因爲道不違自然，乃得其性。不失其性始合乎道。自然之意，在於存性、遂性、順性、樂性。就無爲而治言。何晏說：「天地萬物皆以無爲爲本者也，開務成物，無往不成者也。陰陽恃以化生，萬物恃以成形，賢者恃以成德，不肖恃以免身，故無爲之爲用，無爵而貴矣。」（《全三國文》何晏，無爲論）何晏認爲無之爲用大以哉。無之用就是無爲。他把儒家的德治思想，解釋爲恭己正南面，垂拱而治。何晏曰：「善爲國者必先治其身，治其身者順其所習。所習正則其身正，其身正則不令而行；所習不正，則其身不正，其身不正，雖令不從。是故爲人君者，所與遊，必擇正人，所觀察必察正象。放鄭聲而勿聽，遠佞人而弗近。然後邪心不生，而正道可容也。」（何晏《論語集解》）

第四節　思想評估

一、貢獻——何晏的學術思想見於其《論語集解》與《道德通論》。論其貢獻，在以道家之言解釋《論語》，對儒學注入新血輪，增益其意義，加强其活力。雖與傳統儒學有所差異，然使儒學研究開闢新園地，展拓其視野，邁入新階段，不無其重要貢獻。就儒學的發展言，孔子建立其基礎，確立其主旨，指定其方向，蔚爲新起學說，繼往開來，爲天地立心，爲生民立命，爲往聖繼絕學，爲萬世開太平，聚成中國文化之生命淵源，亙古一人，萬世師表。迨戰國之世，處士橫議，百家爭鳴。楊朱爲我，墨翟兼愛，邪說紛爭，天下之言，不歸於楊，則入於墨，孔學遇到强烈的威脅與重大的挑戰，發生危機，幸賴孟子挺身而起，挽救危機，持熱烈無比的衞道精神與決心，大聲疾呼，聲嘶力竭，拒楊墨，宣正義，使孔學正道屹立不移，能更趨發揚與廣大、充實與鞏固。

荀子晚孟子百餘年，爲僅次於孔孟的大儒，但其思想和主張卻與孔孟多不相同。孔子主張性相近，習相遠。孟子主張人性善。荀子主張人性惡，善者僞世。孔孟主張行仁義，荀子卻主張尊禮義。孔孟主張法先王，而荀子卻主張法後王。仲尼之徒無道桓文之事，惡其行覇道，以力服人。而荀子則多處重威與力，近於法家思想。傅青主直言荀子近法而遠儒。荀子的思想雖與孔孟有不少相異的地方。但對儒學研究仍有重大貢獻，被視爲功臣而非罪人。宋代理學大家周濂溪、張橫渠、程明道、程伊川等研究儒學滲透入不少佛家、道家思想，在中國學術發展史上，對儒學亦有發揚宏大之功用，並無不良之弊害。何晏以老子思想解釋《論語》，乃是自出心裁，另闢新境，擴大眼界，應算是一大貢獻，不可以人廢言，更不宜視爲儒學罪人。

何晏所撰《道德通論》係就老子《道德經》原著依其自己的見解作通篇的注說，故亦稱《通老論》。就老子原著就其文句依己意而注解之，自較自己的創作容易甚多。但老子之書意義深奧玄妙，難讀難懂，而能就其文，識其意，並加以論說與發揮，非智高識廣，學養深厚者不克致此。至於說其注解中可能不合老子原意，甚至有所錯誤。吾人應知注解他人著作是否合於原著者之本意，只有原著者自己知之，第三者固難論其可否。只要其注解持之有故，言之成理，能自圓其說，其中無矛盾衝突，即是佳作。無論何人注解何書，均應視其注解爲注解者的思想，不可視之爲原書著者的思解。猶如歷史所記載的故事，眞相只有一個，而千萬的讀者便可能有千差萬異不同瞭解與論說。吾人對各書的注解，均當作如斯觀。《老子》一書深奥玄妙，難讀難懂；何晏作通篇注解，明其意旨，對後之讀者，自具啓廸作用，使之易讀易懂，對學術研究不失爲一大貢獻。

二、流弊——顧炎武曰：「三國鼎立，至此垂三十年。一時名士風流，盛於洛下，乃其棄經典而尚老莊，蔑禮法而崇放達，視其主之顚危若路人然。……是以講六藝，鄭玄、王肅爲集漢之終，王弼、何晏爲開晉之始，至於國亡於上，敎淪於下，羌戎互僭，君臣屢易，非林下諸賢之咎而誰哉？」（《日知錄》卷十三）王弼、何晏開啓六朝玄學盛行之風氣，尙虛玄、重自我、縱欲放浪，崇尙清談的流弊與罪咎，何晏王弼不能辭其責。老莊之學崇尙個人主義，據蔡子民（元培）的考證，拔一毛而利天下不爲也的楊朱就是莊周（見顧頡剛《古史辨》）。因之，六朝的玄學家都信持爲我主義，存我貴生、享樂，自私自利，個人至上，只知有我，不知有人，對於國家安危，人民困苦，毫不關心。爲我主義爲爭權爭利，損人利己禍亂的誘因，六朝時代所以戰亂頻仍，干戈不息，禍起蕭牆，內戰迭起，民不聊生，生靈塗炭。與爲我的個人主義不無關係。

老莊之學，尙柔弱，崇退讓，明哲保身，不與人爭，遂失去陽剛之壯志，爭强之雄心，只圖苟安，苟全性命，羌戎僭位，只嘆奈何，五胡作亂，惟知南逃，錦繡河山，淪入異族，漢家衣冠，竟成披髮左衽。民族壯志喪失，衆無恢復中原雄心，華夏神青偏安江南一隅，終後且爲北狄所滅。此玄學盛行所引致的流弊。

玄學盛行，儒學式微。儒學講道德、行仁義，是安定社會，端正人心之正道。儒者重倫常，尙禮義，施教化，行愛敬，主張君則敬，臣則忠；父則慈，子則孝；兄則友，弟則恭；夫婦有別，長幼有序，朋友有信。因之，能建立和諧團結的社會，搞好互助合作的人群關係及建立君民一體的國家。今棄此儒學，而講虛玄的玄學，反對法律，不要政府，不受拘束，專講個人自由，遂致人倫敗壞，道德廢棄，爾爲爾，我爲我，毫無友愛親密的感情，以致天下大亂，骨肉相殘，臣弒其君，子弒其父，手足相殘，爭城爭地，尸骨枕藉，家敗人亡。此玄學盛行所引致的禍亂。

老莊學說的基本觀念是個人自由主義。注重個人而衍爲爲我主義。注重自由而衍爲放浪思想。爲我主義的重點是存我、貴生、快樂。他們認爲人生如白駒過隙，在這暫短生存期間應及時享受，滿足欲望。因之，爲我主義極易流爲縱欲主義，恣人欲之所好而求快樂。耳好聽，則恣耳欲而聽淫邪之聲。目好視，則恣目欲而視美好女色。身好安，則恣身欲而居雕樑畫棟。口好食，則恣口欲而食珍饈美味。由縱欲而形成奢靡風氣，消耗過甚，供應不及；支出過鉅，收入不敷，遂致民窮財困，經濟凋蔽，民不聊生。重自由而引起放浪。放浪形骸，棄禮教廢仁義，無拘無束，任其所爲。想怎樣就怎樣，或赤身裸體，遨遊園林；或傅粉塗脂，以示柔美；或餐珍美食品，大快朶頤；或狎美女俊男，逞其獸慾；或抱酒桶而牛飲，酣醉解千愁。逍遙享受，不事生產，流於閒散懶惰。如此，則食之者衆，生之者寡，用之者急，爲之者舒，焉能不經濟衰敗，人民困窮，國庫空虛。情事若此，國不敗亡，未之有也。此玄學盛行所引致的大罪極惡。

第四十一章 阮籍的政治思想

第一節 生平事略

一、**事略**——阮籍的生平事蹟《三國志》魏書卷十一及《晉書》卷四十九均有傳。二者大同小異。籍三國魏陳留尉氏（河南尉氏縣）人，字嗣宗。父瑀魏丞相掾，知名於世。籍有奇才，容貌瓌傑，志氣宏放，任性不覊，不拘禮俗，而喜怒不形於色。或閉戶讀書，累月不出，或登臨山水，經日忘返。博覽群籍，尤好老莊。嗜酒能嘯，善彈琴，當其得意，忽忘形骸，時人多謂之癡。

籍隨叔父（籍三歲喪父）至兗州刺史王昶，請與相見，終日不得與言，昶歎賞之，自以不能測也。太尉蔣濟聞其儁才，辟爲吏。籍上書責其禮貌不够，辭不就，濟遣使迎之，使至，籍已他去。濟大怒。鄉親共勸籍，乃往就之，時在魏齊王芳正始三年（西元二四二年），籍三十三歲；未久，籍因生病謝官返里。其後任尙書郎。曹爽輔政召籍爲參軍，籍以疾辭，屛居田里。歲餘爽伏誅，爽之黨與被害者甚多，何晏亦在其內。因之，時人多佩服籍之遠識。司馬師以大將軍專魏政，以籍爲從事中郎。這時又起政變，齊王芳被廢，高貴鄉公曹髦卽位，籍因功被封爲關內侯，遷散騎常侍。

阮籍本存經國濟世之志，但時値魏晉之際，天下變亂，名士少有全者。籍因是不與世事，遂酣飲常醉以爲常事。晉文帝司馬昭曾欲使其子司馬炎娶籍女爲妻。籍醉六十日，使不得言婚事，事乃止。鍾會數以時事問之，因欲其可否時政，臧否人物而藉以致之罪，皆以醉不答，乃得免。當司馬昭輔魏政時，籍從容言於昭曰：籍平生曾游東平，樂其風土。昭大悅，使籍爲東平相。籍乘驢到郡，拆毀衙前屛障，使內外相望，法令淸簡，旬日而還。籍聞知步兵營厨人善釀酒，貯有酒三百斛，乃求爲步兵校尉，常與竹林七賢之一的劉伶醉餘於營中。籍與司馬氏家相處甚洽，司馬府每有宴會，籍多參與。會司馬昭辭九錫，衆公卿勸進，推籍執筆爲文。籍嗜酒而忘。時至，使者來取文稿，見籍在醉眠中，使促醒之，籍立卽爲文，不加修改，片時卽成，文辭淸壯，爲時所重，乃是一篇著名勸進文。

籍雖不拘禮法，祗善談老莊玄學，絕不臧否人物，以免開罪於人。性至孝，母終，正與人奕棋，對奕者請止，籍不應，留之與決勝負。奕止，籍飲酒二斗，擧聲大號，吐血甚多。及卽葬母，籍食一蒸肫，飲酒二斗，然後臨訣，直言窮矣。擧聲大號，又吐血甚多，毀瘦骨立，幾至滅性。裴楷往弔之，籍散髮箕踞，醉而直視，楷弔畢便去。或問楷曰，凡弔者主哭，客乃爲禮；籍旣不哭，君何爲哭？楷曰：阮籍方外之人，故不崇禮典；我俗中之士，故以軌儀自居。時人嘆爲兩得。

籍能靑白眼，見禮俗之士，以白眼對之。嵇喜來弔，籍作白眼，喜不悅而退。喜弟嵇康聞之，乃帶酒挾琴造訪之，籍大悅，乃見靑眼。由是禮俗之士嫉之若仇。而司馬昭多保護之。籍嫂嘗歸寧，籍相見送別，時人譏其非禮。鄰家少婦有美色，當爐沽酒，籍嘗往飲酒，醉便臥女身側，籍不自嫌，其夫察之，亦不起疑。兵家女有才色，未嫁而死，籍不識女之父兄，逕往哭之，盡哀而還。籍爲人其外放蕩，而內淳至，皆如此類。籍嘗率意駕車獨遊，而行不由徑，車迹所窮，輒痛哭而返。嘗登廣武，觀楚漢戰地，嘆曰：時無英雄，使豎子成名。登武牢山，望京師而太息。於是作英雄賦。籍嘗於蘇門山（在河南省輝縣）遇眞人孫登。籍向登問上古玄寂之道，下考三代盛德之美。登不言對。籍又問有爲之教及棲神導氣之術。登仍不言。籍因乃長嘯而退。至半嶺間，聞有聲若鳳鸞之音，響於谷巖。籍乃發巖而長嘯。

阮籍生於漢獻帝建安十五年（西元二一〇年），死於曹魏常道鄉公景元四年（西元二六二年），享年五十四歲。籍生於劉漢，死於曹魏，《三國志》魏書有傳固所應然。而《晉書》卷四十九亦有阮籍傳，不知何故？或因其受知遇於司馬昭，且與司馬氏家族有良好關係之故。

二、著作——阮籍的著作，及《晉書》本傳列舉者有詠懷詩八十餘篇，英雄賦、達莊論及大人先生傳。《隋書》經籍志錄《魏步兵校尉阮籍集》十卷。《宋史》藝文志錄阮籍《通易論》一卷。馮惟訥《詩紀》，集有阮籍詩歌八十七篇。阮籍著作多有佚散。現存的阮籍著作，有明張溥《漢魏六朝百三家集》，集中收有《阮步兵校尉阮籍集》，內容有東平賦、元父賦、首陽山賦、清思賦、獼猴賦、鳩賦、爲鄭冲勸晉王牋、辭蔣太尉辟命奏記、與晉王薦盧播書、答伏義書、樂論、通易論、達莊論、通老論、大人先生傳、老子贊、孔子誄、弔某公文、搏赤猿帖、詠懷詩三首、詠懷八十二首、采薪者歌、大人先生歌。清嚴可均《全三國文》一書中，收有阮籍所著諸文，爲：東平賦、首陽山賦、鳩賦、獼猴賦、清思賦、爲鄭冲勸進晉王牋、詣蔣公奏記辭辟命、與晉文王書薦盧播、答伏義書、老子贊、通易論、通老論、達莊論、樂論、大人先生傳、搏赤猿帖、孔子誄、弔某公文。

三、地位——阮籍在他所處的時代與社會中，具有特殊的地位和相當高的聲望和影響。這種成就和表現，一方面由於阮氏家族的地望，一方面由於他自己才智聰敏，及其卓越的學養與官位而形成的。他和司馬昭與司馬氏家族有深厚的淵源和密切關係。他喜怒不形於色，絕口不臧否人物，自不易開罪他人，又能運用政治機智和技巧，旣不得罪親曹魏的人士，又能拉攏親司馬氏的人士，左右逢源，可稱之爲成功的政治藝術。阮籍在事功上並無可以稱述的建樹，但他少有奇才，博覽群籍，精研老莊之學，著述宏富，流傳後世，學術上有其優異表現，頗有重要貢獻與地位。

阮籍不拘禮俗，放浪不羈，不免受到部份信守禮法的人士所抨擊和厭惡，但他容貌瓌傑，多才多藝，文思敏捷，下筆千言，倚馬可待，能文、能詩、能賦、能琴、能劍、能飮、能嘯等軼群出衆的表現，引起衆人的嚮往與傾慕，保守派人士對他亦無可奈何；況當時儒學式微，禮教派並無有效力量對籍作出任何傷害。

阮籍博覽群籍，學養相當深厚，著有《通易論》、《通老論》、《達莊論》、《老子贊》等書，足見他對於玄學及老莊思想皆有相當程度的瞭解與認識，可以稱得起玄學學者或思想家。他所寫的詩歌，數在百篇以上，亦可列入詩人行列，被稱爲詩人，雖非傑出。他所製造的大人先生形象，乃是至人或眞人，超越時空，透闢古今，並瞭然於如褌中之虱的世俗君子的處境與行爲而不與之同流合汚。他本有經國濟世的壯志，但以他的品格、志趣、行爲不合於世，以致未能顯達，遂只得致力於讀書、研究、寫作；而其心情自不免抑鬱、煩悶、寂寞、憤懣，於是發生不拘禮法、放浪形骸、高歌、長嘯、狂飮、酣醉的心理補償行爲，成爲與衆不同的怪異人物。

第二節　思想背景

一、長期變亂的因果——思想是時代環境的產物。何晏與阮籍雖生長在同一時代，同一地區，所處的大社會環境雖無甚差異，但由於二人的家庭環境不同，二人的性格亦有區異，交往際遇不一，處世方法與態度及志趣亦各有其特點，遂致二人的思想在大同中亦有明顯的差異。中國的儒學雖經漢武帝罷黜百家，獨尊儒學，但到東漢時代災異、圖讖、符命、緯書盛行，儒學卽趨於衰退。自漢靈帝中平元年（西元一八四年）張角等倡太平道敎義愚惑民衆，從者甚衆，於是起兵叛亂，到處殺人放火，搶爭虜掠，經政府派兵平亂，歷經多次戰爭，叛亂始平。勞民傷財，破壞慘重。張賊雖伏誅，而太平道的影響與勢力並未完全消滅。中平六年（西元一八九年）靈帝崩，子少帝辯卽位，改元光熹，八月何進誅宦官被殺。袁紹以兵悉誅宦官。九月董卓廢少帝爲弘農王，立獻帝協，次年（西元一九〇年）改元初平。關東州郡起兵聲討董卓，各地引起戰爭。董卓弒弘農王而抵禦關東諸軍，戰事激烈。董卓挾獻帝遷都洛陽（原都長安），宮殿被毀甚多，廢五銖錢，兩京太學同遭刼難，書籍被燬者不計其數。獻帝初平三年（西元一九三年）呂布殺董卓。建安元年（西元一九六年）兗州牧曹操以兵力戰群雄，勢力强大，遷獻帝於許昌，從此引起三國時代連年戰爭。在長期戰亂中，社會不安，不暇興辦學校，施行敎化，加以全國人民嚮往的學術中心的太學，亦遭破壞。所謂儒學者瀕於中斷的境地。曹魏興起，學術陷於空虛，儒學旣難振興，於是一般好學有識之士乃致力尋求另一替代品。儒學旣趨式微，而曹操所施行術數詭詐，嚴刑峻法的法家思想，亦不爲人所喜愛。阮籍生當此一時代，遂進行虛玄性質老莊思想的研究。這並非阮籍一人的志願，乃是學術發展大勢所同趨。

二、曹操輕德的影響——曹操挾天子以令諸侯爲期達二十四年之久，擅權專政，用人重才而輕德；爲政重法術，嚴刑罰。儒學不爲人所重視，法家爲人所厭惡；於是尚玄虛的老莊玄學乘隙而繼起，成爲一般人士所喜愛的學術思想。曹操是東漢桓帝中常侍曹騰養子曹嵩的兒子，身世並不高尚，性奸詐陰險，少時卽愛飛鷹走狗，任俠放蕩，不務正業，自遭受衆人的卑視，但他自己頗有才幹，乃盡力奮鬭，謀求出人頭地，博致社會敬重，以補償其心理上自卑感的情結（complex）。皇天不負苦心人，他卒能成爲丞相而專朝政。他認爲漢末那些有名無實，空談仁義道德的儒者都是無用的迂濶文人，非治國得天下的人才。他以爲治國幹才，只要武能克敵致勝，文能控制人民使之服從，不必講究什麼仁義道德。

曹操專朝政時期，曾四次下令求人才，但其選用的標準，皆是重才不重德。建安八年（西元二〇三年）第一次下令，曾指出：當太平之時，國家用人應崇尙德行，俾能以身作則，表率人民；當國家多事之秋，用人重在其有才幹，能建大功，立大業，不可因其品德差次，卽予摒棄。建安十五年（西元二一〇年）第二次下令求才，指出：自古創業興國，必須用能成功、立業、建勳之人以爲輔佐。若用人必先問其品德是否良好，則秦王不用商鞅，桓公不用管仲，焉能張國威，成霸業。建安十九年（西元二一四年）第三次下令求才，指出：有德行者未必能勇往邁進，爲國家立大功，建大業；若能勇往邁進，爲國家立功建業，卽使品德有瑕疵，亦可進用。若必求品德完美者而後用，則天下將無可用之人。建安二十二年（西元二一七年）第四次下令求才，指出：蘇秦貧窮，而佩六國相印，張儀有偷竊之嫌，而爲秦相，管仲背主而事仇，皆能成大功，立大業；德不足而能濟事，便是可用之才。吳起是道德很差的，殺妻以求將，母死不奔喪，且貪財自肥，然在魏，使秦人不得東進；在楚，三晉亦不敢南下。今日所求者是能用兵治國的長才，而非專講道德的迂儒。當政者持此政策，儒士不受尊重，儒學焉能發達？曹操爲政，用權術，尙奸詐，嚴刑峻法，控制言論，禁止誹謗，苛擾紛繁，人民畏惡實甚。儒學不受重視，法學使人畏懼。

學術將成空白地帶，於是與儒、法處於鼎立地位的道家，乃得應運而興，爲好學深思之人所喜愛，群起而研究老、莊之玄學。阮籍便是在這種學術思想風氣下，自然的進入這一新園地。

第三節　政治思想

一、音樂的大用——阮籍早年曾習儒學，後由儒入於老莊思想的道學或玄學。籍屬音樂世家，通音律，善彈琴。所以他著「樂論」以玄學的觀點，論述儒家所謂禮樂；著「通易論」，亦係以老莊思想論說儒家六經之一的《易經》。籍父阮瑀爲建安七子之一，文學有盛名。阮瑀是蔡邕的學生。蔡邕喜愛辭章術數天文，並精通音律，曾整理六經，刻六經全文立碑於太學門外，頗有貢獻，爲有相當造詣的儒學家。阮瑀文聞天下，更精通音律，能鼓琴。音律的成就可能受其師蔡邕的影響，另一方面可能與血緣遺傳有相當的關係，因爲其子阮籍，籍侄阮咸，都具有音樂的天才，而精通音律，善彈琴。阮籍雖喜愛老莊之言，但他在十五六歲以前卻愛好《詩經》、《書經》，對於顏回、閔子騫都很景仰。這點在他詠懷詩中表現出來。足見阮籍在早年曾受有儒學薰染。

阮籍在所作的「孔子誄」中，盛稱孔子敎化三千弟子，精通六藝，升堂入室者七十四人的功德；且沉潛神思而成其贊。但其贊並未眞正指出孔子創建儒學，繼往開來的大德；而是以道家思想以贊揚之。贊中有言曰：上察混元於無形，推本造化於太初。阮籍在所著「樂論」中，假設有陳子者問孔子有言曰：安定國家，撫治庶民，禮之功莫大焉；轉移社會風氣，薰陶人民性情，樂實不可少。但像金石絲竹鐘鼓管弦的音節，干戚羽旄進退俯仰的儀容，似乎於安定國家，撫治庶民，並無重大用處。阮籍答之曰：孔子對此祇作要言，未論及細節，於此籍可爲之作進一步的解釋。樂者，天地之本體，萬物之本性，符合本體，各得其性，則得中和之節；反之，則背離天地之本體，萬物不得其性，乖戾自然之道。聖人作樂所以順天地之本體，成萬物之本性。所以制定天地八方之音，以效陰陽八風之聲。調黃鐘中和之律，以宣導萬物之情氣。故曰，律品和協，陰陽自然和洽；音聲合適，萬物自然得其性。男女自別，君臣自位，四海九州同一，若合符節。如此，天地自然合其德，萬物自然得其生。卽使人君廢棄刑賞，萬民自然安和。在如此之社會中，人民受音樂之薰育陶化，人民之行爲自然向善；社會之風習自然轉移。此則自然之大道，而爲音樂的始原。阮籍的解釋乃是「人法地，地法天，天法道，道法自然」老莊玄學，旨在順乎自然，無爲而治，和孔子所謂禮樂的意義與功用，大有出入。

二、《易經》的含義——阮籍博覽六經，並作研究，對《易經》一書特具興趣，乃就研究結果，表示己見，而著「通易論」一文。此文首言，《易》者乃古往今來之玄眞，永恒變易之變經。自伏羲氏畫八卦，合爲六十四卦。黃帝、堯、舜、禹、湯，各以取則。至文王時，他對《易》作一次革命性的整理，《歸藏易》一變而爲《周易》。於是，《易》之意，不再是上下無常，剛柔相易，而以爲惟有因時變遷，才是《易》之所以爲《易》之理由。《易》之成書，本於天地，因於陰陽，推於盛衰，出於幽微，使之明顯。阮籍所說的《易》，是屬於《費氏易》的一個支系。

《隋書》經籍志稱，漢初傳《易》者，有田何，何授丁寬，寬授田王孫，王孫授沛人施讎、東海孟喜、琅邪梁丘賀。由是，有施、孟、梁丘之《易》學。東郡京房自云受《易》於梁國焦延壽，是謂《京氏易》，曾立於學官。後漢，施、孟、梁丘、京氏之《易》並存，傳授頗盛。漢初復有費直傳《易》，號稱《古文易》，傳琅邪王璜，璜授沛人高相，相授子康及蘭陵毋將永。《費氏易》未立於學官。後漢，鄭元、鄭衆皆傳《費氏易》；馬融爲《費氏易》作傳，以授鄭玄，玄作《易注》，荀爽又作《易傳》。曹魏時，王肅、王弼並爲之作注，於是《費氏易》大盛於一時。淸代《易》學家張惠言以爲費氏《古文易》的特性，在以彖、象、繫辭、文言，解釋《易》之上下經，不似今文經學者之有章句。《費氏易》，是沒有家法的《易》學，只要用彖、象、繫辭、文言，解釋上下經，人皆可以各自爲說。以此而言之，阮籍的「通易論」，卽知其屬於《費氏易》的一系。

再看阮籍的「通易論」：「乾元初，潛龍勿用，言大人之德隱而未彰，潛而未達。」是乾卦文言之辭；「先王以建萬國，親諸侯」，乃比卦象辭；「裒多於寡」，乃謙卦象辭。……因此其論本於費氏，而承襲鄭玄、王弼而來。阮籍著「通易論」的目的，旣在綜貫經義，推論世變，復藉此表明其個人的人生觀及處世之道。所以在論末有言曰：所以透闢的明白天(自然)之道而不致有奢欲，能透闢審察人之德，而不致有憂慮。在上位者地位雖高而不欺凌在下位者，在下位者地位雖卑而不侵犯在上位者。因之，聖人乃能獨立而無悶，不爲有益於人群之道，如此便是道之用。阮籍以爲《易經》一書，成於憂患之際，聖人用之，蓋所以洞明天之道不致有奢欲，審察人之德，使勿懷憂慮。如此，則上下各安其位而無欺凌與侵犯，人群安寧；萬物各得其性，自遂其生。人安寧，物遂生，卽無爲而無不爲的天之大道。獨立無悶一詞，出於大過象辭。其辭爲「君子以獨立不懼，遯世無悶」。其含義是說：君子雖處於憂患，然能超然物外，屹然獨立，無憂無懼；遯世而隱居，別有洞天，樂趣無窮，逍遙自在，故無任何苦悶。遯世無悶，一般常人都作不到。只有超群軼衆的君子，才有這修養而企於這一境界。乾卦文言初九曾提及遯世無悶。孔子的解釋，是說龍有德而隱，不涉及時代紛擾，不計及名譽高低，故能遯世無悶。君子洞察天道，一切順乎自然，以是無悶。君子樂天德而行其道，以是無所憂慮。這亦是潛龍勿用的隱德。阮籍所以在「通易論」中强調君子獨立無悶，乃是自況於潛龍，自己雖生長於衰亂的時代，然而能卓然自立，獨立不移，無所憂懼，心以爲樂而行其道；身雖逐物推移，隱遯避世，而節操不改，樂道不移。潛龍勿用，獨立無悶，乃是阮籍立身處世之至道。

三、自然主義——阮籍既好老莊之言，故信持自然主義，凡事順乎自然。籍喜怒不形於色，不評論時事，絕口不臧否人物，故能處亂世，而能保身存我。當魏晉政權交替之際，嵇康反對軍事專制。康與山濤絕交書中，自稱：「每非湯武而薄周孔，在人間不止此事。」司馬昭深不以此爲然，康遂遭殺身之禍。康最慕仰阮籍「口不言人過」，但自己不能順乎自然，與世推移，自有好惡，當非阮籍「明哲保身」之道。籍雖不臧否人物，但卻「不拘禮法」，因禮爲繁文瑣節，拘束過甚；法是强制力量，控制人生；均大大違背自由自在的自然主義，故不拘禮法。籍嘗追隨嫂氏以道別，禮教之士非之。籍聞之，曰：「禮豈爲我設耶？」他反譏守禮法的人們，猶如群虱之處裩襠中。只有大人先生者才能超越時空，透闢古今，順應自然逍遙一世，遵循大道，獨來獨往，無所羈絆，以天地爲家，與萬物同體。

阮籍以爲萬物一體，生死如一，無所謂壽夭和大小。這和老莊的自然主義的思想，正相一致。籍曰：「天地日月非殊物也。故曰：自其異者視之，則肝膽秦楚也；自其同者視之，萬物一體也。……以生言之，則物無不壽；推之以死，則物無不夭。自小視之，則萬物莫不小；自大觀之，萬物莫不大。殤子爲壽，彭祖爲夭。秋毫爲大，泰山爲小。故以生死爲一貫，是非爲一條也。別而言之，則鬚眉異名，合而言之，萬物一毛也。」」（《全三國文》阮籍，達莊論）又曰：「人生天地之中，體自然之形，物我無分，生死一貫，至人者恬於生而靜於死。」（達莊論）

阮籍曰：「故至人無宅，天地為客，至人無主，天地為所。至人無事，天地無故。無是非之別，善惡之異。蓋以求得者喪，爭明者失，無欲者自足，空虛者受實。」（大人先生傳）這是天地自然之理，永不可改變。而世俗之人，不明於這自然之理，反而栖栖皇皇的去求財貨官位，孜孜不息的去求名譽與顯達；貪耳目、口、舌、身、心之好，期以滿其欲，不知空虛乃受實。結果，身敗名裂，國破家亡。籍曰：「世俗不知自然之理，盛以為百年之生難致，而日月之蹉無常。皆盛僕馬，修衣裳，美珠玉，飾帷牆。出媚君主，入欺父兄。矯厲才智，競逐縱橫。家以慧子覆，國以才臣亡。」（達莊論）

四、無政府主義——老莊的學說是個人自由主義。個人至上，自由第一。人要過無拘無束，自由自在，逍遙快樂的生活；反對一切的權力控制，反對一切干擾行為。故否定政府的設立，反對君主的存在。因之，阮籍乃倡無君的政治思想。他指出無君的利益說：「昔者天地開闢，萬物並生，大者恬其性，細者靜其形。陰藏其氣，陽發其精。害無所避，利無所爭。放之不失，收之不盈。亡不為夭，存不為壽。福無所得，禍無所咎。各從其命，以度相守。明者不以智勝，闇者不以愚敗。弱者不以迫畏，強者不以力盡。蓋無君而庶物定，無臣而萬事理。保身修性，不畏其紀，惟茲若然，故能長久。」（《全三國文》阮籍，大人先生傳）阮籍這種論說，指出在無君無政府的原始社會的「自然狀態」（state of nature）是和平安寧，無奪無爭，強不凌弱，衆不暴寡，智不勝，愚不敗，無君而庶物定，無臣而萬事理。這種思想和法國的盧梭（Jean Rousseau）的政治思想正相似，以為「自然狀態」是美好的、和平的、快樂的。但阮籍的思想卻和管仲、韓非、荀卿等人的主張正相反。他們都認爲在無政府前原始自然狀態是爭鬥不息，自相殘殺，强凌弱，衆暴寡，十分惡劣痛苦。有聖人出，爲之立君，爲之定法，爲之設禮義，分乃定，爭乃止，而出現和平安寧的社會。

阮籍更進一步，指出有君的弊害曰：「君立而暴興，臣設而賊生。坐制禮法，束縛下民。欺愚誑拙，藏智自神。强者睽眂而凌暴，弱者憔悴而事人。假廉而成貪，內險而外仁。罪至而不悔過，幸遇則自矜馳。……夫無貴則賤者不怨，無富則貧者不爭，各足於身而無所求也。今汝尊貴以相高，競能以相尙，爭勢以相君，寵貴以相加，驅天下以趣之，此所以上下相殘也。竭天地萬物之至，以奉聲色無窮之欲，此非所以養百姓也。於是懼民之知其然，故重賞以喜之，嚴刑以威之，財匱而賞不供，刑盡而罰不行，乃始有亡國戮君潰敗之禍，此非汝君子之爲乎!?故君子之禮法，誠天下殘賊亂危死亡之術耳！而乃自以爲美行不易之道，不亦過乎?」（《全三國文》阮籍，大人先生傳）阮籍之不拘禮法，以其爲殘賊亂危死亡之術，乃所謂君子者之所務，而大人先生則摒棄之而不屑一顧。

五、無爲而治——老莊的思想以道爲本。而「道法自然」。自然是道的特性或理則，並非在道之外，另有一物曰自然。自然就是讓萬事萬物，各得其所，各遂其生，各保其性，不受任何干擾或拘束。換言之，一切事物自己（自）本來是怎樣就讓其是怎樣（然），這就是放任政策（laissez-faire）或不干涉主義。一切事物順其自然，不得有任何人爲之力加諸其身，卽放手（hand off）。放手就是無爲而治。

老子論清靜無爲之道曰：「民不畏威則大威至（反叛）。無狎其所居，無厭（壓）其所生。夫唯不厭（不壓迫），是以不厭（人民不反政府）。是以聖人自知不自見，自愛不自貴，故去彼取此（舍立威而無爲）。」（《老子》第七十二章）莊子亦曰：「玄古之君天下，無爲也，天德而已。……古之畜天下者，無欲而天下足，無爲而萬物化，淵靜而百姓定。故曰：通於一而萬事畢，無心得而鬼神服。」（《莊子》天地篇）

阮籍承襲老莊之旨，故亦主張無爲而治。他說：「聖人明於天人之理，達於自然之分，通於治化之體，審於大愼之訓，故君臣垂拱，完太素之樸，百姓熙怡，保性命之和。」（《全三國文》阮籍，通老論）阮籍在所著大人先生傳中亦曰：「無君而庶物定，無臣而萬事理。」無君無臣是無政府的自然狀態，萬事萬物皆順應自然，故無爲而庶物定，萬事理。阮籍在所著「樂論」中曰：「律品和協，陰陽自然和恰；音聲合適，萬物自然各得其性，男女自別，君臣自位，四海九州同一，若合符節。如此，則天地自然合德，萬物自然合生。卽使人君廢棄敎化刑賞而不用，萬民自然安和。」孔子禮樂並論。《禮記》坊記曰：「禮者，因人之情而爲節文，以爲民坊者也。」禮之用在節制人的行爲，勿殞勿越，各得其所，各安其分。樂以致和，和之用在調節人的行爲使合於禮。故孔子曰：「和爲貴，知和而和，不以禮節之，亦不可行也。」儒家的禮樂同在節制人民之行爲，而爲之坊，勿使悖亂。而阮籍的「樂論」，則以爲樂之功用，在和恰萬物，趨於自然，天地合其德，萬物合其生，達於無爲而治的理想境界。

第四十二章　嵇康的政治思想

第一節　生平事略

一、事略——嵇康的生平事蹟，《三國志》魏書卷廿一及《晉書》卷四十九本傳皆有記載。玆參酌二者，扼要記述之。嵇康字叔夜，魏譙國銍（安徽滁縣境）人。父昭字子遠，督軍糧，持書侍御史。康少孤，兄喜字公穆，晉揚州刺史中正，有當世才。康有奇才，遠邁不群，高亮自信，不修名譽，學不師授，博洽多聞，美詞氣，有風儀，人以為龍章鳳姿，天質自然恬靜，長而好老莊之業，彈琴詠詩自足於懷抱之中，以為神仙也。

嵇康生於魏文帝黃初四年（西元二二三年），早卽喪父，賴母孫氏撫育成人。康既生於世宦之家，家望高，康自己有奇才，美風儀，善屬文，能咏吟，不求名譽而名譽自至，因之，得與魏武帝（曹操）孫穆王曹林之女長樂亭主結婚，時在齊王芳正始元年（西元二四〇年），康年十七歲，被選為郎中，拜中散大夫，皆閒散之官。嵇康在這有官無職的清閒生活中遂從事於著作與交遊。康撰養生論，以為神仙稟之自然，非積學所得；至於導養得理，以盡性命，若安期彭祖之倫，可以善求而得也。這是說：神仙雖不可學而得，若導氣養生得其理，延年長壽可善求而至。故康常上山採藥，服食藥石。康又著釋私論，其旨曰：夫稱君子者，心不措乎是非，而行不違道者也。

康既有奇才，善屬文，能咏吟，有風儀，聲望素著，又爲宗室女婿，故願與之交遊者，爲數甚衆。而康則恃才傲世，自視甚高，目中無人，決不輕於與人交遊。所以嵇康終其一生（西元二二三—二六二年）與其交遊的人士，有紀錄可考者，不過四、五十人而已。其神交者則爲竹林七賢中其他六人，卽陳留阮籍、河內山濤、河內向秀、沛國劉伶、陳留阮咸及琅邪王戎。其他與交遊者，有公孫崇、趙至、袁準、山欽、孫登、郭遐周、郭遐叔、阮德如、張叔遼、呂巽、呂安等人。

齊王芳正始十年（西元二四九年）春正月太傅司馬懿乘大將軍曹爽隨帝朝高平陵，率兵據武庫，屯洛水浮橋，發動政變。輔政專權的曹爽等被誅殺，阮籍亦株連在內被害。嵇康爲曹魏宗室的女婿，自感不安，遂辭官歸隱，在其以後有生的十三年中，遨遊山水，上山採藥，並用道家之術以鼎煉丹，製藥服食，期以延年益壽。康多才多藝並會鍛鐵以生財維生。這時嵇康的心情是寂寞苦悶的，其生活除採藥、煉丹、鍛鐵外，便是醉酒以消愁，寫詩以遣懷，彈琴、嘯歌以解悶，更潛心神思研究玄學，著書立說，以貽後人。

康嘗採藥遊山澤，會其得意，忽然忘返。至汲郡蘇門山遇至人高登，遂從之遊。登沉默自守不發言。臨去，登語康曰：君才雋而性烈，其能免乎！康遊邯鄲又遇王烈。烈自言二百餘歲，有石髓如飴，自服一半，以一半與康。烈又入石室取素書一卷，呼康往取，烈卽不見。康神心所感，每遇幽逸若此。大將軍司馬師聞康名，遣親信鍾會往訪康。會乘肥衣輕，隨從多人至康所。康箕踞不爲之禮。康問會曰：何所聞而來，何所見而去。會曰：聞所聞而來，見所見而去。會因而深恨康。

山濤將去官，薦康以自代。康乃與濤書拒之，且因而絕交。書甚長，其中有言曰：「聞道一遺言，餌朮黃精，令人久壽，意甚信之。遊山澤，觀魚鳥，心甚樂之。一行作吏，此事便廢。安能舍其所樂，而從其所懼哉？夫人之相知，貴識其天性，因而濟之。禹不逼伯成子高，全其長也。仲尼不假蓋於子夏，護其短也。近聞諸葛孔明不迫元直以入蜀，華子魚不强幼安以卿相，此可謂能相始終，直相知者也。……今但欲守陋巷，敎養子孫，時時與親舊叙離濶，陳說平生，濁酒一杯，彈琴一曲，志意畢矣。豈可見黃門而稱貞哉？若趣欲共登王途，期於相致時爲權益，一旦迫之，必發狂疾，自非重讎不至此也，旣以解足下，並以爲別。」

東平呂安慕仰康之高致，每一相思，輒不遠千里命駕訪康，康與爲友而善之。其後，安之嫡兄呂遜淫安妻徐氏。安欲控兄休妻，恣商於康，康喩而止之。呂遜自感不安，反先發制人，訴安不孝且謗兄，請徙遣安於邊郡，安引康詞以自辯。這時鍾會言於朝廷曰：今皇道開明，四海歸心，萬民順服。獨有嵇康傲世不恭，上不臣天子，下不事諸侯，不守禮法，傷風敗俗，且嘗非湯、武，而輕周、孔。司馬師深惡之，康遂遇害，年僅四十。康將受刑於東市，太學生三千人請以爲師，弗許。康死時，自嘆廣陵散於今絕矣！海內之士，莫不痛之，時在陳留王景元三年（西元二六二年）。

二、著作——《三國志》魏書嵇康傳引《魏氏春秋》，稱康所著文論六、七萬言，皆爲世所玩詠。《隋書》經籍志錄《魏中散大夫嵇康集》十三卷。康之著作流傳至今者，見於明張溥編《魏晉六朝百三家集》中及淸嚴可均編《全三國文》中。前書所錄康著，有：琴賦，懷香賦，與山巨源絕交書，與呂長悌絕交書，卜疑集，釋私論，養生論，聲無哀樂論，難張遼叔宅無吉凶攝生論，難張遼叔自然好學論，明膽論，管蔡論，原憲贊，襄城童贊，司馬相如贊，許由贊，井丹贊，琴贊，太師箴，家誡，秋胡行，幽憤詩，褋詩，贈秀才入軍詩，答二郭詩，與阮德如詩，遊仙詩，述志詩，思親詩，琴歌等。後書所著錄康著，有：琴賦、酒賦、蠶賦、懷香賦、序、卜疑；與山巨源絕交書、與呂長悌絕交書；琴贊；養生論，聲無哀樂論，釋私論，管蔡論，明膽論，難張遼叔自然好學論，難張遼叔宅無吉凶攝生論；太師箴，燈箴，家誡，及聖賢高士傳六十篇，包括廣成子、巢父、許由、務光、老子、關尹令喜、狂接輿、長沮、桀溺、荷蓧丈人、原憲、范蠡、段干木、莊周、河上公、安丘公、司馬相如、王尊、井丹、鄭仲虞等人。

第二節　個人性格

各人的命運由各人的性格（character）決定之。所以嵇康的命亦是由於他個人的性格所造成的。性格一詞與人格（personality）一詞常相混用。英國學者多用性格一詞。美國學者愛用人格一詞。性格着重於各人個性內在心理的深層結構。這一心理結構影響着人的思想與行動。人格着重個人外在行爲所表現的特色，亦卽個人在社會中角色扮演的形象（roleship）。無論性格或人格皆是半由先天稟賦，半由後天薰陶而形成的。嵇康的個人性格自然亦是由於他的天性與環境所鑄製成的。從他的個性和處境而形成其性格特色，就是偏激、自由、消極、傲世與任性。

一、偏激——漢末歷桓靈之世，黨錮之禍，相繼發生，青年學子及有志之士被殺害者不知凡幾。中平六年（西元一八九年）四月，靈帝崩，子少帝辯卽位，改元光熹。八月何進謀誅宦官而被殺。袁紹盡誅宦官。九月董卓入京，廢少帝爲弘農王，立獻帝協，次年改元初平（西元一九〇年），引起關東諸侯的不滿，起兵討董卓，爆發戰亂，歷時六年，人民死亡枕藉，學術文化破壞慘重。初平三年呂布殺董卓。曹操據兖州，兵力較强，戰敗袁紹、袁術等，進兵洛陽，遷獻帝於許昌，改元建安（西元一九六年），自爲司空，挾天子以令諸侯，遂起三國之亂。曹操狡詐陰險毒狠，重法術，輕儒士，迫害無辜，排除異己，文人學士被其殺害者，不可計數，如蔡邕、孔融、楊脩、禰衡、陳琳等卽其著者。曹子丕篡漢爲魏文帝，卽位爲黃初元年（西元二二〇年）。曹魏雖得天下，而內部的鬬爭，卻十分激烈，先有曹爽專政，被司馬懿所誅，學人何晏、鄧颺被株連，並夷三族。其後司馬師、司馬昭亦屢發奪權爭勝的政亂，殺害異己無算。這一時期，乃是强凌弱，衆暴寡，戰亂不息，殺戮不止的黑暗世界，强權卽是公理。嵇康對此等史實與現象，知之甚深，恨之甚切，心中憤懣，至爲不平。但自己又無能力平其所不平，心情不穩，思想急烈，遂形成其偏激的性格。

嵇康深好老莊之學，並自稱以老子爲吾師。一般人多認爲道家思想是消極的遁世主義，且崇尚柔弱，注重謙讓，與人無爭。其實，老莊思想具有强烈的反叛精神，要打破現狀，摧毀法律，取消禮義，不要政府，廢棄名敎。這種思想與學說是十分偏激的。老子曰：「大道廢，有仁義；智慧出，有大僞；六親不和有孝慈，國家昏亂有忠臣。」（《老子》第十八章）這不是反仁義，反智慧，反忠孝的偏激思想麼？老子曰：「法令滋彰，盜賊多有。」（《老子》第五十七章）這不是反法律，反政府的偏激思想麼？莊子曰：「絕聖去智，大盜乃止；擿玉毀珠，小盜不起；焚符破璽，而民朴鄙；掊斗折衡，而民不爭；殫殘天下之聖法，而民始可以論議。……故曰：大巧若拙，削曾史之行，鉗楊墨之口，攘棄仁義，而天下始玄同矣。」（《莊子》胠篋篇）這不是反文化，反制作，反聖法，反楊朱，反墨翟，反孔孟的偏激思想麼？嵇康好老莊之言，在這種偏激思想的長期薰陶下，自然形成其偏激的性格。

二、自由——嵇康在與山濤絕交書中，自稱：「游山澤，觀魚鳥，心甚樂之」；「不涉經學，又讀老莊，益增其放。故榮進之心日頹，任逸之情轉篤。」足見嵇康天性愛自由，又受老莊自然主義思想的薰陶，且又處於玄學盛行，學術思想自由的時代，故而養成其自由性格。

就學術思想的時代言，儒學在東漢被災異、圖讖、符命及緯書的風行與掩蓋巳見衰退，再經過董卓及三國之亂，儒學趨於式微。而一般有識之士，多厭惡曹操尙法術，重刑罰的法家思想。儒學式微，法學難行，於是學術思想出現空白地帶。因之，道家的玄學乃得乘空而蔚然興起，成爲魏晉學術思想的主流。首開玄學風氣者，應推魏文帝侍中的王粲。粲字仲宣，才華洋溢，思考敏捷，善屬文，長言辭，均少瑕疵，爲建安七子之冠。粲之兄弟皆習儒學，獨粲好言道，背離傳統，與衆不同。粲認爲理的精奧玄妙，不是物象所能包括，文辭亦不能表達其文辭外的意義，要用形而上的神思遐想，邏輯的推理去探索追尋之。這一理論給予學術思想一大新刺激；使人們知道學問不全在儒術經學中，亦非在現實世界中所能得其全，而在天道與人性中，更在形象與文辭之外。這種理論超出當時的知識與常識外。到了齊王芳正始年間（西元二四〇至二四九年）由於何晏、王弼等研究與倡導，眞正開始了一個學術思想的新時代。這一時代就是談玄、論難的玄學盛行時代，亦是思想自由的新時代，不受傳統拘束，不受禮法限制，不講權威，無視階級。嵇康生長在這一學術思想自由的大時代，遂能胎育成他的自由性格。

三、消極——嵇康在自成長至娶長樂亭主，遷郎中，拜中散大夫的這一期間，正當齊王芳正始前後。嵇康與何晏同爲宗室女婿，二人亦因此而有親戚關係。何晏爲吏部尙書，掌人事選用大權，深得曹爽信任。在何晏的領導下，談玄信道（老莊）成爲一時風氣；洛陽便是這一風氣的中心。當時嵇康正在洛陽，自然受到這風氣的影響。但這時社會不寧，政爭屢起，政治野心家，逞強恣肆，爭權奪利，排除異己，殘害無辜，甚至談玄習道的文人學士，遭殺戮者亦大有人在。正始十年（西元二四九年，康二十七歲）司馬懿以曹爽、何晏、鄧颺等圖謀不軌被殺，並夷三族。嘉平三年（西元二五一年）康二十九歲，司馬懿又以王凌謀立楚王彪，逼淩自殺，彪賜死。嘉平六年（西元二五四年，康三十二歲）司馬師以李豐、張緝等謀以夏侯玄輔政，同被殺戮，夷三族。師廢齊王芳而立髦爲帝，是謂高貴鄉公，改元正元。正元二年毌丘儉、文欽起兵討司馬師，兵敗被殺。高貴鄉公甘露五年（西元二六〇年）康三十九歲，司馬昭弒帝立曹操之孫奐，是謂陳留王，改元景元。嵇康對這些不斷的爭權鬥爭，恃強殺人，失去理性，不講公道的世局，深惡痛絕；在他天眞坦直的心靈上是無比的壓力，是最大的障礙。

當一個人在生活進程中，遭遇到最大壓力或障礙，應採取如何的態度和方法以爲處理與解決呢？要而言之，不外三種途徑：一是積極進取的途徑，運用自己的智慧與力量，作大無畏的衝擊，摧毀這壓力或障礙，繼續前進。二是消極退縮的途徑，因自己無此智慧與力量摧毀這壓力或障礙，只得持消極悲觀的態度，忍痛在心，向後退縮，以躲避這壓力或障礙。三是迂迴環繞的途徑，因自己既無力量摧毀這壓力或障礙，又不願忍痛退縮，乃運用機智與技巧，另尋別路或曲徑繞過這壓力或障礙。嵇康一介書生，既無政治權力，又無軍事力量，自難採積極途徑，以消除壓力或障礙。嵇康天性坦直，不用心機，亦不願尋曲徑，迂迴繞過難關。他以老子爲師，老子尙柔弱，抑剛强，重讓退，故採取消極退縮的途徑，而度其隱退與遁世的生活。嵇康的消極性格，乃是受大環境壓迫下而形成的。

四、傲世——嵇康自負才高識廣，善屬文，能詩賦，工歌彈，孤芳自賞，風高節亮，目中無人；再

觀社會一片黑暗，朝政混亂，風習敗壞，强凌弱，衆暴寡，智者欺愚，富者壓貧。世人皆濁我獨淸，世人皆闇我獨明。他心目中看得起的人實在少之又少，至於可與之交遊者，更是鳳毛麟角。因爲他具傲世的性格，所以在他的一生中，所有與之交遊的人，祇不過四、五十人而已矣。他的傲世不恭，可能開罪不少的人。開罪一個普通人，也許沒有什麼大關係，若開罪於一個心地不善良的權貴，其爲禍之烈，便不堪設想。當時聲勢赫赫，權傾一世的大將軍司馬師派寵信的鍾會往訪嵇康。鍾會乘肥衣輕，隨從如雲，至康處，康正鍛鐵，不予理會，更不以禮待之，且以卑視之語語會曰：何所聞而來，何所聞而去。會深恨之。遂因此而罹禍。

五、任性——嵇康早喪父成孤兒，在寡母的鞠育下，長大成人。寡母痛愛幼子，無微不至，予取予求，有慈無威，寵愛逾恒，遂養成其任性的性格。康一生受慈愛，未遭懲罰，及至繫獄，自作幽憤詩有句曰：「嗟余薄祜，少遭不造，哀煢靡識，越在襁褓，母兄鞠育，有慈無威，恃愛肆姿，不訓不師，爰及冠帶，憑寵自放，抗心希古，任其所尚。」由此足見康亦自認其任性。蘇門山至人孫登，曾警告嵇康曰：「君才雋而性烈，豈能免乎！」康仍不自抑，任性而爲。幽憤詩自悔曰：「昔慚柳惠，今愧孫登。」竹林好友山濤曾欲擧康自代入仕，本是好意，自己不肯接受亦就罷了，康竟因此寫信給濤而絕交。這亦是任性性格的一種行爲表現。

第三節　政治思想

一、爲我主義——老莊學說是個人自由主義，個人至上，自由第一。蔡元培曾考證莊子就是「拔一毛而利天下不爲」的楊朱（見顧頡剛《古史辨》）。不管此說是否正確，而老莊學說是「自我中心」的，當無問題。老莊思想重在存我、保命、順性。因之，嵇康在幽憤詩中有言曰：「託好老莊，賤物貴身，志在守樸，養素全眞。」嵇康目覩政爭不斷，殺人無算，可貴的生命本已如白駒過隙的短暫，人人不知命在何時，生命隨時有遭戕殺的危險，因之使他走向消極悲觀的人生途徑，認爲存我保命最爲重要。嵇康把一切的功名富貴都拋棄在腦後，認爲只有自己的生命和身體最爲重要，遂以採藥服藥爲常事，或以鼎煉丹而食之，期以存我保命。

如何存我保命，康乃撰養生論以明其理。他以爲神仙乃由於自然稟賦之特異，固非積學所能致。至於使用道家的導氣養性之法，得其道理，以盡性命，亦可壽比彭祖。他說：「知自厚者所以喪其所生，其求益者必失其性，超然獨達，遂放世事，縱意於塵埃之表。」（《三國志》魏書，卷二十一）康又撰錄上古以來，聖賢隱逸遁心遺名者，集爲贊傳，凡百一十有九人，蓋欲友其人於千載也。

嵇康曰：「夫推類辨物，當先求自然之理，理已定，然後借古義以明之耳。」（聲無哀樂論）養生要依於自然之理。自然之理在無名、無累、無物，然後始可以明我而養生。若失理而爲，縱在細微之處，則積微成鉅，亦足以喪生。養生論曰：「措身失理，亡之於微，積微成損，積損成衰，從衰得白，從白得老，從老得終，悶若無端。」凡馳騁於世敎之內，爭巧於榮辱之間，皆非養生之道。養生論曰：「上以周孔爲關鍵，畢志以誠，下以嗜欲爲鞭策，欲罷不能。馳驟於世敎之內，爭巧於榮辱之間，以多同自滅，思不出位。使奇事絕於所見，妙理斷於常識，以爲變通達微，未之聞也。」

嵇康所提示的養生、存我、保命的具體方法，有下列三種：㈠節物慾。他說：「豆令人重，榆令人瞑，合歡蠲忿，萱草忘憂，愚智所共知也。薰辛害目，豚魚不養，常世所識也。……而世人不察，惟五穀是見，聲色是耽，目惑玄黃，耳務淫哇。滋味煎其腑臟，醴醪煮其腸胃，香芳腐其骨髓。……夫以蕞爾之軀，攻之者非一途，易竭之身，內外受敵，身非木石，豈能久乎！」（養生論）㈡忘情意。他說：「是以君子知形恃神而立，神須形以存，悟生理之易失，知一過之受生。故修性以保神，安心以全身，愛憎不棲於情，憂喜不留於意，泊然無感，而體氣和平。」（養生論）㈢去智巧。他說：「智之所貴，存我爲貴。所以貴智而尙勤者，以其能益生而原身也。然欲動則悔吝生，智行則前識立，前識立則智闇而物逐；悔吝生則患積而身危，二者不藏於內而接於外，足以災身，非所以厚生也。……使動足資生，不濫於物；智正其身，不營於外；背其所害，向其所利，此所以用智遂生也。故智之爲美，美其益生而不羨，貴其樂和而不交，豈可疾智而輕身，動欲而賤生哉？」（答難養生論）

二、自然主義——嵇康好老莊之言，以老子爲師。老子之學以道爲本，而「道法自然」。故康的思想注重自然主義，以爲行不可違乎道，應越名教而任自然。他著釋私論而言曰：「夫稱君子者，心不措乎是非，而行不違乎道者也。何以言之？夫氣靜神虛者，不存於矜尙；體亮心達者，情不繫於所欲。矜尙不存乎心，故能越名教而任自然；情不繫於所欲，故能審貴賤而通物情。物情順通，故大道無爲；越名任心，故是非無措也。」

嵇康認爲得自然之道，在於不受六經的抑引及拋棄仁義的僞理。他說「六經以抑引爲主，人性以從欲爲歡。抑引則違其願，從欲則得自然。然則自然之得，不由抑引之六經。全性之本，不須犯情之禮律。故仁義務於理僞，非養眞之要術。廉讓生於爭奪，非自然之所生也。」（難張遼叔自然好學論）

嵇康崇尚自然，以無措爲主，通物爲美。他說：「是故言君子則以無措爲主，通物爲美。言小人，則以匿情爲非，以違道爲闕。何者？匿情矜，小人之至惡，虛心無措，君子之篤行也。是以大道言及吾無身，吾又何患。無以生爲貴者，是賢於貴生也。由斯而言，夫至人之用心，固不存有措矣。故曰：君子行道，忘其爲身，斯言是矣。君子之行賢也，不察於有度而後行也。任心無邪，不議於善而後正也。顯情無措，不論於是而後爲也。是故傲然忘賢，而賢與度會，忽然任心，而心與善遇，儻然無措，而事與是俱也。」（釋私論，載於本傳）

嵇康有誡子書一篇。誡子立志守志要企於心順體安的自然境界，並非勉强而行之，有似儒家的從容就道，不思而中，不求而得。書曰：「人無志，非人也。但君子用心所欲準行，自當量其善者，必擬議而後動。若志之所之，則口與心誓，守死無二，恥躬不逮，期於必濟。若心疲體解，或牽於外物，或累於內欲，不堪近患，不忍小情，則議於去就。議於去就，二心交爭，則向所以見役之情勝矣。或有中道而廢，或有不成一簣而敗之，以之守則不固，以之攻則怯弱，與之誓則多違，與之謀則善泄，臨樂則情肆，處逸則極意，故雖繁華熠熠，無結秀之勳；終年之勤，無一旦之功，斯君子所以嘆息也。若夫申胥之長吟，夷齊之全潔，展季之執信，蘇武之守節，可謂固矣。故以無心守之，安而體之，乃是守志之盛者耳。」

三、無爲思想——嵇康信持自然主義。自然就是順乎萬物原來的本性原狀，使之自由自在，無拘無束，不加任何人爲制作，不予任何權力干涉，猶如今日所謂之自由主義和放任政策。嵇康曰：「古之王者承天理物，必崇簡易之敎，御無爲之治。君靜於上，臣順於下。玄化潛通，天人交泰。枯槁之類，浸育靈液，六合之內，沐浴鴻流，蕩滌塵垢，群生安逸。自求多福，默然從道，懷忠抱義而不覺其所以然也。」（聲無哀樂論）這是嵇康所構想的無為而治的境地。

嵇康進而描述在無為而治的境地中，君主的理想行為是怎樣。他說：「聖人不得已而臨天下，以萬物為心。在有群生，由身以道，與天下同於自得。穆然於無事為業，坦爾以天下為公，雖居君位，饗萬國，恬若素士接賓客也。雖建龍旂，服華袞，忽若布衣之在身。故君臣相忘於上，蒸民家足於下。豈勸百姓之尊己，割天下以自私。以富貴為崇高，心欲之而不已哉！」（答難養生論）

四、非儒思想——嵇康好老莊之言，崇尚自然，天性愛好自由，不願受名教、禮儀、仁義的拘束，所以他的思想是非儒的、反儒的。他認為儒家的六經以抑引為主，抑引則妨礙思想自由，不能暢申己意，言所欲言，言所當言，違犯自由意志，難得自然之理。仁義是偽誤之理，不能以全性養眞，故力非之。嵇康曰：「六經以抑引為主，人性以從欲為歡。抑引違其願，從欲則得自然。然則自然之得，不由抑引之六經。全性之本，不須犯情之禮律。故仁義務於理偽，非養眞之要術。廉讓生於爭奪，非自然之所出也。」（難張遼叔自然好學論）

嵇康在與山濤絕交書中，提出必不堪者七，甚不可者二，完全表現出其尚自然、愛自由的天性，決非名教仁義禮法所能拘束，而且以湯武為非，周公孔子為薄。書中有言曰：「人倫有禮，朝廷有法，自惟至熟，有必不堪者七，甚不可者二。臥喜晚起，而當關呼之不置，一不堪也。抱琴行吟，弋釣草野，而吏卒守之，不得妄動，二不堪也。危坐一時，痺不得搖，性復多蝨，把搔無已而當裹之以章服，揖拜上官，三不堪也。素不便書，又不喜作書；而人間多事，堆案盈几，不相酧答，則犯教傷義；欲自勉強，則不能久，四不堪也。不喜弔喪，而人道以此爲重，已爲未見恕者所怨，至欲中傷者，雖瞿然自責，然性不可化，欲降心隨俗，則詭故不情，亦終不能獲咎無譽，如此，五不堪也。不喜俗人而當與之共事，或賓客盈坐，鳴聲聒耳，囂塵臭處，千變百伎，在人目中，六不堪也。心不耐煩，而官事鞅掌，機務纏其心，世故繁其慮，七不堪也。又每非湯武而薄周公，在人間不止此事，會顯世教所不容，此甚不可一也。剛腸疾惡，輕事直言，此甚不可二也。」

第四十三章　王弼的政治思想

第一節　生平事略

一、事略——王弼的生平事略見於《三國志》魏書卷二十八鍾會傳後所附何劭撰之王弼傳。弼字輔嗣，三國魏山陽高平（山東鄒縣西南）人，生於魏文帝黃初七年，卒於魏齊王芳正始十年（西元二二六至二四九年），享年僅二十四。弼生而慧察，年十餘，卽好老子學說，通辯能言。時父業爲尚書郎，裴徽爲吏部郎。弼未弱冠往見徽，徽一見而異之。問弼曰：夫無者，誠萬物之所資也，然聖人莫肯致言，而老子何以對無卻申論不已，何也？弼曰：聖人體無，無又不可訓，故聖人不致言。老子言無，乃所以補聖人所言之不足。

時何晏爲吏部尙書，掌人才選拔，甚喜王弼的才華，而嘆曰：仲尼稱後生可畏，若斯人者，可與言天人之際。在何晏主持的一次清談座中，晏提出一些難題問王弼。弼尙在弱冠，都能提出精湛見解，以犀利的口才，壓倒群英。清談是魏晉研究玄學的方式。談的內容是玄學，使用的方法是論難。論難猶如今日座談會、討論會、或辯論會。與會者互相詰難，以研究玄學。論難語辭要清利美妙。王弼曾主持或參與多次的清談論難會，皆一座人所不及，譽爲千古罕見之才。一代談宗的何晏對他尤爲佩服。正始玄學清談大師中，以何晏、王弼居於領導地位，猶如引導航行的兩座燈塔。何晏曾有意作《老子》注。聞王弼在作此事，晏自知不如弼，乃止其意而俟觀弼注。王弼《老子注》完成，立論精當超奇，何晏爲之神伏不已，乃不注《老子》而另著《道德論》。

初時，王弼曾覲見曹爽。爽屏去左右，而弼與之論道，久談皆玄道而不及其他，爽笑之。正始中，黃門侍郎屢缺。何晏爲吏部尙書，曾用賈充、裴秀爲之。晏又議用王弼，而丁謐與晏爭衡。丁乃薦王黎於曹爽，爽遂用王黎，於是以弼補臺郎。時爽專朝政，黨與共相進用。王弼才雋名高，遠勝王黎，卻不得用。王弼雖志在玄學，並不熱衷仕途，但用人不公平，重黨私而不重人才，對年輕的王弼，不能說不是一大打擊和刺激。不久，王黎病逝，爽用王沈代黎，弼仍不得用。何晏深爲之嘆息而憤怨。

王弼爲臺郎，不見事功，且非其所長，亦非其所志，益對臺事不留意。淮南人劉陶，善論縱橫，有才名，爲世所重，每與弼語，卻不能勝。弼天才卓出，當其所得，莫能奪之。弼除明玄理外，尙樂游宴，解音律，善投壺（一種遊戲），美文辭，均出人頭地。惟何晏之自然從容，超群軼衆，爲弼所不及。弼每以其所長笑人，故爲時人不滿。弼與鍾會甚友善，會亦有才學，善議論，而亦敬佩弼之高致。何晏認爲聖人超然物外，不受外界的影響，故曰聖人無哀樂，其義甚精。鍾會等人贊同而論述之。王弼則持不同見解，以爲聖人異於常人者，以其具有神明，故能體冲和以通於無；然聖人與常人同具五情，受外物激刺，仍有喜怒哀樂的反應。弼作《易經注》，重義理而尙其辭；作《老子注》，則重理統，以爲天地萬物皆以無爲爲本。太原王濟亦好清談，見弼所注易，而曰所悟甚多。

王弼家屬高第，父業官至謁者僕射，兄宏職居司隸校尉。家聲既高，自己又才識超群軼衆，受世人所推重，望重一世，何晏對弼亦十分擡舉，弼又年青，少不更事，於是形成其傲世不恭的性格，眼光過息者累日。

高，目中無人，自恃不凡，下眼看人，自不免開罪於人。所以當他二十歲，何晏爲吏部尙書，掌選擧，保擧他爲黃門侍郎，而遭到他人的抵制與破壞。弼旣高傲，所與交遊者每不能相始終。弼初與荀融、王黎甚爲友善。黎奪其黃門侍郎，固恨之，不與之交遊；而與融亦不能相始終。正始十年（西元二四九年）專政的曹爽被司馬懿誅殺，何晏亦被害，弼亦去官。當年王弼罹患癘疾身亡。弼卒，晉景王聞之，爲之嘆息者累日。

二、著作——王弼的著作有《周易注》、《老子注》及《論語釋疑》三種，何劭所作《王弼傳》中曾述及。另見於諸史著錄者，尙有《周易略例》、《老子微旨》及《大衍論》。不過，《周易略例》、《大衍論》仍係有關《易經》的著作，恐亦超不出《易經注》所論。《老子微旨》當亦難出《老子注》的範圍。玆將這些著作流傳或佚散的情形擧述於次：

1.《周易注》共六卷，自唐朝頒《五經正義》，定爲《周易》標準注解以後，此書便廣泛流行。惟王弼注《易》祇注了六十四卦的卦爻辭及彖辭文言，繫傳以下皆未注，後由韓康伯續注完成之。如此周易注始告完整。淸代阮元所校刊的《十三經注疏》，就是王、韓合注的《周易》。《周易略例》一卷在申說《周易》的一般原則，篇幅不多，每附在《周易注》之末，一併流行。《大衍論》三卷，卻未見流行於世，已告亡佚。

2.《老子注》二卷，自魏晉以來一直被認爲是《老子》一書的標準注解，以流行旣久，文字誤植亦多，經宋晁說之整理，爲現今之通行本。《老子微旨》一卷在申論《老子》學說的一般原則，久未行世，多以爲此書已佚亡。但《道藏》中有《老子微旨例略》，未題作者姓名。經嚴靈峯考證，認爲這便是王弼的著作。民國四十五年起，將此篇自《道藏》中抽出，予以單獨印行，並附有校記，經收錄於《無求備齋老子集成初編》之中。

3.《論語釋疑》三卷，《唐書》與《新唐書》均有著錄，但今已不存。惟間見於皇侃《論語義疏》及邢昺《論語正義》中。清代馬國翰有《論語釋疑輯本》，凡四十節，合爲一卷，雖不見全豹，但亦可窺見其一鱗半爪。

第二節　思想背景

王弼享年僅二十四歲，而其學術成就卻達於驚人的地步，其著作在中國學術思想史上，亦佔有相當重要的地位和不可抹滅的貢獻。這固然由於他先天稟賦的卓越天才和高超的智慧，但他的家學淵源、學術風氣及時賢切琢亦是促成其學術成就的重要因素。於此特將王弼學養背景予以論述。

一、家學淵源——從《三國志》鍾會傳後所引述的王弼傳、《博物記》及《魏氏春秋》中，可以探知王弼的家學淵源。王弼之父王業官至謁者僕射，兄王宏官司隸校尉並著有《易義》。所以王弼是生長在仕宦之家與書香之家，對他的治學興趣不無啓發。王弼的外曾祖父劉表和族祖父王粲，都是荆州學派的中心人物。粲任魏文帝侍中，聰敏有才，道傍碑一經過目，即能背誦，且首倡學問的深奧佳妙處不在物象之內，亦非文辭所能表達，應於形象及文辭之外的天道人性中求之，開玄學研究之先河。王粲爲建安七子之冠，劉表爲漢九家《易》之一。粲爲漢魏之際的學術權威。而劉表之師又是粲之祖父王暢。暢是家喻戶曉的名臣。王弼的出身，顯然是赫赫書香世家的子弟，尤其是《易》學名家的子弟。這樣的家庭背景和家學淵源，對他的學術造詣是大有裨益的。

《博物記》曰：王粲與族兄王凱俱避地荆州，劉表以女妻王凱。凱生業，業卽王弼之父。王粲原有二子，因魏諷案受牽連被殺，於建安二十四年王業便過繼於粲。因此，弼便成爲王粲之嗣孫。昔蔡邕見粲而奇其才，語座上諸賓客曰：「此王公孫也，吾不如之，吾家圖書文章，當盡與之」（見王粲傳）。粲死，蔡邕的萬卷圖書便到王弼的手中，而有治學究古的良好的環境與設備。

王弼的外曾祖父及族祖皆是荆州學派的泰斗，祖父與父親又皆受荆州學派的薰陶。王弼生於魏文帝黃初七年（西元二二六年），距荆州破亡已十八年，縱使弼未到過荆州，從其父祖輩的口述與遺書中，亦可呼吸到荆州學術的氣息，並領略諸大師的風流餘韻。獻帝初平元年至建安十三年（西元一九〇—二〇八年）間，劉表爲荆州刺史，駐節襄陽。當時中原戰亂，荆州一帶較爲安寧。劉表亦能恩威並用，招致有方，轄境廣大，地方清靜，中原人士投奔荆州者，爲數甚衆。那時王弼祖父王凱，族祖父王粲亦歸附劉表。劉表領導來歸的各地學人，研究經學，由宋忠等人撰定《五經章句》，稱爲「後定」。後定大致介於鄭玄的古今文經及以後魏晉崇尚的《易》、《老》、《莊》玄學之間，是謂荆州學派。

荆州學派王弼祖父輩王凱、王粲有直接關係，對王弼的思想發生很大的影響。就荆州學派學風的特性以言，對王弼的思想有如下的啓發：㈠荆州學派的中心人物劉表、宋忠等均治《周易》。宋忠對揚雄的《太玄》尤有硏究。這派的學人，不僅治《易》且重《太玄》（揚雄仿《易》之作）。王弼對《易》學特別有興趣，且能建立重義理的新《易》學，當係受有荆州學派學風的影響。㈡《南齊書》王僧虔誡子書稱「荆州八帙，言家口實。」足見荆州學派著作很多，延至南齊此八帙乃爲淸談家（言者）所使用的資料。

由此，足見荆州學派既是魏晉玄學的濫觴，復爲魏晉清談的先河。王弼既屬玄學大家，是清談健將，自受有荆州學派的薰染。㈢經學發展到鄭玄成小統一之局。其功在刪減章句的繁蕪瑣細及折衷古今文經的紛爭。荆州學派劉表的《周易章句》，宋忠的《五經章句》、《周易注》、《太玄解詁》，王粲的《尚書問》等皆是鄭玄經論統一與簡化的進一步的推進，且申張新義，不守舊說。王弼的新《易》學便是荆州學派學風的繼續。

二、時代影響——王弼思想和學說的形成，所受於時代環境影響者，可從左列四點予以說明：

1.自東漢桓帝、靈帝以後，歷受宦官、外戚、黨錮的禍亂，朝政敗壞，綱紀廢弛，再加上太平教張角黄巾賊的叛亂，搶奪虜掠慘重，社會秩序擾亂不堪，戰爭不斷，殺戮連延，死亡狼藉，經濟凋蔽，民不聊生。黄巾之亂，係假道教思想以惑世。賊亂雖平，人民受愚惑者甚衆，以爲道家思想是自由解放的路燈。一般人民固受到道教的愚惑，而上層階級的人士亦發生研究老、莊思想的興趣。魏晉研究玄學之風氣大行，可能這時已在萌芽中。

2.自漢武帝罷黜百家，儒學居於獨尊地位，且成爲入仕干祿的工具，士人之治儒學，並非爲學術而致力，而是從功利立場，視之爲求官的梯階，於是以當道者的政策與意旨爲趨赴，因之儒學流爲官學。士子遂流於重視官府權威，忽略學術自由。因之，儒學漸趨於定型化、形式化、僵硬化，失却生動蓬勃的精神，以致衰退式微。漢代經學的研究，重家法，尚章句，流於繁文縟節，拘泥訓古，支離瑣細，難以自由活潑的申論義理，活化思想，漸不能滿足士人研究的需要，亦失却維繫社會文化的主導力量。窮則變，變則通。在儒學失却其權威性之際，學術界遂生求變的心理。求變的途徑在於打倒權威，擺脫拘束與限制，而謀求學術思想的自由。於是崇自然，尙自由，求眞理的老莊玄學乃得應運而蔚然興起。

3.曹操挾天子以令諸侯，重權勢，使法術，嚴刑罰，奸詐陰險，以力服人，以術愚人，輕視儒學，認爲儒士乃是迂濶無用之輩，且儒士被其殺害者亦不乏人。四次下令求才，皆明言不重講道德說仁義的無用之士。而重有才幹，能克敵制勝，治理國家，統屬人民的幹員，縱使其道德有缺陷，亦在所不計。這種惟力是視，惟權是尙，嚴刑峻法，卑視道義的申韓之術，亦非士人或學術界所能接受。儒家既失勢，法家亦不受歡迎，於是玄之又玄，衆妙之門的老、莊思想，乃得乘隙而勃然興起。

4.講玄學，尙清談的學術風氣，雖說在漢末的仲長統、王充、劉表、宋忠、王粲已開其端倪，但玄學清談學風的眞正開始則在魏齊王芳正始年間。顧炎武曰：「三國鼎立，至此垂三十年。一時名士風流，盛於洛下，乃其棄經典而尙老莊，蔑禮法而崇放達，視其主之顚危，若路人然。……是以講六藝，鄭玄、王肅爲集漢之終，何晏、王弼爲開晉之始，至於國亡於上，敎淪於下，羌戎互僭，君臣屢易，非林下諸賢之咎其誰哉？」（《日知錄》卷十三）趙翼《廿二史劄記》曰：「淸談者起於魏正始中，何晏、王弼祖述老莊。」所以晉以後的清談者，每逢剖辯理源，到精采時，便追思「正始之音」，並將最健談者推何晏、王弼。弼生當玄學與清談盛興之始，故形成玄學思想及辭清語妙的清談技術。正始玄學雖何晏、王弼並稱，然何生於漢獻帝初平元年（西元一九〇年），王生於魏文帝黃初七年（西元二二六年）。晏長弼三十五歲，堪稱弼之前輩，且晏居吏部尙書要職，常欲提拔王弼。故何王關係實在師友之間。何愛王天才卓越，思慮精敏，極力提携蓄育之。在何主持的玄學談座中，常以難題問王弼，期予以磨練而成全之。

三、時賢切琢——學問與思想的發展與進步，有賴於師友間的研討與論辯者甚多。當時王弼常與時

賢裴徽、傅嘏、鍾會、劉陶、何晏等談論玄學的問題，如宇宙本體、人生意義、求學態度、《易經》原理、老莊學說等。理愈辯愈明，越究越精。弼與這些時賢的論難與切琢，當受到不少的影響。何晏主張聖人超然物外，不受外物的刺激而作反應，故曰聖人無喜怒哀樂，論證精闢深刻，鍾會等皆贊同而論述之，獨王弼以爲不然。弼以爲聖人所異於常人者以其有超人的神明，故能體冲和以通於無，但與常人同具五情，受外物刺激亦生喜怒哀樂的感情。《世說新語》文學篇稱：裴徽爲吏部郎，王弼未弱冠，曾往造訪，徽一見而奇之，便問弼曰：夫無爲萬物之所資，聖人(孔子)莫肯言之，而老子却對無申說不已，何也?弼曰：聖人雖體認「無」，然「無」不易訓解，故不去談說。老子則超越「有」，以體認「無」，卽天地萬物生於「有」，而「有」生於「無」，所以常談「無」，以滿足自己的不足。

第三節　政治思想

一、崇尚自然——王弼學宗老子，老子之學以道爲本，而道法自然，故老子之道是自然主義。弼依於自然主義，認爲天法道的天道，乃是自然而然的道理或法則。天是無意志的，無所作爲，不能作威福，降吉凶，更不能以災異譴責人君的無道。這種思想在漢末王充的《論衡》一書中，言之至爲詳切，弼繼之亦信持自然主義的天道觀念，認爲天道是自然而然；沒有主宰和意志。黃巾賊持太平道及五斗米教，教人誦老子之文，拿天是有意志的，能降吉凶，去愚惑人民。王弼力反此說，而主張自然主義的天道觀。

因之，王弼的政治觀便以崇尚自然爲依歸。他說：「道不違自然，乃得其性。法自然者，在方而法方，在圓而法圓，於自然無所違也。」（《老子注》老子第二十五章）又曰：「天地任自然，無爲無造，萬物自相治理。」（《老子注》老子第五章）天地之道在於任自然，所以政府不必有所施爲，萬物自然能自相治理。政府若不順應自然，而要有所施化，則萬物失其眞，自然失甚其序，是亂之而已。「萬物由道而生，既生而不知其所由，故天下當無欲之時，萬物各得其所。」（《老子注》老子第三十四章）萬物既依自然之道而生成。既生成則萬物各得其所，亦爲自然而然的狀態，爲政者應尊重這自然狀態，不加干涉，以免擾亂其自然的秩序和法則。

二、無爲而治——王弼既崇尚自然，故在政治上便採無爲而治的思想，卽人君或政府對萬事萬物不予干擾，無所施設，俾萬事萬物，依天道的自然法則，自相治理。英人亞當斯密於一七七六年著《國富論》（*Wealth of Nations*）倡自由經濟學說，認爲經濟活動應讓其自由發展，不可加以干涉。因經濟秩序中有一隻「看不見的手」（invisible hand）能作自動調整。這隻手就是供需平衡的自然法則。依同理，政治秩序中亦會依這看不見的自然天道自相治理，便可各得其所，各得其宜，各得其性，所謂垂拱而天下治。

王弼論無爲而治的理由甚多，擧列若干如下：㈠王弼釋《老子》所說：「天地不仁以萬物爲芻狗」曰：「仁者不造立施化，有恩有爲。造立施化，則物失其性；有恩有爲，則物不具存。物不具存，則不足備載矣。地不爲獸生芻，而獸食芻；不爲人生狗，而人食狗。無爲於萬物，而萬物各適其所。」（《老子注》老子第五章）㈡弼釋《易經》觀卦之象曰：「統說觀之爲道，不以刑制而使物，而以觀感化物者也。神則無刑者也。不見天之使四時，而四時不忒；不見聖人之使百姓，而百姓自服。」㈢釋困卦之九五曰：「不能以謙致物，物則不附。忿物不附，而用其壯猛，行其威刑，異方愈乖，遐邇愈叛。刑之欲以得乃益所以失也。」㈣釋《老子》說道曰：「愈爲之則愈失之矣。物樹其惡，事錯其言，不濟不言不理，必窮之數也。橐籥而守數中，則無窮盡。棄己任物，則莫不理。若橐籥有益於爲聲也，則不足共吹者之求也。」（《老子注》老子第五章）㈤「居無爲之事，行不言之教，不以刑立物，故功成事遂而百姓不知其所以然也。」（《老子注》老子第十七章）㈥「聖人不立刑名以檢於物，不造進向以殊棄不肖，輔萬物之自然而不爲始，故曰無棄人也。不尙賢能則民不爭；不貴難得之貨，則民不盜；不見可欲，則民心不亂。能使民心無欲無惑，則無棄人矣。」（《老子注》老子第二十七章）㈦「故從事於道者，以無爲爲君，不言爲敎，緜緜若存，而物得其眞與道同體。」（《老子注》老子第二十三章）「以無爲爲居，以不言爲教，以恬淡爲味，治之極也。」（《老子注》老子第六十三章）「聖人達於自然之至，暢萬物之情，故因而不爲，順而不施。除其所以迷，去其所以惑，故心不亂而物性自得之也。」（《老子注》老子第二十九章）

三、因任才能——老子之道，無爲而無不爲。無爲是聖人與人君不立施化，不建刑名，不設禮敎去干擾萬物之自然秩序，和人民的自然生活。無不爲者是「暢物之情，因而不爲，順而不施」，即不干涉萬物萬民，而由萬物萬民依其自然之性，自相治理。無爲指聖人與人君不自爲施化於人民。無不爲指萬物萬民各因其性而自然爲之。四時行焉，百物生焉，天何言哉？這就是自然之爲。天覆地載，日月普照。這就是天地日月因其性而自然爲之。天生萬物必有用。萬物皆有其可用的才能。無不爲者就是讓其因自然之才能而自用之。若不能因其自然才能使自任之，便是違犯自然的天道。例如目有視的才能，卽因其才能使之自視。耳有聽的才能，卽因其才能使之自聽。口有言的才能，卽因其才能使之言。順其自然，萬物因其性而自理之，便是無不爲。否則，目不使視，耳不使聽，口不使言，則大違自然的天道。

王弼解釋因任才能，自然爲治的理由，計有以下諸端：㈠處其尊位履得其中。然約剛以禮，用建其正；不忌剛長而能任之；要物以能，而不犯焉。則賢者竭其視聽，知力者盡其謀能，不爲而成，不行而至矣。大君之宜，如此而已（《周易注》釋臨卦之五六）。㈡夫以柔順文明之質，居於尊位，付與於能而不自役，使武以文，御剛以柔，斯誠君子之光也。付物以能而不疑也，物則竭力，功斯克矣（《周易注》釋未濟卦之六五）。㈢《易注》解釋比卦之九五曰：「夫無私於物，唯賢是與，則去之與來皆無失也。」這是王弼政治思想中，一個極爲重要的觀念。

王弼申論因任才賢，自然爲治之義曰：「能者與之，資者取之。能大則大，資貴則貴。物有其宗，事有其主。如此，則冕旒充目而不懼於欺，黈纊塞耳而無戚於慢，又何勞一身之聰明以察百姓之情哉？夫以明察物，物亦競其明應之；以不信察物，物亦競以其不信應之。夫天下之心必不同，其所應不敢異，則莫肯用其情矣，甚矣害之大也。夫在智則人與之訟，在力則人與之爭。智不出於人而立乎訟地，則窮矣；力不出於人而立於爭地，則危矣。未有能使人無用其智力乎已者也。如此，則已以一敵人，而人以千萬敵己也。」（《老子注》老子第四十九章）這是說聖人不自用其心、智、力以察百姓，以御天下。聖人以天下之人心爲心，以天下人之智爲智，以天下人之力爲力，身逸而國治，因任才能，自然爲治之大用卽在於此。

王弼又說：「是以聖人之於天下，歙歙焉心無所主也，天下渾心焉，意無所適莫也。無所察焉，百姓何避？無所求焉，百姓何應？無避無應，則莫不用其情矣。人無爲舍其所能而爲其所不能，舍其所長，爲其所短。如此，則言者言其所知，行者行其所能。百姓各皆注其耳目焉，吾皆孩之而已。」（《老子注》老子第四十九章）政治之治，能以作到百姓皆無所避，無所應，盡用其情，各言其所知，各爲其所能。聖人便只須以「如保赤子」之心去看待百姓。

四、棄刑去僞——老莊之學以自然爲本，無爲爲尙。順自然行無爲，俾萬物皆能守其樸，返其眞，不可有任何制作如禮敎、仁義、刑罰的施行。老、莊尤其厭惡强力制人，摧殘人性的刑罰。刑罰施行，旣違犯自然的天道，且爲禍亂之源。王弼曰：「若乃多其法網，煩其刑罰，塞其徑路，攻其幽宅，則萬物失其自然，百姓喪其手足，鳥亂於上，魚亂於下。」（《老子注》老子第四十九章）

老莊之道，崇尚自然，返樸歸眞。聖人無爲而治在保持百姓原有的天眞自然的眞性情。所謂仁義道德皆矯飾的僞裝工具。王弼主張存眞去僞，故爾提倡「無名」，因名爲僞而非眞。王弼曰：「本在無爲，母在無名。棄本捨母，而適其子。功雖大焉，必有不濟；名雖美焉，僞亦必生。」（《老子注》老子第二十八章）仁義道德雖爲美名，但以其是矯飾天眞人性的僞物，故應去之。

王弼以爲「則天化成，道同自然，百姓日用而不知其所以然，夫又何可名也。」（《論語釋疑》大哉堯之爲君章）王弼認爲大道本在無爲，母在無名。仁義禮敬乃棄本捨母，而適其子之物，雖極其大，必有不周；雖盛其美，必有憂患。他說：「用不以形，御不以名。故名，仁義可顯，禮敬可彰也。夫載之以大道，鎭之以無名，則物無所尙，志無所營，各任其貞，事用其誠，則仁德厚焉，行義正焉，禮敬清焉。棄其所載，捨其所生，用其成形，役其聰明，仁則誠焉，義其競焉，禮其爭焉。故仁德之厚，非用仁之所能也；行義之正，非用義之所成也；禮敬之清，非用禮之所濟也。載之以道，統之以母，故顯之而無所尙，彰之而無所競。用夫無名，故名以篤焉；用夫無形，故形以成焉。守母以存其子，崇本以舉其末，則形名俱有，而邪不生，大美配天而華不作。故母不可遠，本不可失。仁義母之所生，非可以爲母；形器匠之所成，非可以爲匠也。捨其母而用其子，棄其本而適其末，名則有所分，形則有所止，雖極其大，必有不周；雖盛其美，必有憂患。功在爲之，豈足處也。」（《老子注》老子第三十八章）仁義禮敬是有爲之功，有爲則悖於自然之大道，失其天性，違於物情，生僞而滋邪，不可處之。

第四節　思想評估

王弼享年僅二十四，而在學術上竟有驚人成就與貢獻，且能開啓玄學研究的新風氣，堪稱學術重鎭，茲就其學說作扼要的評估，以見其得失。

一、**開玄學研究風氣**——漢初黃老思想甚爲流行。自漢武帝罷黜百家，獨尊儒學，設太學，立五經博士，儒學研究大爲興盛，成爲前漢學術研究的主流，且解經方法尙能申明微言大義，不識爲治儒學的正途。當時復有古今文經兩學派的競爭，亦可促進學術研究的進步，而鄭玄王肅且能作調和性的解經，使儒學研究獲得一小統一，前漢儒學研究的成就，有足多者。但後漢時代儒學聲勢漸趨衰退，而災異、圖讖、緯書、符命等學說甚爲流行，而漢光武對此尤特別喜言，上有好者，下必有甚者。桓譚以「臣不識讖」，幾乎喪命。且治經者重章句、尙訓詁，守家法，儒學研究遂失之於繁瑣支離，亦是後漢儒學不振的一大原因。

迨至後漢末年宦官亂政，外戚弄權，黨錮禍起，士人被害者無算，加以黃巾賊的叛亂及董卓與三國之戰亂及曹操卑儒士，尚法術，遂使維持社會安定的漢代儒學思想失却屏障，趨於式微，而曹操尚權術，重刑罰的思想又不易爲一般人所接受，於是研究老莊玄學的風氣，乃應運而起。後漢末年王符、王充、仲長統及劉表、宋忠爲中心的荊州學派已開研究老莊玄學的端倪。直至曹魏正始年間何晏、王弼以玄學滲附儒理，以清談論難方式研究玄學，學術風氣爲之大變，清談玄理，追求曠放，成爲風尚。這種學術研究風氣歷魏晉兩代而未衰。這一學風的開啓者，何晏雖居於領導地位，而王弼亦是一個關鍵人物。所以顧炎武曰：「是以講六藝，鄭玄、王肅爲集漢之終，王弼、何晏爲開晉之始。」（《日知錄》卷十三）《文心雕龍》亦說：「魏正始中，何晏之徒，始盛玄論，於是聃周當路，與尼父爭塗。」所謂「何晏之徒」，定然包括王弼。

二、調和儒道的衝突——曹魏正始年間，老莊玄學研究的風氣雖盛，但儒學在社會上仍有相當地位，並未被人完全拋棄，所以玄學重鎭的王弼仍有興趣研究儒學經典的《周易》和《論語》。孔子的聖人的地位已經確立，王弼對此亦不敢提出正式的挑戰。裴徽問王弼曰：無，爲萬物之所以資，何以聖人（孔子）不肯致言，而老子却不止的論「無」。弼曰：聖人體無，而無又不易訓解，故不予致言；老子以爲「天地萬物生於有，有生於無」，是他未超越有以論無，所以常論無。因之，弼本「聖人體認無」，「老子未曾超越有」，而以「體無用有」爲主旨，去調和儒道的衝突。這種觀念未必正確，但他的用意並不壞，而且其壯志雄心亦可嘉。弼不敢否認孔子聖人地位，而私心又敬慕老子，所以採「體無用有」的調和論說。他解釋儒經的方法，完全擺脫東漢詳章句，重訓詁的拘束，而有「得意忘象」和「得意忘言」的學術自由的作風。王弼注《易》掃除漢代的象占《易》，而立其義理《易》，不失爲一大貢獻。

鄭玄、虞翻之論互體爻象，卽屬於象數《易》。京房、焦延壽之推災祥卽屬於占筮《易》，胡適稱此爲「道士《易》」。王弼的「援老入儒」的方法，正合乎當時人士的口味與需要。漢學積弊必須改革，他一掃章句訓詁的拘束，而採「得意忘言」自由放達的作風，自然受到學人的歡迎。當時談玄之風正盛，宣揚《老子》學說亦正合於時代潮流。

三、發揚老子的思想——王弼作《老子注》一書。無疑的這是中國學術思想發展史上一部名著，而且是公認的老學權威，對老子思想多有發揚。何晏於老子思想亦甚有研究，對王弼的《老子注》大爲神伏與贊揚，因之，王注更爲士林所重視。由於這書膾炙人口，卽可證明王弼領悟到老學眞諦精義，而能予以發揚。自王弼《老子注》問世後，魏晉士人論注《老子》的著作者如雨後春筍，相繼出現。如何晏的《道德論》、鍾會的《道論》、阮籍的《通老論》、孟康的《老子注》、荀融的《老子義》、范望的《老子注訓》、王尙的《述老子》、程韶的《老子集解》等卽可爲例證。老學因以大興，成爲魏晉學術思想的主流。推其原由，王弼的《老子注》實開玄學研究之先河，功不可沒。

四、王弼思想的缺失——儒學與道學乃是兩個各自獨立的不同的完整思想體系，自成系統，自圓其說，各有壁壘以爲防禦，難以攻破，王弼竟自不量力，妄自尊大而欲調和其爭執與衝突，豈是容易之事？若欲勉强爲之，自難免牽强附會，予以曲解或誤解。甚而言之，儒道兩家的思想乃是相反的，縱非冰炭之不相容，亦是柄枘之不相入。儒家是入世主義者，要淑世濟民，改善現在社會生活，使之趨於完美，由誠意、正心、修身以至於齊家治國平天下，在人間建立美好天堂。道家是出世主義者，旨在擺脫或逃避現在社會中的仁義、道德、法律、習俗的限制與拘束，另尋世外桃源，回復到無政府、無法律的原始自然狀態，所謂返樸歸眞，過閒雲野鶴式的高貴的野人（noble savage）生活。儒家是人倫主義者，旨在建立良好的人群關係，完成互助合作的合群社會，君則敬，臣則忠，父慈子孝，兄友弟恭，夫婦有別，長幼有序，朋友有信。道家是個人主義者，不但要廢除政府、法律、道德的縛束，且反對他人任何牽制與干涉，而過鷄犬相聞，老死不相往來的自由自在的孤獨生活。兩家的基本思想與目的如此之相反，怎能勉强調和呢？所以晉范寧斥之爲「惑世誣民，罪深桀紂」。就掃除象占《易》而言，丁易東指責曰：「並象變而去，則後之學者不知三聖命辭之本心。」（《經義考》引丁易東語）

魏晉之世，玄學風氣大盛，而個人自由主義的思想亦隨之流行。一般士人皆只知自私自利，放達享樂，個人第一，保命爲貴，縱欲是視，不守禮法，不講道德，不顧國家安危，不恤人民疾苦。阮籍、阮咸、嵇康、劉伶、謝鯤、胡母輔之、光逸諸人卽其代表人物。道德淪喪，世風日下，遂致戰爭不息，政變迭起，社會紛擾，生靈塗炭，民不聊生。結果，五胡亂華，國土被侵佔，人君被俘虜，華夏國君，竟至青衣爲胡人行酒。故顧炎武曰：「三國鼎立，至此垂三十年。一時名士風流，盛於洛下，乃其棄經典而尙老莊，蔑禮法而崇放達，視其主之顚危，若路人然。……是以講六藝，鄭玄、王肅爲集漢之終，王弼、何晏爲開晉之始，至國亡於上，敎淪於下，羌戎互僭，君臣屢易，非林下諸賢之咎其誰哉？」（《日知錄》卷十三）

卷二、兩晉時代

第四十四章　晉代談玄的略述

第一節　西晉之世的談玄

研究老莊玄學及辭清語妙談玄風氣的盛行時代，則魏晉並稱。晉繼曹魏之後，以清談論難老莊玄學的風氣，仍繼續流行，其盛不衰。自曹魏齊王芳正始年間以至西晉永嘉（晉懷帝年號）爲時不過八十多年。正始年間的諸玄學大家至西晉中葉，尚有生存者。而西晉清談玄學之士，大抵生於魏末，親承其統緒。若山濤、阮籍、嵇康、向秀、劉伶等皆可稱之爲魏晉之人。

晉著作郎、散騎常侍干寶著《晉紀》。《晉紀》總論，評論晉世玄學清談之風氣曰：「學者以老莊爲宗，而黜六經，談者以虛薄爲辯，而賤名檢；行身者以飲酒爲通，而狹節信；進仕者以苟得爲貴，而鄙居正；當官者以望空爲高，而笑勤恪。是以目三公以蕭杌之稱，標上議以虛談之名。劉頌屢言治道，傅咸每糾邪正，皆謂之俗吏；其依杖虛曠，依阿無心者，皆名重海內。」干寶深切指斥治玄學，尚清談之歪風，不勝痛惜之意，堪稱良史與正論。

除魏晉之際的談玄名流外，其後起者爲數亦不少。如山簡、諸葛厷、阮瞻、阮脩、謝鯤、王澄、畢卓、胡母輔之等皆談玄健者。而樂廣、衞玠、裴頠、王衍，最爲知名。玆將四人的談玄行徑，扼要擧述。

一、樂廣——廣字彥輔，南陽淯陽（河南南陽縣城南九十里有晉尚書令樂廣故宅）人，少孤，家貧僑居山陽，無人知者。廣性冲約有遠識，寡嗜慾與物無競，尤善談論，每能約言析理，使人傾服。光祿大夫裴楷善談玄，嘗與廣共談竟日，甚欽廣，嘆曰吾不如也。荆州刺史王戎聞廣名，擧爲秀才。裴楷薦廣於賈充，辟爲太尉椽，旋轉任太子舍人。尙書令衞瓘朝之耆宿，亦談玄者，見廣而奇之，曰：自昔諸賢旣沒，嘗恐微言將絕，而今乃復聞斯言於君；令其諸子訪廣，曰：此人乃人中之水鏡，見之瑩然，若撥雲霧而見青天。

王衍自言每與人言，自以爲精簡，及至見廣，便覺己言之煩。廣出爲元城縣令，入補中書侍郎，累遷至侍中；後使任河南尹，廣善清談而不長於筆，請潘岳代寫辭尹文表。岳請廣示其意，廣乃爲二百字以述己之志，岳依以爲表，而成名筆。時人皆曰，若廣不假岳之筆，岳不得廣之旨，難以成斯美。衞玠總角時，嘗問夢於廣。廣曰夢是想。玠曰神形所不接，而夢豈是想耶？廣曰：因也。玠思之經月，不得其解，遂以成疾。廣聞乃前往剖析之，玠病卽愈。廣論人必先稱其所長，則所短不言而自見；人有過先盡弘恕，然後善惡自彰。廣與王衍皆宅心事外，名重於時，故天下言風流者，謂王、樂爲首。

廣與弘農楊準友善。準有二子，一名喬，一名髦，皆知名於世。二人少時，準使之先見裴頠。頠性弘方，愛喬之高韻，謂準曰：喬當至卿，而髦不及之。又使二人見廣。廣性清淳，愛髦有神檢，謂準曰：喬可至卿位，而髦亦清明過人。準笑曰：我二子之優劣，乃裴、樂之優劣也。論者以爲喬雖有高韻而神檢不足，廣之言爲是。王澄、胡母輔之皆以放曠爲達，或至裸體，不以爲醜。廣聞而笑曰：名教中自有樂地，何必乃爾。足見廣雖談玄，尚不放棄名教。《世說新語》德行篇稱：貴游子弟王澄、謝鯤、胡母輔之之徒，皆祖述於籍（阮籍），謂得大道之本，故去巾幘，脫衣服，露醜惡，同禽獸，甚者名之爲通，次者名之爲達。廣居才愛物，行爲多依中於理，值世道多虞，朝章紊亂，能清己中立，任誠保素。

廣婿成都王司馬穎與其兄長沙王司馬乂構兵相爭。廣當時任尚書令，居高位，負重望，而群小之不滿者乃進讒謗之言於司馬乂。乂乃嚴辭問廣。廣神色自若，從容答曰：吾豈能以一女而易五男乎？（廣有三子，本傳言五男，不知是否有誤）而長沙王乂猶有疑意（而《世說新語》則稱由是釋然，無從疑慮）。廣竟因此，憂鬱不釋，以致病卒。荀藩聞之，爲之流涕（廣之事蹟，見《晉書》卷四十三，本傳）。

二、衞玠——玠生平事蹟見《晉書》卷三十六，本傳。玠五歲時，風神秀異。祖父衞瓘曰：此兒有異於衆，惜吾年老，不得見其成長耳！玠總角時，乘羊車入市，見者皆以爲玉人，觀之者塞道。玠舅驃騎將軍王濟，風姿儁爽，每見玠輒嘆曰：珠玉在側，覺我形穢。及長，玠好言玄理，善《易》、《老》；以多病身弱，母嘗禁其外遊多言。時友嘆曰：衞君不言，言必入眞。大將軍王敦與玠談論，嘆贊不已。琅邪王澄有高名，對人很少推崇。而每聞玠言，輒嘆絕倒。故時人爲之諺語曰：衞玠談道，子平絕倒。王澄、王玄、王濟兄弟三人皆有盛名，然不及玠。時人云：王家三子，不如衞家一兒。

樂廣以女妻玠。玠才妻貌，海內美之。議者以爲女冰清，婿玉潤。辟命屢至，皆不就。久之，爲西閣祭酒，拜太子洗馬。玠以天下大亂，扶母輿移家南行，渡江至江夏。玠妻先亡。征南大將軍山簡見玠，皆爲欽重。簡曰：昔戴權鸞嫁女，唯賢是與，不問貴賤，況衞氏權貴，門戶令望之人乎？於是以女妻玠，乃移居豫章。是時大將軍王敦鎭豫章。長吏謝鯤甚重玠，相見甚歡，介於敦。玠與敦談論終日。敦謂鯤曰：昔王嗣輔（弼）吐金聲於中朝，此子復玉振於江表，微言之緒，絕而復續，不意永嘉之中，復聞正始之音。何平叔（晏）若在，當復絕倒。玠嘗謂人有不及可以情恕；非意相干，可以理遣。玠終身不見喜慍之色；以王敦豪爽不群，而好居人上，恐非國之忠臣。因求往建鄴（金陵）。京師聞其姿容，競往覩視。玠本多病體弱，此時羅疾，於晉懷帝永嘉六年（西元三一二年）病卒，享年僅二十七。謝鯤哭之慟。人問曰：子有何慟，而哀痛若斯？鯤曰：棟梁折矣，不覺而甚哀。

三、裴頠——裴頠的生平事蹟見《晉書》卷三十五本傳。頠字逸民，宏雅有遠識，博學稽古，少時即知名。御史中丞周弼見而嘆曰：頠若武庫五兵，縱橫一時之人傑。頠父裴秀爲魏尙書令，與賈充爲連襟。賈充乃頠之姨丈。裴秀有佐命之勳，詔令頠襲爵，頠不許。晉武帝太康二年（西元二八一年）徵頠爲太子中庶子，遷散騎常侍。惠帝卽位，轉任國子祭酒，兼右軍將軍。頠兄子裴憬爲白衣，頠論述世勳，賜爵爲高陽亭侯。頠累遷至侍中，時天下暫安，頠奏請修國學，刻石寫經，與太子講釋奠，祀孔子，頠乃治老莊，尙清談，而不忘儒者。

談玄名家樂廣常與頠清談，欲以理勝之，而頠辭論豐博，廣笑而不言。時人謂頠爲談玄之林藪。頠以賈后不悅太子，抗表請增太子所生謝淑妃位號，並增東宮兵衞。頠由吏部尙書遷尙書，侍中如故，上辭表，有言曰：臣少無鑒察之譽，長無題輿之才。頠深痛愍懷太子之廢，而慮賈后之亂政，並憂時俗放蕩，不尊儒術。何晏、阮籍素有高名於世，口談虛浮，不遵禮法，尸祿耽寵，仕不事事。至王衍之徒，聲譽太盛，位高勢重，不以物務自嬰，遂相仿效，風教陵遲，乃作崇有論，以釋其蔽。但頠爲談玄林藪，而淸談虛無玄學又爲一世氣尙，爲時代潮流之所趨，頠固不能崇有而棄無，於是又作貴無論，蓋師王弼「體無用有」之意，欲調和儒道兩家的衝突。二論皆有名於世。

崇有論有言曰：「是以生而可尋，所謂理也。理之所體，所謂有也。有之所須，所謂資也。資有攸合，所謂宜也。擇手厥宜，所謂情也。識智旣授，雖出處異業，默語殊塗，所以資生合宜，其情一也。衆理並而無害，故貴賤形焉。得失由乎所接，故吉凶兆焉。是以賢人君子，知欲不可絕，而交物有會。觀乎往復，稽中定務。惟夫用天之道，分地之利，躬其力任勞而後饗，居以仁順，守以恭儉，率以忠信，行以敬讓，志無盈求，事無過用，乃可濟乎。」晉惠帝起居注曰：頠民之望也，理具淵博，贍於論難，著崇有論，以矯虛誕。

《世說新語》文學篇曰：裴成公作崇有論，時人攻難之，莫能屈。唯王夷甫來與論難，小屈之。時人以王理難，裴理還。因之，頠復著貴無論，將以絕所非之盈謬，存大善之中節，收流遁於旣過，返澄正於胸懷，故以貴無爲辭作論，而旨在全有。崇有論有言曰：「夫至無者，無以能生。故始生者自生也。自生而必體有。則有遺衍生虧矣。生以有爲己分，則虛無是有所之所謂遺者也。故養旣化之，有非無用之所能全也。理旣有之，衆非無爲之所能循也。心非事也，而制事必由心，然不可以制事以非事，謂心爲無也。匠非器也，而制器必須匠。然不可以制器之非器，謂匠非有也。是以欲收重泉之鱗，非偃息之所能獲也；隕高墉之禽，非靜拱之所能捷也。審投弦餌之用，非無知之所能覽也。由此觀之，濟有者皆有也。虛無奚益於已有之群生哉？」

裴頠又著釋才論，古今精義皆辨焉，未成而遇禍。初，趙王倫諂事賈后，頠甚惡之；倫數求官，頠與張華復固執不許。由是深爲倫所怨。倫陰懷簒逆，欲先除朝中負重望之大臣。因廢賈后之際，頠遂見殺，時年三十四。頠有二子，長名嵩，次名該，倫亦欲害之。幸梁王肜、東海王越，稱頠父秀有勳王室，配食太廟，不宜滅其後嗣，二子得不死。

四、王衍——衍字夷甫，神情明秀，風姿詳雅。總角時，嘗訪山濤。濤見而嗟嘆良久，既去，目送之，曰：何物老嫗，生此寧馨兒！然誤天下蒼生者，未必非此人也！衍年十四見羊祜，陳說事物，辭甚清辯；祜望重位高，衍在幼年對之無屈下之色。衆皆異之。楊駿欲以女妻之，衍恥之，佯狂得免。晉武帝聞衍名，問王戎（衍乃王戎從弟）曰：夷甫當世誰比？戎曰：當世未見其比，當從古人中求之。武帝泰始八年（西元二七二年）詔擧奇才可以安邊者。衍初好論縱橫之術故上書。盧欽因以薦衍爲遼東太守，不就，於是口不論世事，惟雅誦玄虛而已。後爲太子舍人，遷尙書郎，出爲元城縣令，終日清談，而縣務亦理。入爲黃門侍郎。魏正始中，何晏王弼等祖述老莊，立論以爲天地萬物皆以無爲爲本。無也者，開物成務，無往不存者也。陰陽恃以化生，萬物恃以成形，賢者恃以成德，不肖者恃以免身，故無之爲用，無爵而貴矣。衍甚重之。惟裴頠以爲非，著論以譏之，衍處之自若。衍既有盛才美貌，明悟若神，常自比子貢。衍聲名甚著，傾動當世，妙善玄言，唯談老莊爲事。義理有所不安，隨卽更改，世號口中雌黃，朝野翕然，謂之一世龍門。

衍累居顯職，進士之士莫不景慕放效。選擧登朝，皆以爲稱首，矜尙浮誕，遂成風氣。衍嘗喪幼子，山簡往弔。衍悲不自勝。簡曰：幼兒不過懷抱之物，何至悲傷如此。衍曰：聖人忘情，最下不及於情，然則情之所鍾，正在我輩。簡服其言，更爲之慟。衍妻郭氏，賈后之戚，藉中宮之勢，剛愎貪戾，聚斂無厭，好干預人事。衍深患之而不能禁。幽州刺史李陽京師大俠，衍妻素畏懼李俠。衍語妻曰，不僅我嫌汝貪，李陽亦惡汝之貪。郭氏之貪因以小斂。衍極惡妻之貪，故口不言錢。郭氏欲試之，以錢繞床，使不能行走。衍謂婢曰：舉阿堵物而去之。

衍素輕趙王倫之爲人，及倫篡位，衍佯狂斫婢以自免。及倫敗被誅，衍拜河南尹，又爲中書令。時齊王冏有匡復之功，專權自恣，公卿皆拜，獨衍作長揖，以病去官。成都王穎以衍爲中軍師，累遷尚書僕射領吏部，後拜尚書令。衍雖居宰輔要位，不以經國爲念，而每思自全之計，乃以弟澄爲荆州刺史，族弟敦爲青州刺史。因謂澄、敦曰：荆州有江漢之固，青州有負海之險，卿二人在外，而吾留此，足以爲三窟矣。識者鄙之。

及石勒王彌寇洛陽，以衍都督征討軍事。衍派曹武、王景等拒敵，擊退寇兵，獲輜重甚多。衍以功升太尉，仍兼尚書令。其後石勒寇兵侵逼京都洛陽，多欲遷都以避其難，衍獨賣牛車以安衆心。迨軍事急迫，衆推衍爲元帥，衍懼不敢當。辭曰：吾少無宦情，隨牒推移，遂至於此，今日之事，安可以非才處之。倉卒舉軍，爲石勒所破。勒呼王衍與之相見，與語竟日，問晉所以敗。衍自說少不豫事，欲求自免。勒怒曰：君名蓋四海，身居重任，少壯登朝，至於白首，何可言少不豫事!?勒語左右曰扶出，曰：衍爲晉貴卿，不可加鋒刄，夜使人推牆塡殺之。衍將死曰：向若不祖尙虛浮，戮力以匡天下，猶可不至於今日，時年五十六。（王衍事略見《晉書》卷四十三，本傳）

第二節　東晉之世的談玄

王衍自愧以談玄誤國，悔之莫及，不數年西晉以亡。國君蒙塵，國土被佔，錦繡河山，半壁淪於異域。談玄誤國，莫之爲甚，然積習已深，消除非易。過而不能改，談玄遺風，東晉仍烈。神州陸沉，中原入於夷狄。元帝司馬睿起兵江左是謂東晉。後桓溫入洛陽，過淮、泗，晉兵能重踐北土，溫與僚屬，登平原樓，眺望中原，慨然嘆曰：「使神州陸沉，百年廢墟，王夷甫諸人不得不任其責。」（《世說新語》輕詆篇）嘆雖如此，而國風不改，談玄依舊，終至亡國而後已。

東晉談玄，王導、庾亮重加倡導，從之者有殷浩、劉惔、孫盛。繼而宏之者爲韓伯、張憑、殷仲堪等。甚至簡文帝司馬昱亦尙清虛，善玄言。茲將各人事略引述於左，以見其時談玄風氣仍甚熾。

一、王導——導與王衍爲從弟兄。導之事略見《晉書》，卷六十五本傳。導字茂弘，少時卽有風度，識量清遠，年十四，陳留高士張公見而奇之，謂其從兄敦曰：此兒容貌志氣將相之器也。襲祖爵，以司空劉寔之引爲東閣祭酒，遷太子舍人；後參東海王越軍事。時元帝爲琅邪王與導素相親善。導知天下已亂，遂傾心推奉，潛有興復之志。値洛京傾覆，中原士人避難江南者甚衆，導與從兄王敦合力號召百姓擁護琅邪王司馬睿登大位，是爲東晉元帝，以導爲丞相。導爲治之本，務在清靜。桓彝、周顗過江避難，見王導後曰：今得見管仲，吾人無憂矣。導常與彝顗等暇日新亭飮宴。顗中坐而嘆曰：風景不殊，舉目有江河之異，共相視流涕。王導愀然變色曰：當共戮力王室，克復神州，何至作楚囚相對泣耶!?衆收淚而謝之。

導以軍旅不息，學校未修，乃上書曰：夫風化之本，在於正人倫。人倫之正，在乎設庠序。庠序設，五教明，德禮洽通，彝倫攸敍，而有恥且格。父子、兄弟、夫婦、長幼之序順，而君臣之義固矣。易所謂正家天下定者也，故聖王蒙以養正，少而教之，使化霑肌骨，習以成性，遷善遠罪，而不自知。行成德立，然後裁之以位。雖王之世子，猶與國子齒，使知道而後貴。其取才用士，咸先本於學，故周禮卿大夫獻賢能之書於王，王拜而受之。……桓文之霸，皆先教而後戰。今若聿修前典，復興道教，擇朝之子弟，並入於學，選明博修禮之士，而爲之師，化成俗定，莫尚於斯。導爲政清靜，近於黃老之旨，然重教化，敦人倫，仍未忘孔孟之教。

明帝卽位，王敦復反叛，帝親征，導假節都督諸軍事，領揚州刺史。敦亂平，導任司徒，進封始興郡公。明帝在位三年崩，導與庾亮同受遺詔輔幼主司馬衍，是謂成帝。成帝咸和二年蘇峻反，陷建康，導入宮侍帝，峻以導德望不敢加害。及蘇峻之亂，宮室宗廟，盡成灰燼。溫嶠議遷都豫章，三吳之豪請都會稽。二議相爭，導曰：建康古之金陵，舊爲帝都，孫仲謀、劉玄德皆言此爲帝王之宅，古之帝王不必以豐客移都，議乃定。

王導爲政務本主清靜，善因事而成功，蓋老莊以柔克剛的運用，所謂寧靜而致遠，心主道，而政不違儒。處極亂之世，能善爲因應，三朝元老，從容定大事，靖大難，居高位而不危，堪稱奇能。成帝咸和五年（西元三三〇年）薨，年六十四。帝擧哀於朝堂三日。册曰：惟公邁達沖虛，玄鑒劭遠，夷淡以約，其心體仁，以流其惠。沖虛、玄鑒、淡約，老莊之風；其心體仁以流惠，孔孟之教。

二、庾亮——亮字元規，美姿容，善談論，性好老莊，風格峻整，動由禮節，時人咸以爲夏侯太初、陳長文之倫也。年十六，東海王越辟爲椽，不就。元帝爲琅邪王時，聞亮名，辟爲西曹掾，及引見，風度雅量，過於所望，遂以亮妹爲太子妃。參預討華軼軍事，以功封都亭侯，轉參丞相軍事。元帝即位，拜中書郎領著作爲太子侍講。時元帝方任刑法，以《韓非子》賜太子。亮諫以申韓刻薄傷化，不足留聖心，太子甚納之。王敦駐蕪湖，帝使亮詣敦籌事，敦與亮談玄，不覺移席而前。退而歎曰：庾元規賢於裴頠遠矣。

明帝即位，以亮爲中書監，亮上書力言漢代外戚之禍，復謂以臣領中書，則示天下以私，臣陛下后之兄，姻婭之嫌與骨肉中表不同，雖太上至公，聖德無私，然世之喪道，有自來矣。悠悠六合，皆私其姻，人皆有私，天下無公矣。辭不就，疏上，帝許之。亮後代王導爲中書監。導輔政以寬和得衆。亮任法裁物，頗以此失人心。元帝遺詔褒進大臣而陶侃、祖約不在內。侃、約疑亮刪去，並流怨言。亮懼，出溫嶠爲江州荆史以廣聲援，修石頭以備防守。及蘇峻反陷京師，亮携弟懌、條、翼奔江州。溫嶠素欽重亮，雖在奔敗，猶欲推爲都統，亮固辭，乃與嶠共推陶侃爲盟主。亮見侃引咎自責，侃本怨亮，因而釋然。侃謂亮曰：君修石頭以擬老子，今日反見求耶？遂談宴終日。侃推亮非爲風流，兼有爲政之實。

迨蘇峻亂平，亮上疏引咎請罪。疏有言曰：臣凡鄙小人，才不經世，階緣戚屬，累忝非服，叨竊彌重，謗議彌興，皇家多難，不敢造退，遂隨牒展轉，便煩顯任。……蘇峻不堪其憤，縱肆凶逆，事由臣發。社稷傾覆，宗廟虛廢，四海哀惶，肝腦塗地，臣之招也，臣之罪也。願陛下覽先朝謬授之失，雖垂寬有，全其首領，猶宜棄之，任其自存自沒。疏上，帝曰：誠是仁舅，處物宗之，責理亦盡矣。

陶侃薨，遷亮爲都督江、荆、益、豫、梁、雍六州諸軍事，領江、荆、豫三州刺吏，進號征西將軍。迨後以軍事失利，賊寇陷邾城，國事危急，亮憂憤實甚，以至發疾。成帝咸康六年（西元三四〇年）薨，時年五十二，追贈太尉，帝親臨送葬。（參見《晉書》卷七十三，本傳）

三、殷浩——浩字深源，識度清遠，弱冠卽有佳名，與叔父融同好《易》、《老》。融與口談則辭屈，著篇則融勝。浩由是爲風流談論者所宗。或問浩曰：將蒞官而夢棺，將得財而夢糞，何也？浩曰：棺木臭腐，故將得官前夢尸，錢本糞土，故將得財前夢穢，時人以爲名言。庾亮、庾翼均欲引浩任官，並稱疾不起，遂屏居墓所近十年，於時比之管葛。王濛知浩有確然之志，嘗與人曰：深源不起如蒼生何。

庾亮、庾翼乃貽書與浩徵之。書有言曰：「……正當抑揚名教，以靜亂源，而乃高談老莊，說空終日，雖云談道，實長華競。……」浩仍固辭，不應辟召。康帝建元初，庾冰兄弟及何充相繼死亡。時簡文在藩，始綜萬機，徵浩爲揚州刺史，浩上書陳讓。簡文答之曰：足下沈識淹長，思綜通練，起而明之，足以經濟。若復深存挹退，苟迷本懷，吾恐天下之事，於此去矣。浩乃拜受。時桓溫威勢雄强，朝廷畏懼之，帝以浩有盛名，引爲心膂以抗溫。胡人侵亂，以浩都督揚、豫、徐、兗、青五州軍事。浩既受命，以復中原爲己任，上疏北征許洛，將出發而墜馬，時人以爲不利，軍事果失敗。桓溫上疏劾之，請治浩重罪，遂廢爲庶人。浩雖被黜，放口無怨言，夷神委命，談玄詠詩不輟。其後桓溫將以浩爲尚書令，遺書告之。浩復書，恐有謬誤，開閉信封數十次，竟發空函，大忤溫意，由是遂絕。穆帝永和十二年（西元三五六年）卒。（參見《晉書》卷七十七，本傳）

四、劉惔——惔字眞長，少時卽清遠有標奇，王導深器之。後稍知名，論者比之荀、粲。惔尚明帝女廬陵公主。簡文帝司馬昱初作相，與王濛並爲清談客。時孫盛作易象，妙於見形論。帝使殷浩難之，不能屈。帝曰使劉眞長來，應有以制之。盛素敬服惔。及至，便相抗辯，惔辭甚簡至，盛理遂屈。一坐撫掌大笑，咸稱美之。惔累遷至丹陽尹，爲政清整，門無雜客，與王羲之雅相友善。桓溫問惔，會稽王談能更上進否？惔曰：彼乃第三流人物。溫問第一流誰屬。惔曰：當在吾輩。其自高標有如此者。惔每奇溫有高才，而知其有不臣之迹。及溫爲荆州刺史，惔言於帝曰：溫不可使居形勢地，宜抑其位號，帝不納。溫後專朝政，果如惔言。惔嘗薦吳郡張憑。憑卒爲美士，衆以是服惔之知人。惔極好老莊，任自然之趣。惔病篤，百姓爲之祈禱，年三十六卒。孫綽爲之誄曰：居官無官官之事，處事無事事之心。（參見《晉書》卷七十五本傳）

五、孫盛——盛字安國，十歲避亂渡江，及長博學善言名理。其時殷浩擅盛名，與抗論者，惟孫盛而已。盛嘗詣浩，對言談論，奮擲塵尾，毛悉落飯中，飯冷而復煖者數四，至暮忘食，理尚不定。又著易象妙於見形論，浩等竟無以難之。太守陶侃請盛爲參事。庾亮代侃爲征西將軍，盛任主簿。亮以元舅居外督，王導爲相在朝，亮對導頗疑慮。盛密諫亮曰：王公神情朗達，常有世外之懷，豈肯爲凡人事耶！此必佞邪之徒，欲間內外也。盛任長沙太守，以家貧，私營財貨。部從事至郡知之，服其高名而不劾。盛致箋於桓溫，辭頗放蕩，稱州從事觀採風聲，進無威鳳來儀之美，退無鷹鸇搏擊之用，徘徊湘川，將爲怪鳥。溫得箋，復遣從事重案之，贓私狼藉，檻車收盛，至州舍而不罪。盛累遷至秘書監，年七十二歲卒。盛學不倦，自少至老，手不釋卷，著《魏氏春秋》、《晉陽春秋》，皆稱良史，並造詩賦論難數十篇（參見《晉書》卷八十二，本傳）。

六、韓伯——伯字康伯，倫和有思理，留心文藝，舅殷浩稱之曰：康伯能自標置，居然出群之器。庾和名重一時，少所推服，常稱許康伯及王坦之曰：思理倫和我敬韓康伯，志力強正我愧王文度。伯舉秀才，徵著作郎，不就。簡文帝在藩時，引爲常客，由撫軍掾、中書郎、散騎常侍，豫章太常入爲侍中。陳郡主簿周勰居喪廢禮，崇尚老莊，脫落名教。伯領中正議曰：拜下之敬，猶違衆從禮，情理之極，不宜以多比爲通，時人憚之。議者謂：伯可謂澄世所不能澄，而裁世所不能裁。與夫容己順衆者，豈得同時而共稱哉。

王坦之著公謙論，袁宏作論以難之。伯覽而美其辭旨，以爲是非既辯，誰與正之，遂作辯謙論以折衷之。論有言曰：夫謙之爲義，存乎降己者也。以高從卑，以賢同鄙，故謙名生焉。孤、寡、不穀，人之所惡，而侯王以自稱；降其貴者也。執御執射，衆之所賤，而君子以自降其賢者也。伯後任丹陽尹吏部尚書領軍將軍而罹疾病，占者云不宜此官，改授太常，未拜卽卒，時年四十九（參見《晉書》卷七十五，本傳）。

七、張憑——憑字長宗，祖父名鎭，爲蒼梧太守，憑年數歲，鎭謂憑父曰，我不如汝有佳兒。憑長有志氣，爲鄉里所稱，舉孝廉，負其才，自謂必參時彥，同舉者共笑之。憑詣劉惔，惔處之下坐，神意不接，憑欲自發而無端。適有王濛就惔，清談有所不通。憑於末坐判之，言旨深遠，足暢彼我之懷，一坐皆驚。惔延之上坐，清談竟日，留宿至旦。惔言之於簡文帝，帝召憑與談，帝嘆曰：張憑博萃爲理窟，遂以爲太常博士，官至吏部郎及御史中丞（參見《晉書》卷七十五，本傳）。

八、殷仲堪——仲堪祖融，父師皆晉之重臣。仲堪能清談，善屬文，尤好老莊，每云三日不讀《道德論》便覺舌根硬，其談玄理與韓康伯齊名。調補著作郎，時謝玄駐京口，上書請撫輯流亡，免傷天和。仲堪性至孝，父病積年，嘗不解衣帶侍湯藥，躬學醫術，究其精妙。孝武帝徵仲堪為太子中庶子，甚相垂愛。帝後使仲堪都督荊、益、寧三州軍事，授振威將軍，荊州刺史。歷經戰事，勝負互見。最後因桓玄之亂，兵敗，仲堪出奔酇城，為玄追兵所獲，逼令自殺，死於柞溪。仲堪少奉天師道，又精心事神，不吝財貨，而怠行仁義，及桓玄來攻，猶勤禱神，以至於敗（參見《晉書》卷八十四，本傳）。

九、簡文帝——帝名司馬昱，字道萬，元帝之少子，幼而岐嶷，及長清虛寡欲，尤好玄言。初封會稽王，太和元年（西元三六六年）進位丞相，錄尚書事，入朝不拜。太和六年（西元三七一年）即位，改元咸安元年。帝少有風儀，美容止，留心典籍，不以居處為意，凝塵滿席，湛如也。嘗與武陵王晞及桓溫同載，遊版橋。溫遽令鳴鼓吹角，車馳卒奔，欲觀所為，晞大怒，求下車，而帝安然無懼也，溫由是憚服。……帝雖神識恬暢，而無濟世之大略，故謝安稱之為惠帝之流，清談差勝耳。簡文帝為會稽王時，喜清玄理，清談名士殷浩、劉惔、孫盛、王濛、釋支遁皆曾附於門下，相與清談，及即帝位，更使清談玄理的風氣廣見傳播。在位僅三年（參見《晉書》卷九）。

第四十五章 傅玄的政治思想

第一節 生平事略

一、事略——傅玄生平事蹟見《晉書》卷四十七本傳。茲據以扼要述之。玄字休奕，北地泥陽（今陝西耀縣東南）人，生於後漢獻帝二十三年（西元二一七年），卒於晉武帝咸寧四年（西元二七八年），享年六十二。祖父燮漢漢陽太守，父幹魏扶風太守，堪稱簪笏之家。玄少孤，博學善屬文，解音律，性剛勁亮直，不能容人之過。魏時，官至弘農太守，統領典農校尉。晉武帝時歷任侍中、太僕、司隸校尉，皆屬顯要之職。武帝初卽位，開不諱之路，廣納直言。玄上疏，陳用人之要，主張設言職，興學校，貴農賤商，尊尚儒學，通商惠工。時玄官侍中。

初玄進用皇甫陶，陶入位，竟以事抵玄。玄與陶爭論，言語喧譁，為有司所奏，二人皆免官。武帝泰始四年（西元二六八年）玄為御史中丞，時有水旱之災，玄上疏陳五事：一曰農夫務多種而力耕。二曰墾田畝盡地利。三曰修堤防，練水事。四曰縮田畝精耕作。五曰實邊以防胡。泰始五年（西元二六九年）玄遷任太僕。朝廷以羌胡連年侵擾邊郡，詔公卿會議，玄乃隨詔所問，切直陳事，多有精灼，雖不盡見施行，而常見優容，轉任司隸校尉。

獻皇后崩於弘訓宮設喪位。舊制司隸校尉坐端門外，席位在諸卿之上；入殿則按本品秩，席位在諸卿之下。而謁者以弘訓宮在殿內，玄席位應在諸卿下。玄大怒，厲聲肅色斥罵謁者。謁者妄稱係尚書所作之決定，玄在百僚前又大罵尚書。御史中丞庾純奏玄失禮不敬。玄雖上表自白，仍被免官。玄生性峻急，不能有所容，每有奏劾，或值日暮，捧白簡，整簪帶，竦踊不寐，坐以待旦。於是貴游懾伏，臺閣生風。不久，病卒於家。

二、著作——傅玄少年時避難河內（今河南武陟縣西南）便潛心研讀經籍，且從事著作，撰論經國九流及三史故事，評斷得失，各爲區分，名曰《傅子》，分內、外、中篇，有四部，六錄，共一百四十首，數十萬言及文集百餘卷，行於世。玄之著作多已散佚。今可於以下各書中見其斷簡殘篇：⑴《傅鶉觚集》，⑵《全晉文》，⑶《群書治要》，⑷《晉書》，⑸《意林》，⑹《全晉詩》，⑺《永樂大典》，⑻《太平御覽》，⑼《北堂書鈔》，⑽《藝文類聚》。

據《四庫全書總目提要》，錄《傅子》一卷，《永樂大典》本，晉傅玄撰。《隋書經籍志》，《唐書藝文志》皆載《傅子》一百四十卷。宋《崇文總目》，僅載二十三篇，已佚一百一十七篇。元明以後，藏書家遂不著錄。今檢《永樂大典》中，散見頗多，且所標篇目全在，得文義完具者十有三篇：曰正心、仁論、義信、通志、擧賢、重爵祿、禮樂、貴敎、檢商賈、校工、戒言、假言。又文義未全者十二篇：曰問政、治體、授職、官人、曲制、信直、矯違、問刑、安民、法刑、平役賦、鏡總敍。依文編綴，成爲一卷。

第二節　時代背景

傅玄生長在政治混亂，殺戮不止，經濟凋蔽，民不聊生，豪族縱奢極慾，玄學風行，儒學衰微的時代。這些情勢對其思想的形成，具有重大的關係與影響。所以在論述其政治思想前，先叙說其所親歷的時代背景。

一、政治混亂——自東漢桓帝、靈帝以來，經宦官、外戚、黨錮、叛亂、戰爭的禍害，政治混亂，殺戮不止，綱紀敗壞，政府腐敗，達於極爲嚴重的程度。外戚梁冀以其家曾出三后六貴人，仗裙帶關係，梁家便有二位大將軍，七個侯爵，聲勢煊赫，威權逼人，能迎立三帝，毒殺一帝，且貪污歛財，封山禁海，覇佔民田，强奪人之妻女。桓帝受迫乃與單超等宦官合謀，逼冀自殺。因之宦官乃得弄權恣肆，爲非作歹，貪污舞弊，挑撥播弄，目無綱紀，欺蒙皇帝，謀害忠良，廣佈黨羽，奪民財，搶民婦，窮凶惡極，無所不爲，爲害之烈，不亞於外戚。陳蕃、李膺與太學生郭泰等因反對宦官，致引黨錮之禍，賢良士人被殺戮者，不計其數。

靈帝中平元年，鉅鹿張角信太平敎以妖術惑衆，四出傳道授徒，有徒衆數十萬，皆著黃巾爲標識，起兵作亂，到處搶掠，殺人放火，百姓遭殺害者極衆，死亡枕藉，百姓流離失所。繼之者有董卓、曹操先後擧兵的戰亂，人民遭殃受害者亦甚慘重。緊接着爲三國鼎立，魏蜀吳相互征亂，死人無算，耗財至鉅。曹操弄權術，施陰謀，使其子篡漢而興曹魏。曹魏一代，亦是權臣專政，皇帝常遭廢立，權臣相互爭奪。爲期不久，司馬氏篡魏爲晉。士人處此亂世，多作明哲保身之計，不論政事，而淸談老莊，玄學之風大行。獨傅玄有澄淸之志，乃促成崇儒尚法的政治思想，倡行仁義，以正人心；嚴行刑罰，以肅綱紀。

二、經濟凋蔽——歷經長期戰亂，農田遭受破壞，土地荒蕪，人口銳減，勞動生產力低減，遂致經濟凋蔽，民不聊生。漢獻帝初平元年（西元一九〇年）董卓脅迫獻帝遷都長安、洛陽一帶，卽遭兵亂破壞，宮殿被燒毀，太學亦成灰燼，沃野農田趨於荒蕪，繁華城市變爲廢墟。洛陽空虛，周圍數百里幾無烟火。至建安元年（西元一九六年）獻帝東歸時，洛陽仍是「宮室焚盡，街道淸冷」。直到魏文帝時，洛陽衰蔽情況，仍未消除。董卓死後，其部將李傕、郭汜相互攻戰，致使長安關中，亦遭受嚴重破壞，物資缺乏，物價高漲，長安穀一斛價五十萬，以致人相食。

就是江淮一帶，因戰亂日久，人民不堪其苦，多逃荒在外，背鄉離井，農田廢耕，糧食不足，致使士卒凍餒，人民相自食。中原地區亦成人烟稀少，地邑空虛，一片蕭條景象。因農產不足，經濟凋蔽，以致軍糧亦告不濟。例如袁紹軍隊仰食桑椹；袁紹兵士取給蒲蠃；曹操部隊雜食人脯。因之，曹魏時代便積極推行屯田政策，期以增加糧食生產。傅玄親見經濟凋蔽，糧食不足，所以在他的政治思想中，便主張重農耕，抑商賈，興水利，修堤防，以增生產而裕經濟，與仁政以恤民困。

三、窮奢極慾——王符在所著《潛夫論》中，對東漢時代奢靡淫侈的生活，曾作痛切的敘述。迨至魏晉此風益盛，達於窮奢極慾的程度。魏晉時代老莊思想，由個人自由主義轉爲爲我主義。由爲我而主張縱慾享樂。當時潘尼卽大力反對嵇康之縱慾主義及個人自私自利的生活。潘尼曰：「人人自私，家家有欲，衆欲並爭，群私交伐。爭則亂之萌也，伐則怨之府也。怨亂旣構，危害及之，得不懼乎。」（《全晉文》潘尼安身論）何曾爲晉武帝佐命功臣，而「性奢豪，務在華侈，帷帳車服窮極綺麗，廚膳滋味，過於王者。食日萬錢，猶曰，無下箸處。」（《晉書》卷三十三，何曾傳）石崇財產豐積，室宇宏麗，後宮數百，皆曳紈綉，珥金翠。絲竹盡當時之選，庖膳窮水陸之珍，與貴戚王愷、羊琇之徒，以奢靡相尚。愷以粭澳釜，崇以臘代薪。愷作紫絲步幛四十里，崇作錦步幛五十里以敵之。崇塗屋以椒，愷用赤石脂。」（《晉書》卷三十三，石崇傳）傅玄生長在這種奢靡的社會，深爲厭惡，且以爲危，故在其政治思想中特別提倡從儉務實，抑豪强，均財富。

四、儒學衰微——東漢之世，圖、讖、緯書、災異、符命之說盛行，儒學因以不振。加以儒者治經，拘守家法，注重章句與訓詁，失之繁瑣，有悖學術自由的精神，亦足妨碍儒學的發展。三國時代，曹操卑視儒學，認爲儒士皆迂濶無用之輩，而重權術，尚謀畧，以嚴刑峻法以治政。這種法家思想，亦不易爲一般士子所接受。儒學既衰微，法學亦難行，學術上出現空白地帶，於是重自由，尚虛無的老莊玄學便應運而勃然興起。張其幟者則爲何晏、王弼。

但清談玄學的風氣，產生不少的流弊。干寶曰：「學者以老莊爲宗，而黜六經，談者以虛浮爲辯，而賤名檢；行身者以放濁爲通，而狹節信；進仕者以苟得爲貴，而鄙居正；當官者以望空爲高，而笑勤恪。是以目三公以蕭杌之稱，標上議以虛談之名。劉頌屢言治道，傅、咸每糾邪正，皆謂之俗吏；其倚仗虛曠，依阿無心者，皆名重海內。」（干寶《晉紀》總論）甚而談玄者有人去巾幘，脫衣服，裸身體，露醜惡，不以爲羞。傅玄處此世俗放蕩，卑視儒術，口談浮虛，不遵禮法之世，心以爲危，故著書提倡儒學，尚仁義，崇道德，正人心，淑世風。惟儒學所以勸善，難以禁惡，故傅玄同時主張行法制，用刑罰以禁奸邪。

第三節 政治思想

一、儒家的政治思想——傅玄生當老莊玄學之世，談玄者放浪形骸，不顧名敎，不守禮義，以致道德敗壞，世風澆薄，人多私而忘公，個人第一，自由爲先，爲我主義隨老莊思想而與縱慾享樂，以奢靡爲尙。傅玄乃著《傅子》，提倡儒學。其所信持的儒家政治思想，計有左列諸端：

㈠崇尙德治——孔子曰：「爲政以德，譬如北辰，居其所而衆星拱之」；又曰：「導之以德，齊之以禮，有恥且格」（《論語》爲政篇）。孔子的德治，在於任用賢能，以身作則，表率群倫，而收風行草偃之效。政者正也，子率以正，孰敢不正。孔子曰：「其身正，不令而行；其身不正，雖令不從」；「不能正其身，如正人何？」（《論語》子路篇）傅玄師孔子之意而言正身立德之要曰：「立德之本，莫尙乎正心。心正而後身正。身正而後左右正，左右正而後朝廷正。朝廷正而後國家正。故天下不正，修之國家；國家不正，修之朝廷；朝廷不正，修之左右；左右不正，修之身；身不正，修之心。所修彌近，而所濟彌遠。禹湯罪己，其興也勃然，正心之謂也。心者，神明之主，萬理之統也；動而不失正，天下可感，而況於人乎？況於萬物乎？夫有正心，必有正德；以正德臨民，猶樹表望影，不令而行。大雅云：儀刑文王，萬民作孚，此之謂也。」（《傅子》正心篇）

㈡去私立公——人的自私自利，是禍亂之源。官吏的貪瀆，用於其自私自利。自私則害公，自利則損人。傅曰：國家之敗，由官邪也。官何以邪，崇賂章也。以私害公則民怨，民怨則亂。自利損人則爭，爭則亂，亂則亡。故傅子爲政首重去私。傅玄曰：「政在去私，私不去則公道亡，則禮敎無所立；禮敎無所立，則刑罰不用情；刑罰不用情，而下從之者，未之有也。夫去私者，所以立公道也，惟公然後可以正天下。善爲政者，天地不能害也，而況於人乎？堯水湯旱，而民有菜色，猶太平也。」（《傅子》問政篇）私之反爲公，所謂背私爲公。私心去則公道立。人君只要能大公無私，本天下爲公的準則以爲政治民，縱有災害民不抱怨，民不怨，則太平不亂。故堯有水患，湯有旱災，民有飢色，而天下太平，蓋堯湯無私，秉公而行，故民無怨言。只要私心去，公道立，則禮教興，刑罰中，民風善，社會寧，人民安樂，治之至者。政治家和政客的區別，即在於前者秉公道，後者存私心。故政治家爲政則治，政客爲政則亂。

㈢推行仁政——正身立德以率民，祇能使人民向善守正，謀致社會的安寧，但爲政之要，首重民生。解決民生的途徑，在於行仁政。仁者愛人，人君要以「如保赤子」之心懷，去愛利人民。己欲立而立人，己欲達而達人，可謂仁之方也。推己及人，老吾老以及人之老，幼吾幼以及人之幼，幼有所長，長有所用，老有所終，鰥寡孤獨廢疾者，皆有所養；人飢己飢，人溺己溺，一夫不得其所，王者之恥。行仁政，亦就是孟所謂的推恩。《詩》云「刑于寡妻，至於兄弟，以御于家邦」，言舉斯心而加諸彼人。故推恩足以保四海，不推恩，無以保妻子。民之所好者好之，民之所惡者惡之，因民之所利而利之。儒家之所謂仁政，即在於推己及人，舉斯心而加諸彼人。

傅玄既崇儒學，故主張推行仁政。他說：「昔者聖人之崇仁也，將以興天下之利也，利或不興，須仁以濟。天下有不得其所，若己推之委之於溝壑然。夫仁者，蓋推己以及人也，故己所不欲，勿施於人，推己所欲，以及天下。推己心孝於父母以及天下，則天下之爲人子者，不失其事親之道矣。推己心有樂於妻子以及天下，則天下之爲人夫者，不失其家室之歡矣。推己之不忍於飢寒以及天下，含生無凍餒之憂矣。」（《傅子》仁論篇）

仁人推所好以訓天下，則民尙德；推所惡以誡天下，則民知恥。而如此之推己以及天下，皆須由於自然之仁。傅玄曰：「古之仁人，推所好以訓天下，而民莫不尙德；推所惡以誡天下，而民莫不知恥。或曰，恥者其至者乎？曰，未也。夫至者自然由仁，何恥之有？」（《傅子》仁論篇）推所好而尙德，推所惡而知恥，皆由於仁心而產生的結果。尙德知恥固屬重要，然非治之至者。治之至者仍在於自然由仁。有仁心始有仁政。

㈣昭明誠信——誠者物之終始，不誠無物，誠之爲貴。民無信不立。言忠信，行篤敬，雖蠻貊之邦行矣。故修身、齊家、治國、平天下，皆須以誠信爲本。傅玄深明於此，故主張昭明誠信。他說：「蓋天地著信而四時不悖，日月著信而昏明有常，王者體信而萬國以安，諸侯秉信而境內以和，君子履信而厥身以立。古之聖君賢佐，將化世美俗，去信須臾，而能安上治民，未之有也。……夫信由上結者也，故人君以信訓其臣，則臣以信忠其君；父以信誨其子，則子以信孝其父；夫以信遇其妻，則妻以信順其夫。上秉常以化下，下服常以應上；其不化者，百未有一也。夫爲人上，竭至誠，開信以待下；則懷信者歡然而樂進；不信者赧然而廻意矣。老子不云乎？信不足焉者，有不信也。故信待人，不信思信；不信待人，信思不信，況本無信者乎？先王欲下之信也，故示以欵誠，而民莫敢欺其上。申之以禮敎，而民篤於義矣。夫以上接下，而以不信隨之，是以日夜見災也。周幽以詭烽滅國，齊襄以瓜時致殺，非其顯乎？故禍莫大於無信，無信則不知所親，不知所親，則左右盡己之所疑，況天下乎？信者亦疑，不信

亦疑；則忠信者喪心而結舌，懷姦者飾邪以自納矣。此無信之禍也。」（《傅子》義信篇）

㈤注重禮義——《禮記》禮樂記曰：「禮也者，理之不可易者也」，禮本乎理，理爲不變的常道，可以垂之久遠。坊記曰：「禮者因人之情而爲之節文，以爲民坊者也。」坊猶堤坊，使人之行爲納入軌道，不致於亂。義者宜也，行而宜之之謂義。故孔子曰：「君子之於天下也，無適也，無莫也，義之與比。」傅玄認識禮義的重要，一則曰：「禮義者，先王之藩衞也」，再則曰「中國所以常制四夷者，禮義之敎行也。」《傅子》禮樂篇曰：「禮義者，先王之藩衞也。秦廢禮義，是去其藩衞也。夫裔不貲之寶，獨宿於野；其爲危毁，甚於累卵。方之於秦，猶有泰山之安。《易》曰：上慢下暴，盜思伐之，其秦之謂乎」，《傅子》貴敎篇曰：「中國所以常制四夷者，禮義之敎行也。失其所以敎，則同乎夷矣；失其所以同，則同乎禽獸矣。不惟同乎禽獸，亂將甚矣。何者？禽獸保其性然者也。人以智役力也，以智役力而無敎節，是智巧日用，而相殘無極也。相殘無極，亂孰大焉；不濟其善，而惟力是持，其不大亂者幾希。」這是說，禽獸無禮義，尙能保其天性，而不至於亂。人有智、巧、力，如無禮義以爲防範，則鬥智、鬥巧、鬥力，爲禍亂於無窮，爲害實烈。

㈥從儉務實——魏晉之世，淸談玄學風氣盛行，由個人自由而趨於保命存我的爲我主義。由爲我而恣意於享樂與縱慾，奢靡風行，盡情享受，鬥富競貪，窮奢極慾。空談虛無，不務實際，居官無官官之事，處事無事事之心。傅玄覩此奢靡虛浮世風，深爲憂慮，遂倡從儉務實之論，期以救治時弊。他說：「上不徵非常之物，下不供非常之求；君不索無用之寶，民不鬻無用之貨，自公侯至於皂隸僕妾，尊卑殊禮，貴賤異等。萬機運於上，百事動於下，而六合晏如者，分數定也。夫神農正其綱，先之無欲而咸安其道，周綜其目，壹之以中正，而民不越。」（《傅子》檢商賈篇）傅子貴農賤商。其時之商賈則越等恣奢，生活奢侈，交通王侯，富可敵國，故傅子的從儉以依禮從分爲準，壹之以中正。儉而不吝，用而守禮。傅玄以爲士農工商咸當，各守其業，各盡其責，務求實用不流於虛浮。他說：「事非桑田，農夫不以亂業；器非實用，工人不以措手；物非世資，商賈不以過市。士思其訓，農思其務，工思其用，賈思其常；是以用足而不匱。」（《傅子》檢商賈篇）士農工商各守其業，各勤其職，努力生產，求實用，去奢靡，可視之爲勤儉建國的務實思想。所謂生財有大道，生之者衆，食之者寡；爲之者急，用之者舒；則財恒足矣。

㈦施行敎化——魏晉之世，百官子弟不習經藝，不知禮義，只務交游，徒致虛聲，居官不勤政務，坐食官俸。故傅玄主張施行敎化，因人之善性使知禮義；改人之惡性，使不違禁。他說：「人含五常之性，有善可因，有惡可改，先王因善敎義，因義而立禮者也。若夫商、韓、孫、吳知人性之貪得樂進，而不知兼濟其善，於是束之以法，要之以功，使天下唯力是恃，唯爭是務至有探湯赴火而亡其身者，好利之心獨用也。人懷好利之心，則善端沒矣。中國所以常制四夷者，禮義之敎行也。失其所以敎，則同乎夷狄矣。其所以同，則同乎禽獸矣。不唯同乎禽獸，亂將甚焉。……人之性避害就利，故利出於禮義，則力禮義。利出於力爭，則任力爭。修禮義則上安下順，而無侵奪。任力爭，則父子幾乎相危，而況於悠悠者乎。」（《傅子》貴敎篇）

傅玄以爲不僅士人應受敎化，就是從事農工商業的人，亦當予以敎化，俾使農以豐其食，工以足其器，商以通其貨。他說：「先王分士農工商以經國制事，各一其業，而殊其務。自士以上之子弟，爲之立太學以敎之，選明師以訓之，各隨其材之優劣，而授用之。農以豐其食，工以足其器，商以通其貨。故天下之大，兆庶之衆，無有一人游手。分數之法，周備如此。漢晉不定其分，百官子弟不修經藝而務交遊；未知任事，而坐享天祿。農工之業多廢，『或逐淫利，而離其事，徒繫名於太學。』（奉諭草詔擧淸遠有禮之臣疏）

傅玄以爲敎化的功能，至爲恢宏。人固然因敎化的施行，可以變其氣質，改其性情，使因善而宏其向善之功，改惡而除其爲非之弊；甚而虎豹的凶猛，亦可由獸師而馴服之；鹿之麤，牛之笨，馬之野，均可加以訓練而使用之。因之，他說：「虎至猛也，可威而服；鹿至麤也，可敎而使；木至勁也，可柔而屈，石至堅也，可柔而用。況人含五常之性，有善可因，有惡可攻者乎？人之所重，莫重乎身。貴敎之道行，士有仗節成義，死而不顧者矣。此先王善敎義，因義而立禮者也；因善敎義成而禮行；因義立體設而義通。」（《傅子》貴敎篇）

㈧**擧用賢才**——傅玄以爲任何工藝制作，皆須用精良工匠以爲之，始能成功，國家大事的處理，自亦需選用優良之人才，負責處理之。他說：「夫裁徑尺之帛，形方寸之木，不用左右，必求良工者。裁帛形木，非左右之所能故也。徑尺之帛，方寸之木，薄物也，非良工不能裁之，況帝王之佐，經國之任，可不審擇其人乎？夫構大厦者，先擇匠，然後簡材。治國者，先擇佐，然後定民。大匠構屋，必大材爲棟梁，小材爲榱橑，苟有所中，尺寸之木無棄也。非獨屋有棟梁，國家亦然。大德爲宰相，此國家之棟梁。經國之本立，則庶官無曠，天工時叙矣。」（《傅子》授職篇）構大厦必須擇匠選材。治理國家，亦必須愼選賢能而任之。政府用人，端在因材施用，大才大用，小才小用，無才不用，務期位得其才，才當其用。則庶政咸理，衆才展其能，則事無不治，治之至者。

賢才無世無之，欲王則王佐至，欲霸則霸臣出，端視人主是否肯悉心盡力以求之。傅玄曰：「夫聖人者不世而出也，賢能之士，何世無之。何以知其然？舜興而五臣顯，武王興而九賢進。齊桓之霸，管仲爲之謀。秦孝之興，商君佐之以法。欲王則王佐至，欲霸則霸臣出，欲富國强兵，則富國强兵之人往。求無不得，唱無不和，是以知天下之不乏賢也。顧求與不求耳。何憂天下之無人哉？」（《傅子》舉賢篇）

傅玄以爲舉賢之本，應正身而一聽，並須開至公之路，秉至平之心，由誠而致之。他說：「賢者，聖人所與共治天下者也。故先王以舉賢爲急。舉賢之本，莫大於正身而一聽。身不正聽不一，則賢者不至；雖至，不爲之用也。古之明君，簡天下之良材，舉天下之賢人，豈家至而門閱之乎？開至公之路，秉至平之心，執大象而致之，亦云誠而已矣。夫任誠，天下可感，而況於人乎？傅說，巖下之築夫也，高宗引而相之。呂尚，屠釣之賤老也，文武尊而宗之。陳平，項氏之亡臣也，高祖以爲心腹。四君不以小疵忘大德，三臣不以疏賤而自疑。其建帝王之業，不亦宜乎？文王內舉周公旦，天下不以爲私其子；外舉太公望，天下稱其公。周公誅弟而典刑立，桓公任讎而齊國治。苟其無私他人與骨肉，其於誅賞豈二法哉？惟至公，然後足以舉賢也。夏禹有言，知人則哲，惟帝其難之。」（《傅子》舉賢篇）

㈨**厚祿養廉**——傅玄以薄祿足以傷廉，政治難以清明，爲害滋甚，故主張厚祿以養廉。他說：「欲治其民而不省其事，則事繁而職亂。知省其職，而不知節其利，厚其祿也，則下力既竭，而上猶未供。

薄其祿也，則吏競背公利而營私利也。此敎之所以必廢而不行也。凡欲爲治者，莫不欲其吏之淸也；不知所以致淸而求其淸，此猶渾其源而望流之潔也。知所以致淸，則雖擧盜跖不敢爲非；不知所以致淸，則雖夷叔必犯其制矣。夫授夷叔以事，而薄其祿，近不足以濟其身，遠不足以及室家，父母餓於前，妻子餒於後；不營則骨肉之道虧，營之，而奉公之制犯。骨肉之道虧，則怨毒之心生，仁義之理衰矣。使夷叔有父母存，無以致養，必不採薇於首陽山，顧公制而守死矣。由是言之，吏祿不重，則夷叔必犯矣。夫棄家門委身於公朝，榮不足以庇宗人，祿不足以濟家室，骨肉怨於內，交黨離於外。仁孝之道虧，名譽之利損；能守志而不移者鮮矣。」（《傅子》重爵祿篇）

(十)富民與平徭賦——儒家爲治富而後敎。法家爲政，旨在富國强兵。但富國必先富民。因之，傅玄亦認爲治國必先富民。他說：「民富則安鄕重家，敬上而從敎；貧則危鄕輕家，相聚而犯上。飢寒切身，而不行非者寡矣。」（《傅子》補遺上篇）

富民之法，固然在輕徭薄賦；但傅玄以爲世有事，徭煩賦重，不爲過；世無事，徭簡賦輕，事所宜；固不可執一而論。若使徭役得其公平，則雖勞而不怨，雖賦而不抗。傅玄曰：「夫用民力，歲不過三日者，謂治平無事之世，故周之典制載焉。若黃帝之時，外有赤帝蚩尤之亂，內設舟車門衞甲兵之備，六興大役，再行天誅，民無安處，卽天下之民，亦不得不勞也。勞而不怨，用之至平也。禹鑿龍門，闢伊闕，築九山，滌百川，過門不入，薄飮食，卑宮室，以率先天下。天下樂盡其力，而不敢辭勞者，儉而有節，所趣公也。故世有事，卽役煩而賦重；世無事，卽役簡而賦輕。役煩賦重，則上宜損制以恤其下，事宜從省以致其用，此黃帝夏禹之所以成其功也。後之爲政，思黃帝之至平，夏禹之積儉；

周制之有常，隨時損益，而息耗之，庶幾雖勞而不怨矣。」（《傅子》平役賦）

二、法家的政治思想——魏晉之世玄學盛行，虛浮是尙，名士風流，不檢法紀，風氣敗壞，法制紊亂，所以傅玄倡行立制，行賞罰之法家思想以救治世弊。傅玄雖支持儒家思想，而儒術可以勸善，而不足以禁邪惡，故儒法並重，俾民向善而守禁。其所主張的法家政治思想，計有左列四端：

1. 建立法制——儒家旨在立善，法家旨在禁非立是。前者以禮治，後者以法禁非。傅玄之意，在厲行法制，故主張先刑而後禮。他說：「立善防惡謂之禮，禁非立是謂之法。法者所以正不法也。明書禁令曰法，誅殺威罰曰刑。治世之民從善者多，上立德而下服化，故先禮而後刑也。亂世之民從善者少，故先刑而後禮也。」（《傅子》法刑篇）

2. 行法無私——法制既立，行法者須大公無私，法律之前，人人平等，無例外，無特權，明如鏡，清如水，平如秤，罰不避親貴，賞不失疏賤。有法而行私，則法廢矣。法廢則國必亂亡。漢因秦法，而秦亂亡，漢則興盛。蓋秦行法徇私，而漢則公以行法之故。傅玄曰：「問曰：漢之官制，皆用秦法；秦不二世而亡，漢二十餘世而後亡者，何也？答曰：其制則同，用之則異。秦任私而有忌心，法峻而惡聞其失；任私則遠者怨，有忌心則天下疑，法峻則民不順之，惡聞其失則過不上聞。此秦之所以不二世而滅者也。漢初入關，約法三章，論功定賞，先封其憎；無忌也。雖網漏吞舟，而百姓安之者，能通天下之志，得其略也。」（《傅子》通志篇）傅玄又說：「若親貴犯罪，大者必議，小者必赦；是縱封豕於境內，放長蟲於左右也。」（《傅子》附錄）親貴犯罪亦須依法處罰；今則不然，犯大罪則從議不依法；犯小罪則赦免。如此無異廢法而行私，其爲害之烈，猶如縱野猪吃人，放毒蛇肆虐。

3.善行賞罰——韓非認爲治國有二柄，一曰賞，二曰罰；賞以勸善，罰以懲惡。傅玄贊成此說，認爲善行賞罰，則國治民安。善賞者，賞一善而天下皆勸；善罰者，罰一惡而天下皆懼。所謂善行賞罰者謂賞罰必須公平，不可因疏賤，有善而不賞；不可因親貴，有惡而不罰。傅玄曰：「治國有二柄，一曰賞，二曰罰。賞者，政之大德也；罰者，政之大威也。……民之所好莫甚於生，所惡莫甚於死。善治民者，開其正道，因所好而賞之，則民樂其德也；塞其邪路，因所惡而罰之，則民畏其威矣。善賞者，賞一善而天下之善皆勸。善罰者，惡一惡而天下之惡皆懼者，何？賞公而罰不貳也。有善，雖疏賤必賞；有惡，雖近貴必誅；可不謂公而不貳乎。若賞一無功，則天下飾詐矣。罰一無罪，則天下懷疑矣。是以明德信賞而不肯輕之；明德愼罰而不肯忍之。夫威德者相須而濟者也。故獨任威刑而無德惠，則民不樂生；獨任德惠而無威刑，則民不畏死。民不樂生，不可得而敎也；民不畏死，不可得而制也。有國立政，能使其民可敎可制者，其唯威德足以相濟者乎。」（《傅子》治體）

4.哀矜勿喜——刑罰不可苛刻，只有暴君昏王，才尙酷刑，行殘罰。聖王明君，皆愼恤刑罰，聞有犯罪處刑者，則存哀矜勿喜的心情。傅玄曰：「是故聖帝明王，惟刑之恤，惟敬五刑以成三德。若乃暴君昏王，刑殘法酷，作五虐之刑，詔炮烙之辟，而天下之民無所措手足矣。」（《傅子》法刑篇）

第四節　思想評估

一、當時的評估——傅玄初作內篇成，子咸以示司空王沈。沈與玄書曰：省足下所著書，言富理濟，經論政體，存重儒敎，足以塞楊墨之流，遁齊孫孟於往代，每開卷未嘗不歎息也。不見賈生自以過之，乃今不及信矣。

二、後人的評估——後人對《傅子》一書的評價，有左列諸人：

1.明張溥曰：晉代郊祀宗廟樂歌，多推傅休奕，顧其文采，與荀（勗）張（華）等耳。苦相篇雜詩二首，頗有四愁定情之風。歷九秋詩，讀者疑爲漢古詩，非司馬相如、枚乘不能作。其言文聲永，誠詩家六言之祖也。……晉武受禪，廣納直言，休奕時務便宜諸書，剴切中理。有云：「魏武（曹操）好法術，天下貴刑名，魏文（曹丕）慕通達，天下賤守節，請退虛鄙，如逐鳥雀，晉衰薄俗，先有隱憂。干令升論：覽傅玄、劉毅之言，而得百官之邪。核傅咸之奏，錢神之論，而覩寵賂之彰。悼禍亂而美知幾，清泉藥石，可世守也。」

2.《四庫全書總目提要》曰：此書（《傅子》）所論皆關切治道，闡啓儒風，精意名言，往往而在，以視《論衡》、《昌言》，皆當遜之。

3.清方濬師曰：傅氏書（《傅子》）在諸子家上，筆力雄碩蒼渾，上繼江都，下啓昌黎。

三、作者的評估——魏晉之世，清談玄學之風盛行，尚虛浮，重空言，名士風流，放浪曠達，不守禮法，不拘名教，縱慾享樂，奢靡無度。《傅子》一書，力倡儒學，重仁義，尚禮教，崇儉務實，實是空谷足音，正人心，淑世風，大有裨益。雖一力難支大廈之將傾，難挽狂瀾於既倒，而囂囂聲中能有諤諤之言，誠難能而可貴。儒學於後漢已見不振，至魏晉之世，儒學更受玄學風聲之掩蓋，益趨衰落。傅玄慮儒學之將泯，悲正道之已失，乃著《傅子》，闡揚儒學，啓廸正道，維持道統於不墜，啓其生機，振其聲氣，衞道正德，功莫大焉。

第四十六章　葛洪的政治思想

第一節　生平事略

一、事略——葛洪的生平事蹟見於《晉書》卷七十二本傳。葛洪字稚川，自號抱朴子，丹陽句容（今江蘇句容縣）人，生卒年不詳，約生於魏齊王芳嘉平二年（約西元二五〇年），卒於東晉成帝咸和五年（西元三三〇年），壽八十一歲。洪之祖父名系，吳大鴻臚，父名悌，晉邵陵太守。洪少好學，家貧，自伐薪，以買紙墨，夜輒寫書誦習，遂以儒學知名。性寡欲，無所玩樂，見賭博者不知何為，為人木訥，不好榮利，閉門却掃，未嘗交遊。於餘姚山見何幼道、郭文舉，目視而已，各無一言。有時為尋書問義，不遠千里，跋山涉水，期其必得。遂得究覽典籍，尤好神仙導養之法。從祖名玄，學道得仙，號曰葛仙公。玄以其煉丹秘術授弟子鄭隱。洪就隱學道，悉得其法。後事師東海太守上黨鮑玄，玄亦內學，逆占將來；見洪深重之，以女妻洪，洪傳玄業，兼綜練醫術；凡所著撰，皆精覈是非，而才章富瞻。

石冰作亂，吳興太守顧秘為義軍都督，與周圯起兵討之，秘儒洪為將兵都尉，攻石冰破之。洪遷伏波將軍。洪不計功賞，逕往洛陽，欲搜求異書，以廣其學。洪見天下大亂，遂避地江左，乃參廣州刺史嵇含軍事；及含遇害，洪停住南土多年。征鎮檄命，一無所就。後還鄉里，禮辟皆不赴。晉元帝司馬睿爲丞相時，辟爲掾，以平賊功，賜爵關內侯。成帝盛和初，司徒王導召補州主簿，轉任司徒掾，遷諮議。洪與參軍干寶深相友善，薦洪才堪國史，選爲散騎常侍，領大著作。洪固辭不就，以年老，欲煉丹，以祈遐齡。

洪聞交趾出丹，求爲句漏令。帝以洪資高，不許。洪曰：非欲爲榮，以習丹耳。帝乃從之。洪遂率子姪俱行。至廣州，刺史鄧嶽欲留之，不聽而去。洪乃止羅浮山煉丹。嶽表請補洪東官太守，又辭不就。嶽乃以洪姪葛望爲記室參軍。洪在山積年，優游閒養，著述不絕。其自叙曰：洪體乏進趣之才，偶好無爲之業。喜覽奇書，旣不少矣；率多隱語，難以卒解。自非至精，不能尋究；自非勤篤，不能悉見也。而意之所疑，又無足諮。今爲此書，粗舉長生之理，其至妙者，不得宜之於翰墨；蓋粗言較略，以示一隅，冀悱憤之徒，省之可以思過半矣。其闇塞必能窮微暢遠乎？聊論其所先覺耳，世儒徒知服膺周孔，莫信神仙之書；不但大而笑之，又將謗毀眞正。故今所著子言黃白之事，名曰內篇；其餘較難通塞，名曰外篇。大凡內外一百一十六篇。雖不足以藏之名山，且欲緘之金匱，以示識者，自號抱朴子，因此名書。

其後，洪與鄧嶽書云：當遠行尋師，尅期便發。嶽得書，狼狽往制之，而洪坐至日中，兀然若睡而卒。嶽至，遂不及見，時年八十一，視其顏色如生，體亦軟，舉尸入棺，其輕如空衣，世以爲尸解而成仙。

二、著作——葛洪的著作，有《抱朴子》內外篇、《神仙傳》、《隱逸傳》、《肘後備急方》及碑誄詩賦雜文等。《神仙傳》是一些修道成仙者的傳記。《隱逸傳》是爲那些信持老莊玄學，隱逸遁世的高士所寫的傳記。《肘後備急方》，乃是他養生、導氣、醫藥、煉丹的資料。碑誄詩賦雜文則是他的文學創作。

《抱朴子》爲葛洪傳世名著，分內外篇。內篇二十卷，外篇三十卷，一卷爲一篇。內篇內容係論神仙方藥、鬼怪變化、養生延年、禳邪卻禍諸事理，自序謂屬於道家，其實屬於道教。外篇則論時政的得失，人事的臧否，自序屬於儒家，其實內中仍有一些法家思想。故《隋書》經籍志、《舊唐書》經籍志、《新唐書》藝文志及《宋史》藝文志皆將《抱朴子》列入雜家，實屬合理。而《四庫全書總目提要》則將《抱朴子》列入道家，並作評論曰：其書內篇論神仙、吐納、符籙、尅治之術，純爲道家之言；外篇則論時政得失，人事臧否。詞旨辨博，饒有名理；而究其大旨，亦以黃老爲宗；故今併入道家。

第二節　調和思想

一、儒道兩家思想的調和——魏晉之世，雖然清談玄學的風氣，甚爲風行，但正統的儒家思想，並未被否定；孔子的聖人地位亦未被推翻。王弼居於談玄的領導地位，雖心中仰慕老子，然仍承認孔子的聖人地位。於是他便想調和儒道兩家的思想，而倡「體無用有」之說，俾以援老入儒。王導主政雖亦是清談玄學的喜好者，然仍主張興學校，施敎化而崇信儒家學說。裴頠爲談玄鉅子，而他仍同時著《崇有論》與《貴無論》，亦在於調和儒道兩家思想。葛洪生當這一時期，當亦不便崇道而棄儒，於是隨時所趨，而倡儒道調和的思想。

葛洪首先以「仲尼儒者之聖也；老子得道之聖也」；及「三皇以往道治也；帝王以來儒敎也」。他說：「仲尼儒者之聖也；老子得道之聖也。儒敎近而易見，故宗之者衆焉；道意遠而難識，故達之者寡焉。道者萬殊之源也，儒者大淳之流也。三皇以往道治也，帝王以來，儒敎也。談者咸知高上世之敦朴，而薄季俗之澆散，何獨重仲尼而輕老氏乎？見玩華藻於木末，而不識所生之有本也。何異乎貴明珠而賤淵潭，愛和璧而惡荆山？不知淵潭者，明珠之所自出，荆山者和璧之所由生也。且夫養性者道之餘也，經世者儒之末也。所以貴儒者，以其移風而易俗，不唯揖讓與盤旋也。所以尊道者，以其不言而化行，匪獨養生之一事也。若儒道果有先後，則仲尼未可專信，而老氏未可孤用。仲尼旣敬問伯陽，願比老彭；又自以知魚鳥而不識龍，喻老氏於龍。蓋其心服之辭，非空言也；與顏回所言，瞻之在前，忽焉在後，鑽之彌堅，仰之彌高，無以異也。」（《抱朴子》內篇，塞難第七）

葛洪雖有意調和儒道兩家的思想，然其所論，則知其爲道家思想的信奉者，把道家的地位捧擁得高高在上，而把儒家的地位，卻排抑於道家之下。就此言之，與其說葛洪在調和儒道兩家的思想；不如說他在作儒道兩家思想的比較。比較的結果，他便認爲道高而儒低。故曰：儒敎近而易，道意遠而難；道爲源，儒爲流；道爲三皇的治道，儒爲帝王的治道；尊道而貴儒。最後更說孔子心服老子，而喻老子爲龍，且讚稱老子之道，鑽之彌堅，仰之彌高。似非持平之論。儒道兩家思想各爲獨立的完整的思想體系，皆言之有理，持之有故，各能自圓其說，不易攻破。各有其自己的出發點與目的，道不同不相謀，事有異物則殊，故無從比較其高下。例如江河固可比較，而山河則不能並論。

葛洪雖有意調和儒道兩家思想，但先有成見，立論主觀而以爲道高儒低。不僅此也，他更批評孔子不挹本源大宗，未入至道之內，並引老子之言以誡孔子。殊不知老子之誡孔子是在年少之時，而非孔子學養完成之後；引用似非得宜。葛洪曰：「由此觀之，益明所禀有自然之命，所尙有不易之性也。仲尼知老氏玄妙貴異，而不能挹酌淸虛於本源大宗，出乎無形之外，入乎至道之內，其所諮受止於民間之事而已，安能請求仙法耶？忖其用心汲汲，專於敎化，不在乎方術也。仲尼雖盛於世事，而非能沉靜玄默，自守無爲者也。故老子戒之曰：良賈深藏若虛，君子盛德若愚；去子之驕色與多慾，泰然於淫志，是無益於子之身。此足以知孔子不免於俗情，非學仙之人也。夫栖栖惶惶，務在匡時，仰悲鳳鳴，俯嘆匏瓜；沽之恐不售，慷慨思執鞭，亦何肯捨經世之功業，而修養生之迂濶哉？儒道之業，孰爲難易？抱朴子答曰：儒者易中之難也，道者難中之易也。」（《抱朴子》內篇，塞難第七）

老子志在返樸歸眞，成爲眞人或至人，並未說要成爲神仙。而葛洪則志在養生導氣，服藥長壽，煉丹成仙。這是東漢張道陵以符籙禁咒行世的道敎，並非老莊的道家。葛洪以求仙之法爲道家特性之一，誤矣。孔子在成聖，而以「安能請求仙法」以爲評論，實見中肯。所謂「易中之難者」，仍屬於易；「難中之易者」，仍屬於難。以此言之，則是儒易而道難，仍是道高儒低之論，不足以言持平與客觀。

二、儒道墨法思想的調和——葛洪從儒、道、墨、法四家思想的比較中，指出「道者儒之本也，儒者道之末也。」這一說法雖嫌勉强，然尙能表現出葛洪調和儒道兩家思想的心意。《抱朴子》內篇，明本第十有言：「或問儒道之先後。抱朴子答曰：道者儒之本也，儒者道之末也。夫以爲陰陽之術，衆於忌諱，使人拘畏。而儒者博而寡要，勞而少功。墨者儉而難遵不可偏修。法者嚴而少思，傷破仁義。唯道家之敎，使人精神專一，動合無爲；包儒墨之善，總名法之要，與時遷移，應物變化，指約而易明，事少而功多，務在全不宗之朴，守眞正之源者也。而班固以史遷先黃老而後六經，謂遷爲謬。夫遷之洽聞傍綜，沙汰事物之臧否，覈實古人之邪正；其評論也，實源本於自然，其褒貶也，皆準酌乎至理；不虛美，不隱惡，不雷同以偶俗，劉向命世通儒，謂爲實錄。而班固之所論，未可遽是也。固誠純儒，不究道意，翫其所習，難以折中。……夫道者內以治身，外以爲國，能令七政遵度，二氣告和，……疫癘不流，禍亂不作，塹壘不設，干戈不用；不讓而當，不約而信，不結而固，不謀而成，不賞而勸，不罰而肅，不求而得，不禁而止。處上而人不以爲重，居前而人不以爲患，號未發而風移，令未施而俗易，此蓋道之治世也。故道之興也，則三五垂拱而有餘焉，道之衰也，則叔代馳騖而不足焉。夫唯有餘，故無爲而自化；夫爲不足，故刑嚴而姦繁，黎庶怨於下，皇靈怒於上，法令明而盜賊多，盟約數而叛亂甚。君臣易位者有矣，父子推刃者有矣，然後忠義制名於危國，孝子收譽於敗，疾疫起而巫醫貴矣，道德喪而儒墨重矣。由此觀之，儒道之先後可得定矣。」（《抱朴子》內篇，明本，第十）

葛洪依太史公司馬談論六家要旨的立論，極力推崇道家之說，以爲三皇五帝垂拱而治，無爲而自化，乃道治興盛之世。但葛洪生當亂世，干戈不息，爭亂頻起，臣弒其君，子殺其父者有之，此蓋由於政府權力不足，無法敉平變亂，維持社會。當此季世，焉能垂拱而治，無爲自化。所以要用儒家的仁義敎化，法家的刑名賞罰及墨家的崇儉務實去治國安民。葛洪固然一方面要調和儒道兩家的思想，同時他對墨法兩家的地位亦給以相當推許，蓋亦有意調和儒道墨法四家的思想。葛洪誠然特別推崇道家，但亦未完全排除儒、墨、法三家，故葛洪者與其列爲道家，不如列爲雜家。

第三節 儒家思想

葛洪的目的雖然在成神仙，但在未成神仙之前，他仍是一個常人。常人便會以平常心評論人間的平常事。他生當亂世，以爲治亂世，仍當推行儒家思想，期以安民淑世。況洪曾平叛亂，任官吏，並非遁世的隱逸者，自然要以當世的立場去研究治國安民之道。所以他提出儒家思想以爲治國安民的指針。

一、政府的必要——魏晉之世，談玄鉅子若何晏、王弼、阮籍等均師宗老莊，主張無爲。因主張無爲進而主張無君，即所謂無政府主義。有鮑敬言者，主張無政府，尤爲强烈。葛洪雖崇信道家思想，卻反對無君的無政府主義，認爲有君則可以消弭智詐愚、强欺弱之弊，且可收德盛、君安、刑厝之功效。葛洪駁鮑敬言之論曰：「蓋聞冲昧既闢，降濁生清，穹隆仰燾，旁泊俯停，乾坤定位，上下以形；遠取諸物，則天尊地卑，以著人倫之體；近取諸身，則元首股肱，以表君臣之序。降殺之軌，有自來矣。若夫太極混沌，兩儀無質，則未若玄黃剖判，七耀垂象，陰陽陶冶，萬物群分也。由玆以言，亦知鳥聚獸散，巢栖穴竄，毛血是茹，結草斯服，入無六親之尊卑，出無階級之等威；未若庇體廣厦，稉粱嘉旨，黻黼綺紈，御冬當暑，明辟涖物，良宰匡世，設官分職，宇宙穆如也。貴賤有章，則慕畏罰；勢齊力均，則爭奪靡憚。是以有聖人作，受命自天；或結罟以畋漁，或瞻辰而鑽燧，或嘗卉以選粒，或構宇以仰蔽；備物致用，興利去害，百姓欣戴，奉而尊之。君臣之道，於是乎生；安有詐愚欺弱之理。三五迭興，道教遂隆，辯章勸沮，德盛刑淸。」（《抱朴子》外篇，詰鮑，卷四八）有政府則可以備物致用，興利去害，故有其必要。

葛洪進而論說無政府的弊害，在於人與人爭，家與家訟，上無治枉之官，下有重類之黨，私鬪過於公戰。他說：「若人與人爭草萊之利，家與家訟巢窟之地；上無治枉之官，下有重類之黨。則私鬪過於公戰，木石銳於干戈；交尸布野，流血絳路。久而無君，噍類盡矣。至於擾龍馴鳳，河圖洛書，或麟銜甲負，或黃魚波湧，或丹禽翔授，或回風三集；皆在有君之世，不出無王之時也。」（《抱朴子》外篇，詰鮑，卷四八）在無政府時代，因無公權力以止亂息爭，則爭鬪不止，殺戮不息，則人類必將同歸於盡。有政府方能以止亂息爭，使智不得詐愚，强不得凌弱，衆不得暴寡，以企於人民和樂，社會安寧的昇平境地。

葛洪詳加論說無政府時代的惡劣、痛苦、恐怖的悲慘情況，用以證明有政府的利益與必要。他說：「古者生無棟宇，死無殯葬，川無舟楫之器，陸無車馬之用，舌啖毒烈以至殞斃，疾無醫術，枉死無限。後世聖人改而垂之，民到於今賴其厚惠，機巧之利未易敗矣。今使子居則反巢穴之陋，死則捐之中野，限水則泳之游之，山行則徒步負戴，棄鼎鉉而爲生臊之食，廢針石而任自然之病，裸以爲飾，不用衣裳，逢女爲偶，不假行媒，吾子亦將曰不可也，況於無君乎？」（《抱朴子》外篇，卷四八）

二、賢明的君主——君主爲國家元首，政府領袖。國家的治亂，政治的良窳，莫不以君主是否賢明爲轉移。葛洪既主張有政府，而政府必須有賢明的君主以爲領導。葛洪認爲賢明君主應具備以下的條件：⑴修身，⑵秉公，⑶明察，⑷別善惡，⑸守法度，⑹褒貶公允，⑺法令嚴明，⑻有遠見，⑼抑奸佞，⑽求善言，⑾愛人民，⑿能改過，⒀施敎化，⒁選良材，⒂執法平，⒃納諫言。

葛洪曰：「君人者，必修諸己以先四海，去偏黨以平王道，遣私情以標至公，擬宇宙以籠萬殊，眞僞既明於物外矣，而兼之以自見。聽既聰於接來者，而加以自聞矣。儀決水以進善，鈞絕絃以黜惡。昭德塞違，庸親昵賢，使規盡其圓，矩竭其方，繩肆其直，斤效其斲。器無量表之任，才無久授之用；考名責實，屢省勤恤，樹訓典以示民極，審褒貶以彰勸沮；檢不齊以杜僭濫，詳直枉以違晦吝。……發號吐令，則訇若震雷之激響，而不為邪辯改其正；立法創制，則炳若七曜之麗天，而不愛惡曲其情。宏略遠罩，則藹若密雲之高結；居貞成務，則礭若嵩岱之根地。料伏倚於未萌之前，審毀譽於巧言之口。不使敦朴散於雕僞，不使一體撓於二端。雖能獨斷，必博約乎芻蕘；雖務含弘，必清耳於浸潤。民之饑寒，則哀彼責此；百姓有罪，則謂之在予一人。嘉祥之臻，則念得神之祐。或逢天之怒，則思桑林之引。不吝改絃於宜易之調；不恥反迷於朝過之塗。……鼓恥廉之陶冶，明考試之準的。怒不越法以加虐，喜不踰憲以厚遺。割情於所愛，而有犯者無赦；採善於所憎，而有勞者不逸。傾下問以納忠，聞逆耳而不諱；廣乞言於誹謗，雖委抑而不距。掩細瑕而錄大用，忘近惡而念遠功。」（《抱朴子》外篇，卷五）

三、臣道的衡論——君主不能一人獨治國家，必須任用群臣以為輔佐，共同處理政務，俾能國治民安。葛洪用明銳眼光加以觀察，細密的心智加以分析，就人臣的優劣，分為六種：一曰尸位，二曰直臣，三曰佞臣，四曰忠臣，五曰社稷之臣，六曰守法之臣。

葛洪曰：「君必度而授者，備乎覆餗之敗；臣必量才而受者，故無流放之禍。夫如影如響，俯伏惟命者，偷容之尸素者。違令犯顏，蹇蹇匪躬者，安上之民翰也。先意承指者，佞諂之徒也。匡過弼違者，社稷之骾也。必將伏斧鑕而正諫，據鼎鑊而盡言；忠而見疑，諍而不得者，待放可也。必死無補，將增主過者，去之可也。其動也，匪訓典弗據焉；其靜也，匪憲章弗循焉。請託無所容，中繩不顧私，明刑而不濫乎所恨，審賞而不加諸附己；不專命以招權，不含洿而談潔；進思進言以糾謬，退念推賢而不蔽；夙興夜寐，慼庶事之不康也；儉躬約志，若策奔於薄氷也。納謀貢士，不宣之於口；非義之利，不棲之於心。立朝則以砥矢為操，居己則以羔羊為節。當危值難，則棄家而不顧；秉衡執詮，則平懷而無彼。」（《抱朴子》外篇，臣道，卷六）

人君固應具備明德賢才；人臣亦須信守一定的節操。依葛洪的主張，人臣須信守以下的節操：⑴功績相當其爵祿，⑵行信與思順，⑶避傲滿而守讓謙，⑷循規蹈矩，合乎法度，⑸愼受褒獎以遠辱，⑹不損上附下，⑺不廢公營私，⑻不阿媚曲從，⑼君擧用謬惡，不加諂贊，⑽不進玩好，陷君於惡，⑾不巧言令色，⑿不蔽君主之明，⒀不杜進賢之路，⒁不私交外國之友，⒂不結私黨背公義，⒃不文過飾非，⒄不專威擅朝。

葛洪曰：「人臣勳不弘，則恥俸祿之虛厚也；績不茂，則羞爵命之妄高也。履信思順，天人攸贊；畏盈居謙，乃終有慶。擧足則蹈矩度，抗手則奉繩墨；褒重則淹留，而侮辱亦必遠也。若夫損上以附下，廢公以營私；阿媚曲從，以水濟水。君擧雖謬，而諂笑贊善；數進玩好，陷君於惡；巧言毀政，令色取悅；上蔽人主之明，下杜進賢之路，外結出境之交，內樹背公之黨；雖才足飾非，言足文過，專威若趙高，擅朝如董卓；未有不身膏㓻鋒，家靡湯火者也。」（《抱朴子》外篇，臣道，卷六）

四、非革命，反廢立——一般論者，認為湯武革命，乃順天應人之義擧，而葛洪非之。伊尹之黜太甲，周公之攝王位，霍光之廢昌邑王等，論者皆視為舍道從權，以安社稷的盛事，而葛洪獨以為不然。

這雖是推翻前人定論的反案議論，且悖於革命之義，違經權互用的原則，然一切理論皆可分反正兩面；一切制度皆是優劣互見。葛洪從另一個角度評論這些史事，不失爲慧眼獨具的卓見。從學術研究自由的立場言之，亦屬難能而可貴，不無引述的價值。

葛洪曰：「周公之攝王位，伊尹之黜太甲，霍光之廢昌邑，孫綝之退少帝，謂之舍道用權，以安社稷。然周公之放逐狼跋，流言載道；伊尹終於受戮，大霧三日；霍光幾於及身，家亦尋滅；孫綝桑未移，首足異所。皆笑音未絕，而號咷已及矣。夫危而不持，安用彼相；爭臣七人，無道可救；致令王莽，生其姦變，外引舊事以飾非，內包豺狼之禍心，將來君子，宜深鑒玆矣。」（《抱朴子》外篇，良規，卷七）這是責其前例一開，後人宗之，惡人乃借此而施其篡奪的劣行。論者以爲有伊尹之志則可，無伊尹之志則篡矣。但志是一種心理狀態，藏於內心，外人豈易知之！

葛洪之非湯武，斥伊霍，蓋以此爲世人的誡告，所以懲前毖後，用意甚善，未可厚非。他說：「世人誠謂湯武爲是，伊霍爲賢，此乃相勸爲逆者也。又見廢之君，未必悉非也。或輔翼少主，作威作福，罪大惡極，慮於爲後患；及尙持勢，因而易之，以延近局之禍，規定策之功，計在自利，未必爲國也。取威既重，殺生決口；見廢之王，神器去矣。下流之罪，莫不歸焉，雖知其然，孰敢形言；無東牟朱虛以致其討，無南史董狐，以證其罪。將來今日，誰又理之？獨見者乃能追覺桀紂之惡，不若是其惡；湯武之事，未必若是其美也。方策所載，莫不尊君卑臣，强幹弱枝。春秋之義，天不可讎；大聖著經，資父事君。民生在三，奉之如一；而許廢立之事，開不道之端，下陵上替，難以訓矣。……而屬筆者皆共褒之，以爲美談；以不容誅之罪爲知變，使人於悒而永慨者也。或諫余以此爲傷聖人，必見譏貶。余答曰：舜禹歷事內外，然後受終文祖；雖有好傷聖人者，豈能傷哉？昔嚴延年廷奏霍光爲不道，於是上下肅然，無以折也。況吾爲之誠，無所指斥，何慮乎言哉？」（《抱朴子》外篇，卷七）

五、審選舉，用賢才——爲政在人，得人者昌，失人者亡；人存政舉，人亡政息。所謂人者，乃指賢才，並非指一般人。古之聖王明君所以成大功，立大業，莫不賴群賢以爲輔佐。故葛洪曰：「夫有唐所以巍巍，重華所以恭己，西伯所以三分，姬發所以革命，桓文所以一匡，漢高所以應天，未有不致群賢爲六翮，託豪傑爲舟楫者也。」（《抱朴子》外篇，嘉遯，卷一）賢才之至，在於人君誠心竭志以羅致之，若不誠心以求，則不得賢才。葛洪曰：「若令各守洗耳之高，人執耦耕之分；則稽古之化不建，英明之盛不彰，明良之歌不作，括天之網不張矣。故藏器者珍於變通隨時，英逸者貴於吐奇撥亂，若乃耀靈翳景於雲表，則麗天之明不著；哮虎韜牙而握爪，則搏噬之捷不揚；太阿潛鋒而不擊，則立斷之勁不顯；驥騄跼趾而不馳，則追風之迅不形。」（《抱朴子》外篇，嘉遯，卷一）賢才要竭心羅致而任使之，方能展才而立功勳。

羅致或察舉賢才，必須察舉者，不徇私，不爲情託困，不爲威勢屈，不爲貨利誘，公明以察賢，並當博訪詳聽，考其行事，察其品德，觀其爲人，視其處世，審愼觀察而舉之，方能舉得賢才。葛洪曰：「知人則哲，上聖爲難。今使牧守皆能審良才於未用，保性履之始終，誠未易也。但共遣其私情，竭其聰明，不爲利慾動，不爲囑託屈，所欲舉者必澄思以察之，博訪以詳之，修其名而考其行，校同異以備虛飾；令親族稱其孝友，邦閭歸其信義，嘗小仕者有忠清之效，治事之幹，則寸錦足以知巧，刺鼠利以觀勇也。又秀孝皆宜如舊，試經答策，防其所對之姦。當令不絕，其不中者，勿署吏，罰禁錮。其所舉書不中者，刺史太守免官。不中左遷，中者多不中者少，後轉不得過故。若受昧而舉所不當，發覺有驗者，除名禁錮終身不赦。」（《抱朴子》外篇，審舉，卷十五）

舉用賢才，不可僅憑其虛聲清譽，應依尚書，舜典所謂「敷納以言，明試以功，車服以庸。」因之，葛洪主張嚴試對之法，卽是敷納以言。他說：「夫詮衡不平，則輕重錯謬；平斛不正，則少多混亂，繩墨不陳，則曲直不分，準格傾側，則滓雜實繁。以之治人，則虐暴而豺貪，受取聚斂，以補買官之費。立之朝廷，則亂劇於棼絲，引用駑庸，以爲黨援。而望風草偃，庶事之康，何異懸瓦礫而責夜光，絃不調而案清音哉？何可不澄濁飛沈，沙汰臧否，嚴試對之法，峻貪夫之防哉？」（《抱朴子》外篇，審舉，卷十五）

人是否有賢才，能勝任，要從其實際的工作成績表現中而知之，不可僅憑試對。須明試以功，而見其能。葛洪曰：「世有雷同之音，未必賢也。俗有嘩喧之毁，而未必惡也。是以迎而許之者，未若鑒其事而試其用。逆而距之者，未若聽其言而觀其實。則佞媚不以虛談進，良能不若孤弱退。駑蹇輟望於大輅，戎蚪揚鑣而電騁，則功胡大而不可建，道胡遠而不到。」（《抱朴子》外篇，廣譬，卷三十九）

六、求知識，礪學行——人非生而知之，必待學而後能；器非自然而成，必待製作而有功。因之葛洪主張施敎化，礪學行，培育賢才，則可化俗而具治。他說：「雖云色白，匪染弗麗；雖云味甘，匪和弗美。故瑤華不琢，則耀夜之景不發；丹鍔不淬，則純鉤之勁不就。火則不鑽不生，不扇不熾；水則不決不流，不積不深。故質雖在我，而成之由彼也。登閬風，捫辰極，然後知井谷之闇隘也。披七經，玩百氏，然後覺面墻之至困也。夫不學而求知，猶願魚而無網焉；心雖勤而無獲矣。廣博以窮理，猶順風而託焉；體不勞而致遠矣。粉黛至，加西施以加麗，而宿瘤以藏醜；經術深，則高才者洞逸，鹵鈍者醒悟，文梓干雲，而不可名臺榭者，未加班輸之結構也。天然爽朗，而不可謂之君子也，不識大倫之臧否。欲超千里於終朝，必假退影之足；欲凌洪波而遐濟，必因舟揖之器。欲見無外而不下堂，必由之乎載籍；欲測淵微而不役神，必得之乎明師。」（《抱朴子》外篇，勗學，卷三）

第四節　道家思想

葛洪好老莊，信持道家學說，他評論儒道墨法四家言，獨推崇道家。所以在他的著作《抱朴子》一書中，有不少的道家思想。惟這些思想僅是老氏的重述而已，並無新義，不足以言創作。茲扼要舉列左列五端以見一斑：

一、自然無爲——老莊學說以道爲本。老子曰：「人法地，地法天，天法道，道法自然。」（《老子》第二十五章）自然的意義，就是讓萬事萬物皆保持其原來的自然狀態，不加干涉，不加擾亂，自由自在，各得其所，各適其性。葛洪既師宗老子，故其思想在於崇尚自然，無爲而治。他說：「我清靜而民自正，我無欲而民自樸，烹鮮之戒，不欲其煩，寬以待人則得衆，悅以使人則下附。故孟子以體仁爲安，揚子雲謂申韓爲屠宰。夫繁策急轡，非造父之御；嚴刑峻法，非三五之道。故有虞手不指揮，口不煩言，恭己南面，而治化雍熙矣。」（《抱朴子》外篇，用刑，卷十四）這是很明顯的崇自然，尚無爲的道家思想，所謂烹鮮之戒，見於老子。老子曰：「治大國，若烹小鮮。」（《老子》第六十章）小鮮指小魚。烹煎小魚，不可多加翻動。翻動多小魚便破碎不堪。治國和烹煎小魚相似，要淸靜無爲，不能政令繁擾。

葛洪藉或人之問，而明自然無爲之旨。或曰：「乾坤方圓非規矩之功；三辰摛景，非營磨之力。春華燦煥，非漸染之采；茝蕙芬馥，非容氣所假。知夫至眞，貴乎天然也。」（《抱朴子》外篇，辭義，卷四〇）葛洪既主張自然無爲，所以對儒家繁文縟節的禮儀，甚不贊成，而主張予以減省與約儉。他說：「郊祀禘給之法，社稷山川之禮，皆可減省，務令約儉。夫約則易從，儉則少用。易從則不煩，用少則費薄。不煩則涖事者無過矣；薄費則調求者無苛矣。」（《抱朴子》外篇，省煩，卷三一）

二、清心寡欲——老子曰：「見素抱樸，少私寡欲。」（《老子》第十九章）又曰：「道常無名，樸雖小，天下莫能臣也。」（《老子》第三十二章）葛洪師宗老子，尤重老子的「見素抱樸」，故自稱抱朴（樸）子，並以名其所著之書，抱樸自然要清心寡欲。所以他說：「蓋至人無爲，棲神沖漠，不役志於祿利，故害辱不能加也；不跼峙於險途，傾墜不能爲患也。藜藿不供，而意佚於方丈；齊編庸民，而心歡於有土。寢宜僚之舍，閉干木之閭，携莊萊之友，治陋巷之居，確岳峙而不拔，豈有懷於卷舒乎？以慈廣則濁和，故委世務而不紆眄；以位極者憂，故背勢利而無餘疑。其貴不以爵也，富不以財也，侶雲鵬以高逝，故不縈翮於腐鼠；以蕃武爲厚誡，故不以改樂於簞瓢。」（《抱朴子》外篇，嘉遯，卷一）

葛洪的理想在成爲至人。而「至人無爲，棲神沖漠，不役志於祿利」，所以他清心寡欲，不求官，不入仕。他說：「若夫要離滅家以効功，紀信赴熖以誑楚，陳賈刎頸以證弟，仲由投命而葅醢，嬴門伏劍以表心，聶政感惠而屠葅，荆卿絕臏以報燕，樊公含悲而授首，皆下愚之狂惑，豈上智之攸取哉？夫祿厚者責重，爵尊者神勞。故漆園垂綸而不顧卿相之貴；柏成操耜而不屑諸侯之高。羊說安乎屠肆；楊朱吝其一毛。儻求之徒，昧於可欲，集不擇木，仕不料世，貪進不慮負乘之禍，受任不計不堪之敗。論榮貴則引伊周以救溺；言亢悔則諱覆餗而不記。伺河龍之睡而撥明珠；居量表之寵而冀無患。耽漏刻之，安蔽必至之危。無朝菌之榮，望大椿之壽，似蹈薄冰以待夏日。」（《抱朴子》外篇，嘉遯，卷一）慾不戢猶縱火，火熾焚身；貪不止如飲酖，酖毒喪命。故保身存命之道，莫善於淸心寡欲。

三、達觀知命——王充著《論衡》一書，持宿命論的人生觀，以爲貧富窮達，非自己的能力所能左右。才者、賢者未必富與貴，不遇時也。不肖者、拙者反而旣富且貴，偶遇也。這是由於各人的命運。先天的禀性謂之命，後天的際遇謂之運。葛洪所著《抱朴子》中有任命篇及窮達說，頗類王充的宿命論思想，以爲各人的富貴貧賤，係由命運所左右，非自己的知能所能控制，故採達觀知命的態度，心情淡然，任其所之。

葛洪曰：「夫器不異，而有揚有抑者，無知己也。故否泰時也，通塞命也。審時者，何怨乎沉潛；知命者，何恨於卑瘁乎！故沈閭渟鈞精勁之良也，而不以之擊，則朝菌不能斷焉；玼華黎綠連城之寶也，委之泥濘，則瓦礫積其上焉。故可珍而未必見珍也；可用而未必見用也。庸俗之夫，闇於別物，不辨菽麥，唯以達者爲賢，而不知僥求者之所達也；唯以窮者爲劣，而不詳守道者之所窮也。」（《抱朴子》外篇，窮達，卷四九）智者明乎此，則識時知命，所有富貴貧賤，達泰塞否皆不縈繫於胸懷，則海濶天空，魚躍鳶飛。

葛洪以爲士有可貴之行，未必貴；士有可用之才，未必用。所以窮達任其所值，出處無所繫。他說：「君子不詭過以毀名，運屯則沉淪於無用；時行則高竦於天庭。士以自衒爲不高，女以自媒爲不貞。何必委洗耳之峻標，而效負俎之干榮哉？夫其窮也，則有虞婆娑而鈞釣，尙父見逐於愚嫗，范生來辱於溺簀，弘式匿奇於耕牧。及其達也，則淮陰投竿而稱孤，文種解屩而紆青，傅說釋築而論道，管子脫桎爲上卿。蓋君子藏器以有待也，畜德以有爲也，非其時不見也，非其君不事也。窮達任所值，出處無所繫。其靜也，則爲逸民之宗；其動也，則爲元凱之表。或運思於立言，或銘勳乎國器，殊塗同歸，其致一也。士能爲貴之行，而不能使俗必貴之也；能爲可用之才，而不能使世必用之也。」（《抱朴子》外篇，任命，卷十九）

四、知止不殆——老子曰：「知足不辱，知止不殆，可以長久。」（《老子》第四十章）葛洪師宗老子之意而著知止篇。他說：「禍莫大於無足，福莫厚於知止。抱盈居冲者，必全之籌也；宴安盛滿者，難保之危也。」（《抱朴子》外篇，知止，卷四九）位高者身危，功大者命險，所以智者功成而身退，因不知止則殆。人爲財死，鳥爲食亡，乃貪得不止所引致之禍害。葛洪曰：「知功成身退者，慮勞大而不賞；狡兎訖，則知獵犬之不用；高鳥盡，則覺良弓之將藏。鑒彭韓之明鏡，而念抽簪之術；覩越種之誾機，則識金象之貴。若范公泛舟以絕景，薛生遜亂以全潔，二疏投印於方盈，田豫釋紱於漏盡。進脫亢侮之咎，退無濡尾之吝；清風揚千載之塵，德音祛將來之惑，方之陳寶不亦邈乎！。」（《抱朴子》外篇，知止，卷四九）這是舉例說明不知止罹禍，知止者不殆。

自不量力，力輕而任重；自恃其才，强行出頭；或盡忠竭心過度，皆是自招禍害之階，蓋不知止之咎也。葛洪曰：「或智小敗於謀大，或轅弱折於載重，或獨是陷於衆非，或盡忠訐於兼會，或倡高籌而受晁錯之禍，或竭心力而遭吳起之害。故有高蹈厚蹐猶不免焉。」（《抱朴子》外篇，知止，卷四八）

葛洪進而舉例指出，有大功者而不知身退者，皆遭殺身之禍。他說：「樂毅平齊，伍員破楚，白起

以百勝拓疆，文子以九術覇越，韓信功蓋於天下，黥布滅家以佐命；榮不移晷，辱已及之，不避其禍，豈智者哉？」（仝上）

五、崇柔抑强——老子曰：「柔强者生之徒」（《老子》第七十六章），「柔弱勝剛强」（《老子》第三十六章）；又曰：「堅强者死之徒」（《老子》第七十六章）；「强梁者不得其死」（《老子》第四十二章）。葛洪師宗老子，故主張崇柔抑强。他說：「金以剛折，水以柔全，山以高陊，谷以卑安。是以執雌節者無爭雄之禍；尙人者有招怨之患。淮陰隱勇於跨下，不損其龍躍而虎視也；應侯韜奇於溺簀，不妨其鸞翔而鳳起也。或南面稱孤，或宰總臺鼎。故一抑一揚者，輕鴻所以凌虛也；乍屈乍伸者，良才所以俟時也。」（《抱朴子》外篇，廣譬，卷三十九）

第五節　法家的思想

一、刑以佐仁——葛洪屬於雜家，旣立論欲以調和儒道的思想，今又明言「刑以佐仁」，蓋在調和儒法的思想。孔子曰：「道之以政，齊之以刑，民免而無恥。」（《論語》爲政篇）這證明孔子卑棄刑罰。而葛洪則以爲「爵人於朝，刑人於市，有自來矣。」（《抱朴子》外篇，用刑，卷十四）；又曰：「務寬含垢之政，可以蒞敦御朴，而不可以拯衰弊之變也。」（《抱朴子》外篇，審擧，卷十五）

葛洪以爲「天地之道，不能純仁」；春陶育而秋肅殺，乃天氣的常態。若「寬而無嚴」，猶如「溫而無寒」，必生弊害，所行仁不可止刑。他說：「莫不貴仁，而無能純仁以致治也；莫不賤刑，而無能廢刑以整民也。咸云明后御世，風向草偃，道洽化敦，安所用刑。余乃論之曰：夫德敎者黼黻之祭服也；刑罰者捍刃之甲胄也。若德教治狡暴，猶以黼黻御剡鋒也。以刑罰施平世，是以甲胄升廟堂也。故仁者養物之器，刑者懲非之具。我欲利之，而彼欲害之，加仁無悛，非刑不止。刑爲仁佐，於是可知也。」（《抱朴子》外篇，用刑，卷十四）

二、不廢刑戮——葛洪亦以仁政之爲美，但明主爲政，亦不能廢戮罰。因人的天性趨利忘義，不用威刑以糾治之，則亂不止，禍害滋深。他說：「仁之爲政，非爲不美也；然黎庶巧僞趨利忘義，若不齊之以威，糾之以刑，遠羨羲農之風，則亂不可振，其禍深大，以殺止殺，豈樂之哉。八卦之作，窮理盡性，明罰用刑，著於噬嗑，繫以徽纆，存乎習坎，然用刑其然尚矣。逮於軒轅，聖德尤高，而躬親征伐，至於百戰，殭尸涿鹿，流血阪泉，猶不能使時無叛逆。載戢干戈，亦安能使人民皆善良不犯罪而不治者，未之有也。唐虞之盛，象天用刑，竄殛放流，天下乃服。漢文玄默，比隆成康，猶斷四百鞭死者多。夫匠石不舍繩墨，故無不直之木；明主不廢戮刑，故無陵遲之政也。」（《抱朴子》外篇，用刑，卷十四）

三、法治必要——葛洪既主張不廢戮刑。然戮刑的施行，必須以客觀的法律爲根據。否則，依意以爲刑戮，則刑濫矣。刑濫則民怨。民怨則亂。故葛洪主張法治必要。他說：「《易》稱明罰救法，《書》有哀矜折獄；爵人於朝，刑人於市，有自來矣。多仁則法不立；寡威則下侵上。夫法不立，則庶事泊矣；下侵上則逆節明矣」；又說「觀民設教，濟其寬猛，使懦者不可狎，剛者不傷恩。五刑之罪，至於三千，是繩不可曲也。司寇行刑，君爲不舉，是法不可廢也。繩曲則姦回萌矣，法廢則禍亂滋矣」；又說：「班倕不委規矩，故方圓不戾於物；明君不釋法度，故機詐不肆其巧。唐虞其仁如天，不原四罪；

姬公友於兄弟，而不赦二叔。孔子之誅正卯，漢武之殺外甥，垂淚惜法，蓋不獲已也。」（《抱朴子》外篇，用刑，卷十四）

四、法不避嚴——所謂法不避嚴者，謂法有禁姦之實效，且具令出必行，法不曲有的尊嚴。法嚴不爲害，法煩則亂矣。葛洪曰：「亡國非無令也，患於令煩而不行；敗軍非無禁也，患於禁設而不止。」（《抱朴子》外篇，用刑，卷十四）葛洪更指出，周非以純仁得，秦非以獨嚴亡。他說：「俗儒徒聞周以仁興，秦以嚴亡，而未覺周所以得之不純仁，而秦所以失之，不獨嚴也。昔周公肉刑，刖足劓鼻。盟津之會，後至者斬，畢力賞罰，誓有孥戮，考其所爲，未盡仁也。及其叔世，罔法玩文，人主苛虐，號令不出，禮樂征伐，不復由己，群下力競，還爲長蛇，伐木塞源，毀冠裂冕，或沉之於漢，或流亡於彘。失柄之敗，由於不嚴也。秦之初興，官人得才，衞鞅、由余之徒，式法於內；白起王翦之倫，伐取於外；兼弱攻昧，取威定霸，呑噬四鄰，咀嚼群雄，拓地攘戎，龍變虎視，實賴明賞必罰，以基帝業。降及杪季，驕於得意，窮奢極泰，加之以威虐，築城萬里，灕宮千餘，鐘鼓女樂，不徙而具。驪山之役，大半之賦，閭左之戍，坑儒之酷，北擊獫狁，南征百越，暴兵百萬，動數十年。天下有生離之哀；家戶懷怨曠之嘆，白骨成山，虛祭布野。徐福出而重號咷之讎；趙高入而屯豺狼之黨。天下欲反，十室九空。其所以亡，豈以嚴刑？此爲秦以嚴得之，非以嚴失之也。」（《抱朴子》外篇，用刑，卷十四）

五、嚴明賞罰——治國有二柄，一曰賞，二曰罰。賞所以勸善，罰所以禁姦。賞罰嚴明，則善勸姦止，而國治矣。所以葛洪曰：「賞貴當功而不必重；罰貴當罪而不必酷」，「故誅一以振萬，損少以成多」，「刑法凶醜而不罷者，以救弊也。六軍如林，未必皆勇，排鋒陷火，人情所憚。然恬顏以勸之，

則投命抄，斷斬以威之，則莫不奮擊。」「夫以其所畏，禁其所翫，峻而不犯，全民之術也。」（均《抱朴子》外篇，用刑，卷十四）

由葛洪論周秦之所以得失，可知他贊成嚴刑峻法。因之，他主張「殺貴大，賞貴小。」他說：「二儀不能廢春秋以成歲，人主不能舍刑德以致治。故誅貴所以立威，賞賤所以勸善。罰上達則姦萌破，而非懦弱所能用也。惠下達則遠人懷，非儉吝之所能辦也。」（《抱朴子》外篇，廣譬，卷三十九）又說：「若乃以輕刑禁重罪，以薄法而衞厚刑，陳之滋章，而犯者彌多，有似穿穽於當路，非仁人之所懷也。善為政者，不曲法以行惠，必有罪而無赦。」（《抱朴子》外篇，用刑，卷十四）

六、官吏明法——吏負行法之責，若不明法知律，將何以行法。為郡守令長亦須知律明法。否則，為下吏所欺。葛洪曰：「漢四科亦有明解法令之狀。今在職之人，官無大小，悉不知法令。或有微言難曉，而下吏多頑，使之決獄，是以死生委之，而輕百姓之命，付無知之人也。作長官不知法，為下吏所欺而不知，又決其筆，憒憒不能知食，不問不以付主者，或以意斷事，蹉跌不慎法令。亦可令廉良之吏，皆取明法令者，試之如試經，高者隨才品叙用。如此，天下必少弄法之吏，失理之獄矣。」（《抱朴子》外篇，審舉，卷十五）

第四十七章　郭象的政治思想

第一節　生平事略

一、事略——郭象的生平事蹟，見於《晉書》卷五十，本傳。象字子玄，河南河內（河南省武陟縣西南）人，少有才理，慕道好學，尤好老莊，善清談玄學，時人咸以王弼之流亞視之。庾敳深為贊賞郭子玄，認為不減庾子嵩（見《世說新語》賞譽篇）。太尉王衍（字夷甫）每聽象談，口如懸河，注而不竭。語林稱王太尉問孫興公曰：郭象何如人？答曰：其辭清雅，奕奕有餘，吐章陳文，如懸河瀉水，注而不端。語林記敘與本傳雖有出入，然象之善談論，學宏富，為人所賞譽，並無二致。

象有才名，州郡多有辟召，均不就，只家居讀書，致力於著作而已。其後，象被辟用為司徒掾，累遷至黃門侍郎。時東海王司馬越執政，賞識郭象才學，即引之為太傅主簿，任職以後，當權熏內外，當時之談玄名士，多譏刺之，以其未能保持昔之敦樸素志。《世說新語》賞譽篇稱：象任事用勢，傾動一府。庾敳於象任太傅主簿後，謂象曰：卿自是當世人才，我疇昔之意盡矣。其伏理推心皆如此類。晉懷帝末年（西元三一二年）病卒，生年不詳。

郭象享年若干，雖不得而知，但可以確定他的一生，可明顯的劃分前後不同的兩個時期。前期的生活是潛心學術，研究老莊，有似隱士。他生當西晉之季，正值諸王割據，互相征伐的戰亂時期，雖身有才華，心有抱負，欲爲國效力，有所建樹，但亦報國有心，請纓無門，只得從事於學術研究，充實自己以備未來之應用。後期的生活，是掌權得勢，熏灼內外，乃政壇得意的政要。他的隱士生活可視爲入仕的準備。研究學術，從事著作，培養聲譽，乃是其達到入仕的手段。這乃是士人人生的常情。本傳稱「素論去之」，乃是譏刺他不該以談玄名士，而任事用勢，傾動一府，並非譏其由隱士轉入仕途。

二、著作——郭象的著作有《碑論》、《論語解》及《莊子注》。《碑論》全佚散，《論語解》亦未見流傳，僅在後人的著作中偶有引述。獨《莊子注》一書行世，不僅爲當時士人所矚目，並爲清談的主要內容，且後世學者亦以之爲研究《莊子》的權威著作，在學術界發射耀眼的光芒。惟郭象本傳稱：先是注《莊子》者數十家，皆未能究其旨統。向秀於舊注外而爲解義，妙演奇致，大暢玄風，祇秋水、至樂兩篇未竟而秀卒。秀子幼，其義零落，然頗有別本遷流。象爲人行薄，以秀義不傳於世，遂竊以爲己注，乃自注秋水、至樂兩篇，又易馬蹄一篇，其餘衆篇或點定文句而已。其後秀義別本出，故今有向、郭二莊，其義一也。

向注不全，而郭注完整，故郭注流行較廣，且甚具權威性。至於郭注的因襲向注的問題，論之者已衆，不再置評。郭注中秋水、至樂、馬蹄三篇是郭所著，其他則皆經郭就向注點定文句。這可以說是郭贊成向秀的見解。如此，則是郭、向兩注大部份思想是相同的，有一部份則是郭的意見。不管怎樣，郭象對《莊子》有獨到的研究與貢獻，且爲當時談玄的名家，則不成問題。向秀《莊子注》既都是象所同意的，他所贊成的，今據以研究郭象的思想，自無不可。

一些注《莊子》者，多採「訓詁式」，即就文句作瑣細的注解，而失其宏旨，且易犯互訓的毛病，如曰：恨者，怨也。再解釋怨，怨者，恚也。再解釋恚，恚者，恨也。這種遊藝式的文字兜圈子，不會有新義或創見的產生。郭象注《莊子》卻能跳出這種舊窠臼，而作統義性的注解，即在作義理性論說或理論性的發揮，故能別出心裁，慧眼獨見，而出現新義與創見。不過這種的新義或創見，可能和莊子的原意有些差距。惟這些差距亦多是就莊子的原意加以探索而引伸出來的。

第二節　哲學論據

《莊子注》可以說是郭象政治思想的基礎。而《莊子注》所涉及的則是哲學思想。換言之，郭象的政治思想是以他所信持哲學論據為出發點。故在論述郭象的政治思想前應先瞭解其在《莊子注》中哲學論據。

一、**自然論**——老莊的思想是以道為本。老子曰：「人法地，地法天，天法道，道法自然。」（《老子》第二十五章）道與自然並非二事，不是道之外，另有一個自然；而是道的本性是自然；自然是道之理或法則。所以信奉老莊思想者莫不崇尚自然。一般論者皆以為自然就是萬物的原始狀態，應讓萬物保持其自然而然的本性，不可加以干涉，不可予以擾亂。因之，道家反對一切人為與制作。所以要絕聖去智，掊斗折衡；治國者便當拱默，無為而治。由此言之，自然與人為是對立的，甚而是相反的，人為就是違犯自然。一有人為便妨礙了存眞返樸，歸依自然的本性。

而郭象的自然觀則異於是，認為自然和人為不是對立的，而是可以相合的；只要順乎自然的人為，仍是合乎自然。《莊子》秋水篇曰：「牛馬四足是謂天，落馬頭、穿牛鼻，是謂人。」郭象注曰：「人之生也，人不服牛乘馬乎？服牛乘馬不可穿落之乎？牛馬不辭穿落者，天命之固當也。苟當乎天命，則雖寄之人事，而本在乎天也。」人要服牛乘馬是自然（天）的安排。服牛便須穿牛鼻，乘馬便須勒馬頭，這亦是自然（天）的安排。穿鼻與勒頭雖是假乎人事的有爲，但以其順乎自然之性或合於天命，仍是自然，仍是無爲。只要「無以人滅天，無以故滅命，無以得殉名」，就可以了。象注曰：「穿落之可也，若乃走作過分，驅步失調，則天理滅矣。不因其自爲，而故爲之者，命其安在乎！所得有常，殉名則過。」一定要馬日奔萬里，牛作飛步，那是滅絕天理，違犯自然，故意之爲是違犯自然的有爲。依常理而得是自然，若因得而殉名，則反乎自然。

「水行用舟，陸行用車，因高爲山，因低爲池」，是自然之爲，便是無爲；雖是人爲，亦合乎自然。若要「用火烤乾井，用淮水灌山」，則是故爲的有爲，違犯自然。郭象自然與人爲可以合一，則道家的自然和儒家的名敎亦可以合一。可見郭象的自然論，可以調和儒道兩家的思想。只要不以人爲改變自然，順乎自然之爲，仍然是自然，是無爲。

郭象更認爲宇宙萬物皆自生自化。萬物既然自生自化，則萬物各依其性的自爲亦是無爲，而且合乎自然之道。大宗師曰：「知天之所爲，知人之所爲者，至矣。」郭象注曰：「知天人之所爲者，皆自然也。則內放其身，而外冥於物，與衆玄同，任之而無不至也。」這是說自然之爲和人事之爲皆自然之道。齊物篇曰：「夫吹萬不同，而使其自已也。」郭象注曰：「此天籟也。豈復別有一物哉？卽衆竅比竹之屬接乎有生之類，會而共成一天耳。無旣無矣，則不能生有。有之未生，又不能爲生，然則生生者誰哉？塊然而自生耳。自生耳，非我生也。我旣不能生物，物亦不能生我，則我自然矣。自己而然，則謂之天然。天然耳，非爲也，故以天言之。以天言之，所以明其自然也。」萬物自生，並無另外一物以生萬物。道爲無，無不能生有。我不能生我，亦不能生物，物亦不能生我。則生生者誰哉？塊然自生耳。萬物自生便是自然的天道。

《莊子》齊物論曰：「若有眞宰，而特不得其眹。」郭象注曰：「萬物萬情，趣舍不同，有若眞宰使之然也。起索眞宰之眹迹（眹卽眹兆）而終不得，則明物皆自然，無使物然也。」萬物背後好像有個造物眞宰使生萬物。但這眞宰的踪迹和眹兆，卻始終找不到。旣不見造物眞宰，萬物就是自然而自生。老子曰：「道生一，一生二，二生三，三生萬物。」（《老子》第四十二章）老莊都認爲有道的存在，道能生一、二、三以至萬物。老莊是說道生萬物。而郭象卻把道解釋爲無，無不能生萬物而萬物自生。大宗師曰：「神鬼神帝，生天生地。」郭象注曰：「無也，豈能生神哉！不神鬼帝而鬼帝自神，斯乃不神之神也。不生天地而天地自生。斯乃不生之生也。故夫神果不足神而不神則神矣，功何足有，事何足恃哉。」不神之神，不生天地，天地自生。

大宗師曰：「在太極之先，而不爲高；在六極之下而不爲深。先天地生而不久；長於上古而不老。」郭象注曰：「言道之無所不在也。故在高爲無高，在深爲無深，在久爲無久，在老爲無老，無所不在而有所在，皆無也。」道旣是無，無不能生有，而萬物自生。萬物旣自生，則萬物自生之爲仍是無爲，仍是自然。例如植物的種籽，由萌芽、生根、抽莖、出枝、長葉、開花、結果，都是自爲之爲，自爲卽是無爲；這種自爲合乎自然的天道。揠苗助長是故意之爲，是勉强之爲，卽是違犯自然天道的有爲。

二、逍遙論——逍遙是什麽意義，郭象的見解與衆不同；不但與衆不同，就是和莊子的原意亦頗有差距。郭象對逍遙遊的題旨作注曰：「夫小大雖殊，而放於自得之場，則物任其性，事稱其能，各得其分，逍遙一也。豈有勝負於其間。」這是說，只要適其性，得其分，便是自得的自在逍遙。大鵬一飛九萬里，「蜩與學鳩笑之曰：我決起而飛，搶楡枋，時有不至，而控於地而已矣。奚以之九萬里而南爲？」郭象注曰：「苟足以其性，則雖大鵬無以自貴於小鳥，小鳥無羨於天池，而榮顯有餘矣。故大小雖殊，逍遙一也。」這是說只要自得，便是逍遙。所謂自得，就是物適其性，事稱其能，各得其分，不必分大小，皆是逍遙。自在才能逍遙，只要各在其適宜的地位皆逍遙，大鵬不可自貴，小鳥亦不必羨慕大鵬。

依郭象之意，有安國定邦之大才者，使爲卿相，是謂大才大用。有理民治政之中才者使爲百官，是謂中才中用。有理細務，治瑣事之能者，使爲群吏，是謂小才小用。各適其性，各稱其事，各得其所，則皆自在逍遙，無分於官位的高低。郭象所作的逍遙定義，和莊子的原意是有差距的。在郭象看來，大鵬一飛九萬里是逍遙；小鳥只能飛上枝頭，亦是逍遙。莊子所謂的逍遙是超越時空的。小鳥受空間的限制；大鵬受時間的限制，因大鵬須待六月海動大風，才能高飛。所以大鵬有所待與小鳥限於空間，則都不逍遙。

莊子所持的逍遙是：「乘天地之正，而御六氣之辯（變），以遊於無窮；彼且惡乎待哉。」莊子的逍遙不但超越時空，而且無所等待，即不需要外在的任何幫助。郭象對莊子所謂之逍遙，作注釋曰：「天地者萬物之總名也。天地以萬物爲體，而萬物必以自然爲正。自然者，不爲而自然者也。故大鵬之能高，斥鴳之能下；椿木之能長，朝菌之能短；凡此皆自然之所能，非爲之所能也。不爲而自然能，所以爲正也。故乘天地之正者，卽是順萬之性也。御六氣之辯（變）者，卽是遊變化之途也。如斯以往，則何往而有窮哉。所遇斯乘，又將惡乎待哉。此乃至德之人，玄同彼我者之逍遙。苟有待焉，則輕如列子之輕妙，猶不能以無風而行，故必得其所待，然後逍遙耳，而況大鵬乎！夫唯與物冥而循大變者，爲能無待而常通，豈自通而已哉。又順而有待者使不失其所待。所待不失，則同於大通矣。故有待無待，吾所不能齊也。至於各按其性，天機自張，受而不知，則吾所不能殊也。夫無待猶不足以殊有待，況有待者之巨細耳。』」

莊子所說的逍遙，是天地之正，御六氣之變，與大道化合的人，才能遨遊於無窮盡的宇宙中。與大道化合的人，就是與宇宙本體的道化合。這種狀態是一切都有，一切都無。旣是一切都有，便與物無忤，任由自然的變化，可以「不行而至，不疾而速，圓通周流，無所滯礙」，無往而不逍遙了。旣是一切都無，便是無欲、無我、無牽無掛，一塵不染，一絲不掛的至人或眞人，那就無時無地不自在逍遙了。

逍遙篇載：「惠子謂莊子曰，吾有大樹，人謂之樗，其大本擁腫，不中繩墨；其小枝捲曲，而不中規矩。立之途，匠者不顧。今子言大而無用，衆所同去也。莊子曰：獨不見狸狌乎？卑身而伏，以候敖者，東西跳梁，不辟高下，中於機辟，死於罔罟。今夫犛牛，其大若垂天之雲，此能爲大矣，而不能執鼠。今子有大樹，患其無用，何不樹之於無何有之鄉，廣莫之野，彷徨乎無爲其側，逍遙乎寢臥其下，不夭斤斧，物無害者。無所可用，安所困苦哉？」郭象注曰：「夫小之物，苟失其極，則利害之理，均用得其所，則物皆逍遙也。」這是說物不管大小，只要用得其所，則物皆逍遙。由此言之，郭象所謂的逍遙義有二：一曰適性自得便自在逍遙。二曰物用得其所皆自在逍遙。必須自在才能逍遙。何謂自在？物適其性和物得其所，皆是自在，便皆逍遙。

郭象的自然觀，是說順乎自然的人爲亦是自然。這是把自然與人爲合而爲一。道家崇自然，尙無爲。儒家尙人爲，崇名敎。爲順乎自然的人爲亦是自然。則儒道兩家並無衝突，而可調和。郭象的逍遙觀，物無大小，只要適性自得和用得其所，便皆逍遙。依此言之，則道家隱居生活是適性自得；儒家入仕生活是用得其所，則道和儒皆自在逍遙。旣然如此，則道不必非儒，儒亦不必非道。儒道不就可以調和了。

三、有無論——魏晉之世，玄學談論上，要可分爲兩派：一是王弼所代表的貴無派，一是裴頠所代表的崇有派。王弼認爲「道者，無之稱，寂然無體，不可爲象。」道旣是無，則萬物的產生變化，皆由無而來。王弼《周易注》曰：「天地雖大，富有萬物，雷動風行，運化萬變，寂然至無，皆以道爲本源。」裴頠崇有論有言曰：「夫至無者，無不能生，故始生者自生也。自生而必體有，則有遺衍生虧矣。生以有爲己分，則虛無是有之所遺者也。」

郭象的立論要旨，一方面接受了王弼的貴無論，一方面又就裴頠的崇有論而發展爲萬物自生說。萬物如風馳電掣的永不休止，如白雲蒼狗的幻變無常，萬物僅是一種虛相，所以是無。但這種幻變雖然瞬息卽逝，然畢竟有事相的存在，亦可以說有。郭象乃想在這無與有的爭辯中，找出一套理論，便是「寄言以出意」的萬物自生論。齊物論曰：「有成有虧，故昭氏之鼓琴也；無成與虧，故昭氏之不鼓琴也。」郭象注曰：「夫聲不可勝擧也。故吹管操弦，雖有繁手，遺聲多矣。而執籥鳴弦者，欲以彰聲也。彰聲而聲遺，不彰聲而聲不遺。故欲成而虧之者，昭氏之鼓琴也。不成而無虧者，昭氏之不鼓琴也。」鼓琴而聲遺，不鼓琴而聲全。聲全是無聲。所謂「無聲勝有聲」因爲有有聲的琴聲，才能顯出無聲，有無互成，非爲相反。

郭象注秋水篇曰：「言之所不能論，意之所不能察至者」曰：「夫言意者，有也。言所意者，無也。故求之於言意之表，而入乎無言無意之域，而後至焉。」這是說具體語言文字是有，而語言文字所表達的意思，是無。要從語言文字外尋求抽象意思，才算確實的瞭解了語言文字的意義。所謂「寄言以出意」，是說意思要憑藉語言文字以表達。因之，循言可以知意，因意可以知言。

凡可以以察知的一切事物謂之「迹」，因其有形迹可見。凡所以使萬物形成的理或法則，謂之「所以迹」。使「所以迹」與「迹」會合而成萬物，郭象謂之冥。冥者冥合。「迹」是「有」，「所以迹」是無。有與無會合過程的冥，是無形心，無形的自然而然。例如庖丁解牛這件事，牛的筋骨穴隙是「迹」。庖丁解牛所使用神技是完成解牛一事的「所以迹」。使「迹」與「所以迹」會合使牛解體時，庖丁所使用神技的過程謂冥。這冥是神奇玄妙，不能以言語表達，亦不能以文字描叙，故曰：「神乎其技。」

這「所以迹」的無不能生「迹」的有。因無不能生有。而是這「所以迹」的無，原本存在於有的迹上。由於冥的神乎其技的會合，萬物便忽然自生。王弼貴無，以爲道生萬物，道是無，即是無生有。裴頠崇有，認爲生以有爲己分，無爲有之餘。郭象接受裴頠無不能生有之說，但有亦不能生有。同時，承認王弼的道爲無之說，而倡有無冥合，萬物忽然自生。崇有之論近於儒；貴無之說則是道。有無冥合萬物自生，是儒與道亦可相合。無論郭象的自然論、逍遙論、有無論，皆有儒道調和的傾向。故郭象者道而兼儒者。

第三節　政治思想

郭象的政治思想是由他的哲學思想作基礎引伸出來的。他的哲學思想有儒道相合的傾向。所以他的政治思想亦具有這一特色。玆論述其要旨於後：

一、無爲而自爲——郭象認爲無爲不是拱默。所謂塵垢之外，亦不是說要隱伏於山林。無爲之業既然不是拱默；那麼不是拱默（無爲）而是什麼呢？拱默乃是各適其性的自爲。萬物既自生，故人亦可自爲。自爲是物任其性，事稱其能，各得其分的適性自得。天道篇曰：「靜則無爲。無爲也，則任事者責矣。」郭象注曰：「夫無也，則群才萬品，各任其事，而自當其責矣。」萬物自生，群才各任其性，而當其事，乃自然之理，順乎自然，豈有爲哉？

郭象注逍遙遊曰：「夫大小雖殊，而放於自得之場，則物任其性，事稱其能，各當其分，逍遙一也。」所以自天子以至於庶人，各任其性，事稱其能，各當其分的各盡其責的自爲，則人人自在逍遙，天下太平，萬民安寧。天道篇載：「以此（無爲）退居，而閒游，江海山林之士服；以此（無爲）進爲而撫世，則功大名顯而天下一也。」郭象注曰：「退則巢、許之流，進則伊望之倫也。夫無爲之體大矣。天下何所不爲哉！故主上不爲冢宰之任，則伊呂靜而司尹矣；冢宰不爲百官之所執，則百官靜而御事矣；百官不爲萬民之所務，則萬民靜而安其業矣。故自天子以下至於庶人，下及昆蟲，孰能有爲而成哉!?」

麥苗依時而自生長，是自然之自爲，卽無爲。揠苗助長，是違犯自然的有爲，則麥苗枯死。故曰孰能有爲而成哉!?

《淮南子》要略篇曰：「主術者，君人之事也，所以因作任督責，使群臣各盡其能。明攝權操柄，以制群下，提名責實，考之參伍，所以使人主秉數持要，不妄喜怒也。其數直施而正邪，外私而立功，使百僚條通而輻輳，各務其業，此主術之明也。」丞相諸葛亮嘗自校簿書，主簿楊顒入而諫曰：「爲治有體，上下不相侵。是故古人稱坐而論道，謂之三公；作而行之，謂之士大夫。故丙吉不問橫道死，而憂牛喘；陳平不知錢穀之數，謂有主者。彼誠達於體位之分也。」（《三國志》蜀書，楊顒傳）凡此論說和郭象適性、稱事、得分的萬物自爲之論，不無異曲同功之妙。

二、君逸而臣勞——依郭象的適性、稱事、得分，皆自得而逍遙，無分於物之大小之理以言之，理想的政治體制，是君臣上下各守其分，各稱其事，各適其性。這樣就是無爲而治的政治理想。否則「主代臣事」，那便是君不守分。君不守分，便是「非主」。同樣，如果「臣秉主用」，那便是臣不守分。臣不守分，便是「非臣」。在宥篇曰：「聞在宥天下，不聞治天下。」郭象注曰：「有使自在則治，治之則亂矣。人之生也，直莫之蕩，則性命不過，欲惡不爽。上之所爲而民皆赴之，故有誘慕好欲，而民性淫矣。故所貴於聖王者，非貴其能治也；貴其無爲而任物之自爲也。」君無爲，則君逸；任物之自爲，則臣勞。

在宥篇曰：「故古之人貴夫無爲也。上無爲也，下亦無爲也，是下與上同德。下與上同德則不臣。下有爲也，上亦有爲也，是上與下同道。上與下同道則不主。」郭象注曰：「夫工人無爲於刻木，而有爲於用斧。主上無爲於親事，而有爲於用臣。臣能親事，主能用臣。斧能刻木，而工能用斧，各當其能，則天理自然，非有爲也。若主代臣事則非主矣；臣秉上用，則非臣矣。故各司其任，則上下咸得，而無爲之理至矣。」君不親事故君逸；臣能親事，故臣勞。在宥篇曰：「上必無爲而用天下；下必有爲爲天下用，此不易之道也。」郭象注曰：「無爲之言，不可不察也。夫用天下者，亦有用之爲耳。然自得此爲，率性而動，故謂之無爲也。今之爲天下用者，亦自得耳。但居下者親事，故舜禹爲臣，猶稱自爲。故對上下自得，則君靜而臣動。比古今，則堯舜無爲，而湯武有事。然各得其性，而天機玄發。則古今上下無爲，誰自爲哉？」君靜，故君逸；臣動，故臣勞。

君逸臣勞之論非郭象首出的創見，昔賢早已言之。管子曰：「論材量能，謀德而擧之，上之道也；專心一意，守職而不勞（不以爲勞），下之事也。是故有道之君，正其德以臨民，而不言智能聰明；智能聰明者下之職也。上之人明其道，下之人守其職，上下之分不同任，而復合爲一體。」（《管子》君臣篇）這和郭象所說的「上能用臣，臣能親事」，正是辭異而義同。愼到亦說：「君臣之道，臣有事而君無事，君逸而臣勞。盡智力以善其事，而君無與焉，仰成而已。事無不治，治之正道然也。人君自任，而務爲善以先下，則是負任蒙任矣。」（《愼子》內篇）

三、**上下不相侵**——郭象的政治思想主張君臣上下各守其分，上下不相侵。上侵下謂之賊，下侵上謂之簒。這種君臣上下各守其分，乃是先天的自然安排，不可妄求改變。大鵬一飛九萬里，是自然之性；小鳥祇能飛數尺，棲於枝頭，亦是自然之性。所以高大的大鵬不必笑小鳥；只能飛數尺的小鳥亦不必羨慕大鵬。自適其性，事稱其能，各得其分，不論大小高低，皆自得其樂，自在逍遙。魏晉之世，天下大亂，皆由於君臣不能各守其分所使然，所以簒弒不絕，君臣易位。郭象目覩時艱，深爲憂慮，故借題發揮，而倡各守其分，上下不相侵之說。

君守君德，臣盡臣職，各守其分，上下不相侵，天下太平，乃治之正道。君代臣事，臣秉君用，非君非臣，上下相侵，天下大亂，治道乖失。天道篇曰：「故古之王天下者，知雖落天下，不自慮也，辯雖彫萬物，不自說也；能雖窮海內，不自爲也。」郭象注曰：「夫在上者患於不能無爲，而代臣之所司。使咎繇不得行其明斷，后稷不得爲其播殖，則群才失其任，而主上困於役矣。故冕旒垂目而付之天下也，天下皆得自爲，斯乃無爲而無不爲者也。故上下皆無爲矣。但上之無爲則用下，下之無爲則自用也。」君代臣之所司，是上侵下，下不能守分親事，君不得拱默。下不親事則庶政廢弛；君不拱默，則主神困疲。政廢神疲，天下斯亂。上下不相侵，君臣各守分，天下斯治。

郭象的各守其分，上下不相侵的思想，和儒家的倫理觀不無相通之處。倫是人倫。倫是秩序。人倫就是人群關係或社會秩序。倫理就是人群關係應遵循的至道，至道是永久不變的常道，故曰倫常。儒家所持的倫道有五，故曰五常，亦曰五倫。五倫者，父子有親，君臣有義，夫婦有別，長幼有序，朋友有信。這是說：父子、君臣、夫婦、長幼、朋友之間，卽人與人之間的人群關係，各有其分際，各守其分，不相侵越。不僅上下不相侵，彼此亦不相侵。如此則人與人之間皆得和平相處，爭亂斯止。孔子爲政，必先正名。名正則君君、臣臣、父父、子子、夫夫、婦婦，卽各守其分，各盡其責，名正言順而事成。

四、各安其性分——郭象注養生主曰：「天性所受，各有本分，不可逃，亦不可加。」人的性分乃

是天賦的，不是人力所能改變的，所以皆當各安其性分，則心安理得，自在逍遙。貧者安貧樂道，富者守富自樂，貴者當權不驕，隱者遨遊山水，皆自得也，自得則逍遙。否則，不安性分，妄事追求，不但徒勞無功，且是自尋苦惱。智者天受，終身為智，愚者天受，終身為愚，難以改變。人當樂天知命，無違自然。王充、葛洪、郭象都持宿命論的人生觀，蓋由於他們皆崇尚自然，主張無為故也。郭象這種安於現狀的保守思想，亦可能由於時代環境所使然。當時天下大亂，爭戰不息，殺戮不止的禍亂，皆由於人不安於性分，而妄亂追求所使然。息爭止亂之道，莫善於安守性分，自得其樂。

在郭象看來，大鵬一飛九萬里，小鳥僅能飛上數尺的枝頭；大椿五千歲為春，五千歲為秋，朝菌朝生而暮死，皆是天賦的性分，亦是自然的安排，並非自己的作為或努力所能作到的。所以大鵬不必笑小鳥，小鳥不必慕大鵬。大椿不能成朝菌，朝菌亦不能成大椿，各適其性便自得，則自在逍遙。萬物的品類，千差萬異；萬物的性分，亦各如其面，無一相同，只要萬物各適其性，事稱其能，各守其分，萬物皆自得，固無大小高下之不同。

在人類的社會裡，亦是千差萬異，萬有不齊。賢愚智不肖，固由於天賦，就是貧賤富貴，亦是先天性分所使然。只要各人自適其性，事稱其能，各得其分，皆自在逍遙。趙飛燕瘦，瘦亦美；楊玉環肥，肥亦美。瘦肥皆自得。西施美，美自得。無鹽醜，醜亦自得。教師清苦，清苦而自樂。顏回在陋巷，一簞食，一瓢飲，人不堪其憂，回也不改其樂。善歌者歌，善舞者舞，善畫者畫，善算者算，善跑者跑……。各適其性事稱其能，各得其分，不分貧賤富貴，皆自在逍遙。郭象要人安於現狀，不可妄求改變，固然有他的哲學基礎，同時亦因受到現實社會的禍亂刺激，蓋所以謀止亂息爭，社會安定。

卷三　南北朝時代

第四十八章　佛教思想的流行

第一節　佛教在印的興起

一、**佛教的創建**——佛教爲印度釋迦牟尼所創建，以「明心見性，得無上正覺，普渡衆生爲宗旨。」佛爲梵語佛陀的簡稱，其意義爲覺或智。覺者指覺察和覺悟而言。覺察是對煩惱的障礙而言。煩惱障礙對人的侵害如賊，惟聖者能覺察煩惱之害而擺脫之，恢復固有淸靜，故曰覺察，是名一切智，智爲明哲。覺悟是對所知的障碍而言。人爲無明所蔽，昏惑如睡夢，聖慧一起，朗然大悟，如睡而醒悟，去昏惑，心明如鏡，故曰覺悟，是一切種智。故曰：佛者覺也。人若能除去一切煩惱和昏惑，心明性見，便可成佛。

釋迦牟尼爲中印度羅維城主淨飯王之子，釋迦爲種族名，其義爲能仁。牟尼之義爲寂默；生後七日卽喪母，賴姨母撫育之，十九歲結婚，二十九歲時，偶乘車出遊，見衰老病及死者，深悟世間的無常，遂決志出家。十二月八日夜半乘馬潛出王城，入東方藍摩國，削髮爲沙門。後至王舍城邊阿蘭林，就仙求道，遂修習諸種禪定，更至菩提樹下，敷草，結跏趺坐，誓曰：不成正覺，終不起此坐。至次年二月八日夜，忽覩明星而大悟，得一切種智，於是成大覺世尊，爲入天之大導師，時年三十五歲；於是周遊四方，化導衆生，凡四十餘載，示寂於金河邊娑羅雙樹之下。關於釋迦牟尼的生卒年代說者不一：《魏書》釋老志，稱佛祖生於周莊王九年（西元前六八八年）。《釋氏稽古略》則稱其生於周昭王九年（西元前一〇四四年），相差竟多達三五六年。近人考證則謂生於周靈王七年（西元前五六五年），入滅於周敬王三十三年（西元前四八七年），歷世七十八年。

二、佛敎的三寶——佛敎有三寶：一曰佛，二曰法，三曰僧。佛乃梵語佛陀的略稱，其意義爲覺，指朗然覺悟之人，不昏惑，無煩惱。覺有自覺與他覺，覺行圓滿，謂之爲佛。法者爲佛所說的敎法，梵語爲達摩，其意義，爲軌則，佛所說無量勝妙法門，能使衆生執則此法，而成正覺，故名爲法。僧者依佛所說之敎法，而修業者，僧爲僧伽之略稱，其意義爲和合衆，指那些傳受佛法，依敎修持，志同道合的衆人。

三、佛敎的三藏——釋迦牟尼旣成正覺，乃周遊四方，傳播敎法，普度衆生。迦葉、阿難，結集其遺敎而成經論，阿育王、迦膩色迦王等繼而宏揚敎法，於是三藏俱備。三藏者，佛敎經典的經、律、論。經說定學，律說戒學，論說慧學，通達此三學者謂之三藏，例如玄奘，稱爲唐三藏。經爲佛說敎理解行之法，梵語爲修多羅。修多羅的意義爲線，蓋貝葉成書，用線聯貫之；亦言佛說眞理，一貫不變，宛如直線。律爲佛止惡修善之戒，梵文爲毘尼。毘尼的意義是伏制，言以正當的行爲伏制不正當的行爲。論乃發揮經意者，多爲佛弟子所說。梵語爲阿毘曇。阿毘曇的意義是對法，是對佛法的解釋。

四、**佛教的三學**——佛敎經典所論有三學。三學者，一曰定，二曰戒，三曰慧。定必須獲得眞智與徹視眞理，故歷來學者皆以經爲硏究定學之本。然求定不能克服一切外界的引誘，則寂靜心境不得達到，故必須有所戒；戒必有律，故律學所硏究者爲戒。論爲硏究敎理，兼釋經義，所以啓發心智，故稱之曰慧學。案禪宗之說，以爲定、慧爲一體。今以定、戒、慧，配合經、律、論的三藏，蓋就大體而言。

第二節　佛教入華的經過

一、**後漢之世**——後漢明帝永平年間，遣使蔡愔赴天竺求經像。明帝永平十年（西元六七年）攝摩騰與竺法蘭等隨使臣蔡愔至洛陽，是爲佛敎佛僧入華之始。佛僧自天竺以白馬馱經東來，至洛陽，舍於招待四夷賓客之鴻臚寺，並在洛陽縣東建白馬寺，是爲中國建僧寺之始。從此僧徒來華者多接踵而至，爲中國譯佛經，然不能盡懂。

桓帝時，安息僧安淸與月氏僧支婁迦讖俱詣東京。安淸博通佛敎經律，熟多國方言，亦漸精華語，與支婁迦讖，譯經頗多，皆得眞解。繼而天竺僧竺佛朔又至中國，所譯經典對佛敎流行，甚有助益，於是佛敎漸薰染於人心。桓帝且於禁中設佛像而祈祭之。襄楷遂上書諫曰：「陛下淫女艷婦，極天下之麗；甘肥飲美，殫天下之味；奈何欲如彼敎？」更有儒生牟子者，因黨錮禍起，退修佛學，不顧世俗之誹毀，著理惑三十七篇以衞佛。足見佛敎流行在東漢已可明見。

二、**魏晉之世**——佛敎流行，至魏晉之世，更見盛達。魏廢帝芳時，天竺沙門曇訶迦羅東來至洛陽，宣譯戒律，奏於朝廷，以爲沙門度戒之法。佛敎入華至此已一百八十餘年，爲沙門者僅須剃法誦經，並無受戒之律，中國佛敎之有戒律自此時開始。晉興，龜玆僧佛圖澄於懷帝永嘉四年（西元三一〇年）來華，現種種神異以弘佛敎，嘗從石勒征伐，微言輒中，甚獲勒之敬重，稱曰大和尙。大和尙之名自此始。大和尙雲遊所至，廣建佛寺，信徒甚衆，多至萬人。門徒中以道安最爲顯著。道安門下以慧遠最爲著名。東晉慧遠在廬山虎溪東林寺，集結佛僧慧永、慧持、竺道生等九百二十三人，立誓於彌陀佛像前，同修西方淨土之業，以寺植白蓮，故名白蓮社，簡稱蓮社。

三、南北朝之世——天竺高僧鳩摩羅什七歲出家，從師受經，日誦千偈，總貫群經，妙解大乘。他在涼州依呂光，住二十年。晉安帝五年（西元四〇一年）至長安，譯經甚多，傳播佛法，甚有貢獻。後秦主姚興待之以國師之禮。他譯經有八百僧徒爲之助手。相傳釋迦牟尼在靈山會上拈花示衆，衆皆不解，獨迦葉微笑。釋尊曰：「吾以正法眼藏涅槃妙心，今付屬於汝」，是爲禪宗起源。自迦葉傳二十八世至達摩。梁武帝大通元年（西元五二七年）達摩泛海至廣州，武帝遣使迎至建業（金陵），語不投機，遂渡江至北魏，止於嵩山少林寺，終日面壁，凡九年；後將佛法及袈裟付於慧可，武帝大同元年（西元五三五年）圓寂。

鳩摩羅什譯成實論，門徒三千，達者七十八宿：門下道生、道融、僧叡、僧肇，稱關中四傑；又有僧慧觀、僧影、道恒、曇濟號爲四英。此宗宗義重佛經精義，頗爲妙勝。梁武帝舍身同泰寺，即係皈依成實宗。北魏中葉，菩提支至中國，傳譯《往生論》以授曇鸞。鸞著《往生論》，並撰《贊阿彌陀佛偈》，盛贊阿彌陀佛的功德，梁武帝聞之，殷誠嚮往，稱爲北方鸞菩薩，而遙向禮敬。惟淨土宗盛行於北方，南人多莫宗之。

第三節　佛教流行的原因

一、貴冑樂極而悲觀——南北朝之世，分貴賤兩階級。貴族階級盡情享受，窮奢極慾，所謂「貴里豪家，金鋪玉舄」（《陳書》宣帝紀，太建十一年）。貴族平流進取，坐至公卿，仕進有保障，燕安享受。貴族多蓄妓妾。顏師伯妓妾聲樂盡天下之麗（《宋書》顏師伯傳）。沈慶之妓妾數十人，並美容工藝（《宋書》沈慶之傳）。曹景宗妓妾至數百，窮奢極欲（《梁書》曹景宗傳）。北朝雅士亦多蓄妓，魏高陽王有妓女五百，隨珠照日，羅衣從風（《洛陽伽藍記》卷三）。

《南齊書》蕭惠基傳曰：自宋大明以來，聲伎所尚，多鄭衞淫俗，雅樂正聲，鮮有好者。陳後主嗣位，耽荒於酒，視朝之外，多在宴筵，尤好聲樂，遣宮女習北方簫鼓，謂之北代，酒酣則奏之（《隋書》音樂志上）。北朝亦尚淫靡之音。《隋書》音樂志中，稱：雜樂有西涼鼙舞清樂龜茲等，然吹笛彈琵琶五弦及歌舞之伎，自文襄以來，皆所愛好，至清河以後，傳習尤盛。

窮奢極慾的享樂生活，對人的身體和精神具有强烈的刺激性，爲時較久，便會使人發生精神疲倦和心理厭惡，而思改變生活方式，另尋身心出路，以爲調劑。猶如都市的熱鬧繁華，燈紅酒綠的日子過久了，便想享受田園山林的樂趣。佛敎的思想與生活，在去煩惱，求寂靜，清心明理，擺脫牽累，修至西方淨土。這種思想和生活，正合乎一般樂極生悲的豪富大族及權要貴族的需要。因之，佛敎遂得乘勢而大見流行。梁武帝三次舍身同泰寺。石勒尊稱佛圖澄爲大和尚，姚興尊鳩摩羅什爲國師，可能亦是由樂極而另生出世爲佛的意向。

二、平民痛苦求解救——在南北朝之世，南北對峙，北胡南侵，南漢北伐，胡漢交兵，干戈不息，

殺戮不止，死亡枕藉，軍紀不良，姦淫虜掠，殺人放火，生命財產，損失慘重。權臣貴族，豪門大族，窮奢極慾，過淫靡享樂，所費不貲，遂以一般平民爲犧牲品，壓迫榨取，敲脛吸髓，以民脂民膏，供其揮霍。平民受苦受難的慘狀，史籍多所描述。《宋書》周朗傳曰：自華夷爭殺，戎夏競威，破國則積尸竟邑，屠將則覆軍滿野，海內餘生，蓋不及半。重以急政嚴刑，天災歲役，貧者恒供吏，死者弗望埋。鰥居無有顧娶，生子每不敢舉。

《南齊書》王敬則傳曰：建元初，狡虜遊魂，軍用殷廣，浙東五郡丁稅一千，乃有質賣妻子，以充此數，道路愁窮，不可聞見。《梁書》庾華傳曰：時承凋蔽之後，百姓凶荒，米至數千，人多流散。《陳書》陳寶應傳曰：侯景之亂，東境饑饉，會稽尤甚，死者十七八，平民男女並皆自賣。《陳書》世祖天康元年載：頻年軍旅，生民多斃。《陳書》傅縡傳曰：後宮曳綺繡，廄馬餘菽粟，百姓流離，僵尸蔽野，貨賂公行，帑藏損耗。

北魏《魏書》孫紹傳曰：兵士役苦，心不忘亂，故有競棄本生，飄藏他土，或詭名託養，散沒人間；或亡命山藪，漁獵爲命，或投依強豪，寄命衣食。《北史》高謙之傳曰：頻年以來，多有徵發，人不堪命，動致流離，苟保妻子，競逃王役，不復顧其桑井。《魏書》盧興傳曰：細役煩徭，日月滋甚；苛兵酷吏，因逞威福。至使通原遙畛，田無罕耘，連村接閈，蠶飢莫食。而監司因公以貪求，豪強恃私以迫掠，遂令鬻短褐以益千金之資，制口腹而充一朝之急。《北齊書》幼主紀曰：賦斂日重，徭役日益繁，人力既殫，帑藏空竭。《北史》周（北）本紀下武帝建德元年載：興造無度，徵發不已，加以頻歲

師旅，農畝廢耕。

南北朝時代的人民，民生困窮，啼飢號寒，尸骨盈邑徧野，徭役沉重，丁賦苛擾，敲壓吸髓，民不堪命。干戈相尋，戰爭不息，兵刼人禍，不日降臨，人人不知命在何時。人民陷於水深火熱之中，過着牛馬不如的地獄生活。這時政府不能解救他們，皇帝不能解救他們，官吏不能解救他們。人民到了絕望的時候，只有希望天神來解救他們。但是對中國的神靈，膜拜無數次，且久經年月，亦不能解救他們。在此死亡邊緣，無人援手救溺，恰巧這時來了一位萬家生佛的老佛爺，於是膜拜於佛爺之前，祈求庇佑與解救。因之一般平民亦多皈依於佛祖，佛教乃得以風行。

三、軍人求佑與懺贖——夏夷相爭，訴諸戰爭，雙方將校士兵，都求克敵致果，追求勝利，於是皆以殺人爲致勝的手段，肆行殺戮，尸骨盈城遍野，血流成河絳路，慘無人道，目不忍覩。在戰爭進程中，祈求佛祖庇佑，能以保命獲勝。在戰爭結束後或軍人退役後，一經回憶其殺人的經過，良心發現，必自覺有沉重的罪惡感，心生懺悔，急思求神拜佛，以求自贖。於是無數的曾經殺人如麻的軍官與士兵遂歸依佛教，以求自贖。茲舉石勒、姚興信仰佛教的經過，便可以想見一般。

石勒專行殺戮，沙門遇害者甚衆。佛圖澄智術非常，勒召澄，試以法術。澄卽取鉢盛水，燒香咒之，須臾，鉢中水生青蓮花，光色曜目，勒由是信之。及季龍僭位，遷都於鄴，傾心事澄，有重於勒。下書衣澄以綾錦，乘以彫輦，朝會之日，引之升殿，常侍於下，悉助擧輿，太子諸公扶翼而上，主者呼大和尚，衆坐皆起，以彰其尊。又使司空李農旦夕親問，其太子諸公五日一朝，尊敬莫與爲比。百姓因澄，故多奉佛，皆營造寺廟，相競出家（《晉書》佛圖澄傳）。

呂光伐龜茲，獲鳩摩羅什，光還中路，置軍於山下，將士已休，羅什曰：在此必狼狽，宜徙軍隴上。光不納，至夜果大雨，洪潦暴起，水深數丈，死者數千人，光密異之。光還至涼州，竊號河右，屬姑臧大風，羅什曰：不祥之風，當有奸叛，然不勞自定也。俄而有叛者，尋皆殄滅。姚興西伐，破呂隆，乃迎羅什，待以國師之禮（《晉書》鳩摩羅什傳）。

四、談玄人士的借助——魏晉之世，清談玄學的風氣，至爲盛達，研究老莊的人士爲數甚衆，而其派別亦多，或崇尚自然，或主張無爲；或持爲我主義，拔一毛而利天下不爲也。或信無政府主義，反君主，反法律，反政府。或懷曠達思想，不拘禮法，不守名教，放浪形骸，遊蕩之山林之間。或縱欲貪樂，盡情享受，今日有酒今日醉，有花堪折只須折。或服藥石，企求長生不老。或導氣煉丹，希望脫肉體而成神仙。其注《老子》、《莊子》者不下數十人，有人貴無，有人崇有，有人主張有無冥合。對老莊學說，遂能發揮淋漓盡致，應有盡有，已達於飽和的境地，再想創新義，立新說，已到了英雄無用武之餘地。

佛教於漢明帝傳入中國，迨及魏晉之世，已頗流行。有識之士聞知佛說者亦大有人在。談玄人士自然亦多有涉獵佛教學說者，佛學中有若干論點，與道家思想頗有相近者，談玄人士正苦思想處於飽和狀態，於是援佛入道，突破現狀，用佛家相似思想解說道家思想，遂又能爲道學創新義，立新說，以振發玄學頹風。這是佛教得以流行的又一原因。佛學初入中國，國人皆不解其義。爲使華人易於接受佛教思想，每利用道家文辭以申論佛說。天竺文譯爲漢文時，常用道家之辭，如妙字卽用老子的「衆妙之門」，「常無欲以觀其妙」。塵字便用老子的「和其光同其塵」。到了魏晉之世，談玄人士反用佛學之辭以解老莊。老莊貴無，佛家尚空，以空釋無，不無新義，況佛教中的成實宗亦是以無主。《抱朴子》以玄爲宇宙萬物的本體。佛家以不生不滅的眞如爲宇宙萬物的本體。玄與眞如不無相通之處。

第四節　佛教流行的事實

一、帝王的信佛——南北朝的帝王中幾乎無人不信佛教。宋文帝劉義隆曾任僧惠琳參與朝政，時人稱曰黑衣宰相，又迎求那跋摩於天竺，命居祇洹寺，講法華經，帝率群臣親臨聽講，復設戒壇於南林寺，授僧尼戒律。南齊高帝蕭道成聽僧遠講維摩經於莊嚴寺，又任沙門法獻、法暢參與政事，時人稱曰黑衣二傑。梁武帝蕭衍信奉佛教尤爲誠篤，原先他本信奉道教，後舍道奉佛，曾率道俗二萬人，於天監三年（西元五〇四年）舉行舍道信佛大典禮，時光宅寺法雲，開善寺智藏，莊嚴寺僧旻，稱爲三大法師，帝皆篤信而尊敬之；又親自受戒於惠約，建戒壇於禁中，受戒者有四萬八千人之多，親聽僧旻講勝鬘經，自注大品般若經，迎達摩於廣州，爲之撰文立碑；迎眞諦於南海，令其翻譯佛經；帝又三幸同泰寺捨身，設盂蘭盆會。至侯景兵臨城下，飢死於臺城，猶荷荷念佛。陳宣帝陳頊崇信高僧智顗，聽經於太極殿。智顗後爲晉王陳廣招至揚州，創立佛教的天台宗。

北朝諸帝中亦多信佛教。北涼沮渠蒙遜迎曇無於天竺，令譯涅槃經。後趙石勒尊佛圖澄爲大和尚。後魏孝文帝曾七次下勅令振興佛教；宣武帝精通佛理，親講摩維，且迎菩提支流從事譯經，國內寺院多至萬三千餘，僧侶達二百萬人，西域沙門有三千之多。

帝王何以要信奉佛教呢？大概因爲他們殘酷殺人甚多，而生罪惡感；由罪惡感而起懺悔心。因懺悔而信奉佛以求贖罪悔過。南北朝是中國歷史上最混亂的時代。夷夏交鋒，戰亂不息；禍起蕭牆，骨肉相殘；君臣屢易位，朝代常更迭。戰爭的勝利者每對戰敗者，施以報復，大加屠殺，慘無人道。劉裕代晉而有天下，司馬氏成爲廢姓，蕭道成篡劉宋，劉氏宗親，盡遭誅夷。北齊文宣踐帝位，亦大加屠殺拓跋魏之子孫。其尤爲慘烈者，一門骨肉，自相誅夷。宋孝武帝殘殺文帝子孫；明帝又殘殺孝武帝之子孫。齊明帝殘殺高帝及武帝子孫。凶狠慘毒，惟恐不斬草除根，致令皇族有不願再生帝王家之悲鳴。人非木石，孰能無良心。事後可能良心發現，自覺是罪惡，而生後悔之意。因悔而生懺。如何消除懺悔的緊張與不安，惟有皈依宗敎，以求自贖。他們信奉佛敎正是他們自贖自救的好方法。

二、佛寺的建造——帝王既然信奉了佛敎，自然要使佛徒有居住及誦經、禮拜等活動的場所。因之，便需要建造佛寺。南朝的齊高帝、梁武帝、陳武帝，北朝的魏孝文、齊文宣、周文帝均曾捐舍宮苑，以供建造佛寺之用。其中最值得惋惜者，南齊明帝殘殺高帝武帝子孫，喪天害理，莫此爲甚，竟用百姓賣兒貼婦錢，興建佛寺。北朝胡太后，恣行淫穢，酖殺魏孝明帝，亦喜建浮圖。

皇帝既信佛敎又建佛寺，上有好者，下必有甚焉，於是百官景從，亦致力建造佛寺。北朝朝士死者，其家人多捐捨住宅，施於僧尼。南朝豪富亦常捐捨宅邸，以起佛寺。《宋書》蕭惠開傳稱：「丁父艱居喪，有孝性，家素事佛，凡爲父起四寺。」《梁書》何敬容傳稱：「何氏自晉至宋，世奉佛法，並建立塔寺；至敬容又捨宅東爲伽藍，趨勢者因助財造構，敬容並不拒。」《魏書》安同傳稱：「同在冀州，年老頗殖財貨，大興寺塔，百姓所苦。」因之，南北朝時代，根據《佛祖統紀》及《佛祖歷代通載》所記，劉宋時佛寺一、九一三所，南齊時二、〇一五所，梁時二、八四六所，陳時一、二三二所。北魏時三〇、〇〇〇所，北齊時四〇、〇〇〇所。佛寺的財產亦甚龐大。在北朝，《魏書》釋老志稱：「寺奪民財，三分且一。」南朝《宋書》卷七十五載：「王僧達刼奪西臺寺財，得款竟數百萬。」一寺卽有如此衆多的財產，全國各寺的財產相加總和，其龐大當足驚人。

三、僧尼的衆多——皇帝與百官既多信佛法，上行下效，故人民信奉佛法者，爲數自十分龐大，當然亦頗普及。至於出家爲僧尼者，人數亦甚衆多。因人民生活困苦，過着人間地獄的生活，食不飽，衣不暖，欲解脫痛苦，維持生活，樂於皈依佛法，削髮爲僧尼，以修煉今生，企求幸福的來生。佛寺皆有豐厚的財產，可以供給僧尼生活，對貧苦的人民，實有很多的引誘力；且入寺爲僧尼可以豁免苛雜的賦稅與徭役。人民爲逃避沉重的賦役負擔，亦願削髮爲僧尼。因之僧尼衆多，數目大有可觀，在北朝則「緇衣之衆，參半於平俗；黃衣之徒，數過於正戶。」（《廣弘明集》卷二十四）在南朝則「生不長髮，便謂之道，塡街溢巷，是處皆然。」（《南齊書》虞玩之傳）依據《佛祖統紀》及《佛祖歷代通載》所紀，僧尼數目，劉宋三六、〇〇〇，南齊爲三二、五〇〇，梁八二、七〇〇，陳三二、〇〇〇，北魏二、〇〇〇、〇〇〇，北周三、〇〇〇、〇〇〇。

四、信仰的誠篤——佛教流行既久，耳薰目染，朝夕與聞，佛教教條及佛教思想深入人心，人民信仰佛教，甚爲誠篤。依佛教之言，「自殺者，不得復人身」，人因信佛而不敢自殺。「晉恭帝遜位，居秣陵宮，常懼見禍，與褚后共止一室，慮有酖毒，自煮食於牀前，高祖將殺，不欲遣人入內，令褚淡之兄弟視褚后，褚后出別室相見，兵人乃踰牆而入，進藥於恭帝，帝不肯飲，曰：佛教自殺者，不得復人身，乃以被掩殺之。」（《宋書》褚叔度傳）「索虜來寇瓜步，天下擾亂，上慮異志者或奉彭城王義康爲亂。二十八年正月遣中書舍人嚴龍齎藥賜死，義康不肯服藥，曰：佛教自殺，不得復人身，便隨宜見處分，乃以被掩殺之。」（《宋書》彭城王義康傳）

尤有甚者，朝廷大事，皇帝常與沙門商談。慧琳者秦郡秦縣人，姓劉氏，少出家，住冶城寺，有才章，兼外內之學。太祖見而賞之。元嘉中，遂參權要，朝廷大事皆與議焉，賓客輻湊，門車常有數十輛，四方贈賂相係，勢傾一時（《宋書》卷九十七，天竺迦毗黎國傳）。《魏書》釋老志曰：「世祖初卽位，亦遵太祖、太宗之業，每引高德沙門與共談論。」

第四十九章　道教思想的競爭

第一節　道教性質的探討

一、**道教的淵源**——在太古的草莽時期，人民的知識不開，文化甚低，對於自然現象的風雨陰晴、雷電雪霜、晝夜寒暑、日月往復及人生現象的生老病死、幼長壯衰等，皆無知識瞭解，更無力量控制，於是對之發生疑懼的神秘感。至於山洪暴發，狂風肆虐，災疫流行的發生，造成驚人的人命死亡，使人民感到萬分的恐怖，認爲這恐怖現象的背後，有一種偉大神秘力量在操縱着，於是慴服於神威之下，而有神的觀念產生。神高高在上，故視之爲天神。

殷商時代敬天神，尊祖宗、重巫覡。天神思想因沿於太古之世。當成湯伐夏時，故曰：「有夏多罪，天命殛之。」殷人除敬天外，更尊鬼。《禮記》表記曰：「殷人尊神，率民以事神，先鬼而後禮」，故曰殷人尙鬼。殷人尊祖，認爲祖宗死後的鬼魂，仍然有靈，可以庇佑子孫。《尚書》盤庚篇曰：「茲予大享於先王，爾祖其從與享之，作福作災，予亦不敢動用非德。」祭拜神鬼要其知曉，而降吉福。但一般人不能與鬼神直接交通。於是有能以通神交鬼的巫覡出現。《國語》楚語曰：「在男曰覡，在女曰巫。」殷有巫咸、巫陟。巫覡用卜筮與鬼神交通以見休咎。卜用龜，筮用蓍。巫覡在殷商政治上佔有重要地位。決疑大事，君侯一權，公卿一權，百姓一權，卜一權，筮一權。巫覡掌卜筮，具有二權，地位重要，顯而易見。

周武王滅殷紂王而有天下，國號曰周。周有掌卜之官，有掌筮之官，有兼掌卜筮之官。《左傳》莊公二十年，懿氏卜妻敬仲，其妻曰，吉。僖公二年，虢公敗戎於桑田，晉卜偃曰：虢必亡矣。偃為人名，乃掌卜之官，故曰卜偃。僖公十四年，秦伯伐晉，卜徒父筮之，吉。成公二年，莊王欲納夏姬，申公巫臣曰：不可。昭公十八年，鄭國大饑，晉君大夫，不敢寧居，卜筮走望。足見春秋時代，巫與卜筮仍盛行。戰國初，西門豹治鄴，有河伯娶婦陋俗，乃沉巫於河，以革俗。

戰國之世，宋無忌、王子喬、充尙、羨門高，各以仙術著名，最後，燕人為方士仙道，侈言形體銷化之術，大為列國諸侯所迷信。齊宣王、齊威王、燕昭王聞海上有蓬萊、方丈、瀛洲三神島，遣人赴海上求不死之藥。齊人騶衍以陰陽主運之說，顯名於諸侯，倡五行生尅、五德終始之論。其術遂為神仙方士所附會。周代除巫、卜、筮、方士外，更有祝師。《說文》曰：「祝，主贊事者」，即用贊禮之人，以言語告於鬼神者。周代重禮儀，尙祭祀，郊禮祭天，社禮祭地，太廟祭祖。行禮時以祝為贊禮。

秦漢之世，方士盛行。秦始皇信方士，遣之赴海上，求不死之藥，徐福之至日本，原係赴海上求仙藥者。漢武帝尊方士李少君。少君言於上曰：祠竈則致物，致物而丹沙可化為黃金；黃金成，以為飲食器，則益壽。益壽而海中蓬萊仙可見，見仙則不死。《漢書》劉向傳稱：上（武帝）復興神仙方術之事，而淮南王劉安有《枕中鴻寶秘書》，言神仙使鬼物為金之術及騶衍重道延命之方，武帝得之。

道教的興起，並非偶然，實有其歷史的淵源，太古的天神觀念，殷尙敬天、尙鬼、重巫覡，行卜筮及周之祝師與方士及秦漢的信方士，海上求不死之藥及丹沙化金的妄信，皆是道教產生的歷史淵源。

二、道教的形成

——道家學說係以老莊思想爲主體，研究宇宙萬物本體及其演變發展的法則，屬於形而上學的範疇，乃追求第一原理的愛智之學，並無宗教色彩亦無迷信意味，與道教並無關係。而道教中的人士卻牽强附會而以老子爲道教始祖，不足憑信。後漢之世，圖讖、符命、緯書之說盛行，方士之術與之相似，遂亦附之而行。方士改稱道士，當在後漢。桓譚《新論》尙稱王莽時西門君惠爲道士。但《後漢書》第五倫傳則曰：「所過輒爲糞除而去，陌上號爲道士。」

順帝時有太平道出現。《後漢書》襄楷傳曰：「琅邪宮崇詣闕，上其師于吉於曲陽泉水上得神書百七十卷，皆漂白素朱介，青首朱目，號《太平清領書》，其言以陰陽五行爲宗，而多巫覡雜語。」有司奏：「崇所上妖妄不經」乃收藏之。其後，張角得到此書，遂倡太平道以欺世惑時。《後漢書》皇甫嵩傳云：「初，鉅鹿張角自稱大賢良，奉事黃老道，畜養弟子，跪拜首過，咒水呪說以療病，病者頗愈，百姓信向之。角因遣弟子八人，使於四方，以善道敎化天下，轉相誑惑，十餘年間衆徒數十萬。連結郡國，莫不畢應。」乃訛言「蒼天已死，黃天當立」，蓄意作亂。靈帝中平元年（西元一八四年），其徒馬元義等謀起事，事泄，車裂於洛陽。角乃馳勑諸方，一時俱起。徒衆皆著黃巾爲標識，時人謂之黃巾賊。殺人祀天，燒掠府邑，旬日之間，天下震動。後爲皇甫嵩、朱儁所平。

後漢之季，以道術惑人者，不止張角的太平道。《三國志》魏書張魯傳，註引典略曰：「靈帝熹平中，妖賊大起，東方有張角，漢中有張脩（裴松之注應爲張衡）。角爲太平道，脩爲五斗米道，其法略同。」所謂祭酒者主爲病者禱，書病人姓名，說服罪之意，作三通，一上之天，一著山上，一沉之水，謂之三官手書，使病家出五斗米。事妄誕，而被愚惑者，競共事之。後漢張道陵，沛人，本名陵，明帝永平中拜江州令，後棄官隱居，入蜀中鶴鳴山學道，造作道書。道成至江西龍虎山習煉丹、符呪之術，從學者頗衆，是謂天師道。道陵死，子衡繼其業。衡死，子魯繼之。張魯據漢中，以鬼道教民，自號師君，其來學者初名鬼卒，受本道已信，號祭酒。天下大亂，民命不保，天師道據險自治，從者甚衆。魯雖後降於曹操，而彼之天師道，仍繼續流行，及於全國。

晉代信奉天師者甚衆，雖知名之士及貴游子弟亦多信之。《晉書》王羲之傳曰：「羲之次子凝之爲會稽內史。王氏世事張氏五斗米教，凝之尤篤。孫恩攻會稽，僚佑請爲之備，凝之不從，方人靜室請禱，出語人曰：吾已請大道，許鬼兵相助，賊自破矣。」《晉書》孫恩傳曰：「世奉五斗米道，叔父泰，見天下兵起，煽動民衆，私集徒衆。三吳士庶多從之，泰爲會稽王道子所誅。恩聚餘衆，自海上攻上虞，因襲會稽，城破，王凝之被害。」孫恩死，妹夫盧循領其衆，主其事，後亦敗死。循亦爲名族之裔。鍾嶸《詩品》曰：「謝靈運生於會稽，其家以子孫難得，送靈運於杜治養之，十五方還都，故曰客兒。」所設治者，乃天師教所設，分布各地，人家以幼兒託養，信其可得神佑而成人。

三、道教的派別——隋唐以後，道教日趨盛達，派別支衍甚多，在南北朝之世，道教要可分爲南北兩大派別。北派爲全眞教，南派爲天師教。全眞教不飲酒茹葷，不娶妻室，授徒傳教，居道觀，爲出家道士。天師教的天師位由世襲，故可娶妻室，雖亦齋戒，而非齋期，亦可飲酒食肉。天師教亦稱正一教，教徒皆爲在家者，是謂火居道士。全眞教北方爲盛，北平城外的白雲觀，卽是此教的傳教中心。不過南方亦有出家道士，茅山道卽爲出家道士。茅山在江蘇句容之句曲山，昔漢有三茅君者曾來此山，故曰茅山。梁陶弘景隱居此山修道。茅山道士，崇奉三茅君，不與天師教同科。

就道士的修持工夫言，道敎可分爲：⑴丹鼎派，丹鼎爲道家煉丹所使用的器具。《瑯環記》曰：龜千年者，能至蓬萊山下，覓仙人洗丹鼎之水服之，輒生翅能飛，變化不測。道士置丹沙於鼎中，以火燒煉之成仙丹，服之可長生不老或成仙，故亦稱燒煉泥。⑵符籙派，符籙乃道家秘文，可以治病驅妖邪。《抱朴子》登陟篇有老君入山等符之文，⑶服食派，在服食一定的藥物及特別的食物，藉以益壽延年，長生不老。⑷導氣派，辟穀導氣以養生。辟穀是屏除穀食，導引輕身；導引體氣，養生健體、卻病、延年。⑸咒呪派，口唸咒語，用以療病驅邪。

實際上，道士的修持功夫，不會僅習一派，率皆兼而習之。丹鼎、服食、導氣可併稱燒煉派。咒呪可併入符籙派。就燒煉派言，魏伯陽著《參同契》一書，託以《周易》，假借爻象而論作丹方法，其章目，有所謂煉己立基者，有所謂金丹刀圭者，有所謂養性立命，聖賢伏煉者。葛洪《神仙傳》言，魏之焦先服食白石，年一百五十歲；晉之王烈，服食黃精，年三百三十八歲，皆屬此派，張角得《太平清領書》而習之，乃符籙之術，此派遂見流行。于吉首習符籙法。魏晉以後習符籙者，亦多兼習煉丹與服食。梁陶弘景雖受道經符籙，但仍兼辟穀導引之法，更及於煉養服食。後魏寇謙之稱得仙人大法，述服仙藥之所由，並言服氣導引口訣。此是符籙派亦不棄服食與導引之法。

四、道家的三洞——三洞乃道敎藏道經的處所。《道門大論》曰：「三洞者，洞言通也，通玄達妙，其統有三，故云三洞。」三洞者分洞眞、洞玄、洞神。天寶君說洞眞部，爲大乘；靈寶君說洞玄部，爲中乘；神寶君說洞神部，爲小乘。佛敎藏經分爲三藏，道家仿擬之分爲三洞。道經把老莊玄學著作，魏伯陽的寶精與房中術，葛洪的行氣及服食法，張道陵的符籙及厭勝等，皆包括在內。梁阮孝緒

《七錄神仙部》著錄經籍、服餌、房中、符圖四部，四百二十五種，凡一千一百三十八卷。《隋書》經籍志所著錄四部，三百七十七種，凡一千二百一十六卷。宋鄭樵《通志》藝文略，錄道教類，凡二十五種，一千三百二十三部，共三千七百零六卷。道教自稱，尚不止此數。

第二節 道教理論的引述㈠

——魏伯陽的參同契

一、參同契的意義——《參同契》一書係後漢上虞人魏伯陽所著。其名《參同契》者，謂參同《周易》、黃、老三家爐火而歸一妙契大道。五代彭曉著《參同契解義》，書序有言曰：「參，雜也；同，通也；契，合也；謂與《周易》理通而義合也，其書假借君臣以彰內外；敘其坎離，直指汞鉛；列以乾坤，奠量鼎器；明之父母，保以始終；合於夫妻，拘其交媾；譬諸男女，顯以滋生；析以陰陽，道之反覆；示之晦朔，通以降騰；配以卦爻，形於變化；隨之斗柄，取以周星；分以晨昏，昭諸刻漏。莫不託易象而論之，故名《周易參同契》。」魏伯陽爲道家，乃託言於《周易》象爻以申說道教煉丹、服食、養性、導氣、男女之理。《參同契》是魏伯陽修眞潛默，虛無養志之書。相傳伯陽得古人《龍虎經》，盡獲其妙旨，乃約《周易》，撰《參同契》上、中、下三篇。

宋朱熹署名空同道士鄒訢撰《參同契考異》一卷，其章次卽本於五代後蜀彭曉所撰《參同契解義》一書。朱熹認爲《參同契》一書，並不在於闡明《周易》的義理，蓋此納甲之法，以寓其道行。惟伯陽自成一家之言，可推而通之，於《周易》亦無害處。朱子曰：「《參同契》本不爲明《易》，姑借此納甲

（即以甲、乙、丙、丁、戊、己、庚、辛、壬、癸之十干配納於乾、坎、艮、震、巽、離、坤、兌的八卦之中）之法，以寓其行。其所言納甲之法，則今所傳京房占法，見於火珠林者。是其遺法所云。甲乙丙丁庚辛者，乃以月之昏旦出沒言之，非以分六卦之方也。此雖非爲明《易》而作，然《易》中無所不有，苟其言自成一家，可推而通，則亦無害於《易》。」

二、《參同契》的內容——《參同契》書首有讚序一文，據彭曉《參同契解義》序言，魏伯陽曾將《參同契》密示青州徐從事，令作注箋，徐隱名而注之，其注已失而不存，惟留此序，蓋徐君之言。從此序文中，可以窺知《參同契》的內容。讚序曰：「《參同契》者，詞陋而道大，言微而旨深。列五帝以建業，配三皇之立政。若君臣差殊，上下無準序，以爲政，不至太平。服食其法，未能長生，學以養性，又不延年。至於剖析陰陽，合其銖兩；日月弦望，八卦成象，男女施化，剛柔動靜，米鹽分判，以經爲證，用意健矣。故爲立注，以傳後賢。惟曉大象，必得長生，强己益身，爲此道者，重加意焉。」所謂五帝三皇之建業立政，蓋論道家崇自然，尙無爲，無君無治之論，徐君認爲不足以致太平。所論服食、養性之道，亦難以長生延年。惟所謂陰陽變化，日月盈虛，八卦成象，男女施化，剛柔動靜，分判米鹽諸事，以《周易》之言以證論之，尙屬健全。道教人士對此論說，應特別注意。

三、《參同契》的要旨——《參同契》一書，詞意深奧，內容廣泛，舉凡道士修持的功夫及其哲理，莫不加以論解，故難全述其要義。茲舉列其若干要旨，以推見其一斑。

1.乾坤爲爐鼎——《參同契》上篇曰：「乾坤者，易之門戶，衆卦之父母。」以宇內言之，乾天在上，坤地在下，而陰陽變化，終始皆在其間。以人身言之，則乾陽在上，坤陰在下，而一身之陰陽萬物變化，終始皆在其間。此乾坤所以爲易之門戶，衆卦之父母。言易便是指陰陽變化而言。在人身，則易便是指金丹大藥變化的功能；乾坤是燒煉金丹大藥的爐鼎。

2.朝暮用功夫——《參同契》上篇曰：「賞罰應春秋，昏明順寒暑，爻辭有仁義，隨時發喜怒，如是應四時五行，行得其序。」此言道家養生、導氣朝暮修持用功的道理。其要在順乎四時之氣及五行之序。春暖而生，宜賞；秋涼而殺，宜罰。寒則昏，暑則明。爻者交也，交錯則起變化，變化有仁義，隨時候而發喜怒。這是就字面而作的說明。非習道者，不明其法的奧妙與內容。

3.上下德不同——《參同契》上篇曰：「上德無爲，不以察求；下德爲之，其用不休。上閉則稱有，下閉則稱無，無者以奉上，上有神德。居此二孔穴法，金氣亦相胥。」這似乎是言道家無爲而無不爲之理；蓋亦君逸而臣勞之意。上德指人君之德。上德無爲，垂拱而治，不察察爲明，不下代臣職。下德指群臣之德。下德爲之，指各司其事，各盡其責，孜孜不休，庶績咸熙。此之謂君逸而臣勞，君無事而臣有事。依道家的修持言之，君指精神，臣指肉體。神靜而體勞，卽上德無爲，下德爲之。上下若失其德，則上有而下無。下不可無，故無以奉上。上有神德，謂精神之微妙處。龍虎經所謂上有青龍居金氣，卽雄陽。雄陽爲熬樞，黃土金之父，修持所當用力處。

4.水爲道之樞——《參同契》上篇曰：「知白守黑，神明自來。白者金精，黑者水基，水者道樞，其散各一。」白謂汞，黑謂鉛。金精言其生於鉛，水基能生水。黑白各一，而水道樞，所謂神德。道家煉丹，不離汞與鉛，必汞鉛成水，始能成仙丹，故曰水爲道之樞。

5.服丹成眞人——魏伯陽深信金丹入口的妙用，服之可成爲眞人。其言曰：「巨勝尙延年，還丹可入口，金性不敗朽，故爲萬物寶，術士服食之，壽命得長久，土遊於四季，守界定規矩。金砂入五內，霧散若風雨，薰蒸達四肢，顏色悅澤好，髮白更生黑，齒落出舊所，老翁復丁壯，耆嫗成姹女，改形脫世厄，號之曰眞人。」(《參同契》上篇) 內丹是由自身丹田精氣經由功夫修煉而成；外丹是用丹砂等物經燒煉成功的。二者合稱金丹。

6. 藥非類不寶——就丹砂等物煉成的外丹言，藥非同類不能成寶。魏伯陽中論其意曰：「世間多學士，高妙負良才，邂逅不遭值，耗火亡貨財。據按依文說，妄以意爲之，端緒無因緣，度量失操持，擣治羌石膽，雲石及礬磁，硫黃燒豫章，泥汞相煉治，鼓下五石銅，以之爲輔樞，雜性不同種，安肯合體居，千擧必萬敗，欲黠反成癡，穉年至白首，中道生狐疑，背道守迷路，出正入邪蹊，管窺不廣見，難以揆方來。」(《參同契》上篇) 若依書文記載，便據以用各種藥物去煉丹，物不得其類，煉不得其道，決不能成寶丹，徒耗財傷神，不智莫甚。

7. 涵養本原工夫——道家最爲注重涵養本原的功夫。魏伯陽對此有重要的申論。「陽燧以取火，非日不生光，方諸非星月，安能得水漿？二氣元且遠，感化尙相通，何況近存身，切存於心胸，陰陽配日月，水火爲效徵，耳目口三寶，固塞勿發揚，眞人潛深淵，游浮守規中，旋曲以睎覽，開闔皆合同，爲己之軸轄，動靜不竭窮，離氣內營衞，坎乃不用聰，兌合不以談，希言順以鴻，三者皆關鍵，緩體居空房，悉志歸虛無，無念以爲常，證難以推移，心專不縱橫，寢寐神相抱，覺悟候存亡，顏容寖以潤，骨節益堅强，辟却衆陰邪，然後立正陽，修之不輟休，庶氣雲雨行，淫淫若春澤，液液象解冰，從頭流達足，究竟復上昇，往往洞無極，怫怫被容中，反者道之驗，弱者德之柄，芸鋤宿汚穢，細微得調暢，濁

者清之路，昏久則昭明。」（《參同契》中篇）

8.**示古修道法**——魏伯陽示人昔有仙者著書示人，而不明言其事，而託名諸石爲身內陰陽之號，故學者多不解其旨意，而無所修持，乃著說以示其意，使學者習之。其言曰：「惟昔聖賢，懷元抱眞，服鍊九鼎，化跡隱淪，合精養氣，通德三元，精液湊理，筋骨緻堅，衆邪辟除，正氣常存，累積長久，變形而仙。憂憫後生，好道之倫，隨傍風采，指畫古人，着爲圖籍，開示後昆，露見枝葉，隱藏根本，託號諸石，覆冒衆文，學者得之，韞櫝終身，子繼父業，孫踵祖先，傳世迷惑，竟無見聞，遂使宦者不遂，農夫失芸，商人棄貨，志士家貧，吾甚傷之，定錄斯文，字約易思，事省不煩，披列其條，實核可觀，分兩有數，因而相循，故爲亂辭，孔竅其門，智者審思，以意參焉。」（《參同契》下篇）

第三節　道家理論的引述(二)

——葛洪的抱朴子

晉人葛洪著《抱朴子》一書，分內外兩篇。內篇二十卷，外篇五十卷。外篇係論時政得失及人事臧否。內篇係論吐納、符籙及尅治之術，純爲道家之言。茲就內篇加以探討，略引述其要旨於次：

一、**元(玄)爲萬物的本體**——老子以道爲萬物的本體。道是「有物混成，先天地生。獨立而不改，周行而不殆，可以爲天下母。吾不知其名，字之曰道。」（《老子》第二十五章）道的狀況是如何呢？老子曰：「道之爲物，惟恍惟惚。惚兮恍兮，其中有象；恍兮惚兮，其中有物；窈兮冥兮，其中有精。其精甚眞，其中有信。」（《老子》第二十一章）老子又說：道是視而不見，聽而不聞，搏之不得。無狀之狀，無物之象，是謂恍惚。葛洪以元（玄）爲萬物之本體。其所描述之元，和老子所謂之道，極爲相似。洪好老莊之言，蓋師老子之道，而另以元名之。元與道，名異而實同。

葛洪曰：「元者，自然之始祖，而萬殊之大宗也。眇昧乎其深也，故稱微焉。緜邈乎其遠也，故稱妙焉。其高則冠蓋乎九霄，其曠則籠罩乎八隅。光乎日月，迅乎電馳，或倏爍而景逝，或飄滭而星流，或滉漾於淵澄，或雰霏而雲浮，因兆類而爲有，託潛寂而爲無。淪大幽而下沉，淩辰極而上游。金石不能比其剛，湛露不能等其柔，方而不矩，圓而不規；來焉不見；往焉莫追。乾以之高，坤以之卑。雲以之行，雨以之施。胞胎元一，範疇兩儀，吐納大始，鼓冶萬類，徊旋四七，匠成草昧，轡策靈機，吹噓四氣，幽括冲默，舒闡粲尉，抑濁揚清，斟酌河渭。增之不溢，挹之不匱，與之不榮，奪之不瘁。故玄之所在，其樂不窮；玄之所去，器弊神逝。」（《抱朴子》內篇，卷一，暢元）老子曰：「人法地，地法天，天法道，道法自然。」（《老子》第二十五章）自然就是道的無形法則。所謂「元者自然之始祖。」則元爲道明矣。所謂「微」、「妙」、「有」、「無」，皆老子所用以形容道的特性。老子曰：「視之不見名曰夷，聽之不聞名曰希，搏之不得名曰微。」（《老子》第十四章）老子曰：「無，名天地之始；有，名萬物之母。……此二者同出而異名，同謂之玄，玄之又玄，衆妙之門。」（《老子》第一章）故葛洪之元，即老子之玄。

二、神仙不見而實有——或問神仙不死，其說可信乎。葛洪答以眼極明亦有看不見的物，耳極靈亦有聽不到之聲。不可以未見到神仙即以其爲無。抱朴子（葛洪自名）曰：「雖有至明，而有形者不可以畢見焉。雖稟極聰，而有聲者不可盡聞焉。雖有大章豎亥之足，而所常履者，未若所不履之多。雖有禹益齊諧之智，而所嘗識者不若所不識之衆也。萬物芸芸，何所不有，況列仙之人，盈乎竹素矣，不死之道，曷爲無之。」（《抱朴子》內篇，卷二，論仙）葛洪以爲神仙不死之說可信，是承認神仙的存在，不可以未見到神仙而否定之。天下之物，形形色色，無奇不有，神仙之說，並非怪異之談。

三、服食金丹人不死——葛洪自稱曾蒐集得很多有關煉丹的記述，加以研覽，並得其祖父葛仙公秘法，更師事其祖門徒鄭君習煉丹事，故深知煉丹的正確方法及其神妙功能。他說：「老子之訣言云：不得還丹金波，虛自苦耳。五穀猶能活人，人得之則生，人絕之則死。夫金丹之爲物，燒之愈久，變化愈妙。黃金入火，百鍊不消，埋之畢天不朽，服此二物，鍊人身體，故能令人不老不死。此蓋假求於外物以自堅固，猶如脂之養火而不滅，銅青塗脚入水不腐。此是借銅之勁以扞其肉也。金丹入身中，沾洽榮衞，非但青銅之外傳矣。」（《抱朴子》內篇，卷四，丹硃）

金卽黃金液，丹卽由丹砂煉成的還丹。丹又分外丹與內丹。外丹卽丹砂等煉製成功的丹。內丹乃自己修煉自身丹田之精氣而成。葛洪曰：「凡草木燒之卽燼，而丹硃燒之成水銀，積變又還成丹砂，其去凡草木亦遠矣；其去俗人亦何緬邈之限乎!?世人少所識，告之終不肯信。」（《抱朴子》內篇，卷四，丹硃）所謂還丹卽九還丹，丹砂經燒煉，歷九次的轉變而還爲丹硃，故曰九轉丹成。

葛洪指出服仙藥須同時行善，功德圓滿，方能成仙，若有惡行或行善不滿，雖服仙藥亦不能成仙。他說：「人欲地仙，當立三百善；欲爲天仙，立千二百善，若有一千一百九十九善，而忽復中行一惡，則盡失前善，乃當復更起善數耳。……積善事未滿，雖服仙藥，亦無益也。若不服仙藥，並行好事，未便得仙，亦可無卒死（突然死）之禍矣。吾更疑彭祖之輩，善功未足，故不能昇天耳。」（《抱朴子》內篇，葛洪於《抱朴子》內篇卷四，舉列金丹九種：一是丹華，服之七日仙。二是神丹，亦曰神符，服之百日仙。三是神丹，服一刀圭，成百日仙。四是還丹，服一刀圭，成百日仙。五是餌丹，服之三十日仙，鬼神來侍，玉女至前。六是錬丹，服之十日仙，又以汞合火之，亦成黃金。七是柔丹，服一刀圭百日仙，以缺盆朴和服之，九十老翁，亦能生子。八是伏丹，服之卽日仙，以此丹如棗核許持之，百鬼避之；以丹書門上，萬邪衆精不敢前，又避盜賊虎狼。九是寒丹，服一刀圭百日仙，神童仙女來侍，飛行輕擧，不用翼飛。

四、入仕隱居可兼濟——有人問葛洪曰：人道多端，若人皆隱居求道，則藝文之業，憂樂之務，君臣之道，必盡廢矣，此其可乎？葛洪答以人道與仙道，可以並行兼濟，兩不相害，並擧許多事例以明其理，例如老、莊皆得道的聖人，而老子曾任柱下史，莊子曾爲漆園吏。姜尙隱居八十二歲，卒能佐文武平治天下。范蠡佐越王成覇業，而後泛舟海上。葛洪曰：「要道不煩所爲鮮耳。但患志之不立，信之不篤，何憂於人理之廢乎？長才者兼而修之，何難之有，內寶養生之道，外則光和於世，治身而身長修，治國而國太平，以六經訓俗士，以方術授知音，欲少留則且止而佐時，欲昇騰則凌霄而輕擧者，上士也。自恃才力不能並成，則棄置人間，專修道德者，亦其次也。」（《抱朴子》內篇，卷八，釋滯）

又曰：「昔黃帝負四海之任，不妨鼎湖之擧；彭祖爲大夫八百年，然後西適流沙。伯陽爲柱史，寗封爲陶正，方回爲閭士，呂望爲太師。仇生仕於殷，馮丹官於晉。范公覇越而泛海。琴高執笏於宋康；常生降志於執鞭。莊公藏器於小吏，古人多得道，而匡世修之於朝，隱居有餘力故也，何必修於山林，

盡廢生民之事，然後方成乎？亦有心安靜默，性惡喧嘩，以縱逸爲歡，以榮任爲戚者。」（《抱朴子》內篇，卷八，釋滯）

五、守本以去欲守素——葛洪所謂本乃太初之本。而太初之本在於道。洪之所謂道，蓋因襲於老子之說：「道者涵乾括坤，其本無名。論其無，則影響猶爲有焉；論其有，則萬物尚爲無焉。隸首不能計其多少，離朱不能察其髣髴，吳札晉野，竭聰不能尋其音聲乎窈冥之內，猲狶狻猪疾走不能迹其兆朕乎宇宙之外。以言乎邇，則周遊流秋毫有有餘焉，以言乎遠，則彌綸太虛而不足焉。爲聲之聲，爲響之響，爲形之形，爲影之影。方者得之而靜，員者得之而動，降者得之而俯，昇者得之而仰。强名爲道已失其眞。」（《抱朴子》內篇，卷九，道意）

俗人不能明道之意，不能養其心以無欲，頤其神於粹素，遂有傾之災，不振之禍。故葛洪敎人守太初之本，去欲存素。他說：「俗人不能識其太初之本，而修其流淫之末。人能淡默恬愉，不染不移，養其心以無欲，頤其神於粹素，掃滌誘慕，收之以正。除難求之思，遣害眞之累，薄喜怒之邪，滅愛惡之端，則不請福而福來，不禳禍而禍去矣。何者命在其中，不繫於外道，在乎此無俟於彼也。患乎凡夫不能守眞，無杜遏之檢括，愛嗜好之搖奪，馳騁流遁，有迷無反，情感物而外起，智接事而勞溢，誘於可欲，而天理滅矣；惑乎所聞，而純一遷矣。心受制於奢玩，情濁亂於波蕩；於是有傾越之災，不振之禍。」（《抱朴子》內篇，卷九，道意）

六、仙藥功用各不同——葛洪引《神農經》曰：上藥令人身安命延，昇爲天神，遨遊上下，使役萬靈，體生毛羽，行厨立至。又曰：五芝及餌，丹砂玉札，曾青、雄黃、雌黃、雲母、太乙禹餘糧，各可單服之，皆令人飛行長生。又曰：中藥養性，下藥除病，皆令毒蟲不加，猛獸不犯，惡氣不行，衆妖併避。又《孝經援神契》曰：椒薑禦濕，菖蒲益聰，巨勝延年，威喜避兵，皆上聖之至言，方術之實錄也。明文炳然，而世人終於不信，可歎息者也。

葛洪曰：「仙藥之上者丹砂，次則黃金，次則白銀，次則五玉，次則雲母，次則明珠，次則雄黃，次則太乙禹餘糧，次則石中黃子，次則石桂，次則石英，次則石腦，次則石硫黃，次則石粭，次則曾靑，次則松柏脂、茯苓、地黃、麥門冬、木巨勝、重樓、黃連、石韋、楮實、象柴是也。」（《抱朴子》內篇，卷十一，仙藥）

七、聖人仙人各異途——有人問葛洪曰：如果如你所說的神仙必可得，則聖人早已去修仙了。周公、孔子是聖人，皆不去修仙，可見修仙是不可知之道。葛洪答以聖人可分爲治世聖人和得道聖人兩種。聖人若秉命不値長生之道，可爲治世之聖人。治世聖人忙於俗務，不暇修道。至於仙者須篤志至信，勤而不怠，能恬能靜，便可得之。且俗之所謂聖人皆治世之聖，非得道之聖人。

葛洪曰：「夫聖不必仙，仙人不必聖。聖人受命不値長生之道，但自欲除殘去賊，夷險平暴，制禮作樂，著法垂教，移不正之風，易流遁之俗，匡將危之主，扶亡徵之國，刊詩書，撰河洛，著經誥，和雅頌，訓童蒙，應聘諸侯，突無凝煙，席不暇煖，其事則鞅掌罔極，窮年無已，亦焉能閉聰掩明，內視反聽，呼吸導引，長齋久潔，入室鍊形，登山採藥，數息思神，斷穀淸腸哉!?至於仙者，唯須篤志至信，勤而不怠，能恬能靜，便可得之，不待多才也。有入俗之高貞，乃爲道者之重累也。得合一大藥，知一養神之道，則長生久視，豈若聖人所修爲者芸芸之無限乎!?且夫俗所謂聖人者，皆治世之聖人，非得道之聖人。得道之聖人，則黃老是也；治世之聖人，則周孔是也。黃帝先治世而後登仙，此是偶有能兼之才者也。」（《抱朴子》內篇，卷十二，辨問）

八、從師苦修始得仙——有人問葛洪曰，得仙之人是由苦修而成呢？抑是由於其特異的禀賦和氣質？葛洪答以：得仙必須從師而苦修，篤志至信，知一養神，堅貞不移，歷苦厄而不輟，且服食仙藥，始能得仙。而師之授徒，必得其人方肯傳授，並須經血盟以立志。

葛洪曰：「天地之大德，曰生生好物者也。是以道家之所至秘而重者，莫過乎長生之方也，故血盟乃傳。傳非其人，戒在天罰。先師不敢以輕行授人。須人求之至勤者，猶當揀選至精者乃教之。況乎不好不求，求之不篤者，安可衒其沽以告之哉！其受命不應仙者，雖日見仙人成群在世，猶必謂彼自異種人，天下別有此物，或呼爲鬼魅之變化，或云偶值於自然，豈有宜謂修爲所得哉。苟心所不信，雖令赤松王喬言提其耳，亦當同以爲妖訛。然時頗有識信者，復患於不能勤求明師，夫曉至要得其道者，誠自甚稀，非倉卒可值也。」（《抱朴子》內篇，卷十四，勤求）

葛洪又曰：「仙人者皆由學以得之。彼莫不負笈隨師，積其功勤，蒙霜冒險，櫛風沐雨，而躬親灑掃，契濶勞藝，始見之以信行；終被試以危困，性篤行貞，心無怨貳，乃得升堂以入室。或有怠厭而中止，或有怨恚而造退，或有誘於榮利，而還修流俗之事，或有敗於邪說，而失其淡泊之志，或朝爲而夕欲其成，或坐修而立望其效。若夫覩財而心不戰，聞俗言而志不沮者，萬夫之中有一人焉爲多矣。故爲者如牛毛，獲者如麟角也。」（《抱朴子》內篇，卷十三，極言）

九、知一養神的要訣——修道得仙，端在服食金丹。金丹有二，一是由丹砂等煉成的外丹；一是由自身丹田精氣煉成的內丹。修煉內丹，須依知一養神的要道。葛洪曰：「余聞之師云：人能知一萬事畢。知一者無一之不知也；不知一者，無一之能知也。道起於一，其貴無偶，各居一處，以象天地人，故曰三一。天得一以清，地得一以寧，人得一以生，神得一以靈。金沉羽浮，山峙川流，視之不見，聽之不聞。存之則在，忽之則亡；向之則吉，背之則凶；保之則遐祚罔極，失之則命彫氣窮。

老君曰：惚兮恍兮，其中有象；恍兮惚兮，其中有物，一之謂也。故仙經曰：子欲長生，守一當明。思一至飢，一與之糧；思一至渴，一與之漿。一有姓字服色，男長九分，女長六分，或在臍下二寸四分下丹田中，或在心下絳宮金闕中。丹田也，或在人兩眉間，卻行一寸爲明堂，二寸爲洞房，三寸爲上丹田也。此乃是道家所重，世世歃血口傳其姓名耳。一能成陰生陽，推步寒暑。」（《抱朴子》內篇，卷十八，地眞）

第五十章　道教的高德道士

第一節　北方高道寇謙之

一、事略——依《魏書》釋老志所記，魏世祖（太武帝）時，道士寇謙之，少修張魯之術，服食餌藥，歷年無效。乃守志嵩岳，精專不懈。忽遇大神，乘雲駕龍，導從百靈，仙人玉女，左右侍衞，集止山頂，稱太上老君。謂謙之曰：往辛亥年，嵩岳鎭靈集仙宮主表天曹，稱自張天師以來，地上曠誠，修善之人無所師授，嵩岳道士寇謙之，立身直理，行合自然，才任軌範，首處師位。吾故來觀汝，授汝天師之位，賜汝雲中音誦新科之誡二十卷，號曰並進言。吾此經誡，自天地開闢以來，不傳於世，今運數應出，汝宣吾新科，除三張僞法，租米錢稅及男女合氣之術。大道淸虛，豈有斯事，專以禮度爲首，而加之以服食閉煉。

後寇謙之復遇牧土上士李譜文來臨，授之以天中三眞太文錄，劾召百神，壇位禮拜，衣冠儀式各有差等，凡六十餘卷，號曰《錄圖眞經》，付汝奉持，轉佐北方泰平眞君，出天宮靜輪之法，能興造克就，則起眞仙矣。又地上生民末刧垂及，「其中行數甚難。但令男女立壇宇，「朝夕禮拜，若家有嚴君功及上世。其中能修身煉藥，學長生之術，卽爲眞君種民藥。別授方銷煉金丹雲英八石玉漿之法，皆有訣要。

魏太武帝聞謙之之道，欣然景從，乃崇奉天師，顯揚新法，宣布天下，道教大行，遂立天師道場以弘道，改元太平眞君，建靜輪天宮。且因其十分崇信道教，並聽從宰臣崔浩排佛之言，乃下敕令滅佛教，殺僧徒，是謂佛教三厄之一。其後佛教雖告恢復，而後魏諸帝王，仍信持道教，新帝卽位，必親至道壇，受道士符籙。從此天師道另行崛起於北方，於是所謂天師道者不再為張氏所專有。

二、改革——天師道盛行既久，信徒固衆，道士亦多。道士中高德者，南方的陶弘景在江蘇句容創茅山道，尊奉三茅君，不屬張氏的天師道，而另成一派。北方的寇謙之則編造神話與道書，改革天師道，以取代天師的地位。寇謙之對天師道的重大改革有三。一是革除道徒出錢納米的陋俗及男女合氣的歪術。二是另訂道士地位的高低及其服色等次。三是另立道神的名稱。《魏書》釋老志稱：謙之言：二儀之間，有三十六天，中有三十宮，宮有一主，最高者無極至尊，次曰大至眞尊，次天覆地載陰陽眞君，次洪正眞君，姓趙名道隱，以殷時得道牧土之師。牧土之來，赤松王喬之倫，及韓終、張安世、劉根、張陵近世仙者，並為翼從。牧土命謙之為子，與群仙結為徒友。幽冥之事，世所不了，謙之具問，一一告焉。

第二節 南方高道陶弘景

一、事略——陶弘景字通明，丹陽秣陵（今江蘇江寧縣）人，生於南朝宋文帝元嘉二十九年（西元四五二年），卒於梁武帝大同二年（西元五三六年），享年八十五。初，母郝氏夜夢青龍自懷而出，並有二天人手執香爐來至其所。已而有娠，遂生弘景。幼有異操，年十歲，得葛洪《神仙傳》，晝夜研讀，乃有養生之志。謂人曰：仰青雲覩白日，不覺為遠矣。及長，身長七尺四寸，神儀明秀，朗目疏眉，細形長耳，讀書萬餘卷，善琴碁，工草隸。弘景之父爲妾害死，故對女人有反感心理，終身未娶妻。
弱冠，齊高帝蕭道成爲宰相時，引弘景爲諸王侍讀，除奉朝請，雖在公門，閉影不交外物。齊武帝永明十年（西元四九二年）因志在修道，乃辭官職。辭官後，止於句容縣之句曲山。弘景言，此山下是第八洞宮，名金壇華陽之天，周圍一百五十里。昔漢有咸陽三茅君得道來掌此山，故名茅山，乃於山中築舘，名曰華陽隱居。始從東陽孫遊岳受圖符經法。遍歷名山，尋求仙藥，每經澗谷，必坐臥其間，吟誦盤桓，不得自已。時沈約爲東陽郡太守，仰其志節，屢書邀約，均不至。
弘景爲人圓通謙謹，出處冥會，心如明鏡，遇物要言不煩。齊明帝建武年間，齊宜都王蕭鏗爲明帝所害。其夜弘景夢鏗來告別，因訪之於幽冥中，事多說秘異，因作夢記一文。東昏侯永元元年（西元四九九年）更築三層樓，弘景居樓上，弟子居其中，賓客會於下，與外物遂絕，唯一家僮得侍其旁，特別喜愛松聲，每聞其響，便欣然樂之。有時獨遊泉石，望見者以爲仙人。弘景好讀書，喜著述，顧惜光陰，老而彌篤；尤好陰陽五行，風角星算，山川地理，方圖產物，醫術本草。
弘景更造渾天象，悟明「地居中央，天轉而地不動。」這只是星占方術家的妄言，和今日的科學研究，大相背悖。齊和帝中興元年（西元五〇一年）蕭衍入建康，聞議禪代。弘景援引圖讖數處，皆成梁字，令弟子進之。梁武帝蕭衍素與弘景遊，及卽位，復恩禮有加，書問不絕，冠蓋相望。武帝天監四年（西元五〇五年）弘景移居積金東澗，善辟穀導引之法，年逾八十而有壯容，深慕張良之爲人，謂曰古賢莫比。武帝大同二年卒，享年八十五，顏色不變，伸屈如常，詔贈中散大夫，諡曰貞白先生（均見《梁書》五十一，本傳）。

二、著作——陶弘景既喜好著述，則其著作當屬不少，據云弘景著作有：《學苑百卷》、《孝經集注》、《論語集注》、《帝代年歷》、《本草集注》、《效驗方》、《肘後百一方》、《古今州郡記》、《圖象集要》、《玉匱記》、《合丹法式》等。另有未完稿十部。可惜均告佚散，不見流傳，誠道教中及學術上一大損失。不過今日尚能見到其著作者，有《陶隱居集》，集中有表一篇、啓六篇、書七篇、序六篇、論一篇、誌一篇、頌十五首、銘一篇、碑五篇、文二篇及詩六首。由此可見弘景不僅喜好著書，且善於作各種文體的文章，尤善書法，可謂多才多藝。

三、隱逸性格——性格亦稱品格，指一個人由於先天的禀賦及後天的教養與薰染所形成的個性。個性的內容包括一個人意志力、持久性、自主力、自制力、決斷力及其所信持的價值觀念等。美國心理學家因受行爲學派的影響，則用人格一詞代表一個人的個性。人格是一個人由於先天的禀賦和後天的教養與薰染，所形成的一個人對人處世的一貫作風，亦卽一個人在社會角色扮演的形象(Roleship)。陶弘景的個性或人格表現可用隱逸一詞概括之。這自然是一半由於先天的禀賦，一半由於後天的環境影響。

陶弘景所生長的時代是中國歷史上最爲混亂不安的時代。軍閥割據，戰爭不息；篡弒迭起，君臣易位；禍起蕭牆，骨肉相殘。經濟凋敝，民不聊生，妻離子散，民不堪命。爭城爭權，殺人如麻，尸骨遍野。人民生活在水深火熱中，誰都不知命在何時！在這戰爭凶殺，殘酷不仁的環境中，士人那能安心讀書向學。學術空虛，時代苦悶，政治不安，干戈不息，士子心情自然消極，精神亦流於頹廢，於是仕宦之家，清談老莊，避論實際政事，免遭不測之禍，於是道家思想，大爲流行。一般平民爲求自救，多有附會道家思想而成立神仙救人治病的道教。如張角的太平道，張衡的五斗米教，張魯的鬼道教，張道陵的天師道便是著例。陶弘景天性神儀明秀，又得讀葛洪的《神仙傳》，遂決志修道遁世，煉丹成仙，而入隱逸虛玄的人生境界。

隱逸高士的性質各代多不相同。唐代的隱士多為干祿入仕的手段，故曰「終南捷徑」。魏晉南北朝的隱逸之士，多係對短促人生的悲觀與失望，或欲過山林田園淡泊生活以避世亂，而求心安。或欲延年益壽，修持道術，長生不死，甚至成仙昇天。陶淵明等屬於前者，陶弘景等屬於後者。陶弘景所以掛冠而隱居，其原因有二：一是他天性淡泊，喜好山水林泉；一是由於他的修煉成仙的深切願望。

弘景天性愛山水林泉，明顯的流露於文字間。在答謝中書書中，有「高峯入雲，清流見底，兩岸石壁，五色交輝」的文句。欣賞山水自然之美的心情，活現於紙面。在詔問山中何所有賦詩以答的詩中云：「山中何所有，嶺上多白雲；只可自怡悅，不堪持贈君。」這是閒雲野鶴的隱逸性情。在尋山誌一文，開首卽說：「倦世情之易撓，乃策杖而尋山。」由此可以見到他遁世隱居的動機與心情。因在時局不定，人情多變的環境中，身心受壓迫，意志遭摧敗，遂生悲觀厭世的心理，乃入山隱居修道，以求精神的慰藉與痛苦的解脫。

山林中的生活，雖然在物質的享受上，較為清苦；但精神快愉，志氣昂揚，不受干擾，沒有煩惱，自在逍遙，快樂無邊。比之朱門廣厦，錦衣玉食的形體享受，要高尙到千百倍。所以他說：「得意者忘形，遺形者神存。」遺形體的享受，而存精神的快樂；意志得其順遂，形體的安樂皆可忘掉。意志與精神遠比形體可貴，所以他欣然散髮解帶，遁入山林，隱居以求志，修煉而得仙。

人愈是迷戀山林的瑰麗，愈欣喜心志的快愉，愈感到人生的短暫，愈會引起悲觀的心情。弘景沉緬流連山林樂趣之餘，亦會哀嘆「斯齡之不長」。爲要挽救這生命短暫的悲哀。於是王子喬、赤松子、彭祖等成爲弘景所盡力追求的偶像。他深信「仰彭涓兮弗遠，必長年兮可期」；於是「及榆光之未暮，將尋山而採芝」。他入山隱居的最後目標，採得靈芝仙藥，煉得長生金丹，服之不但長生不死，且可羽化而登仙。這和陶淵明的「聊乘化兮以歸盡，樂乎天命復奚疑」的生活，大異其旨趣。一是達觀知命的名士風流。一是修煉長生的虛妄道士。品類既不同，胸懷自差異。

四、道教思想——陶弘景是道教的道士，並非研習老莊思想的道家。所以他的思想都集中在得道修煉的功夫及宏揚道教的努力上。具體言之，他的思想不外煉丹、服食、導引、存思、辟穀、符籙等道家方術。然考其內容，仍超不出魏伯陽《參同契》，葛洪《抱朴子》論述的範圍，不足言創見。玆扼要舉述於左：

1. 成仙思想——神仙之說，高深莫測，不可思議，然神仙觀念遠古卽已有之，且載諸史傳。老莊的至人眞人之論，亦類似神仙思想。秦始皇、漢武帝信方士之言，遣人赴海上求不死之藥，亦以成仙爲遐思。漢代大儒劉向且著《列仙傳》。魏伯陽的《參同契》，葛洪的《抱朴子》更爲神仙說作理論根據。魏晉南北朝的文學之士如郭璞、陸機、江淹等且運用神仙傳說的資料，大作文章，而成爲中國文學史上所謂的仙遊文學。可見成仙的傳說具有不可忽視的魔力，社會的各階層人士多不知其然而信其然。

陶弘景在答朝士訪仙佛兩法體相書一文中，大略說明成仙的理論。他認爲「凡質象所結，不過形神」，形神二者相結合時，則爲人或物。形神二者若分離時，則爲靈或鬼。而佛法可令形與神「非離非合」，仙道則能令形與神「亦離亦合」。合時則乘雲駕龍，飛騰於虛冥之境；離時則尸解化質，無疾而終。如何方能成仙呢？便必須「鑄煉之事極，感變之理通」。換句話以言之，那就是「以藥石煉其形，以精靈瑩其神，以和氣濯其質，以善德解其纏」。若能作到這些功夫，則衆法共通，然後修煉的功業，才能達到成功的地步。

2.煉丹思想——修道成仙，須服食仙藥與金丹。《抱朴子》內篇仙藥篇曰：「上藥令人身安命延，昇爲天神。……中藥養性，下藥除病，能令毒蟲不加，猛獸不犯，惡氣不存，衆妖併避。」成仙之道，除服食仙藥外，更當服食金丹。「老子之訣言云：子不得還丹金液，虛自苦矣。……夫金丹之爲物，燒之愈久，變化愈妙，黃金入火，百煉不消，埋之畢天不朽。服此二物，鍊人身體，故能令人不老不死。」（《抱朴子》內篇，金丹篇）金丹係由丹砂、黃金、白銀、五玉、雲母等物，均爲不朽不腐的貴重物質，入火燒煉而起轉變，九轉還原是謂還丹，服之可以養精神，固經脈，不老不死，羽化而登仙。一轉之丹，服之三年始能成仙；九轉還丹，服之三日，卽可成仙。葛洪《抱朴子》內篇金丹篇指出：丹有九種：一曰丹華，二曰神符，三曰神丹，四曰還丹，五曰餌丹，六曰鍊丹，七曰柔丹，八曰伏丹，九曰寒丹。

煉丹是道家的奇妙方術，必須有名師傳授秘法，方可行之。否則祇憑書本記載，貿然行之，不但無益，且有大害。陶弘景精於煉丹，他得有神符秘訣，故煉丹有成，曾經煉成一種所謂飛丹者，進獻於梁武帝，帝服食後，竟然十分有效。其後他又煉成「善勝」與「飛勝」丹丸二粒，功用更爲佳妙。弘景長期服食金丸，所以八十多歲身體仍甚健壯，顏色潤亮，出外山遊，望之若仙人。一般人多以爲煉丹之說，近乎迷信，不可思議，不足憑信。但道教高德道士卻有他的信念與理論，認爲人的性命可以變化或昇華，只要心誠、志篤、至信、堅苦不輟的，作性命雙修的潛心極意的修鍊，一旦到了變化的極至，便可羽化而登仙。儒家講施行教化，以變化人的氣質。道教的服食丹藥，堅忍修鍊，改移性命，乃是高層級的氣質變化，不可以說他全無道理。

若就今日物理、化學的物質變化的科學知識、方法及事例以觀之，使核子分裂可製成威力無比的原子彈，廢鐵百煉可以成鋼，炭氣之精純者卽成爲寶貴的眞珠，石油廢棄物的瀝靑（柏油）可以製成堅硬無比的塑膠鋼，亦可使之成爲柔軟如髮絲的塑膠絲絨。幾種不同的金屬熔化成功的合金，是大異於原來原料的新物質。從這些事例以推論之，道教煉丹之事，不可完全以荒誕視之。果能得其眞知與秘訣，煉丹未必不能成功。

3.存思思想——服食仙藥與金丹，是將外物進入身體中，藉外力以促進其性命的變化。存思是自身內部丹田精氣的修煉，使成內丹。內丹的功效大優於外丹。存思就是弘景的「以精靈瑩其神」。存思專心一意的存想神物，端一不離。這和葛洪所說的「守一以養神」的道理有相通之處。葛洪曰：「人能知一萬事畢。……天得一以淸，地得一以寧，人得一以生，神得一以靈。……存之則在，忽之則亡；向之則吉，背之則凶；保之則遐祚罔極，失之則命彫神窮。……子欲長生，守一則明。」（《抱朴子》內篇，卷十八）葛洪所說的一就是神。神是精靈之氣，在人的丹田中，要存思之。

陶弘景以爲外則天地星宿，內則五臟六腑，七竅百骸，皆有神名，存而精思之與人的神氣相遇合以存其一。合內外之精氣而爲一體，則此一者卽神也。所謂「以和氣濯其質，以善德解其纆」，則人的形與神合一，修養的功夫提昇到極高的境界。存思要專心一意，寄志於神，存之思之，念念不忘，處誠以求之，寤寐而思之，人神合一，其人神矣。

道教的修煉，乃是一種極爲艱難困苦的聖潔功夫，要志篤、意誠、至信、堅忍不拔，歷萬厄而不輟，經千險而不辭，粹全力以赴之，直至形與神合。從弘景「授陸敬游十賚文」中，可知其入山修煉的苦情，乃是「肌色憔悴，不以暴露爲苦，心魂空慊，寧顧飢寒之弊」；又是「誠慤爲性，恬澹爲情，質直居本，沉重樹志，不邀世才，高謝時俗」。必如此，方能「濯其質，解其纓」而潛心靜意的知一、存思、養惟，期與神合。

4.醫藥思想——無論張角的太平道、張衡的五斗米道或張魯的鬼道教，以及張道陵的天師道，都用祈禱、符水、咒語以治療疾病。這是迷信的，亦是欺騙鄉民，愚惑鄉民不德罪行，事實上不但不能治病，且貽誤病症，使人受害。陶弘景的茅山道，是他自創的一派道教，故能拋棄過去的迷信治病的陋習，而研究較爲科學化的治病方法。他精研《本草》一書，著有《本草集注》。史稱唐高祖命李勣等修陶弘景所著《本草經》，卽是此書。他更蒐集已使用有效的治病處方而成《效驗方》一書，另著有《藥總訣序》及《肘後百一方》等有關醫藥之書。中醫以植物的草藥爲治病的主要藥物，治病確屬有效。弘景的醫藥思想一掃過去道教的迷信觀念，而使用具有實證性的《本草經》的醫藥學理與方法去醫治疾病，乃是道教中一大改革與進步。

5.神宮思想——道教道士修煉的最後目標，在於成爲神仙。因之，創教的高道，對於神仙世界中的神宮組織多有所安排。張道陵的神仙官府只有三官，卽天官、地官、水官，所謂三官大帝。到葛洪時，神仙官府的組織就擴大了，除上、中、下三宮的眞皇、眞王、眞人及聖母外，尙有不少的天兵天將。寇謙之的神宮組織，最高者爲無極至尊，次爲大至眞尊，次爲天覆地載陰陽眞尊，次爲洪正眞尊；另有許多牧土之師。

陶弘景神宮組織與安排，見於他著的「眞靈位業圖」一文中。神仙官府的組織有玉清三元宮，每宮分設七個中位，位有左右之分，各分位皆有數仙官。七個中位總計有七百多個仙官。他在「眞靈位業圖」序文中，有言曰：「雖同號眞人，眞品乃有數；俱目仙人，仙亦有等級千億。」同爲眞人，而眞的品質尚有高下，故眞人分數等。至於仙人，品類更爲不齊，所分的等級更多，由此可見弘景的心目中，並無佛敎中人人可以成佛的平等思想；亦無基督敎中人人都是上帝子女的博愛觀念，而信持着仙人亦有貴賤尊卑的等級思想。

五、佛敎影響——當南北朝之世，佛敎甚爲流行，僧寺林立，僧徒衆多，不但衆民信佛，帝王信崇佛敎者亦大有人在。陶弘景生長在這一時代，自己雖非佛徒，而日常耳所聞，目所見者，卻都是佛事。人有受傳染的模仿性，人有受陶冶的可塑性。弘景生長在佛敎盛行時代，於不知不覺中，就會受到佛敎的影響。

弘景受有佛敎影響，可從三事得到證明。一、《梁書》卷五十一，陶弘景本傳稱：「曾夢佛授其菩提，記名爲勝力。菩薩乃詣鄮縣阿育王塔，自誓受五大戒。」他若未受佛敎影響，決不會作此夢，而受佛賜菩提及自誓受五大戒。二、弘景仙逝時，命弟子於行葬禮時使道人與道士並在門中，道人在左邊，道士在右邊。道士是道敎的信徒；道人乃佛敎的信徒，卽僧侶。三、《朱子語錄》稱陶弘景的「眞誥」乃竊自佛敎「四十二章經」所成；其中有地獄託生的說法，更是抄自佛敎的明顯跡象，亦是弘景受有佛敎影響的事實明證。

第五十一章 佛道兩教的衝突

第一節 佛道哲理的區異

一、**佛以心爲本體，道以道爲本體**——道家以爲宇宙萬物的本體是道。老子曰：「有物混成，先天地而生。獨立而不改，周行而不殆，可爲天下母。吾不知其名，字之曰道。」（《老子》第二十五章）道先天地生，又爲天下母，則道便是宇宙的本體。道的原始狀態是無。但道創生萬物後，則衣養服育萬物，故道之動爲有。故老子曰：「無，名天地之始；有，名萬物之母。」（《老子》第一章）道雖恍兮惚兮，聽之不聞，視之不見，搏之不得，無狀之狀，無物之象（《老子》第十四章）。但道是客觀存在的「非有非非有」之物。

佛家以爲宇宙萬物，皆由心所造成。則心爲宇宙萬物的本體。不過佛家所謂的心，含義至廣，乃是橫無邊際，縱無古今的抽象觀念，不專指人身之內的心臟。佛家以爲心有眞妄二門。眞心不生不滅，常住不動；惟無明一動，則由眞生妄，便成十萬大千世界，生生滅滅，流動不已。心可視之識，卽意識作用，乃是主觀的，可視之爲唯心論的哲學。古希臘哲學家柏拉圖認爲「萬物卽意念」（All things are ideas.）。法國的大哲學家笛卡兒（René Descartes）認爲「吾思，故吾存」（I think, I am）。這兩大家的立論，和佛家惟心哲學不無相似之處。

二、佛視現象爲妄境，道視現象爲自然——老子曰：「人法地，地法天，天法道，道法自然。」（《老子》第二十五章）自然是道的理則，所以道家要順乎自然，歸於自然。認爲一切現象都是依循道的自然理則而存在，要使之維持其自然原狀，不可加以干擾或改變。一有干涉則自然秩序便大亂。所以要守靜樸，清靜無爲。佛家認爲一切的現象，卽十萬大千世界的色相，都是人心妄念所產生的一時虛幻和妄境，有生有滅，變化無常。人要消除一切妄念，超出這虛幻的現象世界，而入於不生不滅的絕對圓融境界，享受靜寂眞如的化境中的極樂。

三、佛以生爲假相，尙無我；道貴生返樸，尙寡欲——道家的人生觀，淸靜無爲，淸心寡欲，安時處順，一切聽由自然的安排。老子曰：「見素抱樸，少私寡欲。」（《老子》第十九章）又曰：「我無爲而民自化，我好靜而民自正，我無事而民自富，我無欲而民自樸。」（《老子》第五十七章）又曰：「吾所以有大患者，爲吾有身，及吾無身，吾有何患。」（《老子》第十三章）人若有爲，必有所敗；人若有欲，必有所累。敗與累皆爲人生大患。不求無失，不爲無敗，無欲不累。若能忘我而見素抱樸，少欲寡欲，則自在逍遙，身得解脫，快樂無邊。

佛家認爲人生僅是有生有滅的假相，了無實在，要徹底破除我見，持無我的人生觀，去追求永恒不滅的寂靜眞如，去煩惱，滅妄識，而得正覺成佛。《圓覺經》云：「恒作是念，我今是身，四大和合；所謂髮毛爪齒，皮肉筋骨，髓腦垢色，皆歸於地；唾涕膿血，津液涎沫，痰淚精氣，大小便利，皆歸於水。暖氣歸火，動轉歸風，四大各離。今者妄身，當在何處！卽知此身，畢竟無體，和合爲相，實同幻化。」又云：「此虛妄心，若無六塵，則不能有。四大分析，無塵可得，於中緣塵，各歸散滅，畢竟無有緣心可見。」佛家認爲萬物一體，而四大皆空，十萬大千皆虛幻。我亦在大千虛幻中，故應超脫一切色相世界，而達於心無滯碍，一塵不染的靜寂極樂天界。

四、佛持博愛主義，普渡衆生；道信個人主義，追求自由——道家以道爲本。老子曰：「人法地，地法天，天法道，道法自然。」（《老子》第二十五章）所以道家的目的，在見素抱樸，歸依於自然。自然的意義，是指一切的事物自己原來是怎麼樣就讓他們是怎麼樣，決不可加以任何改變或干涉。蔡元培曾作考證，認爲「拔一毛而利天下不爲也」的楊朱就是莊周。道家歸依自然，就是追求個人的自由。因爲要享受自由，所以反對一切的拘束和限制，只求個人的自在逍遙；有似現代個人自由主義（individualism）者，要政府採行不干涉政策（laissez-faire），卽放手不管（hand off）。所以道家不僅反對强制的法律和政府，就是儒家的仁義、禮智、人倫均在排棄之列。道家理想要成爲無牽無掛，一塵不染的眞人。老子曰：「絕聖棄智，民利百倍；絕仁去義，民復孝慈；絕巧棄利，盜賊無有。」（《老子》第十九章）又曰：「法令滋彰，盜賊多有。」（《老子》第五十七章）又曰：「大道廢，有仁義；智慧出，有大僞。」（《老子》第十八章）道家的理論既是追求自由的個人主義；所以道敎道士的修煉，亦只在個人的不老不死和成仙；並無超渡他人，使人人成仙的宏願。

佛家視衆生爲一體，持博愛精神，本悲天憫人之心，發大慈大悲之願，要慈航普渡衆生，救人出苦海。故觀音大士有慈航菩薩之稱。《萬善同歸集》有云：「駕般若之慈航，越三有之苦津。」釋迦牟尼創佛敎，以明心見性，得無上正覺，普渡衆生爲宗旨。佛祖本救苦救難的救世精神，說「我不入地獄，誰入地獄。」這是他的大無畏的精神，不避一切的險厄和犧牲，到痛苦萬狀地獄的苦海中救溺回生。釋迦牟尼說：放下屠刀，立地成佛。人只要去惡向善，人人可以成佛。人得無上覺便成佛。《涅槃經》曰：「一切衆生皆有佛性。」佛性卽覺悟之性。《三藏法數》曰：「如來以一乘實相之法，運諸衆生到涅槃彼岸。」涅槃彼岸，指人超出輪廻，永無生滅，歸眞返本，而至佛國淨土。由此觀之，佛教在普渡衆生，人人成佛，不似道教道士祇修持自己以成仙。

第二節　佛道教義的衝突

佛教是外國輸入中國的宗教。道教是中國自己創立的宗教。但在南北朝時代，佛教大爲流行，帝王多信奉之，僧寺林立，僧徒衆多，寺產龐大，喧賓奪主，大有凌駕道教而上之的形勢。道教爲爭生存，求發展，自然要起而與佛教爭衡，便因而引起佛道兩教的衝突。衝突情勢之一，便是教義上和思想上的爭辯。這種爭辯計有三種：一是三破論的爭辯，二是神滅論的爭辯，三是夷夏論的爭辯。玆分述如次：

一、三破論的爭辯——南朝梁劉勰著三破論（文見《弘明集》卷八）一文，盡力抨擊佛教的大害：一曰破國，二曰破家，三曰破身。

第一破曰：入國而破國者，誑言說僞，興造無費，苦尅百姓，使國空民窮，不助國生，人滅損。況人不蠶而衣，不田而食，國滅人絕。由此爲失，日用損費，無纖毫之益。五災之害，不復過此。

第二破曰：入家而破家，使父子殊事，兄弟異法，遺棄二親，孝道頓絕，憂娛各異，歌哭不同，骨肉生讎，悖化犯順，無昊天之報。忤逆不孝，不復過此。

第三破曰，入身而破身，人生之體，一有毀傷之疾，二有髠頭之苦，三有不孝之逆，四有絕種之罪，五有亡體從誠，唯學不孝。何故言哉？誠令不跪，父母便競從之。兒作沙彌，其母後作阿尼，則跪其兒。不禮之敎，中國絕之，何可得從!?

梁劉勰在未出家爲僧前，著三破論，抨擊佛敎的大害；但當他出家後又著滅惑論（文見《弘明集》卷八）一文，力爲佛敎辯護。他指出塔寺興造，在闡揚靈敎，功立一時而道被千載。至於國空民窮，由於其他原因，與佛敎無關。滅惑論曰：「夫塔寺之興，闡揚靈敎，功立一時，道被千載。昔禹會諸侯，玉帛萬國，至於戰伐，存者七君。更始政阜，民戶殷盛。赤眉兵亂，千里無煙，國滅人絕，寧由此哉!?宗索之時，石穀十萬；景武之世，積粟紅腐。非秦末多沙門，而漢初無佛法也。」王明廣亦說：「按禮經，天子七廟，諸侯五廟，大夫卿士各有階級。故天曰神，祭天於圓丘；地曰祇，祭地於方澤；人曰鬼，祭之於宗廟。龍鬼降雨之勞，牛畜挽犂之効，猶或立形村邑，樹像城門，豈況天上天下三界大師，此方他方四生慈父，威德爲百億所尊，風化爲萬靈之範。」（《弘明集》卷十，叙王明廣請興佛法事）

高僧慧遠對「入家破家，孝道頓絕」的抨擊作辯解曰：「佛經所明，凡有二科。一者處俗弘敎，一者出家修道。處俗則奉上之禮，尊親之敬，忠孝之義，表於經文，在三之訓，彰於聖典，斯與王制同命，有若契合。……故凡出家，皆隱居以求志，變俗以達其道。變俗服章，不得與世典同禮。隱居則宜高尚其跡。夫然，故能拯溺族於沉流，拔幽根於重刼，遠通三乘之津，廣開天人之路，是故內乖天屬之重，而不違其孝；外缺奉主之恭，而不失其敬。」（《弘明集》卷十二，答桓太尉書）

劉勰則認爲與其「瞬息盡養，無濟幽靈」，不如「學道拔親，永滅冥苦。」他說：「夫孝理至極，道俗同貫。雖內外跡殊，而神用一揆。法華明其義，維摩標其例，豈忘本哉？故知瞬息盡養，無濟幽

靈；學道拔親，則冥苦永滅。審妙感之無差，辨勝果之可必。所以權重輕相摧，去彼取此。」（《弘明集》卷八，劉勰，滅惑論）

高僧釋僧順對入身破身，體有毀傷的抨擊，作辯解曰：「夫身之爲累，甚於桎梏。老氏以形骸爲糞土，釋迦以三界爲火宅。出家之士，故宜去奢華，棄名利，悟逆旅之無常，希寂滅之爲樂。流俗之徒，反以此求全」；「憲司五刑，所加致有殘缺耳。今沙門者，服膺聖師，遠求十地，剃除鬚髮，被服法衣，立身不乖，揚名得道，遠度天屬，有何不可。」（《弘明集》卷八，釋僧順，釋三破論）

二、神滅論的爭辯——南朝梁范縝眼見當時佛教盛行，僧寺多，僧尼衆，逃稅避役，擁據鉅產，以爲爲害滋甚，要從思想上擊破佛教，乃作神滅論。論有言曰：「浮屠害政，桑門蠹俗，風驚霧起，馳蕩不休，吾哀其弊，思極其溺。夫竭財以趣僧，破產以趨佛，而不恤親戚，不憐窮匱者何耶？良由厚我之情深，濟物之意淺，是以圭撮涉於貧友，吝情動於顏色，千鍾委於富僧，歡懷暢之容髮，豈不以僧有多稌之期，友無遺秉之報，務施不關周給，立德必於在己；又惑於茫昧之言，懼以阿鼻之苦，誘以虛誕之辭，欣以兜率之樂，故捨逢掖，襲橫衣，廢俎豆，列瓶鉢，家家棄其親愛，人人絕其嗣續；至使兵挫於行間，吏空於官府，粟罄於惰游，貨殫於土木，所以奸宄佛勝，頌聲尚權，惟此之故也。其流莫已，其病無垠。若知陶甄禀於自然，森羅均於獨化，忽焉自有，怳爾而無，來也不禦，去也不追，乘夫天理，各安其性，小人甘其壟畝，君子保其恬素。耕而食，食不可窮也；蠶而衣，衣不可盡也。下有餘以奉其上，上無爲而待其下，可以全生，可以養親，可以爲己，可以爲人，可以匡國，可以霸君，用此道也。」（《弘明集》卷九）

范縝神滅論的要點如下：㈠神（靈魂）卽形（肉體）也。是以形存則神存，形謝則神滅。㈡形者神之質，神者形之用。是則形稱其質，神言其用，形之與神，不得相異。㈢神之與質，猶利之於刄。形之於用，猶刄之與利。利之名非刄也，刄之名非利也。然而捨利無刄，捨刄無利。未聞刄沒而利存，豈容形亡而神在。㈣知慮非神，知慮是心器所主，心器爲五臟之一，卽神所寄之形。㈤人死爲鬼乃是妖妄之言，決不可信。㈥宗廟之祭非以饗鬼，是乃聖人之敎，所以從孝子之心，而厲渝薄之意，神而明之。

神滅論一出，引起佛敎界的恐慌，梁武帝竟下詔勅群臣著論辯駁。當時名士高僧著文辯駁者有六十三人之多。范縝妹婿蕭琛亦在內，著難神滅論以詰難范氏，以夢爲喩，證明神可離形而遊。文曰：「夫人或夢上騰玄虛，遠適千里，若非神行，便是形往耶？形既不往，神又弗離，焉得如此？若謂是想所見者，及其安寐，身似僵木，氣若寒灰，呼之不聞，撫之無覺，既云神與形均，則是表裡俱倦。既不外接聲音，寧能內興思想？此卽形靜神馳，斷可知矣。」（《弘明集》卷九）

曹思文曰：「形非卽神也，神非卽形也，是合而爲用者也，而合非卽矣。生則合而爲用，死則形留而神逝也。」（《弘明集》卷九，難神滅論）鄭道子曰：「形神雖異，自然相濟，則敬聞矣。子既譬神之於形，如火之在薪，薪無意於火，火無情於寄薪，故能合用無窮，自與化永，非此薪之火移於彼薪，然後爲火。而佛理以此形既盡，更宅彼神，形神來去，由於罪福。」（《弘明集》卷五，神不滅論）鄭道子又曰：「夫火因薪則有火，無薪則無火，薪雖所以生火，而非火之本，火本自在，因薪爲用耳。若待薪，然後有火，則燧人之前，則無火理乎？火木至陽，陽爲火極，故薪是火所寄，非其本也。神形相資，亦猶此矣。」（《弘明集》卷五，神不滅論）

高僧慧遠曰：「火之傳於薪，猶神之傳於形。火之傳異薪，猶神之傳異形。前薪非後薪，則知指窮之術妙；前形非後形，則悟情數之感深。見形朽於一生，便以謂神情俱喪，猶觀光窮於一木，謂終期都盡矣。」（《弘明集》卷五，形盡神不滅）此蓋薪盡而火傳的論說。梁武帝曰：「夫神道冥默，宣尼固已絕言，柱史又所未說，非聖智不周，近情難用語遠故也。是以先代玄儒談遺宿業，後世通辯，亦淪滯來身，非夫天下之極慮，何得而詳焉？」（《弘明集》卷九，立神明成佛義記）梁武帝又曰：「祭義云，惟孝子爲能饗親。禮運云，三日齋，必見所祭。若謂饗非所饗，見非所見。違經背親，言語可息。神滅之論，朕所未詳。」（《弘明集》卷十，敕答臣下神滅論）

三、夷夏論的爭辯——中國一向以天朝自居，在天下的中央，文化水準最高，南蠻、北狄、西戎、東夷，皆爲蠻貊。佛教化外天竺國的宗教輸入華夏，自不易爲中國所接受；孰知夷狄之教反而盛行，並有凌駕華夏自有的道教之上的情勢，遂引起夷夏論的爭執。東晉蔡謨就說：「佛者夷人，唯聞變夷從夏，未聞變夏從夷。」（《廣弘明集》卷五十四，辯惑篇，第二之二）南齊道士顧歡道著夷夏論，排佛曰：「三皇五帝，莫不有師，國師道士莫過老莊。儒學之宗，孰出周孔。今以中夏之性，效西戎之法，捨華效夷，義將安取？」（《南齊書》卷五十四，顧歡傳）

謝鎭之乃與顧道士（歡）書，而辯駁曰：「故人參二儀，是謂三才，三才所統，豈分夷夏？則知人必人類，獸必獸群。近而徵之，七珍人之所愛。故華夷同貴恭敬。人之所厚，故九服攸敦。是以關睢之風，行乎四國。況大化所陶，而不洽三千哉？」（《弘明集》卷六，謝鎭之與顧道士書）宋（劉）僧慧通著文駁顧歡夷夏論有言曰：「吾子夷夏之談，以爲得理，其乖甚焉！見論引道經，益有昧如。……夫大教無私，至德弗偏，化物共旨，導人俱致，在夷狄以均響，處胡漢而同音，聖人寧復分地殊教，隔寓異風，豈有夷耶？寧有夏耶？」（《弘明集》卷七，宋釋慧通駁顧道士書）《弘明集》卷十四，後序有言曰：「若疑教在戎方，化非華夏者，則是前聖執地以定教，非設教以移俗也。而世教九變，今返於至道源，鏡以大智之訓，感而遂通，何往不被。夫禹出西羌，舜生東夷，孰云地賤而棄其聖。丘欲居夷，聃適西戎。道在所在，寧選於地。」

道教之士皆持中國傳統的理論，以為中國乃居天下中央的天朝，環立者皆文化落後的野蠻人。而佛教家言，則力稱天竺居天下之中。謝鎮之曰：「故知天竺者，居娑婆之正域，處淳善之嘉會，故能感通於至聖，土中於三千。」（《弘明集》卷六，駁顧道士書）宋釋慧通曰：「天竺天地之中，佛教所自出者。」（《弘明集》卷七，駁顧道士）宋釋僧愍曰：「佛據天地之中，而清導十方，故知天竺之土是中國也。」（《弘明集》卷七，戎華論）

第三節　佛道教俗的衝突

一、敬君與不敬君的爭辯——中國的政治理論，是「普天之下，莫非王土，率土之濱，莫非王臣。」則全國臣民皆須敬君。而佛經之中如《梵網經》卷下，《涅槃經》卷六及《四分律》等，皆明言「沙門不應敬俗」。依此而言，則君父均不在禮敬之內。這和中國的倫常和君主政制，是大相違悖的。所以東晉成帝咸康六年（西元三四〇年）庾冰輔政，乃下詔曰：「因父子之敬，建君臣之序，法制度，崇禮秩，豈徒然？良有以矣！既其有以，將何以易之？然則名禮之設，其無情乎？且今將有佛耶？將無佛耶？

有佛耶，其道固弘！無佛耶，其道何取？縱其信然，將是方外之事。方外之事，豈方內所體？而當矯形骸、違常務、易禮典、棄名教？是吾所甚疑也！名教有由來，百代所不棄，昧旦丕顯，後世猶殆。殆之爲弊，其故難尋；而今當遠慕芒昧，依稀未分，棄禮於一朝，廢教於當世。使夫凡流傲逸憲度。又是吾之所甚疑也。縱其信然，縱其有之，吾將通之於神，得之於胸懷耳！軌憲宏模，固不可不廢之於正朝也。」（《弘明集》卷十二，此詔係庾冰所代擬，不見於《晉書》成帝紀）

當時成帝沖幼，庾冰輔政，代帝擬此詔。此詔一下，尙書令何充便不贊成，朝議大起，從違不一。迨至安帝元興二年（西元四〇三年）太尉乃與八座論沙門敬事，而申說庾冰之意曰：「庾意在尊主，而理據未盡。何（充）出於偏信，迷淪名體，夫佛之爲化，雖誕於茫浩，推於視聽之外，然以敬爲本，此處不異，蓋所期者殊，非敬恭宜廢也。……敬重其神器，而禮實惟隆，豈是虛相？崇重義，存君御而已矣。沙門之所以生生資存，亦日用於理命。豈有受其德而遺其禮!?沾其惠而廢其敬哉？旣理所不容，亦情所不安。一代之大事，宜共求其衷想，復相與研盡之。」（《弘明集》卷十二）

成帝時尙書令何充等卽上表言沙門不應盡敬。表有言曰：「伏省明詔，震懼屏營，輒共尋詳。有佛無佛，固非臣等所能定論，然尋其遺文，鑽其要旨，五戒之禁，實助王化，賤昭昭之名，行冥冥之潛，操行德於忘身，抱一心之淸妙。且興自漢世，迄於今日，雖法有隆衷，而弊無妖妄；神道經久，未有其比也。有詛有損也，祝必有益。臣之愚誠，實願塵露之俗，廢於聖世。習俗生常，必致愁懼，隱之臣心，竊所未安。臣雖蒙蔽，豈敢以偏見疑誤聖聽，直謂世經三代，人更聖明，今不爲制，無虧王法，而幽冥之格，可無壅塞。是以復陳愚誠。」（《弘明集》卷十二，何充等沙門不應盡敬表）

宜陽開國侯桓謙等上書答桓玄有言曰：「出親棄親，不以色養爲孝。土木形體，絕欲止競，不期一生，要福萬刼，世之所貴，已皆落之。禮敎所重，意悉絕之。資父事君天屬之至，猶離其親受，豈得致禮。萬乘勢自應廢，彌歷三代，置其絕覊。當以神明無方，亦不以涯檢視聽之外，或別有理，今便使其致恭，恐應革者多，非惟拜起。又王者奉法出於敬，信其理，而變其儀，復其情所未了，卽有容之，乃是在有之弘王令。」（《弘明集》卷十二，答桓玄論沙門致敬書）

釋道恒釋駁論有云：「沙門乃方外之賓，本非天子之臣」，「其爲敎也，達患累緣於一身，不存身以息患。知生死由於禀化，不順化以求宗。是故凡在出家者皆隱居以求志，變俗以達其道。變俗服章，不得與世俗同典，則又何敬之有。」（《弘明集》卷六）王謐答桓太尉曰：「意以爲殊方異俗，雖所安每乖，至於君御之理，莫不必同。今沙門雖意深於敬，不以形屈爲禮迹」；「功高者不賞，惠深者忘謝，雖復一拜一起，亦豈足答濟通之德哉。」（《弘明集》卷十二，王謐答桓太尉）

二、出家與不出家的爭辯——在南北朝之世，道敎道士皆爲火居道士，出家道士極少。故出家與不出家成爲佛道的爭執。其實亦是僧人與俗人間的一個值得爭論的大問題。劉勰著三破論，入國破國，入家破家，入身破身。出家則毀傷身體，遺棄雙親，爲大逆不孝；出家不娶妻，不生子女，民族必歸絕滅。且服裝怪異，破壞漢家服章與衣冠。

孫綽曰：「周孔之道，以孝爲首。孝德之至，百行之首。本立道生，通於神明。故子之事親，生則致其養，沒則奉其祀，三千之責，莫大無後。體之父母，不敢夷毀。是以樂正傷足，終身含愧也。而沙門之道，委離所生，棄親卽疏，刓剔鬚髮，殘其天貌。生廢色養，終生血食；骨肉之親，等之行路。背理傷情，莫此之甚。而云弘道敦仁，廣濟群生，斯何異斬刈根本，而修枝幹，而言不殞碩茂，未之聞見。皮之不存，毛將安附。」（《弘明集》卷三，孫綽，喻道論，或難曰）《孝經》曰：「身體髮膚，受之父母，不敢毀傷。曾子臨沒，啓予手，啓予足。今沙門剃法，何其違聖人之語，不合孝子之道也。」（《弘明集》卷一，理惑論，問曰）

俗人所責於出家的這些論說，佛敎中皆一一提出辯駁。牟融曰：「《孝經》曰，先王有至德要道，而泰伯斷髮文身，自從吳越之俗，違於身體髮膚之義。然孔子稱之，其可謂至德矣，孔子不以其斷文毀之也。由見而觀，苟有大德，不拘其小。」（《弘明集》卷一，理惑論）釋僧順曰：「在家有二親之愛，出家有嚴師之重。論其愛也，髮膚爲上；稱其嚴也，剪落爲難。所以就剃除而歡，若辭父母而往者，蓋欲去其煩惱，卽彼無爲髮膚之戀尙，或可外物之徒，有何可惜哉？不輕髮膚何以尊道；不辭天屬，何用嚴師。譬如喪服，出紹大宗，則降其本生，隆其所從，將使此子執人宗廟之重。」（《弘明集》卷八，僧順，釋三破論）

孫綽曰：「夫父子一體，惟命同之，故母嚙其指，兒心懸駭者，同氣之感也，其同無間矣，故唯得其歡心。孝之盡也，父隆則子貴，子貴則父尊。故孝之爲貴，貴能立身行道，永光厥親。」（《弘明集》卷三，孫綽，喻道論）又曰：「夫忠孝名不並立，穎叔違君，書稱純孝。石錯戮子，武節乃全。傳曰，子之能仕，父敎之忠。策名委質，二乃辟也。然則結纓公朝者，子道廢矣。何則？見危授命，誓不顧親，皆名著史筆，事標敎首。記注者豈復以不孝爲罪!?故諺曰，求忠臣必於孝子之門，明其雖小違於此，而大順於彼也。」（《弘明集》卷三，喻道論）

至於民族滅絕之虞，劉勰有文駁之曰：「釋迦出世，化洽天人，御國統家，並證道跡，未聞世界普同出家。良由緣感不二，故名教有二，縉紳沙門，所以殊也。」（《弘明集》卷八，劉勰，滅惑論）慧遠曰：「佛經所明，凡有二科，一爲處俗弘教，二者出家修道。」（《弘明集》卷十二，慧遠答桓太尉書）處俗弘教者爲居士，仍可娶妻生子，延續後嗣，自無民族滅絕之災虞。

斥佛教者，以爲僧服裝怪異，破壞漢家衣冠。謝鎭之曾有言駁之曰：「彼夫俗禮者，出乎忠信之薄，非道之淳修。淳道者務在反俗。俗既可反，道則可淳。反俗之難，故宜祛其甚泰。祛其甚泰，必先墮冠削髮，方衣去食。墮冠則無世俗之費，削髮則無笄櫛之煩，方衣則不假工於裁制，去食則絕情想於嗜味。此則爲道者日損，豈夷俗之所制？及其敷文奧籍，三藏四含，此則爲學者日益，豈華風之能造？」（《弘明集》卷六，謝鎭之與顧道士書）

第四節　佛教遭遇的法難

一、魏太武帝時的法難——北魏拓跋氏原處漠北，非佛法勢力所及。後與中國交通，始識佛法。道武帝攻略黃河北岸，所過之地，沙門和道士均加禮敬，乃好黃老及覽佛經，遣書致泰山僧朗。天興元年（西元三九八年）始建寺塔。北涼沮渠氏爲佛教國。魏太武帝太延五年（西元四三九年）滅北涼，徙涼宗族及吏戶三萬戶於平城，釋玄高、僧朗、曇曜、師賢等數人列付帳下亦至平城，使玄高大流法化，並使太子晃以玄高爲師。晃被大臣崔浩所讒，意在離間玄高。帝疑乃下詔使太子停學佛而參朝政。玄高乃作金光明齋七日。後崔浩、寇謙之進言曰：「帝前夢受祖及父斥責不應信讒言，令子止學佛，乃玄高之所爲，宜誅之以除害。」帝從之，時凉州沙門慧崇亦被殺。時在太平眞君五年九月十五日，卽劉宋文帝元嘉二十一年（西元四四四年）。查魏太武帝於宋文帝元嘉十五年（西元四三八年）已詔罷沙門年五十歲以下者。元嘉十七年（西元四四〇年）改太平眞君元年，十九年（西元四四二年）受天師寇謙之法籙。可見在玄高死前六年已抑佛重道。

天師寇謙之假託天神太上老君授道書而改革天師道，得太武帝敬重。大臣崔浩明曆數，深信寇天師之學，上言太武帝曰：「臣聞聖王受命，則有天應，而河圖洛書皆寄言於蟲魚之文，未若今日人神接對，手筆燦然，辭音深妙，自古無比。今清德隱仙，不召自至。斯誠陛下侔軒黃應天之符也。豈可以世俗常談而忽上靈之命。」太武帝欣然，始崇奉天師道，並改元太平眞君（見《魏書》釋老志）。

《魏書》釋老志稱：太武帝銳志武功，每以平定禍亂爲先務。太延四年（西元四三八年）三月魏主詔罷沙門五十歲以下者，以其强壯，使爲民從軍。是年大擧伐柔然，次年征北凉。又明年改元太平眞君。又二年而帝備法駕，詣道壇受符籙，得寇謙之之道。帝以清淨無爲，有仙化之證，迷信行其術。時司徒崔浩博學多聞，帝每訪以大事。浩奉謙之道，尤不信佛，與帝言數加非毀，常謂佛虛誕爲世費害。帝以其辯博頗信之。會蓋吳反杏城，關中騷動。帝乃西征，至於長安。先是長安沙門種麥寺內，御騶牧馬於麥中。帝入觀馬。沙門飲從官酒。從官入其便室，見大有弓矢矛楯，出以奏聞。帝大怒曰：此非沙門所用，當與蓋吳通謀，規害人耳。命有司案誅一寺。閱其財產，大得釀酒具，及州郡牧守富人所寄藏物，蓋以萬計。又爲屈室與貴室女私通淫亂。帝既忿沙門非法，時崔浩從行，因進其說。詔誅長安沙門，焚破佛像。勑留臺下四方，令一依長安行事。太子（恭帝）素信佛，力諫不聽。詔令擊破佛像佛圖，燬佛經，沙門無少長皆坑死之。佛敎大受淪廢者達七八年。

魏太武帝更下詔曰：彼沙門者，假西戎虛誕，非所以一齊政化，布淳德於天下也。自王公以下，有私藏沙門者，皆送官曹，不得隱匿，限今年二月十五日，過期不出，沙門身死，容止者誅一門。時在太平眞君六年（西元四四五年），時恭帝爲太子監國，頻上書陳刑殺沙門之濫，請罷其道。不許，次年三月太武帝又下詔曰：昔後漢荒君，信惑僞邪，妄假睡夢，事胡妖鬼以亂天常。自古九州之中無此也。闇君亂主，莫不惑焉。由是政敎不行，禮義大壞，鬼道熾盛，視王者之法蔑如也。……今以後敢有事胡神，及造形像泥人銅人者門誅。有非常之人，然後能行非常之事。非朕孰敢去此歷代之僞物。有司宣告征鎭諸軍刺史，諸有佛圖形像及胡經，盡皆擊破焚燒，沙門無少長悉坑之。

二、周武帝時的法難——周明帝之世，佛道爭執已甚急烈，迨及周武帝時，則二虎相鬥，兩敗俱傷。武帝初本依俗信佛，修佛事，建功德。且勵精圖治，力倡儒學，殊不以戎夷自居而倡胡敎。且深知沙門病國，欲革其弊。時適有衞元嵩者，出家爲道，明陰陽曆數，佯狂漫走，觸物摛詠。由蜀入關至周，交遊權貴，上書請廢佛法，著佛道二書，並自還俗，立主客，論大小，武帝尊禮之，而不敢以爲臣，卦爵蜀郡公。元嵩與道士張賓相結合，煽惑武帝毀佛法。

元嵩於天和二年（西元五六七年）請省寺減僧，略言：「治國不在佛圖，唐虞無佛圖而國安；齊梁有寺舍而祚失。大周啓運，遠慕唐虞之化，宜遺齊梁之末法。」元嵩欲擴佛心普及黎庶，不偏於僧徒，不立曲見迦藍，乃造延平大寺，以城隍爲寺塔，周主爲如來，用城郭爲僧坊，和夫妻爲聖衆；選仁智充職事，求勇略作法師，行十善求安寧，斷偸刼。其旨實特重道敎，深合武帝之意。故《廣弘明集》云：

「張賓走覇，元嵩賦詩，重道疑佛，將行廢立。」

衞元嵩於天和二年（西元五六七年）上書請省寺減僧。武帝意未能決，自天和至建德年間，帝七次下令爭辯儒、釋、道三教的先後。武帝建德三年（西元五七四年）五月，召僧道大集京師，於太極殿設高座，帝親臨之。道士張賓與僧人智炫爭辯不勝，帝乃自昇座，斥佛之不潔。僧智炫、道安力言道教不潔尤甚。帝怒，於五月十五日下勅斷佛道二教，經像悉毀，罷沙門道士，並令還俗。

武帝雖罷沙門與道士，但心猶以爲大道玄理，宜存根本，乃立通道觀，取釋、老名人，普著衣冠爲學士，共百二十人，令講《老》、《莊》、《周易》。六月二十九日下詔曰：今立通道觀，聖哲微言，先賢典訓，金科玉篆，秘賾玄文，所以濟養黎元，扶成教養，並宜弘闡，一以貫之。通道觀之設，雖所以謀大道之統一，而息佛道的爭端，實則崇道而抑佛。

武帝建德六年（西元五七七年）周滅齊，正月武帝入鄴城，帝昇御座，叙廢立義，謂六經儒教之弘政術，禮義忠孝，於世有宜，故須存立。佛教費財，悖逆不孝，並宜罷之。於是僧衆五百，默然無聲，俯首垂淚。高僧慧遠獨出與帝返復爭論。但帝仍不辭墮入阿鼻地獄，仍令毀齊境之佛教。十一月四日武帝臨鄴宮新殿，任道林上表，諫毀佛法，帝意仍不可回，並謂佛生西域，朕非五胡，心無敬事，既非正教，所以廢之。武帝廢佛，幾經論辯，由於自心篤信而爲之，並非偶然之事，故廢毀頗爲酷烈。《房錄》卷十一稱：「建德牧牂（三年），迄於作噩（建德六年），毀破前代關山西東數百年來官私所造一切佛塔，掃地悉盡。融刮聖容，焚燬經典。八州寺廟出四十千，盡賜王公，充爲宅地。三方釋子，減三百萬，皆復軍民，還歸編戶。」

第五十二章　劉勰的政治思想

第一節　生平事略

一、**事略**——劉勰字彥和，南朝梁代人，生於東莞莒地（山東省莒縣）。祖父名靈眞，劉宋時爲司空，父名尙，越騎校尉。勰早年喪父，篤志向學，家貧不婚娶。依沙門僧祐與之居，處積十餘年，遂博通經論，因區別部類，錄而序之，訂定《林寺經藏》一書。梁武帝天監元年（西元五〇二年）起家，奉朝請中軍臨川王宏引兼記室，後遷車騎倉曹參軍，出爲太末縣令，政有清績，除仁威南康王記室，兼東宮通事舍人。時七廟饗薦，已用蔬果，而二郊農社諸祭仍用犧牲，勰上表言二郊之祭宜與七廟同，改用蔬果。詔付尙書議，依勰所陳。蓋因當時帝臣信佛所致。勰遷步兵校尉，仍兼舍人。

梁昭明太子（梁武帝蕭衍長子名統）與勰深相接納。勰初撰《文心雕龍》一書凡五十篇，論古今文體，引而次之。其序曰：夫文心者，言爲文之用心也。昔涓子琴心，王孫巧心，心哉美矣，夫故用之焉。古來文章以雕縟成體，豈敢取騶奭之群言雕龍也。

夫宇宙綿邈，黎獻紛雜，拔萃出類，智術而已。歲月飄忽，性靈不居，騰聲飛實，制作而已。夫肖貌天下，禀性五才，擬耳目於日月，方聲氣乎風雷，其超出萬物亦已靈矣；形同草木之脆，名逾金石之堅，是以君子處世，樹德建言，豈好辯哉，不得已也。

予齒在踰立，嘗夜夢執丹漆之禮器，隨仲尼而南行，旦而寤，乃怡然而喜，大哉聖人之難見也，乃小子之垂夢歟。自生人以來，未有如夫子者也。敷讚聖旨，莫若注經，而馬鄭諸儒，弘之已精，就有深解，未足立家。唯文章之用，實經典枝條，五禮資之以成，六典因之致用，君臣所以炳煥，軍國所以昭明。詳其本源，莫非經典，而去聖久遠，文體解散。辭人愛奇，言貴浮詭，飾羽尚畫，文繡鞶帨，離本彌甚，將遂訛濫。

蓋《周書》論辭，貴乎體要；尼父陳訓，惡乎異端，辭訓之異，宜體於要。於是搦筆和墨，乃始論文。詳觀現代之論文者多矣，至如魏文述典，陳思序書，應瑒文論，陸機文賦，仲治流別，弘範翰林，各照隅隙，鮮觀衢路。或臧否當時之才，或銓品前脩之文，或汎舉雅俗之旨，或撮題篇章之意。魏典密而不周，陳書辯而無當，應論華而疏略，陸賦巧而碎亂。流別精而少功，翰林淺而寡要。又君山公幹之徒，吉甫士龍之輩，汎議文意，往往間出，並未能振葉以尋根，觀瀾而索源。不述先哲之誥，無益後生之慮。蓋文心之作也，本乎道，師乎聖，體乎經，酌乎緯，變乎騷，文之樞紐，亦云極矣。若乃論文叙筆，則囿別區分，原始以表末，釋名以章義，選文以定篇，敷理以舉統，上篇以上，綱領明矣。至於割情析采，籠圈條貫，摛神性，圖風勢，苞會通，閱聲字，崇贊於時序，褒貶於才略，怊悵於知音，耿介於程器，長懷序志，以馭群倫。下篇以下，毛目顯矣。位理定名，彰乎大易之數。其爲文用，四十九篇而已。夫銓叙一文爲易，彌綸群言爲難。雖復輕採毛髮，深極骨髓，或有曲意密源，似近而遠，辭所不載，亦不勝數矣。及其品列成文，有同乎舊談者，非雷同也，勢自不可異也；有異乎前論者，非苟異也，理自不可同也。同之與異，不屑古今；擘肌分理，唯務折衷。案轡文雅之場，而環絡藻繪之府，亦幾乎備矣。但言不盡意，聖人所難，識在缾管，何能矩矱。茫茫往代，既沈予聞；眇眇來世，儻塵彼觀。既成未爲世流所稱。勰自重其文，欲取定於沈約。約時貴盛，無由自達，乃負其書，候約出，干之於車前，狀若貨鬻者。約便命取讀，大重之，謂爲深得文理，常陳諸几案。然勰爲文，長於佛理，京師寺塔及名僧碑誌，必請勰爲文（參見《梁書》卷五十，劉勰傳）。

《文心雕龍》一書成於劉勰奉敕與沙門慧震於定林寺撰定佛經經藏事。定佛經功德畢，勰請求去官出家，歸隱山林，先燔鬢髮，以自誓決心。奉敕許之，於寺改服，易名慧地。未及年而卒，有文集行世。勰於入仕定經前，已依沙門僧祐與之處積十餘年，故長於佛理，在定林寺定經，故博通佛學。

二、著作——劉勰的著作，計有以下幾種：

㈠《文心雕龍》：劉勰雖爲出家僧人，精佛理，通佛經；然對儒學亦很尊崇，並有研究，且推崇孔子曰：「自人生以來，未有如夫子者也」；「大哉聖人之難見也。」自序《文心雕龍》之作，「本乎道，師乎聖，體乎經，酌乎緯，變乎騷。」《文心雕龍》，凡十卷。自原道、徵聖、宗經，至議對、書記，凡二十五篇，分論文體，注重比較分析；自神思、體性、風骨、通變，至程器、敘志，凡二十五篇，泛論原理原則，尚自然，重情性，驗性習、覘風會，尚聲律，論騈偶，辨文篇。其研究方法重視歸納與推理，文高而思密，堪稱文學批評的精論，極受士林推重。劉知幾《史通》，章學誠《文史通義》之類皆宗之。

㈡《劉勰文集》，本傳稱有文集行世，但未能購得，不能知其內容。惟依本傳所述，多爲寺塔碑誌、高僧傳述及研究佛理之文論，與政論較少關係。㈢三破論，劉勰有三破論一文見於《弘明集》（梁僧祐撰，凡十四卷，選集東漢迄梁論辯佛法文章共一百廿一篇）卷八，係尚未出家為僧前所作，從儒家的傳統對佛法加以抨擊，力斥佛法之入國破國，入家破家，入身破身。前章已引述，不再贅述。㈣滅惑論，此文見於《弘明集》卷八，係劉勰出家後所作，極力為佛法辯護，而指責三破論的錯誤，此蓋悟今是而昨非的論文，以今日之我，攻昨日之我，亦屬難得。此文內容前章已述及，無須再叙。

㈢《劉子新論》十卷，此書或謂梁劉勰所著，或謂北齊劉晝所著。惟《梁書》卷五十劉勰本傳及《北齊書》卷四十四劉晝本傳，均未見述及此書。其後《舊唐書》卷四十七，經籍志雜家中，列有《劉子新書十卷》，注云劉勰撰。《新唐書》卷五十九，藝文志雜家中列有《劉子新論》十卷，亦注曰劉勰撰。但《宋史》卷二〇五藝文志於雜家中列有《劉子三卷》注云劉晝撰書或係晝字之誤。書名既異，卷數亦不同，當係兩本不同之書。現在流行之《劉子新論》十卷（世界書局，《四部刊要》）印明梁東莞劉勰著，播州袁孝政注，明新安程榮校，當可確認此書為梁劉勰所著。惟《四部刊要》主編未有考證，逕稱北齊劉晝撰（原刻誤題梁劉勰）實屬武斷，不足憑信。此書當係劉勰未出家前所著，其主旨在申論儒家與法家的折衷思想。在道家思想與佛家思想盛行的南北朝時代而有新論的出現，堪稱空谷足音，實難能而可貴，故舉而論述之。

第二節　九流評論

先秦諸子百家，分為儒、道、墨、法、名、陰陽六家。各家間的相互批評，固然為數衆多。後人對各家學說作評論者，爲數亦不少。其中以太史公司馬談論六家要旨，甚中肯綮。今劉勰益以縱横家、雜家及農家合稱九流，而作分別的與綜合的評論，不無獨見。玆引述於左（見《劉子新論》卷十，九流第五十五）：

一、分別的評論

1.儒家者流——劉勰曰：儒者晏嬰、子思、孟軻、荀卿之類也；順陰陽之性，明敎化之本，遊心於六藝，留情於五常，厚葬文服，重樂有命；祖述堯舜，憲章文武，宗師仲尼，以尊敬其道。然而薄者流廣文繁，難可窮究也。

2.道家者流——劉勰曰：道者鬻熊、老聃、關尹、莊周之類也；以空虛爲本，清靜爲心，謙挹爲德，卑弱爲行，居無爲之事，行不言之敎，裁成宇宙，不見其跡；亭毒萬物，不有其功。然而薄者全棄忠孝，杜絕仁義，專任淸虛，欲以爲治也。

3.陰陽家者流——劉勰曰：陰陽家者，子韋、鄒衍、桑丘、南父之類也；敬順昊天，曆象日月星辰，敬授民時，範三光之度，隨四時之運，知五行之性，通八風之氣，以厚生民，以爲政治。然而薄者則拘於禁忌，溺於術數也。

4.名家者流——劉勰曰：名者宋鈃、尹文、惠施、公孫龍之類也。其道主名，名不正則言不順，故定尊卑，正名分，愛平尙儉，禁攻寢兵；故作華山之冠以表均平之製，則寛宥之說以示區分。然而薄者捨本就末，分析明辯，苟飾華辭也。

5.法家者流——劉勰曰：法者愼到、李悝、韓非、商鞅之類也；其法在於明罰討陣，整法誘善，懲惡俾順，執度以爲治。然而薄者刖仁廢義，專任刑法，風俗刻薄，嚴而少恩也。

6.縱橫家者流——劉勰曰：縱橫者闞子、龐煖、蘇秦、張儀之類也，其術本於行仁，譯二國之情，弭戰爭之患，受命不受辭，因事而制權，安危扶傾，轉禍就福。然而薄者則苟尙華詐，而棄忠信也。

7.墨家者流——劉勰曰：墨者尹佚、墨翟、禽滑、胡非之類也；儉嗇兼愛，尙賢右鬼，非命薄葬無服，不怒俳鬥。然而薄者其道太促，儉而難遵也。

8.雜家者流——雜者孔甲、尉繚、尸佼、淮南之類也；明陰陽，通道德，兼儒墨，合名法，苞縱橫，納農植，觸類取與，不拘一緒。然而薄者則蕪穢蔓衍，無所係心也。

9.農家者流——農者神農、野老、宰氏、范勝之類也；其術在務農，廣爲墾闢，播厥百穀，國有盈儲，家有蓄積，倉廩充實，則禮義生焉。然薄者若使王侯與庶人並耕於野，無尊卑之別，失君臣之序也。

二、綜合的評論——劉勰對九家者流的綜合評論，認爲九家雖各有深淺，辭有詳略，偕僑形反流，分乖隔然；跡雖有殊，歸趣無異，猶五行相滅，亦還相生；四時相反，而共成歲；而對道儒兩家，則特別推崇。他說：「觀此九家之學，雖有深淺，辭有詳略，偕僑形反流，分乖隔然；皆同其妙理，俱會治道；跡雖有殊，歸趣無異，猶五行相滅，亦還相成；四氣相反，而共成歲。淄澠殊源，同歸於海；宮商異聲，俱會於樂；夷惠同操，齊蹤爲賢；二子殊行，等迹爲仁。

道者玄化爲本，儒者德敎爲宗，九流之中，二化爲最。夫道以無爲化世，儒以六藝齊俗。無爲以清虛爲心，六藝以禮敎爲訓。若以敎行於大同，則邪僞萌生，使無爲化於成康，則氛亂競起，何者？澆澑時異，則風化應殊，古今乖舛，則政敎宣隔。以此觀之，儒敎雖非得眞之說，然玆敎可以導物；道家雖爲達情之論，而違禮後不可以救弊。今治世之賢，宜以禮教爲先；嘉道之士，應以無爲是務；則操業俱進，而身名兩舍也。」（《劉子新論》卷十，九流第五十五）

第三節　儒學的政治思想

劉勰既推崇儒家，認爲「今治世之賢，宜以禮教爲先」；「儒教雖非得眞之說，然玆教可以導物」；「以六藝濟俗」；所以《劉子新論》一書，有不少關於儒道的政治思想。玆扼要引述如次：

一、愛利人民——《尙書》曰：「德爲善政，政在養民。」（大禹謨）孔子以行仁爲本，「仁者愛人」。孔子爲政，「富而後敎」（《論語》子路篇）。孔子曰：「政之急者，莫大於使民富。」（《孔子家語》第十三篇賢君）孟子曰：「推恩足以保四海，不推恩無以保妻子。」（《孟子》梁惠王上篇）劉勰以爲君乃民天，人君應以愛民爲急務。愛民之道，首在利民。所以他認爲孟子答梁惠王曰：「王何必曰利？亦有仁義而已矣」，未能認定輕重。仁義固重要，而解決民生問題的貨利則更爲重要。他說：「昔秦攻梁；梁惠王謂孟軻曰：先生不遠千里，辱幸敝邑，今秦攻梁，先生何以禦乎？孟軻對曰：昔太王居邠，狄人攻之，事之以玉帛不可。太王不欲傷其民，乃去邠之岐。今王奚不去梁乎!?。惠王不悅。夫梁所重者國也，今使去梁，非不能去也，非今日所宜行也。故其言雖仁義非惠王所須也。亦何異救餓而與之珠，救溺而與之玉乎？秦孝公問商鞅治秦之術。鞅對以變法峻刑，行之三年，人富兵强，國以大治，威服諸侯。以孟子之仁義，論太王之去邠，而不合於世用。以商君之淺薄，行刻削之苛法，反以成治。非仁義之不可行，而刻削之爲美，由於淳澆異跡，而政敎宜殊。當合縱之代，而仁義未可全行也。」（《劉子新論》卷九，隨時第四十五）人君愛民，重在以實利利之，使之富有，而利民生。

劉子進而申論人君愛利人民的要義及其行徑曰：「天生萬民而立之君，君則民之天也。天之養物，以治陰陽爲本。君之化民以政敎爲務。故寒暑不時，則疾疫；風雨不節，則歲飢。刑罰者民之寒暑也。敎令者民之風雨也。刑罰不時則民傷，敎令不節則民弊。故水濁無梈尾之魚，土确無威蕤之木，政煩無逸樂之民。政之於民，猶琴瑟也，大絃急則小絃絕，大絃闕矣。夫足寒傷心，民勞傷國；足溫而心平，人佚而國寧。是故善爲理者，必以仁愛爲本，不以苛酷爲先。寬宥刑罰，以全民命；省徹徭役，以休民力，輕約賦斂，不匱民財，不奪民時，以足民用，則家給國富，而太平可致也。」（《劉子新論》卷三，愛民第十二）劉子的愛利人民的要道，在於省刑罰，薄稅斂，節敎令，全民命，休民力，裕民財及足民用。

二、愼好化下

孔子曰：「政者正也，子帥以正，孰敢不正。」（《論語》顏淵篇）孔子曰：「子欲善而民善矣。君子之德風，小人之德草，草上之風必偃。」（《論語》顏淵篇）又曰：「其身正，不令而行；其身不正，雖令不從。」（《論語》子路篇）這是孔子的德治思想。劉勰師孔子之意，亦主張人君爲政，重在愼好化民。他說：「君以民爲體，民以君爲心。心好之，身必安之。君好之，民必從之。未有心好而身不從，君欲而民不隨也。人之從君，如草之從風，水之從器。故君之德，風之與草也。水之情，草之與水也。草之戴風，風鶩東則東靡，風鶩西則西靡，是隨風之東西也。水之在器，器方則水方，器圓則水圓，是隨器之方圓也。下之事上，從其所行，猶影之隨形，響之應聲，言不虛也。上所好物，下必有甚。《詩》云：誘人孔易，言從上也。昔齊桓公好衣紫，闔境盡被異綵，晉文公不好服美，群臣皆衣牂羊。魯哀公好儒服，舉國皆着儒衣。趙武靈王好鵕鸃，國人咸冠鵕冠。紫非正色，牂非美毳，儒非俗服，鵕非冠飾，而競之者，隨君所好也。楚靈王好細腰，臣妾爲之約食而餓死者多。越王句踐好勇而揖鬪蛙，國人爲之輕命而兵死者衆。命者人之所重，死者人之所惡，今輕其所重，重其所惡者，何者？從君所好也。堯舜之人可比屋而封；桀紂之人，可接屋而誅。非堯舜之民，性盡仁義；而桀紂之人，生輒好邪。而善惡性殊者，染化故也。是以明君愼其所好，以正時俗，樹之風聲，以流來世。」（《劉子新論》卷三，從化第十三）

三、任用賢才——孔子的德治是君明臣賢，居上位以身作則，表率群倫，體化萬民。德治就是「賢人政治」（government by the best）。孔子曰：「文武之政，布在方策，其人存則其政擧；其人亡則其政息。故爲政在人。」（《中庸》第二十章）人蓋指賢才而言。舜有賢臣五人而天下治。武王有治亂之臣十人而定天下。劉勰信持儒家思想，故亦主張君主爲政，要任用賢才。惟任用賢才，須先知人，卽明察何人是賢才。因知人始能善任。劉勰認爲知人之道，在明察隱幽，識其神志，引而用之，如殷高宗之識傅說，周文王之識呂望，劉備之識諸葛亮。若待其功成名就而後識之，則是後見之明，不可謂之知人。

劉子曰：「龍之潛也，慶雲未附，則與魚鼈爲鄰；驥之伏也，孫陽未賞，必與駑駘同櫪；士之翳也，知已未顧，亦與傭流雜處；自非洞明，莫能分也。故明哲之相士，聽之於未聞，察之於未形，而鑒其神智，識其才能，可謂知人矣。若功成事遂，然後知之者，何異耳聞雷霆而稱爲聰，目見日月而謂明乎？故孔方諲之相馬也，雖未追風逐電，絕塵滅影，而迅足之勢，固已見之。薛燭之賞劍也，雖未陸斬玄犀，水截輕羽，而銳刃之資，亦已露矣。故范蠡吠於犬竇，文種聞而拜之。鮑龍跪石而吟，仲尼為之下車。堯之知舜，不違桑陰。文王之知呂望，不以永日。眉睫之徵而形於色；音聲之妙，而動於心。聖賢覩察，不待成功而知之也。陳平之棄楚歸漢，魏無知識其善謀；韓信之亡於黑水，蕭何知其能將，豈待吐六奇而後明，破起魏而方識哉？」（《劉子新論》卷四，知人第十八）

君主不能一人獨自治國，必賴任用賢臣，共同為政治民。而賢才不自進，君主未必能遍知賢才，故古之賢相明臣，應舉薦賢才於君主，因才而任用之。薦賢唯賢是務，不問世胄，不嫌卑賤，內舉不避親，外舉不避讎。劉子曰：「峻極之山，非一石所成；凌雲之榭，非一木所構；狐白之裘，非一腋之毳；宇宙為宅，非一賢所治。是以古之人君，必招賢搜隱；人臣則獻士舉知。」（《劉子新論》卷四，薦賢第十九）劉子又曰：「古人競舉所知，爭引其類，才苟適治，不問世胄；智苟能謀，奚妨秕行。昔時人君拔奇於困虜，擢能於屠販；內薦不避子，外薦不避讎。身受進賢之賞，名有不朽之芳。昔子貢問於孔子曰：誰為大賢？子曰：齊有鮑叔，鄭有子皮。子貢曰：齊無管仲，鄭無子產乎？子曰：吾聞進賢為賢，非賢為不肖。鮑叔薦管仲，子皮薦子產，未聞二子有所舉也。進賢為美，逾身之賢，矧復抑賢乎？」（《劉子新論》卷四，薦賢第十九）

世無全才，用人若求全責備，則無人可用。用人之道，端在因材而施用，依事而選才。人當其用，則人能展其才。事得其人，則事能成其功。用其所長，舍其所短，大才大用，中才中用，小才小用。方伎醫算，固為有用之才；鷄鳴狗盜亦非無用之徒。劉子曰：「為有寬隘，量有鉅細，材有大小，則任其輕重，所處之分，未可乖也。是以萬碩之鼎，不可溝以盂水；一鈞之鐘，不可容於泉流；十圍之木，不可蓋以茅茨；榛棘之椌，不可負以廣廈。何者？小非大之量，大非小之器，重非輕之任，輕非重之制也。以大量小，必有枉分之失；以小容大，則致傾溢之患；以重處輕，必有傷折之過；以輕載重，則致壓覆之害。」（《劉子新論》卷六，均任第二十九）

劉子又曰：「物有美惡，施用有宜。美不常珍，惡不終棄。紫貂白裘，製以爲裘，鬱若慶雲，皎如荆玉，此毳衣之美也。壓菅蒼蒯，編以蓑芒，葉微踩系，黯若朽穰，此卉服之惡也。裘蓑雖異，被服實同；美惡雖殊，適用則均。今處繡戶洞房，則蓑不如裘；被雪沐雨，則裘不及蓑。由此觀之，適才所施，隨時成務，各有宜也。」（《劉子新論》卷五，適才第二十七）

四、注重學養——人君不能一人獨治其國，必賴群臣以輔佐之。群臣輔治，必須有德者居其位，有才者在其職。無德無才者，決不能居高位，勝重任。才德之成，非憑空而至。才由學而致之，德由養而成之。劉勰認爲無才德不可居高位，勝重任，故注重學養。他說：「夫龍虵有翻騰之質，故能乘雲依霧；賢才有理政之德，故能踐勢處位。雲霧雖密，蟻蚓不能昇者，無其質也。勢位雖高，庸敝不能治者，乏其德也。故智小不可以謀大，德狹不可以處廣。以小謀大必危，以狹處廣必敗。」（《劉子新論》卷六，均任第二十九）

人非生而知之，必殆學而後成。所謂「玉不琢，不成器；人不學，不知義。」劉子曰：「至道無言，非立言無以明其理；大象無形，非立象無以測其奧。道象之妙，非言不津。津言之妙，非學不傳。未有不學而鑒道，不假事以光身者。夫蠶繰以爲絲，織爲縑紈，績以黼黻，則王侯服之。人學爲禮儀，雕以文藻，而世人榮之。蠶之不繰，則素絲蠹於筐籠；人之不學，則才智傷於心胸；海蚌不剖，則明珠

不顯；崑竹不斷，則鳳音不彰，性情未鍊，則神明不發。」（《劉子新論》卷一，崇學第五）

劉勰以爲爲學必須專心致志，因心不能兩用，志不可二分。爲學不專，必難有成。他說：「學者出於心，心爲身之主。耳心候於心，若心不在學，則聽誦不聞，視簡不見。如欲鍊業，必先正心，而後理義入焉。夫兩葉掩目，則冥然無覩；双珠塡耳，必寂寞無聞。葉作目蔽，珠爲耳鯁；二關外擁，視聽內隔，故其宜也。而離婁察秋毫之末，不聞雷霆之聲；季子聽淸角之韻，不見嵩岱之形。視不關耳，而耳不見；聽不關目，而目不聞者；何者？心入秋毫，意入淸角故也。是以心駐於目，必忘其耳，則聽不聞；心駐於耳，必遺其目，則視不見也。」（《劉子新論》卷一，專學第六）

五、忠孝仁義——劉勰旣推崇儒家者流，而儒者主忠信，「言忠信，行篤敬，雖蠻貊之邦行矣。」「孝悌也者，其爲人之本歟。」儒家爲治，重在守道德，行仁義。所以劉子對忠孝信讓及仁義，皆甚爲重視。他說：「忠孝者，百行之寶歟。忠孝不修，雖有他善，則猶玉屑盈匣，不可琢爲珪璋；蚪絲蒲篋，不可織爲綺縠，雖多亦奚以爲也。信讓者，百行之順也；誕伐者，百行之悖也。信讓乖禮，廻而成悖，誕伐合義，翻而成順。直躬證父，蒼梧讓兄，信讓悖也。弦高矯命，大禹昌言，誕伐順也。謂牧圉似桀紂，艴然而怒；比正侯於夷齊，怡然而喜。仁義所在，匹夫爲重；仁義所去，則尊貴爲輕。」（《劉子新論》卷十，言菀第五十四）

第四節　法學的政治思想

劉勰雖推崇道家者流，但他以爲道家雖爲得情之論，僅可爲嘉道之士修身所務，非爲政治世之要。

劉勰以爲爲政之道，應隨時宜，故曰「當合縱之代，而仁義未可全行也。」「商君行刻削之峻法，而反以成治」世俗澆薄故也。劉子生當離亂之世，世風澆薄，故主張主法術，重刑賞的法學政治思想，仍有採行的必要。

一、**法隨時移**——法治的實施應隨社會的進化，時代的變遷，而爲改革的適應以符合需要，法固不可一成不變。管子曰：「法者不可恒也。」（《管子》任法篇）愼到曰：「國無常道，官無常法。」（《愼子》卷一，威德）商鞅曰：「治世不一道，便國不必法古。」（《商君書》更法篇）韓非曰：「法與時轉則治，治與世宜則有功。」（《韓非子》心度篇）劉勰深明此旨故亦主張法隨時移。他說：「時有淳澆，俗有華戎，不可以一道治，不得以一體齊也。故無爲以化，三皇之時；法術以禦，七雄之世；德義以柔，中國之心；政刑以威，四夷之性。故易貴隨時，禮尙從俗，適時而行也。」（《劉子新論》卷九，隨時第四十五）

劉子曰：「五帝殊時，不相沿樂；三王異世，不相襲禮；各像勳德，應時之變。」（《劉子新論》卷二，辯樂第七）又曰：「是以明主務循其法，因時制宜。苟利於人，不必法古；必害於事，不可循禮。夏商之衰，不變法而亡。三代之興，不相襲而王。堯舜異道，而德蓋天下；湯武殊治，而名施後代。由此觀之，法宜變動，非一代也。今法者則溺於古律，儒者則拘於舊禮，而不識情移，法宜變政也。……成化之宗，在於隨時；爲治之本，在於因世。未有不因世而欲治，不隨時而成化，以斯治政，未爲衷也。」（《劉子新論》卷三，法術第十四）

二、**法術之治**——法家的政治思想要可分爲三派：一是愼到的集勢派，認爲政治者集勢勝衆之資也。一是申不害的因術派，不害爲鄭之賤臣，學術以干韓昭侯。三是商鞅的任法派，認爲「聖王者不貴義而貴法，法必明，令必行。」韓非則融會三派，自成一家，爲中國法學史上繼往開來的關鍵人物。蓋勢、法、術並重。劉勰認爲治國的要道，在於法與術，並未强調勢的重要，非法學的激烈派。

劉勰論法術政治的重要曰：「法術者人主之所執，爲治之樞也。術藏於內，隨務應變；法設於外，適時御人。人用其道而不知其數者，術也；懸教設令，以示人者，法也。人主以術化世，猶天以氣變萬物，而不見其象。以術化人而不見其形。故天以氣爲靈，主以術爲神。術以神隱爲妙，法以明斷爲工。淳風一澆，則人有爭心。情僞旣動，則立法以檢之。建國君人者，雖能善政，未有棄法而成治也。故神農不施刑罰而人善。爲政者，不可棄法而治人。舜執干戚，而服有苗。征伐者不可釋甲而制寇。立法者譬如善御，察馬之力，揣途之數，齊其銜轡，以從其勢，故能登坂赴險，無覆軼之敗；乘危涉遠，無越軌之患。君猶御也，法猶轡也，人猶馬也，馬猶執也，理猶執轡也。執轡者欲馬之遵軌也，明治者欲人之措治也。」（《劉子新論》卷三，法術第十四）

三、重利害——法家認爲人性是自私自利的。人類的行爲動機，皆是趨利避害的。故爲政之道，在爲人民興利除害。管子曰：「政之所興，在順人心；政之所廢，在逆人心。順之之道，莫如利之；逆之之烈，莫如害之。」（《管子》牧民篇）劉勰亦認爲爲政之要，在充裕財富，惠利人民。他說：「夫山皐非爲鳥植林，林茂而鳥自棲之；江湖非爲魚鑿潭，潭深而魚自歸之；處世非爲人積財，財積而人自依之。非其所招，勢使然也。懷璧之子，未必能惠，而人競親者，有惠人之資也。被褐之士，性能輕財，而人皆疏之者，無惠人之資也。今富而儉悉，猶見親敬；貧而仁施，必有疏慢。非行之失，彼情變也。

……饑饉之春，不賑朋戚；多稔之秋，饗及四隣。不賑朋戚，人之惡；惠及四隣，人之善。蓋善惡之行，出於性情，繫於饑穰也。由此觀之，太豐則恩情生，窶乏則仁義棄。」（《劉子新論》卷七，辯施第三十七）此殆亦管子「衣食足而後知榮辱，倉廩實而後知禮節」的另一種說明。

人類天性皆自私自利，行爲取向皆趨利避害。而劉勰則認爲利害去取，須明辨其大小輕重，眞僞虛實。兩利相權取其重，兩害相權取其輕。有時受小害而得大利；有時受輕利而獲重害；有時受虛利而得實害；有時得僞利而得眞害，故利害趨避，須審愼明辨，而爲最佳抉擇。劉子曰：「利害者得失之本也。得失者，成敗之源也。故就利而避害，愛得憎失，物之恒情也。人皆知就利而避害，莫知緣害而得利；皆識愛得而憎失，莫識由失以至得。有知利之爲害，害之爲利，得之成失，失之成得，則可與談利害而語得失矣。夫內熱者之飮毒藥，非不害也；疽痤用砭石，非不痛也；然而爲之者，以小痛來而大痛滅；則細害至巨害除也。饑而倍食，渴而大飮，熱而投水，寒而入火，雖暫怡性，必爲後患。菖蒲去蚤虱而來蚰蜒，礬石止齒齲之痛，而朽牙根。躁痛雖弭，必至生害，此取小利而忘大利，惟去輕害而負重害也。瘕疾塡胸而不敢鈹，蠆尾螫跗而不敢斫，非好疾而愛毒，以鈹斫之患甚於疾螫也。酖酒盈卮，渴者弗飮；非不渴也，飮之必死。銷金在爐，盜者弗掬；非不欲也，掬而灼爛。虓虎在前，地有隋珠，雖貪得如盜蹠，則手不暇拾，懸轂向心。路有西施，雖淫如景陽，則目不暇視，非不愛寶而悅色，然而不顧者，利緩而害急也。昔齊有貨美錦於市，盜於衆中而竊之，束執而問曰，汝何爲盜錦於衆中，對曰，吾但見錦不見人，故取之耳。若斯人者，眩於利而忘於害。黃口以貪餌而忘害，故擒於羅者；異鵲見利而忘身，且怵於莊周。是以智者見利而思難，闇者見利而忘患。思難而難不至，忘患而患反生。以是觀

之，利害之道，去就之理，亦以明矣。」（《劉子新論》卷八，利害第四十七）

四、明賞罰——治國有二柄，賞罰是也。罰使人受害，爲人所避，則因而能禁邪止惡。賞使人獲利，爲人所趨，因而能誘善正俗。惟賞罰須嚴明。罰必當其罪，罪大罰重，罪小罰輕。賞必當其功，功大賞重，功小賞輕。劉勰曰：「治民御下，莫正於法；立法施教，莫大賞罰。賞罰者國之利器，而制人柄也。……明賞有德，所以勸善人也。顯罰有過，所以禁下姦也。善賞者因民所喜以勸善；善罰者因民所惡以禁姦。故賞少而善勸，刑薄而姦息。賞一人而天下喜之，罰一人而天下畏之。故能教狹而用廣，用寡而功衆也。……聖人之爲治也，以爵賞勸善，以仁化愛民。故刑罰不用，太平可致。然而不可棄刑罰，以民之有縱也。是以賞雖勸善，不可無罰；罰雖禁惡，不可無賞。賞平罰當，則理道立矣。……故一賞不可不信也，一罰不可不明也。賞而不信，雖賞不勸；罰而不明，雖罰不禁。不勸不禁，則善惡失理。是以一賞善罰惡，非爲己也，以爲國也。適於己而無功於國者，不加賞焉；逆於己而有勞於國者，不施罰焉。罰必施於有過，賞必加於有功。苟能賞信而罰明，則萬民從之。」（《劉子新論》卷三，賞罰第十五）

三民大專用書(十)

書名	著作人	任職
日本史	林明德	師範大學
美洲地理	林鈞祥	師範大學
非洲地理	劉鴻喜	師範大學
自然地理學	劉鴻喜	師範大學
聚落地理學	胡振洲	中國海專
海事地理學	胡振洲	中國海專
經濟地理	陳伯中	臺灣大學
都市地理學	陳伯中	臺灣大學
修辭學	黃慶萱	師範大學
中國文學概論	尹雪曼	中國文化大學
新編中國哲學史	勞思光	香港中文大學
中國哲學史	周世輔	政治大學
中國哲學發展史	吳怡	美國舊金山亞洲研究所
西洋哲學史	傅偉勳	美國費城州立天普大學
西洋哲學史話	鄔昆如	臺灣大學
邏輯	林正弘	臺灣大學
邏輯	林玉體	師範大學
符號邏輯導論	何秀煌	香港中文大學
人生哲學	黎建球	輔仁大學
思想方法導論	何秀煌	香港中文大學
如何寫學術論文	宋楚瑜	臺灣大學
論文寫作研究	段家鋒　孫正豐　張世賢　等人	各大學
語言學概論	謝國平	師範大學
奇妙的聲音	鄭秀玲	師範大學
美學	田曼詩	中國文化大學
植物生理學	陳昇明譯	中興大學
建築結構與造型	鄭茂川	中興大學

三民大專用書(九)

書名	著作人	任職
初級會計學(下)	洪國賜	淡水工商
中級會計學	洪國賜	淡水工商
中等會計	薛光圻 張鴻春	美國西東大學 臺灣大學
中等會計(下)	張鴻春	臺灣大學
商業銀行實務	解宏賓	中興大學
財務報表分析	李祖培	中興大學
財務報表分析	洪國賜 盧聯生	淡水工商 中興大學
審計學	殷文俊 金世朋	政治大學
投資學	龔平邦	逢甲大學
財務管理	張春雄	政治大學
財務管理	黃柱權	政治大學
公司理財	黃柱權	政治大學
公司理財	劉佐人	前中興大學教授
統計學	柴松林	政治大學
統計學	劉南溟	前臺灣大學教授
統計學	楊維哲	臺灣大學
統計學	張浩鈞	臺灣大學
推理統計學	張碧波	銘傳商專
商用統計學	顏月珠	臺灣大學
商用統計學	劉一忠	美國舊金山州立大學
應用數理統計學	顏月珠	臺灣大學
中國通史	林瑞翰	臺灣大學
中國現代史	李守孔	臺灣大學
中國近代史	李守孔	臺灣大學
中國近代史	李雲漢	政治大學
黃河文明之光	姚大中	東吳大學
古代北西中國	姚大中	東吳大學
南方的奮起	姚大中	東吳大學
中國世界的全盛	姚大中	東吳大學
近代中國的成立	姚大中	東吳大學
近代中日關係史	林明德	師範大學
西洋現代史	李邁先	臺灣大學
英國史綱	許介鱗	臺灣大學
印度史	吳俊才	政治大學

三民大專用書(八)

書名	著作人	任職
貿易英文實務	張錦源	交通大學
海關實務	張俊雄	淡江大學
貿易貨物保險	周詠棠	中央信託局
國際匯兌	林邦充	輔仁大學
信用狀理論與實務	蕭啟賢	輔仁大學
美國之外匯市場	于政長	東吳大學
外匯、貿易辭典	于政長	東吳大學
國際商品買賣契約法	鄧越今	前外貿協會處長
保險學	湯俊湘	中興大學
人壽保險學	宋明哲	德明商專
人壽保險的理論與實務	陳雲中	臺灣大學
火災保險及海上保險	吳榮清	中國文化大學
商用英文	程振粵	臺灣大學
商用英文	張錦源	交通大學
國際行銷管理	許士軍	新加坡大學
國際行銷	郭崑謨	中興大學
市場學	王德馨	中興大學
線性代數	謝志雄	東吳大學
商用數學	薛昭雄	政治大學
商用數學	楊維哲	臺灣大學
商用微積分	何典恭	淡水工商
微積分	楊維哲	臺灣大學
微積分(上)	楊維哲	臺灣大學
微積分(下)	楊維哲	臺灣大學
大二微積分	楊維哲	臺灣大學
機率導論	戴久永	交通大學
銀行會計	李兆萱 金桐林	臺灣大學
會計學	幸世間	臺灣大學
會計學	謝尚經	專業會計師
會計學	蔣友文	臺灣大學
成本會計	洪國賜	淡水工商
成本會計	盛禮約	政治大學
政府會計	李增榮	政治大學
政府會計	張鴻春	臺灣大學
初級會計學	洪國賜	淡水工商

三民大專用書(七)

書名	著作人	任職
經濟學導論	徐育珠	美國南康涅狄克州立大學
通俗經濟講話	邢慕寰	前香港中文大學教授
經濟政策	湯俊湘	中興大學
比較經濟制度	孫殿柏	政治大學
總體經濟學	鍾甦生	西雅圖銀行臺北分行協理
總體經濟理論	孫震	臺灣大學
總體經濟分析	趙鳳培	政治大學
個體經濟學	劉盛男	臺北商專
合作經濟概論	尹樹生	中興大學
農業經濟學	尹樹生	中興大學
西洋經濟思想史	林鐘雄	臺灣大學
歐洲經濟發展史	林鐘雄	臺灣大學
凱因斯經濟學	趙鳳培	政治大學
工程經濟	陳寬仁	中正理工學院
國際經濟學	白俊男	東吳大學
國際經濟學	黃智輝	東吳大學
貨幣銀行學	白俊男	東吳大學
貨幣銀行學	何偉成	中正理工學院
貨幣銀行學	楊樹森	中國文化大學
貨幣銀行學	李穎吾	臺灣大學
貨幣銀行學	趙鳳培	政治大學
現代貨幣銀行學	柳復起	澳洲新南威爾斯大學
商業銀行實務	解宏賓	中興大學
現代國際金融	柳復起	澳洲新南威爾斯大學
國際金融理論與制度	歐陽勛 黃仁德	政治大學
財政學	李厚高	前臺灣省財政廳長
財政學	林華德	臺灣大學
財政學原理	魏萼	臺灣大學
貿易慣例	張錦源	交通大學
國際貿易	李穎吾	臺灣大學
國際貿易實務詳論	張錦源	交通大學
國際貿易法概要	于政長	東吳大學
國際貿易理論與政策	歐陽勛 黃仁德	政治大學
國際貿易政策概論	余德培	東吳大學
貿易契約理論與實務	張錦源	交通大學

三民大專用書㈥

書名	著作人	任職
社會心理學理論	張華葆	東海大學
新聞英文寫作	朱耀龍	中國文化大學
傳播原理	方蘭生	中國文化大學
傳播研究方法總論	楊孝濚	東吳大學
大眾傳播理論	李金銓	美國明尼蘇達大學
大眾傳播新論	李茂政	政治大學
大眾傳播與社會變遷	陳世敏	政治大學
行爲科學與管理	徐木蘭	交通大學
國際傳播	李瞻	政治大學
國際傳播與科技	彭芸	政治大學
組織傳播	鄭瑞城	政治大學
政治傳播學	祝基瀅	美國加利福尼亞州立大學
文化與傳播	汪琪	政治大學
廣播與電視	何貽謀	政治大學
廣播原理與製作	于洪海	輔仁大學
電影原理與製作	梅長齡	前中國文化大學教授
新聞學與大眾傳播學	鄭貞銘	中國文化大學
新聞採訪與編輯	鄭貞銘	中國文化大學
新聞編輯學	徐昶	臺灣新生報
採訪寫作	歐陽醇	師範大學
評論寫作	程之行	紐約日報總編輯
小型報刊實務	彭家發	政治大學
廣告學	顏伯勤	輔仁大學
中國新聞傳播史	賴光臨	政治大學
中國新聞史	曾虛白主編	總統府國策顧問
世界新聞史	李瞻	政治大學
新聞學	李瞻	政治大學
媒介實務	趙俊邁	中國文化大學
電視與觀眾	曠湘霞	新聞局廣電處處長
電視新聞	張勤	中視新聞部
電視制度	李瞻	政治大學
新聞道德	李瞻	政治大學
數理經濟分析	林大侯	臺灣大學
計量經濟學導論	林華德	臺灣大學
經濟學	陸民仁	政治大學
經濟學原理	歐陽勛	政治大學

三民大專用書(五)

書名	著作人	任職
教育心理學	溫世頌	美國傑克遜州立大學
教育哲學	賈馥茗	師範大學
教育哲學	葉學志	國立臺灣教育學院
教育經濟學	蓋浙生	師範大學
教育經濟學	林文達	政治大學
教育財政學	林文達	政治大學
工業教育學	袁立錕	國立臺灣教育學院
家庭教育	張振宇	淡江大學
當代教育思潮	徐南號	師範大學
比較國民教育	雷國鼎	師範大學
中國教育史	胡美琦	中國文化大學
中國國民教育發展史	司琦	政治大學
中國現代教育史	鄭世興	師範大學
社會教育新論	李建興	師範大學
教育與人生	李建興	師範大學
中等教育	司琦	政治大學
中國體育發展史	吳文忠	師範大學
中國大學教育發展史	伍振鷟	師範大學
中國職業教育發展史	周談輝	師範大學
中國社會教育發展史	李建興	師範大學
技術職業教育行政與視導	張天津	師範大學
技職教育測量與評鑑	李大偉	師範大學
技術職業教育教學法	陳昭雄	師範大學
技術職業教育辭典	楊朝祥	師範大學
高科技與技職教育	楊啟棟	師範大學
工業職業技術教育	陳昭雄	師範大學
職業教育師資培育	周談輝	師範大學
技術職業教育理論與實務	楊朝祥	師範大學
心理學	張春興 楊國樞	師範大學 臺灣大學
心理學	劉安彥	美國傑克遜州立大學
人事心理學	黃天中	美國奧克拉荷市大學
人事心理學	傅肅良	中興大學
社會心理學	趙淑賢	
社會心理學	張華葆	東海大學
社會心理學	劉安彥	美國傑克遜州立大學

三民大專用書㈣

書名	著作人	任職
考銓制度	傅肅良	中興大學
員工考選學	傅肅良	中興大學
作業研究	林照雄	輔仁大學
作業研究	楊超然	臺灣大學
作業研究	劉一忠	美國舊金山州立大學
系統分析	陳進	美國聖瑪麗大學
社會科學概論	薩孟武	前臺灣大學教授
社會學	龍冠海	前臺灣大學教授
社會學	蔡文輝	美國印第安那大學
社會學	張華葆主編	東海大學
社會學理論	蔡文輝	美國印第安那大學
社會學理論	陳秉璋	政治大學
西洋社會思想史	龍冠海 張承漢	前臺灣大學教授 臺灣大學
中國社會思想史	張承漢	臺灣大學
都市社會學理論與應用	龍冠海	前臺灣大學教授
社會變遷	蔡文輝	美國印第安那大學
社會福利行政	白秀雄	政治大學
勞工問題	陳國鈞	中興大學
社會政策與社會行政	陳國鈞	中興大學
社會工作	白秀雄	政治大學
團體工作	林萬億	臺灣大學
文化人類學	陳國鈞	中興大學
政治社會學	陳秉璋	政治大學
醫療社會學	藍采風 廖榮利	印第安那中央大學 臺灣大學
人口遷移	廖正宏	臺灣大學
社區原理	蔡宏進	臺灣大學
人口教育	孫得雄	東海大學
社會階層	張華葆	東海大學
社會階層化與社會流動	許嘉猷	臺灣大學
普通教學法	方炳林	前師範大學教授
各國教育制度	雷國鼎	師範大學
教育行政學	林文達	政治大學
教育行政原理	黃昆輝主譯	師範大學
教育社會學	陳奎憙	師範大學
教育心理學	胡秉正	政治大學

三民大專用書㈢

書　　　　　　　名	著　作　人	任　　　　職
公共政策概論	朱志宏	臺灣大學
中國社會政治史	薩孟武	前臺灣大學教授
歐洲各國政府	張金鑑	政治大學
美國政府	張金鑑	政治大學
中美早期外交史	李定一	政治大學
現代西洋外交史	楊逢泰	政治大學
各國人事制度	傅肅良	中興大學
行政學	左潞生	前中興大學教授
行政學	張潤書	政治大學
行政學新論	張金鑑	政治大學
行政法	林紀東	臺灣大學
行政法之基礎理論	城仲模	中興大學
交通行政	劉承漢	成功大學
土地政策	王文甲	前中興大學教授
行政管理學	傅肅良	中興大學
現代管理學	龔平邦	逢甲大學
現代企業管理	龔平邦	逢甲大學
現代生產管理學	劉一忠	美國舊金山州立大學
生產管理	劉漢容	成功大學
品質管理	戴久永	交通大學
企業政策	陳光華	交通大學
國際企業論	李蘭甫	香港中文大學
企業管理	蔣靜一	逢甲大學
企業管理	陳定國	臺灣大學
企業概論	陳定國	臺灣大學
企業組織與管理	盧宗漢	中興大學
企業組織與管理	郭崑謨	中興大學
組織行爲管理	龔平邦	逢甲大學
行爲科學概論	龔平邦	逢甲大學
組織原理	彭文賢	中興大學
管理新論	謝長宏	交通大學
管理概論	郭崑謨	中興大學
管理心理學	湯淑貞	成功大學
管理數學	謝志雄	東吳大學
管理個案分析	郭崑謨	中興大學
人事管理	傅肅良	中興大學

三民大專用書(二)

書名	著作人	任職
海商法	鄭玉波	臺灣大學
海商法論	梁宇賢	中興大學
保險法論	鄭玉波	臺灣大學
商事法論	張國鍵	臺灣大學
商事法要論	梁宇賢	中興大學
銀行法	金桐林	華銀資訊室主任
合作社法論	李錫勛	政治大學
刑法總論	蔡墩銘	臺灣大學
刑法各論	蔡墩銘	臺灣大學
刑法特論	林山田	政治大學
刑事訴訟法論	胡開誠	臺灣大學
刑事訴訟法論	黃東熊	中興大學
刑事政策	張甘妹	臺灣大學
民事訴訟法釋義	石志泉 楊建華	輔仁大學
強制執行法實用	汪禕成	前臺灣大學教授
監獄學	林紀東	臺灣大學
現代國際法	丘宏達	美國馬利蘭大學
現代國際法基本文件	丘宏達	美國馬利蘭大學
平時國際法	蘇義雄	中興大學
國際私法	劉甲一	臺灣大學
國際私法論叢	劉鐵錚	政治大學
國際私法新論	梅仲協	前臺灣大學教授
引渡之理論與實踐	陳榮傑	外交部條約司
破產法論	陳計男	行政法院庭長
破產法	陳榮宗	臺灣大學
中國政治思想史	薩孟武	前臺灣大學教授
西洋政治思想史	薩孟武	前臺灣大學教教授
西洋政治思想史	張金鑑	政治大學
中國政治制度史	張金鑑	政治大學
政治學	曹伯森	陸軍官校
政治學	鄒文海	前政治大學教授
政治學	薩孟武	前臺灣大學教授
政治學	呂亞力	臺灣大學
政治學方法論	呂亞力	臺灣大學
政治學概論	張金鑑	政治大學
政治理論與研究方法	易君博	政治大學

三民大專用書㈠

書名	著作人	任職
比較主義	張亞澐	政治大學
國父思想新論	周世輔	政治大學
國父思想要義	周世輔	政治大學
國父思想	周世輔	政治大學
國父思想	涂子麟	中山大學
中國憲法論	傅肅良	中興大學
中國憲法新論	薩孟武	前臺灣大學教授
中華民國憲法論	管歐	東吳大學
中華民國憲法逐條釋義㈠㈡㈢㈣	林紀東	臺灣大學
比較憲法	鄒文海	前政治大學教授
比較憲法	曾繁康	臺灣大學
美國憲法與憲政	荆知仁	政治大學
比較監察制度	陶百川	前總統府國策顧問
國家賠償法	劉春堂	輔仁大學
中國法制史	戴炎輝	臺灣大學
法學緒論	鄭玉波	臺灣大學
法學緒論	孫致中	各大專院校
民法概要	董世芳	實踐家專
民法概要	鄭玉波	臺灣大學
民法總則	鄭玉波	臺灣大學
民法物權	鄭玉波	臺灣大學
民法債編總論	鄭玉波	臺灣大學
民法總則	何孝元	前中興大學教授
民法債編總論	何孝元	前中興大學教授
判解民法物權	劉春堂	輔仁大學
判解民法總則	劉春堂	輔仁大學
判解民法債篇通則	劉春堂	輔仁大學
民法親屬新論	陳棋炎	臺灣大學
民法繼承	陳棋炎	臺灣大學
公司法	鄭玉波	臺灣大學
公司法論	柯芳枝	臺灣大學
公司法論	梁宇賢	中興大學
土地法釋論	焦祖涵	東吳大學
土地登記之理論與實務	焦祖涵	東吳大學
票據法	鄭玉波	臺灣大學